Rolf Famulla

Revision der Kunstgeschichte IV

Das Scheitern der Avantgarden der Moderne in den Katastrophen des 20. Jahrhunderts

Rolf Famulla

Revision der Kunstgeschichte IV

Das Scheitern der Avantgarden der Moderne in den Katastrophen des 20. Jahrhunderts

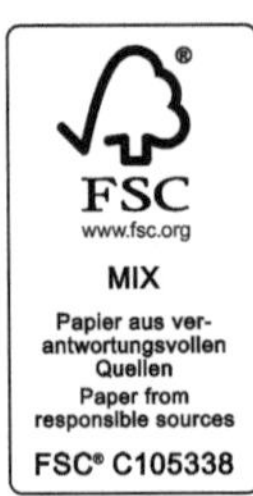

Bibliografische Information der Deutschen Nationalbibliothek: Die Deutsche Nationalbibliothek verzeichnet diese Publikation in der Deutschen Nationalbibliografie; detaillierte bibliografische Daten sind im Internet über http://dnb.dnb.de abrufbar.

Verlag: BoD · Books on Demand GmbH, Überseering 33, 22297 Hamburg, bod@bod.de
Druck: Libri Plureos GmbH, Friedensallee 273, 22763 Hamburg

ISBN: 978-3-8448-1970-0

Inhalt

Dank und Kritik

Mein besonderer Dank gilt den vielen Fotografen, die die Bebilderung dieses Buches erst ermöglicht haben. Ohne die Erlaubnis zum Abdruck der Bilder und ohne die Institutionen Wikipedia und Wikimedia wäre die Arbeit viel aufwendiger und schwieriger gewesen. Wegen der ansonsten anfallenden hohen Kosten für Bildrechte wäre es mir nicht möglich gewesen, dies Buch zu veröffentlichen.

Die Avantgarden landen im Museum – und werden bürokratisch archiviert

Kunst: Das ist was für Sonntags. Dann gehen wir ins Museum. Die Bilder sind eine Bereicherung für unsere Gedanken- und Empfindungswelten. „Wir pflegen die Kultur. Wir beschäftigen uns mit Kunst. Am Sonntag." Am Montag müssen wir wieder arbeiten. Dann hat uns der Alltag wieder.

Max sprach der Vater,
Heut gehen wir ins Theater
Die Karten hab ich schon
Drum setz dich hin mein Sohn
Du riechst an dem deinigen
Ich riech an dem meinigen
duftenden Rosenstrauch im Garten.

Im Theater, in den Museen können wir erhabene Gedanken und Gefühle entwickeln – jenseits der Alltags-Hektik. Kunstwerke müsse man genießen und bewundern, man müsse sie nicht unbedingt verstehen, ist eine landläufige Meinung. Kunstwerke stehen nicht zur Diskussion. Sie sind erhaben, edel und rein.

Dieser Kunstauffassung widerspreche ich. Auch Kunst kann ins Verderben führen. Hitler verstand sich als Künstler. Er verfolgte und ermordete Künstler, die seinen Vorstellungen widersprachen. Im Gegensatz dazu sollte Kunst emanzipativ wirken. Sie sollte uns die Augen auch für die Auseinandersetzungen im Alltag öffnen. Kunst sollte Stellung beziehen: gegen Krieg, gegen politische Konfrontation – für Verständnis und Empathie auch im alltäglichen Leben. Sie sollte Freude schenken und Mut machen. Kunst muss uns Anlass zum Nachdenken geben – für eine bessere, demokratische, friedliche Zukunft.

Diese Kunstauffassung vertreten die „Klassiker" der Moderne wie Henri Matisse, Pablo Picasso, Max Ernst, Paul Klee, René Magritte oder Joan Miró – um hier die wichtigsten zu nennen. Ihre künstlerischen Entdeckungen und die von ihnen geschaffenen Möglichkeiten der Erweiterung des bildnerischen Denkens werden aber in der Gegenwart nicht fortgesetzt. Die „Klassiker" werden museal verwaltet – eine Avantgarde, die sich ausdrücklich auf die Fortsetzung der Maltradition dieser „Klassiker" der Moderne bezieht, gibt es in der „Postmoderne" nicht. Der Kunstmarkt mit gigantischen Preisen produziert eine dumme Kunst, reserviert die Kunst nur für Reiche und verhindert demokratische Entwicklungen.

Katastrophen kennzeichneten das vergangene Jahrhundert. Zwei Weltkriege und unzählige „kleine" kriegerische Auseinandersetzungen vernichteten Abermillionen Menschen. Die Geschichte der vergangenen 5.000 Jahre war durch kriegerische Auseinandersetzungen geprägt: Die traditionelle Kunstgeschichte verherrlichte die kriegerischen Helden, Kaiser, Feldherren und Führer. Die traditionelle Kunstgeschichte beginnt mit der Glorifizierung der Kriege Naram-Sins, die von Thutmosis, der griechischen Kriegsherren, denen von Rom über Caesar, Augustus dem Großen, Nero, dann Karl dem Großen, Napoleon, den deutschen Soldatenkönigen, Friedrich dem Großen, Königen und Kaisern mit den Vornamen Friedrich und Wilhelm bis hin zu Hitler. Wir haben schon in der Schule die Bewunderung für die Großen der Geschichte verordnet bekommen. Es gilt Sensibilität und Widerstandskraft gegen verführerische Bilder zu entwickeln.

Rechte Ideologen hetzten die Bevölkerungen auf. Besonders deutschen Künstlern muss nach zwei verheerenden Weltkriegen die Frage gestellt werden, ob sie sich aktiv gegen rechte Hetze und gegen Kriege verherrlichende

Ideologien engagieren. Leisten die Künstler die „Trauerarbeit", die nach Margarete und Alexander Mitscherlich notwendig ist, um mit den Verbrechen der Vergangenheit fertig zu werden und den Weg für die Zukunft frei zu machen? Ich kritisiere den bekanntesten Künstler der deutschen Nachkriegszeit Joseph Beuys wegen seiner völkischen – wenn nicht gar rechtsradikalen – Ideen. Er wird bewundert – aber nicht verstanden. Ich möchte dazu beitragen, die Ideologien „hinter" den Bildern zu verstehen. Nach meiner Meinung müssen wir die Aussagen vieler aktueller Kunstwerke kritisch hinterfragen.

Wir werden ständig mit Bildern bombardiert – im Alltag auf der Straße, bei der Arbeit, im Fernsehen, in den digitalen Medien. Die Möglichkeit der Beeinflussung, gar der Manipulation ist gegeben. Wir müssen uns gegen die Bilderflut wappnen. Weshalb hält sich hartnäckig die Vorstellung, dass sich Kunst immer auf ästhetischen, „fortschrittlichen" Gleisen bewegt? Das Vertrauen auf diese „Weiter"-Entwicklung wird auch durch das Erfinden immer neuer „Stilrichtungen" und Ismen genährt: Impressionismus, Expressionismus, Surrealismus, ... In letzter Zeit gibt es so viele Ismen, dass selbst ausgewiesene Fachleute den Überblick verlieren. Viele Künstler haben sich in den Labyrinthen der politischen Auseinandersetungen verirrt. In der ersten Jahrhunderthälfte hat die italienische Avantgarde gemeinsame Sache mit dem italienischen Faschismus gemacht. Künstler unterstützten die Terrorregimes Stalins oder Hitlers.

Viele Künstler stritten in ihrer Zeit für eine bessere Welt. Die Zeit verbarrikadierte ihnen aber auch Wege. Zwei Weltkriege brachten nicht nur Leid und Verderben, sie zerstörten auch Kultur. Sie verletzten die Menschen psychisch – auch die Künstler. Wie thematisieren sie ihre Traumatisierungen in den Werken? Können sie die seelischen Wunden aufarbeiten und neue Wege erschließen? Das Bauhaus, der Dadaismus und der Surrealismus sind Reaktionen auf die Schrecken des Ersten Weltkriegs. Welche Antworten haben die „Avantgarden" gefunden, um die Verletzungen zu verarbeiten und künftige Katastrophen zu vermeiden? Die Auswirkungen des Zweiten Weltkriegs auf das künstlerische Schaffen sind bisher in ihrer Langzeitwirkung noch nicht wirklich erfasst. Reproduzieren die Künstler die Traumata lediglich und vertiefen damit die Wunden? US-amerikanische Künstler übernahmen nach dem Zweiten Weltkrieg eine führende Rolle: Konnten sie Antworten auf die vorangegangene Katastrophe geben und schlüssige Perspektiven weisen?

Mir ist bewusst, dass ich eine „Revision der Kunstgeschichte der Moderne" nicht vollkommen leisten kann. Die Sachverhalte sind sehr komplex. Eine gängige Auffassung lautet: „Kunstgeschichte – die Lehre von der Kunst weltweit, von der Antike bis zur Gegenwart – deckt nahezu jeden Aspekt menschlicher Geschichte und Erfahrung ab. Denn sie betrachtet Kunstwerke nicht nur als Objekte, sondern als Mittel zum Verständnis der Welt und der Gesellschaften, in denen sie entstanden sind." Nach meiner Meinung sind wir noch sehr weit davon entfernt, diesem Anspruch gerecht zu werden. Aber wir müssen anfangen, Geschichte kritisch aufzuarbeiten.

Sigmund Freud hatte schon 1930 in „Das Unbehagen in der Kultur" die entscheidende Frage auf den Punkt gebracht: „Die Schicksalsfrage der Menschenart scheint mir zu sein, ob und in welchem Maße es ihrer Kulturentwicklung gelingen wird, der Störung des Zusammenlebens durch den menschlichen Aggressions- und Selbstvernichtungstrieb Herr zu werden. In diesem Bezug verdient gerade die gegenwärtige Zeit ein besonderes Interesse. Die Menschen haben es in der Beherrschung der Naturkräfte so weit gebracht, dass sie es mit deren Hilfe leicht haben, einander bis auf den letzten Mann auszurotten. Sie wissen das, daher ein gut Stück ihrer gegenwärtigen Unruhe, ihres Unglücks, ihrer Angststimmung. Und nun ist zu erwarten, dass die andere der beiden ›himmlischen Mächte‹, der ewige Eros, eine Anstrengung machen wird, um sich im Kampf mit seinem ebenso unsterblichen Gegner zu behaupten. Aber wer kann den Erfolg und Ausgang voraussehen?" Über Erfolg und Ausgang entscheidet die Kultur, die Kunst.

Berlin, im Mai 2025 Rolf Famulla

Der französische Impressionismus stürzt die Bilder vom Podest

Noch nie in der Kunstgeschichte hat es derartig erregte Debatten über Malerei gegeben wie im Paris der 50er bis 80er Jahre des 19. Jahrhunderts. Ein Mann stand im Zentrum dieser Auseinandersetzungen: **Édouard Manet** (1832 - 1883). Sein 1863 gemaltes Bild „Olympia" erregte besonderen Zorn. Modell des Aktgemäldes war seine 19-jährige Geliebte Victorine Meurent. Das Bild stellte Manet 1865 im Pariser Salon aus. Die Kritiker waren empört. „Gorillaweibchen", „furchtbar befremdlich", „Apostel der Hässlichkeit" oder „anrüchige Kurtisane" lauteten ihre vernichtenden Urteile. „Noch nie hat ein Gemälde so viel Gelächter, höhnisches Gejohle und Buhrufe entfesselt wie diese Olympia." „Kunst, die so tief gesunken ist, verdient nicht einmal mehr, dass man sie tadelt." (zit. n. King, S. 192/193) Sahen die Kritiker durch die Darstellung einer nackten Frau ihre sittlichen, und

Edouard Manet: Olympia, 1863, Öl auf Leinwand, 130 x 190 cm, Paris, Musée d´Orsay, public domain

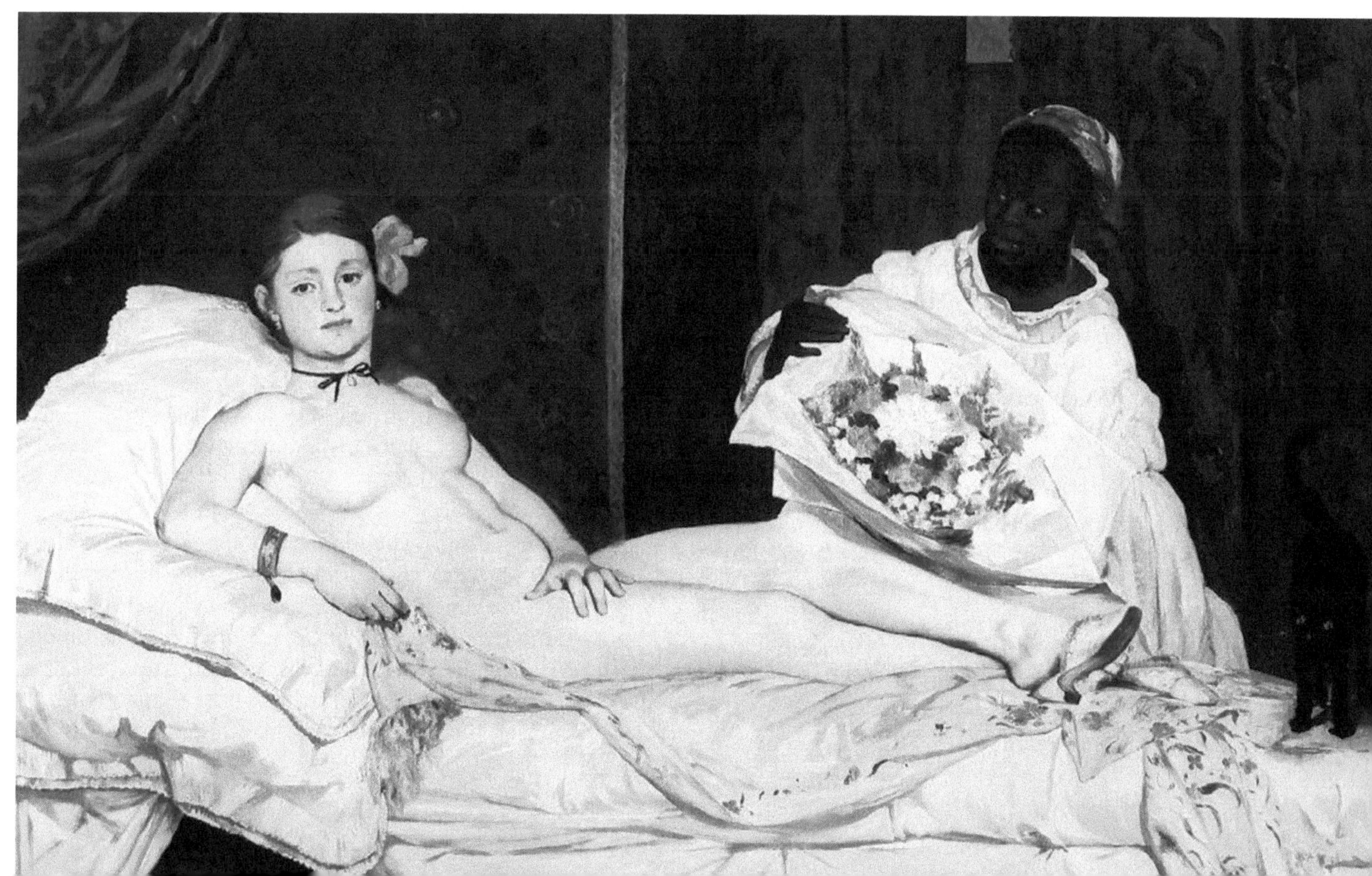

ästhetischen Normen verletzt? Das sicher nicht, denn der Salon zeigte – wie auch früher schon – viele Bilder „glamouröser Nuditäten". So hatte zwei Jahre zuvor der Maler Alexandre Cabanel (1823 - 1889) im Salon seine „Die Geburt der Venus" präsentiert, eine Barbusige, die mit aufgelösten Haaren auf den Wellen des Meeres reitet und mit geschlossenen Augen ihre prallen Brüste und verführerischen Schenkel anbietet. Das fand der Kritiker der Gazettes des Beaux-Art zwar „lüstern und triebhaft", aber gleichzeitig auch „anmutig und rein". Ein Männertraum, perfekt.

Nichts gegen Nacktes, aber das Wie der Darstellung Manets erregte den Zorn der Kritik: Da zeigte sich eine Frau aus dem Volk, ein Kind der modernen Großstadt selbstbewusst und ihrer Reize bewusst. Sie schaut den Betrachter unbefangen keck direkt in die Augen. Eine stolze Geste einer noch dazu käuflichen Dame, die ihren nächsten Freier erwartet, der sein Kommen – ebenfalls unbefangen und zugleich höflich – mit einem Blumenstrauß ankündigt. Mit „Olympia" zeigt Manet Realität und die Würde einer Frau, die die Gesellschaft zwar als unmoralisch und verworfen ausgrenzt, sich zugleich aber ihrer Dienste – natürlich unter dem Deckmantel der Diskretion – hemmungslos bedient.

Manet attackiert Historienmaler und Symbolisten

Manet zieht der Gesellschaft den Schleier weg und attackiert deren Normen und Wertvorstellungen. Damit leiten Manet und die Impressionisten eine Revolution ein: Sie wenden sich gegen die Doppelbödigkeit in den Bildern, gegen den verklärenden mystischen Blick, gegen die Sentimentalität und den versüßlichten Kitsch, gegen nationalistischen Heroismus und Heldentum. Sie wollen die Realität einer modernen Welt abbilden, ohne Vorurteile und überholte Wertvorstellungen. Manet: „Ein Künstler muss sich der Spontaneität überlassen. Das ist genau der passende Ausdruck [...] Wenn ich nach meiner Meinung gefragt würde, würde ich sie so formulieren: Alles, was den Geist der Humanität, den Geist des Gegenwärtigen atmet, ist interessant. Alles, was dessen bar ist, ist wertlos." (zit. n. Perruchot, S. 18)

Das war eine Kampfansage an die vorherrschende Malerei. Noch aber dominierten hier Ernest Meissonier (1815 - 1891), Gustave Courbet (1819 - 1877) und Alexandre Cabanel (1823 - 1889). So erzielte der Militär- und Historienmaler Meissonier Höchstpreise von bis zu 300 000 Goldfranken. Dagegen warteten die Impressionisten vergeblich auf Anerkennung und den Verkauf ihrer Bilder – und waren froh, wenn sie eine Arbeit für 100 Franken veräußern konnten. Hoch im Kurs standen aber Schlachtenbilder, die Heroisierung Napoleons, der Führer und Feldherren, die Verklärung und Idealisierung der nationalen Geschichte. Neben Meissonier wurden in Frankreich unter anderem auch Bouguereau, Cabanel, Cormon, Maignau, Regnault hoch bewertet. Die Militärmaler standen „naturgemäß" in der Tradition. „Napoleons Leben ist das Heldenepos unseres Landes, Vorbild für alle Künste", hatte Eugène Delacroix (1798 - 1863) behauptet, zugleich seine Bewunderung für Meissonier bekundet: „Er ist der unangefochtene Meister unserer Epoche." (zit. n. King, S. 14 und 22) Gegen solche Vorstellungen mussten sich die Impressionisten mit ihrer Darstellung des gänzlich unheroischen Großstadtlebens erst durchsetzen. Beider Bilderwelten sind völlig gegensätzlich: Hier dominiert das Außergewöhnliche, das Bewundernswerte, Könige und Götter, dort dann das Alltägliche, die Schönheit einer Marktfrau, die Erbaulichkeit einer Bootsfahrt. Gegensätzliche Weltbilder treffen aufeinander: Die Historien- und Militärmaler idealisieren die absolutistische Herrschaft als von Gott gewollt, Napoleon als charismatischen auserwählten Führer und den Kampf als Herausforderung heroischer Männer. Dagegen werben die Impressionisten mit ihren Bildern für eine Demokratie des Alltags und malen damit an einem neuen Menschenbild.

Die damals vorherrschenden Symbolisten, die eine Ideenkunst mit der zeichenhaften Bildsprache des Symbols propagierten, sind auf der Suche nach ewigen Werten, nach den Mysterien des Seins. Das Übersinnliche, Unbewusste wird herbeigesehnt. Dazu wird im Vorwort zur ersten umfassenden Symbolisten-Ausstellung in Paris 1892 ausgeführt: „Die Menschheit, oh Heiland, wird

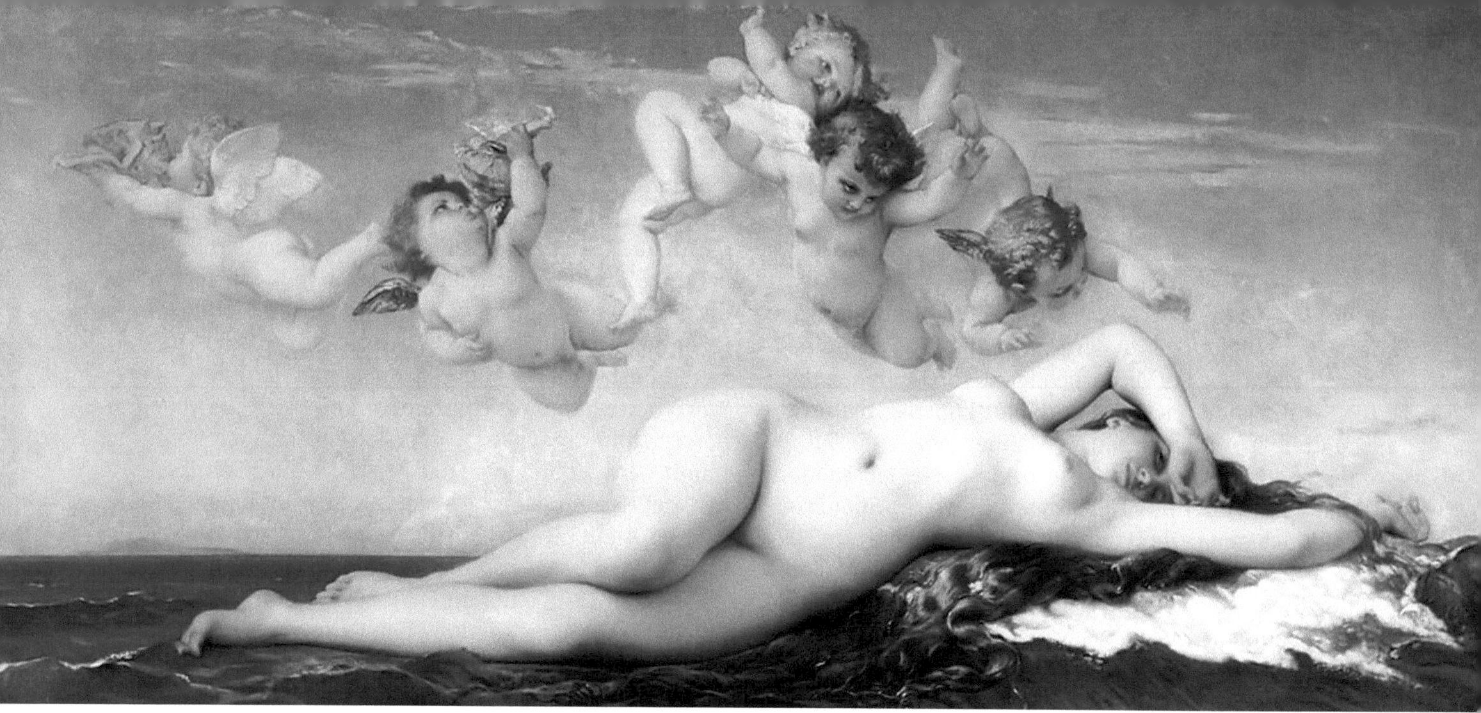

Alexandre Cabanel (1823–1889): Die Geburt der Venus, 1875, Öl auf Leinwand, 130 x 225 cm, Metropolitan Museum of Art: Wenn sie auf Wellen reitet und sich rekelt, dabei die Engel jubilieren und trompeten, ist sie wohlgelitten. Dann ist sie zwar lüstern und triebhaft, aber gleichzeitig anmutig und rein.

immer zu deiner Messe gehen, wenn die Priester Bach, Beethoven, Palestrina sind. Elende Moderne, ihr werdet nie siegen, der heilige Georg tötet immer von neuem das Ungetüm, und das Genie, das Schöne, wird immer Gott sein. Brüder in der Kunst, ich lasse den Kriegsruf erschallen, bilden wir eine heilige Schar zur Rettung der Idealität. Wir sind wenige gegen alle, doch die Engel kämpfen mit uns. Wir haben keinen Führer, aber die alten Meister leiten uns dem Paradies entgegen." (zit. n. Bocola, S. 103) Dieses Vorwort macht deutlich, worum es geht: die Rettung der Idealität, das Genie, das Schöne, Engel, Gott. Das sind Synonyme. Der heilige Georg schützt vor Gefahren im irdischen Jammertal: Das Heilige kämpft gegen das Schlechte, das Geistige kämpft gegen das Materielle. Hier ist die Rangordnung idealisiert, die das feudale Regime kennzeichnet: Gott, König, Genie, Künstler.

Der französische **Symbolist Gustave Moreau** (1826 - 1898) verkörpert wie kein anderer die Tugenden dieses Künstlerideals. Sein Credo lautet: „Gott ist das Unermessliche, und ich fühle ihn in mir. Nur an ihn glaube ich. Ich glaube weder an das, was ich berühre, noch an das, was ich sehe. Ich glaube nur an das, was ich nicht sehe, und einzig an das, was ich fühle. Mein Gehirn, meine Vernunft scheinen nur kurzlebig und von zweifelhafter Wirklichkeit; nur mein inneres Gefühl halte ich für ewig und für unanfechtbar gewiss." (ebd. S. 155) Moreau fühlt Gott und das befähigt ihn zu Genietaten. Gleichzeitig verbindet er damit eine Abqualifizierung des menschlichen Verstandes, der erlebbaren Realität und der Wissenschaften. Den Aufbruch der Gesellschaft in ein neues Zeitalter der Technik, der Demokratie, der Emanzipation lehnen Moreau, die Symbolisten insgesamt aber auch die Historienmaler leidenschaftlich ab. In ihrem Bild der Frau werden ihre Vorstellungen gebündelt, wird ihr Menschenbild konkretisiert. Das erklärt auch die erbitterten Auseinandersetzungen um „Olympia". Manet und die Impressionisten malen Frauen als Gleichberechtigte. Nicht zuletzt zählen mit **Berthe Morisot** (1841 - 1895),

Eva Gonzales (1849 - 1883) und **Mary Cassatt** (1845 - 1926) drei Frauen zu den führenden Impressionisten.

Für die Symbolisten ist Liebe Sünde, eine verbotene Frucht, an der sie sich zwar voyeuristisch ergötzen, heuchlerisch deklarieren sie ihre Aktdarstellungen als Bilder von Göttinnen. Tatsächlich aber dämonisieren sie das Frauenbild. Die Frau wird zur teuflischen „femme fatale", die Männer ins Verderben lockt. Die Mythen liefern den Symbolisten reiches Material für künstlerisch-erotische Rollenspiele: die Frau als Männer mordende Salome oder Judith, als sittenlose, orgiastische Messalina, als Kleopatra oder biblisch als verführerische Sünderin mit der Schlange. Die Darstellung der „großen Hure", der Odaliske, der Prostituierten als Entwurzelte sind Feindbilder, die die Geschlechterdegradierung und auch die gesellschaftliche Hierarchisierung rechtfertigen. Gustave Moreau begründet seine jede Emanzipation ablehnende Haltung mit der Behauptung, Frauen seien „Wesen der Unbekümmertheit, vernarrt in das Unbekannte, das Geheimnis, verliebt in das Schlechte, in Formen der perversen und teuflischen Verführung. [...] Das sind Wesen, deren Seelen versehrt sind, die am Wegrand auf den wollüstigen Ziegenbock warten, der von Unzucht besessen ist [...] einsame Wesen, düster in ihren Träumen des Neides, des unbefriedigten Stolzes[...]" (zit. n. Bocola, S. 106)

Mit dem französischen Impressionismus beginnt – zeitgleich mit dem Verfall der feudalen, absolutistischen Ordnung – ein grundsätzlicher Wertewandel in der Malerei. Manet ist der Neuerer und deren entschiedenster Verfechter. Schon auf dem Salon 1863 hatte er sein „Frühstück im Freien" mit zwei selbstbewusst nackten, ungezwungen sich zeigenden Frauen und zwei bekleideten Männern ausgestellt, was entrüstet kritisiert wurde. Manet sah sich jedoch keinesfalls als Neuerer, entlehnt er doch das Motiv des „Frühstück im Freien" von den Renaissancekünstlern Tizian, Raffael und Raimondi. Auch bei seiner „Olympia" sah sich Manet in der Tradition von Giorgione, Tizian, Velazquez und Goya, als deren Nachfolger er sich sah. Er will alte Bildinhalte „übersetzen", die seiner Meinung nach nichts an „Modernität" verloren haben. Er widerspricht damit der Einschätzung seiner Kritiker und der Selbsteinschätzung der übrigen Salonmaler, die sich selbst in der Tradition der „alten Meister" sahen und ihn als modernistischen Neuerer abqualifizieren wollten. Manet verbannt die Götter aus den Bildern, ersetzt die Symbolwelt, die verklärende Idealisierung durch „nackte Realität". Manet will mit seinen Bildern nicht belehren oder – wie in den religiösen oder Historienbildern anderer Maler – eine höhere Ordnung oder Wertvorstellungen vermitteln, sondern will das Vorhandene sichtbar machen, zeigen, wie er die Dinge sieht. Damit wird im Bild auch der Prozess seines Sehens deutlich, der den Künstler zu seinem Bildresultat geführt hat. Hier wird mit offenen Karten gespielt.

Mit seinem 1868 entstandenen Bild „Die Erschießung Kaiser Maximilians" nahm Manet zum politischen Tagesgeschehen Stellung. Er bezieht sich dabei deutlich auf Goyas „Der 3. Mai 1808 (Erschießungen vom 3. Mai 1808 in Madrid)". Manet gibt den Uniformen der liquidierenden Soldaten das Aussehen französischer Uniformen und lässt sie mit französischen Gewehren schießen. In der Realität hatten die Erschießenden mexikanische Uniformen und amerikanische Gewehre. Einem nachladenden Soldaten, der dem Kaiser den Gnadenschuss verpassen soll, gibt der Künstler das Aussehen des französischen Monarchen Louis Napoleon III. Manet kritisiert mit diesem Bild das Mexiko-Abenteuer der französischen Politik. Frankreich sei schuld am Tod Maximilians. Manet gibt sich damit auch als Gegner der Monarchie zu erkennen. Das Motiv der Erschießungsszene nimmt er 1871 in seinem Bild „Bürgerkrieg (Die Barrikade)" wieder auf, hier exekutieren Soldaten wehrlose Bürger. Es ist Manets Kommentar zu der verfahrenen französischen Politik. Er verurteilt besonders die autoritären Rechten und deren politischen Anführer Adolphe Thiers. Manet wendet sich mit „Die Erschießung Kaiser Maximilians von Mexiko" gegen die Historienmalerei, bei der peinlich darauf geachtet wurde, dass die Uniformen, die Stellung der handelnden Personen mit der Realität übereinstimmten, auch wenn inhaltlich idealisiert und geschönt, also malerisch gelogen wurde. Manet malt kein Historienbild: Es ist ein kritischer Beitrag zum Tagesgeschehen. Ein Grund, dass dieses Werk zu Lebzeiten Manets niemals in der Öffentlichkeit gezeigt werden durfte.

Als Manet 1873 die Malerin Berthe Morisot in seinem Bild „Die Ruhepause" porträtiert, spotten die Kritiker über Morisot als „Göttin der Schlampigkeit", das sei „ein Wirrwarr, der jeder Beschreibung spottet", eine „geistlose, abscheuliche Karikatur in Öl". Die Malerin ist auf dem Bild nachdenklich und zweifelnd: Hat sie als Frau Perspektiven? Oder ist ihr „der Platz am Herd" zugewiesen? Das Bild stellt Fragen über den Platz der Frau in der modernen Gesellschaft. Als Manet jedoch „Le Bon Bock" (Das gute Bier), zeigt, schreibt der Kritiker Mantz, das sei „ein Wunder an Lebendigkeit und Farbe ... erstaunlich und herausragend". Und: „In den gegenwärtigen unruhigen Zeiten verkörpert dieser friedliche Trinker eine immerwährende Gelassenheit ... Seine rosigen Wangen und die wohlbeleibte Gestalt künden deutlich davon, dass er keine Traurigkeit kennt." (zit. n. King, S. 419) Manet hatte den rückschrittlichen Zeitgeist bedient, einen zufriedenen Menschen gemalt, der von den guten alten Zeiten träumt, ein Motiv, mit dem er mit Meissonier konkurrierte, der mit zufriedenen, „zeitlosen" Menschenbildern seine Karriere begonnen hatte. Manets Freund Edgar Degas war über das Bild erschüttert: „Ich halte seine Eitelkeit für wesentlich größer, als seine Intelligenz ist", kritisierte er das Bild.

„Le Bon Bock" blieb ein Sündenfall. Manet hat den Menschen als Großstädter in das Bild gebracht, das Alltägliche gestaltet. Seine Kunst ist die Demonstration der Möglichkeit von Demokratie und Modernität – ohne mystische und romantische Verklärung. Heroen und Genies sind aus den Bildern verbannt. Der Verweis auf eine höhere Ordnung, auf Übersinnlichkeit, auf mythische oder kosmische Irrationalitäten fehlt. Was bleibt, ist das Bild als Abbild von gelebter Gegenwart, Ausdruck eines neuen Lebensgefühls: Freiheit, Vergnügungen des Großstadtlebens, Sportereignisse, Cafés und Restaurants als Orte der Entspannung und des Austausches, neue Möglichkeiten der Technik, Dampflokomotiven und nicht zuletzt die neue Architektur des modernen Paris.

Das Bild wird als ein von einem Kunsthandwerker geschaffenes Abbild begriffen und nicht mehr als Eingebung des Genies. Damit wird das Bild für die wissenschaftliche und künstlerische Analyse geöffnet: Der Entstehungsprozess eines Bildes wird reflektiert. Die Kunstgriffe des Malers, die Formgestaltung und die Farbwirkung werden als bewusste, handwerklich zu bearbeitende Maltechniken begriffen. Damit wird der Betrachter in den Mal- als einen Sehprozess einbezogen. Wenn Manet „Pferderennen in Longchamp" um 1867 malt, gestaltet er die Figuren nicht in mikroskopischer Genauigkeit, sondern so, wie der Beobachter das Rennen erlebt, als flüchtige Szene mit vorbeirasenden, nicht genau erfassbaren Pferden. Dazu Matisse: „Er war der Erste, der mit raschen Reflexen operierte und dadurch das Metier des Malens vereinfachte [...] indem er nichts anderes zum Ausdruck brachte als das, was seine Sinne unmittelbar berührte." (zit. n. Néret, S. 7)

Seurat schmiedet Bündnis mit der Wissenschaft

Diese Flüchtigkeit des Sehakts führt auch zu einem neuen Gebrauch der Farbe. Sie wird so eingesetzt, dass sie erst im Auge des Betrachters ihre volle Wirkung entfaltet. Die Vielfalt der Farben ordnet sich erst im Gehirn des Betrachters. Das Flüchtige bekommt durch das gedankliche Verarbeiten eine neue Ordnung. Georges Seurat (1859 -1891) setzte diese Erkenntnisse am konsequentesten um. Er knüpfte an die Tradition der alten Meister an und kopierte Holbein d. J. (1497 - 1543), Ingres (1780 - 1867) und Raffael (1483 - 1520). Sein großes Vorbild war aber Poussin (1594 - 1665), von dem er die Anordnung der Figuren, die Komposition und innere Struktur übernahm. Seurats oberster Grundsatz lautet: „Kunst ist Harmonie". „Harmonie, das ist die Analogie der Gegensätze, Analogie des Ähnlichen; Analogie von Ton, Farbe, Linie, begriffen durch das Überwiegen und unter dem Einfluss eines Farblichts aus heiteren, traurigen oder ruhigen Kombinationen." (Haftmann, S. 23) Seurat beschäftigt sich wissenschaftlich mit den

Farbtheorien der Physiker und der Psychologen und strebt eine Malerei unter dem Primat der Vernunft an: Er will die Gesetzmäßigkeiten der Farbe und der Form bewusst nutzen und so eine berechenbare Wirkung erzielen. Seurat ist ein Dompteur, der nur die sieben prismatischen Farben ungemischt einsetzt und mit ihnen pointilistisch komponiert, so dass sie sich erst im Auge des Betrachters mischen.
„Heiterkeit: = Dominante des Lichten, der warmen Farben, die über die Horizontale steigende Linie;
Ruhe: = Gleichgewicht des Hell-Dunkel, der warmen und kalten Farben, die Horizontale;
Trauer: = Dominante des Dunklen, der kalten Farben, die sinkende Linie". (ebd.)
Seurat befasst sich auch mit den Möglichkeiten der Fotografie. Seine Conté-Kreidezeichnungen sehen aus wie gezeichnete Daguerreotypien. Aber Seurats Bilder sind zu sehr gemalte Wissenschaft. Bei ihm erstarren die Figuren zu mechanischen Körpern, zu Demonstrationsfiguren seiner Theorien.

Signac begründet die neue Sichtweise inhaltlich
Paul Signac (1863 - 1935) stimmt mit den Theorien Seurats überein. Zur neuen Malerei schreibt er: „Es [...] ist – somit ein Fehler – der nur allzu oft von den Revolutionären mit den besten Absichten begangen wird [...] –, die grundsätzliche Forderung zu stellen, Kunstwerke müssten eine eindeutige sozialistische Stoßrichtung aufweisen, denn stärker und beredter tritt diese Stoßrichtung bei den reinen Ästheten zutage, Revolutionären ihrer Natur nach, die die ausgetretenen Pfade verlassen, um das, was sie sehen, zu malen, wie sie es empfinden, und die sehr oft unbewusst dem alten, wurmstichigen Gesellschaftsgebäude, das wie eine alte, entweihte Kathedrale zerfällt und zerbröckelt, einen heftigen Pickelschlag versetzen. [...] Mit ihrer neuen, den geheiligten Regeln diametral entgegengesetzten Technik führten [die Impressionisten] die Nichtigkeit unveränderlicher Verfahren vor Augen; durch ihre pittoresken Studien der schäbigen und verstörenden Arbeiterquartiere von Saint-Quen oder Montrouge, durch die Wiedergabe der breiten und merkwürdig gefärbten Bewegungen eines Arbeiters neben einem Sandhaufen, eines Schmiedes in der Weißglut einer Schmiede, oder besser noch durch die synthetische Darstellung dekadenter Vergnügungen – Tanzlokale, chahuts, Zirkusvorstellungen [...] – legen sie ihr Zeugnis ab von der großen gesellschaftlichen Kraftprobe, die zwischen den Arbeitern und dem Kapital im Gange ist." (Heller, S. 47/48) Signac begreift den „reinen Ästheten" als den wahrhaften Revolutionär, weil er klare Position gegen die schwülstige Rechtfertigung und pathetische Überhöhung veralteter Ideale bezieht. Es ist eine Malerei in der Opposition; aber die Synthese wird noch nicht gezogen. Zum Inhalt der Malerei von Seurat und Signac werden lediglich Farbe und Form – die gesellschaftliche Wirklichkeit wird nicht analysiert sondern dekorativer Hintergrund. Es ist der analytische Blick, der die Objekte im Stillstand untersucht. Die Bewegung ist aus den Bildern gewichen.

Renoir zeigt den Zauber des neuen Menschenbildes

Anders als bei Seurat und Signac sieht man den Menschen von Auguste Renoir (1841 - 1919) an, dass sie leben, dass sie sich sehnen, dass sie lieben. Renoir ist verliebt in seine Dargestellten und seine Gegenstände. Er ist ein ästhetischer Ja-Sager. Renoir nimmt die Wirklichkeit so, wie sie ist und gewinnt ihr die Sonnenseiten ab. Ausdrücklich wendet er sich gegen die wissenschaftliche Erklärung und betont eine einfühlsame, gefühlsbetonte Kunst: „Heutzutage will man alles erklären. Aber wenn man ein Bild erklären könnte, wäre es kein Kunstwerk. Soll ich Ihnen sagen, welche Eigenschaften meiner Ansicht nach echte Kunst ausmachen? Sie muss unbeschreibbar und unnachahmlich sein [...] Das Kunstwerk muss den Betrachter packen, sich um ihn legen und mit sich fortreißen. In ihm vermittelt der Künstler seine Leidenschaft, es ist der Strom, den er aussendet und durch den er den Betrachter in seine Passion einbezieht." (zit. n. Feist, S. 21) Renoir verzaubert, weil er selbst verzaubert ist. Er genießt und teilt seinen Genuss mit dem Betrachter. Werner Haftmann hat recht, wenn er hervorhebt: „Nie hat es eine Kunst gegeben, die ein so freudiges, von allen Sinnen getragenes Einverständnis mit der erscheinenden Welt in all ihrer Gegenwärtigkeit bekundete." (Haftmann, S. 18) Das ist nur möglich, weil Renoir unbefangen an seine Kunst herangeht. Er liebt es, die Schönheit des Augenblicks einzufangen, das Erfreuliche und „Hübsche". Unerfreuliche Dinge gebe es genug in dieser Welt. So konzentriert er sich auf die Sonnenseite des Großstadtlebens, die nur Sonn- und Feiertage kennt. Die Geburt des Impressionismus erklärt er damit, dass die Künstler eines Morgens kein Schwarz mehr gehabt und trotzdem gemalt hätten. Kann es so viel leuchtende Reinheit und Harmonie in dieser Welt geben? Wo viel Licht ist, muss auch Schatten sein. In manche seiner Bilder schleicht sich Sentimentalität und Rührseligkeit ein.

Degas malt den flüchtigen Moment der Schönheit

Ganz im Gegensatz zum unbeschwerten Renoir ist Edgar Degas (1834 - 1917) ein nüchterner, dabei wachsam Anteil nehmender Beobachter. Auch er liebt die Großstadt, Pferderennen, das Nachtleben, das Ballett, vor allem aber Frauen als Balletttänzerinnen, als Blumenverkäuferinnen und Büglerinnen. Unter den Impressionisten widmet sich Degas am intensivsten der Darstellung von Bewegung. Seine Balletttänzerinnen tänzeln, schweben, gleiten und strecken sich oder ruhen sich aus. Seine Farbe spielt mit dem Licht, setzt Akzente und tanzt mit. Es sind malerische Momentaufnahmen aus oft ungewöhnlichen Perspektiven. Degas: „Ein Gemälde darf niemals nur eine Kopie der Natur sein. Viel wichtiger ist das, was du allein im Kopf hast. Während einer solchen Transformation arbeiten Vorstellungskraft und Gedächtnis zusammen, und der Maler gibt das wieder, was ihn am meisten interessiert, nämlich das Notwendige." (García-Bermejo, S. 2) Trotz ihrer Nähe wirken seine Bilder nie voyeuristisch oder aufdringlich. Sie sind wie aus der Wirklichkeit gegriffen, Degas malt den flüchtigen Moment der Schönheit. Auch bei seinen Aktbildern, meist Rückenakte beim Baden, erhascht er genau „den" Augenblick, beim Abseifen, beim Abtrocknen, beim Kämmen. Degas war der Maler der Bewegung in Zeitlupe, ein Spieler mit Licht und Schatten, bei dem Farbtupfer wie Schneeflocken schweben. Degas ist aber auch ein Maler des sozialen Milieus, der Absinth-Trinker, der sozial Gescheiterten. Seine Büglerinnen- und Wäscherinnen-Bilder zeigen die Anstrengung und Stumpfheit der Arbeit.

Toulouse-Lautrec bringt die Bilder „auf die Straße"

Henri Toulouse-Lautrec (1864 - 1901) entwickelte die Bilderwelt von Degas weiter ins scharfsinnig Beobachtete, dekorativ Illustrierende und karikativ Typisierende zugleich. Er beginnt seine Karriere mit der Darstellung des Nachtlebens des alten Montmatre, als die Kneipen, Cafés und Tanzlokale von Arbeitern und der Mittelschicht besucht wurden und die Reichen noch nicht Gefallen an den dort üblichen anrüchig, derben Späßen gefunden hatten. Sein Gönner und Freund war der Kabarett-Besitzer und Anarchist Aristide Bruant, der ihm die ersten Ausstellungsmöglichkeiten bot und für den er auch die ersten Plakate anfertigte. Bruant besang das Alltagsleben der Ärmsten, der Huren, Lumpensammler und Bettler in der derben Umgangssprache „Argot", er verfluchte die Oberschicht, die Aristokraten, die Kapitalisten und die Staatsmacht mit ihrer Polizei. Wie Toulouse-Lautrec, der aus einem der ältesten Grafengeschlechter Frankreichs stammt, kam auch Bruant aus besseren Kreisen. Von ihrer privilegierten Position aus prangerten beide das Elend der arbeitenden Massen an und entlarvten die Doppelmoral der Oberklasse. Während Bruant fluchte und schimpfte „Ihr Missgeburten, Jammerfritzen,/ Aus schlaffem Fleisch schlecht fabriziert,/ Was hatten eure Mutter denn statt Zitzen,/ Dass eure Front nicht mal ´ne Fresse ziert?..." (Adriani, S. 145), schaut Toulouse-Lautrec genauer hin, registriert die Feinheiten, charakterisiert. Deutlich sind die malerischen Anleihen bei Gustave Courbet und bei Honoré Daumier, vor allem aber bei Manet: „Es lebe die Revolution! Es lebe Manet! Der Wind des Impressionismus weht durch das Atelier. Ich bin überglücklich [...]" (zit. n. Heller, S. 20) , schreibt er seiner Mutter. Er sieht sich durch die Impressionisten von der Last der Konventionen befreit und kann den Normen seines Aristokraten-Standes entfliehen.

Sein Gemälde „A Montrouge (Rosa la Rouge)", 1886, zeigt die Arbeiterin Carmen Gaudin mit ihrem leuchtend kupferblonden Haar. Er idealisiert nicht, noch schönt er. Das Bild zeigt einfach die Anmut, die Armut und Verzweiflung, aber auch die Hoffnung einer jungen Frau. Während Bruant in seinen Moritaten Mord, Gier und Leidenschaft dramatisiert, zeigt Toulouse-Lautrec Mühen und Einsamkeit des Alltags der Wäscherinnen, Dirnen und Büglerinnen. Oder er macht nüchtern und ohne zu moralisieren deutlich, wie schon 15-Jährige Opfer der Begierde älterer „Herren" werden: Sex, um die Armut zu lindern. Was für die „hohen Herren" amouröse, sexuelle Abenteuer, Ausflüge in eine exotische, Sittennormen sprengende Welt sind, ist für die Betroffenen der unteren Schichten Kampf ums Überleben.

In seinem Bild „Im Au Moulin de la Galette", 1889, hat Toulouse-Lautrec die handelnden Personen in all ihrer Widersprüchlichkeit zusammengeführt: Der Blick des Betrachters wird zunächst auf drei Dirnen gelenkt, die auf Freier warten. Hinter ihren Rücken sitzt ein Beobachter der Sittenpolizei. Im Hintergrund feiern Angehörige der Unter- und Mittelschicht eine schräge Party, während ein Polizist einige Herren – mit Gehrock und Zylinderhut – zurechtweist: ein munteres Durcheinander dekadenter Vergnügungen: Offensichtlich können Polizei und Sittenaufsicht den Verfall der aristokratischen Ordnung nicht mehr aufhalten. Toulouse-Lautrec, ein Aristokrat, ist der Maler der Boheme. Ausgerechnet er entdeckt in den Vergnügungen der unteren Schichten das Lebensgefühl der Zukunft: Er ist mit Tänzerinnen und Sängerinnen befreundet und gibt ihnen in seinen Bildern Gesichter, Individualität, Eleganz – und Popularität. Nicht zuletzt haben auch seine Plakate dazu beigetragen, denn Toulouse-Lautrec gelingt die überzeugende Gestaltung des modernen Künstler-Plakats. Dabei nutzt er die modernen Möglichkeiten der Farblithografie. Er will auch Kunst für die Zeitungen machen und ist überglücklich, als die Tageszeitung „Le Courrier Francais" am 26. September 1886 seine erste Karikatur veröffentlicht. Damit ist Toulouse-Lautrec der erste Künstler, der ganz bewusst mit seiner Kunst „auf die Straße" geht, Kunst für die Massen macht. Hierbei nutzt er auch die Möglichkeiten der Fotografie. Seinen Freund und Fotografen Paul Sescau lässt er Fotos als Anregungen und Vorlagen anfertigen. Neben Plakaten für Aristide Bruant entstehen so Werbelithografien für die Tänzerinnen La Goulue, Jane Avril und Yvette Guilbert, die nicht nur den Ruhm von Toulouse-Lautrec begründen. So führte Jane Avril noch 30 Jahre später ihre Popularität vor allem auf die Plakate des Künstlers zurück. Der junge George Braque soll stundenlang auf der Straße auf die Ankunft des Plakatklebers gewartet haben, damit er frisch angeklebte Toulouse-Lautrec-Plakate abziehen konnte, um sein Zimmer damit zu schmücken. Der Kritiker Félix Fénéon feierte die Kunst Toulouse-Lautrecs in der anarchistischen Zeitschrift „Le Père Peinard": „Eine Freiluftausstellung, das ganze Jahr und überall auf der Straße [...] und das ist wirkliche Kunst, bei Gott!, und sie schreit auf, ist Teil des Lebens, ist Kunst, die keine Faxen macht, Kunst für echte Kerle." „Weder in seiner Zeichnung noch in seiner Farbe ist etwas Falsches zu finden. Weiß, Schwarz, Rot in großen Scheiben und vereinfachte Formen – das sind seine Mittel [...] doch mit einer Kühnheit, Unverfrorenheit und Wucht hauen [die Plakate] einen um, und für die, die nur mit süßem Brei gefüttert werden wollen, sind sie eine harte Nuss." (zit. n. Heller, S. 70/71) Toulouse-Lautrec behandelte die Plakate wie Kunstwerke, ließ Sonderdrucke anfertigen, nummerierte und signierte sie. Sie zeichnen sich durch Konzentration auf ein Thema, den großflächigen Einsatz der Farbe und Schlichtheit aus. Der wenige Text ist akzentuiert vor oder hinter das dominierende Motiv gesetzt. In dem Plakat von Aristide Bruant wird eine Tiefenwirkung erzielt, indem hinter der herausragenden Figur mit dem roten Schal im Hintergrund eine schwarze Figur gesetzt wird. In dem Plakat „Jardin de Paris: Jane Avril", 1893, bildet der phallusartig in das Bild ragende Arm des Kontrabasses den Rahmen, Jane Avril zeigt, das Tanzbein hoch schwingend, ihre rauschende Unterwäsche. Hier ist der Farbeinsatz nur auf die Avril akzentuiert, ihr rot-braunes Kleid, ihre roten Lippen und ihr rot-brauner Hutschmuck lenken den Blick. Diese Plakate erregen Aufmerksamkeit und zeigen Wirkung: Künstler,

Tänzerinnen und Sänger werden aus dem Halbdunkel des Montmatre-Milieus in die Hautevolee gespült. Das sündige Babel wird in die Champs Elysee eingemeindet – ein Wandel des Geschmacks ist erfolgt.

Dabei bleibt Toulouse-Lautrec der Maler des „Moulin Rouge", der Cafés, Kneipen und Bars, der Bordelle, deren ungezwungenes Leben er etwas idealisiert. Seine Farbpalette hellt sich auf. Toulouse-Lautrec besticht nun durch dekorativen Einsatz der Farbe und der Linie, mit der er die Atmosphäre des amüsanten Treibens akzentuiert. In seinem Bild „Im Moulin Rouge", 1894/95, erinnert sich Toulouse-Lautrec schon fast wehmütig an diese Zeit: Noch einmal sind hier die Personen versammelt, deren Lebenswege sich schon längst getrennt hatten: Im Hintergrund Toulouse-Lautrec mit seinem Cousin Gabriel Tapié, rechts im Hintergrund die Tänzerinnen La Goulue und Mome Fromage. Am Tisch sitzen der Kritiker Edouard Dujardin, die Tänzerin Macarona, der Fotograf Paul Sescau und der Bohemien Maurice Guibert. Durch ihr rotes Haar ist Jane Avril identifizierbar, die dem Betrachter den Rücken zukehrt. Rechts ist – grell beleuchtet – die Tänzerin May Milton zu sehen. Von den Nachlassverwaltern des Künstlers oder dem Galeristen Maurice Joyant wurde May Milton nach dem Tod Toulouse-Lautrecs (1901) brutal aus dem Bild geschnitten, das Gemälde also um den rechten Rand verkleinert (1915 allerdings wieder zusammengefügt). Wahrscheinlich wollte der Galerist so Gerüchte über eine angebliche „Perversität" unterbinden, denn May Milton hatte eine lesbische Beziehung mit Jane Avril. Derartige Prüderie war Toulouse-Lautrec völlig fremd, hatte er doch das Thema der gleichgeschlechtlichen Liebe in „Die Hingabe: Die beiden Freundinnen" (1895) ganz unbefangen einfühlsam behandelt, eine neue Sichtweise. Zwar hatte Gustave Courbet schon 40 Jahre vorher lesbische Liebe zum Thema gemacht, aber in voyeuristischer Dramatisierung, eben aus der Sicht des Mannes.

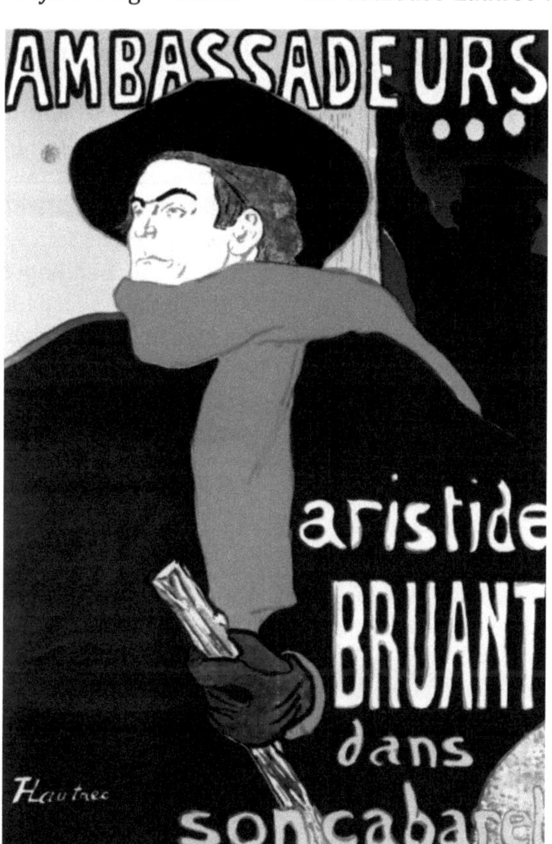

Henri de Toulouse-Lautrec: Aristide Bruant, 1892, Farblithographie Plakat, 150 x 100 cm, Privatsammlung, Foto: The Yorck Project, public domain

Toulouse-Lautrec knüpfte direkt an Manet und Degas an, akzentuierte aber deren Formen- und Farbeinsatz und brachte die Kunst auf die Straße und unter die Massen. Er formulierte ein Lebensgefühl, das den Nerv der Zeit traf, das Modernität mit einer Demokratie der Umgangsformen verband. Damit ebnete er den Weg vor allem für Henri Matisse und Pablo Picasso. Dessen Bild „Les Demoiselles d´Avignon" (1907) ist ohne die „Vorarbeit" von Toulouse-Lautrec nicht denkbar. Picasso: „In Paris begriff ich, was für ein großer Maler Lautrec war." (zit. n. Felbinger, S. 91)

Cézanne streitet gegen den Illusionismus

Paul Cézanne (1839 - 1906) war die andere wichtige Voraussetzung für Picasso oder Matisse. Cézanne verwirklichte den Antiillusionismus vor allem im Landschaftsbild: Er kopiert nicht die Natur, er konstruiert seine Bilder parallel zur Natur. „In der Kunst ist alles Theorie, entwickelt und angewandt im Kontakt mit der

Natur." (zit. n. Haftmann, S. 36) Mit seiner Ansicht, dass sich alles in der Natur nach Kugel, Kegel und Konus bilde, gibt er seinen Gemälden innere Stabilität und den späteren Kubisten die Grundlage für Experimente. Damit ist die formale Struktur von Cézannes Bildarchitektur vorgegeben. Auf der anderen Seite sind die Farben Ausdruck der „Tiefe" der dreidimensionalen Natur auf der zweidimensionalen Leinwand. „Ich nehme die Farben, Nuancen, sie werden Gegenstände, ohne dass ich darüber nachsinne." (ebd.) Cézannes Ziel ist die „Réalisation", er meint damit, die Welt in Malerei zu verwandeln. Er will die Welt erneut „refaire = wiedermachen" in seinen Bilderwelten. Dabei will er nicht den Schein der Dinge, sondern das Sein neu bilden. Cézanne „baut" seine Bilder ganz bewusst aus Kugel, Kegel, Konus und Farben auf einer zweidimensional gehaltenen Fläche, wo die Farben räumliche Tiefe herstellen. „Die Natur ist immer dieselbe, aber von ihrer sichtbaren Erscheinung bleibt nichts bestehen. Unsere Kunst muss ihr das Erhabene der Dauer geben [...] Was ist hinter der Natur? Nichts vielleicht. Vielleicht alles. Also verschränke ich diese umherirrenden Hände. Ich nehme rechts, links, hier, dort, überall diese Farbtöne, die Abstufungen, ich mache sie fest, ich bringe sie zusammen. Sie bilden Linien, werden Gegenstände, Felsen, Bäume, ohne dass ich daran denke. Sie nehmen ein Volumen an ... meine Leinwand verschränkt die Hände. Sie schwankt nicht. Sie ist wahr, sie ist dicht, sie ist voll." (zit. n. Bocola, S. 141) Cézannes Gemälde sind durchgeplante Bildarchitektur, sie wollen zu keiner Natur-Illusion hinreißen, sie wollen ausschließlich das mit Farbe und Form Gestaltete repräsentieren.

Monet zieht sich in die Idylle zurück

Der Gegensatz zwischen Paul Cézanne und Claude Monet (1840 - 1926) könnte nicht größer sein. Monet spielt mit der Illusion, indem er zum Beispiel die Kathedrale von Rouen 1894 in Serie malt, bei Sonnenaufgang und Sonnenuntergang, im Regen, im Nebel und im Dämmerlicht. Damit macht er den Illusionismus des Sehakts deutlich und bezaubert so mit variantenreicher Harmonie. Zugleich schafft er so eine neue harmonische Illusion als gemaltes Bild. Monet holt das Licht ins Bild, lässt es in der grellen Sonne leuchten, im Morgengrauen dämmern, in Nebelschwaden vibrieren, in der Abendsonne erglühen. Er verhilft den Impressionisten zu ihrem Namen, er ringt der Natur, der gleichen Landschaft immer neue Nuancen, wechselnde Impressionen ab. Seine riesigen Seerosenbilder ab 1899 überwältigen durch ihr Leuchten bei näherer Betrachtung, geben aber ihre Formen erst bei größerem Abstand zum Bild preis. Aber Monet verengt seine Sichtweise – vor allem in den späten Werken – auf das Landschaftsbild. Es ist ein Rückzug in die Idylle, in seinen inzwischen weltberühmten Privatgarten in Giverny. Monet bediente damit den Zeitgeist, der sich das Idyll in einer angespannten Zeit zurücksehnte. Monet steht mehr in der Tradition des englischen Romantikers William Turner als in der eines Manet. Sein frühes Gemälde „Das Frühstück" (1868) kann als Gegenbild zu Manets „Das Frühstück im Freien" (1863) gesehen werden. Bei Manet erscheint die unbekleidete Frau als Angriff auf die herrschende Moral, Monet gestaltet ein Familienidyll mit seiner Frau Camille, adrett im Sonntags-Festkleid mit ihrem Sohn. Auch bei „Frauen im Garten" (1867) und „Das Mittagsmahl" (1872-73) erscheinen die Frauen in Rauschekleidern und zelebrieren ihre heile Groß-Kleinbürgerwelt. Leider gelangen auch die drei Impressionistinnen Berthe Morisot, Eva Gonzales und Mary Cassatt nicht über das Frauenbild hinaus, das das weibliche Geschlecht an Küche, Kochtopf, Kleider und Kinder fesselt.

Insgesamt hatten die Impressionisten eine Wende in der Malerei eingeleitet: Das Bild war als eigenständiges Bild begriffen worden – nicht als Abbild der Natur, sondern als gesellschaftliches Kommunikationsmittel gleich der phonetischen oder der Schrift-Sprache, nur eben auf bildlicher Ebene. Das Landschaftsbild ist nicht mehr Wiedergabe der Landschaft als Gottes Schöpfung, das Landschaftsbild ist von der Hand des Künstlers mit Farbe und Form gestaltet, handwerklich neu geschaffen und dadurch von ideologischem Ballast befreit: Es fehlten nun Götter oder Heilige (mit Moralhinweisen) oder gekrönte Häupter als Zeichen einer Hierarchie, die Menschen zu Untertanen degradieren. Jetzt konnte mit der

Analyse der Bilderwelten begonnen werden. Farbe und Form schienen von einer Last befreit und waren nun allein dem Ausdruckswillen und Ausdrucksvermögen der Künstler zugeordnet. Farbe und Form waren als selbständige Experimentierfelder der künstlerischen Arbeit erkannt worden. Jetzt galt es, die Welt des Gegenständlichen neu zu ordnen. Gesellschaftliche Zusammenhänge, die Stellung des Künstlers mussten neu definiert werden. Gott war nicht mehr der Gott, der – wie auch immer – einen Künstler zum Genie machte.

Van Gogh betet die Sonne an

Die Impressionisten hatten das Erhabene, das Übernatürliche, das Irrationale aus den Bildern verbannt. Vincent van Gogh (1853 - 1890) bringt es mit gleißender Farbe und Formenwirbel in die Bilder zurück. Mit religiöser Inbrunst – malerisch von Millet, Daumier, Seurat und Signac beeinflusst – betet er das Licht, die Sonne an. Schon Carl Einstein hatte das Ekstatische in van Goghs Malerei herausgearbeitet: „An Stelle des geschmacklichen Impressionismus tritt die manische Identifikation mit der Sonne. Aus Lichteffekt wird Sonnenhörigkeit. [...] Die männliche, befruchtende Sonne strahlt hinter der geöffneten weiblichen Zugbrücke. Sein Sämann ist der Sonne identisch, vor der er einherschreitet. [...] Die Ikarus-Mythe ereignet sich neu. Die Sonne ist ein Zeichen des zeugenden Vaters, also männliches Ideal. Identifizierte man sich mit ihr, so will man den Vater, den Heroen, vertreten und ersetzen, und so wird man leicht Opfer des Ideals, das man nicht zu verwirklichen vermag. ... Also van Gogh treibt das impressionistische Metier bis zum religiös Symbolhaften." (Einstein, S. 26 ff.) Das Mittel zur religiösen Beschwörung wird die Farbe. Einerseits ist er impressionistischer Handwerker, wie van Gogh in einem Brief an seinen Bruder Theo am 7. Juli 1888 schreibt: „Glaube nicht, dass ich ein künstliches Fieber in mir unterhalte, wisse, ich bin mitten im kompliziertesten Rechnen drinnen. Daraus geht eine Leinwand nach der anderen hervor, ganz rasch gearbeitet, aber das ist schon lange vorherberechnet. [...] Man muss in einer einzigen halben Stunde an tausend Dinge denken, als ein Logiker, fähig, die verzwicktesten Rechnungen über die Aufteilung der Fragen zu verfolgen und auszugleichen, ein trunkenes Arbeiten und Rechnen, da ist der Geist zum Zerreißen gespannt, wie bei einem Schauspieler, der eine schwere Rolle spielt.« (zit. n. Bocola, S. 146) Andererseits ist er leidenschaftlicher Romantiker. Die Komplementärfarben Rot und Grün sollen die „Leidenschaft der Menschen" farblich explodieren lassen. Mit den Komplementärkontrasten Orange-Blau oder Violett-Gelb will er die Farbe bis zum „Alleräußersten" treiben, eine „Farbenmusik" erklingen lassen, bei der alle Farben gleichzeitig erblühen. Van Gogh durchliebt die Gegenstände, zermartert sich an ihrer Schönheit, überhöht sie und imaginiert so ein neues Reich der Farbe und Formen. Dabei bricht eine neue „Naturmystik" durch: Bäume, Zypressen, Kirchen bekommen ein eigenes Seelenleben, bäumen sich auf, der Himmel veranstaltet ein geheimnisvolles Spektakel. Das Nachtcafé wird zu einem Ort, an dem „man Verbrechen begehen kann", an dem aber auch gleichzeitig das hohe Lied der Ergriffenheit und Schönheit erklingt. Die Leidenschaft der Farben und Formen toben in van Gogh, es ist seine „glühende Unterwelt", seine neue „Offenbarung". Er wusste, dass er dabei sein Leben aufs Spiel setzte und sich um den Verstand malte. Er zerbricht an der Marter des Gegenständlichen. Er will sie „ewig" machen, aber sie lassen sich nicht fassen und beginnen bei ihm zu tanzen. Er scheitert bei dem Versuch, geliebte Objekte und Menschen in seinem erträumten Konzept von Harmonie und Schönheit zu vereinen.

Gauguin flieht in sein Paradies

Van Goghs Malerkollege Paul Gauguin (1848 - 1903) entfernt sich von den Erkenntnissen der Impressionisten, deren Modernität und vor allem deren Farbtheorien er ablehnt: „Die Farbe als solche ist rätselhaft in den Empfindungen, die sie in uns erregt. So muss man sie auch auf rätselhafte Weise gebrauchen, wenn man sich ihrer bedient, nicht zum Zeichnen, sondern um der musikalischen Wirkungen willen, die von ihr ausgehen, von ihrer eigenen Natur, von ihrer inneren, mysteriösen, rätselhaften Kraft." (Bocola, S. 153) Gauguin will aus der technischen, der zivilisierten Welt fliehen. Er will zurück zu dem Ursprünglichen, dem Göttlichen. Bei ihm erlebt das religiöse Bild eine Auferstehung. Damit versucht er einen neuen Mythos zu begründen. Aber diese Wiederbelebungsversuche geraten nicht gerade überzeugend, sie atmen die erdige Trägheit des Veralteten. Dann findet Gauguin es schon besser, in die exotische Welt nach Übersee zu fliehen. Hier findet er männliche Bestätigung und das Primitive, das Barbarische, das Uranfängliche, das reine, unverdorbene Pathos. Gauguin verwirft jetzt die gesamte europäische Kultur: „Der grobe Irrtum ist das Griechische, so schön es sein mag." (zit. n. Haftmann, S. 34) Das Schöne und Gute des griechischen Ideals ist ihm zu diesseitig. „Oft bin ich weit zurückgegangen, weiter als zu den Pferden des Parthenon bis zum Spielzeug meiner Kindheit, dem guten Schaukelpferd." (ebd.) Gauguin will zurück zu dem Mythos des „Uranfangs", er sehnt sich nach dem „verschleierten Bild des unergründlichen Rätsels" und träumt vom „unendlichen Raum". Das jedoch lässt sich bildnerisch nicht gestalten. Also greift er nach der Exotik seiner „Unberührten" in Übersee. Aber sein Traum hallt auch in der Malerei bei den Nabis nach, die sich dann die „Erleuchteten" nennen und letztlich bei Richard Wagner und im katholischen Kloster landen.

Gauguin lehnt sich gegen die heuchlerische Sittenmoral der Gesellschaft und das feudale System auf, glaubt aber nicht – anders als die Impressionisten – an die Möglichkeit einer Veränderung. Für ihn ist die „Naturwissenschaft", die „Technik" – also das Gegenständliche – Schuld an dem allem und damit der Knechtung seiner Gefühle und Instinkte. Gauguin sieht für sich nur den Ausweg in einer Flucht in die Exotik, die er mit „Übersinnlichem" und Irrationalismen verklärt. Die „äußere Welt", die der Gegenstände, die der Beziehungen zu Mitmenschen kann er weder rational noch emotional bewältigen.

Munch und Ensor lassen die Dämonen wieder in die Bilder

Bei Edvard Munch (1863 - 1944) und James Ensor (1860 - 1949) werden Bilder zu Flucht und Ausweg aus einer verzweifelt erlebten Welt genutzt. Ihre Bilder sind psychischer Exhibitionismus. Bei Munch ist ein fast klassisches Drama des sogenannten Ödipus-Komplexes zu beobachten. Die geliebte Mutter und die Schwester sterben früh, der Vater quält ihn in religiösem Wahn. Krankheit und Alkohol zehren Edvard Munch aus. Eine Frau weist ihn ab. Er ist allein. Die Gegenstände, alles um ihn herum wendet sich gegen ihn. Die Landschaft wird zum Schrei. Haftmann beschreibt das präzis: „In diesem Krisenjahrzehnt zur Äußerung aufgerufen, war er sofort bereit, den Realitätscharakter der sichtbaren Wirklichkeit nicht nur anzuzweifeln, sondern schnell zu überspringen. Kaum auf Wirklichkeit verwiesen, exaltierte sich das Ichgefühl und trieb die Pole Ich und Welt bis zum Zerreißen auseinander [...] Es bearbeitete nicht Natur, es stilisierte, halluzinierte, dämonisierte sie [...] Die sichtbare Wirklichkeit war das feindliche, die Fessel, Scheinwelt. Die Antinomie Ich – Scheinwelt nahm in dieser Fesselung eine so unerträgliche Spannung an, dass die genialen Geister – van Gogh, Munch, Ensor –, die in sie gerieten, pathologisch reagierten." (Haftmann, S. 82)

Ensor kultivierte seinen Wahn mit Bildern, in denen er sich die Gesichtszüge Christi gab und sich selbst als Retter in einer Dämonenwelt stilisierte. Die bedrohliche, dämonisierte Außenwelt ist im Bild gebannt und so scheinbar durch den Ich-starken Künstler besiegt. In Wirklichkeit steigert Ensor sich in seine Scheinwelt hinein, die er aber für die einzig wirkliche ausgibt: Alle Dinge scheinen etwas zu verbergen und sich gegen den Künstler aufzubegehren, alle äußeren Gegenstände bergen in sich kleine Teufel. Der pathologische Kreislauf der ihn immer wilder verfolgenden Dämonen kann beginnen.

Der Impressionismus hatte die Kunst vom Illusionismus befreit und die Leinwand zum geistigen Experimentierfeld von Farbe und Form gemacht. Doch die gesellschaftliche Wirklichkeit treibt die Dämonen wieder in die Bilder.

Anmerkungen zum deutschen Impressionismus

Die Errungenschaft des französischen Impressionismus war, dass er sich aus den Zwängen einer Herrschaftskunst befreite und eine neue Bilderwelt mit einer Demokratie des Alltäglichen, vor allem städtischen Lebens bot. Dort wurde ein neues Lebensgefühl artikuliert, das die hierarchische Ordnung des feudalen und monarchistischen Staatsgefüges ablehnte. Das Historienbild bekam einen vollkommen anderen Inhalt. Es diente nicht mehr dazu, die Nationalgeschichte schön zu färben, sondern stellte im Gegenteil die feudale Ordnung in Frage. Mystisches und Mythologisches wurde aus den Bildern verbannt. In anderen europäischen Ländern wurde dieser fundamentale Umbruch in der Malerei nicht gesehen und der Impressionismus nur als formale Änderung des Malstils mit einem lockeren Pinselstrich missverstanden.

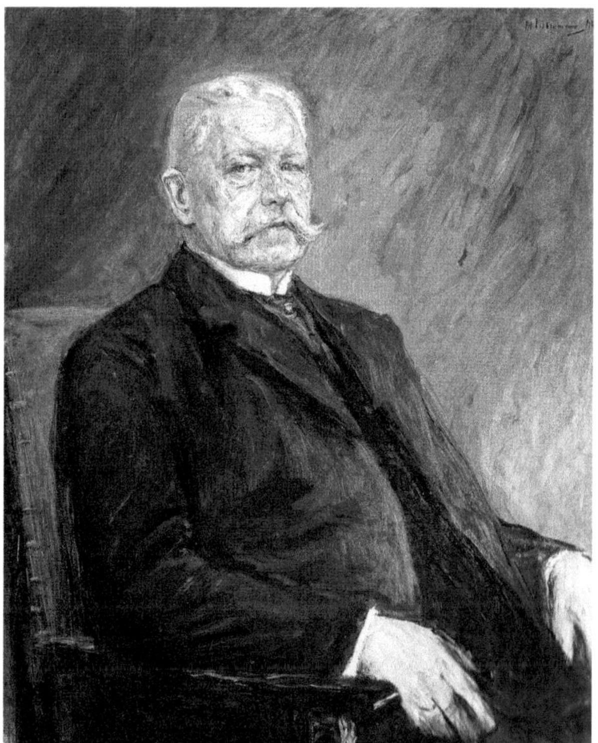

Max Liebermann: Bildnis des Reichspräsidenten Paul von Hindenburg, 1927, Öl auf Leinwand, 112 x 92,5 cm, Staatliches Museum Schwerin, public domain

Max Liebermann (1847 - 1935) bleibt der Salonmalerei und der Porträtkunst verpflichtet. Er liebt die ländliche Idylle. „Die Kuhhirtin"(1908), „Mädchen mit Kuh" (1894), „Frau mit Ziegen" (1890): Mit diesen Bildern entfernt er sich inhaltlich nicht wirklich von denen seiner Malerfreunde Wilhelm Leibl oder Franz von Lenbach, ebenso in seinen biblischen oder mythologischen Gemälden wie „Samson und Dalila" (1902). Er wurde zum geschätzten Porträtisten des gehobenen Bürgertums: „Richard Strauss" (1918) oder Ferdinand Sauerbruch (1932). Dass ihm besonders daran gelegen war, ausgerechnet den Militaristen von Hindenburg zu idealisieren, bleibt unverständlich.

Lovis Corinth (1858 - 1925) schwelgte geradezu in mystischen und antiken Themen. In den Bildern „Diogenes" (1891), „Geburt der Venus" (1896) oder „Kreuzabnahme" (1895) wird nicht kritisch hinterfragt, sondern das alte Thema in neuer Form wiederholt. Gewiss ist das Bildnis „Eduard Graf Keyserling" (1900) eine gekonnte Charakterisierung. Das „Selbstbildnis mit Skelett" (1986) unterscheidet sich aber nur der Form nach von einem ähnlichen Selbstbildnis, das Böcklin malte. Allenfalls in seinen Gemälden vom Walchensee und in seinen Aktdarstellungen „Liegender weiblicher Akt" (1899) bricht ein neues Lebensgefühl durch.

Auch Max Slevogt (1868 - 1932) bleibt mit seinen Porträt- und Landschaftsbildern in der bildungsbürgerlichen Salonmalerei gefangen. Fritz von Uhde (1848 - 1911) schließlich war Schlachtenmaler und idealisierte die umfassendste feudale Disziplinierungsorganisation, den Kasernenhof. Außerdem pries er kleinbürgerliche Genügsamkeit und religiöse Demut, die Tugenden des braven Bürgers. Auch hier ist von einem Auf- und Umbruch wenig zu spüren. Es ist gerade diesem Festhalten an den traditionellen Bildinhalten geschuldet, dass der Übergang vom Biedermeier und Symbolismus zum Impressionismus in Deutschland so geräuschlos und ohne große Debatten über die Bühne ging.

Fanfarenstoß des Futurismus ist Kriegsgeheul

Seinen ideologischen Sprengsatz für das 20. Jahrhundert veröffentlichte der italienische Dichter Filippo Tommaso Marinetti (1876 - 1944), kurz F. T. Marinetti, unter dem Titel „Manifest des Futurismus" am 20. Februar 1909 auf der ersten Seite der konservativen Pariser Zeitung „Le Figaro". Was zunächst nur ein künstlerisches Pamphlet schien, bedeutete für die Kunst und Malerei des 20. Jahrhunderts einen Einschnitt mit weitreichenden Folgen. Während sich die Pariser Künstler mit der Weiterentwicklung der Maltraditionen und sich daraus ergebenden Formproblemen befassten, stellte Marinetti die gesamte bisherige Kultur in Frage und forderte einen totalen Neubeginn nicht nur in der Kunst, er forderte eine neue Gesellschaft. Die elf Programmpunkte waren mit der Überzeugung geschrieben, damit die Avantgarde der europäischen Kunst und Malerei zu begründen. Das war das radikal Neue am Futurismus: Er forderte als „Avantgarde" den totalen Bruch mit der bisherigen Kultur. Auf den ersten Blick erscheinen die Programmpunkte sehr allgemein, aber aus ihnen spricht eine irrationale Erregtheit, die in ganz Europa auf fruchtbaren Boden fiel:

„1. Wir wollen die Liebe zur Gefahr besingen, die Vertrautheit mit Energie und Verwegenheit.
2. Mut, Kühnheit und Auflehnung werden die Wesenselemente unserer Dichtung sein. [...]
4. Wir erklären, dass sich die Herrlichkeit der Welt um eine neue Schönheit bereichert hat: die Schönheit der Geschwindigkeit. Ein Rennwagen, dessen Karosserie große Rohre schmücken, die Schlangen mit explosivem Atem gleichen [...] ein aufheulendes Auto, das auf Kartätschen zu laufen scheint, ist schöner als die Nike von Samothrake.
5. Wir wollen den Mann besingen, der das Steuer hält. Dessen Idealachse die Erde durchquert, die selbst auf ihrer Bahn dahinjagt [...]
7. Schönheit gibt es nur noch im Kampf. Ein Werk ohne aggressiven Charakter kann kein Meisterwerk sein [...]
8. Wir stehen auf dem äußersten Vorgebirge der Jahrhunderte! [...] Warum sollten wir zurückblicken, wenn wir die geheimnisvollen Tore des Unmöglichen aufbrechen wollen? Zeit und Raum sind gestern gestorben. Wir leben bereits im Absoluten, denn wir haben schon die ewige, allgegenwärtige Geschwindigkeit erschaffen.
9. Wir wollen den Krieg verherrlichen – diese einzige Hygiene der Welt – den Militarismus, den Patriotismus, die Vernichtungstat der Anarchisten, die schönen Ideen, für die man stirbt, und die Verachtung des Weibes.
10. Wir wollen die Museen, die Bibliotheken und die Akademien jeder Art zerstören und gegen den Moralismus, den Feminismus und gegen jede Feigheit kämpfen [...]
11. Wir werden die großen Menschenmengen besingen, die die Arbeit, das Vergnügen oder der Aufruhr erregt [...] Denn Kunst kann nur Heftigkeit, Grausamkeit und Ungerechtigkeit sein. [...]
Unsere Herzen kennen noch keine Müdigkeit, denn Feuer, Hass und Geschwindigkeit nähren sie! [...] Aufrecht auf dem Gipfel der Welt, schleudern wir noch einmal unsere Herausforderung den Sternen zu!«
(Baumgarth, S. 26–29)

Mit heute unerträglichem Pathos nennt Marinetti Grundpositionen: Er sieht sich als Führer der Avantgarde, als

Messias einer neuen abendländischen Kultur. Ein Messias mit übernatürlichen Kräften, „der das Steuer hält" und die Welt gestaltet. Ein äußerst patriarchalischer Messias, denn das Weib als verachtenswerte Kreatur ist ausgeschlossen, der Feminismus wird bekämpft.

Krieg als die „einzige Hygiene der Welt" wird verherrlicht. Als Ziel wird angegeben, die „geheimnisvollen Tore des Unmöglichen" aufbrechen zu wollen. Obwohl sie die Technik, die Wissenschaft scheinbar besingen, wirken die Ausführungen psychopathisch: Zeit und Raum seien gestern gestorben. „Wir leben bereits im Absoluten", in der „ewigen, allgegenwärtigen Geschwindigkeit". Kultur wird als etwas Vergangenes, Morbides abgewertet, das zerstört werden müsse, um Neues schaffen zu können. Was die „neue Kunst" bringen soll, wird nicht konkret ausgeführt, außer Heftigkeit, Grausamkeit, Ungerechtigkeit, Feuer, Hass und Geschwindigkeit.

Die Propheten des Nationalismus und Patriotismus Marinetti verneint, schöpft aus dem Arsenal des Negativen. Der Pariser Zeitschrift „Comoedia" erläutert er im Interview seine biologistischen Beweggründe: „Verherrlichung des Instinkts und des Spürsinns im Tier Mensch, Pflege der wahrsagerischen Intuition, des wilden und grausamen Individualismus, Verachtung der alten wucherischen Weisheit, Verschwendung unserer Gefühle und physiologischen Kräfte, täglicher Heroismus von Leib und Seele. Das ist es, was wir wollen." (ebd. 35) Marinetti stilisiert sich als Prophet des Weltuntergangs, letztlich bedeutet sein Manifest die ideologische Vorbereitung von Kriegen im Namen des Nationalismus.

Nationaler Irrationalismus und Chauvinismus hatten in ganz Europa Hochkonjunktur. Das erklärt auch, weshalb der Futurismus innerhalb kürzester Zeit den Kontinent eroberte. Am 5. Februar 1912 stellten die Futuristen zum ersten Mal in Paris aus, anschließend ging die Ausstellung nach London, vom 12. April 1912 an war sie in Berlin, es folgten Ausstellungen in Hamburg, Amsterdam, Den Haag, München, Wien, Budapest, Frankfurt, Breslau, Zürich, Dresden, um dann auch in Chicago gezeigt zu werden. Es war der Siegeszug der ersten futuristischen Maler Umberto Boccioni, Carlo Carrà und Gino Severini. Der deutsche Expressionist Franz Marc war begeistert: „Carrà, Boccioni und Severini werden ein Markstein der Geschichte der modernen Malerei sein. Wir werden Italien noch um seine Söhne beneiden und ihre Werke in unseren Galerien aufhängen. Paul Klee notierte: „Carrà, Boccioni und Severini sind gut, sehr gut, Russolo mehr typisch." Selbstherrlich verkünden die Futuristen im Katalog der Berliner Ausstellung: „Wir stehen an der Spitze der Bewegung der europäischen Malerei." (Martin, S. 18)

Boccioni imaginiert die „universelle Urempfindung"

Umberto Boccioni (1882 - 1916) war der unermüdliche Propagandist der futuristischen Ideen. Er predigte die Zerstörung der Museen, verteufelte Akt- oder Landschaftsmalerei, kurz, die ganze herkömmliche Malerei: „Man muss auch das Unsichtbare ausdrücken, das sich regt und jenseits der Oberfläche lebt [...] Die futuristischen Maler werden nicht mehr die Natur und die menschlichen Formen auf die Leinwand bannen, sondern sie werden Vibrationen und die Geschwindigkeit der Formen zeichnen: nicht den Gegenstand also, sondern den Rhythmus des in Bewegung befindlichen Gegenstandes. [...] Wir greifen so auf die universelle Urempfindung zurück, die unser Geist bereits in einer äußerst eindringlichen Synthese aller Sinne als eine universelle Grundform wahrnimmt, die es uns erlaubt, durch unsere tausendjährige Kompliziertheit zur ursprünglichen Einfachheit zurückzukehren. Wir wollen also, dass sich das Subjekt mit dem Objekt identifiziert." (ebd. S. 71) Boccioni behauptet also, dass er durch „eine äußerst eindringliche Synthese aller Sinne" zu einer „universellen Urempfindung" komme. Durch diese Synthese würden Objekt und Subjekt eins. Nicht mehr Natur und menschliche Formen würden auf der Leinwand zu sehen sein sondern Vibrationen und energetische Kräftefelder. Tatsächlich aber kann er dieses Versprechen in seinen Bildern natürlich nicht einlösen. In seiner Trilogie „Seelenzustände" (1911) thematisiert Boccioni zuerst

„Die Abschiede" mit einer Dampflok und sich offensichtlich zur Front verabschiedenden Soldaten. Dieses Bild prägt eine melancholische Trauer. Das zweite Bild „Die Abreisenden" zeigt Zugreisende, die an erleuchteten Häusern vorbei rasen, das dritte Bild „Die Zurückbleibenden" veranschaulicht deren Trauer und Einsamkeit. Wo hier (oder in anderen Bildern Boccionis) die „universelle Urempfindung" zum Ausdruck kommt, ist nicht zu sehen. Boccioni zeigt die äußerst sensibel empfundene Stimmung der Abreisenden, der Fahrgäste und der Zurückgebliebenen auf einem Bahnhof des Jahres 1911. Boccioni spürt die Stimmung eines Platzes „Der Lärm der Straße dringt ins Haus" oder die Atmosphäre einer Straße „Die Kräfte einer Straße" (beide 1911) sehr subtil auf, aber es sind keine Urkräfte am Werk oder Kräfte, die die „tausendjährige Kompliziertheit zur ursprünglichen Einfachheit" reduziert. Im Gegenteil: Blinkende Autos, emsig schuftende Bauarbeiter zeugen von der Kompliziertheit im industriellen Zeitalter. Mit seinen theoretischen Ausführungen versucht Boccioni seine Bilder mystisch zu verklären. Er versucht Instinkte zu bemühen, die man aber in seinen „futuristischen" Bildern nicht sieht.

Carrà wirbt für den Kriegseintritt

Boccionis futuristische Malerkollegen geben sich dagegen schon ganz vordergründig ihren nationalistischen Gefühlen hin. So montiert Carlo Carrà (1881 - 1966) 1914 seine „Manifestation zum Kriegseintritt" als patriotisches Fest. Im Zentrum der kreisförmig angelegten Collage mit farbig kolorierten Zeitungsausschnitten steht ITALIA. In den darum gruppierten Zeitungsausschnitten wird der Kriegseintritt als sportliches Fest, als Straßenorchester, als Rose, als farbenprächtiges Spektakel inszeniert. Und dann wird noch auf den Roman „Zang Tumb Tumb" verwiesen, in dem Marinetti die italienische Belagerung von Hadrianopel feiert. Der Tenor dieser Collage: Gewalt, Geschwindigkeit, „Dinamismo".

Severini und Balla versuchen, den Krieg zu idealisieren Gino Severini (1883 - 1966), in Paris lebend und arbeitend, bekommt von Marinetti aus Italien Malanweisungen. „Versuche, den Krieg bildnerisch zu leben, ihn in all seinen wundervollen mechanischen Formen zu studieren (Militärzüge, Befestigungen, Verwundete, Ambulanzen, Hospitäler, Paraden etc.) [...] Ziehe daraus einen Vorteil, schließe Dich der enormen militärischen antiteutonischen Emotion an, die Frankreich erregt." (Martin, S. 80) Severini befolgt die Anweisungen und malt 1915 den „Rotkreuz-Zug, eine Stadt durchquerend". Mit fröhlich kreisförmigen Rauch, der sich malerisch mit den orangerot gedeckten Häusern verbindet, zieht eine Dampflok, mit der Trikolore und dem Roten Kreuz festlich geschmückt, durch grün getupfte Felder. Eine naive Frühlingsidylle in weiß, rot, gelb und grün. Krieg als Ausflug ins Grüne.

Giacomo Balla (1871 - 1958) malt 1915 „Fahnen am Altar des Vaterlandes" oder „Es lebe Italien", in denen er mit den Nationalfarben in roten, grünen und weißen Formen spielt, Bilder wie geschwenkte Fahnen: Kräftelinien, „Dinamismo".

Mario Sironi (1885 - 1961) entwirft 1916 seine Collage „Das Flugzeug", das in wuchtiger Materialität in den Farben grün, weiß, rot zum Himmel strebt: eine Huldigung an den Maschinenkult der Futuristen. Und auch ein – etwas holpriger – Auftakt für das, was die Futuristen später zur Perfektion treiben: der Kult des Flugzeugbildes, eine Inkarnation eines Mensch-Maschinenwesens im Geschwindigkeitsrausch, im Dynamismus. Der Mensch bildet mit dem Flugzeug eine Einheit und wird zu einer Kampfmaschine.

Gleichzeitig befreit F. T. Marinetti mit Tinte, Pastell und Collage auf Papier die Worte. 1914 entsteht „Irredentismus. Befreite Worte." Von den Umrissen Italiens ausgehend zeigen eine Vielzahl von Pfeilen das Ziel: Es gilt „Austria" zu überfallen und Wien zu annektieren. 1918/19 skizziert er „Elegante Geschwindigkeit – Befreite Worte (1. Rekord)". Rennwagen, Flugzeuge, Lokomotiven und Kriegsschiffe signalisieren: Gewalt – Gefahr, noch schneller, noch moderner, noch intensiver. Marinetti glorifiziert die Atlantiküberquerung per Flugzeug.

Und überall glänzt das „Moi, Moi, Moi, Moi Seulement“: „Ich allein bin der Erste.“ Ein maßloser Egozentriker und Narziss.

Die Futuristen lassen es bei der Befreiung der Worte nicht bewenden. 1915 wird Marinetti bei einer Demonstration für den Krieg in Rom inhaftiert – zusammen mit seinem Freund Benito Mussolini. Im Gefängnis entstand das Manifest „Futuristische Synthese des Krieges“. Am 24. Mai 1915 trat Italien in den Krieg ein. Die Futuristen meldeten sich freiwillig und bildeten ein Fahrradbataillon. Zu den Wahlen 1919 stellten die Futuristen mit Marinetti und die Faschisten mit Mussolini an der Spitze eine gemeinsame Wahlliste auf.

Die ideologischen Gemeinsamkeiten der Futuristen mit dem italienischen Faschismus sind weltanschaulich begründet und schon früh offensichtlich: Sie eint Nationalismus, die Italianità, mit einer Rassentheorie, die das Sendungsbewusstsein und die Vorherrschaft der Italiener begründet. Beide waren überzeugt, dass das „künstlerische Genie der Italiener, das größte der menschlichen Rasse“ sei und hatten dabei „die Gewissheit, dass in der künftigen unabwendbaren Arbeitsteilung unter den Völkern nur Italien imstande sein wird, wieder ein höchstes, ästhetisches Ideal zu schaffen, in dem sich die Herrenmenschen weißer Rasse wiedererkennen.“ (Baumgarth, S. 114) 1919 erklären sie im „Manifesto del Partito Futurista Italiano“: „Die politische futuristische Partei dagegen interpretiert exakt das Bewusstsein der ganzen Rasse in ihrem hygienischen revolutionären Schwung und erfasst ihre gegenwärtigen Bedürfnisse.“ (Katalog 2007-1, S. 67) Faschisten und Futuristen sind gegen die parlamentarische Demokratie: Die Futuristen lehnen Parteien und ein aus freien Wahlen hervorgegangenes Parlament ab, sie wollen eine Regierung mit einem Führer ohne Parlament.

Der „Neue Mensch“ wird geboren

Verherrlichung des Krieges als „einzige Hygiene“. Marinetti war überzeugt, dass nur „der Kampf und die Verachtung des Lebens den Menschen sublimieren und jedem Augenblick seines Lebens den höchsten Glanz und den höchsten Wert geben können“. Die Futuristen wollen den „täglichen Umgang mit der Gefahr“. (Baumgarth, S. 129) Und so feierten sie den Krieg in Libyen, den Italien im September 1911 begonnen hatte.

Der „Neue Mensch“: Der futuristische Held ist ein „Sohn“ des Übermenschen Nietzsches. „Unser Wille muss aus uns heraustreten, um sich der Materie zu bemächtigen und sie nach unserem Belieben zu verändern. Dann können wir alles, was uns umgibt, bildend gestalten und ohne Ende das Gesicht der Welt erneuern [...]“ (Baumgarth, S. 137) Der „Neue Mensch“ wird besonders in der Gestalt des „Duce“ idealisiert. Er ist die in Stahl gegossene oder in Stein gehauene Idealfigur.

Welche Vorstellungen haben die Futuristen vom „Neuen Menschen“? Er ist der Schnittpunkt von Kräften, ein energetisches Utopia. Das konkrete Menschenbild aber geht dem Futurismus mit Stanniol, Metallblech und technischen Instrumenten verloren. So erklärt Marinetti: „Die Wärme von einem Stück Eisen oder Holz ist längst viel aufregender für uns als das Lächeln oder die Tränen einer Frau.“ (Martin, S. 72) Ganz konsequent schuf deshalb auch der von Marinetti in seinen Romanen beschworene futuristische Held Mafarka Gott gleich aus Metall und Leinwand und ebenso seinen auch Gott gleichen Sohn Gazurmah. Der wurde – mit geringstmöglichem Aufwand – lediglich mit einem Kuss von Mafarka „jungmännlich“ geschaffen. Eine Frau war überflüssig, sie bedeutet ja nur Krankheit, Angst, Schwäche und Tod.

Die Futuristen träumen vom vervielfältigten Menschen (uomo moltiplicato). Der ist nach Mario Morasso „[...]ein Wesen halb Mensch, halb Eisenkonstruktion, ein zusammengesetztes Ungeheuer, ein Kentaur, eine Sirene, von denen kein Mythos weiß, ein Phantasma mit starren und gigantischen Linien, das nicht der Vergangenheit, sondern der Zukunft angehört.“ (Baumgarth, S. 135) Das scheint eher ein einem Science-Fiction-Roman entnommenes Ungeheuer zu sein.

Aber Marinetti wird konkreter: „Die bevorstehende und unvermeidliche Identifizierung des Menschen mit dem Motor muss vorbereitet werden, indem man den unaufhörlichen Austausch von Intuition, Instinkt und stählerner Disziplin erleichtert und vervollkommnet." (Baumgarth, S. 135/136) Der Mensch soll auf Mechanik reduziert und wie Autoteile sollen „Intuition" und „Instinkt" serienmäßig standardisiert und beliebig ausgetauscht werden. Um dann die „stählerne Disziplin" von Gliederpuppen zu erreichen? Oder um eine Armee zu züchten, die unter dem Führer (der gleichzeitig Künstler ist) zu funktionieren? Marinetti formuliert damit eigentlich ein Programm zum Auslöschen jeglicher Individualität und Menschlichkeit. Und er bekräftigt das, wenn er fordert, „[...] dass wir die Schaffung eines nicht-menschlichen Typs erstreben, in dem der moralische Schmerz, die Güte, die Zuneigung und die Liebe abgeschafft sind, denn sie sind die zersetzenden Gifte der unerschöpflichen Lebensenergie, sie unterbrechen unsere starke physiologische Elektrizität. [...] Traum und Wunsch, die heute leere Worte sind, [werden] souverän über den bezwungenen Raum und über die bezwungene Zeit regieren. Der mechanische, nicht menschliche Typ, der für eine allgegenwärtige Geschwindigkeit konstruiert ist, wird selbstverständlich grausam, allwissend und kämpferisch sein." (ebd. 135) Marinetti steigert sich immer mehr in seinen Wahn. „Unerschöpfliche Lebensenergie", „physiologische Elektrizität" geben eine unvorstellbare, göttliche Kraft, „Träume und Wünsche" werden wahr und setzen sich über alle Naturgesetze hinweg, Raum und Zeit existieren nicht mehr. Wozu werden diese Energiebündel, die Super-Kraftfelder, die allgegenwärtige Geschwindigkeit gebraucht? Für die einzige Hygiene, den Krieg. „Aber dazu ist es nötig, dass die jungen Männer unserer Zeit, von den erotischen Büchern und dem zweifachen Alkohol der Sentimentalität und der Fleischeslust angeekelt, endlich immun gegen die Krankheit der Liebe werden und lernen, systematisch in sich alle Schmerzen des Herzens zu zerstören, täglich ihre Zuneigungen zu zerreißen und ihren Geschlechtstrieb durch rasche und unverbindliche Kontakte mit Frauen ständig abzulenken." (ebd., S. 136) Absurd, wenn Marinetti eine Gesellschaft mit Bordellen als Ideal verkauft: Da ist in Marinettis Phantastereien vom energetisch aufgeladenen Super-Helden etwas „schief gelaufen", wenn er seinem Übermenschen lediglich eine unter größtem Zeitdruck zu absolvierende emotionsfreie technische Sexualität zubilligt. Bei aller Ironie: Marinettis Radikalität zielt auf die „Reinigung" der Menschheit, sein Fanatismus kalkuliert „theoretisch", „künstlerisch" mit dem Krieg.

Diese von Allmacht diktierten Vorstellungen versuchen futuristische Künstler auf Leinwände zu bannen. 1915 veröffentlichen Giacomo Balla und Fortunato Depero (1892 - 1960) das Manifest „La riconstruzione futurista dell´universo" (Die futuristische Rekonstruktion des Universums). Nichts Geringeres als das Universum wird also futuristisch neu gestaltet: Künstler als gottgleiche Schöpfer.

Der Maler Boccioni versucht das zu beschreiben: „Wir futuristischen Maler haben für diese Ekstase des Modernen und dieses Delirium eine seherische psychische Kraft, die unseren Sinnen die Fähigkeit verleiht, das wahrzunehmen, was bisher nie wahrgenommen wurde. – Unsere futuristische Kühnheit hat schon die Pforten einer unbekannten Welt gesprengt. Wir sind dabei, etwas Analoges zu dem zu schaffen, das der Physiologe Richet Heteroplastik oder Ideoplastik nennt. Für uns ist das biologische Geheimnis der mediumistischen Materialisation eine Gewissheit, eine Klarheit in der Intuition des psychischen Transzendentalismus und der bildnerischen Gemütszustände." (ebd. S. 132)

Boccioni malt Bilder „Spiralkonstruktion", „Spiralförmige Ausdehnung von Muskeln", in denen er die „Materialisation des Fluidums" verwirklichen will. Der Mittelpunkt sei nicht der Mensch, sondern der universelle Dynamismus, „der alles durchpulst, die Materie, den Kosmos, den Menschen. Und sein Zeichen war ihnen die Spirale." (ebd. S. 139) Die Durchdringung der Kraftzentren erzeuge einen „Kern von Vibrationen, die als Farbe erscheinen, und zugleich eine Anhäufung von Richtungen, die als

Form in Erscheinung treten." (ebd. S. 143) Natürlich ist es möglich, sich mit Farben und Formen in Rauschzustände und Delirien zu versetzen. Dann kann leicht der Eindruck entstehen, als gestalte nicht der Maler ein Werk, sondern als flössen Kraftzentren, außerirdischer Kräfte „von selbst" auf die Leinwand. Boccioni bildete in seinen Werken aber nicht „außerirdische Kraftzentren" ab sondern die Erregtheit einer Generation, die den Krieg vorbereitete.

Die Geliebte des Duce gründet Novecento

1922 übernimmt Benito Mussolini die Macht in Italien. Aber der Futurismus avanciert nicht unangefochten zur Staatskunst. Die Maler Carrà und Sironi hatten sich in der Zwischenzeit vom Futurismus abgewendet. Sironi, der seit 1921 auch als Karikaturist für die faschistische Parteizeitschrift „Popolo d´Italia" arbeitete, hatte sich inzwischen einem „klassischen" Stil zugewandt. Die Künstlergruppe Novecento mit ihren acht Künstlern, der sich Sironi angeschlossen hatte, wurde von der Geliebten Mussolinis Margherita Sarfatti organisiert. Sarfatti war eine außerordentlich wichtige Persönlichkeit in der Kunst und Politik Italiens. Seit 1910 hatte sie in Mailand einen Salon eingerichtet, zu deren Gästen nicht nur die Futuristen – wie Marinetti, Carrà und auch Georgio de Chirico – zählten sondern auch Mussolini. Sarfatti führte den späteren Diktator, dem sie intellektuell überlegen war, in die „bessere Gesellschaft" ein und war bis zur Erringung der Macht nicht nur Mussolinis Geliebte sondern vor allem wichtigste Beraterin und Wahlkampfmanagerin. Sarfatti wollte die geistige Vorreiterin einer faschistischen Kultur in Italien sein und sah in Marinetti einen Konkurrenten. Novecento sollte Moderne und Gegenwart mit Geschichte und Vergangenheit harmonisieren. Damit wollte Sarfatti dem Faschismus den Anstrich der Ewigkeit verleihen. Die Dichter und Herrscher des klassischen Roms sollten im Duce Mussolini ihre „Auferstehung" erfahren. Sironi wurde der Protagonist der geforderten Kunst. Archaische Figuren, rissiger Auftrag der Farben sollten die faschistische Ideologie durch die Autorität der alten Zeit aufwerten. Dabei ignoriert Sironi die italienische Renaissance, sondern stützt sich auf die Archaik der Romanik und Gotik sowie die Friese des Altertums. Sironi hat Sehnsucht nach grandioser Monumentalität.

Sarfattis Motto war, Kunst sei für die Italiener ein Synonym für Vaterland. In einem Artikel über „Faschistische Kunst und Faschistische Sitten" schreibt sie: „Die Aufgabe des Faschismus besteht in erster Linie darin, in der Kunst – aber auch sonst überall – Sauberkeit und fortschreitende Gesundung zu erzielen. Daraus entstehen in moralischer Hinsicht jene Dinge, deren Symbol die prompt wirkende Schleuder ist: Gewandtheit, Raschheit und Zielsicherheit im Eliminieren, im Abschaffen des Kehrrichts der Allzuvielen und der platzraubenden Schmarotzer." (Wieland, S. 277) Sarfatti will eine elitäre Kunst, die die nationale Revolution inhaltlich ausschmückt. Sarfatti will den Rom-Mythos neu beleben, die Antike neu idealisieren, die „italienische Rasse" verherrlichen. Die Errettung Italiens vor dem Bolschewismus, der nationale Marsch auf Rom, der Duce, der neue Mensch soll herausgestellt werden. Sarfattis Konzept geht aber nur zum Teil auf. Zwar eröffnet Mussolini am 23. März 1923 in einer Mailänder Galerie die erste Novecento-Ausstellung, aber er betont, dass es ihm fernläge, eine Kunstrichtung zur Staatskunst zu erheben. Offensichtlich will er nicht auf die Unterstützung Marinettis und anderer Künstler verzichten.

Inzwischen versucht Marinetti weiter nach vorn zu kommen, 1924 erscheint sein Buch „Futurismo e Fascismo". Die Futuristen seien die „Mystiker der Aktion", quasi das religiöse Fundament der faschistischen Bewegung. „Der Faschismus operiert politisch. [...] Der Futurismus operiert dagegen in den unendlichen Weiten der reinen Phantasie." (Katalog 2007-1, S. 70) Marinetti schreibt, dass der Aufbruch des Faschismus die Verwirklichung des futuristischen Minimalprogramms sei. 1929 wird er Professor in der neu eingerichteten Reale Accademia d´Italia. Der Agitator, der einst die Zerstörung der Universitäten und Museen gefordert hatte, wird Professor.

Aber Sarfatti gibt nicht auf. Die Novecento-Gruppe wird

auf eine breitere Basis gestellt. An der ersten Ausstellung des „Novecento Italiano“ 1926 beteiligen sich 110 Künstler, unter ihnen auch Giorgio de Chirico. Diesmal bezeichnet Mussolini diese Kunst als „kulturpolitisch repräsentativ“, relativiert das aber später.

Sironi wird „Tribun der wahren Revolutionskunst“
Sironi, ein persönlicher Freund Mussolinis, war der Künstler, der sich am engagiertesten für das faschistische Regime und eine „neue Kultur“ mit faschistischer Ikonografie einsetzte. Nicht nur, dass er Chefkarikaturist der Parteizeitung war und dort auch die Gewalt der Schwarzhemden verherrlichte, er versuchte auch, die Kunst des Faschismus theoretisch zu begründen. Mussolini würdigte Sironi als „Tribun der wahren Revolutionskunst“, „Sänger der Arbeiterkultur“, „Vorkämpfer unseres neuen Humanismus“ und als „einen der bedeutendsten Zeugen unserer Zeit“. Sironi sei „der einzige große Maler, dem ich die Möglichkeit gegeben habe, die Phasen meiner Revolution zu interpretieren“. Seine Skulpturen „sind aus dem Fels herausgeschnitten und aus dem Dunkel vergessener Zeit hervorgehoben. Sie bilden den poetischen Hintergrund meiner Revolution.“ Er sei „ein Ergebener, ein Gläubiger, ein Mystiker“. (Katalog 2007-1, S. 448)

In dem „Manifest der Wandmalerei“ führt Sironi (gleichzeitig unterschrieben von den Künstlern Massimo Campigli, Carlo Carrà und Achille Funi) aus: „Im faschistischen Staat fällt der Kunst eine soziale Funktion zu: eine erzieherische Funktion [...] So wird die Kunst wieder zu dem, was sie in ihren Blütezeiten und im Schoße der höchsten Kulturen gewesen war: ein perfektes Instrument geistiger Führung. [...] Die faschistische Kunst lehnt die Forschungen, Experimente und Untersuchungen, an denen das vorherige Jahrhundert so reich ist, ab. Sie missbilligt vor allem die ›Spätfolgen‹ dieser Experimente, die sich verhängnisvollerweise bis in unsere Zeit hineinziehen. Obgleich unterschiedlich in der Erscheinung und oft widersprüchlich, erklären sich diese Experimente doch alle aus jener allgemeinen materialistischen Lebensauffassung, die das vergangene Jahrhundert gekennzeichnet hat und die uns nicht nur fremd, sondern zutiefst verhasst ist. [...] Der Künstler muss auf jene Egozentrik verzichten, die nunmehr seinen Geist nur steril machen würde; er muss stattdessen ein für seine Überzeugung kämpfender Künstler werden, d. h. einer moralischen Idee dienen und die eigene Individualität dem kollektiven Werk unterordnen. [...] Die Kunst des heidnischen und christlichen Rom ist uns näher als die der Griechen. Dank der ästhetischen Prinzipien, die seit dem Krieg im italienischen Geist herangereift sind, ist man erneut zur Wandmalerei gelangt.“ (Katalog 1988, S. 247/248)

1932 hat der Propagandist Mario Sironi als Cheforganisator der Propagandaschau „Mostra della Rivoluzione Fascista“ (Ausstellung der faschistischen Revolution) seinen Hauptauftritt: Kunst als Schöpfer und Gestalter des Faschismus. Er gestaltet den Raum „Marsch auf Rom“ und den „Saal der Ehre“ mit der überlebensgroßen Skulptur Mussolinis als Krieger. Daneben werden auch ganze Säle in futuristischer Manier ausgestaltet. Der Novecento-Stil und der futuristische haben unter dem Dach des italienischen Faschismus zu einer „friedlichen Koexistenz“ gefunden.

De Chirico verirrt sich in der Welt der Maschinen

Giorgio de Chirico (1888 - 1978) findet sich in den Wirren der Zeit nicht zurecht, sucht nach neuen Möglichkeiten und verirrt sich schließlich in nationalistischer Orientierung. 1922, zur Zeit der Vorbereitung des Mussolini-Putsches , malt er „Der Verlorene Sohn“. Der Vater, die gute alte Zeit, ist vom Sockel gestiegen und umarmt den verlorenen Sohn, die für Chirico so typische Manichino-Figur den futuristisch konstruierten Menschen. Mit dieser Maschinenfigur charakterisiert der Künstler den modernen Menschen als gesichtslos, mechanisch puppenhaft funktionierend. Er muss von Gerüsten gestützt werden, er hat sich mit einem Brustpanzer geschützt. Chirico sieht sich ausgesetzt in einer von Maschinen-Menschen beherrschten, von gleißender Sonne beschienenen, einsamen, eintönigen Welt. Die wird auch von seinem Bruder mit dem Künstlernamen Alberto Savinio in dessen Gedicht „Menschengemüse zum Nachtisch" sehr gut beschrieben: „Der Augenblick kehrt wieder, Abschiedsstunden .../ Die Statuen machen sich im Gleichschritt / auf den Weg, / die Brunnen sind versiegt. / Auf den riesigen, schweigenden Plätzen sieht man / stählerne Wachtposten auf- und abgehen / geheimnisvoll laufen die großen Maschinen / ohne Feuer und ohne Geräusch ... / und es geht kein Wind ..." (Schmied, S. 57) 1914, zu Kriegsbeginn, hatte Chirico begonnen, Maschinen-Menschen ohne Gesicht in grenzenloser Verlassenheit zu malen. Während des Krieges arbeitet er im Lazarett und trifft Carrà, mit dem er die „metaphysische Malerei" begründet. Nach Kriegsende sieht er eine Möglichkeit in der Verbindung der Modernität mit der Tradition, der verlorene Sohn kehrt zurück. Er beginnt, im klassizistischen Stil zu malen und gestaltet 1926 „Die Bäuerin" in den italienischen Nationalfarben gekleidet. Doch Chirico bleibt skeptisch. Eines seiner Lieblingsmotive wird „Odysseus" (1922 und 1924 in deutlicher Anlehnung an Böcklin gemalt). Umherirrende, Heimatlose, Suchende und Ratlose sind seine Hauptmotive. 1968 gestaltet er dann „Die Heimkehr des Odysseus": In einem kleinen Meer, das als Teppich in einem Wohnzimmer erscheint, rudert Odysseus. Um das Meer herum stehen ein Sessel, ein Stuhl, ein Schrank. Ironisch sieht er sich „angekommen in der guten alten Stube". In der Zeit des italienischen Faschismus wechselt Chirico oft zwischen Italien und Paris, findet für seine Konflikte aber bei den französischen Kollegen kein Verständnis.

Wikipedia dokumentiert unter Abessinienkrieg: „Der Abessinienkrieg war ein völkerrechtswidriger Angriffs- und Eroberungskrieg des faschistischen Königreichs Italien gegen das Kaiserreich Abessinien (Äthiopien) in Ostafrika. Der am 3. Oktober 1935 begonnene bewaffnete Konflikt war der letzte und größte koloniale Eroberungsfeldzug der Geschichte.... In der Militärgeschichte markierte der Abessinienkrieg den Durchbruch einer neuen, besonders brutalen Form der Kriegsführung. Italien setzte im großen Stil chemische Massenvernichtungswaffen ein und führte den bis dahin massivsten Luftkrieg der Geschichte. In dessen Rahmen wurden auch gezielt die Zivilbevölkerung sowie Feldlazarette des Roten Kreuzes angegriffen. ... Insgesamt kamen infolge der italienischen Invasion von 1935 bis 1941 etwa 330.000 bis 760.000 Abessinier ums Leben, die Verluste der Italiener betrugen etwa 25.000 bis 30.000 Tote.

Mit der Flugmalerei zur „außerirdischen Geistigkeit"
Mit dem **Manifest der Flugmalerei** werden die Futuristen 1931 wieder zur maßgebenden Kunst Italiens: Flugbegeisterung zur Vorbereitung von Kriegen: Viele Künstler – unter ihnen Dottori, Guglielmo Tato (1896 - 1974), Crali oder auch Enrico Prampolini (1894 - 1956) – preisen die Dynamik des Fliegens. In dem Manifest behaupten die Futuristen, dass die Flugmalerei zu einer „außerirdischen Geistigkeit" in der bildenden Kunst führen werde.

Gerardo Dottori (1884 - 1974) malt 1931/32 „Das Wunder des Lichts beim Fliegen". Ihm öffnet sich eine neue Welt: Der Regenbogen schafft eine neue Unendlichkeit und verbindet die Erde mit dem Universum. Geschwindigkeit ist Sucht, die zu „Wunder des Lichts" inspirieren und angeblich eine neue Geistigkeit schaffen. Der Künstler wird rauschhafter Schöpfer. 1934 organisierte Joseph Goebbels eine Ausstellung der Flugmalerei in Berlin. Marinetti reiste an, Gottfried Benn hielt die Laudatio.

Tullio Crali (1910 - 2000) gestaltet 1936 bis 1938 „Luftkampf I". Der Maler sitzt in der Maschine, feuert, kämpft und die Welt dreht sich um ihn. Die Geschwindigkeit gibt ein Gefühl göttlicher Gewalt, Raum und Universum werden neu empfunden. Kreisende Dynamik, fallende Perspektiven: ein magisches Raumerlebnis.

Die Flugmalerei hat einen produktiven Höhenflug, in dem die Futuristen unter anderem die Kamikaze-Kämpfer der kommenden totalen Vernichtungskriege idealisieren. Nein, nicht der kommenden: Der 1935 von Mussolini angezettelte Krieg in Abessinien war der erste moderne Angriffs- und Vernichtungskrieg. Und der Futurismus unterstützt die Kriegspropaganda des totalen Kriegs. Im Spanischen Bürgerkrieg hilft Mussolini Franco mit Fliegern und Bomben. Im Zweiten Weltkrieg erhält der Futurismus schließlich seine Erfüllung. F. T. Marinetti kämpft an der russischen Front und stirbt dort am 2. Dezember 1944.

Die Tragik der russischen Avantgarde

Der Aufbruch der russischen Avantgarde gestaltete sich anfangs eher unspektakulär. Im Jahre 1907 wagte David Burliuk (1872 - 1967) (der eine Synthese primitiver bäuerlicher Kunst mit vereinfachter Abstraktion versuchte und sich später etwas naiv als Vater des russischen, proletarischen, sowjetischen Futurismus bezeichnen sollte) zusammen mit Michail Larionow (1881 - 1964), Natalie Gontscharow (1881 - 1962) und der Gruppe der Blauen Rose eine erste Ausstellung in Moskau, die aber von der Kritik gnadenlos zerrissen wurde. 1910 beteiligte sich Kasimir Malewitsch (1878 - 1935) und Wladimir Tatlin (1885 - 1953) an der Schau der Gruppe „Karo Bube" (im Russischen besitzt der Name in etwa die Bedeutung von „Frechling" oder „Gauner") in Moskau. Auch hier war die Kritik vernichtend. Die als „Futuristen" diffamierten Künstler seien „eine nur zufällig noch nicht in der Irrenanstalt eingesperrte Bande von tobsüchtigen Geisteskranken". Ihre Malerei sei „sinnloses Nachäffen von einigen an übersteigertem Ehrgeiz leidenden ungebildeten Jünglingen".

Tatlin lässt die Materialien sprechen

Im Mai 1914 lud der Künstler Wladimir Tatlin, ein Schüler Larionows, mit futuristisch klingendem Tam-Tam in sein Moskauer Atelier ein. Er präsentierte seine „Syntheso-statischen Kompositionen". Seine Material-Kompositionen waren etwas völlig Neues in der Kunstgeschichte. Liebevoll hatte er ein gebrauchtes altes Teesieb mit bearbeiteten Holzresten, Metall und einer verrußten Glasscheibe kombiniert. Der Titel lautete „Nächtliche Teestube". Hier wurden Materialien zum Erzählen gebracht, um eine lyrisch-poetische Stimmung zu erzeugen: Man konnte die Vorstellung eines melancholischen Philosophierens beim Tee zu nächtlicher Stunde in einer spärlich erleuchteten russischen Holzhütte haben. Tatlin erweist sich als hochsensibler Handwerker mit Gespür für die Aussagekraft der Materialien, der zugleich entschlossen und radikal mit der Tradition bricht. Diese Material-Kompositionen haben jedoch nichts gemein mit dem später mit Materialschlachten protestierenden Dadaismus, der die Materialien zerstörte. Tatlin dagegen fügt die Materialien zusammen, um mit ihnen eine neue Harmonie zu schaffen. Er steht hier durchaus in einer Tradition: Die Kombination der Materialien mit feinen Farbton-Abstufungen, sensibel eingesetzten Lichtstreifen und Übergängen erinnern an die Ausgeglichenheit und Zurückhaltung der Ikonenmalerei. Die Materialien träumen bei Tatlin von der Einheit von Natur und Technik und wollen eine Harmonie von Gefühl, Handwerk und Industrie herstellen. Tatlin will das Material sprechen lassen, die Räume, Kontraste, Widersprüche und Spannungen in eine harmonische Ordnung bringen. Er will konstruieren, die Gesetze der räumlichen Ordnung erkunden und dann anwenden. Er sucht nach einer neuen Ordnung. Die Radikalität ergibt sich aus der politischen Konstellation: Tatlin bricht mit der zaristischen Hof- und Historienmalerei und verkündet etwas Neues, die Möglichkeit einer auch völlig neuen gesellschaftlichen Konstruktion.

Das „Schwarze Quadrat" ist das Fanal zum Aufbruch

Das Fanal zum Aufbruch der russischen Avantgarde sollte aber Kasimir Malewitsch in der Ausstellung „0.10 – Die letzte futuristische Ausstellung" 1915 in St. Petersburg verkünden. Das „Schwarze Quadrat" erstrahlte, schockierte und erleuchtete. Dabei war Malewitsch

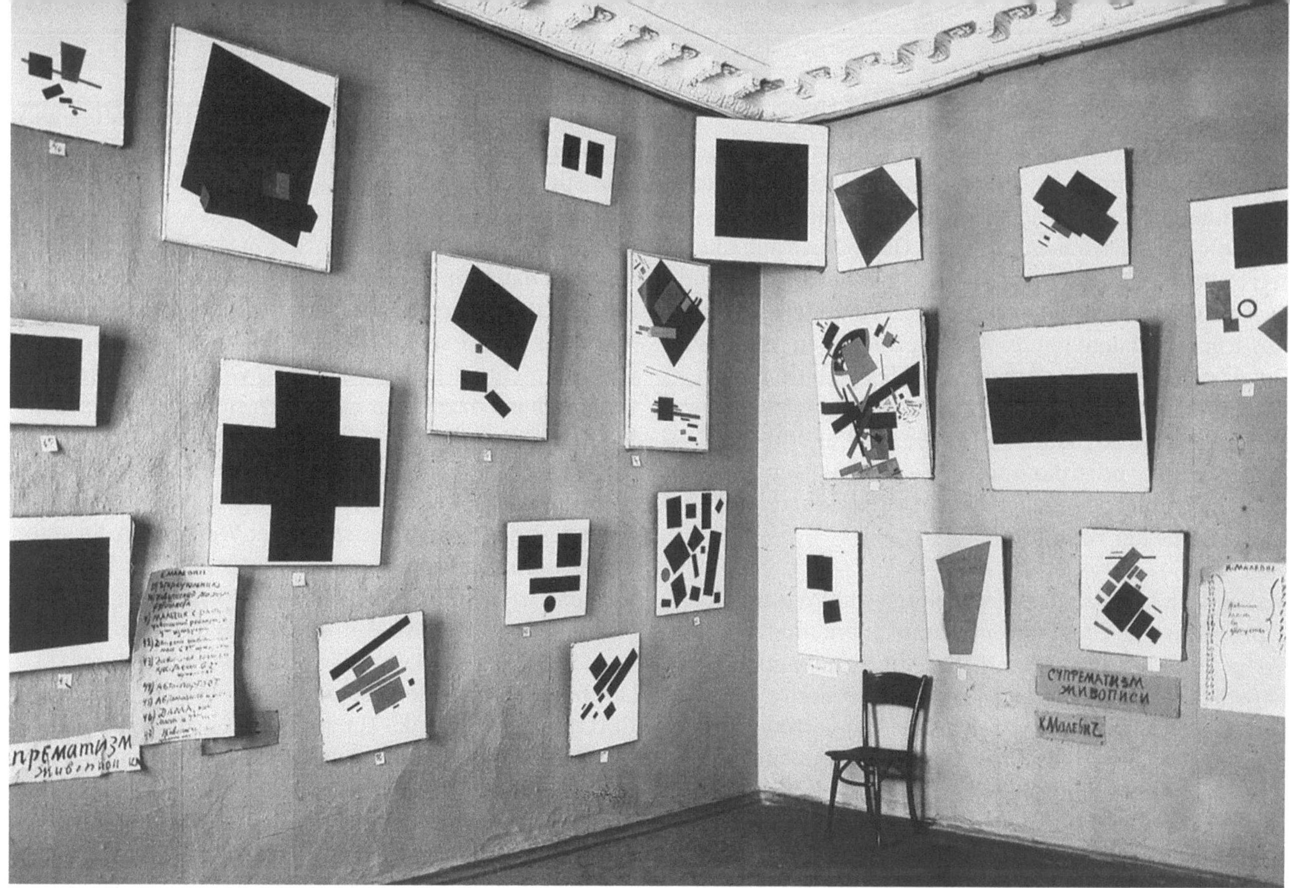

Die 0,10 Ausstellung mit dem Schwarzen Quadrat von Malewitsch und anderen Bildern von ihm in Petrograd, 1915. Andere vertretene Künstler waren Wladimir Tatlin, Nadeschda Udalzowa, Ljubow Popowa und Iwan Puni. Foto: public domain.

durchaus flexibel: Er hatte auch ein rotes Quadrat parat.

Wie konnte ein abstraktes Zeichen wie das „Schwarze Quadrat" eine derart durchschlagende Wirkung entfalten? Das „Schwarze Quadrat" war eine Ikone, es verkündete eine neue Religion, es rief zum Umsturz der Werte auf. Der damals einflussreichste Kunstkritiker Russlands, Alexander Benois, war entsetzt, das sei nicht das Ende des Futurismus (wie der Untertitel der Ausstellung nahelegte), das sei das Ende der Malerei. Das „Schwarze Quadrat" war in der Ausstellung direkt unter dem Dach platziert worden, dem „heiligen Ort", der sonst für die Ikone reserviert war . Die Ikone (und mit ihr das zaristische System) war gestern – das „Schwarze Quadrat" symbolisierte die Zukunft. Benois diagnostizierte eine Umwertung aller tradierten Werte. Gott werde durch das „Schwarze Quadrat" ersetzt: Gotteslästerung. Das sei eine arrogante Selbsterhöhung des Menschen über Natur und Gott. Benois: „Ohne Zweifel ist das die ›Ikone‹, die nach dem Vorschlag der Futuristen die Madonnen und schamlosen Darstellungen der Venus ersetzen soll, es ist jene ›Herrschaft‹ der Form über die Natur..." Und: „Er erscheint in Form von Arroganz, Hochmut und indem man über alles hinwegtrampelt, was lieb und teuer ist; er wird nur zum Tode führen." (Katalog 1992, S. 36)

Benois hatte mit seiner Kritik ins „Schwarze" getroffen. Genau das wollte Malewitsch: „Mir kam in den Sinn, wenn die Menschheit sich ein Bild der Gottheit nach ihrem Bilde gemacht hat, dass dann vielleicht ein schwarzes Quadrat das Abbild Gottes als der Essenz seiner Vollkommenheit ist, auf dem neuen Wege des heutigen Anfangs." (Ley, S. 51) Malewitsch griff die alten Symbole der russischen religiösen Orthodoxie auf, übersetzte sie in eine abstrakte Sprache, pervertierte sie und brachte damit den Willen zur totalen Veränderung zum Ausdruck, „auf dem neuen Wege des heutigen Anfangs". Quadrat, Kreuz, Kreis sind universelle Symbole, der weiße Hintergrund ist die Reinheit und die Erleuchtung. Nur die schwarze (oder rote) Farbe des Quadrats ist nicht die Hölle oder die Apokalypse. Malewitsch war Anarchist, und Schwarz ist die Farbe der Anarchie, Rot ist die Farbe der Revolution.

Malewitsch hatte zu der Ausstellung sein Programm „Vom Kubismus zum Suprematismus" verkündet (Manuskript 1915, 1920 veröffentlicht). Suprematismus = päpstliche Vorrangstellung, Herrschaft, schreibt der Duden. Der Maler Malewitsch als Erlöser verbrämte die neue Herrschafts-Heilslehre „Suprematismus" mit allerlei religiösem Zierrat. Die reinen Formen würden das „Reich Gottes auf Erden" begründen, »die vom Druck der Gegenstände befreite, plane, reine malerische Fläche« schaffe eine neue Welt, das „Schwarze Quadrat" sei das »majestätische Neugeborene«, das »königliche Kind«. „Ich glaube, es ist der Zeitpunkt gekommen, um uns aus den endlosen Bewegungen unseres jeweiligen Ichs am Rande des Horizonts zu treffen, um das neue Sein des Universums unserer Vollkommenheit zu errichten." (ebd. S. 51) Malewitsch ist davon überzeugt, neue geistige, religiöse Welten zu erschließen. „Viele Jahre war ich mit meiner Bewegung der Farben beschäftigt, während ich die Religion des Geistes beiseite schob; inzwischen sind fünfundzwanzig Jahre vergangen und nun bin ich zurückgekehrt oder in die religiöse Welt eingegangen. Ich weiß nicht, warum das so geschehen ist. Ich besuche Kirchen, blicke auf die Heiligen und die gesamte geistige Welt, und da sehe ich in mir, oder vielleicht in der ganzen Welt, dass der Wechsel der Religionen anbricht." (ebd. S.51) Wechsel der Religionen: Malewitsch ersehnt die religiöse und weltliche Revolution gleichzeitig und sieht sich als neuen Messias. Nach der Oktoberrevolution wird er dann auch Lenin als Erlöser feiern: Der Narziss sah sein Spiegelbild.

Religiöse Schwärmerei als Vorboten der Revolution? Malewitsch hatte einen prominenten russischen „Vordenker", **Anatoli Wassiljewitsch Lunatscharski** (1875 - 1933), der 1911 sein Buch „Religion und Sozialismus" veröffentlicht hatte. Lunatscharski wollte den wissenschaftlichen Sozialismus „als einen sich über den sozialen Kampf und die Technik vollziehendes Fortschreiten des Menschen zu einer immer unermesslicheren Macht über die Natur" verstanden wissen. „Gott muss man nicht suchen [...], man muss ihn der Welt geben. Es gibt ihn nicht in der Welt, kann ihn aber geben. Der Kampf für den Sozialismus, das heißt für den Triumph des Menschen in der Natur, ist eben das Gottbildnertum." (Jermakow, S. 39) Den Sozialismus betrachtete Lunatscharski „als höchste Form der Religion", als eine Religion ohne Gott und ohne Mystik. Lunatscharski war ab Oktober 1917 Volkskommissar für das Bildungswesen und damit auch einflussreichster russischer Politiker in Fragen der Kunst und der Architektur. Lunatscharski verstand des Gottbildnertum als Propagandamittel, um vor allem die religiös gesinnten bäuerlichen Massen für die Sache der Revolution und des Sozialismus zu gewinnen. Lunatscharski waren also auch irrationale Argumentationsstränge recht, um zum Ziel zu gelangen. Dafür wurde er von Lenin heftig kritisiert, dessen enger Weggefährte er schon seit 1905 war. Lenin äußerte „Ekel" vor den Vorstellungen eines Sozialismus als Religion. Natürlich stellte sich Lunatscharski eine Religion ohne Gott und Mystik vor, der Gang der Geschichte jedoch zeigte, dass der Sozialismus zu einer Religion mit dem Gott Stalin instrumentalisiert wurde. Malewitsch glaubte ehrlich an die Macht der abstrakten Formen und bemühte sie auch noch gläubig, als die Macht des Gottes Stalin ihn auch physisch zu liquidieren drohte. Malewitsch hatte seinen abstrakten Formen-Symbolismus schon bei den Bühnengestaltungen des futuristisch-dadaistischen Opernspektakels „Sieg über die Sonne" (1913), dem Sieg des Menschen über die Natur, erprobt. Auch dort erstrahlte das abstrakte Zeichen als „Quadrat-im-Quadrat", als Avantgarde-Symbol, als Vorbote einer neuen Welt. In der Ausstellung „0.10" im Jahre 1915 wurde die Botschaft klar verstanden. **El Lissitzky** (1890 - 1941) erläutert 1920: „Für uns bedeutete Suprematismus nicht die Erkenntnis einer absoluten Form, die Teil eines bereits fertigen universalen Systems war. Im Gegenteil, zum ersten Mal offenbarte sich hier in aller Reinheit das klare Zeichen und ein Plan für eine bestimmte neue Welt, wie sie nie zuvor erfahren wurde – eine Welt, die aus unserem inneren Sein hervorgeht und die eben erst in den ersten Phasen ihrer Ausbildung ist. Deswegen wurde das Quadrat des Suprematismus zum Fanal." (Katalog 1992, S. 32) Die Künstler fühlten sich als erleuchtete Gestalter einer neuen Welt, und das verstanden sie politisch in erster Linie als Engagement gegen das zurückgebliebene, zaristische Russland und seine Kultur.

In der Ausstellung „0.10" hatte sich bereits ein grundlegender Konflikt angekündigt: Malewitsch und seine Anhänger hatten einen Raum für sich, Tatlin mit **Ljubow Popowa** (1889 - 1924), **Wera Efimowna Pestel** (1886 - 1952) und **Nadeschda Udalzowa** (1886 - 1961) einen anderen. Malewitsch verkündete sein suprematistisches, Tatlin sein konstruktivistisches Manifest. Eine jeweils breite Anhängerschaft entstand, die die neuen Konzepte von Malewitsch und Tatlin auf ihre Stichhaltigkeit und Brauchbarkeit hin abklopften. 1916 wurde in Moskau die Künstlergruppe „Supremus" gegründet. Die Neuerer erprobten eigene Konzeptionen in abstrakten Formen: Ljubow Popowa versuchte suprematistische Flächigkeit mit kubistischen Mustern wie einer Gitarre oder Schriftzeichen zu verbinden, **Iwan Kljun** (1973 - 1943) schuf ein „Alphabet" geometrischer Formen in verschiedenen Farben und erprobte so den Klang der Farben in Abhängigkeit von der Form, Nadeschda Udalzowa zackte die farbigen Formen und verschachtelte sie, **Iwan Puni** (1892 - 1956) kombinierte Suprematistisches mit Konstruktivistischem und erprobte die Wirkung der Farbfelder im Zusammenhang mit den Materialien Tatlins. Wera Pestel, **Konstantin Wjalow** (1900 - 1976), **Nokilaj Prusakow** (1900 - 1952), **Samuil Adliwankin** (1897 - 1966) experimentieren ganz im Sinne Tatlins mit den Materialien Holz, Papier, Metall und Glas. **Olga Rosanowa** (1886 - 1918) intonierte ein Konzert mit Farben. Ihre Malerei hatte mit der Farbreihung Malewitschs schon nicht mehr viel gemein, einige Künstlers empfanden sie sogar als Gegenkonzept. So meinte **Warwara Stepanowa** (1884 - 1958), dass „der Suprematismus der Rosanowa dem Suprematismus Malewitschs entgegengesetzt ist [...] Bei Malewitsch existiert die Farbe nur, um eine Fläche von der anderen zu unterscheiden – bei Rosanowa dient die Komposition zur Demonstration aller Möglichkeiten von Farbe auf der Fläche". (Katalog 1992, S. 20) Die Rosanowa versuchte auch, die Farbe mit minimalsten Mitteln zum Glühen zu bringen. In ihren Bildern klingt an, was später Rothko und Künstler der minimal Art 30 oder 50 Jahre später versuchen.

Mit der Februarrevolution 1917 kam es zum Sturz der verhassten Zarenherrschaft. Am 25. Oktober übernahmen die Bolschewiki die Macht. Schon am 26. Oktober wird ein Volkskommissariat für Bildungswesen (Narkompros) geschaffen, dessen Leitung Alexander W. Lunatscharski übernimmt. Er war ein Anhänger der Avantgarde und warb auch sofort um deren enge Mitarbeit. Im darauf folgenden Januar 1918 wird die Abteilung „Bildende Kunst" des Volkskommissariats in Petersburg unter dem Vorsitz des Malers **David Schterenberg** (1881 - 1948) gebildet. In Moskau übernimmt im April 1918 **Wladimir Tatlin** (1885 - 1953) die Leitung der Abteilung „Bildende Kunst". Der junge Sowjetstaat bat die Dichter und Maler um Unterstützung und Mitarbeit. Doch die Beteiligung an der Macht war nicht unumstritten. Nicht nur der Dichter **Wladimir Majakowski** (1883 - 1930) fürchtete, damit seine Unabhängigkeit zu verlieren. Am 31. März 1918 diskutierten in Petrograd auf einer großen, vom Russischen Schriftstellerverband organisierten Versammlung die Dichter über das Thema „Die Tragödie der Intelligenzija": Sie fürchteten, vom Staat vereinnahmt und gegängelt zu werden. Malewitsch warnte noch im April 1918 in der Zeitung der Anarchisten davor, dass, wenn „ein Staat aufgebaut wird, entsteht, sobald er ein Staat geworden ist, ein Gefängnis". (Katalog 1992, S. 120)

Der Dichter Maxim Gorki aber erinnerte 1918 in seinen „Unzeitgemäßen Gedanken" daran, dass „die Arbeiter und Gewerkschaftsmitglieder in Memoranden angeführt haben, in denen sie feststellen, wie notwendig es sei, Institute für verschiedene Industriezweige – zum Beispiel für Keramik-, Glas- und Porzellanindustrie – in unserem Land zu gründen. Es ist sehr charakteristisch, dass es Arbeiter waren, die darauf hinwiesen, wie notwendig eine möglichst rasche Entwicklung des Kunstgewerbes sei." (ebd., S. 125)

Tatlin gewann schon in kurzer Zeit die Unterstützung vieler Künstler der Avantgarde, unter ihnen **Wassili Kandinsky** (1886 - 1944), **Alexej A. Morgunow** (1884 - 1935), **Kasimir Malewitsch, Alexander Rodtschenko** (1891 - 1956), **Wladislaw M. Strscheminskij** (1893 - 1952) und Nadeschda Udalzowa. Vorrangige Aufgabe war die Reorganisation und Neuaufbau des Bildungswesen, der Kunsthochschulen und des Museumswesens. Hier brachte sich die russische Avantgarde mit ihrer ganzen Kraft ein. Die Erfolge und Visionen deutlich zu machen, die sie dabei verfolgte, ist in mehrfacher Weise heute sehr schwierig: Der Aufruhr und die Wirren der damaligen Zeit mit dem beginnenden Bürgerkrieg und der französischen und britischen militärischen Invasion erschwerten die Lage beträchtlich. Der Krieg hatte das Land ausgezehrt, Hungersnöte drohten. Alles schien dringlicher als Kunst und Kultur. Eine große Bewegung, der sogenannte Proletkult, forderte den totalen Bruch mit der alten Kultur und Abschaffung der Hochschulen. Kunst habe nur in den Fabriken als Kunst der Proletarier eine Berechtigung. Diese Bewegung des Proletkults hatte in den ersten Jahren rund eine halbe Million Mitglieder. Per Dekret wurden die zaristischen Denkmäler beseitigt, aber Lunatscharski musste in vielen Artikeln und Reden begründen „Weshalb wir die Paläste der Romanows erhalten" oder „Weshalb wir die Werte der Kirche erhalten".

Die größere Schwierigkeit für die Rekonstruktion der Leistungen der Avantgarde liegt in der nachträglichen Zensur Stalins und die der sowjetischen Kunsthistoriker bis in die neunziger Jahre. Diese schrieben nicht nur die Geschichte um, sie ignorierten und diffamierten die Avantgarde und vor allem zerstörten sie auch einen Großteil der Werke und Dokumente. Künstler wurden gezwungen, Selbstkritik zu üben und vernichteten ihre Werke, um sich vor Verfolgungen zu schützen. Hinzu kommt, dass Ideologen des Kalten Krieges im Westen allenfalls das „Schwarze Quadrat" Malewitschs zur Kenntnis nahmen, es als „ersten Baustein einer absoluten Malerei" (wie Werner Haftmann) fehlinterpretieren, aber den weiteren Entwicklungen nur wenig Beachtung schenkten. Auch im Westen wurde die sowjetische „Revolutionskunst" der zwanziger Jahre ignoriert und diffamiert.

Aufbau des Hochschulwesens

Für die Ersten Freien Staatlichen Kunstwerkstätten in Moskau (früher Stroganow-Kunst-und-Technik-Schule) entwickelten Kasimir Malewitsch und andere die ersten Lehrpläne, für die Zweite Freie Staatliche Kunstwerkstätte (Hochschule für Malerei, Bildhauerei und Baukunst) in Moskau war Wassily Kandinsky zuständig. 1918 wurden die Akademien, die Kunst- und die Kunstgewerbeschulen zu den Höheren Staatlichen Künstlerisch-Technischen Werkstätten (Wchutemas) zusammengefasst. Avantgardekünstler wie Wassily Kandinsky, Wladimir Malewitsch, Alexander Schewtschenko und viele andere erhielten den Auftrag, den Lehrbetrieb neu zu organisieren und bekamen eigene Ateliers. Alexander Rodtschenko, Alexandra Exter, Ljubow Popowa, Nadeschda Udalzowa, Iwan Kljun, Alexander Wesnin und andere arbeiteten in der „Basissektion" der Hochschulen. Zwar war es schon ein Erfolg, dass der Lehrbetrieb überhaupt aufgenommen werden konnte, aber es gab zunächst noch keine Abstimmung unter den Lehrenden. Im Vordergrund standen künstlerische Entfaltung und Erfindungsgeist sowie Entdeckung neuer Farb- und Form-Wirkungen. Alle Studenten mussten einen „Basis-Kurs" durchlaufen. Von Anfang an wurde also der Aufbau der Hochschule als gemeinsame Aufgabe von Malern, Bildhauern und Architekten gesehen. In den einzelnen Werkstätten wurden dann Schwerpunkte gesetzt:

„Farbe", „Form", „Raum", „Konstruktion", „Materialien" und andere. Auch wurden schon Produktions-Fakultäten eingerichtet. Diese Werkstätten zeigten am 1. Juli 1919 auf einer großen Ausstellung über 1000 Werke. Studenten der Werkstätten gründeten im Herbst 1919 die Gesellschaft junger Künstler (Obmochu). Erst spät, am 10. Juli 1920, wurde der Bildhauer Efim Rawdel erster Rektor. Dieses Amt übte er bis 1923 aus.

Die Ausstellung Schwarz - Weiß 1919

Am 27. April 1919 wird in Moskau die Ausstellung „Gegenstandslose Kunst und Suprematismus" eröffnet. Malewitsch zeigt weiß auf weiß gemalte Bilder. Er will „die Reinheit" auf erleuchtetem Hintergrund demonstrieren. Rodtschenko präsentiert dagegen schwarze Bilder. Beide Künstler probieren hier die Wirkung der monochromen Bilderwelt aus. Die Künstlerin Stepanowa schwärmt über den „Reichtum in Vielfalt und Tiefe [...] Diese glänzenden, matten, trüben, unebenen und glatten Teile der Oberfläche geben eine ungewöhnlich starke Komposition. Sie sind so wirkungsvoll gemalt, dass die Farben nicht nachstehen." Das sei eine „Vertiefung der Malerei in sich selbst" (Katalog 1992, S. 132) – die Malerei genügt sich vorerst noch selbst.

Im November 1919 öffnete die Erste Staatsausstellung der Malerei lokaler und Moskauer Künstler. Sie zeigte Werke von **Marc Chagall** (1887 - 1985), Wassily Kandinsky, Olga Rosanowa und anderen. In dieser Ausstellung hatte auch Kasimir Malewitsch in separaten Räumen seine erste Einzelausstellung. Das war schon die Ausstellung eines Klassikers. Er hatte nichts Neues zu bieten, aber er feierte in Moskau Triumphe.

El Lissitzky arbeitet an der Weiterentwicklung des Suprematismus

Im November 1919 ging Malewitsch zusammen mit El Lissitzky nach Witebsk (jetzt Teil Weißrusslands), um an der von Marc Chagall gegründeten Kunstschule zu lehren. Dort verkündete er die „Unabhängigkeitserklärung der Malerei" von der Gegenständlichkeit. Seine Gebote veröffentlichte er in einem „Neuen Testament" der Malerei. Das fünfte Gebot war die Einführung der „fünften Dimension oder Ökonomie". Hier erklärte er klar die Farb-Symbolik seiner Bilder: Seine Studenten sollten eine „weiße Welt, der den Weltenbau, in sich trägt, das Zeichen der Reinheit des schöpferischen Lebens des Menschen" gestalten. „Tragt das schwarze Quadrat als Zeichen der Welt-Ökonomie." Sie sollten das „rote Quadrat" in ihren Werkstätten malen als Zeichen der Weltrevolution. Gleichzeitig überhöhte er den philosophischen Gehalt des „Schwarzen Quadrats". Es sei gleichzeitig „Alles" und „Nichts", „All-Gegenständlichkeit" und „Nicht-Gegenständlichkeit" – quasi eine geniale Zusammenfassung der gesamten abendländischen Religions- und Geistesgeschichte. 1919 wurden die Werkstätten der Schule von Wera Jermolajewa, Nina Kogan, El Lissitzky, Jurij Pen, Alexander Rom, Marc Chagall und David Jakerson geleitet.

Im Februar 1920 wurde in Witebsk die Künstlergruppe Unowis (Für das Neue) ins Leben gerufen, um „Kunst ins tägliche Leben" zu überführen. Malewitsch begann, das „suprematistische Vokabular" auf Gebrauchsgegenstände und die Architektur anzuwenden.

El Lissitzky setzte diese Gedanken konsequent in dem Projekt Proun (Pro Unowis = Projekt zur Bejahung des Neuen) um. Diese architektonischen Entwürfe seien „die Umsteigestation von der Malerei zur Architektur". In einem Vortrag 1922 in Berlin betonte er, dass diese Entwürfe die folgerichtige Weiterentwicklung der suprematistischen Ideen gewesen sei: „Zwei Gruppen haben den Konstruktivismus gefordert, die Obmochu [...] und die Unowis [...] Die erste Gruppe hat in Material und Raum gearbeitet, die zweite in Material und Fläche. Beide erstrebten dasselbe Resultat, nämlich die Erschaffung des realen Gegenstandes und der Architektur." (Katalog 1992, S. 99)

Unowis griff die Phraseologie der Zeit und der Revolutionsideen auf: „Kollektivismus ist einer der Wege, den im Programm der Bewegung vorausgesehenen ›Weltmenschen‹ zu erreichen [...] so muss sich der moderne Heilige selbst auslöschen vor dem ›Kollektiv‹ und dem ›Bild‹, das er vervollkommnet, im Namen der Einheit, im Namen der Verbindung." (ebd. S. 59) Die Mitglieder des Kollektivs signierten ihre Werke mit „Unowis".

Das Unowis-Manifest wurde auf der Ersten Gesamtrussischen Konferenz der Kunsterzieher und Kunststudenten im Juni 1920 veröffentlicht: „Lasst uns alle zusammenkommen unter dem Banner von Unowis, um die Erde in neue Formen und Bedeutungen zu kleiden." (ebd.) In vielen Städten etablierten sich Unowis-Niederlassungen, so in Perm, Jakaterinenburg, Saratow, Samara, Smolensk und Orenburg.

El Lissitzky (1890 - 1941) gestaltete 1920 Plakate wie „Schlagt die Weißen mit dem roten Keil". Als Mitglied der Abteilung bildender Kunst des Kommissariats für Volksbildung (Narkompros) hatte er schon 1917 während der Oktoberrevolution Straßen in Moskau dekoriert und die erste Sowjetfahne gestaltet. Ab 1922 sollte er vor allem in Deutschland und Frankreich für die Ideen der Oktoberrevolution und die neue Kunst werben. Mit Kurt Schwitters gibt er die Zeitschrift „Merz" heraus, mit Hans Arp veröffentlicht er das Buch „Die Kunst-Ismen". Mit Man Ray experimentierte er an neuen Möglichkeiten der Fotografie.
Unowis erhielt auch Aufträge, Rednertribünen für öffentliche Versammlungen zu gestalten. Ilja G. Tschaschnik sollte in Witebsk einen Prototyp einer Rednertribüne für den Roten Platz entwerfen, der dann von El Lissitzky vollendet wurde.

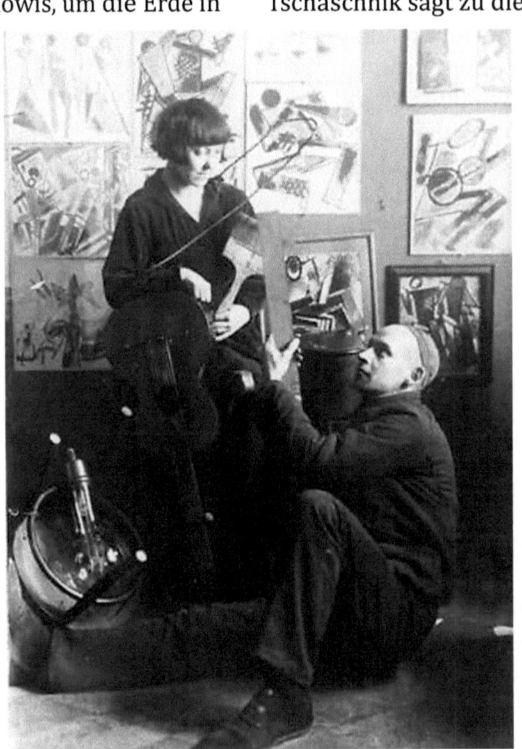

Alexander Rodtschenko mit seiner Frau Warwara Stepanova in den zwanziger Jahren, public domain

Auch Gustav Kluzis beschäftigte sich zeitgleich mit Lissitzky damit, Suprematismus auf Entwürfe von Gebrauchsgegenständen und Architektur anzuwenden. Es waren Entwürfe einer Utopie. Die Zeichnungen wurden als Konstruktionen „der Urbilder technischer Organismen der zukünftigen suprematistischen" Welt verstanden. Die Künstler wollten die elementaren Bausteine der modernen Technik schaffen.

Tschaschnik sagt zu diesem Traum der einheitlichen Gestaltung: Es sei das „Studium des Systems graphischer Gestaltung des Suprematismus, seiner Konstruktion in Form von Aufrissen und Plänen; der Planimetrie der Erdoberfläche, wobei im Plan des Ganzen jeder einzelnen Energiezelle der für sie bestimmte Platz gegeben wird; der Konstruktion und Einfügung aller zugehörigen Elemente in die Erdoberfläche und damit die Bezeichnung all jener Stellen und Linien, von denen aus sich die Formen des Suprematismus erheben und in den Raum gleiten." (ebd., S. 63)

Während Chagall noch an der Spitze der Schule in Witebsk stand, verkündete Unowis die Bildung eines „Einheitlichen Auditoriums Malerei". Nach Chagalls Weggang im Juni 1920 wurde Jermolajewa Direktorin. Der Eckpfeiler des Lehrplans für das „Einheitliche Auditorium Malerei" war ein Programm von Malewitsch, das er für die Freien Staatlichen Kunstwerkstätten in Moskau und Petrograd ausgearbeitet hatte. Jermolajewa und Kogan waren in Witebsk hauptsächlich dafür verantwortlich, das Programm in die Praxis umzusetzen: Kogan leitete die Einführungskurse, während Jermolajewa den Fortschritt der Studenten durch die Fächer Cézannismus, Kubismus und Kubo-Futurismus begleitete. Malewitschs Rolle bestand darin, die Übungen zu begutachten.

Die Künstlergruppe UNOWIS löste sich 1922 auf, als zehn Studenten des Kunstgewerbe-Instituts in Witebsk ihren Abschluss machten. Viele von ihnen wurden nun Kollegen am Institut für das Studium der Kultur der Modernen Kunst in Petrograd (dem späteren GINCHUK), zu dessen Direktor Malewitsch im selben Jahr berufen wurde.

Aufbau von Museen und des Instituts für künstlerische Kultur

Die „linken" Künstler fühlten sich als „Proletarier mit dem Pinsel in der Hand" – diese Bezeichnung prägten Wassily Kandinsky und Alexander Rodtschenko, die seit 1918 eine enge Freundschaft verband. Schon im Dezember 1918 begannen insbesondere Kandinsky, Malewitsch, Rodtschenko und Tatlin mit dem Aufbau von Museen neuen Typs, den „Museen der Malkultur". Bis 1921 konnten die Avantgardisten 36 Museen für moderne Kunst im ganzen Land errichten, 26 weitere waren geplant. Diese neuen Museen sollten nicht nur Werke ausstellen, sondern auch eine neue Malkultur begründen und die Besucher aktiv einbeziehen. Um dafür eine wissenschaftliche Grundlage zu schaffen, wurde 1920 das Institut für künstlerische Kultur (Inchuk) gegründet. Leiter dieses Instituts war Kandinsky, der so in allen Institutionen führende Positionen inne hatte: in der Abteilung Malerei beim Ministerium, in der Leitung der Hochschulen und eben beim Inchuk, das eng mit den Hochschulen zusammenarbeitete.

Auseinandersetzung mit dem Suprematismus im Inchuk

In Moskau hatte inzwischen eine kritische Bewertung des Suprematismus begonnen. So resümierte der Kunstkritiker Nicolai Punin schon im Februar 1919: „Der Suprematismus hat in ganz Moskau Blüten in prachtvollen Farben getrieben. Plakate, Ausstellungen, Cafés – alles ist Suprematismus. Und dies ist von außerordentlicher Be-

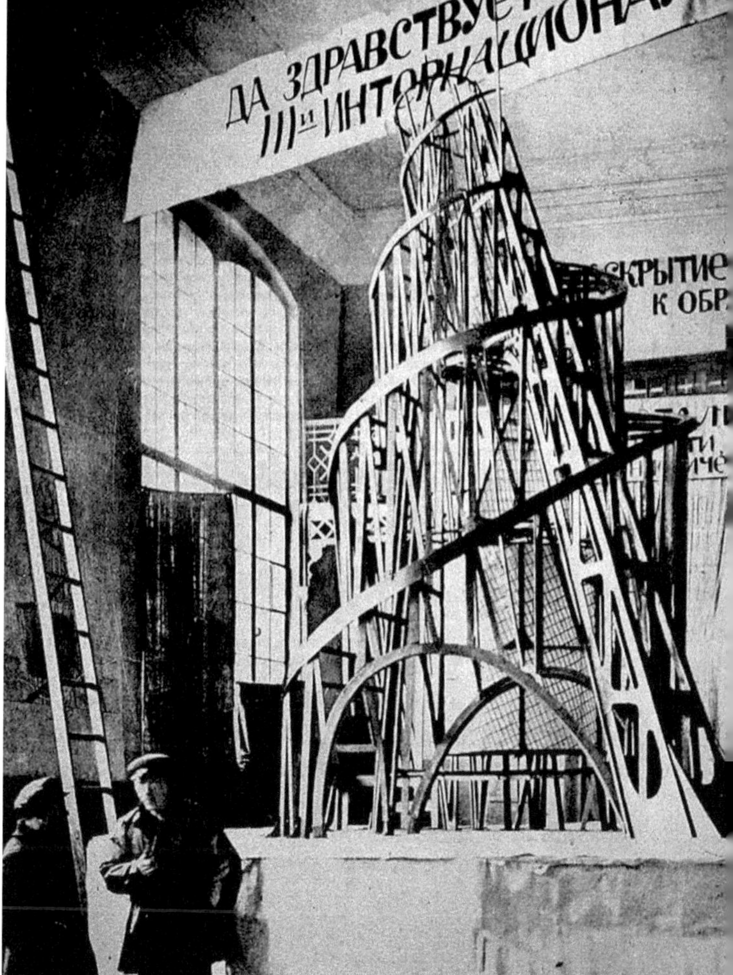

Wladimir Tatlin und ein Assistent vor dem Modell für die Dritte Internationale, November 1920, Foto: Nikolai Punin, public domain

deutung. Man kann getrost behaupten, dass der Tag des Suprematismus nahe ist, und an eben diesem Tag muss der Suprematismus in schöpferischer Hinsicht seine Bedeutung verlieren. Was ist Suprematismus? Eine schöpferische Erfindung ohne Zweifel, aber eine Erfindung, die streng auf die Malerei beschränkt ist." (Katalog 1992, S. 98/99)

Der Kunstkritiker Osip Brik propagierte die neue Richtung: „Nicht ideeller Dunst, sondern das materielle Ding".

Er machte damit einen Stimmungsumschwung deutlich, den El Lissitzky oder Tschaschnik mit ihren Architektur- und Designentwürfen schon ansatzweise vollzogen hatten.

Eine klare Position hatte bereits Tatlin mit seinem Modell für ein Denkmal zur Dritten Internationale (Komintern) im Dezember 1920 in Moskau bezogen. Der Dichter Wladimir Majakowskij begrüßte es als „das erste Objekt des Oktober". Tatlin erklärte, dass er in diesem Werk die wesentliche Einheit von Malerei, Bildhauerei und Architektur wiederherstelle, indem er „rein künstlerische Formen mit utilitaristischen Intentionen" kombiniere: „Daraus resultieren Modelle, die uns zu Erfindungen anregen für unsere Aufgabe, eine neue Welt zu schaffen, und die die Produzenten auffordern, Kontrolle über die Formen auszuüben, denen wir in unserem neuen Alltagsleben begegnen." (ebd., S. 101) Tatlins Denkmal war als Zweckbau gedacht, ein Drittel höher als der Eiffelturm. Innerhalb einer offenen Struktur von Eisenpfeilern sollten vier verglaste Raumkörper, die sich in unterschiedlichen Geschwindigkeiten drehten, die verschiedenen Exekutiv-, Legislativ- und Propagandabüros der „Komintern" beherbergen. Die Trägerkonstruktion lässt an den Eiffelturms denken, auch an Ölbohrtürme oder Baustellen-Krane.

Tatlin sprach von seinem Turm als der „Dynamo-Form" und bestimmte Eisenbeton und Glas zu Materialien einer neuen Architektur. Zwar war der Turm „aus Eisen, Glas und Revolution" gemacht, doch auch aus Visionen, Träumen und Hunger. Tatlins Konstruktion blieb ein kühner Traum, der zunächst nicht nur aus Geldmangel sondern vor allem an unüberwindbaren technischen Schwierigkeiten scheiterte. Bemerkenswert ist der Anspruch Tatlins, Kontrolle über die Formen auszuüben, um so eine neue Welt mit kühnen Zukunftsvisionen aufzubauen. Stolz verkündete Tatlin im Rückblick: „Der Einfluss meiner Kunst drückt sich in der Richtung der Konstruktivisten aus, deren Begründer eben ich bin." (ebd., S. 28)

An eine Realisierung des Turms wurde später nicht mehr ernsthaft gedacht. Aber man zeigte das Turmmodell auf der „Weltausstellung der dekorativen Künste" 1925 in Paris und auf der Ausstellung „Der Krieg in der Kunst" in Leningrad 1930. Später versteckte man das zerlegte Modell, und mit der Zeit gingen alle Details verloren.

Die Diskussion über die weitere Entwicklung der russischen Avantgarde wurde im Inchuk geführt. Die „Gegenstandslosen" wie Rodtschenko und Stepanowa hatten eine ablehnende Haltung gegenüber dem mit Irrationalismen durchsetzten, teilweise metaphysischen Symbolismus der Suprematisten, vor allem von Malewitsch, eingenommen. Maßgeblich an der Diskussion beteiligt war Alexander Rodtschenko, dessen künstlerische Entwicklung auch exemplarisch für die anderer Künstler ist. Nach anfänglichen suprematistischen Experimenten, bei denen er vor allem die Aussagekraft geometrischer Figuren mit unterschiedlichen Farben erprobt, wendet Rodtschenko sich der Farbe zu. Die Kontrastwirkung wird austariert, die Kombination Braun, Schwarz, Weiß und die Wechselwirkung geometrischer Figuren vor monochromem Hintergrund. Schließlich konzentriert er sich auf schwarz-weiße Bilder und geht dann zu fast monochromen Schwarz-Gemälden über. Rodtschenko lässt die Farbe im Schwarz sterben. Diese Gemälde offenbaren nach seiner Ansicht die Kraft der Negation der Farbe. Das Bild verliert seinen Zeichencharakter und wird zum Ding. Rodtschenko erprobt dann die Aussagekraft der Linie. Den Anstoß dazu erhielt er Ende 1919 durch den Kontakt mit der Architekten-, Maler- und Bildhauergruppe „Schiwskulptarch", deren Mitglied er wurde. Von der Linie arbeitet sich Rodtschenko zum konstruktiven Liniengerüst im Bildraum vor. „Ich habe begonnen, Bilder mit linearen Themen zu malen. [...] Sie werden ungewöhnlich und neu sein. [...] Sicherlich werde ich für meine Linien stark kritisiert werden. Sie werden sagen, ohne Pinselstrich gibt es keine Malerei. Doch ich sehe meine Aufgabe anders. Die Farbe ist im Schwarz gestorben und spielt seither keine Rolle mehr. Lasst jetzt auch den Pinselstrich sterben." (ebd., S. 135) Ganz bewusst versucht er, die einzelnen Bestandteile der Malerei zu isolieren und getrennt zu untersuchen. Offensichtlich ist er auf der Suche nach dem ABC der abstrakten Malerei, um dann daraus ein System konstruieren zu können.

1920 stellt Rodtschenko zum ersten Mal Arbeiten mit dem Titel „Konstrukzija" aus, während er andere Arbeiten „Kompositionen" nannte. In den „Konstruktionen" untersucht Rodtschenko das Wachstum von geometrischen Formen aus der zweidimensionalen Fläche in die Dreidimensionalität. Er erforscht die Bewegung der Objekte an Drähten, bestrahlt sie mit Licht, um Reflexe zu erzeugen. In seiner Reihe von hängenden Raumkonstruktionen erprobt Rodtschenko den Systemcharakter von Kreisen, Quadraten, Ellipsen, Dreiecken. Es sind architektonische, aber auch ästhetische Experimente. Die Wirkung der Konstruktionen ist auf den ersten Blick erfassbar, sie sind vollständig einsehbar und bergen keine Geheimnisse. Ihr Gebrauchscharakter aber ist schon absehbar. Ersichtlich ist, dass die ästhetischen Konstruktionen Grundlage für die Fertigung von Dingen, Gegenständen sein sollen.

Rodtschenko kommt zu dem Schluss, dass Malerei und Konstruktion Gegensätze seien. „Eine Konstruktion, die im genauen und reinen Sinne des Wortes der Aufbau eines tatsächliches Objektes ist, kann nur materiell verwirklicht werden." (ebd. S. 101) Dieses Verständnis der Konstruktion führte folgerichtig dazu, neue Aufgabenfelder zu erschließen: den Bau von neuen Strukturen, die Konstruktion neuer geometrischer Figuren, die Erforschung von Sprach- und Denkstrukturen und die Konstruktion einer sozialistischen Gesellschaft. Schließlich benutzt Rodtschenko die Fotografie und wechselt zu Agitation und Propaganda. Das Bild ist jetzt zum Ding geworden, Rodtschenko zerstört das „heilige Bild". Sein Credo: „Alles ist zu Ende." Während der Jahre 1921 bis 1923 kam der Begriff der „Produktionskunst" auf.

Rodtschenko erhielt von dem Inchuk-Institut, also auch von Kandinsky, den Auftrag, theoretische Grundlagen der Malerei auszuarbeiten. Durch eine „objektive Analyse von Kunstwerken" sollte der Systemcharakter der Werke offengelegt werden. So entstand die Studie „Die Linie" (1921), in der Rodtschenko schreibt: „Die Faktura in der Malerei wird [...] von den mechanischen Techniken verdrängt, [...] die es ermöglichen, Farbe, Form und Material wissenschaftlich zu analysieren." (ebd., S. 99) Die Studie führt zu erbitterten Auseinandersetzungen und zur Spaltung der Avantgarde: Konflikte, die bisher unter der Oberfläche geschwelt hatten, brachen offen aus. In der Diskussion formuliert Stepanowa noch klarer die Positionen Rodtschenkos: „Die Kunst, von ästhetischen, philosophischen und religiösen Auswüchsen befreit, hinterlässt uns ihre materiellen Grundlagen, die von nun an durch intellektuelle Verfahren organisiert werden. Zum Organisationsprinzip wird die zielbewusste Konstruktion, in der die Ästhetik durch Technologie und experimentelles Denken ersetzt wird." (ebd., S. 110)

Diesen rationalen Kurs konnte Kandinsky nicht mittragen. In der Inchuk-Diskussion beharrte er auf der Autonomie und der Geistigkeit der Malerei. Aber Kandinsky konnte sich nicht durchsetzen. Er verließ deshalb mit seinen Anhängern am 21. Januar 1921 unter Protest die Vollversammlung und das Institut für immer. Zugleich endete auch seine Freundschaft mit Rodtschenko und Stepanowa – sie hatten von September 1919 bis Herbst 1920 in Kandinskys Haus gemeinsam gearbeitet. Am 4. Februar 1921 wurde das Inchuk-Präsidium – jetzt unter Rodtschenkos Führung – bestätigt.

Ein erbitterter Streit zwischen Malewitsch und Tatlin war schon bei einer großen Ausstellung mit Unowis-Werken im Inchuk im Dezember 1920 offen ausgebrochen. Lissitzky hatte als Mitglied des Inchuk den Streit noch zu schlichten versucht und entwickelte dabei eine abgeschwächte suprematistische Version, in der er sich aber auch schon von Malewitsch distanzierte. Auch El Lissitzky und Malewitsch gingen getrennte Wege, obwohl sie freundschaftlich verbunden blieben. El Lissitzky gründete 1922 die Zeitschrift „Weschtsch" (Gegenstand) und zeigte schon mit ihrem Namen, dass er von der „Ge-

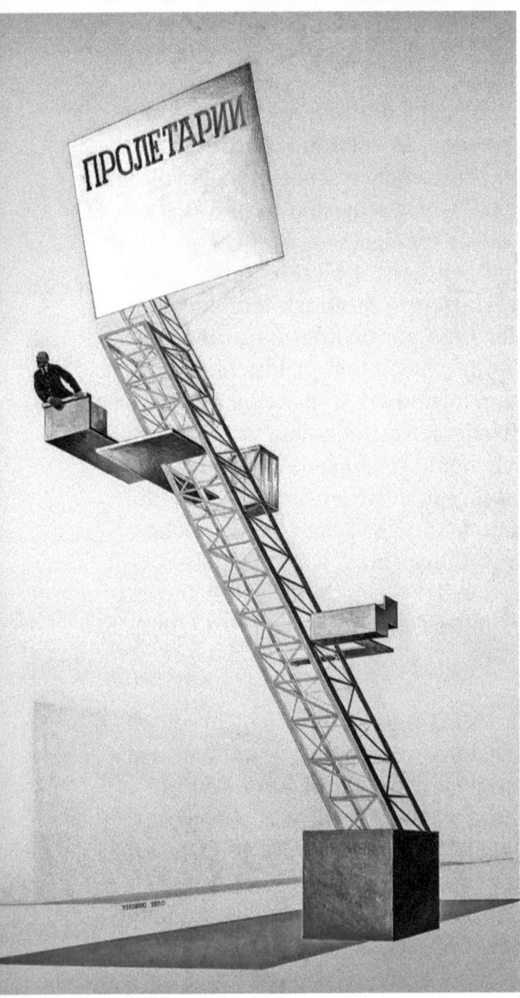

El Lissitzky: Lenin Tribüne, Entwurf von El Lissitzky, 1920, Tretjakov Gallerie, Moskau, Foto: Tretyakov Gallery wikidata:Q183334, public domain

genstandslosigkeit" oder der „All-Gegenständlichkeit" des Suprematismus radikal Abstand genommen hatte. Tatlin ging nach Kiew und arbeitete dort an der Theater-Kino-Foto-Abteilung des Kunstinstituts.

Am 24. November 1921 beschließen mehr als zwanzig Künstler und Theoretiker im Inchuk, eine Kunst aufzugeben, die sie als autonom und selbstgenügsam bezeichnen. Sie wollen sich der Produktion nützlicher Dinge widmen.

Der Konstruktivismus setzt sich durch

Die Argumentation wandelte sich radikal. Hatten Stepanowa und Rodtschenko vorher als das Merkmal jeder Kunst das Geheimnisvolle und Unbegreifliche bezeichnet, ordnen sie jetzt Kunst als einen „Zweig der Mathematik" ein. Im März 1921 wird innerhalb des Instituts für Künstlerische Kultur (Inchuk) in Moskau die erste Arbeitsgruppe der Konstruktivisten gebildet. Zu der Gruppe gehörten Alexej Gan, Warwara Stepanowa, Alexander Rodtschenko, Karl Joganson und Georgij Stenberg. Sie setzen auf technische Professionalität. Dieser einseitige Kurs bleibt aber nicht unwidersprochen. Tatlin, Malewitsch, El Lissitzky und die Unowis kritisieren aus unterschiedlichen Positionen die Rationalisierung und Instrumentalisierung des künstlerischen Schaffensprozesses.

Unter dem Begriff Produktionskunst wird ein künstlerisches Programm für die Architektur, Straßenplanung, Innenarchitektur, Fotografie, Film, Industriegraphik, Textilentwürfe, Keramik, Bühnengestaltungen entworfen. Rodtschenko, Lawinski und Kiseljow wechselten in der Künstlerischen Hochschule zur Metallbearbeitung und Holzverarbeitung. Popowa unterrichtete an den Theaterwerkstätten unter Meyerhold.

Der von Kandinsky und Rodtschenko propagierte „Künstler-Proletarier" wandelt sein Gesicht. Er wird zuerst „Künstler-Erfinder" und ständig auf der Suche nach Neuem, dann „Künstler-Konstrukteur", um dann als „Künstler-Ingenieur" zur Perfektion zu gelangen. An einer gewissen elitären Stellung des Künstlers wird allerdings festgehalten. Die Entwicklung ständig neuer Formen sei in der Auseinandersetzung mit den „konventionellen Geschmacksschablonen der unaufgeklärten Menge" notwendig, um den Fortschritt zu gewährleisten.

Am konsequentesten formulierte Karl Joganson die neue Position: „Von der Malerei zur Bildhauerei, von der Bildhauerei zur Konstruktion, von der Konstruktion zu Technologie und Erfindung – das ist der Weg, den ich gewählt habe, und dies wird sicher das endgültige Ziel jedes revolutionären Künstlers sein." (ebd., S. 95) Im Mai 1921 stellte er die Konstruktionen in Moskau aus. Gespannte Drähte verbinden die Stahl-Stäbe so, dass eine maximale Stabilität erzielt wird. Er experimentiert auch mit Lichteffekten, die dann zu kinetischen Konstruktionen führen. Joganson: „Die Konstruktion jeder kalten Struktur im Raum, oder jeder Kombination von hartem Material, ist ein Kreuz mit rechten Winkeln, (oder) mit spitzen und stumpfen Winkeln." (ebd., S. 139) Er sieht sich als „Erfinder" von rationellen Entwurfsmethoden. Tatlin und Malewitsch wirft er vor, nicht radikal genug vorzugehen und noch den Ideen der „alten Kunst" mit Intuition und „Schöpfertum" anzuhängen.

Joganson formuliert das Prinzip der konkreten Kunst und der späteren minimal art: Das Kunstwerk ist ein rational berechenbares Ding, das bestimmten Strukturprinzipien folgt. Kunst ist An-Ordnung. Das Autonomieprinzip der Kunst wird aufgegeben: Ein Manifest 1921 zieht die Schlussfolgerungen: Das Ende der Tafelmalerei sei gekommen. Künstleringenieure müssten von nun an die Regie übernehmen.

Es sei folgerichtig, schreibt Hubertus Gassner in dem Katalog zur „Großen Utopie", „[...] dass die Brüder Stenberg in den Folgejahren zuerst im Theater und dann als die bedeutendsten und begehrtesten Filmplakatgestalter in der Sowjetunion Karriere machten, ist doch die Synthese von bildhafter Symbolisierung und dekorativer Struktur in ihren Konstruktionen bereits sichtlich vorhanden. Auch Medunezkijs ›malerische‹ Materialkonstruktionen fanden ihre beste Fortsetzung in den Bühnenaufbauten des Theaters der Avantgarde, während Joganson und Rodtschenko [...] ihre systematisch angelegten Designexperimente fortsetzten." (ebd., S. 141) Das sei die „Vorschule der Produktionsästhetik".

Die Avantgardekunst war in eine tiefe Krise geraten und sucht den Ausweg in der Verbindung mit der Technik und Industrie. Schon 1920 hatte Lenin die Parole herausgegeben, Kommunismus sei Sowjetmacht plus Elektrifizierung. Boris Arwatow, Konstruktivist und Theoretiker der Produktionskunst formuliert: „Unsere Situation ist tragisch, Genossen – aber dann ist die Situation der Sowjetunion in jeder Hinsicht tragisch." (ebd., S. 143) Tragisch sei aber nur die Situation derer, die nicht die Notwendigkeit der Neuorientierung begreifen würden. Die politische und industrielle Revolution stelle die bisherige Kultur und mit ihr die bisherige Kunst in Frage. Der Ausweg der Kunst aus ihrer Krise sei nur in ihrer Funktionalisierung für die technisch-industrielle Modernisierung des Landes zu suchen.

Die Avantgarde musste drei Jahre nach der Revolution ihre Position zur Technik und Industrie neu definieren. Die politische Revolution wird einseitig als industrielle Revolution gesehen. Die Konstruktivisten kapitulieren unkritisch vor der technischen-industriellen Entwicklung und reflektieren ungenügend ihre Rolle als kritisches Korrektiv in der Gesellschaft. Sie sehen ihre Rolle in der „Entdeckung neuer Form- und Farbkonstruktionen" erschöpft. Ihre Rolle als Mitgestalter demokratischer Gesellschaftsformen wurde ungenügend erfasst.

Druckgrafik, sowjetische Buchkunst und Fotografie

Die neuen technischen Möglichkeiten der Fotografie und des Films wurden von den russischen Künstlern begeistert aufgegriffen. Schon 1920 hatte Gustav Kluzis als erster mit Fotomontagen experimentiert und eine neue Form agitatorischer Plakatkunst begründet.

Rodtschenko montiert Foto-Negative und Positive zusammen und gestaltet damit Zeitschriften-Titel, die zusätzlich mit eigenwillig eingesetzter Typografie Modernität ausstrahlen. Zusammen mit Alexej M. Gan erarbeitet er beim Erscheinungsbild des Magazins „Kino-Photo" neue Gestaltungsprinzipien für Zeitschriften. Es werden Fotoserien und Fotomontagen mit verschiedenen Techniken abgebildet. Die Typografie spielt mit Widersprüchen, mit großen und kleinen Lettern. El Lissitzky gestaltet Schutzumschläge für das Buch „Architektur" oder für die Zeitschrift „Künstlerbrigade". Im Jahr 1923 wandten Alexander Rodtschenko für Majakowskis Buch „Darüber" und El Lissitzky für das Buch „Für die Stimme" neue Gestaltungsprinzipen an: eine Wende in der sowjetischen Buchkunst.

In der Basissektion- und der Druckgrafik-Fakultät der Höheren Staatlichen Werkstätten wurden die modernen Gestaltungsprinzipien konsequent aufgegriffen und bis um 1926 auch weiterentwickelt.

Zum Theater der Avantgarde

Den Durchbruch moderner Bühnengestaltung brachte Ljubow S. Popowas 1922 entstandene Konstruktion für das Theaterstück „Großmütiger Hahnrei“ von Fernand Crommelynck. Die Künstlerin arbeitete dabei mit dem russischen Theaterregisseur Meyerhold zusammen. Es handelte sich um ein konstruktivistisches Bretter- und Lattengerüst, eine Bühne in der Bühne. Die klassische Einfachheit ermöglichte es, sowohl Einzelteile zu bespielen, als Treppe, als Bank, als Tür, als auch im ganzen Ensemble um das Gerüst zu tanzen oder in Massenszenen

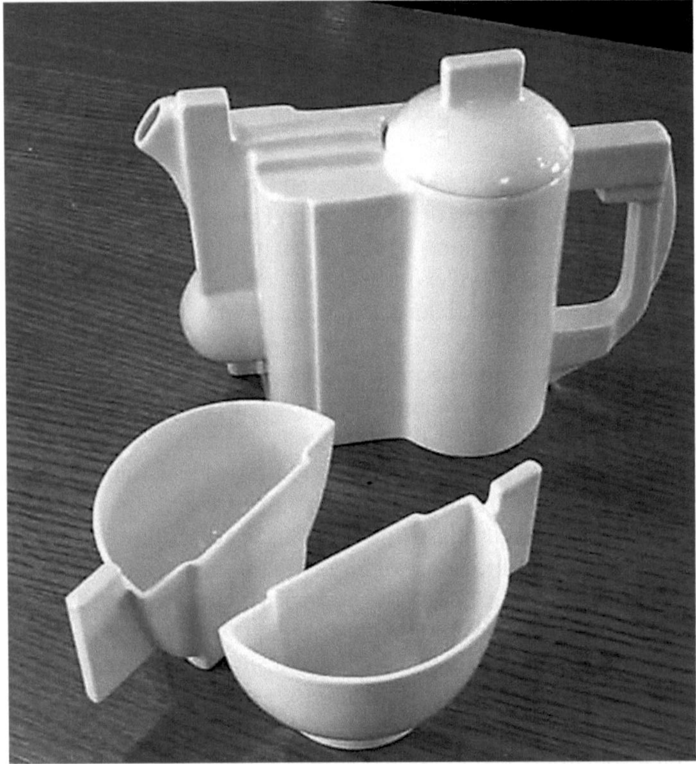

Konstruktivistische Teekanne und Tassen von Kasimir Malewitsch,Quelle; www.therussianshop.com; Autor; The Russian Shop / Maison Russe, CC BY-SA 3.0

die ganze Konstruktion zu besetzen.

Fast alle Künstler der Avantgarde gestalteten Kostüme für das Theater, Alexandra Exter für „Romeo und Julia“, Stenberg für „Tag und Nacht“, Wladimir Tatlin für „Der fliegende Holländer“, Marc Chagall für „Der Revisor“, Rodtschenko für Majakowskis „Wanze“. Gemeinsam ist ihnen ein „automatenhafter“ Eindruck. Alexander Wesnin schafft mit „Der Mann, der Donnerstag war“ den Bourgeois. Es werden nicht Individuen gekleidet, es werden Typen geschaffen, Sportler, Kämpfer, Soldaten, Arbeiter. Die „Menschen der Zukunft“ betreten in vereinheitlichter Produktionskluft die Bühne.

Sowjetische Porzellankunst

Viele Künstler wie Natan Altmann, Wassily Kandinsky, Wladimir Lebedew, Iwan Puni, Kasimir Malewitsch, Nikolaj Suetin, Wladimir Tatlin und Ilja Tschaschnik entwarfen Muster hauptsächlich für die Staatliche Porzellanmanufaktur in St. Petersburg. Von den Werkstätten der Höheren Staatlichen Hochschule in Moskau wurden vor allem Dekorationsteller mit Agitationstexten wie „Wer nicht für uns ist, ist gegen uns“ oder „Der Geist kann Sklaverei nicht tolerieren“ produziert.

Tatlin lehrte von 1927 bis 1930 an der Höheren Staatlichen Künstlerisch-Technischen Hochschule in Moskau in den Sektionen für Metall und Holzgestaltung und später auch für Keramik. Alexander Rodtschenko schuf 1922 kreisförmige schwarze, rote und weiße Dekors für ein achtteiliges Teeservice. Malewitsch gestaltete Teetassen und eine wie eine Lokomotive aussehende Teekanne. Besonders bei der Teekanne spielte er mit suprematistischen geometrischen Mustern.

Dekorative Textilien

Die avantgardistischen Textilkünstler der ersten Zeit nach der Revolution wie Olga Rosanowa, Warwara Stepanowa und Ljubow Popowa lehnten herkömmliche, gegenständliche Textilmuster zugunsten suprematistischer geometrischer Entwürfe ab. Marija Ender (1897 - 1942) nimmt in der Textilgestaltung Formen vorweg, die später in der Papierkunst von Matisse auftauchen.

Bekannt geworden sind die sowjetischen Textil-Entwürfe der Höheren Staatlichen Hochschule in Moskau erst durch eine Ausstellung in den Jahren 1928 und 1929, an der sich über 50 Schüler beteiligten. Die Experimentierfreudigkeit hatte da aber schon deutlich nachgelassen. Die früheren Arbeiten überzeugen mehr.

Architekten als Baumeister neuer Städte

Die Bedeutung der Avantgarde für die Architektur wird bisher zu wenig beachtet. Viele Avantgardekünstler waren ausgebildete Architekten wie Lasar M. Chidekel, Wladimir I. Fidman, Moisej Ginsburg, Ilja und Pantelejmon Gollossow, El Lissitzky, Konstantin S. Melnikow, Jakow G. Tschernichow, die Brüder Leonid, Wiktor und Alexander Wesnin. Sie legten überzeugende avantgardistische Entwürfe vor, die aber in den seltensten Fällen verwirklicht wurden. Das liegt zum einen sicher daran, dass vor allem in den ersten Jahren das Geld für die Realisierung fehlte. Auch waren die technologischen Voraussetzungen noch nicht so weit entwickelt, dass man zum Beispiel Tatlins Turm ohne weiteres hätte umsetzen können. Vor allem aber fehlte die politische Bereitschaft. Zwar hatte Volkskommissar Lunatscharskij in seiner „Theorie der Kunst" (1921) die „Architektur als Zentrum der bildenden Künste" bezeichnet, die Abteilung für Architektur seines Ministeriums war jedoch mit Traditionalisten besetzt, die Suprematisten wie Konstruktivisten nicht zum Zuge kommen ließen. Die Avantgarde-Künstler schlossen sich in Architektengruppen zusammen, schrieben Manifeste und lieferten überzeugende Entwürfe, aber zur praktischen Ausführung gelangten sie nicht.

Malewitsch lieferte viele – oft monumentale – Entwürfe, die durch Verschachtelungen Raum für Individualität lassen. Seine suprematistische Konzeption wirkt auf den ersten Blick etwas schematisch, steht sie doch im Widerspruch zu dem architektonischen Grundsatz, die Form müsse der Funktion folgen. Bei Malewitsch hat die Gestaltung die Priorität, aber durch die Möglichkeit des Farbeinsatzes, der Verschachtelung, der Kombination kleiner und großer Formen ist ein großer architektonischer Reichtum möglich.

Den linken Künstlern blieb meist nur das Feld der Kritik. Malewitsch ironisierte, dass die Architekten nur „Eisenbetonohrfeigen" verteilen könnten und „wie Krüppel noch immer auf ihren griechischen Säulen wie auf Krücken laufen" würden. Er warb für „neue Formen und Arten [...], die in der Natur nicht vorkommen" und war gegen jeden „Küchendunst-Utilitarismus".

Tatlin kritisierte vor allem die „festgefahrene Schematisierung" mit primitiver Geometrisierung. Die Architektur meide alle „Formen mit Krümmungen und Formen

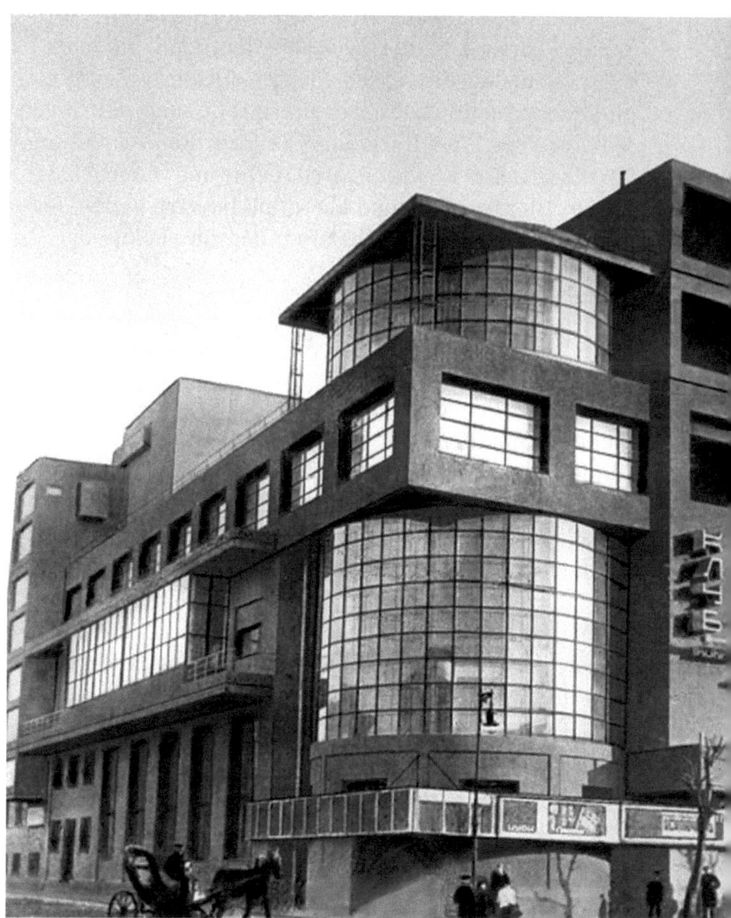

Zuev Arbeiterklub (gebaut 1928) — Konstruktivistische Architektur in Moskau, public domain

komplizierter Art". Seine Urteil: Schablonen-Architektur, festgefahren in den Denkweisen der Tradition.

In der Architektur konnte man am frühesten und deutlichsten erkennen, dass sich die russische Avantgarde im Alltag nicht durchsetzen konnte. Ihr blieben als Tummelplatz die „kleinen architektonischen Formen" wie die Gestaltung von Ausstellungspavillons, Tribünen, Kiosken und Möbeln.

Hervorzuheben als Leistung der russischen Avantgarde-Künstler vor allem an den Höheren Staatlichen Hochschulen ist, dass sie noch vor dem deutschen Bauhaus versucht haben, die verschiedenen künstlerischen Disziplinen zusammenzuführen und zur Geltung zu bringen. Malerei, Foto, Film, Buchkunst, Zeitschriften-Gestaltung, Textilkunst und Kleidung, Architektur und Innenarchitektur: Hier forschte man übergreifend nach neuem Formenreichtum. Ihnen blieb dafür aber nur ein kurzer Zeitraum.

Eine neue Phase kündigt sich an

1923 schien die russische Avantgarde auf dem Höhepunkt ihrer Produktivität und ihres Einflusses. An den Höheren Staatlichen Hochschulen in Moskau wurde Wladimir Faworskij Rektor (1923-1926). Dort wurde der für alle verbindliche formal-analytische Vorbereitungskurs für alle Gattungen künstlerischen Schaffens reformiert. Staffeleimalerei und Produktionskunst erhielten einen gleichen Rang. Der Dichter Majakowski vereinigte Künstler in der „linken Front der Künstler" und gab die Zeitschrift „Lef" heraus (die allerdings 1924 ihr Erscheinen wieder einstellen musste).

Aber unmittelbar nach Lenins Tod im Januar 1924 begann in Russland eine große Repressions- und Säuberungswelle. Allein von den Bildungseinrichtungen wurden 18 000 Studenten ausgeschlossen (laut Statistiken des Volkskommissariats für Bildungswesen). Der Dichter Michail Bulgakow notierte in seinem Tagebuch: „In Moskau werden zahlreiche Menschen mit ›guten Familiennamen‹ verhaftet. Wieder werden Menschen verschickt."

Zunächst schien alles noch seinen normalen Gang zu gehen. Tatlin schuf Entwürfe für einen Mantel und einen Anzug, um neue Formen für die Alltagsbekleidung der Menschen zu schaffen. Er wandte sich gegen die „Uniform des Büros". Rodtschenko arbeitete an der Entwicklung seiner Fotografie und erhielt den Auftrag zur Gestaltung des Sowjetischen Pavillons auf der Pariser „Exposition Internationale des Art Décoratifs et Industriels". Dort stellt Rodtschenko auch sein Modell eines Arbeiterclubs mit Komplexmöbeln mit Wandvitrinen, klappbaren Tischplatten und drehbaren Ausstellungsflächen vor.

Doch schon auf der „Ersten Diskussionsausstellung der Vereinigungen aktiv revolutionärer Kunst" in Moskau im Mai 1924 zeigten sich deutliche Veränderungen. Die Vorherrschaft der Suprematisten und Konstruktivisten war gebrochen. Jakow Tugendhold schrieb in der „Iswestija": „Dies ist wirklich eine Diskussionsausstellung, hier nehmen sieben verschiedene Gruppen Jugendlicher teil, und jede von ihnen kämpft mit der benachbarten und alle zusammen mit dem Publikum, das sich selbst für ›links‹ hält [...]" (ebd. S. 172) Die Gruppen waren: Alltagsleben, Verband der Drei (Gontscharowa, Deineka, Pimenow), die Konkretivisten (Williams, Wolkow, Wjalow, Ljuschin, Merkulow), die „Konstruktivisten" (die Brüder Stenberg und Medunezki), die „Projektionisten" (Dergej Lutschischkin, Solomon Nikritin, Michail Plaksin, Kliment Redko, Nikolaj Trjaskin, Alexander Tyschler), die „Erste Arbeitsgruppe der Konstruktivisten" (Miller, Salina, Gan, Olga und Galiua Tschitschagowa, Smirnow, Miroljubowa) und die „Erste Arbeitsorganisation von Künstlern (Aleksandrow, Loginow, Prusakow).

Bei dieser Ausstellung überwogen deutlich gegenständlich malende Künstler. Besonders hervorzuheben ist die Gruppe der Projektionisten, aus der sich im Wesentlichen ein Jahr später die Gesellschaft der Staffeleimaler (kurz OST) entwickelte.

Sie formulierten eine deutliche Kritik sowohl am Suprematismus als auch an der Produktionskunst. Der Künstler Nikritin wurde deutlich: „Da doch jeder vernünftig denkende Mensch versteht, dass das alltägliche Leben sich nicht mit gut durchkonstruierten Betten, Kiosken, mit Kleidung oder Theater endgültig formt, sondern [...] mit der Klarheit der Weltanschauung, aus der sich alles ergibt." (ebd., S. 173) Die gesellschaftliche Entwicklung in ihren Bildern kritisch zu begleiten, daran sahen diese Künstler, zu denen auch der frühere Funktionär im Volkskommissariat Schterenberg gestoßen war, ihre Aufgabe.

Alexander Tyschler (1898 - 1980) malte 1927 „Guljai-Pole". Zu sehen sind zwei Kutschen in rasender Fahrt, die gefesselte zum Teil entblößte Menschen hinter sich zu Tode schleifen. In den Kutschen ringen verzweifelt Menschen. Drei Frauen drohen, aus der Kutsche geworfen zu werden. Die Revolution entlässt ihre Kinder. Die Zukunft, in die die Pferde rasen, ist ungewiss. Ein Jahr zuvor hatte Tyschler „Flut" gemalt. Eine Frau steht auf einem Fass in der Flut und hält sich vor ohrenbetäubendem Lärm die Ohren zu: Vor sich trägt sie in Tüchern an ihren Leib gebunden drei schreiende Kinder: Ihre Existenz ist gefährdet. In späteren surrealistisch anmutenden Bildern thematisiert er die Angst vor scheinbar übermächtigen Gewalten, die Gefährdung durch Bespitzelung und Diffamierungen, er sendet verschlüsselte Botschaften der Bedrohung.

Sergej Lutschischkin (1902 - 1989) malt 1926 „Der Ballon ist fortgeflogen". Ein kleines Mädchen steht einsam und verlassen in einem leergefegten Hinterhof, eingeschlossen von Mauern. Schmucklose Mietskasernen grau-in-grau versperren den Himmel. Die Menschen sind vereinzelt wie eingesperrt in ihren Wohnungen. Eine Frau blickt aus einem Fenster, ein Mann mit erhobenen Armen gestikuliert, in einem Zimmer ist die Leiche eines Selbstmörders, die an der Decke hängt, zu sehen. Auf dem öden Hof reihen sich Bäume ohne Blätter. Hoch oben, in der Flucht der kahlen Wände ist winzig klein ein roter Luftballon zu sehen, den das Kind verloren hat: Die Hoffnung ist verflogen. Dieser Bildgehalt, wenn auch nicht in der eindringlichen Form, soll 60 Jahre später in Bildern des Leipziger Malers Mattheuer wieder auftauchen.

Lutschischkin greift auch sozialkritische Themen auf wie „Hunger im Wolga-Gebiet" (1926). 1930 malt er „Mit hocherhobenem Haupt bewacht sie die Kolchosennacht". Eine Traktor-Lokomotive mit überdimensioniertem Auspuff-Dampfrohr bestimmt als Monster die Bildmitte. Rechts eine Gruppe Pferde, links schlafen erschöpfte Landarbeiter im Heu. Die damals befohlene Zwangskollektivierung und Mechanisierung wird – nicht ohne verbitterte Ironie – als Bedrohung und Verschlechterung der Lebensbedingungen dargestellt.

Der Maler **Kliment Redko** (1897 - 1956) versucht noch einmal den Optimismus und die Utopie aufzufrischen. Er malt energetische Bilder getreu dem Slogan Lenins, dass Kommunismus Sowjetmacht plus Elektrifizierung sei. „Kunst ist heute eine Weltanschauung, vergleichbar mit einem Sender, aus dem Energie entsteht, Materie in veränderter Form. Die höchste Enthüllung der Materie ist Licht. [...] Die Kunst heute erklärt: Ich baue aus Luft, aus Wasser, aus Wind, aus Dynamit [...]" (ebd., S. 173) Er versucht, das Thema der Vereinigung von schöpferischer und mechanischer Arbeit in seinen Bildern darzustellen und den Widerspruch zu lösen. Es gelingt ihm nicht. Der wissenschaftlich-technische Fortschritt wird bei ihm zu einem mechanischen Prozess, der Menschen zu Gliederpuppen degradiert. Obwohl seine Werke malerisch gelungen sind, führen seine Interpretationen in die Irre.

David Schterenberg (1881 - 1948) malt 1927 „Der Alte". Einsam, verlassen in traditioneller, russischer Bekleidung blickt er den Betrachter an. Der Enthusiasmus ist dahin. Aber Schterenberg macht noch die Tradition, das Althergebrachte dafür verantwortlich und sieht nicht die Hierarchisierung und Verbürokratisierung des Sowjetsystems.

Solomon Nikritin (1898 - 1965) malt 1926 „Abschied vom Verstorbenen". In der oberen Hälfte des Bildes kehrt die Trauergemeinde dem Betrachter die Rücken zu, drei

Kinder (eines davon mit Krücken) scheinen etwas ratlos zu spielen. In der vorderen Bildhälfte dominiert in einem leeren Raum eine Ratte. Die Hoffnung ist gestorben. In seinem Bild „Der Volksgerichtshof" 1934 sitzen fünf Richter an einem Tisch mit einer großen roten Tischdecke. Der Tisch steht wiederum entrückt und erhaben auf einer Bühne. Die beisitzenden Richter schauen weg oder sind scheinbar mit etwas anderem beschäftigt. Aber der vorsitzende Richter fixiert die Betrachter als Verurteilte gnadenlos. Das Urteil ist unbarmherzig.

Eine dritte Phase: Übergang zur totalen Terrorherrschaft

Der Übergang zu der totalen Terrorherrschaft Stalins vollzog sich über einen Zeitraum von zehn Jahren. 1926 und 1927 gab es noch positive Zeichen. An den Höheren Staatlichen Hochschulen wurde Pawel Nowizkij Rektor, ein Theoretiker, der Mitglied der letzten „linken" Gruppe der sowjetischen Kunst „Oktober" war. Er lud auch Tatlin ein, an der Moskauer Hochschule an der Fakultät für Keramik wieder zu unterrichten. In der Fakultät für Holzverarbeitung arbeitete El Lissitzky, an der für Metallbearbeitung Alexander Rodtschenko und an der Textil-Fakultät Warwara Stepanowa. Nur die Architektur-Fakultät war weiter von Traditionalisten beherrscht. Der Dichter Wladimir Majakowski startete einen neuen Anlauf zum Zusammenschluss der linken Künstler und gründete die LEF wieder, er gab die Zeitschrift Nowij Lef heraus (die 1928 allerdings ihr Erscheinen erneut einstellen musste).

Aber schon 1927 verschärfte Stalin den Kurs mit seinem Aufruf zur erhöhten Wachsamkeit im Klassenkampf: Die Gegner des Fortschritts seien im eigenen Land zu suchen. 1928 startete der erste Fünfjahrplan, und die Kollektivierung und Sowjetisierung der Landwirtschaft wurden eingeleitet. Die politisch Andersdenkenden oder diejenigen, die Zweifel an der Richtigkeit der Maßnahmen äußerten, wurden ausgeschaltet. Allein an der der Kollektivierung folgenden Hungersnot starben rund 30 Millionen Menschen.

Die Assoziation der Künstler der Revolution (ACHR), die schon 1922 gegründet worden war, aber bisher vom Volkskommissariat nicht unterstützt wurde, spielte sich mit ihren „gegenständlichen" Bildern ab 1928 besonders in den Vordergrund. Von dieser Organisation spaltete sich 1931 eine Gruppe ab, die unter dem Namen Russische Assoziation Proletarischer Künstler (RAPCH) noch radikaler agierte. Diese Gruppen können als Vorreiter des „sozialistischen Realismus" gelten, sie malten die Bilder zur jeweiligen Ideologie.

Die fortschrittlichen Künstler wurden erheblichen Repressalien ausgesetzt. Nicht nur der „Dichter der Revolution" Wladimir Majakowski beging 1930 Selbstmord. Seine Erkenntnis war trostlos: „So hat die Sache, gegen die du zwanzig Jahre gekämpft hast, schließlich doch gewonnen."

Malewitsch, malte um 1928 bis 1930 Bäuerinnen und Sportler in fast schon bunten Figurengruppen. Wollte er damit eine schöne futuristische Welt beschwören und protestierte so mit seinen wenigen Mitteln gegen die sich abzeichnende Vernichtung des „Kulakentums", der selbständigen Bauern? Auf jeden Fall wollte er damit dem Triumph des Klassizismus und Naturalismus etwas entgegensetzen. Malewitsch wurde 1930 inhaftiert. Zu seiner Entlastung konnte er sich noch auf Lunatscharski berufen, der ihm aller Wahrscheinlichkeit das Leben rettete. Aber auch Lunatscharski wird bald darauf entmachtet und „entsorgt".

Gustav Kluzis (1895 - 1938) kämpfte schon im Oktober 1917 als Soldat auf der Seite der Revolution, studierte dann bei Malewitsch. 1920 stellte er die ersten Fotomontagen her. Von 1924 bis zu ihrer Schließung lehrt er an der Höheren Staatlichen Hochschule in Moskau als Professor für Farbenlehre. Sein gesamtes Werk widmet er der Agitationskunst für den Sowjetstaat. Mehrfach wird er als Mitglied der Kommunistischen Partei unter dem Verdacht des Formalismus von Parteiausschlussverfahren bedroht. 1937 darf Kluzis den sowjetischen Pavillon auf der Pariser Weltausstellung gestalten. Anfang 1938 aber wird er in Moskau verhaftet und drei Wochen danach gemeinsam mit 63 anderen lettischen Künstlern und Intellektuellen hingerichtet.

Rodtschenko wird 1930 der Beteiligung an der „Konterrevolution“ beschuldigt. Er verliert alle Posten und muss sich mit Reportage- und Sportfotografien über Wasser halten. Zwar kann er 1930 noch die Abteilung Fotografie der Gruppe „Oktober“ gründen, in dessen Manifest ausgeführt wird: „Wir sind gegen ... einen Fahnen schwenkenden Patriotismus mit Rauch speienden Schloten in sich in allem gleichenden Arbeitern mit Hämmern und Sicheln [...] Wir sind gegen eine malerische Fotografie und gegen ein Pathos alten, bourgeoisen Typs.“ (ebd., S. 203) Aber selbst aus dieser Gruppe wird er 1932 ausgeschlossen.

Rodtschenko fotografiert 1930 den Bau des Weißmeer-Kanals. Es war ein mobiles Zwangsarbeitslager, in dem Hunderttausende zu Tode kamen. Hätte Rodtschenko seine wahren Eindrücke wiedergeben können? Sicherlich nicht.

Ende der dreißiger Jahre malte er Clowns und Artisten. Dem Künstler blieb gar nicht anderes übrig als die Clowns-Maske zum bitterbösen Spiel aufzusetzen. Rodtschenko wollte wieder werden, was er zuvor gewesen war, „ein Formalist, Futurist und ein nicht objektiver Künstler“. (Tagebuch 21.Februar 1943). Am 22. August 1943 schreibt Rodtschenko in sein Tagebuch: „Dies ist das Ende der Demokratie, das Ende meiner Links-Malerei. Realismus und Kopien gewinnen die Oberhand.“ (Katalog 2007-1, S. 162) In einem seiner Bilder gibt er „abstrakt-expressiv“ seiner Verzweiflung Ausdruck und nimmt die Bilderwelten Pollocks vorweg.

Ein besonders deprimierendes Kapitel ist **El Lissitzky.** Er, der in den Anfangsjahren konsequent die Möglichkeiten der russischen Avantgarde erweiterte und den Kontakt zur europäischen Moderne hielt, ergab sich dem Diktat Stalins total. Er schwieg, verriet seine künstlerische Identität und diente den neuen Machthabern.

Am 23. April 1932 schaltete das ZK der Kommunistischen Partei alle Künstler- und Schriftstellergruppen gleich und begann damit, den „sozialistischen Realismus“ als Einheitsmalerei zu diktieren.

Es folgen 1933 riesige Ausstellungen in Leningrad und Moskau mit rund 3000 Werken der russischen Kunst seit 1917. Die Werke wurden in drei Sektionen unterteilt: 1. Proletarische Kunst, 2. „Mitläufer“, 3. „formalistisch bürgerliche Werke“.
1. Als Star der proletarischen Kunst wurde Alexander Deineka gefeiert, der sein Bild „Mutter“ präsentierte, „das kraftvolle Bild einer vitalen, unabhängigen, freien Frau“.
2. Die OST-Künstler waren „Mitläufer“. Schterenberg, Udalzowa und Drewin bekamen als suspekte Künstler einen besonders kleinen Raum.
3. „Von formalistischen Krankheiten aller Art infiziert und von ihrer bürgerlichen Erfahrung beeinflusst“ waren Malewitsch, Tatlin, Altman, Kliun, Popowa, Rodtschenko, Filionow und Suetin. Sie wurden auch in einem kleinen Raum versteckt.

Ein neuer Künstler-Stern war geboren. **Alexander Alexandrowitsch Deineka** (1899 - 1969)hatte schon 1927 mit seinem Bild „Die Verteidigung Petrograds“ Aufsehen erregt, das sich deutlich an den Stil Hodlers orientiert. Er war Gründungsmitglied der OST („Gesellschaft für Staffeleimaler“), Mitglied der Gruppe „Oktober“ und 1931 schließlich der RAPCh („Russische Assoziation Proletarischer Künstler“). Im Dezember 1935 wird er mit einer Einzelausstellung in Moskau geehrt. 1937 bekommt er für sein Wandbild „Stachanow-Arbeiter“ auf der Pariser Weltausstellung die Goldmedaille. Dann beginnt er die Helden zu feiern. „Zukünftige Flieger“. Während des „Großen Vaterländischen Krieges“ werden seine großformatigen Gemälde brutal und zeigen heroischen Pathos: „Die Verteidigung Sewastopols“. Nach dem Krieg wird Deineka Professor, bekommt den Leninpreis 1960 und wird „Held der Sozialistischen Arbeit“ 1969.

Karriere macht auch **Wera I. Muchina** (1889-1953).

1917 war sie Vorsitzende der „Organisation Moskauer Künstler“. 1922 gestaltet sie den Stand der Iswestija in suprematistischem Stil. 1936 schafft sie für den sowjetischen Pavillons auf der Weltausstellung in Paris die Skulptur „Arbeiter und Kolchosbäuerin“ in monumentalistischem Stil. 1941 erhält sie dafür den Stalinpreis.

Wikipedia berichtetet über das Ende von Nicolai Punin: : „ Im Russischen Museum arbeitete er von 1913 bis 1938. Er organisierte verschiedene bedeutende Ausstellungen zur russischen Kunst, darunter die wohl bedeutendste: Künstler der RSFSR während der letzten 15 Jahre in Leningrad (1932) und Moskau (1933). Er wurde von der sowjetischen Geheimpolizei wiederholt inhaftiert. 1949 wurde Punin in den Gulag (Arbeitslager Workuta) deportiert, nachdem er einen Großteil der überall im Lande befindlichen Porträts Lenins als ohne künstlerischen Geschmack bezeichnet hatte. Auch der Kunsthistoriker Wsewolod Petrow (1912–1978), sein enger Mitarbeiter, wurde im Zuge einer stalinistischen Kampagne entlassen. Nikolai Punin starb in der Nähe von Workuta und wurde in einem lediglich mit einer Nummer markierten Grab begraben. Er wurde posthum rehabilitiert. [...] Zitat von Nikolai Punin, 1919: „Bisher wurde das Leben nur erlebt, (...) wir schaffen es (...). In dieser Hinsicht (...) hat uns, die Futuristen, Karl Marx zur kameradschaftlichen Arbeit aufgerufen: erklärt die Welt nicht, sondern verändert sie – und ihr werdet in der Zukunft sein.“

Nach 1936 startete die Hetzkampagne gegen „Schmierkünstler“

Am 17. Januar 1936 wird mit dem „Komitee für Kunstangelegenheiten“ (KDI) die zentrale Kontrollinstanz über die Kunst geschaffen. Danach beginnt eine groß angelegte Kampagne gegen „formalistische“ Kunst. Angeprangert werden die „Schmierkünstler“ und die „formalistische Mätzchen in der Malerei“. Die Bilder der russischen Avantgarde werden aus der Tretjakow-Galerie in Moskau und dem Staatlichen Russischen Museum in St. Petersburg entfernt.

Anschließend wurde ein heute unvorstellbarer Helden-Mythos inszeniert und überstrapaziert: Stalin überlebensgroß, als Heiliger und Führer, als Ratgeber in allen Lebenslagen, als Kinder- und Tierfreund. Aber auch die Arbeiter werden anerkannte Helden, besonders der Stoßarbeiter Stachanow, und erst recht die glorreichen Soldaten der Roten Armee. Einen besonderen Auftrieb bekam die Historien- und Kriegsmalerei durch den „Großen Vaterländischen Krieg“ mit Bildern wie „Der Feind nähert sich“, 1945, der Malerin T. N. Jablonskaja oder „Partisanenmadonna“, 1967, von Michail A. Sawizki. Breiten Raum in der sowjetischen Kunst nahm aber auch die Landschaftsmalerei ein.

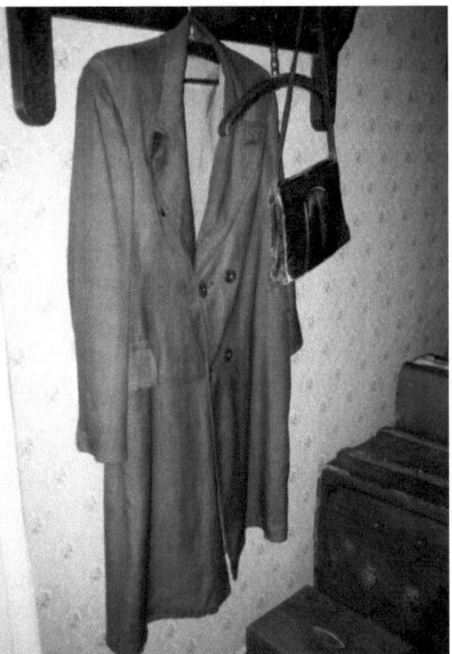

Nach Punins Verhaftung ließ seine frühere Lebensgefährtin und bedeutende Schriftstellerin Anna Achmatowa zur Erinnerung seinen Mantel an seinem Platz. Der Mantel ist noch da. In dem Haus in St. Petersburg befindet sich heute das Anna Achmatowa-Museum. public domain

Der von Stalin diktierte „sozialistische Realismus“ blieb Kunstdiktat während der ganzen Sowjetzeit, auch nach Stalin. Diese Malerei greift auf die Tradition des 19. Jahrhunderts zurück, inklusive der gesellschaftlichen Normen und Werte: hierarchische Ordnung der Gesellschaft mit dem Kaiser oder Führer an der Spitze und undemokratische Prinzipien. Der Maler Ilja Repin wurde als Vorbild herausgestellt. Der Personenkult trieb auch noch unter Breschnew seine Blüten. Nikolai Punin wurde 1949 inhaftiert, weil er gesagt hatte, dass die meisten Lenin-Porträts geschmacklos seien. Als Leiter der Hermitage und anderer Museen hatte er zuvor Tausende von Bildern der Avantgarde-Kunst vor der Zerstörung gerettet. Er starb 1954 in einem Internierungslager.

„Abstrakte" Malerei – Kunst als Religionsersatz – Heilige und Ketzer

„Zum ersten Mal in der Geschichte der Malerei ist ausschließlich die Farbe Inhalt und Gegenstand des Bildes; sie singt, um zu singen, sie vibriert, um zu vibrieren; sie steht in keinerlei Beziehung mehr zu den Gegebenheiten der Natur." (Seuphor, S. 14) Mit diesen Worten beschreibt der Maler und Theoretiker Michel Seuphor (1901 - 1999) in seinem Buch „Abstrakte Malerei" die Bedeutung dieser neuen Richtung der Malerei. Was spontan einleuchtend erscheint, erweist sich dann jedoch als höchst fragwürdig: Auch die „abstrakten" Bilder zeigen Farbe und Form auf einem Malgrund, wie jedes gemalte Bild. Auch die Bilder der Renaissance sind „abstrakte" Bilder, weil sie eben Bilder sind, Abstrahierungen von der Natur, sie sind der Materialität nach „nur" Farbe und Form. Auch die Behauptung, dass die neue, „abstrakte" Malerei in keinerlei Beziehung zu den Gegebenheiten der Natur stehe, ist schlicht falsch: Die Farbe ist reinste Materialität, sie besteht weiterhin aus Farbpigmenten, auch die Leinwand, der Malgrund. Und das abstrakte Kunstwerk wird von Künstlern produziert, die Teil der Natur sind. Was ist das Kunstwerk sonst, wenn es nicht „Bild", also Gegenstand, sein will? Können sich die Künstler einbilden, „reiner Geist" zu werden, der mit der Materie nichts mehr zu tun hat?

Wie kam Jules **Fernand Henri Léger** (1881 - 1955), der selbst zu den Mitbegründern der „abstrakten" Malerei gezählt werden muss, zu folgender Einschätzung? „Denn diese Kunstrichtung ist beherrscht von dem Streben nach Perfektion und völligem Freisein – ein Verlangen, das Heilige, Helden und Narren hervorbringt. In diesem Zustand vermögen sich nur einige Schöpferische und ihre Bewunderer zu halten. Die Gefahr dieser Doktrin liegt gerade in ihrer Entrückung. [...] Robespierre hätte mit ihm die Göttin der Vernunft geschmückt. Es ist eine Religion, die keine Diskussion zulässt; es gibt hier sowohl Heilige und Jünger wie auch Ketzer." (Seuphor, S. 33) Eine Religion, die behauptet, von der Göttin der Vernunft geküsst zu sein, vereinigt Heilige, Helden, Narren, Jünger und Ketzer? Fernand Léger zählte sich wohl zu den Ketzern.

Wie aber kamen die „Heiligen" und „Helden" zu ihrer Sicht der „abstrakten" Malerei? Befragen wir **Piet Mondrian** (1872 - 1944) und **Wassili Kandinsky** (1866 - 1944), die zwei Exponenten der neuen Kunstrichtung. Sie zählen zu den ersten Malern, die ihre Bilder „abstrakt" nannten, sind aber wahrscheinlich nicht die Allerersten. Zum Beispiel experimentierte schon der Symbolist Gustave Moreau mit „abstrakten" Farbspielen. Um 1910 waren verschiedene Künstler wie Francis Picabia, Frank Kupka, Robert Delaunay, Sonja Delaunay-Terk oder die Russen Michael Larionow, Nathalie Gontscharowa und Kasimir Malewitsch mit abstrakten Bildexperimenten beschäftigt.

Aber Kandinsky war einer der Konsequentesten, der das Ziel der Abstraktion verfolgte und auch theoretisch zu begründen suchte. Um 1910 beschäftigte er sich stark mit religiösen Fragen, was sich an einer Vielzahl von Bildthemen ablesen lässt: „St. Georg I" (1911), „Engel des Jüngsten Gerichts" (1911), „Apokalyptischer Reiter" (1911, „Höllenhund und Paradiesvogel" (1911), die vielen Fassungen von „Allerheiligen" (1911), „Große Auferstehung" (1911), „Jüngster Tag" (1912), „Klang der Posaunen" (1910/11) und „Improvisation Sintflut" (1913). Der Name der Künstlervereinigung „Blauer Reiter" war Programm: Der heilige St. Georg tötet auf seinem blauen heiligen Ross den „materialistischen Ungeist“. Mit seinen Künstlerkollegen August Macke und Franz Marc wollte Kandinsky die Bibel neu gestalten. Kandinsky war dabei von Rudolf Steiner stark beeinflusst, der behauptete, durch die Kraft höherer Erkenntnis rein geistige Welten wahrgenommen zu haben: Diese vollkommen neuen rein geistigen Welten seien die Erlösung.

Im Vorfeld des Ersten Weltkriegs herrschte eine Weltuntergangsstimmung, die nach Erlösung schrie. Auch Franz Marc äußerte eine tiefe gespenstische Hoffnungslosigkeit, eine Weltangst: „Die Malerei muss mich von meiner Angst befreien“, schrieb er schon 1906 in einem Brief. Kandinsky machte sich auf die Suche nach dem neuen geistigen Reich: Er abstrahierte. Das ist sehr schön an zwei Fassungen von „Allerheiligen“ von 1911 zu sehen.

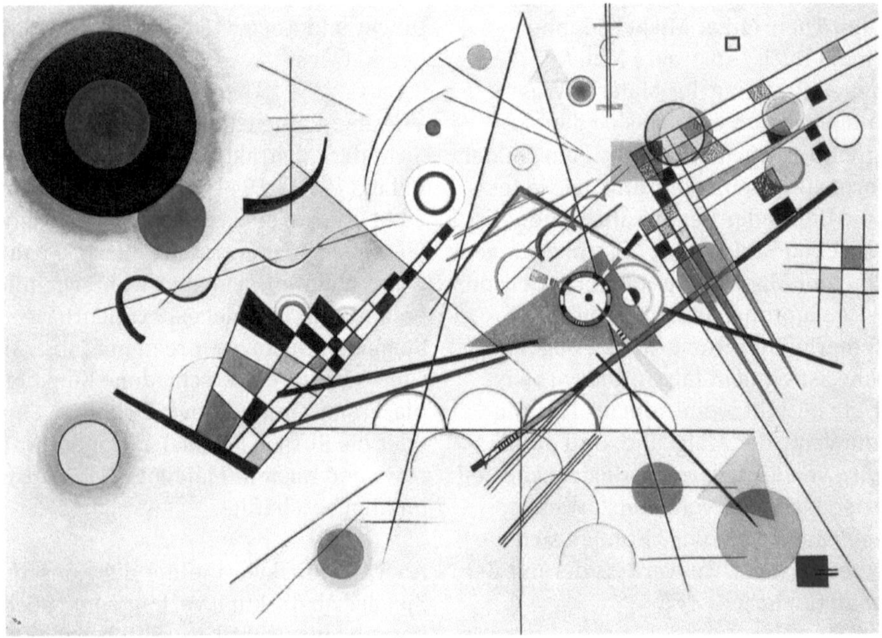

Wassily Kandinsky: Composition 8, Öl auf Leinwand, Art Gallery of New South Wales, Foto: Xyxyzyz, Creative Commons CC-Zero, public domain

Während auf dem linken Bild noch die Heiligen, das Kruzifix und der trompetende Engel deutlich erkennen sind, werden sie im rechten Bild „aufgelöst“, und farblich wird eine „übernatürliche“, harmonische Grundstimmung geschaffen. Der Betrachter kann das Heilige mitfühlen, Farben und Formen lassen Schwingungen empfinden, das Bild „erglüht“ von innen. Aber dieses „Abstrahieren“, das immer noch den Bezug zur Gegenständlichkeit erkennen lässt, war nicht das Ziel Kandinskys.

Er wollte – ganz im Sinne Rudolf Steiners – ein neues geistiges Reich schaffen und glaubte an eine „geistige Wendung“, die zur „Auflösung der Materie“ führt. Kandinsky möchte in das Reich des Geistes, das Reich der menschlichen und zugleich göttlichen Seele gelangen und er hofft, dieses Ziel mit der Kunst zu erreichen. Für das „geistige Leben“ wählt Kandinsky das Bild eines Dreiecks, „dessen Spitze nach oben gerichtet ist. An der Spitze der obersten Spitze steht manchmal allein nur ein Mensch“. (Becks-Malorny, S. 58) Aber: „In allen Abteilungen des Dreiecks finden sich Künstler, jeder als Prophet seiner Umgebung.“ So kommt Kandinsky zu seiner gegenstandslosen „Formenlehre“: „Die Form selbst, wenn sie auch ganz abstrakt ist und einer geometrischen gleicht, hat ihren inneren Klang, ist ein geistiges Wesen mit Eigenschaften, die mit dieser Form identisch sind. Ein Dreieck [...] ist ein derartiges Wesen mit dem ihm allein eigenen geistigen Parfum.“ (Kandinsky, S. 68)

In seiner „Formenlehre“ befasst sich Kandinsky auch

sehr genau mit dem Punkt, der für ihn das „Urelement" der Malerei ist. Im Gegensatz dazu sieht er die Linie, die aus Bewegung entstanden sei, sie sei dynamisch und damit der größte Gegensatz zum Punkt. Die geometrische Gerade, als Horizontale, Vertikale oder Diagonale sind weitere Gegenstände seiner Überlegungen. Kälte und Flachheit seien die „Grundklänge" der Horizontalen, Wärme und Höhe diejenigen der Vertikalen.

Und seine Farbentheorie leitet Kandinsky aus dem Seelenleben ab, dem „Geistigen": „So ist klar, dass die Farbenharmonie nur auf dem Prinzip der zweckmäßigen Berührung der menschlichen Seele ruhen muss. Diese Basis soll als Prinzip der inneren Notwendigkeit bezeichnet werden." (Kandinsky, S. 64) Bei der Beschreibung der Farben lässt Kandinsky seinen Gefühlen freien Lauf. Je tiefer das Blau werde, „desto mehr ruft es den Menschen in das Unendliche, weckt in ihm die Sehnsucht nach Reinem und schließlich Übersinnlichem. Es ist die Farbe des Himmels [...] Blau ist die typisch himmlische Farbe." Das Weiß sei „wie ein Symbol einer Welt, wo alle Farben, als materielle Eigenschaften und Substanzen, verschwunden sind" und es sei „wie ein Schweigen, das plötzlich verstanden werden kann." „Und wie ein Nichts ohne Möglichkeit, wie ein totes Nichts nach dem Erlöschen der Sonne, wie ein ewiges Schweigen ohne Zukunft und Hoffnung klingt innerlich das Schwarz." „Das Rot [...] ist in diesem Brausen und Glühen, hauptsächlich in sich und sehr wenig nach außen, eine sozusagen männliche Reife." (ebd., S. 92- 99)

Kandinsky versucht, ausgehend von seinen Gefühlen und Assoziationen, „innere" Gesetzmäßigkeiten zu konstruieren. Da er aber auf der Suche nach dem Geistigen jenseits der Materialität ist, muss er eine „Grammatik" der Seele aufstellen. Sein „geistiges Reich" ist das „Rein- und Ewig-Künstlerische" jenseits von Raum und Zeit im frei schwebenden Reich der Seele. Persönlichkeit und Zeitstil seien hemmende Elemente. „Das Bauen aber auf der rein geistigen Basis ist eine lange Arbeit, die erst ziemlich blind und aufs Geratewohl beginnt." (ebd., S. 114) Er sieht sich also selbst „ziemlich blind" und mit Kreisen,

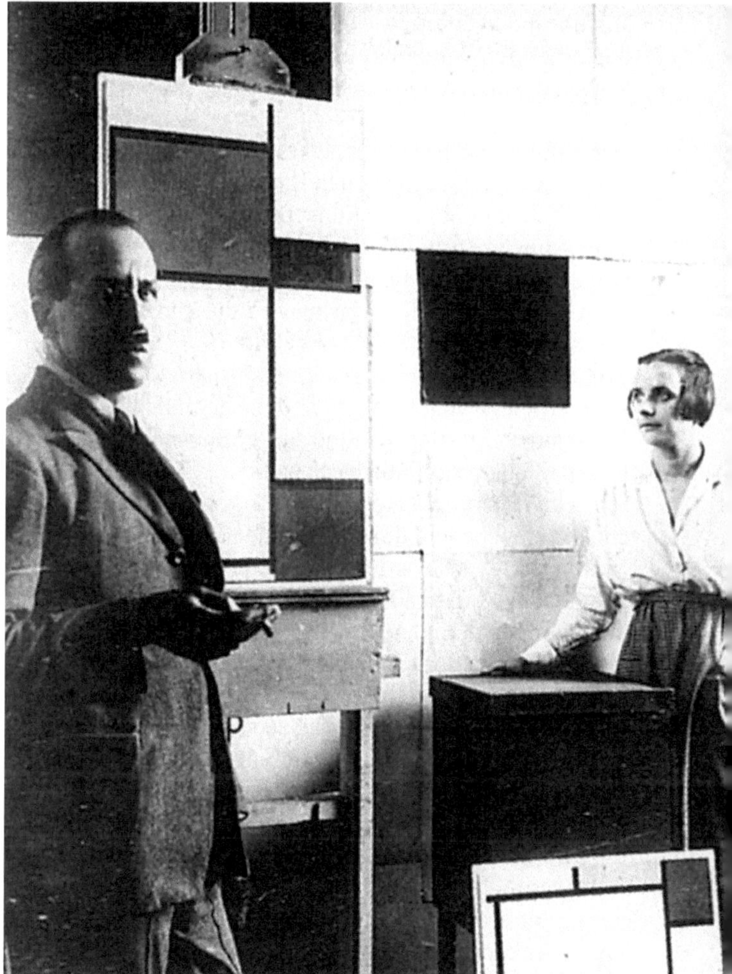

Piet Mondrian und Pétro (Nelly) van Doesburg in Mondrians Atelier in der Rue du Départ, Paris, 1923. Foto: Veröffentlicht (in veränderter Form) in De Stijl; vol. VI; nr. 6/7 (1924): p. 86., Nederlands. public domain

Quadraten und Linien hantierend „vor der Tür der Auflösung der Materie." (ebd., S. 115)

Dabei seien diese Regeln der Bildgrammatik keine freien Setzungen des Malers, sondern „Gesetzmäßigkeiten", die sich aus den malerischen Elementen und ihren „immanenten Energien" ergeben. Der Künstler ist demnach nur ausführende Instanz, die intuitiv die höhere Botschaft der „Energien" empfängt und die inneren Formen und Farben des „Geistigen" wiedergibt.

Sein Streben nach einer „universal gültigen Grammatik" der Formen und Farben sieht Kandinsky als göttliches Ziel. Er strebt mit seiner Kunst die ›Einheit‹ des „Menschlichen" und „Göttlichen" im „Geistigen" an. Er will die „wirklich reine Kunst in den Dienst des Göttlichen" stellen. Nach Kandinsky wird die Kunst „von drei mystischen Notwendigkeiten gebildet:
1. hat jeder Künstler, als Schöpfer, das ihm Eigene zum Ausdruck zu bringen (Element der Persönlichkeit),
2. hat jeder Künstler, als Kind seiner Epoche, das dieser Epoche Eigene zum Ausdruck zu bringen (Element des Stiles im inneren Werte, zusammengesetzt aus der Sprache der Epoche und der Sprache der Nation, solange die Nation als solche existieren wird),
3. hat jeder Künstler, als Diener der Kunst, das der Kunst im allgemeinen Eigene zu bringen (Element des Rein- und Ewig-Künstlerischen, welches durch alle Menschen, Völker und Zeiten geht, im Kunstwerke jedes Künstlers, jeder Nation und jeder Epoche zu sehen ist und als Hauptelement der Kunst keinen Raum und keine Zeit kennt). [...] Nur das dritte Element des Rein- und Ewig-Künstlerischen bleibt ewig lebendig. [...] Trotzdem haben die zwei ersten Elemente das Zeitliche und Räumliche in sich, was im Rein- und Ewig-Künstlerischen, welches außer Raum und Zeit steht, eine gewisse verhältnismäßig undurchsichtige Hülse bildet. Der Vorgang der Kunstentwicklung besteht gewissermaßen aus dem Sichabheben des Rein- und Ewig-Künstlerischen von dem Element der Persönlichkeit, dem Element des Zeitstiles. So sind diese zwei Elemente nicht nur mitspielende Kräfte, sondern auch bremsende." (ebd., S. 79 - 81) Kandinsky verkündet allen Menschen die Erlösung, und das Mittel dazu sei seine Malerei. Er versucht, mit geometrischen „Grund- und Urformen", mit einer Farbenlehre das geistige Reich der Vollkommenheit aufzubauen. Er verkündet die Einheit von „Menschlichem" und „Geistigem" und prophezeit das Aufgehen, das Verschwinden der Materie und der Natur in „reinem Geist". Kandinsky imaginiert zeitlebens in seinen Bildern und versteht nicht, dass es materielle Bilder mit Farbpigmenten sind.

Ähnliche Erlösungsgedanken hat Piet Mondrian (1872 - 1944), auch er ein Anhänger Rudolf Steiners und Mitglied der holländischen Theosophischen Gesellschaft. Wie Kandinsky beginnt er mit der „Abstraktion". Er malt und zeichnet Bäume oder Häuser zuerst naturalistisch und versucht dann durch Vereinfachung die innere Struktur zu ergründen. So malte er zum Beispiel eine Strandlandschaft am Meer. Senkrecht aufragende Holzpfähle waren in den Strand gerammt. Mit diesen Abstraktionen glaubte er universale Ordnungsprinzipien zu entdecken. Das Senkrechte (Pfahl) sei das männliche, das stützende, das befestigende Prinzip, die Horizontale das Weibliche, das Ausgleichende. Er beschränkt sich auf die drei Grundfarben Rot, Gelb und Blau. Sie geben Ordnung und Klarheit. In der Komposition mit den Horizontalen und den Senkrechten und dem ausgewogenen Einsatz der drei Farben will Mondrian die Harmonie des Universums neu herstellen, neu erschaffen. Die Gegensätze männlich-weiblich, göttlich-menschlich, Natur–Geist werden in der geistigen Harmonie des Bildes aufgehoben, meint Mondrian.

Natürlich kann man seine Bilder auch anders sehen: Sein streng calvinistischer Ordnungssinn und der Wunsch nach Reinheit und Klarheit strukturieren die Gemälde. Als die Bedrohung Mondrians durch die faschistische Gefahr zunimmt, verhärten sich seine Bilder und erkalten in schwarzen Balken und weißen Flächen. Wie Gitterstäbe eines Gefängnisses spannen sich jetzt die Balken über den Malgrund. Mondrian flieht nach Amerika. 1942/43, als der Sieg über das Nazi-Regime bevorzustehen scheint, malt er „Broadway-Boogie-Woogie", ein Bild, aus dem die schwarzen Balken gänzlich verschwunden sind und Gelb und Weiß leuchtend dominieren. 1943 plant er auch noch einen „Sieges-Boogie-Woogie", also einen Kommentar zum Zeitgeschehen. Diese im Bildtitel manifestierte Selbstinterpretation widerspricht den Intentionen Mondrians, der den Neoplastizismus als „universales Gestaltungsmittel" sah. Dieses universale Gestaltungsmittel sei gekennzeichnet durch die vertikal-horizontale Anordnung in rechtem Winkel mit den Grundfarben Rot, Gelb und Blau als geistiges Gebilde und ohne Bezug zur Realität und zur Geschichte.

Diese „Starrheit“ des neoplastischen „Systems“ kritisierte der enge Weggefährte Mondrians **Theo van Doesburg** (1891 - 1931) schon 1925. Er teilt zwar die Auffassung Mondrians, dass die neue Kunst ihren Ausdruck in der Harmonie der Quadrate finde, schlug aber vor, die geometrischen Formen um 45 Grad zu drehen, sie „auf den Kopf zu stellen“. Damit sei der Bezug zur Gegenständlichkeit dann endgültig aufgehoben. Diesen Vorschlag empfand Mondrian als Ketzerei und als Verstoß gegen die universalen Prinzipien und brach mit van Doesburg. Dieser ersetzte den Begriff „abstrakte“ Kunst durch „konkrete Kunst“. An dem Wort abstrakt stört ihn, dass in ihm das Abstrahieren von der Natur ausdrücklich enthalten ist. Van Doesburg nämlich schließt die Natur jetzt vollkommen aus. Bei ihm konkretisiert sich der reine Geist nur im Bild. Er schreibt: „Konkrete, nicht abstrakte Malerei, weil wir die Periode der Untersuchungen und der theoretischen Versuche durchschritten haben. Auf der Suche nach der Reinheit waren die Künstler gezwungen, die natürlichen Formen, unter denen sich die körperlichen Elemente verbargen, zu abstrahieren. Um sich auszudrücken, war der Schöpfer gezwungen, die Natur-Formen zu zerstören, damit er Kunst-Formen schaffen konnte. Heute ist die Idee von Kunst-Formen ebenso verfallen wie die Idee von Naturformen. Wir eröffnen die Periode reiner Malerei, indem wir die Geist-Form konstruieren, die Periode der Verwirklichung des Schöpfer-Geistes. [...] Wenn die Mittel des Ausdrucks von allen besonderen Umständen befreit sind, dann stehen sie in Beziehung zu dem Ziel der Kunst selbst, welches ist: eine universelle Sprache zu verwirklichen.“ (Dörfler 1, S. 26/27)

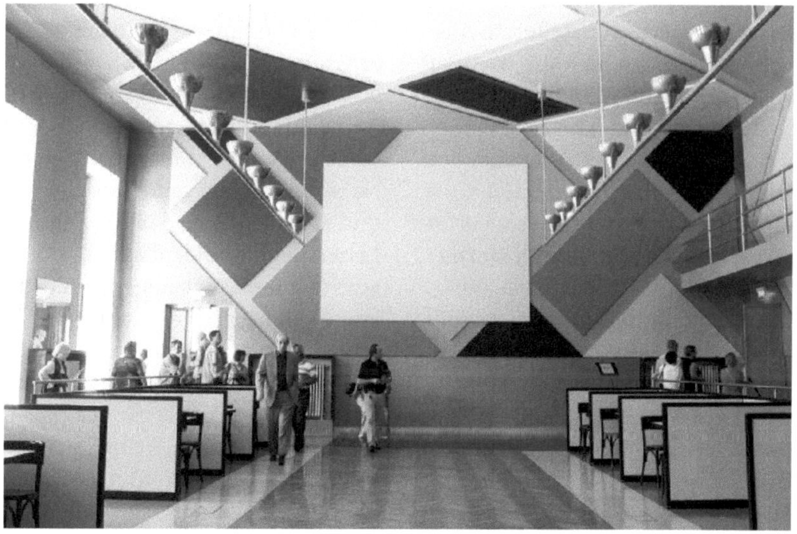

Für das Café und Tanzlokal Aubette am Kléberplatz in Straßburg entwarf Theo van Doesburg 1927/28 mit Sophie Taeuber-Arp und deren Mann Hans Arp als Gesamtkunstwerk der De-Stijl-Bewegung folgend die Umgestaltung der Innendekoration. Sie wurde Ende der 1930er Jahre zerstört, da sie dem Publikumsgeschmack nicht entsprach, und von 1989 bis 1994 wiederhergestellt. Foto: Jean-Claude Hatterer, CC BY-SA 3.0

Van Doesburg geht zu weit: Wenn er die Mittel des Ausdrucks „von allen besonderen Umständen“ befreit, bezeichnen sie nichts mehr. Hauptaufgabe der Sprache aber ist, etwas zu bezeichnen, sich auf etwas zu beziehen, ein Kommunikationsmittel zu sein. Van Doesburg sieht als Ziel eine „universelle Sprache“ der Kunst. Ist es erreicht, ist der um alles gereinigte „Geist“ zum ewigen Selbstgespräch verdammt: „Von allen besonderen Umständen befreit“ kann er sich ja nicht mitteilen...

Mondrian und van Doesburg wollten mit ihrer Malerei Unmögliches: vollkommenes Gleichgewicht, Harmonie der Gegensätze, Erlösung von den Widersprüchen in der Welt, sie wollten Materie und Geist, das Hässliche und das Schöne, das Männliche und das Weibliche, die Vertikale und die Horizontale vereinen. Schließlich wollen sie die Harmonie des kosmischen Raums darstellen und dabei jeden Individualismus in einer neuen universellen Geistigkeit aufgehen lassen. Ihren Traum vom totalen Glück drücken sie verschieden aus. Mondrian: „Kunst aber soll der unmittelbare Ausdruck des Universellen in uns sein, das heißt die exakte Erscheinung außerhalb unseres Wesens." Doesburg: „Ich möchte diesen Stil den Stil des vollkommenen Menschen nennen: das heißt den Stil, bei dem die großen Gegensätze im Ausgleich sind. Alles, was wir mit Magie, Geist, Liebe usw. bezeichnet haben, wird durch ihn wirklich erfüllt." (Haftmann, S. 234 und 238) Die alten Mythen (mit Teufeln, Engeln, Elfen und Dämonen) werden durch den Mythos der Quadrate ersetzt. Diese müssen bildnerisch bestimmte Anforderungen erfüllen. Schon Carl Einstein hatte darüber ein vernichtendes Urteil gesprochen: „Man betreibt geradezu die Buchführung der Formen und fabriziert einen utopischen Architekturersatz. [...] Aus der Anekdote von Sofa und blondem Haar oder dem Bier trinkenden Mönch ist man den Anekdoten des reinen Geistes verfallen. Also eine durchaus reaktionäre Metaphysik wurde hier betrieben. [...] Jedoch diese Konstruktivisten, die dermaßen ängstlich das Gegenständliche flohen, berührten sich im Grunde mit den hilflosesten Naturalisten. Ahmt dieser den ewigen Apfel nach und variiert ihn überflüssigerweise in sämtlichen Tönen, so ahmten die Konstruktivisten nicht weniger gegebene Dinge nach, nämlich Quadrat und Dreieck, wobei sie lediglich auf eine geschmackliche Variante angewiesen blieben. [...] Geometrie als Fluchtversuch. [...] Diese Bilder waren eher Durchwege zum Bauen, Architekturersatz. Durch Zahl und logische Konstruktionen wollte man die individualisierte Gestalt überwinden, zu kollektiven Grundformen gelangen und somit Gemeinschaftsgegenstände finden, die unproblematisch wie Begriffe gelten sollten. [...] Also man ist dem Fetischismus des Absoluten wieder anheimgefallen. [...] Man entgeht eben schwer dem tatsächlich Reaktionären der Künste. [...] Man hatte den Fetisch Objekt ausgetrieben, doch die seelische Gestimmtheit, nämlich die alte Rechtsgläubigkeit, war geblieben; diese Bilder sind Reste einer alten Metaphysik." (Einstein, S. 271 f.) Die neue Bezeichnung „konkrete" Kunst impliziert die Vorstellung, dass sich die kosmische Harmonie in den Farben und Quadraten konkretisiere: eine Wunschvorstellung.

Hans Arp (1886 - 1966) übernimmt die Bezeichnung „Konkrete Kunst" auch für seine Arbeit. Er meint, der Künstler solle so produzieren, wie die Natur produziere: als Schöpfer neu schaffen. Seine Ovale erinnern an Eizellen, aus denen sich Künftiges entwickelt, sie können aber auch als Kopf oder Augen gedeutet werden. Seine Ovale wollen die Schöpfung nachahmen. Wenn er dann mit „Amphore" (1931) alchimistisches Hilfsgerät beschwört, mit dem sich Gold, neue Substanzen, neue Welten erschaffen lassen, verwechselt er Kunst mit Zauberei. Wenn er „Homunculus" (1955), also den künstlichen Menschen, schafft, sieht er sich als neuen Schöpfer-Gott. Dieses Homunculus-Relief zeigt einen in eine schwarze und weiße Hälfte geteilten Menschen, in der Mitte befindet sich die Nabelschnur, die schon von seinem Schöpfer getrennt ist und demonstriert, dass das Kunstwerk ein selbständiges Leben beginnt. Bei allem Verständnis für seine ästhetisch anmutende, weich abgerundete Marmor-Kreation: Es ist keine „Menschliche Konkretion" (1933), es handelt sich nicht um eine geistige Neuerschaffung des Menschen, trotz der Beschwörung mit Worten des mittelalterlichen Mystikers Jakob Böhme: Die Marmor-Statue wandelt sich nicht alchimistisch, sie bleibt Marmor. Sie kann allenfalls als Sinnbild des erhofften Gleichgewichts verstanden werden. Auch Kandinsky entscheidet sich in seinem Pariser Exil, für seine Arbeiten die Bezeichnung „konkrete" Kunst statt „abstrakte" Kunst zu übernehmen. Er malt, wahrscheinlich von Arp inspiriert, Bilder mit biomorph anmutenden Formen, Zellen, die sich schlängeln, Samen, die neues Leben entwickeln.

Der Bildhauer **Constantin Brancusi** (1876 - 1957) versucht mit der Eiform Vollkommenheit und den Ursprung des Lebens auszudrücken, die Zelle des Lebens, des Künftigen. Er ist von fernöstlichem Gedankengut inspiriert und versucht, die „innere Natur" neu zu erleben. Er will die Ewigkeit und die grenzenlose kosmische Harmonie und Energie einfangen. Er gestaltet aus Gusseisen

„Die endlose Säule“ (1937). Obwohl sie weit in den Himmel ragt, sie hat einen offensichtlichen „Nachtteil“: Sie ist nicht endlos.

Missionarischer Eifer einte sie: Sie wollten eine neue Welt des Geistigen schaffen, die über die alte Welt das „Materiellen“ triumphiert. Kandinsky, Mondrian, van Doesburg und Arp waren von den religiösen Glaubenslehren der Theosophen und von Steiner inspiriert, Arp und Brancusi integrierten zusätzlich mittelalterliche und fernöstliche Mystik. Frantisek Kupka nahm Anleihen bei den Theosophen, Nazarenern, Astrologen, Alchemisten und den Tarot-Kartenlegern. Die Künstler waren überzeugt, dass sie auf dem Weg in eine neue geistige, übersinnliche Welt Avantgarde-Funktionen hätten.

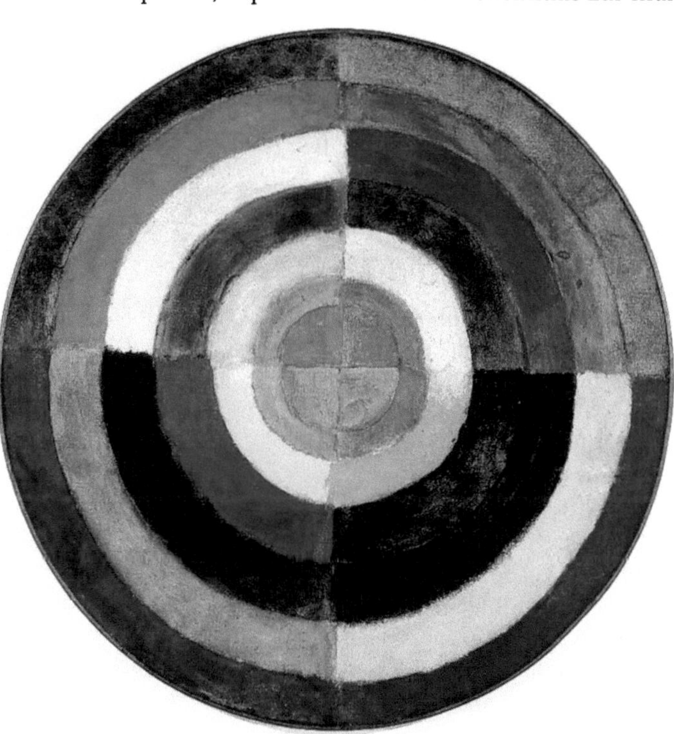

Robert Delaunay, Premier Disque, 134 x 134 cm, Öl auf Leinwand, private collection, wikidata:Q33978, public domain

Auch die Maler der 1912 gegründeten Gruppe ›Section d´Or‹ waren von der Schönheit geometrischer Formen, reiner Farben und Zahlenproportionen angetan, ohne jedoch einer religiös missionarischen und weltanschaulichen Einseitigkeit zu verfallen. In der Gruppe waren vertreten: Jacques Villon, Marcel Duchamp, Juan Gris, Francis Picabia, Auguste Herbin, Fernand Léger, Robert Delaunay und andere. Sie versuchten, die neu entdeckte kubistische Formenvielfalt mit der expressiven Suggestionskraft der fauvistischen Farbenwelt zu verbinden, gleichzeitig sollte die Modernität der Geschwindigkeit und der technischen Bewegung in die Bilder einfließen.

Seit 1910 hatte **Robert Delaunay** (1885 - 1941) an seinen Fenster- und Eifelturmbildern gemalt und dabei erfahren, dass sich allein aus der Anordnung der Farben Bewegung darstellen ließ. Gemeinsam mit seiner Frau Sonia Delaunay-Terk (1885 - 1979) kam er zur künstlerischen Abstraktion. In seinen Fenster-Bildern – und besonders in seinen Eiffelturm-Bildern – jauchzt die Farbe, es ist ein Bekenntnis zur Individualität, Farbenfrohheit und Modernität, vielleicht schon durchmischt mit einem Zuviel an Euphorie. Einen Höhepunkt war seine Gestaltung des Pavillons der Luftfahrt auf der Pariser Weltausstellung 1937, in dem die Flugzeuge inmitten farbiger, durchsichtiger Ringe präsentiert wurden, kommentiert von Wandgestaltungen. Hier wurde auch deutlich, dass Gestaltung zu farbigem Dekor und zu einem unkritischen Feiern der Technik ausarten kann.

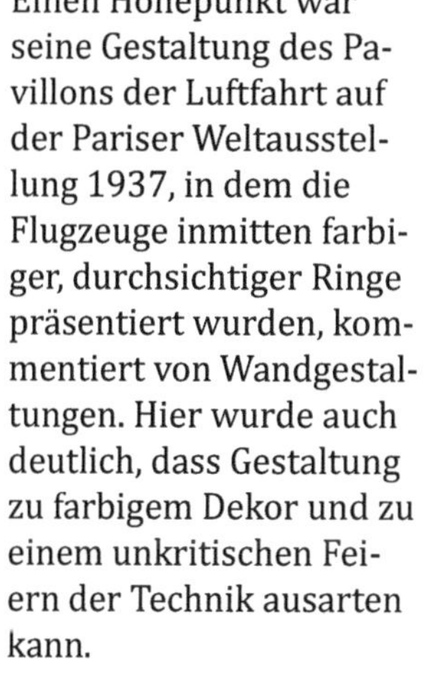

Sonja Delaunay-Terk erprobt die Farbe in „Elektrische Prismen“ (1914), indem sie organische Formen wie die Sonne mit technischen Formen wie dem Rotieren eines Propellerflügels kombinierte und farblich kommentierte. Es sind tanzende Figuren, die sich in abstrakten Formen auflösen. Hervorzuheben ist ihre Vielseitigkeit: Sie entwarf Stoffe mit gewagt bunten Mustern und Theaterkostüme und hatte damit auch großen finanziellen Erfolg. Sie beschäftigte bis zu 30 Mitarbeiter. Das Künstlerehepaar Delaunay versuchte in Frankreich die moderne

Kunst mit der Technik und dem modernen Alltagsleben zu verbinden – ähnlich wie das die russische Avantgarde und das deutsche Bauhaus erprobten.

Marcel Duchamp (1887 - 1968) bleibt Skeptiker gegenüber der Technik und der Malerei. Er ist von den Kubisten beeinflusst, erprobt mit dem „Akt, die Treppe heruntersteigend" (1912) die von den Futuristen gepriesene Malerei der Bewegung und er schaut den Alchemisten über die Schulter. In „Die Neuvermählte, von ihren Junggesellen entkleidet, sogar (Das Große Glas)" (an dem er ab 1915 acht Jahre lang arbeitet und nicht fertigstellt) zeigt er technisches Gerät, Mechanisches, wie zufällig arrangiert in einem großen Rahmen mit Ständer und einem großen Glas. Die Braut entpuppt sich als Gebilde von Kolben, Drahtgestänge und Röhren. Interpreten haben in diesem Bild den alchemistischen Versuch entdeckt, eine mechanische Braut zu konstruieren und sie mit dem ebenso mechanischen Junggesellen zur Kopulation zu bringen. Oder wollte Duchamp sich einfach nur lustig machen und mit Ironie auf die als sinnlos empfundenen Ismen der Kunstszene antworten? So wie er der Mona Lisa ein Bärtchen malte und unter das Bild die Buchstaben L.H.O.O.Q. setzte, die, wenn sie französisch phonetisch ausgesprochen werden, ins Deutsche übersetzt „Ihr ist heiß am Arsch" ergeben. Er beschäftigte sich mit esoterischen Lehren, nimmt an Sitzungen von Spiritualisten teil, hält aber kritisch Distanz. Das Fahrrad-Rad, das auf den Hocker montiert ist, habe auf ihn eine ähnlich beruhigende Wirkung wie das besinnliche Schauen in ein Kaminfeuer, berichtet Duchamp. Drehende Scheiben, Roto-Reliefs, Spiralen symbolisieren für manche den Kreislauf des alchemistischen Prozesses mit dem Versuch, zur vierten Dimension zu gelangen. Duchamp legt sich nicht fest. Er probiert aus, kommentiert es mit einer Prise Ironie und wendet sich dem Schachspiel zu. Dann schockte der Künstler mit seinen „Ready-Mades" (Flaschentrockner, 1914, Schneeschaufel mit dem Titel „Dem gebrochenen Arm voraus", 1915, Huthaken, 1917 und vielen anderen „Ready-Mades"). Bei den Ready-Mades versuchte Duchamp, seinen persönlichen Geschmack vollkommen herauszuhalten und die industriell gefertigten Dinge in ihrer Einfachheit und Unübertrefflichkeit zu präsentieren. Er bringt mit dem Urinoir (Fontäne, 1917), dem Hutständer und dem Flaschentrockner ganz gewöhnliche Gegenstände in die Galerien, entfacht damit aber den Zauber eines modernen Fetischs. Duchamp ist kein Dadaist, der die Gegenstände „kaputtmacht", er zeigt die Gegenständlichkeit nur in einem anderen Kontext. Duchamp: „Dada lehnte sich gegen tote Formen auf, doch war es vielleicht ein bisschen zuviel Lärm um etwas, das bereits gestorben war. Meine Fountain war kein Nein – ich versuchte bloß, eine neue Idee für ein Objekt zu kreie-

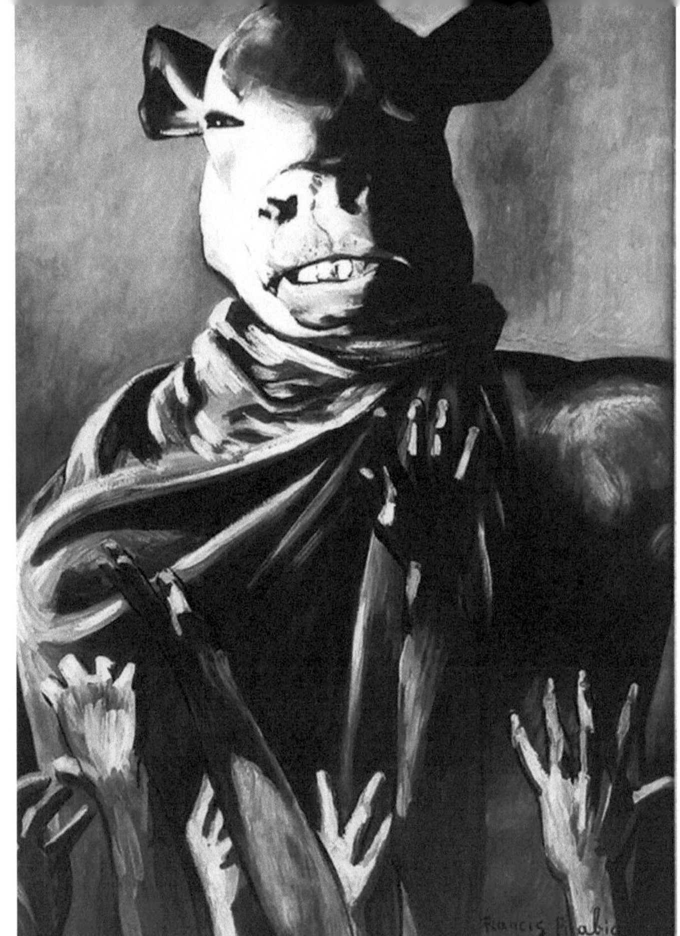

Francis Picabia: L'Adoration du veau (Anbetung des Kalbes) Öl auf Karton, 106 x 76,2 cm, 1941-1942 Musée national d'Art moderne, Muttergesellschaft Centre national d'art et de culture Georges-Pompidou, wikidata:Q1895953, public domain

ren, von dem alle zu wissen glaubten, was es war. Alles kann ja auch etwas anderes sein, dies wollte ich aufzeigen." (Duchamp, S. 90) Er entfremdet die Gegenstände ihrer Nützlichkeit und erhöht sie zur Kunst. Er zeigt seine Erschrockenheit über die Welt des Gegenständlichen und überspielt die Angst mit Ironie und Witz. Er ist der moderne Zauberlehrling, der den bannenden Spruch vergessen hat und bei dem die Gegenstände weiter einen wilden, unverständlichen Tanz aufführen.

Francis Picabia (1879 - 1953) verirrt sich im Dickicht der Bilder, findet Lösungen und verirrt sich wieder. Er wirft Fragen auf, um die Fragen dann selbst in Frage zu stellen. Er gibt Antworten und erschrickt über die Trivialität seiner Antwort, und er wechselt häufig seinen Malstil. Um 1910 hatte er schon zur abstrakten Malerei gefunden. Während des Ersten Weltkrieges arbeitet er mit Duchamp für die Dada-Zeitschrift „291" und interessiert sich für Mechanisches und Technisches, bleibt dazu aber in ironischer Distanz. Er malt Maschinenteile und gibt einem Bild den Titel „Das ohne Mutter geborene Mädchen" (1916-1917). Hier wird die Technik als fremd und bedrohlich erlebt: Um kritische Distanz zu wahren, bemüht er die Assoziation mit einem mutterlos umherirrenden Mädchen. Picabia malt Frauenakte auf Schießscheiben. Er behauptet, die Zündkerze sei ein nacktes, amerikanisches Mädchen. Er probiert aus, wildert durch die Bilderlandschaften und präsentiert Fundstücke. Als Erster entdeckt er Pin-Up-Girls für die Kunst und lässt sie vor einer romantischen Urlandschaft posieren. Obwohl schon fast karikaturenhaft überzeichnet, zeigt das Bild ein gewisse Hilflosigkeit gegenüber der Bilderflut: Picabia hat den roten Faden verloren, der ihn aus dem Labyrinth herausführt. Aber er traut dem Frieden nicht so richtig. Seine Figuren bleiben steif und abwartend.

Bei **Fernand Léger** (1881 - 1955) ist die Welt zerstückelt. Im Verlauf seines Werks wird sie erst langsam wieder zusammengesetzt. Er bezieht von Cézanne entscheidende Impulse für seine kubistischen Bilder. Die Freundschaft mit Delaunay, Duchamp und Picabia gibt weitere Anregungen. Er wird Mitbegründer der abstrakten Malerei und dann ihr Ketzer. Ihn und seine Bilderwelten prägen vor allem der Erste Weltkrieg. 1922 schreibt er: „Drei Jahre vergingen, ohne dass ich einen Pinsel in die Hand genommen hätte, in ständiger Berührung mit der gewaltigen, der rohesten Wirklichkeit. Sobald ich frei war, zog ich Nutzen aus diesen schweren Jahren und kam zu einem Entschluss. Ich malte in reinen Lokalfarben und formte große Massen ohne jedes Zugeständnis. Ich setzte mich über Konzessionen an den Geschmack, über Grau-in-Grau-Malerei, über tote Hintergrundflächen hinweg, ich ließ mich nicht mehr verwirren, ich sah klar. Der Krieg hat mich zur Wirklichkeit geführt, ich zögere nicht, dies einzugestehen." (Bocola, S. 349) In seinem Bild „Kartenspielende Soldaten", 1917, sind die Körperteile mechanisch zerlegt. Leger verurteilt seine Maschinenmenschen nicht, er registriert: Soldaten und andere Menschen sind mechanisch reagierende Objekte, Teile der Dingwelt. Bei Léger geraten sie nicht zu gespenstischen Machino-Puppen wie bei de Chirico, bei Léger werden sie in die Welt gesetzt und spielen Karten. Der Künstler erlebt die Wirklichkeit als von Maschinen beherrscht. Menschen werden gesteuert. Ein lenkender Gott fehlt hier. Objekte und Waren scheinen die Macht übernommen zu haben. Nach dem Ersten Weltkrieg beginnt Léger die Welt aus seinen elementaren und monumentalen Zeichen wieder zusammenzusetzen. Die Formen, die Léger malt, sind von Menschen erfunden und werden von ihnen gelebt. Im Verlauf werden die Formen freier und farbiger. Seine Objekte treten im Zirkus auf, sie sind auf einer Fahrrad-Tour oder fühlen sich auf Gerüsten wohl. Er zeigt zuletzt ein friedliches Miteinander in einer technischen Welt.

Léger, Picabia und Duchamp sind Ketzer gegen die abstrakte Malerei, die „rein" sein will, die ausschließlich Farbe und Form zum Inhalt und Gegenstand haben möchte. Als im Jahre 1930 in Paris die Gruppe „Cercle et Carré" gegründet wurde, zeichnete schon der Name die Sackgasse vor, in die sich die „abstrakte" Malerei manövriert hatte. In dieser Gruppe waren die namhaften Künstler der Richtung vertreten, Mondrian, Kandinsky, Schwitters, Vantongerloo, Vordemberge-Gildewart und andere. Ihr Gründer Seuphor erläutert die Namenswahl: „Für unsere Gruppe habe ich diese beiden geometrischen Figuren gewählt, weil sie in alten östlichen Regionen Himmel und Erde symbolisieren. Für mich sind Kreis und Quadrat eine Art rudimentäres Alphabet, in dem es möglich ist, alles mit einfachsten Mitteln auszudrücken, wie bei Runen oder bei frühen chinesischen Schriftzeichen." (Seuphor, S. 96)

Seuphor will Kunst instrumentalisieren: Wie auf einem Klavier soll mit Quadraten und Kreisen, roten und gelben Tönen ein Konzert gespielt werden. Blau = himmlische Töne, Rot = Brausen und Dröhnen, Dreieck = Himmel, Quadrat = Erde. Die alte Symbolsprache soll Makrokosmos und Mikrokosmos gleichzeitig erklären. Es nisten sich Widerspruchspaare ein, die der Malerei den Weg versperren. Die „abstrakte" Malerei wird der „gegenständlichen" entgegengesetzt. Die Trennung in „Inneres" und „Äußeres" ist wieder ein Widerspruchspaar, das die Wege vom bildnerischen Begreifen abschneidet. Nur aus der Dialektik, dem Widerstreit von „innerer" und „äußerer" Welt kann sich ein spannungsgeladenes, die Widersprüche bewusst aufnehmendes und verarbeitendes Bild entwickeln. Seuphor sehnt ein „rudimentäres Alphabet" aus Runen und alten chinesischen Schriftzeichen herbei. Es ist die romantisch-sentimentale Sehnsucht nach der Einheit der Welt, die zu Zeiten der „Ursprache" der Runen und altchinesischen Schriftzeichen noch vorhanden gewesen sei. Es ist der Traum vom Paradies. Die Runen sind eine um die Zeitenwende entstandene Schrift (also später als die lateinische Schrift), die sich nicht zur flüssig geschriebenen Alltagsschrift weiter entwickelt hat und die damit im Lauf der Zeit nutzlos wurde. Die Runen und ihre Mythologisierung wurden vor allem von den Ideologen der völkischen Bewegung und dann von den Nazis dazu missbraucht, um das „germanische" Wesen mystisch zu verklären und zu überhöhen. Die menschliche Schrift und auch die Bildsprache sind sich entwickelnde Kommunikationssysteme. Die ersten menschlich gefertigten Kunstwerke sind vor rund 50 000 Jahren entstanden, um zu bezeichnen und zu differenzieren. Bei der Bildsprache handelt es sich um ein sich mit der menschlichen Kultur ausdifferenzierendes System, das um Bilder und Ausdrucksmöglichkeiten und Kommunikationsvarianten reicher wird.

Häufig wird die „abstrakte" Malerei mit der abstrahierenden Malerei gleichgesetzt: Sie sind aber grundverschieden. Im Grunde ist jede Malerei abstrahierend, eine Übersetzung von etwas Wahrgenommenen in bildnerische Zeichen. Die Erkenntnis der Moderne ist die Entdeckung des Zeichen- und Symbolcharakters der Malerei. Aus den Gruppen „Cercle et Carré" und „Art concret" (von van Doesburg gegründet, der 1931 starb) wurde noch 1931 die Gruppe „Abstraction-Création". Diese Gruppe gab 1936 ihre letzte Zeitschrift heraus und löste sich dann auf. Sie wollten durch Abstraktion ein vollkommen neues geistiges Reich, eine neue Welt jenseits der materiellen erschaffen – und scheiterten notwendigerweise bei der Realisation.

Michel Seuphor, Gründer der Gruppe „Cercle et Carré" und Autor des Buches „Abstrakte Malerei" (deutsche Erstauflage 1962) zieht nach einem halben Jahrhundert um 1960 ein resignierendes Fazit: „Doch schon von ihren Anfängen machten sich zwei entgegengesetzte Richtungen bemerkbar. Die erste war bestimmt von Kandinskys Lyrismus aus der Periode des ›Blauen Reiter‹, die zweite vom Klassizismus Mondrians. Eine dritte Tendenz ergab sich aus beiden Richtungen: Robert Delaunay war der erste Repräsentant dessen, was wir heute als ›abstrakten Impressionismus‹ bezeichnen. Seit ungefähr zehn Jahren herrscht in allen Ländern der Lyrismus vor – ein Lyrismus allerdings, der die Leier weggeworfen hat und maßlos geworden ist. Seit langem bringt dieser Stil (von dem man behauptete, er sei bloß experimentell) nichts Neues hervor; junge wie alte Maler imitieren sich gegenseitig: Abgesehen von der Dicke des Farbauftrags haben sie den Entdeckungen Kandinskys nichts hinzugefügt." (Seuphor, S. 162) Die Gründe für die Stagnation der „abstrakten" Malerei liegen einerseits im Ansatz, nur „reine" Farbe und Form als Inhalt und Gegenstand zu haben. Andererseits haben die Kriege und die politische Entwicklung eine zerstörerische Wirkung entfaltet.

Die deutsche Avantgarde auf der Suche nach dem Konzept

Schon der deutsche Expressionismus probte den stürmischen Aufbruch und Ausbruch aus der Gesellschaft. Fast alle Maler waren von Friedrich Nietzsche begeistert, der den Übermenschen predigte, Künstler als Propheten überhöhte und gleichzeitig das Weltgewitter ankündigte. Durchmischt wurde dies mit dem theosophischen Eklektizismus des Anthroposophen Rudolf Steiner und der Gottsucherin Helena P. Blavatsky. Die stürmische industrielle Entwicklung hatte in Deutschland die sozialen Gegensätze verschärft, die gesellschaftlichen Spannungen waren zum Zerreißen angespannt. Zur Beruhigung nutzte die wilhelminische Obrigkeit eine dumpfe, mystische völkische Gesinnung mit dem Sendungsbewusstsein der germanischen Rasse. In dieser Situation wagten die „Brücke-Maler" in Dresden – die Gründer waren **Fritz Bleyl** (1880 - 1966), **Erich Heckel** (1883 - 1970), **Ernst Ludwig Kirchner** (1880 - 1938) und **Karl Schmidt** (1884 - 1976) – den Ausbruch in das Reich der Farbe und der Formzerstörung. In München versuchten die „Blauen Reiter" mit **Kandinsky**, **Franz Marc** (1880 - 1916) und **August Macke** (1887 - 1914) den Neuanfang. Ein Ziel einte sie: die Angst zu besiegen, die gefühlte Zerrissenheit zu beseitigen und ein neues „malerisches Reich" zu erschließen. Eine schnelle Lösung war nicht in Sicht. Die Künstler schauten nach Paris, beobachteten die futuristischen italienischen Entwürfe, ließen sich von Munch und Ensor beeinflussen und wollten den stürmisch schnellen Anschluss an die Pariser Kunstszene. Den aber hatte seinerzeit schon der deutsche Impressionismus verpasst, der 30 Jahre hinter der französischen Entwicklung hinterherhinkte und sich immer noch nicht zur Freiheit durchgerungen hatte, sondern preußisch korrekt und akademisch blieb (oder wie Lovis Corinth in die Landschaft und den Akt flüchtete).

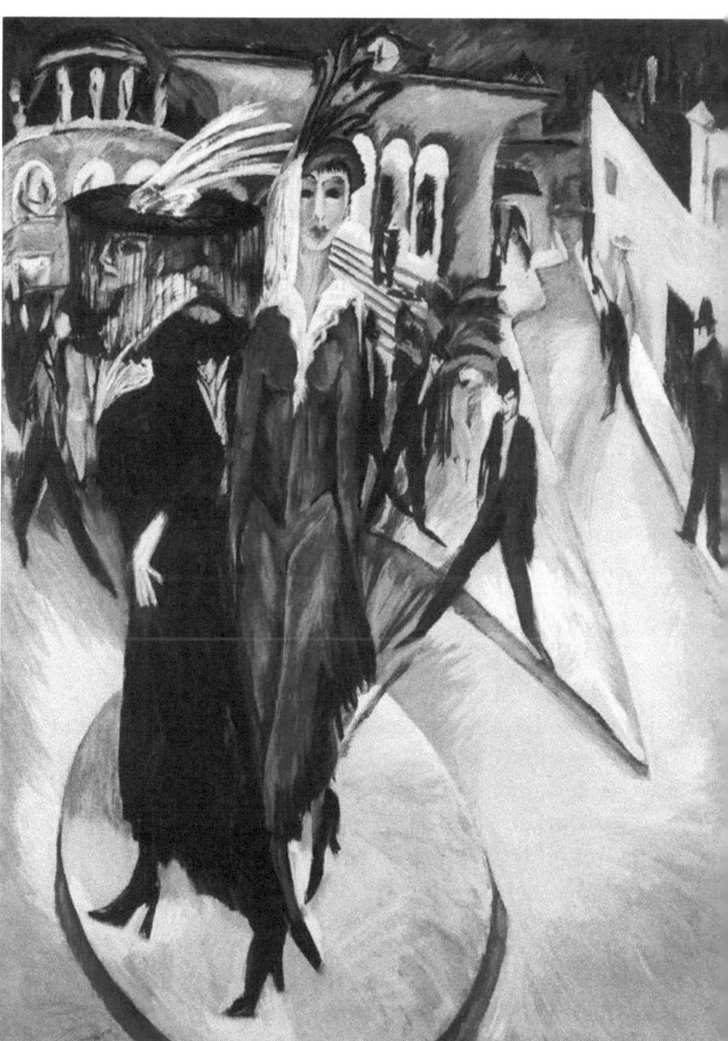

Ernst Ludwig Kirchner: Potsdamer Platz, Berlin, 1914, Öl auf Leinwand, 200 cm x 150 cm, Neue Nationalgalerie, public domain

Brücke-Maler werden aus dem Paradies geworfen

Bei den Brücke-Malern hat man den Eindruck, dass sie weder Farbe noch Form beherrschen, beides stürzt über sie herein. Da ist nichts in einem langen künstlerischen Prozess erarbeitet, sondern bricht eruptiv heraus. Zwar macht ihre Ignoranz gegenüber traditionellen malerischen Überlegungen und das Fehlen von Theorie ihren anfänglichen Reiz aus. Aber gerade dieses Merkmal programmiert auch ihr späteres Scheitern.

Ein Badesee nahe Dresden wurde zum Paradies der Brücke-Maler, in dem sie ihre nackten Mädchen und Frauen eintauchen lassen. Mit der Farbe kämpfen sie gegen die Prüderie der Zeit an und brechen Tabus, indem sie sich an der Schönheit von Minderjährigen berauschen. Begierig stürzen sie sich „ins Leben", ohne es jedoch wirklich zu verarbeiten. Kirchner schrieb an Heckel: „Es liegt ein großer Reiz in einem solchen reinen Weibe, Andeutungen, die einen wahnsinnig machen können. Toller als in den älteren Mädchen." Er erinnert sich: „Wir stürzten uns auf die Natur in den Mädchen." Und weiter: „Heckel als geiler Sachse stürzte sich auf sie [Fränzi] und vögelte sie ab." (Hein, S. 83) Fränzi war damals rund zehn Jahre alt. Psychopathologisches blitzt durch, wenn Kirchner in sein Tagebuch notiert: „Die erste Bedingung im Liebesleben ist doch, dass eine Frau sauber ist. Ich danke Dir Dodo, dass Du mich daran gewöhnt hast, Du blitzsaubere Katze. Deinen Körper konnte ich ganz küssen ...". (ebd.) Neben der Akt- und Landschaftsmalerei wird Totemistisches ein weiterer Bildbestandteil. Bei einem Besuch im Völkerkundemuseum findet Kirchner Masken von Schwarzen. Auch hier bleibt es vordergründig, wenig wird hinterfragt, wieder wird wenig verarbeitet. Das „Afrikanische" wirkt bestenfalls wie eine mystische Beschwörung, wie dekorativ Liegengelassenes, Überbleibsel aus einer vergangenen Zeit.

Die Brücke-Maler führen ein Leben der Boheme in der Idylle. Doch die bricht auf, als die Brücke 1913 auseinandergeht. Kirchner geht nach Berlin – statt Badesee nun Potsdamer Platz: Straßenecken scheinen gerade zuzustechen, Gebäude bedrohen und weisen ab. Frauen werden zu Kokotten und wirken wie verkleidet. Mit distanzierter Kälte schreiten sie entrückt wie auf einem runden Podest. Der erdige Fleischton der Frauenleiber vom Badesee ist einem giftigen Grüngelb der Gesichter gewichen, schwarz und blau-kalt sind die stelzenden Frauen gekleidet. Auf dem Platz, auf dem eigentlich das Leben der Hauptstadt tobt, schleichen gespensterhafte Männer wie Verbrecher – einheitlich dunkel gekleidet – an Häuserwänden entlang. Jeder scheint für sich allein einem seltsamen Geschäft nachzugehen. Eine gespenstische Stimmung... Die Welt bricht auseinander. Es ist 1914. Deutschland beginnt den Ersten Weltkrieg. Kirchner hält die Widersprüche nicht mehr aus. Nach der Einberufung zum Militärdienst zerbricht er sofort nervlich. Er flüchtet in die Berge nach Davos. Dort malt er spirituell aufgeladene Landschaftsbilder. Kirchner wird der Maler der Einsamkeit. Er fühlt sich ausgestoßen, ausgegrenzt, verlassen in einer Bergwelt, die rund um ihn herum explodiert. Er versucht sich noch – offensichtlich durch Picasso inspiriert – an Formexperimenten. Sie bleiben aufgesetzt.

Auch die anderen Künstler der Brücke verlieren nach dem Auseinanderbrechen der Gruppe an Kraft – der Krieg erschüttert nicht nur Kirchner. Karl Schmidt-Rottluff malt 1919 das „Selbstbildnis mit Hut": Ein desillusionierter Maler, der sich noch stärker in das Landschaftsbild zurückzieht und die „Zivilisation" für das Geschehene verantwortlich macht. „Ich habe jetzt sehr den Druck, noch möglichst Starkes zu schaffen – der Krieg hat mir richtig alles Vergangene weggefegt –, alles kommt mir matt vor, und ich sehe die Dinge plötzlich in ihrer furchtbaren Gewalt." (Walther, S. 57) Erich Heckel überlebt den Krieg als Sanitäter in Flandern, malt 1916 düster drohende Bilder „Frühling in Flandern" und „Irrer Soldat". Noch deutlicher als die anderen zieht Heckel sich in die Idylle zurück. Max Pechstein wird dekorativ. Otto Mueller bleibt bei seinen unschuldig grazil grün-graubraun und fleischfarben gemalten Zigeuner-Aktbildern auf groben Leinwänden. Nach einem kurzen Aufbruch ist bei den Brücke-Künstlern die Kraft erloschen. Der erste Weltkrieg zerstörte endgültig Hoffnungen.

Lediglich der malerische Einzelgänger Emil Nolde (1867 -1956) aus dem Norden setzt sich durch. Er ist der Expressivste unter den Brücke-Malern. Schon fast gewalttätig knetet er die Ölfarbe auf der Leinwand, scheut keine Gegensätze, lässt das Rot neben Grün schreien, dort blitzt Hellgelb neben dunklem, flächigem Ultramarinblau. Er steigert sich ekstatisch in seine Themen hinein und überdehnt die empfundene Magie ins Imaginierte. Die Schweizer Berge inspirieren ihn, er beschwört Riesen, Erdgeister und Trolldämonen. „Urlaute" ertönen dumpf. Nolde zeichnet die „Maske der Energie", das „Höhlenweib". Das mystisch Schwere interessiert und fasziniert ihn. Er lässt seinen Gefühlen freien Lauf und bemüht sich in keiner Weise um eine intellektuelle Bändigung oder Kontrolle. Im Gegenteil: Nolde will das Ungestüme, das Unkontrollierte, die Macht des Gefühls, die schon fast ins Barbarische umschlägt. „Instinkt ist zehnmal mehr als Wissen", lautet sein Credo.

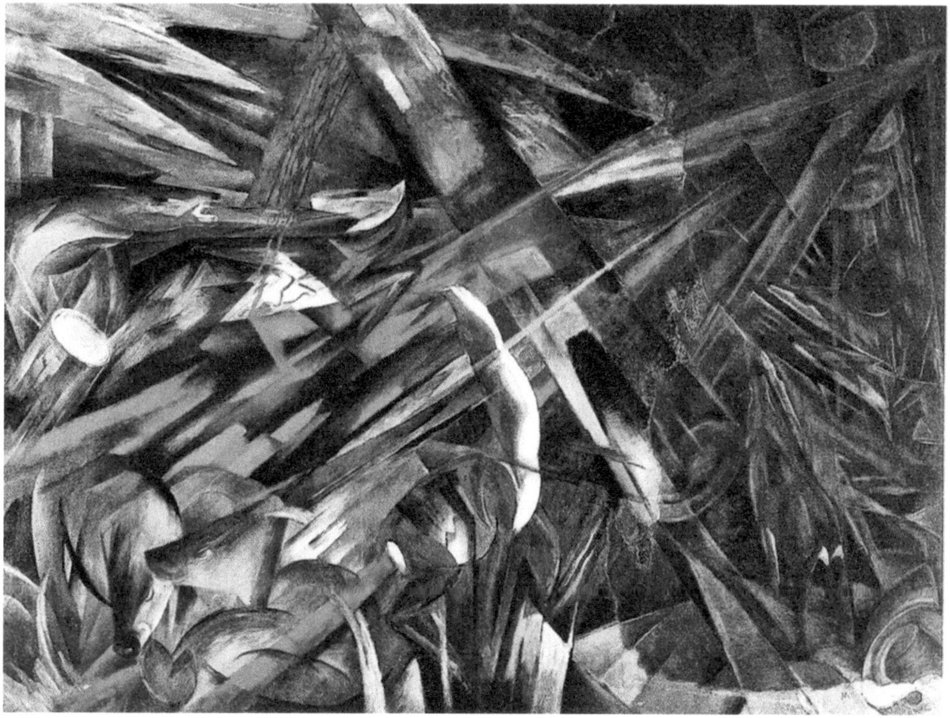

Franz Marc: Tierschicksale, 1913, Farbe auf Leinwand, 196 cm x 266 cm, Kunstmuseum Basel, public domain

Um 1909 künden Noldes religiös aufgeladenen Bilder von Heiligen und Teufeln, von Gläubigen und Ketzern, von Verklärung, Verzückung, Ergriffenheit und nagendem Zweifel. Trotz glühender Farbigkeit offenbart sich schwarz-weißes Denken. Die Inbrunst wendet sich an den tief Gläubigen, für einen Zweifelnden ist seine zur Schau gestellte ekstatische Religiosität zu dick aufgetragen, zum Bild gewordene Rechthaberei eines Überzeugten. In den Jahren 1913 bis 1914 bricht Nolde mit einer „Völkerkunde-Expedition" nach Neu-Guinea auf. Dort sucht und findet er scheinbar „die absolute Ursprünglichkeit, den intensiven, oft grotesken Ausdruck von Kraft und Leben in allereinfachster Form". Auch hier überzeichnet er und kommt zu fast schon fratzenhafter Form, zu maskenhaftem theatralischen Ausdruck. „Allereinfachste Form", „Kraft und Leben", „Mystik des Ursprünglichen", gar „absolute" Ursprünglichkeit nennt Nolde die Eindrücke aus Neu-Guinea, die er in seine deutschen Bilder übernimmt. Nolde idealisiert das Ursprüngliche, thematisiert den Widerspruch zwischen Stadt und Land, will Instinkt statt Intellekt, das Ungestüme statt des Zivilisierten. Auch Nolde zieht sich in die Landschaft zurück und gibt vor allem seiner norddeutschen Heimat hoch oben an der dänischen Grenze ein dramatisches, weites, romantisches Gesicht: stürmende Wellen, drohende Wolken. Einsam zeigt sich ein schützendes Haus. Hier gelingen Nolde großartige Bilder. Aber die Stadt, der Mensch ist nicht sein Thema. Hier fehlt ihm der Zugang.

Alles in allem führt der Expressionismus der Brücke-Maler in eine Sackgasse, und einzig die Landschaftsmalerei bietet sich als Ausweg an. Die Gruppe Blauer Reiter rang schon um 1912 in München um die Zukunft der Malerei. Vor allem **Wassily Kandinsky, Franz Marc, August Macke** und **Paul Klee** (1879 - 1940) halten Kontakt zu den Avantgarden in aller Welt (so zu Delaunay, Picasso und Matisse, aber auch zu Kokoschka, Arp, Nolde und Kirchner). Kandinsky hatte gerade sein Buch „Das Geistige in der Kunst“ geschrieben. Er und Marc wollten mit ihrer Malerei „die reinen Ideen, die dem Weltbau zugrunde liegen“, finden und darstellen. So formulierte es Franz Marc. August Macke nahm demgegenüber eine skeptische Haltung ein und kritisierte dies als „Gedankenmalerei“.

August Macke ist zu dieser Zeit der malerisch Ausgewogenste unter den vier großen Talenten. Er lässt die Farbe flächig sinnlich leuchten. Damit sind die malerischen Erkenntnisse von Matisse und Delaunay aufgenommen und sprechen Mackes Sprache. Seine Frauen vor den Schaufenstern der Modegeschäfte zeigen eine mit leichter Schwermut durchmischte Sehnsucht nach Harmonie. Die kubistische Formauflösung führt bei Macke nicht zur Demontage der Gegenstände, nicht zur Zerlegung in ihre Bestandteile sondern im Gegenteil zu einer in sich schlüssigen Komposition. Hier kündigte sich ein großes Talent an. Der Erste Weltkrieg beendete schon im ersten Kriegsjahr mit Mackes Tod eine große Hoffnung.

Begeistert zogen viele Künstler in den Ersten Weltkrieg Der Krieg war zunächst auch von vielen Künstlern als „reinigendes Gewitter“ herbeigesehnt worden. **Ernst Barlach** (1870 - 1938) schuf 1914 „Der Rächer“. Zuerst hieß er noch „Berserker“: Mit dem Schwert erschlägt er die Feinde. **Ludwig Meidner** (1884 - 1966) malt vor dem Krieg seine Apokalyptischen Landschaften und beschwört den Zusammenbruch der „sündigen“ Großstädte. Die dargestellten Naturkatastrophen drohen den chaotischen Weltuntergang an. Auch Wassily Kandinsky hoffte, dass der Krieg die materialistische Ausrichtung der Gesellschaft beseitigen und ein neues Reich des Geistes schaffen würde – Krieg als begrüßenswerter „Übergang“. Max Beckmann, Otto Dix, August Macke, Franz Marc, Oskar Schlemmer – um die Wichtigsten zu nennen – zogen wie fast alle Altersgenossen in allen Schichten begeistert und freiwillig in den Ersten Weltkrieg. Der aber läuterte und „reinigte“ nicht. Die da begeistert hineinzogen, starben oder kamen desillusioniert und verbittert aus ihm heraus. Die Erfahrung des Krieges prägte die kommende deutsche Avantgarde. Eine „Avant“-Garde aber, die keine Türen zur Zukunft aufstößt, sondern ihre Wunden leckt, die sich mit verlorenen Illusionen und enttäuschten Hoffnungen auseinandersetzt, sich auch gegenseitig beschuldigt. Eine „Avant“-Garde, die sich dann endlich mühsam an die Arbeit macht, doch noch eine Zukunft aufzubauen.

Die anfängliche Kriegsbegeisterung vieler Künstler machen die Aufzeichnungen von Franz Marc deutlich. Er empfindet das Grollen der Geschütze als Grollen des Schicksals, als etwas „unsagbar Imposantes u. Mystisches“. Franz Marc: „Um Reinigung wird der Krieg geführt und das kranke Blut vergossen.“ (Martin, S. 21) Für Marc ist Krieg „naturhaft“, das heißt nichts anderes „als der bisherige Friedenszustand in anderer, eigentlich ehrlicherer Form“ (Marc, S. 80). Als ein Freund Marc eine Postkarte an die Front mit seinen eigenen 1913 gemalten „Tierschicksale“ schickt, versteht Marc dieses Bild als Vorahnung des Krieges, „schauerlich und ergreifend“. Ihm wird klar, dass er mit der Tierdarstellung seinen eigenen erregten Gemütszustand ausgedrückt hatte. Der Krieg war also schon vorher in ihm und Ursache seiner Zerrissenheit. Marc beginnt den Krieg als naturhafte Massensuggestion zu sehen. Er überprüft erneut seine Kunst auf ihre Beweggründe. „Ich empfand schon sehr früh den Menschen als ›hässlich‹; das Tier schien mir schöner, reiner; aber auch an ihm entdeckte ich so viel gefühlwidriges u. hässliches, sodass meine Darstellungen instinktiv, [(]aus einem inneren Zwang) immer schematischer, abstrakter wurden. Bäume, Blumen, Erde, alles zeigte mir mit jedem Jahr mehr hässliche, gefühlswidrige Seiten, bis mir erst jetzt plötzlich die Hässlichkeit der Natur, ihre Unreinheit voll zum Bewusstsein kam." (ebd. S. 65)

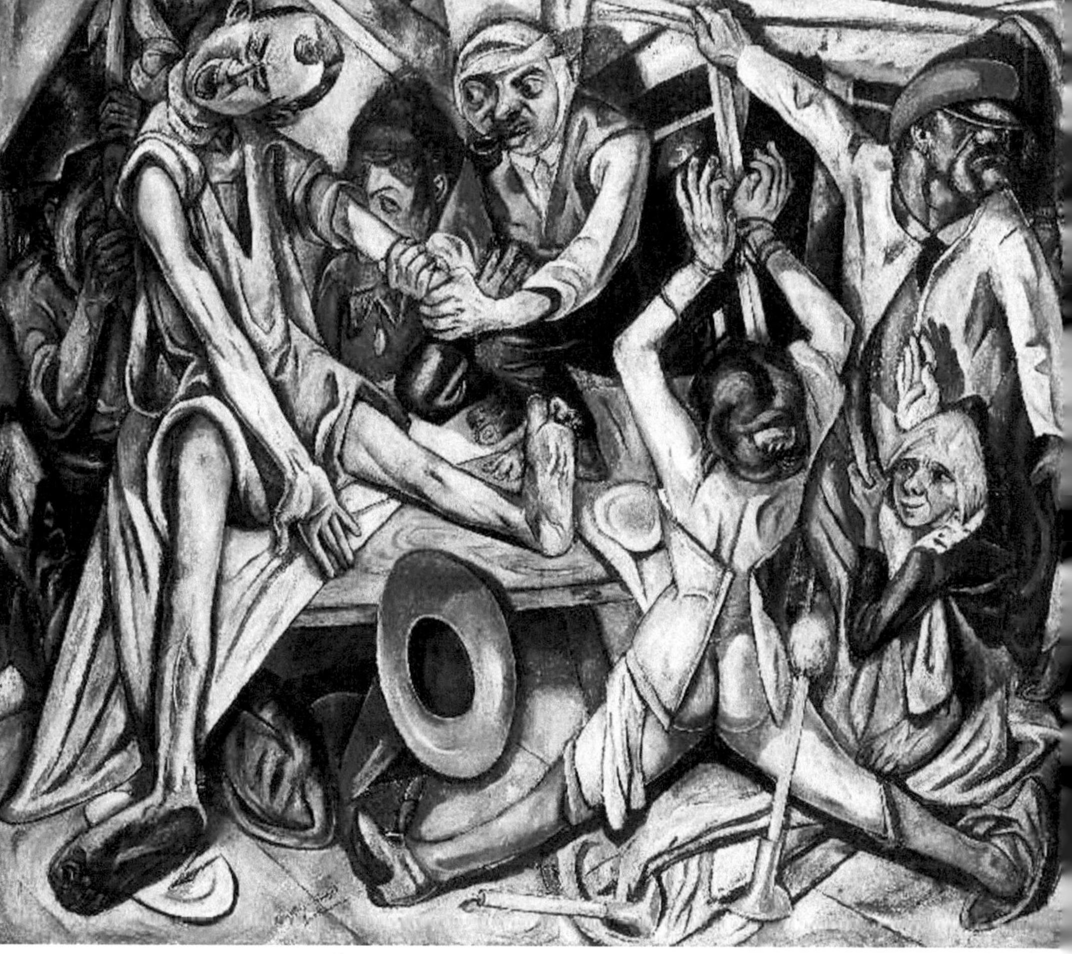

Max Beckmann: Die Nacht, 1918, Öl auf Leinwand, 133 × 154 cm, Kunstsammlung Nordrhein-Westfalen, Düsseldorf, public domain

Seine Abstraktion und seine gezackte widersprüchliche Spannungen aufzeigende Malweise leitet er also aus einem „inneren Zwang" ab: „[...] ich kann gar nicht anders meine Unvollkommenheiten u. die Unvollkommenheiten des Lebens überwinden, als indem ich den Sinn meines Daseins in´s Geistige hinüberspiele, in´s Geistige, vom sterblichen Leib Unabhängige, d. h. Abstrakte hinüberrette." (ebd. S. 118) Für Marc ist der Mensch hässlich, die Gesellschaft widerwärtig. Er findet aber keine Rettung im Abstrakten, in „reiner" Farbe und „reiner" Form. Marc nennt es Flucht vor dem Faktischen. Marcs Bilder sind Akte des „Wegmalens" und dokumentieren so diese Widersprüchlichkeit. Das Hässliche ist die nackte Gewalt, die militante Konfrontation auch im Zivilleben. Marcs Fazit lautete vorerst: „Die uralte Lehre von der Reinkarnation u. Nietzsches ewige Wiederkehr des Gleichen hat für mich einen ganz neuen Sinn bekommen." (ebd., S. 53) Der Kreislauf der Gewalt ist für ihn Schicksal, „ewige Wiederkehr". Mit dieser Einstellung wäre ihm nur die Resignation geblieben. Er konnte diesen Widerspruch nicht mehr lösen. Marc wurde 1916 im Krieg getötet.

Auch **Max Beckmann** (1884 - 1950) ist begeistert in den Krieg gezogen, er hofft auf eine Erfüllung seiner Visionen, die Möglichkeit neuer Erfahrungen. Beckmann sieht den Krieg als expressionistisch wunderbaren Farbenrausch, der ihm das Leiden Christi und den Weltuntergang gleichermaßen vermittelt, ein Kreislauf des „wilden und grausamen Lebens". Beckmann erlebt den Krieg nicht als nationalistische Volksverhetzung sondern als Mysterium des Weltganzen, als Offenbarung. So schreibt Beckmann am 11. Oktober 1914 in sein Tagebuch: „Draußen das wunderbar großartige Geräusch der

Schlacht. Ich ging hinaus durch Scharen verwundeter und maroder Soldaten, die vom Schlachtfeld kamen und hörte diese eigenartige schaurig großartige Musik. Wie wenn die Tore zur Ewigkeit aufgerissen werden, ist es, wenn so eine große Salve herüberklingt. Alles suggeriert einem den Raum, die Ferne, die Unendlichkeit. Ich möchte, ich könnte dieses Geräusch malen." (Beckmann, S. 18) Und am 28. April 1915 notiert Beckmann: „Einige Vergiftete wälzten sich in wilden Zuckungen und röchelten schwer. Dem einen musste mit der Mundsperre der Mund aufgehalten werden. Fabelhafte Sachen sah ich. In dem halbdunklen Unterstand halbentkleidete, blutüberströmte Männer, denen die weißen Verbände angelegt wurden. Groß und schmerzlich im Ausdruck. Neue Vorstellungen von Geißelungen Christi." (ebd., S. 55) Beckmann ist nicht „zu Tode betroffen". Er sieht den Krieg als Sinnbild des Lebens und ganz im Sinne Nietzsches als Überlebenskampf. Der Krieg weist ihm auch den Weg für sein weiteres Schaffen: „Ich will das alles innerlich verarbeiten, um dann nachher ganz frei diese Dinge fast zeitlos machen zu können: diese aus dem Grabe blickende schwarze Menschenmiene und die schweigenden Toten, die mir entgegenkommen, sind düstere Grüße der Ewigkeit, und als solche will ich sie später malen." (ebd., S. 49/50) Der Krieg bestätigt einerseits Beckmanns Weltbild: Das Leben ist wild und grausam. Er empfindet Grüße aus der Ewigkeit, ist ergriffen und schaudert. Er verabsolutiert den Krieg. Er will ihn „zeitlos" malen. Krieg ist für ihn nicht der Ausnahmezustand oder ein Abenteuer eines militaristischen Kaisers und seines Hofstaats. Er sieht Krieg als „das Leben".

Beckmann: Ernüchterung macht sich breit

Beckmann erleidet 1916 einen Nervenzusammenbruch und trennt sich anschließend von seiner Familie. Er versucht ab 1916, sein bisher größtes Bild »Auferstehung« (3,45 x 4,90 Meter) zu malen. Schon vor dem Krieg hatte er zwei Bilder mit gleichartigem Inhalt gemalt, bei denen er detailgetreu und mit erkennbaren Personen die Erlösung imaginiert. Vor dem Krieg konnte er sich noch die Auferstehung vorstellen. Ab 1916 stellt er sich der Auferstehung als zentralem Thema, nicht nur vor der sehr großen Leinwand, auch in mehreren Grafiken variiert er das Thema. Aber der Titel trügt. Es ist keine Auferstehung, keine Erlösung, es ist der Weltuntergang. Die Sonne hat sich schwarz verfinstert, die Menschen stehen nackt, abgemagert, hilflos, vor Schrecken erschüttert in einer verwüsteten Landschaft. Sie sind vereinzelt. Jeder ist für sich zu Tode getroffen, wie in Erwartung noch größerer Katastrophen. 1918 bricht er die Arbeit an dem Bild ab. Er kann nicht mehr an die Auferstehung glauben.

Aber Beckmann hat sein Thema gefunden. Er wird der Maler der Vereinzelung, des egoistischen aber trotzdem liebenswerten Menschen in seinem Käfig, aus dem er unentwegt auszubrechen versucht. Er klagt Gott an. Er gestaltet „dieses grenzenlose Verlassensein in der Ewigkeit. Dieses Alleinsein". 1918-1919 malt er „Die Nacht". Das Bild zeigt: Der Krieg zerstört auch die Familie, das friedliche Zusammenleben ist eine Illusion. Die Frau ist gefesselt und wird vergewaltigt, der Mann wird gequält und erhängt. Das Kind wird entführt und schaut verzweifelt: Ist das die Zukunft? Das Zimmer ist verwüstet, das Tischtuch wird zum Leichentuch, die Kerzen fallen um, ein Grammophon kündet noch von vergangenen melodischen Tagen, jetzt ist es Blech und eher ein Kanonenrohr, daneben liegt ein Messer, ein Hund heult. Das ist der Weltuntergang im Kleinformat.

Gibt es Hoffnung? Beckmann sieht die Welt als Zirkus. In einer Grafik „Der Ausrufer" stellt sich Beckmann mit Zigarette und Glocke vor dem „Circus Beckmann" dar, sehr häufig sind seine Selbstbildnisse als Pierrot, als sich selbst in Frage stellender Clown. Dann zeigt er sich aber auch selbstbewusst fragend in „Selbstbildnis mit steifem Hut" oder in der Pose des Staatsmannes „Selbstbildnis im Smoking" (1927) in Anlehnung an ein Bild des Reichspräsidenten Ebert. Beckmann behauptet sich in einer Welt der Egoisten, der er selber auch ist. Für ihn gibt es allenfalls Veränderung im Kreislauf. Seine „Helden" brechen auf: „Die Argonauten" (1950), sie fahren ab „Die Abfahrt, Departure" (1932/1933). In eine bessere Welt? Da bleibt Beckmann bis zuletzt sehr pessimistisch.

Dix: Vom Saulus zum Paulus?

Otto Dix (1891 - 1969) war künstlerisch futuristisch kriegsbegeistert. 1914 malt er „Das Geschütz". Farbenfroh explodiert und kracht es, Krieg als Sylvester-Feuerwerk. Kurz vor dem Ersten Weltkrieg zeigt sich Dix sogar als Kriegsgott Mars: In ihm ist der Entwurf Nietzsches vom grausamen dionysischen Prinzip von Chaos, Zerstörung und Neuwerden enthalten – dem Kreislauf der Gewalt. Für Dix war der Krieg – auch noch im Nachhinein – „trotzdem etwas Gewaltiges". „Das durfte ich auf keinen Fall versäumen. Man muss den Menschen in diesem entfesselten Zustand gesehen haben, um etwas über den Menschen zu wissen [...] Alle Untiefen des Lebens muss ich selbst erleben, deswegen gehe ich in den Krieg, und deswegen habe ich mich auch freiwillig gemeldet." (Schmidt, S. 237) Dieser „entfesselte Zustand" war seine Zukunftsvision, er entsprach seinem Lebensgefühl. Seine Kriegszeichnungen thematisieren Granattrichter und Schützengräben als gewaltige Vulven, an deren Rändern Blumen wachsen. Sie lassen die Kraft der Erde, des Bodens erahnen. Energiegeladen thematisiert Dix das Gegeneinanderprallen der kämpfenden Körper. Er sieht den Krieg als „Naturereignis", der letztlich „um und wegen der Vulva" geführt wird, Krieg als erotisches und sexuelles Abenteuer.

Nach dem Krieg malt Dix sich selbst zuerst noch als Kämpfer, um dann radikal Kriegskrüppel illusionslos und ohne Hoffnung zu malen. Ab 1923 spürt er den Verwesungsgestank der Welt. Seine Utopie erweist sich als seine Niederlage. Nicht der Kriegsgott Mars und auch nicht der Übermensch Nietzsches ist das Ergebnis des Krieges – der Kriegskrüppel ist es. Vor dem Krieg hatte Dix noch Frauen in Wollust gemalt – nach dem Krieg aber verdorren die Brüste, sein Menschenbild ist verhärmt, er ekelt sich. Vor dem Krieg werden die Frauen noch als Lebensprinzip begriffen, nach dem Krieg werden sie sogar im ritualisierten Lustmord vernichtet. Dix macht – neben dem Krieg – auch das „Maschinenzeitalter" dafür verantwortlich. Er resigniert vor dem von ihm als ewig empfundenen Kreislauf. Dix verarbeitet den Krieg nicht, er dämonisiert ihn, macht die „Natur" verantwortlich. Er deckt nicht die gesellschaftlichen Ursachen für Militarismus und Kriegshetze auf, er gefällt sich in lärmender Destruktion. Sonst hätte er ja auch seine eigene Verstricktheit, seine eigene Verantwortung aufarbeiten müssen. Dazu ist er nicht in der Lage. Das ist es, was der Kritiker Carl Einstein meinte, als er Dix einen „im Herzen malenden Reaktionär am linken Motiv" nannte. Dix bleibt stecken, er zerstört, er baut nicht auf, er ist zu keinen neuen Entwürfen fähig. 1927/1928 malt er das Triptychon „Großstadt". Die affektierte Upper-Class tanzt Charleston: die Damen mit Schmuck behangen in goldenen Kleidern, mit Straußenfedern dekoriert,

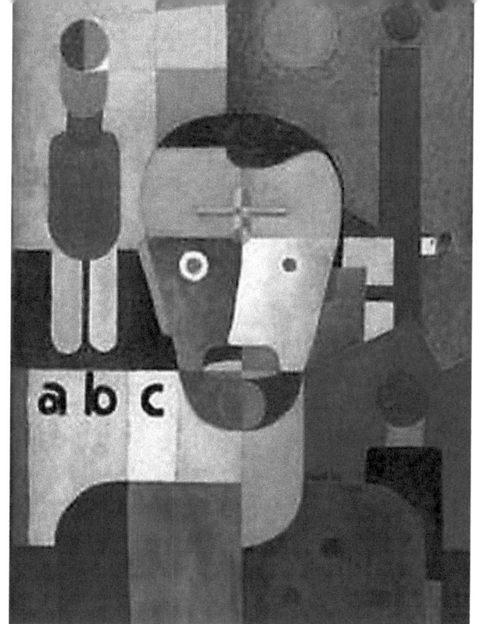

Franz Wilhelm Seiwert: Selbstporträt, 1928, Öl auf Leinwand, 79 x 50 cm, Von der Heydt Museum, public domain

Heinrich Hoerle: Zwei Frauenakte, Öl auf Holz, 108 x 73 cm , Museum Ludwig, public domain

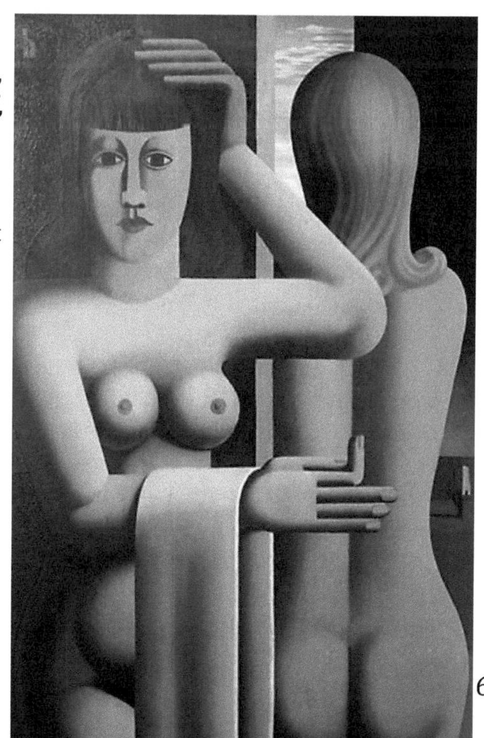

der Herr distinguiert im Smoking. Links stelzt ein Krüppel auf Holzstumpfen, ein anderer liegt in der Gosse, rechts salutiert ein Beinamputierter, dem zusätzlich das Gesicht zerschossen ist. Eine ausweglose Situation, es muss krachen. Es gilt das Gesetz des Stärkeren, Rücksichtslosen, Zynischen.

George Grosz gießt Öl ins Feuer

Dagegen scheint **George Grosz** (1893 - 1959) die politische und gesellschaftliche Situation richtig einzuschätzen. Er malt hasserfüllt gegen den Militarismus. Sein Weltbild ist schwarz-weiß, rechts-links. Er wähnt sich als „Linker" auf der richtigen Seite und predigt „Auge um Auge, Zahn um Zahn". Schon 1923 zeichnet er Hitler als Barbaren im Bärenfell mit Germanendolch im Gürtel. In den „Stützen der Gesellschaft" (1926) hat vorn rechts ein Nazi den Säbel in der einen Hand, das Bierglas in der anderen, er hat nur wirres Zeug im Kopf, neben ihm steht ein Journalist mit einer blutbeschmierten Friedenspalme und einem Nachttopf auf dem Kopf, rechts mittig ein Kapitalist mit dem Flugblatt „Sozialismus ist Arbeit", aus seinem Kopf qualmt ein Misthaufen, links weiter hinten fletscht ein Richter mit den Zähnen und ganz im Hintergrund morden und zündeln hasserfüllte Soldaten und der Pöbel. Aus einem Fenster brennt es lichterloh. Das ist gemalte Ideologie, die die Gefahr klar benennt und das Feindbild sehr deutlich macht, aber karikaturenhaft überzeichnet. Da ist keine Vermittlung möglich. Zwei feindliche Lager stehen sich im Kampf unversöhnlich gegenüber. Grosz nimmt klar Stellung: Die Stützen der Gesellschaft müssen beseitigt werden. Er glaubt nicht an die Möglichkeiten der Weimarer Demokratie.

Auch Grosz ist durch den Krieg gezeichnet. Vor dem Krieg war er noch Dandy, fühlte sich in der „besseren Gesellschaft" gut aufgehoben. Dann wird er zum Kriegsdienst eingezogen, und sein Nervenkostüm zerbricht sofort. In einem Sanatorium wird er von Kameraden niedergeschlagen, nachdem Grosz einen Arzt tätlich angegriffen hatte, der ihn für KV (kriegsverwendlich) erklärte. Er muss nicht an die Front. Aber er beginnt seiner Wut in Karikaturen Ausdruck zu verleihen, „die tierischen Gesichter meiner Kameraden, böse Kriegskrüppel, arrogante Offiziere, geile Krankenschwestern", wie er selbst schreibt. Er wollte das „Lächerliche und Groteske der mich umgebenden Welt geschäftiger, todeswütiger kleiner Ameisen" festhalten. Grosz sieht das „Gewimmel besessener Menschentiere".

Hier macht sich ein arroganter Künstler Luft, der Schuldige für seine Wut und seinen Hass sucht und findet (und dabei auch nicht so falsch liegt). Aber ihm fehlt die kritische Distanz, er reflektiert nicht, er ist – wie auch in seinen Selbstbildnissen – ausschließlich Mahner und Prediger. So lange, bis er sich schließlich eingesteht, dass er den „Gegner" auch in sich trägt und er letztlich seine eigene Widersprüchlichkeit thematisiert. Grosz predigte Gewalt, bis er sieht, dass Gewalt als tödliche Spirale Gegengewalt zur Folge hat und sich der Gulag nur schwer von einem Konzentrationslager unterscheidet. Diese späte Erkenntnis kann Grosz aber nicht mehr künstlerisch umsetzen, denn seine Kunst verliert schon in Deutschland an Kraft. Er nutzt die Möglichkeit, 1932 noch vor der Machtübernahme der Nazis in die USA zu reisen, um dort einen Lehrauftrag in New York anzunehmen.

Seiwert, Arntz und Hoerle: Schmeißt die alten Götzenbilder um

In Köln hatte die „gruppe progressiver künstler" ab 1919 begonnen, eine neue Bildsprache zu entwickeln. Die Künstler kamen vom Expressionismus und Dadaismus und wollten vor allem für die arbeitenden Massen eine „lesbare Kunst" schaffen. Ihr Theoretiker **Franz W. Seiwert** (1894 - 1933) fordert: „Schmeißt die alten Götzenbilder um! Im Namen der kommenden proletarischen Kultur!" Inhalt und Form müssten Solidarität und Klassenbewusstsein vermitteln. Dazu müsse der Bildinhalt entindividualisiert, entpersönlicht werden. Der Betrachter müsse die Werke verstehen können und in das Bild mit einbezogen werden. Die Künstler der Gruppe verstanden sich als Hand-Werker, die die Gesetzmäßigkeiten der Bildsprache zusammen mit ihren Betrachtern erarbeiten. Ihre Bilder sollten „exakt arbeitende Werkzeuge" der Kommunikation sein. Von expressionistisch-kubistischen Positionen kamen sie so über einen abstrakten Konstruktivismus zu einer „gegenständlichen konstruktiven Bildform“. Dass diese Bildauffassung nicht zu einem Leugnen jeder Individualität führt, zeigt „Kölner Zeitgenossen“ von **Heinrich Hoerle** (1895 - 1936) 1932. Deutlich sind Willi Ostermann, Konrad Adenauer (Zweiter von links), Trude Alex, der Boxer Heinz Domgörgen und Hoerle zu erkennen. Alle bis auf den Karnevalsvorsitzenden, der streng in die Leere schaut, fixieren den Betrachter: ernst, fragend, etwas ratlos. Wie soll es weitergehen?

Der Maler Franz W. Seiwert gibt in seinem Bild „Der deutsche Bauernkrieg“ (1932) einen politischen Kommentar zur verfahrenen politischen Lage in Deutschland: Auf einem in den Farben Grün, Braun, Grau geometrisch strukturierten Ackerfeld stehen fünf Gruppen, durch Kleidung und einheitliches Aussehen vereint als Gleichgesinnte, als Landarbeiter. Die Gruppen werden durch jeweils eine schwarze oder rote Fahne zusammengefasst. Aber die fünf Gruppen sind voneinander isoliert. Schon Friedrich Engels hatte das Scheitern des deutschen Bauernkrieges vor allem darauf zurückgeführt, dass die Bauern in isolierten Gruppen kämpften, ihre Gegner aber sich zusammenschlossen und deshalb siegten. Die deutsche Linke sei zu zersplittert, erklärt Seiwert, ihre rote Sonne geht unter.

Am deutlichsten wird das Streben nach einer klaren Bildsprache in den Piktogrammen von **Gerd Arntz** (1900 - 1988). In „Krise“ (1931) zeigt er die arbeitslose Masse auf der Straße. Im Erdgeschoss des Gesellschaftsgebäudes, deutlich mit dem Dollarzeichen markiert, stehen die Verwalter, Dienstboten und die bewaffnete Polizei als Beschützer. In der ersten Etage stapelt sich der Reichtum, hier dürfen Journalisten die Arbeitermassen unten auf der Straße fotografieren. In der obersten Etage vergnügen sich Müßiggänger, Kapitalisten sitzen auf ihren Geldsäcken und der Gesetzgeber steht stramm.

Arntz, Seiwert und Hoerle beziehen eindeutig Position, ohne jedoch Mitglied der kommunistischen Partei zu sein. Sie warnen auch eindringlich vor der faschistischen Gefahr. In seinem Bild „Bürgerkrieg“ (1928) beschreibt Arntz die Stellung des Künstlers: Während sich die Gesellschaft im Bürgerkrieg befinde, Arbeiter erschossen oder unterdrückt, Frauen von Soldaten vergewaltigt werden, malt der Künstler in sich versunken eine Blume. Holzschnittartig ist hier nicht nur die Technik, schematisierend der Bildaufbau, sondern rot-schwarz verengt ist auch die Sichtweise. Die Vernichtung der „bürgerlichen Gesellschaft“ wird als einzige Möglichkeit zur Verbesserung der Lage dargestellt, Demonstrationen, Klassenkampf und Revolution sind deshalb erforderlich. Die Möglichkeiten der Weimarer Demokratie werden von den Künstlern nicht gesehen. Da wollte die „gruppe progressiver künstler“ einen Gesellschafts-Bastel-Baukasten zusammenstellen.

Hans und Lea Grundig haben Angst vor der Zukunft
Düster ist auch das Weltbild der beiden Dresdener Künstler **Hans und Lea Grundig** (1901 - 1958, 1906 - 1977). Ihre Arbeiten sind „malerisch“ düster. Ihren Bildern sieht man an, dass sie vor der ungewissen Zukunft Angst haben, die sie durch die proletarische Revolution in eine bessere wenden wollen. In „Kalte Nacht / Das Gewitter / Gewitter über der Vorstadt“, 1928, werden Spannungen, Widersprüche der Gesellschaft thematisiert. Die Menschen haben sich in ihre dunklen Zimmer, die Höhlen gleichen, zurückgezogen. Das Gewitter tobt schon, ihr grelles Blitzkonzert hellt die leergefegte Straße gespenstisch auf. Der Faschismus droht. Faschismus bedeutet Krieg, warnt Grundig, überzeugtes Mitglied der Kommunistischen Partei.

Radziwill sieht eine spannungsgeladene Welt

Eine Weltuntergangsstimmung verbreitet auch Franz Radziwill (1895 - 1983). Er ist ein Meister in der Gestaltung des Gegensätzlichen, der bildnerischen Kontraste. In seinem Bild „Flugzeugabsturz Karl Buchstätters“ 1928 leuchten grelle gelb-weiße Häuser vor dem stockfinsteren Nachthimmel. Zwei wie Geschütze in den Nachthimmel ragende Schranken weisen auf das Flugzeug, das vom Himmel stürzt. Auch die Natur nimmt an dem Spektakel teil, sie flimmert gespenstisch. Radziwills Bilder zeigen Angst und gleichzeitig Faszination für die Technik. Er inszeniert eine Spannung, die sich entladen muss. Angst vor Hitlers Machtergreifung jedenfalls hat er nicht, er wird selbst Parteimitglied.

Schlichter will, dass der Kriegsgott Mars kämpft

Rudolf Schlichter (1890 - 1955) gestaltete 1932 das Bild „Größe und Untergang" mit einem geharnischten gerade noch wehrhaften Krieger auf dem Territorium des Deutschen Reiches, der allerdings von einem Gewirr unwürdiger Wesen zurückgezerrt oder aufgehalten wird. Die Berliner Börsen-Zeitung schrieb: „Das ist wie ein mahnendes Sinnbild des deutschen Volkes von heute." 1937 griff Schlichter dieses Motiv erneut auf: „Blinde Macht". Der Titel führt zunächst in die Irre. Der Kriegsgott Mars kann durch die Schlitze seines Helmes durchaus die Feinde ringsum erkennen. Wenigstens sein Kopf ist geschützt. Aber an ihm nagen schon Dämonen, und Teufelsgetier zerrt ihm die Därme aus dem Leib. Noch ist er auf einem Hochplateau stehend wehrhaft, mit Hammer und Schwert in den muskulösen Händen. Dreiecke weisen ihn als Konstrukteur, als Baumeister der Zukunft aus. Die Gesetzesbücher in seinem Rücken beweisen, das Recht ist auf seiner Seite. Rund um das Hochplateau brennen die Städte lichterloh. Schlichter ruft seinem Kriegsgott zu: Vernichte das Teufelsgetier an deinem Leib und kämpfe. Schüttle die Untermenschen und Juden von deinem Heldenkörper ab und rette die Welt mit dem Schwert in der Hand.

Die deutsche Avantgarde in der Weimarer Zeit ... war keine. Es sind einzelne Künstlerpersönlichkeiten, die ihre Möglichkeiten erproben und dann einseitige Resultate vorlegen. Sie beziehen Positionen, deren Folgen sie in ihrem Werk aber nicht ausloten. Folgen, die sie nicht absehen können? Die Folgen des Ersten Weltkrieges lasteten zu schwer auf ihnen, so dass der Blick nicht frei werden konnte. Am deutlichsten wird dies bei Beckmann und Dix, die psychisch tief verwundet sind. Beckmann versucht zu überspielen und zeichnet sich stolz und selbstbewusst. Dix malt seine Wunden, ohne sie grundlegend aufzuarbeiten. Er kann sich nicht von seinem Schmerz befreien, sondern findet mit ihm Anerkennung und Bestätigung. Beide bleiben in einem von Nietzsche geprägten Weltbild verfangen, das geprägt ist vom ewigen Kreislauf und der Wiederkehr der Dämonen. Der Künstler kann sich da nur behaupten, er trotzt der garstigen Umwelt. Grosz und Heartfield, die „Assoziation Revolutionärer Künstler (Asso)" in Dresden mit Hans und Lea Grundig oder **Otto Griebel** (1895 - 1972) bleiben in der Beschreibung des Negativen stecken, die Kölner Progressiven im Schematischen, in einer „theoretisierenden" Malerei. Radziwill und Schlichter zeigen die Kälte der Zeit, sie offenbaren aber auch eine Brutalität, die erschrecken lässt.

Es bleiben noch Künstlerpersönlichkeiten, die zwar herausragen, aber das Gesamtbild nicht verändern. **Karl Hofer** (1878 - 1955) ist am stärksten der Tradition verpflichtet. Sein Werk spiegelt eine melancholische Grundstimmung wider. Er versucht, malerisch Vergangenes aufzuarbeiten, dringt aber nicht wirklich in Neuland vor sondern reproduziert. **Oskar Kokoschka** (1886 - 1980) karikiert sich 1915 als irrender Ritter. Er ist verwundet aus dem Ersten Weltkrieg heimgekehrt. Dann beginnt er, die europäischen Hauptstädte in nachimpressionistischer Manier expressionistisch aufzuladen. Kokoschka hat Erfolg damit. **Alexej von Jawlensky** (1865 - 1941) dagegen gestaltet moderne Ikonen, leidende Gesichter Christi, in variantenreich abgewandelter Form. **Christian Schad** (1894 - 1982) und andere Maler der neuen Sachlichkeit bilden vor allem Ärzte, Juristen und ihre Frauen ab. Kommentare zur Zeit sind das nicht, es sind Abbilder von Personen wie von einer Hauswand. Es ist die Suche nach einem Stil, der noch nicht gefunden ist.

Das Bauhaus als Avantgarde

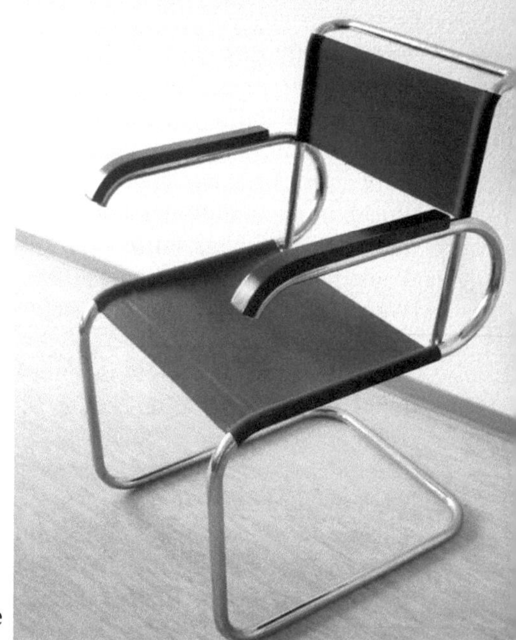

Freischwinger B55, Entwurf: Marcel Breuer, verchromtes Stahlrohr, Eisengarnbespannung, lackierte Holzarmlehnen). The original uploader was Dibe at German Wikipedia, CC BY-SA 3.0

Im April 1919 startete das Projekt Bauhaus mit einem „Manifest": „Das Endziel aller bildnerischen Tätigkeit ist der Bau! Ihn zu schmücken war einst die vornehmste Aufgabe der bildenden Künste, sie waren unablösliche Bestandteile der großen Baukunst. [...] Architekten, Bildhauer, Maler, wir alle müssen zum Handwerk zurück [...] Wollen, erdenken, erschaffen wir gemeinsam den neuen Bau der Zukunft, der alles in einer Gestalt sein wird: Architektur und Plastik und Malerei, der aus Millionen Händen der Handwerker einst gen Himmel steigen wird als kristallines Sinnbild eines neuen Glaubens." (zit. n. Droste, S. 18) Vor allem der erste Bauhaus-Direktor Walter Gropius schuf einen Mythos, der stark relativiert werden muss. Der Name „Bauhaus" ist abgeleitet von den Bauhütten des Mittelalters mit ihren hervorragenden Handwerkern, die als verschworene Gemeinschaften „im architektonischen Geiste" verklärt wurden. Das Ziel von Gropius war der „neue Mensch", der nicht mehr von „Materialismus und Mechanisierung" verformt war. Gropius träumte von einer neuen Volksgemeinschaft, die zusammen mit den besten Künstlern das Gesamtkunstwerk „neue Gesellschaft" errichten sollte.

Die Bauhaus-Meister der ersten Stunde waren der Architekt **Walter Gropius** (1883 - 1969) und die Künstler **Lyonel Feininger** (1871 - 1956), **Johannes Itten** (1888 - 1967) und **Gerhard Marcks** (1889 - 1981). Itten als der Begründer des so genannten Vorkurses wollte nicht Wissen vermitteln sondern „die höhere Entwicklung des Menschen". Dabei habe der Künstler als Heilsbringer die Aufgabe, die Seele des Menschen zu bilden, zu erlösen und sie von Begierden und Leidenschaften zu befreien. Von diesen Zielen abgeleitet entwickelte Itten seine Kontrast-, Formen- und Farblehre. Die Welt werde nach der Mazdaznan-Lehre vom Kontrast beherrscht, vom höchsten Gott und seinem Widersacher, dem bösen Geist: hell-dunkel, oben-unten, rund-eckig. Der fließende und zentrale Kreis, das ruhige Quadrat und das diagonale Dreieck seien die Grundformen des Kosmischen – Ideen, die sich während der ganzen Bauhaus-Zeit hielten. Auch der Expressionist Georg Muche, der als nächster Meister an das Bauhaus kam, schloss sich der Mazdaznan-Sekte an. Diese Tendenzen prägten die Gründungsphase des Bauhauses bis 1922 – die idealisierenden romantischen Vorstellungen von Gropius, umgesetzt

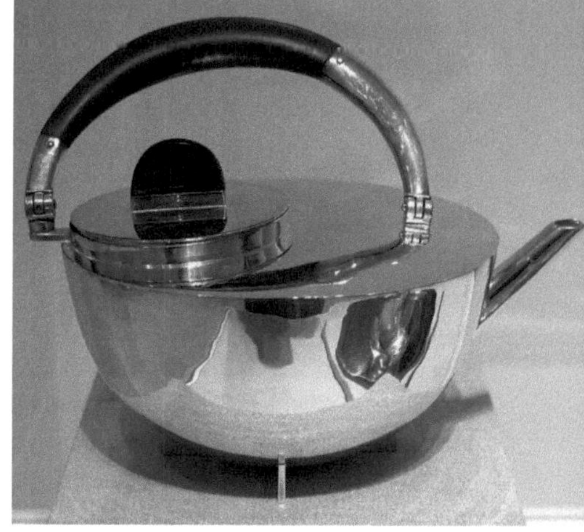

Teekanne von Marianne Brandt, 1924, Collections of the Smart Museum of Art Foto: Sailko, CC BY-SA 3.0

von Itten, führten unübersehbar in die Sackgasse. Internationale Einflüsse des russischen Konstruktivismus und der holländischen Stijl-Bewegung und die Kritik im eigenen Haus machten beim Bauhaus einen Kurswechsel notwendig. 1922 kamen Klee als Formmeister für die Buchbinderei und Schlemmer für die Steinbildhauerei neu an das Bauhaus, Mitte 1922 Kandinsky für die Wandmalerei. **Georg Muche** (1895 - 1987) war für die Weberei und Gropius für die Tischlerei zuständig.

In der ersten Bauhaus-Ausstellung 1923 wurde das Muster-Haus vorgestellt. Alle Zimmer lagen um das Wohnzimmer: Schlafzimmer, Küche, Esszimmer, Bad. In der Öffentlichkeit fand das Haus fast keine Zustimmung: Das Äußere wurde mit einer „weißen Bonbonschachtel" verglichen, als „Kleiefabrik", „Weißgetünchter Würfel" oder „Nordpolstation" bezeichnet. Die Gestaltung erinnere an physikalisches Gerät oder Maschinen, Eisen und Glasröhren würden unbarmherzig dominieren. Was aber in der Kritik kaum beachtet wurde: Es hingen in dem Musterhaus keine Bilder. Das Bauhaus, angetreten, Kunst und Architektur zu vereinen und in dem als Formmeister nur bildende Künstler wirkten, fand in ihrem „Musterhaus" keinen Platz für Bilder.

Kunst und Technik, eine neue Einheit

Gropius gab eine neue Parole aus: „Kunst und Technik, eine neue Einheit". Gropius forderte, in den Bauhaus-Werkstätten müssten „typische [...] die Welt versinnbildlichende Formen" geschaffen werden. Welche Formen „versinnbildlichen" die Welt? Er stellte nicht die Aufgabe, nützliche Gebrauchsgegenstände mit ästhetischem Gehalt herzustellen. Aber genau das sollte sich in den Werkstätten in der praktischen Arbeit durchsetzen. Die Farben- und Formenlehre der Grundkurse, die von den Grundformen und Grundfarben ausging, brachte den einheitlichen Bauhausstil. So konnte das Bauhaus mit einer stark beachteten Ausstellung 1924 an der Leipziger Messe teilnehmen. Die Eigendynamik der Werkstätten und die Initiative ihrer Studenten stellte die Nützlichkeit und die maschinelle Reproduzierbarkeit der hergestellten Produkte mehr und mehr in den Vordergrund. In der Metallwerkstatt entstand die bekannte Bauhauslampe, auch Schalen und Teekannen wurden produziert. Zuvor hatte man sich schon mit Gold- und Silberschmiede-Arbeiten beschäftigt. In der Möbelwerkstatt schuf Marcel Breuer schon 1922 den Lattenstuhl, der industriell gefertigt werden konnte. Kaffee- und Teeservices wurden entworfen, Spielzeug wurde nach neuen pädagogischen Ansätzen gefertigt und unter anderem vom Pestalozzi-Fröbel-Verlag vertrieben. Kunsthandwerkliche, kunstgewerbliche Tätigkeiten wurden allmählich durch industrielle Fertigung ersetzt.

Schon in den Anfängen wurde das Bauhaus vor allem von den Nationalsozialisten angefeindet und schließlich aus Weimar vertrieben. Das neue Bauhausgebäude wurde dann in Dessau, wo es noch eine sozialdemokratische Mehrheit gab, errichtet. Gropius hatte den architektonischen Anspruch, mit seinem Bauen Lebensvorgänge zu gestalten. Die Mustersiedlung in Dessau-Törten – 1926 wurden die ersten 60 Einzelwohnhäuser errichtet – sollte möglichst preiswerten Wohnraum schaffen. Mit Standardisierung der Bauteile und Rationalisierung der Arbeit schuf Gropius einen „Architektur-Baukasten", mit dem er Häuser in Reihe produzieren konnte: Reihenhäuser. Dem Anspruch, Lebensvorgänge zu gestalten, wurde Gropius aber nur eingeschränkt gerecht. Seine Häuser waren moderne, praktische Wohnzellen, „Kunst" hing dort nicht an den Wänden, war kein integraler Bestandteil. Schon im Musterhaus der Bauhaus-Ausstellung 1923 war das Fehlen von Kunst aufgefallen. Die Siedlung machte insgesamt den Eindruck von Wohnsilos, die Gestaltung der Infrastruktur blieb weitgehend ausgespart. Dem Bauhaus-Anspruch, die Kathedrale der Zukunft zu bauen, entsprachen diese praktischen und preiswerten Häuser nicht: Es handelte sich lediglich um die Fabrikation von Wohnraum, eine „Seele" hatten sie nicht.

Am Bauhaus wurden Grundfragen der Kunst des 20. Jahrhunderts thematisiert. Die Gropius-Parole „Kunst und Technik, eine neue Einheit" blieb Wunschdenken, nicht gelebte Wirklichkeit. Wollten die Künstler wirklich an der „Kathedrale der Zukunft" bauen? Was bedeutet

70

diese schwammige Metapher? Wollten die Künstler eine neue Volksgemeinschaft gründen oder dachten sie daran, eine neue demokratische Gesellschaft mit zu gestalten? Und, wenn ja, mit welchen Konzepten?

Gerhard Marcks will zurück zur Bauhütte, zum Handwerk. Er will keine neue industrialisierte, demokratische Gesellschaft, Marcks strebt eine völkische Gemeinschaft an. Er schreibt an Gropius: „Dass ich diesen Standpunkt [den des „industrialisierten Bauhauses"] nur halb teile, weißt Du ja. Mir scheinen die Menschen wichtiger als die erfolgreiche Geschirrfabrikation, und die Menschen bilden sich am Handwerk." (Droste, S. 60) Er steht dem völkischen Kerngedanken nahe, der einen Gegensatz zwischen Industrie, Technik einerseits und Kultur, dem Menschen andererseits sieht. Marcks entscheidet sich für die Flucht in das romantisch verklärte Handwerk des Mittelalters.

Oskar Schlemmer (1888 - 1943) notiert schon 1922 in sein Tagebuch: „Ich kann kein Kunstgewerbe wollen, das nur Verdünnung der komprimierten Ideen ist. Ich kann keine Häuser bauen wollen, es sei denn das ideale, das abzuleiten ist aus meinen Bildern, die die Vorwegnahme dessen sind. Ich kann nichts wollen, was die Industrie besser schon tut, und nichts, was die Ingenieure besser tun. Es bleibt das Metaphysische: die Kunst." (ebd., S. 164) Er will also das „ideale Haus" seiner Vorstellungen bauen. Es ist ein „metaphysisches Haus", reale Häuser bauen nach seiner Meinung die Ingenieure besser. Schlemmer sieht also auch einen krassen Gegensatz zwischen Industrie und Kunst. Schlemmer meint, dass der Kunst die großen Themen abhanden gekommen sind. Er sieht sich verlassen – in einer ihm feindlich gegenüberstehenden technisierten Welt. „Die Fundamente, die sie ehedem trug, sind erschüttert oder geschwunden: Volksbewusstsein, Ethik, Religion. Das Neue in Geburtswehen – umstritten – unerkannt." (Fiedler, Feierabend, S. 281) Spöttisch meinte Schlemmer, das Bauhaus sei ein „Baukasten", damit zitierte er Gropius wörtlich. Aber Schlemmer sieht einen Ausweg, und den konstruiert er variantenreich auf der Bauhaus-Bühne: „Dennoch bleibt ein großes Thema, uralt, ewig neu, Gegenstand der Bilder aller Zeiten: Der Mensch, die menschliche Figur. Von ihm ist gesagt, dass er das Maß aller Dinge sei. Wohlan! Architektur ist die edelste Messkunst." (ebd., S. 281) Und: „Das Elementare im Figürlichen ist der Typus. Seine Schaffung letzte, höchste Aufgabe." Und Schlemmer agitiert gegen den Bauhaus-Strom, indem er am Bauhaus den Kursus „Der Mensch Körperphysiologie und Hygiene" anbietet, der sich aber vor allem mit „phi-

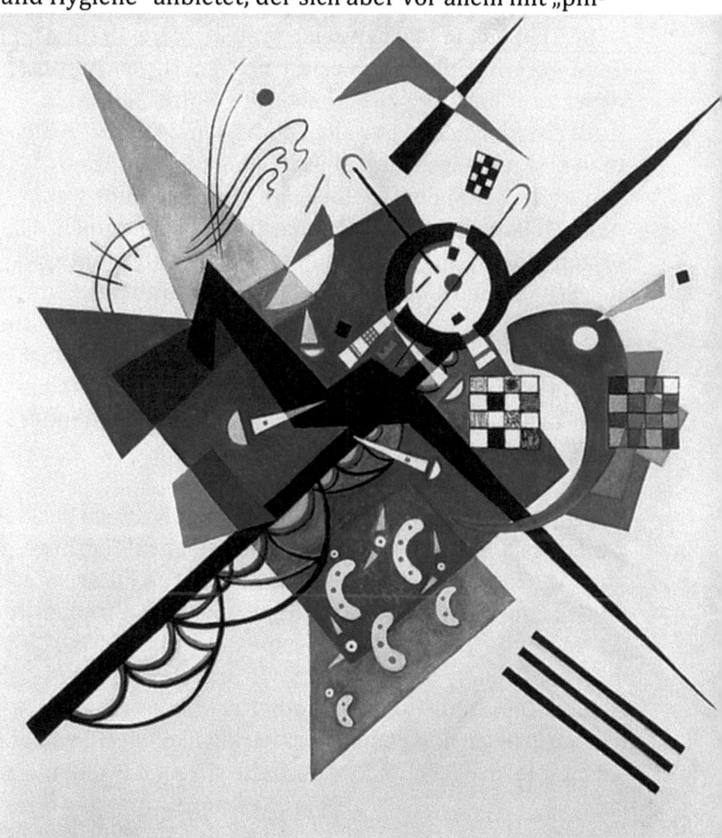

Wassily Kandinsky: On White II, 1923, Öl auf Leinwand, 105 x 98 cm, Musée National d'Art Moderne, Paris, public domain

losophischer Anthropologie" befasst. Er strebt nach „metaphysischen Erkenntnissen". Er möchte zurück zu den „großen Themen", „uralt, ewig neu". Er strebt nach Natur, Seele, Form in romantischer Einheit – und fühlt den

Menschen von der neuen industriellen Welt beherrscht, mechanisiert, entseelt. Der Parole „Industrie und Kunst – eine neue Einheit“ kann Schlemmer nicht folgen. Er sieht Gegensätze.

Tiefen Skeptizismus gegenüber den neuen Ideen, die **Laszlo Moholy-Nagy** (1895 - 1946) in einem Vortrag vorgetragen hatte, äußert auch **Lyonel Feininger** (1871 - 1956) in einem Brief an seine Frau im März 1925: „Die Tendenz am Bauhaus präzisiert sich. [...] Dieser Aufsatz drückt mir das Herz zusammen! Nur Optik, Mechanik, Außerbetriebstellen der alten statischen Malerei, in die man erst hineinschauen muss. [...] Ist das eine Atmosphäre, in der Maler wie Klee und einige von uns weiter machen können? Klee war gestern ganz beklommen, als er von Moholy sprach, er findet ihn schrecklich mit seiner Schablonen-Geistigkeit.“ (Fiedler, Feierabend, Seite 274) Feininger konstatiert „das Ende jeglicher Kunst“ am Bauhaus. Auch er kann der Parole „Industrie und Kunst – eine neue Einheit“ in der am Bauhaus sich durchsetzenden Form nicht folgen. Feininger fällt ein vernichtendes Urteil: oberflächlich, mechanisch, furchtbar.

Laszlo Moholy-Nagy brachte die neuen Initiativen des de Stijl, Esprit Nouveau, des russischen Konstruktivismus oder die formalen Aspekte des italienischen Futurismus in das Bauhaus gerade zu dem Zeitpunkt, als Gropius die Parole „Industrie und Kunst – eine neue Einheit“ aufbrachte. Moholy propagierte: „Wir brauchen die Maschine. Ohne jede Romantik“. Aber er war so enthusiastisch und romantisch wirklichkeitsfremd, dass er meinte, die Technik löse auch die sozialen Probleme.

Als neuem Leiter des Vorkurses und der Metallwerkstatt stand in Moholys „Elementarlehre“ die „reine Form“ im Vordergrund. Dreidimensionale Objekte aus Metall, Plexiglas, Holz oder Glas sollten ins Gleichgewicht gebracht werden – es waren lediglich Materialübungen ohne kritische Reflexion. „Und diese Wirklichkeit unseres Jahrhunderts ist die Technologie: die Erfindung, Konstruktion und Wartung von Maschinen. Maschinen benutzen heißt im Geist unseres Jahrhunderts handeln [...] Es ist die Kunst des Konstruktivismus. [...] In ihm findet die reine Form der Natur ihren Ausdruck – die ungebrochene Farbe, der Rhythmus des Raumes, das Gleichgewicht der Form [...] Er ist unabhängig vom Bilderrahmen und Sockel. Er erstreckt sich auf Industrie und Architektur, auf Gegenstände und Beziehungen. Konstruktivismus ist der Sozialismus des Sehens. [...] Es ist meine Überzeugung, dass mathematisch harmonische Formen, exakt ausgeführt, voll von emotionaler Qualität sind und dass sie ein perfektes Gleichgewicht zwischen Gefühl und Intellekt herstellen.“ (Fiedler, Feierabend, S. 295) Technik als die „reine Form der Natur“ zu bezeichnen, ignoriert die Tatsache, dass Technik kein Naturprodukt ist, sondern vom Menschen geschaffen wird, und sie zum Segen, aber auch zur Vernichtung des Menschen und seiner Kultur eingesetzt werden kann. Und den Konstruktivismus als „Sozialismus des Sehens“ zu bezeichnen, ignoriert die Tatsache, dass in Italien ein Konstruktivismus – als Futurismus getarnt – die Grundlage von Mussolinis Kulturfaschismus wurde.

1929, nach seinem Ausscheiden aus dem Bauhaus, formuliert Moholy-Nagy zwar: „das gesamtziel: der ganze mensch, der mensch, der von seiner biologischen mitte her allen dingen des lebens gegenüber wieder mit instinktiver sicherheit stellung nehmen kann, der sich heute genau so wenig von industrie, eiltempo, äußerlichkeiten einer oft missverstandenen ›maschinenkultur‹ überrumpeln lässt.“ (Fiedler, Feierabend, S. 302) Er distanziert sich nur scheinbar von „industrie, eiltempo, äußerlichkeiten“, sieht nicht gesellschaftliche Bezüge, sondern integriert Ideen von Schlemmers oder Rudolf Steiners Anthroposophie. Was ist die „biologische Mitte“, welche „Instinkte“ geben uns Sicherheit?

Moholy-Nagy wirft die Bilder vom Sockel. Er steht in Opposition zu anderen Bauhaus-Künstlern, so urteilte er über die Bilder Kandinskys vernichtend mit „Unterwasserwelt“. Aber Klee revanchierte sich bei Moholy-Nagy mit dem Vorwurf der „Schablonengeistigkeit“. Oder Feininger: „oberflächlich“. Moholy-Nagy repräsentiert am Bauhaus wie kein anderer die „Fraktion“ der Konstruktivisten, der sich auch die Bauhaus-Meister **Josef Albers** (1888 -1876), **Joost Schmidt** (1893 - 1948) und **Marcel Breuer** (1902 - 1981) anschlossen. Wichtig sind auch die Differenzen Moholy-Nagys mit dem späteren Bauhausdirektor **Hannes Meyer** (1889 - 1954). Meyer nannte ihn einen „malenden Journalisten". Auf den ersten Blick stehen sowohl Moholy-Nagy als auch Meyer für einen deutschen „Konstruktivismus", der aber verschiedene Ausgangspositionen hat und auch in der Folgezeit verschiedene Wege geht. Meyer richtet sich am Volksbedarf mit sozialem Engagement aus, Moholy-Nagy wird später Industriedesigner in den USA.

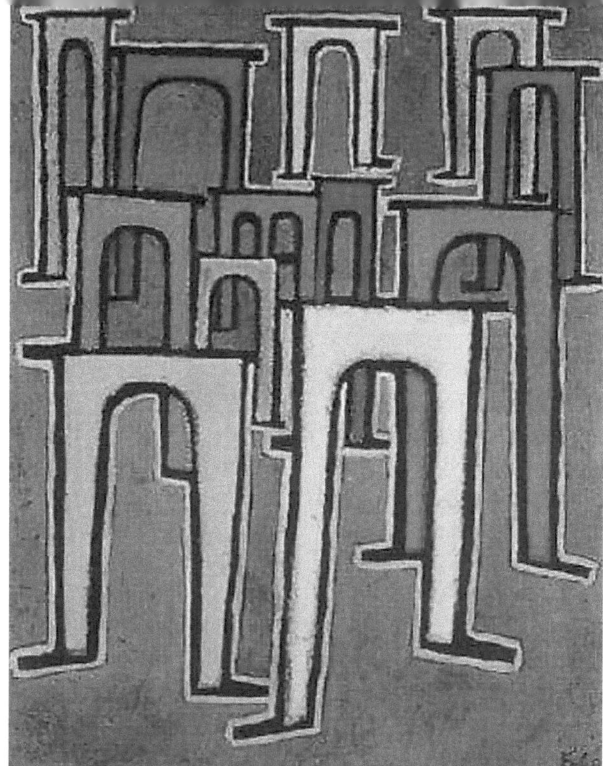

Paul Klee: Aufstand des Viaducts, 1937, Öl auf Baumwolle, 60 cm x 50 cm, Hamburger Kunsthalle, public domain

Die „Fraktion" der Konstruktivisten wurde von Gropius unterstützt. Er übertrug die Werklehre dem Volksschullehrer und Bauhausstudierenden Josef Albers. Er wünschte „ungestörtes, unbeeinflusstes, also vorurteilsfreies Probieren", „zweckloses spielerisches Basteln". Zu viel Theorie, zu langes Nachdenken über die Vergangenheit stört da eher, er will eben „wenig Historie – viel Arbeit". Durch seine Arbeit sind schon am Bauhaus nützliche Dinge entstanden wie Fruchtschalen oder Teegläser. Albers verschreibt sich später mit seiner „perceptual art" einem Formalismus, den er ästhetisch überhöht und verklärt. Bekannt sind seine vier Quadrate in Serien: Für ästhetische Probleme gebe es nicht nur eine Lösung. Er beschränkt sich auf das geometrische Element mit möglichst wenig kompositorischem Aufwand.

Die Künstler Kandinsky und Klee am Bauhaus

Die Künstler, die das Bauhaus am stärksten geprägt haben, waren Kandinsky und Klee. Beide waren Freunde. Bekannt ist das Foto, auf dem sich die beiden wie bei dem Goethe-Schiller-Denkmal in Weimar die Hände reichen. So wie Goethe und Schiller die deutschen Denker- und Dichterfürsten waren, so beanspruchten sie die Rolle als Malerfürsten. Obwohl sie Freunde waren, hatten sie doch sehr unterschiedliche Auffassungen über die Kunst. Kandinskys Ausführungen 1913 in „Über das Geistige in der Kunst" stellten theoretisch Weichen für Künstler wie Mondrian, Pollok, Nay bis hin zu Yves Klein, Joseph Beuys oder Robert Indiana.Die äußere Realität sei bloßer Schein, es komme darauf an, das „innere Geistige", die innere Spiritualität, zu erfassen. Das nennt Kandinsky „innere Notwendigkeit". Allen Dingen wohne ein „innerer Klang" inne. Kandinsky glaubt an eine „geistige Wendung", die zu „Auflösung der Materie" führt. Kandinsky möchte in das Reich des Geistes, das Reich der menschlichen und zugleich göttlichen Seele gelangen.

Während seiner Bauhaus-Lehrtätigkeit entwickelt Kandinsky seine „Formenlehre": Die Formenharmonie und auch seine Farbentheorie entstehe durch eine „zweckmäßige Berührung der menschlichen Seele". Diese Basis bezeichnet er als „Prinzip der inneren Notwendigkeit." Kandinsky versucht, ausgehend von seinen Gefühlen und Assoziationen, „innere" Gesetzmäßigkeiten zu konstruieren. Aber da Kandinsky auf der Suche nach dem Geistigen jenseits der Materialität ist, muss er eine „Grammatik" der Seele aufstellen. Ohne Mystik und ohne romantische Verklärung kommt er dabei nicht aus.

Auch der Kritiker Norbert M. Schmitz kommt zu dem Schluss: „Als Vertreter einer radikalen Autonomieästhetik des späten 19. Jahrhunderts konnte er den wahrscheinlich fruchtbarsten Gedanken des Bauhauses nicht nachvollziehen: dass zwischen Gesetz und Individualität, Funktion und Gestalt eben kein eigentlicher Widerspruch besteht, sondern beide in eins gehen." (Fiedler/Feierabend, S. 265) Kandinsky schwebte in höheren Sphären und konnte so dem „materialistischen" Treiben am Bauhaus nur mit distanzierter Überheblichkeit begegnen. Mit seiner Einstellung konnte sich Kandinsky nie mit der Bauhaus-Programmatik identifizieren, geschweige denn die Parole „Kunst und Technik – eine neue Einheit" akzeptieren.

Paul Klee (1879 -1940) steht in krassem Gegensatz zu den Auffassungen Kandinskys. Klee wird oft als Maler des „Transzendenten" bezeichnet. Diese Darstellung missversteht Klee als Mystiker und verkennt den tief gehenden Realismus dieses Skeptikers. Klee war die Künstler-Persönlichkeit des Bauhauses und repräsentierte wie kein anderer die Idee des Bauhauses.

Auch Klee wird tief vom Ersten Weltkrieg geprägt. Er fährt vor Kriegsausbruch 1914 mit August Macke und Louis Rene Moilliet nach Tunesien. Er notiert: „Der Abend ist tief in mir drin für immer [...] mein anderes Ich. Mich zu finden ein Anreiz. Ich selber aber bin der Mondaufgang des Südens [...] Die Farbe hat mich. Ich brauche nicht nach ihr zu haschen, sie hat mich für immer[...] Ich und die Farbe sind eins. Ich bin Maler." (Giedion-Welcker, S. 43) Klee hat seinen Stil gefunden, ohne Schönfärberei – er malt nicht mehr satirisch, zynisch, antithetisch, wie in der Periode davor. „Ich und die Farbe sind eins.": Hier formuliert der Maler ein unglaubliches Glücksgefühl, eine schlüssige, stimmige Farbgebung gefunden zu haben.

Klees erstes „abstraktes" Bild ist der kurz nach Beginn des Ersten Weltkriegs gemalte „Teppich der Erinnerung": Auf rohem Sackleinen und ockerfarbenem Grund dominieren schwarze Kreuze, vereinzelte Buchstaben (die Worte sind auseinander gebrochen) und geometrische Formen (die Gegenstände sind schattengleich). Der Krieg ist für Klee der „Tod für die Idee". Mit diesem Titel kommentiert eine Zeichnung den Selbstmord des Dichters Georg Trakl 1916, der begeistert in den Krieg gezogen, aber daran irre geworden war und sich mit einer Überdosis Kokain befreite.

Der Erste Weltkrieg zerstört Hoffnungen. Klee zeichnet „Krieg der das Land verwüstet": Die Natur wird vernichtet, Stahlstangen, Liniengerüste dynamisieren, Scheiben rotieren, Häuser brennen. Das Bild ist düster, die Kreatur wird ausgerottet. „Das Herz, welches für diese Welt schlug, ist in mir wie zu Tode getroffen." Im selben Jahr, in dem Klee das Farb-Erlebnis in Tunesien hatte, brach der Krieg mit seinen entsetzlichen Grausamkeiten aus. Für den sensiblen Klee ist dies ein ungeheurer Widerspruch. Er selbst wird in die Soldatenuniform gezwungen – und empfindet einen unerträglichen Widerwillen. Aber im Laufe des Kriegs reflektiert Klee diesen Widerspruch und erkennt: „Ich habe diesen Krieg in mir längst gehabt." Der Krieg ist nur die Fortsetzung des „inneren Kriegs", den er schon in der ersten Schaffensperiode im wilhelminischen Kaiserreich geführt hatte. „Daher geht er mich innerlich nichts an." Seinen Konflikt mit der bürgerlich-sterilen Moral hatte Klee schon ausgefochten und glaubte ihn auch mit seinem Farb-Erlebnis in Tunesien überwunden zu haben. Während des Kriegs registrierte Klee aber, dass er den Konflikt nur teilweise überwunden hatte, denn „er lag ja schon wieder in Trümmern", war wieder „am Boden zerstört". „Um mich aus meinen Trümmern herauszuarbeiten, musste ich fliegen. Und ich flog. In jener zertrümmerten Welt weile ich nur noch in der Erinnerung, wie man zuweilen zurückdenkt [...] Somit bin ich abstrakt mit Erinnerungen." (Giedion-Welcker, S. 49) Otto Karl Werckmeister hat das so gedeutet, dass sich Klee radikal vom Krieg abwendet und in eine jenseitige Welt, in die Abstraktion flüchtet und besonders deshalb bei dem Publikum Anklang findet, weil er auch ihnen die Flucht aus dem Grauen, dem Entsetzlichen des Kriegs ermöglicht.

Das Gegenteil ist aber richtig. Klee ist „zu Tode getroffen", sieht sich selbst in „Trümmern", sieht das Schreckensvolle dieser Welt „wie gerade heute". Aber Klee sieht auch, dass es unmöglich ist, dies realistisch „diesseitig" darzustellen. Klees Fotografien während des Kriegs zeigen mit dem Blech der zerstörten Flugzeuge nur Äußerlichkeiten. Klee will aber dem inneren Grund des Kriegs-Wahnsinns auf die Spur kommen. Eine „realistische" Zeichnung der aus dem Kampf zurückkehrenden Flieger würde die Freude, noch einmal davon gekommen zu sein, zeigen. Klee will aber die innere Zerrissenheit, den Widersinn, die Verkehrtheit aller Werte begreifen. Die Ursachen der Menschen verachtenden Materialschlachten liegen tiefer. Deshalb greift Klee zu Erinnerungen: Er sieht die schwülstige Romantik seines Lehrers Franz von Stuck, dessen Pathos und Weltuntergangsstimmung vor Augen. Er setzt konträr dagegen: „Die kühle Romantik dieses Stils ohne Pathos ist unerhört." Im „Erlebnis" auch des Ersten Weltkriegs liegen die Quellen von Klees „Abstraktion", in der Einsicht, dass es unmöglich ist, dies „realistisch", „diesseitig" darzustellen. Er zeichnet Kreuze und den „Tod der Idee". Er ist „abstrakt mit Erinnerungen".

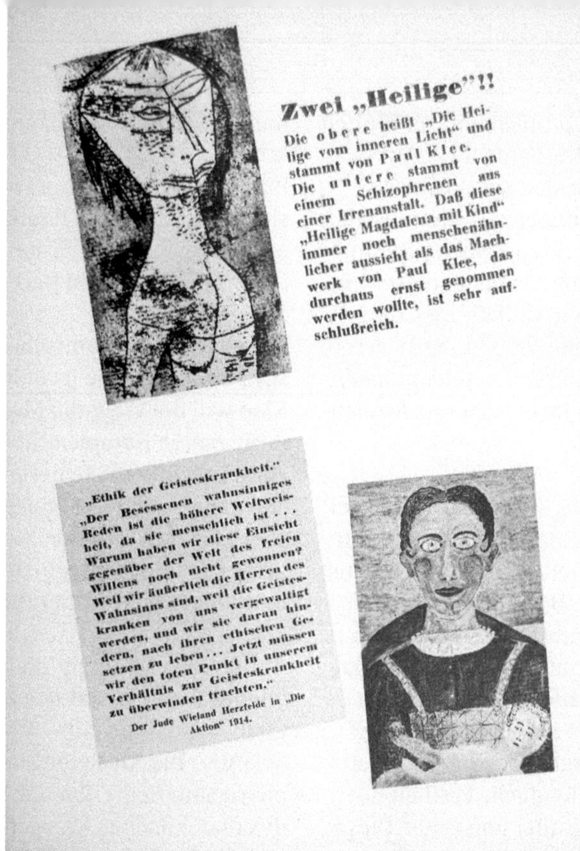

Zwei „Heilige"!!

Die obere heißt „Die Heilige vom inneren Licht" und stammt von Paul Klee. Die untere stammt von einem Schizophrenen aus einer Irrenanstalt. Daß diese „Heilige Magdalena mit Kind" immer noch menschenähnlicher aussieht als das Machwerk von Paul Klee, das durchaus ernst genommen werden wollte, ist sehr aufschlußreich.

„Ethik der Geisteskrankheit."

„Der Besessenen wahnsinniges Reden ist die höhere Weltweisheit, da sie menschlich ist . . . Warum haben wir diese Einsicht gegenüber der Welt des freien Willens noch nicht gewonnen? Weil wir äußerlich die Herren des Wahnsinns sind, weil die Geisteskranken von uns vergewaltigt werden, und wir sie daran hindern, nach ihren ethischen Gesetzen zu leben . . . Jetzt müssen wir den toten Punkt in unserem Verhältnis zur Geisteskrankheit zu überwinden trachten."

Der Jude Wieland Herzfelde in „Die Aktion" 1914.

Klee stand besonders im Kritikfeuer der Nationalsozialisten: Führer durch die Ausstellung Entartete Kunst (1938). Der berühmt-berüchtigte Münchner Ausstellung von 1937 folgte von 1938 bis 1941 eine Wanderschau unter demselben Titel, die in zwölf Städten Station machte, jedoch teilweise andere Exponate zeigte. Zwei "Heilige"!! Die obere heißt "die Heilige vom inneren Licht" und stammt von Paul Klee. Die untere stammt von eienen Schizophrenen aus einer Irrenanstalt. Seite aus Kaiser Fritz, München / Propagandaleitung, Amtsleitung Kultur / Verlag für Kultur- und Wirtschaftswerbung, Berlin, CC BY-SA 4.0

Die gesellschaftlichen Ursachen des Kriegs sieht Klee aber in den Widersprüchlichkeiten des deutschen Kaiserreichs mit Kasernenhofdrill, der Klassenherrschaft und der pervertierten Kultur. „Ich habe diesen Krieg längst in mir gehabt": Klee hat das vor allem in den Jahren 1903 bis 1905 aufgearbeitet, etwa in den Radierungen „Zwei Männer, einander in höherer Stellung vermutend, begegnen sich" (1903), „Jungfrau (Träumend)" (1903), „Komiker" (1904) oder „Greiser Phoenix" (1905). Als Klee in den Jahren 1932 und 1933 die „nationalsozialistische Revolution" zu erfassen sucht, zeichnet er zwar auch Hitler als Stammtischler, sieht ihn aber gleichzeitig als Schlangenmenschen, Klee skizziert die Ausrichtung der Kreatur, die Dressur des Menschen, er beschäftigt sich mit Erziehungsmethoden, sieht schlafende Riesen, er versucht tiefer zu sehen, Klee will die Ursachen auch in den Bilderwelten aufspüren.

Dieses „Fliegen" aus der zertrümmerten Welt ist bei Klee kein Transzendieren in eine rein geistige Welt, ist keine Flucht aus der Welt, es ist im Gegenteil der Versuch des bildnerischen Begreifens der schrecklichen Welt. Während seiner Kriegszeit notiert Klee: „Neues bereitet sich vor, es wird das Teuflische zur Gleichzeitigkeit mit dem Himmlischen verschmolzen werden, der Dualismus nicht als solcher behandelt, sondern in komplementärer Einheit [...] Denn die Wahrheit erfordert alle Elemente zusammen." (ebd., S. 140) Den Dualismus, den Kandinsky als „Materielles" und „Geistiges" zu Gunsten des Himmlischen aufzulösen versucht, sieht Klee als „komplementäre Einheit" und verortet die verschiedenen Elemente dieser Einheit in der real zu begreifenden Welt. Und Klee ist klar, dass dies nicht mit einer realistischen Abbildung zu erreichen ist sondern mit einer abstrahierenden Bildsprache, die die verschiedenen Elemente in ihrer Widersprüchlichkeit zusammenführt.

Eine „zugespitzte, individualistische Kunst", sagt Klee, sei „kapitalistischer Luxus", die Produktion von Kuriositäten für reiche Snobs. Klee will individuelle, menschliche Kunst gestalten. Er hofft auf eine breitere Basis für die Kunst, wenn sie ein Bündnis mit dem Handwerk eingeht – der Bauhaus-Gedanke – aber nicht als ein Zurück ins Mittelalter mit einer elitären Bauhüttengemeinschaft, sondern vorwärts „auf breiter Basis". Dieses neue Gemeinwesen fördere die individuellen Fähigkeiten eines jeden und so könnten auch die Künstler ihre individuelle Freiheit schöpferisch produktiv zum Wohle aller umsetzen. Diese Utopie prädestinierte Klee als Bauhaus-Künstler.

Welches Ziel hat Klee? Er will eine Bildsprache entwickeln analog der Wort-Sprache. Den Stellenwert der Kunst bestimmt er so: „Kunst gibt nicht das Sichtbare wieder, sondern macht sichtbar." (Giedion-Welcker, S. 64) Klee will keine surrealistischen Träume inszenieren oder Geistiges transzendieren, Klee will bildnerisches Bewusstsein möglich machen. Nur die bewusstere Verwendung und vollkommene Aneignung der „Kultur der bildnerischen Mittel" gestatte „eine Verbindung von Weltanschauung und reinlicher Kunstübung". Klee bezeichnet seinen Unterricht im Bauhaus deshalb als „Umgang mit formalen Mitteln". Er wollte die Bauhausschüler für die unterschiedlichen Sehweisen und deren Bewertung und Überprüfung sensibilisieren und so ein bildnerisches Vokabular schaffen, das jeder für sich persönlich nutzen und ausbauen könne. Fast schon wörtlich setzt sich Klee mit dieser Auffassung in seinen Werken auseinander: „Wasserpflanzenschrift" (1924), „Figurenschrift" (1925), „Abstrakte Schrift" (1931). Auch in der Emigration nach Hitlers Machtergreifung beschäftigt sich Klee auffallend häufig mit gemalten und geschriebenen Runenzeichen. Er betreibt nach eigenen Aussagen „exakte Versuche im Bereich der Kunst".

Klee hat eine dynamische Weltsicht: Die Welt ist kein statisches Sein, sie ist ständigem dynamischen Wandel. Klee will die Welt, die Menschen, die Natur nicht nur in ihrer realen Komplexität erfassen, sondern auch so, wie sie sein könnten. So betont Klee auch in seiner Farbtheorie nicht die Statik sondern die Dynamik der Farbe, die sich räumlich entfalte. Klee entfacht in seinen Bildern ein wogendes Bewegungs- und Beziehungsspiel der Farben und nennt es „die unendliche (farbige) Bewegung)".

Ähnlich wie Itten und Kandinsky erwähnt Klee immer wieder die Polarität der Begriffe Dualität – Einheit, Chaos – Kosmos, Gut – Böse, Ruhe – Unruhe, Hell – Dunkel. Aber bei Klee werden die gegensätzlichen Begriffspaare zum Begreifen der Bewegung und Verwandlung, des dialektischen Werdens der Realität eingesetzt. Klee will die Bewegung im Räumlichen, deren Simultaneität darstellen, gleichzeitiges Sehen von Unten und Oben, Hinten und Vorn, Innen und Außen, Links und Rechts: „Alles wird leicht – unendlich leicht –, Scheiben, Kreise, Dreiecke, Rechtecke schweben im Bilde, vor und zurück, deuten auf Häuser, Dächer, Gestirne und sind gleichzeitig völlig freie Bild-Klänge. Dazwischen Kreuze der Fenster, zarte Gerippe der Bäume, strichelnde Strukturen. Pflanzliches und vor allem Architektonisches [...] Oft ein losgelöstes Auge, über allem schwebend, wie das Auge des Malers, wie das Auge des Schöpfers." (Giedion-Welcker, S. 52)

Carola Giedion-Welcker betont dieses dynamische Weltbild, das Klee nur scheinbar mit Kandinsky teile: „[...] aber Kandinsky schwebt in rein geistigen Sphären[...] Bei Klee dagegen wird eine ganze Welt des Dinglichen und Kreatürlichen aufgerufen, die Materie wird mit dem Geistigen verknüpft und durchdrungen, um immer neu aus einer speziellen gegenständlichen, äußeren und inneren Situation eine universale zu spiegeln. [...] Bei Kandinsky entwickelt sich dementsprechend eine Symbolsprache zur Aussage eines allgemeinen spirituellen Geschehens, während sie sich bei Klee vom Naturobjekt, vom Gegenständlichen und aus bestimmten psychischen Situationen ableiten lässt." (ebd., S. 81)

So notiert Klee 1925 in seinem „Pädagogisches Skizzenbuch", er wolle „bewegende Grundkräfte des Biologischen und Mechanischen" demonstrieren und die „Möglichkeiten und Mittel ihrer Darstellung aus einer elementaren Formensprache" entwickeln. Er bezieht also ausdrücklich das Mechanische, die Technik mit ein.

Diese Gleichzeitigkeit und Dynamik lässt sich bildnerisch nur in einem „abstrakten" (besser abstrahierenden) Bild verwirklichen. Doch auch unter „abstrakt" versteht Klee etwas vollkommen anderes als Kandinsky, der das Abstrakte als die Erscheinung des „Geistigen" im Bild sieht. Um die Blindheit, Wildheit und Widersprüchlichkeit zum Beispiel eines kriegsbegeisterten Menschen darzustellen, reicht ein Abbild und auch ein Abstrahieren, das nur die wesentlichen Züge dieses Menschen wiedergibt, nicht aus. Klee sucht nach Klängen, Dissonanzen, den „Stimmungen", die Assoziationen mit dem Bild des Kriegsbegeisterten vermitteln. „Abstract? als Maler Abstract sein heißt nicht etwa gleich ein Abstrahieren von natürlichen gegenständlichen Vergleichsmöglichkeiten, sondern beruht, von diesen Vergleichsmöglichkeiten unabhängig, auf dem Herauslösen bildnerisch reiner Beziehungen [...] Bildnerisch reine Beziehungen: Hell zu Dunkel, Farbe zu Hell und Dunkel, Farbe zu Farbe, lang zu kurz, breit zu schmal, scharf zu stumpf, links rechts – oben unten – hinten vorn, Kreis zu Quadrat zu Dreieck." (Partsch, S. 27)

Bildnerisch „reine" Beziehungen sind von Klee nicht so gemeint, dass sie „rein" vom Gegenständlichen, vom Materiellen seien. Klee will Farben und Formen so arrangieren, dass das Bild die Stimmung der von ihm gewünschten Aussage erzeugt. Dazu entwickelt er eine eigene Farben- und Form-Sprache. „Als ob mich mit ›diesen‹ Dingen nur noch Erinnerungen verbänden ... Man verlässt die diesseitige Gegend und baut dafür hinüber in eine jenseitige, die ganz ja sein darf. Abstraktion. Die kühle Romantik dieses Stils ohne Pathos ist unerhört. Je schreckensvoller diese Welt (wie gerade heute), desto abstrakter die Kunst, während eine glückliche Welt eine diesseitige Kunst hervorbringt." (Partsch, S. 34) In einer schreckensvollen Welt muss der Künstler in „Abgründe" steigen, um die Widersprüchlichkeit der Welt begreifen und darstellen zu können.

„Wollte ich den Menschen geben, so wie er ist, dann brauchte ich zu dieser Gestaltung ein so verwirrendes Liniendurcheinander, dass von einer reinen elementaren Darstellung nicht die Rede sein könnte, sondern eine Trübung bis zur Unkenntlichkeit einträte. Außerdem will ich den Menschen auch gar nicht so geben wie er ist, sondern nur so, wie er auch sein könnte." (Vortrag in Jena, 1924) (Giedion-Welcker, S. 107)

Klees Verständnis von Abstraktion zeigt sich auch in seinen Anmerkungen über die scheinbare Infantilität seiner Zeichnungen. In sein Tagebuch schreibt er 1909: „Wenn bei meinen Sachen manchmal ein primitiver Eindruck entsteht, so erklärt sich diese Primitivität aus meiner Disziplin, auf wenige Stufen zu reduzieren. Sie ist nur Sparsamkeit als letzte professionelle Erkenntnis, also Gegenteil von wirklicher Primitivität." (Giedion-Welcker, S. 106) Klee reduziert, um zu verdeutlichen, um dann für einen höheren Erkenntnisgewinn die Form- und Farbenelemente wieder zusammenzusetzen.

„Ein Kind zeichnet und malt, wie es denkt. Seine Bilder – wenn sie rein und unverdorben bleiben – sind Bilder einer inneren Auseinandersetzung, eines inneren Fortschreitens im Durchdringen der Welt. Sie haben in ihrer Natürlichkeit ein eigenes Gesetz. Sie weisen auf ferne Zustände, innige, längst verlorene, die nur mühsam einzuholen sind." (ebd.) Klee sieht seine Aufgabe darin, zu abstrahieren, zu reduzieren, um das Werden der Bildsprache beim Kind zu verstehen. Nachdem beim Kind Entwicklungsschritte als Erkenntnisfortschritte isoliert sind, können sie anschließend wieder zu einer aussagefähigen Bildkomposition zusammengesetzt werden. Klee lernt, dass die Entwicklung der Bildsprache des Kindes der Geschichte der Bildsprache gleicht, die mit den Strichzeichnungen der Höhlenmaler beginnt. Erst allmählich entwickelt sie Figürlichkeit, um zum Schluss die Individualität des Menschen zu „entdecken". In diesem Zusammenhang thematisiert Klee auch die Zeichnungen von Nervenkranken oder „Verrückten". Sie thematisieren Bildwelten, die andere Menschen verlernt haben oder ignorieren, die aber existent und wirksam sind. Sie gehören zu der Komplexität der Welt, die Klee in seinen Bildern darstellen möchte. Als Beispiel nennt er den Essay von Max Raphael über „Negerplastiken", die auch die Kubisten begeisterten. Die Plastiken wirkten wie „moderne Fetische", die das „Elementare wieder in unser Weltbild" einbauen. Die Bildsprache auf die Fetische zu reduzieren, wäre rückschrittlich, Klee will sie in das moderne Weltbild einbauen und es so bereichern.

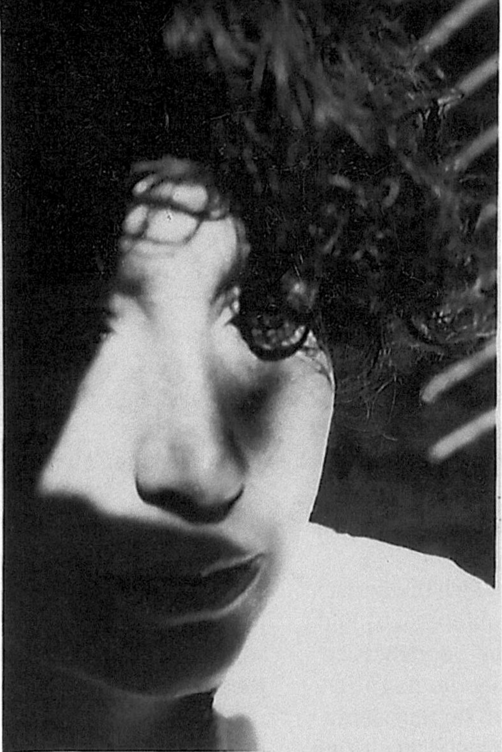

László Moholy-Nagy (1895–1946) Titel: Lucia, 1924–28, Gelatin silver print, 8.2 x 5.4 cm, Metropolitan Museum of Art, Gift of Ford Motor Company and John C. Waddell, 1987, Lizenz: CC-Zero

Klee sieht fortschrittliche Kunst und Kultur als Gemeinschaftsaufgabe. Er hatte mit der Hoffnung am Bauhaus begonnen, dass die „neue Kunst" auf „breiter Basis" eine „große Blüte" hervorbringen könne. 1924 schon stellt er in einem Vortrag in Jena fest: „Wir müssen noch suchen. Wir fanden Teile dazu, aber noch nicht das Ganze. Wir haben noch nicht diese letzte Kraft, denn: Uns trägt kein Volk. Aber wir suchen ein Volk, wir begannen damit, drüben am staatlichen Bauhaus. Wir begannen da mit einer Gemeinschaft, an die wir alles hingeben, was wir haben. Mehr können wir nicht tun." (Partsch, S. 52/54) Und die Kunst droht erneut von einer Elite betrieben zu werden und verkommt so als „kapitalistischer Luxus". Klee protestiert dagegen: „Aber wir sind doch wohl mehr als Kuriositäten für reiche Snobs." Der Ansatz von Klee wurde am Bauhaus nicht verstanden und auch nicht umgesetzt.

Krise am Bauhaus 1927/1928 und der Direktorenwechsel

In den Jahren 1926 und 1927 hatten sich die konstruktivistischen Ansichten am Bauhaus weitgehend durchgesetzt – außer in den Malklassen. So stellte der Maler Georg Muche 1926 in der ersten Nummer der Zeitschrift „bauhaus" die bisherige Vorgehensweise des Bauhauses grundsätzlich in Frage: „Das künstlerische formelement ist ein fremdkörper im industrieprodukt. Die technische bindung macht die kunst zu einem nutzlosen etwas." (Droste, Seite 161) Wenn Muche die Arbeitsweise der Maschine und die sich daraus ergebenden Notwendigkeiten in den Mittelpunkt stellt und Formen und Farben als allein daraus abgeleitet erklärt, stellt er die Idee des Bauhauses auf den Kopf. Muche konstatiert eine tiefe Entfremdung und trennt die beiden Bereiche radikal zu Gunsten der Technik. Kunst sei ein „nutzloses Etwas". Die Bauhaus-Utopie wird von den Konstruktivisten demontiert. m Februar 1928 trat Gropius von der Leitung des Bauhauses zurück. Dies war folgerichtig: Sein Weg hatte sich zunehmend in die Fabrikation von Wohn-Bausteinen ohne organische Einheit mit den Künsten verengt. Gropius konnte dem Bauhaus keine neuen Impulse mehr geben.

Neuer Direktor wurde der Architekt Hannes Meyer. Er ging von der Vorstellung aus, dass Bauen die überlegte

Organisation von Lebensvorgängen ist. Um diese Lebensvorgänge sinnvoll zu gestalten, fordert er Wissenschaftler für das „neue Haus“: „volkswirte, statistiker, klimatologen, betriebswissenschaftler, normengelehrte, wärmetechniker ... der architekt? ... war künstler und wird ein spezialist der organisation!“ Die Mitglieder des Bauhauses seien Suchende nach dem harmonischen Werk, das nur das Ergebnis bewusster Organisation der geistigen und seelischen Kräfte sein könne. Deshalb fordert er die Verwissenschaftlichung der Lehre. Sein Credo ist: „kunst?! alle kunst ist ordnung“. Schon im Schriftwechsel mit Gropius vor seiner Berufung hatte Meyer grundsätzliche Kritik am Bauhaus angebracht: „vieles erinnerte mich spontan an ›dornach – rudolf steiner‹, also sektenhaft und ästhetisch.“ (Meyer, S. 42) Meyer hatte gegenüber Gropius vor seiner Berufung betont, dass ein richtiger Unterricht über bauliche Gestaltung nur durchführbar sei im direkten Zusammenhang mit der Praxis am Bau. Zahlreiche Wissenschaftler wurden in Gastvorträgen über Architektur, Psychologie, Soziologie, Geschichte, Kunst und Literatur eingeladen.

In der Architekturausbildung setzt Meyer neue Akzente. Beim einzelnen Haus geht er von den Bedürfnissen der Bewohner aus. Zuerst muss danach der Ablauf des Tageslebens eines jeden Hausbewohners untersucht werden, seine Anforderungen an rationelle Einteilung des Wohnraums, seine Gewohnheiten wie Tierbesitz oder Hobbies, die Besucher des Hauses, kurz alle soziologischen und ökologischen Bedingungen müssen bei der Planung eines Hauses berücksichtigt werden. Darüber hinaus müsse die Einbettung in eine Häuser-Siedlung und zugleich in die Stadtentwicklungs-Planung bedacht werden. Siedlungsplanung und Stadtentwicklung sieht er unter soziologischen und ökologischen Gesichtspunkten (er nennt das damals „geopsychische Beziehungen“, da das Wort ökologisch noch fehlte).

In den wenigen Jahren seiner Direktorenzeit (1928 bis 1930) am Bauhaus hat Meyer – in Verbindung mit der Industrie – die Räume für den Verkehrsverein Dessau umgebaut und neu gestaltet, ferner die Ausstellungsräume der Firma Junkers, die Musterläden für die Firma Chocolat Suchard gebaut, das Haus eines Arztes in der Eifel, die Schulungsstätte des Allgemeinen Deutschen Gewerkschaftsbundes (ADGB) in Bernau und schließlich noch 90 „Volkswohnungen“ in der Dessauer Siedlung Törten. Eine besondere Leistung ist der Bau der Schulungsstätte des ADGB, weil er vom Bauhaus-Kollektiv gemeinsam erarbeitet wurde, Meyer und sein Kollektiv hatten eine neuartige sozialpädagogische Organisation für das Bildungszentrum entworfen: Sie hatten berücksichtigt, dass sich die Bildungsstätte in die Landschaft einfügte, dass die Schulungsstätten zweckmäßig und technisch komfortabel eingerichtet waren und dass sich die Studierenden schnell kennen lernen und Gemeinschaftsgefühl entwickeln konnten. An gesundes Leben, Lernen und Erholen war ebenfalls gedacht worden. Alle Planungsarbeiten und die Bauaufsicht wurden vom Bauhaus-Kollektiv ausgeführt.

Auf fruchtbarsten Boden fielen die Vorstellungen Meyers bei der **Weberei**-Meisterin Gunta Stölzl. Statt dekorativer Boden- und Wandteppichen wurden jetzt Möbelstoffe, Decken und Bodenbeläge produziert, Mit einem Großhandelshaus konnte ein Lizenzvertrag für eine Serie von Möbel- und Vorhangstoffen abgeschlossen werden, die als „Bauhausstoffe“ sehr beliebt waren. In der **Wandmalerei-Werksta**tt wurden preiswerte Verfahren für den Außen- und Innenputz entwickelt und neue Schutzlacke für Möbel erprobt. Ein Kollektiv von Kunstmalern entwickelte mit der Bauhaustapete für die Tapetenfabrik Rasch das erfolgreichste Standardprodukt des Bauhauses. Die **Tischlerei s**etzte jetzt vor allem als wichtigsten Werkstoff das preiswerte Sperrholz ein, oft mit Metall kombiniert. Der Massenbedarf für „Steckmöbel“, die sich aus Einzelteilen zusammensetzen ließen, wurde entdeckt: Arbeitshocker, Klapphocker, rollender Kleiderschrank, Werkstuhl für Fließbandarbeit und andere. Eine Bremer Tischlergenossenschaft hat die „Bauhaus-Möbel“ vertrieben. In der **Metall-Werkstatt,** die früher nur Silberschmuck und Design-Lampen hergestellt hatte, wurden jetzt Standardtypen für Lampenfirmen entwickelt. Weitere Produkte waren Arbeitsstühle und Klappstühle für

Veranstaltungsräume. Die damals so genannte **„Reklamewerkstatt“** sicherte sich von den Bauhaus-Vertragsfirmen die Öffentlichkeitsarbeit. Auch für die Stadt Dessau und das Dresdner Hygienemuseum war sie tätig. Ihr Leiter Joost Schmidt gestaltete den Stand der Deutschen Konservenindustrie und auch die Wanderausstellung „10 Jahre Bauhaus“ im Jahre 1929. Die **„Fotografen-Werkstatt“** bildete Reporter und Werbe-Fotografen aus. Weitere Tätigkeitsbereiche waren Ausstellungsgestaltung, Illustrationen, Plakate und Collagen. Das Bauhaus hatte auch eine **Bühnenwerkstatt**. Hannes Meyer, der ja in seinen nur zwei Jahren als Bauhaus-Direktor (1928-1930) mehr als umtriebig war, charakterisiert selbst den Wandel dieser Werkstatt: „Bald begab sich dieses Kollektiv auf Gastspielreisen und ließ seine sittenkritischen Gesellschaftsstücke vom Volke selbst in den Volkstheatern inner- und außerhalb Deutschlands richten. Dienst am Volke. Der letzte Sketch aber durfte obrigkeitshalber nicht wiederholt werden, weil er zu wirklich war, zu wahrhaft die III. Republik geißelte. Die Menschen wurden wieder aus dem kubistischen Formelkram erlöst, und aus den Kegeln wurden wieder Wesen aus Fleisch und Bein, die sich realistisch und gesellschaftskritisch in die Zeitgeschichte stürzten.“ (Meyer, S. 85) **Die Ära Meyer war eine ganz ungewöhnliche Erfolgsgeschichte für das Bauhaus:** In wenigen Jahren entstand so etwas wie ein Ikea der dreißiger Jahre, geschmackvolles Design zu erschwinglichen Preisen. Auch in wirtschaftlicher Hinsicht zeigte sich ein bedeutender Erfolg. Von 1927/1928 bis 1928/1929 stieg der Warenumsatz des Bauhauses von 126 500 Mark auf 146 500 Mark. Im Etatjahr 1929/1930 wurde der Umsatz sogar auf 230 000 Mark gesteigert. Der gesamte Jahresetat des Bauhauses betrug 167 000 Mark. Aber das eigentliche Ziel des Bauhauses, die Verschränkung der Kunst mit den Erfordernissen des gesellschaftlichen Lebens wurde als nicht mehr so lebensnotwendig angesehen und deshalb zur zweitrangigen Aufgabe. Die Avantgarde ging in den Erfordernissen des überaus erfolgreichen Alltags unter und wurde zur Randerscheinung. Klee nahm eine Professur in Düsseldorf an. Mit dem Erstarken der Nationalsozialisten geriet auch das Bauhaus stärker unter Beschuss. Meyer wurde als Direktor abgesetzt und ging als Architekt nach Russland.

Der neue Direktor **Mies van der Rohe** (1930- 1933) waltete dann mit strenger Hand. Auf einer ersten Versammlung wurden 15 Studierende sofort wegen politischer Betätigung vom Bauhaus ausgeschlossen. Den Studenten wurde jede politische Betätigung untersagt. Das wurde von den Studenten zwar als Einschränkung ihrer ihnen rechtlich zustehenden Koalitionsfreiheit kritisiert, aber hingenommen, weil sie sonst ausgeschlossen wurden. Das Bauhaus wurde jetzt eine reine Architekturschule, der einige Werkstätten und eine Malklasse angegliedert waren. Kandinsky war am Bauhaus geblieben. Der erfolgreiche Produktivbetrieb der Werkstätten wurde eingestellt. Mies van der Rohe verfügte, dass in den Werkstätten nur noch Modelle für die Industrie gefertigt werden sollten. Er idealisierte die Technik, sie erst befreie den Menschen, überwinde weite Entfernungen, und Technik mache die Welt erst gestaltbar.

Immer wieder wird behauptet, dass das Bauhaus – wenigstens in der Gropius-Zeit bis 1928 – unpolitisch gewesen sei. Das stimmt so nicht. Das Bauhaus konnte nur deshalb in Weimar gegründet werden, weil es dort in der Stadtverwaltung eine „linke“ Mehrheit gab. Und in der Öffentlichkeit wurde das Bauhaus sowieso als modern und „links“ bewertet. Als in Weimar 1924 die Nationalsozialisten an die Macht kamen, wurde sofort das Ende des Bauhaus-Modells eingeleitet. Schlemmers Wandreliefs wurden von den Nazis zertrümmert. Das Bauhaus-Konzept konnte sich nur deshalb herausbilden, weil mit der Weimarer Republik erstmals in Deutschland eine demokratische Entwicklung möglich wurde. Es ist kein Zufall, dass sich Anfang und Ende des Bauhauses mit der Zeit der Weimarer Republik decken. Zu glauben, sich am Bauhaus „unpolitisch“ künstlerisch verhalten zu können, heißt, sich auch kulturell ins Abseits zu stellen. 1924 hatte Paul Klee in seiner Jenaer Rede festgestellt: „Uns trägt kein Volk.“ Leider konnten die Nationalsozialisten zu wenig gehindert – auch von der künstlerischen Elite – daran arbeiten, vom Volk schließlich doch getragen (und bald ertragen) zu werden.

Die deutsche Avantgarde zwischen Selbstbehauptung und Versagen

Die Machtergreifung Hitlers wird häufig als nationale Katastrophe beschrieben, die am 30. Januar 1933 über Deutschland „hereingebrochen" sei. Wie ein plötzliches Gewitter, heißt es, das sich plötzlich entlud und die Avantgarden mit Blitz und Donner erschlug. Der modernen Kunst wurde damals der Todesstoß versetzt, wird behauptet. Im Vorwort des Katalogs zur sehr informativen Ausstellung „1937" in der Kunsthalle Bielefeld im Jahr 2007 konstatiert der Kurator Thomas Kellein: „Die Künstler haben von den Zielen der Nationalsozialisten und deren Konsequenzen erstens gewusst. Sie waren zweitens, wie die Werke erkennen lassen, äußerst schockiert. Sie haben drittens sowohl den Krieg als auch die massenhaften Ermordungen von Zivilisten vorhergesehen. Sie haben viertens sogar den Weg, der von den Nazis heroisch, eisern und in jeder Hinsicht konsequent beschritten werden sollte, klar skizziert: Es ging um den unausweichlichen Gang aller in den Tod." (Katalog 2007-2, S. 24/25) Hier idealisiert und dämonisiert Kellein gleichzeitig. Seine beschönigende Beschreibung der Rolle der Künstler und ihrer prophetischen Sichtweisen verstellt den Blick auf die Wirklichkeit.

Die „nationale Revolution" der Nazis hatte viele Helfer, auch in der Kunst wie die Maler Schlichter oder Radziwill, um zwei „Avantgarde"-Künstler zu nennen. Hindenburg als Reichkanzler wurde nicht von Gott in sein Amt eingesetzt und von Papen als deutschnationaler Koalitionspartner wurde von der Mehrheit der Abgeordneten des Reichstags gewählt. Die deutschen Kommunisten hatten die Weimarer Demokratie und die Sozialdemokratie als Hauptfeind eingestuft und die Künstler aufgefordert, die Palette aus der Hand zu legen und nur noch Agitationsplakate zu gestalten. Die Machtergreifung Hitlers zu dämonisieren, versucht sie als Betriebsunfall der Geschichte zu bagatellisieren. Hitler aber war kein Betriebsunfall. In Italien herrschte Mussolini schon seit 1922 und hatte in seinem Führerstaat alle demokratischen Errungenschaften beseitigt. Hitler imitierte ihn in vielem. Dort der Marsch auf Rom, hier der Marsch auf München. In Italien paktierte die Künstlergruppe der Futuristen und die Gruppe um Sarfatti mit Mussolini, hier glänzte Hitler im Ruhm der Wagner-Familie und der konservativen Elite aus Adligen und Industriellen mit den von ihnen favorisierten Künstlern. Die Nationalsozialisten hatten nicht nur schon 1924 das Bauhaus aus Weimar vertrieben und es 1930 am neuen Standort in Dessau quasi liquidiert, sie hatten durch ihren Einfluss in vielen Regionen und Städten schon vor 1933 die „linken" Künstler aus Positionen vertrieben.

Der 30. Januar 1933 war dann eine klärende Zäsur. Jetzt wurde zur Staatsdoktrin, was vorher schon zum Teil in vielen deutschen Länderparlamenten Praxis war. Viele Avantgarde-Künstler verloren in relativ kurzer Zeit ihre Akademie-Ämter: Max Beckmann in Frankfurt, Oskar Schlemmer und Max Pechstein in Berlin, Paul Klee in Düsseldorf, Otto Dix in Dresden. Durch ihren Rauswurf wurde bei den Künstlern erstaunlicherweise aber keine klare Gegnerschaft gegen das Nazi-Regime begründet. Von den hier Genannten zog nur Paul Klee die Konsequenz und emigrierte in die Schweiz. Vor allem viele kommunistische und sozialdemokratische Künstler wurden verhaftet und ins KZ gesperrt. Bis Ende 1933 wurden 20 Museumsdirektoren entlassen. Eine tragische Rolle spielt Max Liebermann, der noch 1926 Hindenburg in einem Gemälde als großen Deutschen idealisiert hatte, jetzt aber formulierte: „Nach meiner Überzeugung hat

Kunst weder mit Politik noch mit Abstammung etwas zu tun, ich kann daher der Preußischen Akademie der Künste nicht länger angehören, da dieser mein Standpunkt keine Geltung mehr hat." (Klepsch, S. 71) Seine Auffassung sollte nicht nur in Deutschland sondern auch in der Sowjetunion grausam widerlegt werden. Kunst wurde sehr politisch.

Hitler als Künstler und Genie

Das neue Regime versuchte sich jedoch unverzüglich auch als Förderer der Kunst zu präsentieren. Schon im Oktober 1933 wurde der Grundstein für das „Haus der Deutschen Kunst" in München gelegt. Es sollte ausdrücklich nicht für „eine sogenannte moderne – sondern für eine wahre und ewige deutsche Kunst" gebaut werden. Alle Künstler mussten Mitglied in der Reichkulturkammer werden, Juden aber waren ausgeschlossen. Goebbels wurde Vorsitzender der Kammer und tönte: „Sie leben heute als Künstler in einer großen und glücklichen Zeit. Sie sehen über sich einen Mann, der zur gleichen Zeit auch ihr mächtigster Beschützer ist. Der Führer liebt die Künstler, weil er selber ein Künstler ist. Unter seiner gesegneten Hand ist nun über Deutschland eine Art von neuem Renaissancezeitalter angebrochen." (ebd., S. 70)

Hitler als Künstler und Genie: Er war der Bildner eines neuen Volks. Der in der Kunst traditionell verbreitete Geniekult wurde übertragen und nutzbar gemacht. „Es besteht eine innere und unlösbare Verbindung zwischen den künstlerischen Arbeiten des Führers und seinem großen politischen Werk. Das Künstlerische ist auch die Wurzel seiner Entwicklung als Politiker und Staatsmann. Seine künstlerische Tätigkeit ist nicht bloß eine zufällige Jugendbeschäftigung dieses Mannes, nicht Umweg des politischen Genies, sondern die Voraussetzung seiner schöpferischen Totalitätsidee", schrieb der Völkische Beobachter am 24. April 1936. Und Hitlers Propagandaminister Joseph Goebbels ergänzt, dass „die Politik kein spezifiziertes Handwerk [sei], sondern nichts anderes als die Kunst der Völkerformung; damit berühren sich die Gebiete der Künstler und Politiker. Sie alle sind von dem edlen Ehrgeiz besessen, dem Rohstoff, der formund gestaltlos ist, Form und Gestalt zu geben." (Bocola, S. 387)

Hier werden der Kunst Aufgaben zugeordnet, die weit über bisherige Zielsetzungen hinausgehen. Nicht ohne Grund war Wagner der Lieblingskomponist Hitlers. Wagners Idee des „Gesamtkunstwerks" wird für die Nazis zu einer „schöpferischen Totalitätsidee". Noch nie in der Geschichte spielte Kunst in einem Staat eine derartige Rolle, wurde ihr eine so herausragende Bedeutung zugeteilt. Kunst als Völkerformung: Nach welcher Vorlage sollte diese „Formung" erfolgen. Welche Bilder dienten als Grundlage?

Da schickte sich der „Künstler" Hitler an, seine "schöpferische Totalitätsidee" umzusetzen. Aber bisher war nur die Negation von Bildern bekannt: „Modern" sollten sie nicht sein. Schon 1927 war der „Kampfbund für deutsche Kultur" im Auftrag Hitlers vom „Rassentheoretiker" Alfred Rosenberg gegründet worden. Zu deren ersten Mitgliedern gehörten auch Gestapo-Organisator Heinrich Himmler und Gregor Strasser. Rosenberg setzte sich zum Ziel, „alle Abwehrkräfte gegen die heute herrschenden Mächte der Zersetzung auf kulturellem Gebiet zu sammeln." (Klepsch, S. 47) Was war das Erhaltenswerte, das von den „Modernen" zersetzt werden könnte? An welche Bilderwelten war anzuknüpfen, wie sollten sie ausgeschmückt werden? Darüber entbrannte in der Nazi-Partei ein lebhafter Streit.

Die eine Position kann als „Kunst aus Blut und Boden" bezeichnet werden. Der Architekt Schultze-Naumburg stellt den „heldischen Menschen" in den Mittelpunkt. Helden, das sind die siegreichen Kämpfer im Geiste der Nibelungen, das ist aber auch der vor Kraft strotzende Bauer, der um das tägliche Brot kämpft, die Bäuerin, die Leben zeugt und erhält. Dagegen ist die Großstadt die Geburtsstätte des zersetzenden, alles hinterfragenden Intellektuellen, kurz des Kulturbolschewisten. Alfred Rosenberg hatte in seinem Standardwerk „Der Mythos des 20. Jahrhunderts. Eine Wertung der seelisch-geistigen Gestaltenkämpfe unserer Zeit" schon 1930 die Grundlagen dafür gelegt. Diese „Blut- und Boden-Malerei“ und die im Zweiten Weltkrieg mit Gewalt- und Zerstörungsdarstellungen glorifizierende Kunstrichtung wird heute fälschlicherweise als „die“ Malerei des Tausendjährigen Reiches verstanden.

Eine andere Position bezog der für Kultur zuständige Propagandaminister Goebbels, der schon 1929 in seinem Roman „Michael“ geschrieben hatte: „Unser Jahrzehnt ist in seiner inneren Struktur durchaus expressionistisch. [...] Wir heutigen sind alle Expressionisten. Menschen, die von innen heraus die Welt draußen gestalten wollen. Der Expressionismus baut sich eine neue Welt. Sein Geheimnis und seine Macht ist die Inbrunst.“ (zit n. Ley, S. 56)
Auch der Maler Otto Andreas Schreiber, Führer der NS-Studentenschaft in Berlin, setzte sich für den Expressionismus ein und damit gegen den künstlerischen Traditionalismus des Kampfbundes. In einer Studie bezeichnete Schreiber 1934 die Expressionisten Ernst Barlach, Emil Nolde, Erich Heckel, Karl Schmidt-Rottluff, Franz Marc und Christian Rohlfs als nationale, „revolutionäre“ Künstler. Diese Zuordnung war nicht aus der Luft gegriffen: So war Emil Nolde Mitglied einer nationalsozialistischen Organisation. Erich Heckel malte neben Landschaftsbildern auch Menschen, die den Vorstellungen der neuen Machthaber vom reinrassigen, arischen Menschen durchaus nahe kamen. Auch andere Künstler wie Ernst Barlach, Wilhelm Furtwängler und Mies van der Rohe unterstützten 1934 öffentlich Hitlers Kandidatur zum Reichspräsidenten.

Der französische Kritiker Jean Clair ist dieser Übereinstimmung in vielen weltanschaulichen Fragen nachgegangen und kommt zu folgendem Resultat: „In der Zivilisationskritik, der radikalen Kritik der Weimarer Gesellschaft, gab es eine gewisse Wahlverwandtschaft zwischen dem Expressionismus und dem Nationalsozialismus: die Großstadt als bedrohlicher Moloch, die moderne Technik als Ausdruck einer ›seelenlosen‹ Gesellschaft, die ›Verdinglichung‹ der Sexualität in den Bordellen der dekadenten Bourgeoisie und die pathetische Verherrlichung der Natur.“ Weiter schreibt er: „Das expressionistische Pathos, der Versuch des Expressionismus, Wurzeln in einer nordischen Tradition auszumachen, seine Verherrlichung eines Urgermanentums, vor allem sein Rückgriff auf den Mythos einer Ursprache, sein Abtauchen in die Quellen der Volkssprache, in Märchen, in die Kindheit, ins Archaische, alles das passte gut zu den Vorstellungen einer Hitlerschen Szenographie, in der die Erregbarkeit, das unmittelbare Gefühl, der Appell an alle Sinne und ihre ›mystische‹ Vereinigung in der Magie des Gesamtkunstwerks keinerlei Anspruch auf rationales Denken erheben wollen. Was im Nazismus Rückkehr zu einem romantischen Gemüt war, dem Gegensatz zur klassischen Vernunft, was in ihm einen direkten Zugang zum tiefsten Wesen dessen, was er als völkisch pries, anstrebte, die Rhetorik der Reden, der Inszenierungen, der Aufmärsche und Gesänge passte ausgezeichnet zur expressionistischen Theorie einer Sprache, die unmittelbar expressiv sein wollte.“ (Clair, S. 38/39)

Goebbels dachte daran, Teile der „Moderne“ zu vereinnahmen, um mit ihnen das nationalsozialistische Ideologiegebäude breit auszubauen. Das kommt auch in seiner Würdigung von Edvard Munch zu dessen siebzigsten Geburtstag am 12. Dezember 1933 zum Ausdruck: „Edvard Munchs Werke, nordisch-germanischer Erde entsprossen, reden zu mir vom tiefen Ernst des Lebens. Seine Bilder, sowohl die Landschaft als auch die Darstellung von Menschen, sind von tiefer Leidenschaft erfüllt. Munch ringt danach, die Natur in ihrer Wahrhaftigkeit zu erfassen und sie unter rücksichtsloser Verachtung alles Akademisch-Formalen im Bilde festzuhalten. Als kraftvoller, eigenwilliger Geist – Erbe nordischer Natur – macht er sich von jedem Naturalismus frei und greift zurück auf die ewigen Grundlagen völkischen Kunstschaffens.“ (ebd., S. 42)

Hitler verordnet Pathos und Erhabenheit

Hitler selbst jedoch steuerte einen anderen, einen ideologisch klar ausgerichteten traditionellen Kurs. Dieser zeigt sich bei der Umgestaltung der Kunstmuseen unter seiner persönlichen Leitung, vor allem dem geplanten Neubau eines zentralen Kunsttempels in Linz, und schließlich seiner privaten Gemäldesammlung. Den ersten Platz unter Hitlers Kunstvorlieben nahm der Maler Adolph von Menzel ein. Seine Idealisierung Friedrich des Großen und die Inszenierung von Friedrichs Heldentaten begeisterten Hitler. Schon Kaiser Wilhelm II. hatte Menzel als „Ruhmeskünder Friedrichs des Großen und seiner Armee" verehrt. Schließlich hatte der preußische König sein Land mit Angriffskriegen zur Weltmacht aufsteigen lassen. Menzel malte ihn als unerschrockenen Krieger, auch mitten im Kampfgewühl, und zeigte, wie preußische Reiter die russische Infanterie niedermetzeln. Menzel idealisierte Friedrich auch als volksverbunden Monarchen, der immer Verständnis für die „kleinen" Leute hatte. Alles war „realistisch" gemalt, die Schönfärberei sah man nicht. Das war nach Hitlers Geschmack. Hier wurde „die" Führerpersönlichkeit herausgemalt. Hitler besaß nicht nur Menzels „Friedrich der Große auf Reisen", ein Porträt Friedrichs begleitete Hitler bis zur letzten Stunde im „Führerbunker".

Hitlers Vorliebe galt auch der Künstlergruppe der „Deutsch-Römer". Er besaß von Franz von Lenbach das Bild „Bismarck in Kürassieruniform". Hitler liebte Arnold Böcklins „Toteninsel", die letzte wild-romantische Ruhestätte für die Genies und Auserwählten. In Hitlers Privatsammlung befanden sich Böcklins „Frühlingsreigen" und „Zentaurenkampf", den mystisch überhöhten Kampf der Naturgewalten, Franz von Stucks „Die Sünde" (ein verquastes Zeugnis verbogener Sexualmoral) und „Perseus und Andromeda", Anselm Feuerbachs „Parklandschaft", „Tristan und Isolde" und „Das Gastmahl des Plato" sowie Bilder von Hans von Marées. Dann standen Historienmaler hoch in seiner Gunst. Allen voran Franz von Defreggers „Hofers letzter Gang", „Bauernszene", „Die Sensenschmiede vor dem Tiroler Aufstand": Die Bilder zeigen die Kraft des bäuerlichen Volkes, urstämmig, Vaterlands-freiheitsliebend. Weitere Werke der Privatsammlung waren: Hans Makart „Siesta am Hofe der Medici", Carl Theodor von Piloty „Seni vor der Leiche Wallensteins", Angelika Kaufmann „Die Bestattung des Heldenjünglings Pallas" und „Hermanns Rückkehr aus der Schlacht im Teutoburger Wald".

Schließlich folgten die Maler der deutschen Idylle, allen voran die umfangreiche Carl Spitzweg-Sammlung: „Landschaft mit Figuren", „Landschaft", „Nachtständchen", „Der Eremit", „Der Hagestolz", „Das Ständchen". Weiter waren in seinem Besitz: Eduard Grützners „Mönch am Weinfass", Moritz von Schwinds „Die Künste im Dienst der Religion", „Aschenbrödel", Anton Seitzens „Ochsengespann", Ferdinand Georg Waldmüllers „Badende Frauen am Waldbach", Hans Thomas „Hüter des Tals" als Hüter und Bewahrer der deutschen Heimat, Friedrich August Kaulbachs „Der Triumph der Musik", Edward von Steinles „Eva mit ihrem Sohn Abel", Adolf Zieglers „Die vier Elemente" und schließlich Carl Anton Joseph Rottmanns „Der Hohe Göll mit Hintersee bei Alpenglühen".

Hitler steht mit seinen Kunstvorlieben ganz in der Tradition des 19. Jahrhunderts. Da wird die „realistische" Geschichtsverfälschung Menzels mit der Mystik der „Deutsch-Römer", der Idealisierung der Historienmaler und der Deutschtümelei der Romantiker gemischt. Adolf Hitler will in der Tradition von Hermann dem Cherusker, Friedrich dem Großen und dem Eisernen Kanzler Bismarck stehen. Diesen „Dreiklang" sollten die deutschen Künstler überzeugend gestalten, nicht brutal überhöht, wie die „Blut- und Boden-Fraktion" empfahl – und nicht verschwommen, wie es Goebbels vorschwebte. Die Künstler sollten sich in bester deutscher, „arischer" Tradition sehen. Die völkische malerische Bewegung mit langer deutscher Tradition bildete für Hitler die Vorlage.

1937 wurde im Münchener Haus der Kunst die Propagandaschau „Entartete Kunst" eröffnet, bei der Goebbels frohlockte: „Das ist das Tollste, was ich je gesehen habe. Glatter Wahnsinn. Wir nehmen nun keine Rücksicht mehr." (Klepsch, S. 104) Die Ausstellung war nach Themengruppen gegliedert:

1. „Beschimpfung der deutschen Helden des Weltkrieges",
2. „Verhöhnung der deutschen Frau",
3. „Ideal: Kretin und Hure",
4. „Deutsche Bauern jüdisch gesehen" und
5. „So schauen kranke Geister die Natur".

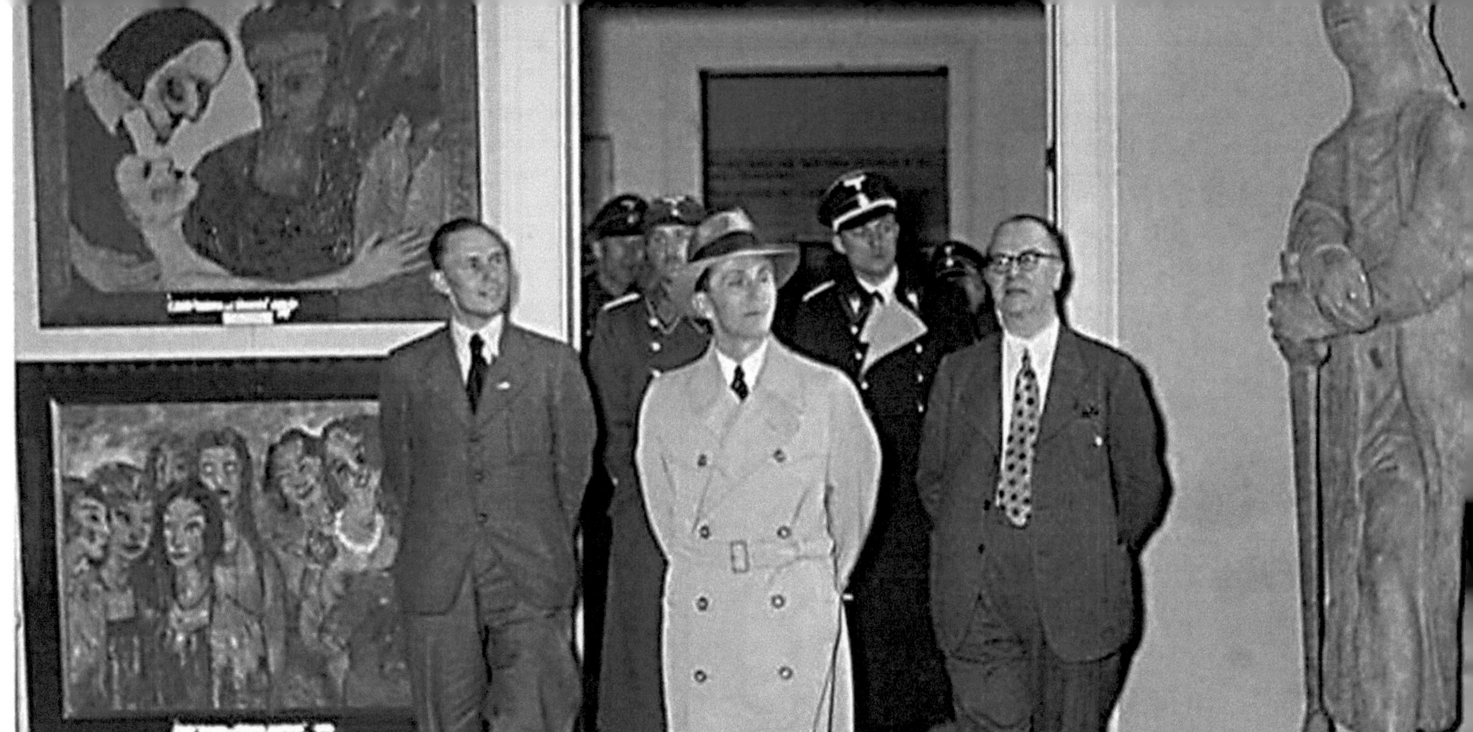

München: Haus der Deutschen Kunst. Ausstellungsbesuch Joseph Goebbels. Rechts vom Reichsminister (mit Brille) der Ausstellungsleiter Hartmut Pistauer. Links zwei Gemälde von Emil Nolde ("Christus und die Sünderin"; Die klugen und die törichten Jungfrauen, rechts Skulptur "Heiliger Georg" von Gerhard Marcks; 27 February 1938; Bundesarchiv, CC BY-SA 3.0

Die Bilder zeigen, worauf es Hitler ankam und was er an der Moderne bekämpfte, wo er unüberbrückbare Gegensätze sah. Wenn man Hitlers Gemäldesammlung ebenfalls nach diesen Themengruppen ordnet, kann verdeutlicht werden, dass Hitler mit den Bildern des 19. Jahrhunderts (und denen in ihnen sich verbergenden Wertvorstellungen) die Moderne und ihre Weltsicht bekämpfte.

1. Themenkomplex der deutsche Held (für Hitler der bei weitem wichtigste Bereich): Von Menzel, Defregger, von Lenbach, Thoma, Makart, von Piloty und Kaufmann idealisieren die kämpfenden Heroen.

2. Themenkomplex die deutsche Frau: Waldmüller, Feuerbach, von Steinle, Ziegler und von Schwind zeigen die Bilder von nicht emanzipierten, demütigen Frauen.

3. Themenkomplex Lebensgestaltung und „Weltanschauung“: Böcklin, von Stuck, Spitzweg und Defregger schwelgen in deutscher Mystik.

4. Themenkomplex arische Bauern: Defregger und Thoma zeigen unverdorbene Bauern im Gegensatz zum Großstädter.

5. Themenkomplex deutsche Heimat: Waldmüller, Thoma und Rottmann wecken deutsch-romantische Heimatgefühle. Hitler besaß durchaus eine „positive“ Bilderwelt, die er fast ausschließlich mit Gemälden aus dem 19. Jahrhundert und „alten“ Meistern“ bestückte. Zu dieser Bilderwelt sah er die Moderne im krassen Gegensatz. Eine Rückkehr, die Fortsetzung „alter“ Traditionen hielt er für notwendig.

Dem Präsidenten der „Reichskammer der Bildenden Künste“ **Adolf Ziegler** (1892 -1952) empfahl Hitler, darauf zu achten, dass die Künstler das Handwerk beherrschten. Ansonsten gelte es, auf die Genies zu warten, die sich mit der Zeit unweigerlich einstellen würden. Dazu sollte es jedoch nicht kommen. Ziegler selbst malte

genommen und hoch bezahlt!

Die Titel heißen: „Der Gott der Flieger", „Am Strand", „Merzbild" und „Familienbild".
Die „Künstler" heißen: Molzahn, Metzinger und Schwitters.

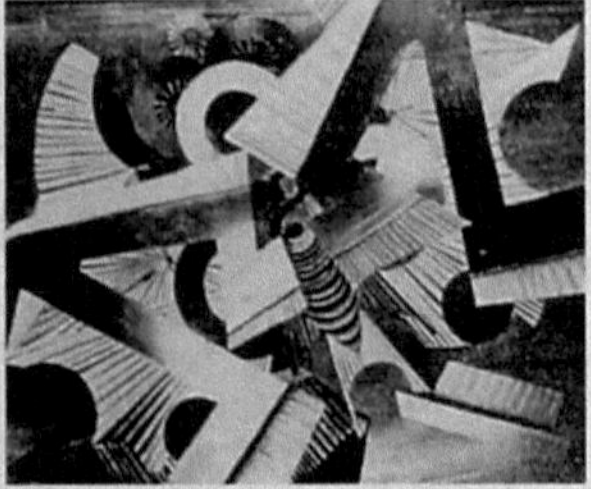

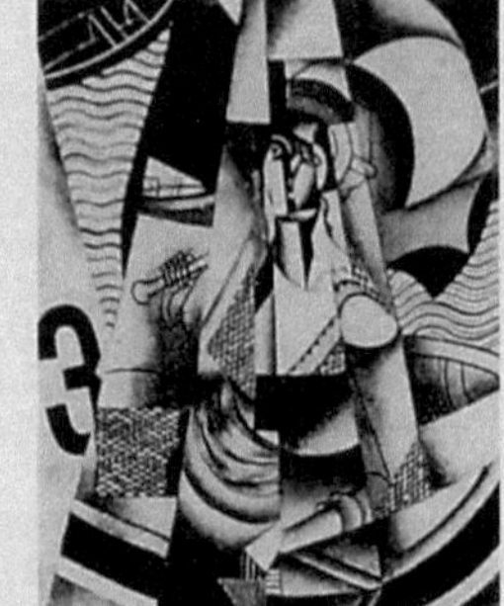

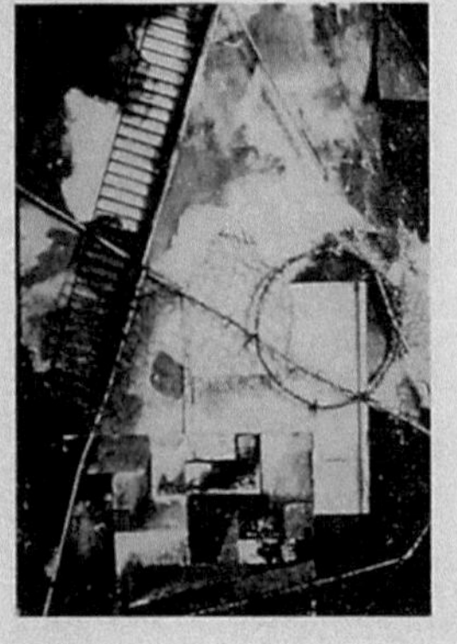

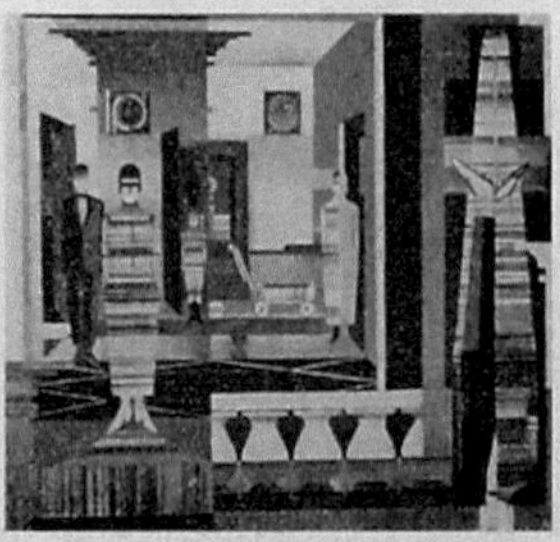

Entartete Kunst, Ausstellungskatalog 1937, p. 23. Werke von oben links: Johannes Molzahn, Der Gott der Flieger, 1921, Öl auf Leinwand, Jean Metzinger, Am Strand, 1913, Öl auf Leinwand, 146 x 114 cm, Kurt Schwitters, Merzbild, 1918-19, verschiedene Materialien, 100 x 70 cm, Johannes Molzahn, Familienbild. public domain

vor allem Aktbilder, die sich durch Klassizismus auszeichnen sollen, aber bieder wirken. Bildtitel wie „Allegorie der Vier Jahreszeiten" bieten eher einen Vorwand, nackte Frauen als Bildthema zu inszenieren.

Auch **Ivo Saliger** (1894 - 1987) präsentiert Nacktheit, aber überzeugt nicht. Im „Urteil des Paris" präsentiert sich die blonde Schöne ergeben den Blicken des urteilenden Jünglings, der überflüssigerweise auch noch einen Apfel als Frucht Evas in den Händen hält. Die beiden abgewiesenen Schwarzhaarigen kleiden sich in weiße und violette Bettlaken. Ein etwas komisch wirkendes Pathos im deutschen Wald vor deutschen Feldern. Saliger war auf allen „Großen Deutschen Kunstausstellungen" in München vertreten.Voyeurismus, der sich unschuldig gab, aber die Motive im Wald versteckte, hatte Mode. **Johann Schulte** schuf 1942 „Im Lebensfrühling". Der Maler will dem Betrachter glaubhaft machen, dass die beiden Frauen zum Baden in eine Felslandschaft gegangen sind, sinnierend schauen sie in das Wasser oder in die Ferne. Die Sonne scheint und wärmt die Brüste der beiden: Es ist Lebensfrühling im Kriegsjahr 1942. Die Staatskünstler scheinen sich alle Mühe zu geben, ein heiter beschauliches Bild der Frauen zu geben, aber so richtige Begeisterung und Überzeugung leuchtet in diesen Bildern nicht auf. Alle haben etwas Antiquiertes, Schwermütiges, Überladenes, als wüssten sie um ihre Aufgabe, ein „neues" Menschenbild zu schaffen, kommen damit aber nicht zurecht.

Das neue Menschenbild sah für Frauen vor, dass sie Kinder als Helden zu gebären hatten. Rudolf Otto zeigt in seinem 1944 entstandenen Gemälde, wo das am vorbildlichsten umgesetzt wurde: „Bauernfamilie". Zehn Kinder zählt die Schar, die um den einfachen Holztisch vor der Berg-Kulisse beim Mittagstisch vereint ist. Einfache Menschen, adrett und sauber aber nicht modisch, zufrieden mit ihrem Schicksal. Die Familie wird als Zelle des Volkes begriffen.

Aber etwas mehr mystische Überhöhung durfte schon Bildinhalt sein. Hitler selbst hatte 1913 „Mutter Maria" in blau-weißen, mit Blumen dekorierten Kleid und weißem Kopftuch gemalt. Ihr blond gelocktes Kind schmiegt sich an sie und schaut den Betrachter an. Das alles vor der Idylle blühender Margeriten, Mohnblumen und wogender Kornfelder. Am Rande hütet der Mann die Schafherde. Vorn bezaubert ein weißer Schmetterling. Die treu sorgende sanfte Mutter: Voraussetzung für das Wohlergehen aller, Behüterin und Zeugin des Lebens.

Heldenbilder wurden gefordert

Noch mehr Pathos wurde gefordert, wenn es darum ging, Helden darzustellen. **Arno Breker** (1900- 1991), Sohn eines Steinmetzes, war als Helden-Bildhauer nicht zu übertreffen. Seine Arbeiten repräsentierten in ihrer kalten Perfektion genau die Kunstideologie der Nazis. Schnell avanciert er ab 1935 zum populärsten deutschen Bildhauer. Seine muskulösen Helden produziert er schon fast in Serie, so auch seinen „Prometheus", der das Feuer, das Licht bringt. Er gibt ihnen verschiedene Titel: „Die Partei" (1939), „Monumentalfigur" (1937-1939), „Die Fahne" (1942 oder früher), „Bereitschaft" (1939 oder früher), „Der Künder" (1939/1940). Prometheus hat den Menschen aus Ton geformt, dann das Feuer aus dem Sonnenwagen geraubt und dem Menschen geschenkt, ihm so das Überleben ermöglicht. Das neue Leben erwachet in Deutschland. Die Fackelzüge sind fester Bestandteil der Nazi-Kultveranstaltungen. Zusammen mit Hitler „Staats"-Architekten (und Freund) Speer darf Breker Großplastiken für das neue Berlin als Hauptstadt des „Großgermanischen Reiches" entwerfen.

Brekers Prometheus kann in Serie gefertigt und mit verschiedenen Attributen dekoriert werden. Neben der Fackel kann er mit einem Schwert oder mehreren Schwertern versehen werden. Auch der Adler als Herrscher der Lüfte ist im Angebot, natürlich auch die Standarte mit dem Hakenkreuz oder die wehende Fahne für den Hintergrund.

Auch andere Plastiker – **Georg Kolbe** oder **Gerhard Marcks** – bedienten sich dieser bombastischen Materialsprache. Das künstlerische Formenarsenal verflacht zunehmend. Die Künstler verkommen zu „Ideen"-Propagandisten des Nationalsozialismus.

Konnte Arno Breker sich später von seiner Komplizenschaft mit Hitler lösen und sie verarbeiten? Der Kunstkritiker Werner Spies berichtet über eine Begegnung mit Hitlers »Hofkünstler« Arno Breker 1975 in Paris: »Dabei ging es Breker, der zum Genre derer zählt, die vor lauter Kunst von nichts wussten, allein um Rechtfertigung und um Wiedergewinnung der verlorenen Ehre. [...] Was er erzählte, blieb von einer kaum erträglichen Banalität und zerfloss in einem Selbstbewusstsein, in dem alle Notausgänge, die zum Diabolischen und Gefährlichen führten, fest verrammelt waren. [...] Wenn ich mir damals vorübergehend eine aufregende Begegnung mit einem Verführer versprach, [...] so wurde mir doch rasch klar, dass sich in dieser Verstocktheit eine bürokratische Unfähigkeit zeigte, das eigene Leben auch nur im geringsten zu verunsichern. Trivialer und feiger hat sich keine der Figuren, die den Pakt mit Hitler eingegangen sind, aus der Verantwor-

Arno Breker: Fackelträger (1939). Foto: Viborg 1997 im Hof des Breker-Museums Nörvenich (öffentlicher Raum) fotografiert. Die Skulptur befindet sich heute im Besitz des Breker-Museums. CC BY-SA 3.0

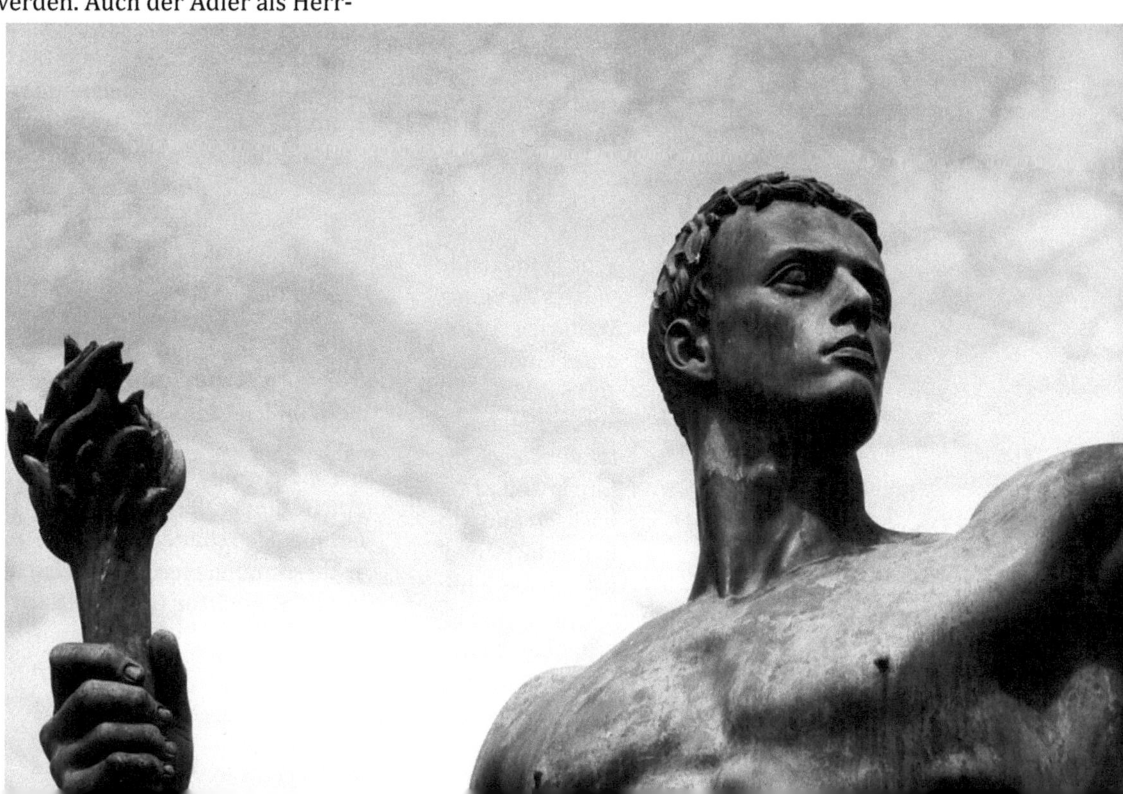

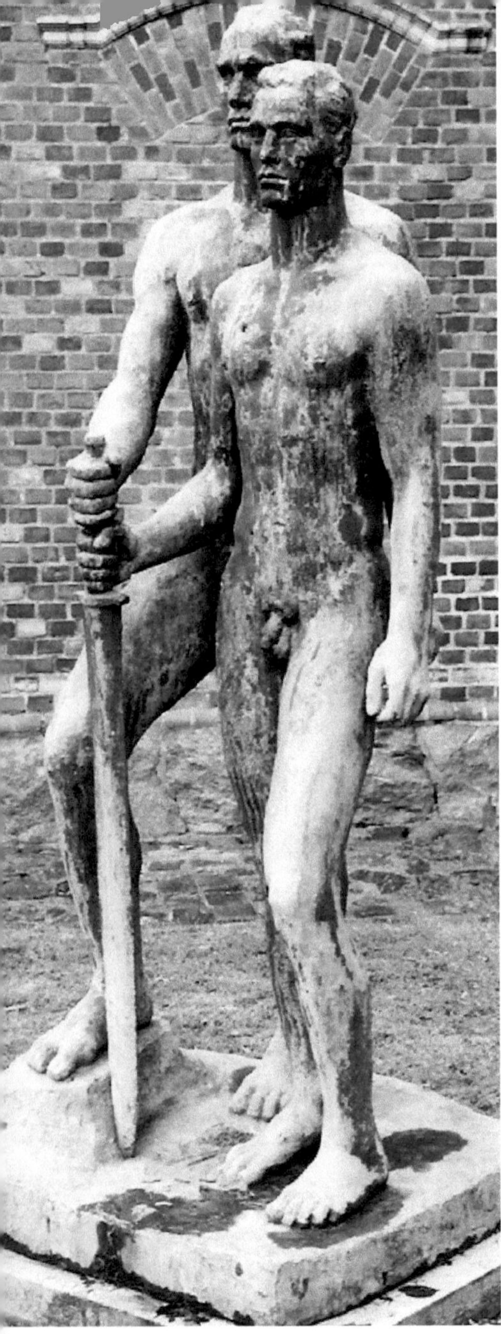

Plastik von Geotg Kolbe: Sie steht in Stralsund auf dem Hofe des Marinemuseums auf dem Dänholm. März 2006, Foto: Klugschnacker, CC BY-SA 2.5

tung geschlichen. Unvergessen bleibt der theatralische Satz: ›Schreiben sie über mich, verurteilen sie mich, aber erlösen sie mich aus diesem Schweigen.‹ « (FAZ, 5. 8. 2006).Breker beteiligte sich auch an dem Führerkult, der bis dahin nicht gekannte Ausmaße annahm. Er gestaltete Hitler-Büsten und hat nicht unwesentlich dazu beigetragen, dass die Bilderwelten immer brutaler wurden und vor allem während des Zweiten Weltkriegs an Barbarei nicht zu überbieten waren. In den professionell perfekten Propagandaeinheiten des Zweiten Weltkriegs waren unter anderem bis zu 15 000 Künstler, Fotografen und Literaten beschäftigt. Ihre in den Kriegsbüchern und „dokumentarischen" Erlebnisberichten abgedruckten Erzeugnisse sind noch heute zahlreich in den Antiquariaten zu finden, beziehungsweise stehen als Nachdrucke in den Buchhandlungen – besonders in Versandbuchhandlungen – zur Verfügung. Arno Breker erhält auch nach dem Krieg zahlreiche Porträtaufträge vor allem von Industriellen in der Bundesrepublik. **Max Bergmann** (1884 -1955), Maler der „Dampfenden Scholle" (1939), im Krieg Mitglied der Propagandastaffel und begeisterter Kriegsmaler, bekommt 1949 den Ehrenbürgertitel der Stadt Wörth am Rhein. **Rudolf G. Werner** malt 1937 „Asphaltarbeiter" und „Schwere Artillerie passiert Notbrücke" (1941). Er ist Kriegsmaler der Propagandastaffel. 1957 erhält der Maler den Kunstpreis der Stadt Gera.

Viele „Avantgarde"-Künstler beziehen keine eindeutige Position

Wie behaupten sich „Avantgarde"-Künstler im Nazi-Deutschland? **Franz Radziwill** (1895 - 1983) wird sofort nach der Machtergreifung Parteimitglied und erhält schon im Juli 1933 eine Professur an der Düsseldorfer Akademie. Schon 1935 wird er aber wegen seiner früheren Bilder als Kulturbolschewist beschimpft und entlassen und 1936 wieder rehabilitiert. In der Ausstellung „Entartete Kunst" werden einige seiner Bilder gezeigt, die auch er damals als „wertlose Kunst" abtut. 1945 entsteht das Bild „Riss im Hof": „Naturmächte" haben den Hof ruiniert. 1946 konkretisiert er die Aussage mit „Die Klage Bremens": Es sind amerikanische und britische Bomber, die das Land zerstört haben. 1971 bekommt er den Großen Verdienstorden der Bundesrepublik Deutschland. Wie Radziwill profitiert **Georg Schrimpf** (1889 - 1938) zunächst von der „nationalen Revolution". 1933 wird er außerordentlicher Professor an der Berliner Staatlichen Hochschule für Kunsterziehung. Aber ungeteilt ist die Zustimmung nicht für ihn. Er wird hofiert aber gleichzeitig ausgesondert und 1937 schließlich aus seinem Amt entlassen. Schrimpfs Figuren zeigen seine Haltung: Sie schauen aus dem Fenster, harren der Dinge, die da kommen werden, warten ab.

Rudolf Schlichter (1890 - 1955) war im Kreis um den rechts-konservativ bis nationalsozialistisch orientierten Ernst Jünger, der in der Partei aber als zu „intellektualistisch" galt. Schlichter kann seine Bilder auf der „Großen Deutschen Kunstausstellung" in München zeigen. Ab 1943 distanziert er sich von der NSDAP (als die Niederlage absehbar war) und kritisiert das Regime von einem christlich-ethischen Standpunkt aus. In dem Bild „Sie starb daran" arbeitet er aber nicht seine eigene Schuld auf, sondern macht Generäle, brutale Ärzte und andere Verbrecher dafür verantwortlich. „Das" Maschinenzeitalter, „die" Naturwissenschaft, „die" militärische Macht: Die Aufarbeitung ist vordergründig und bleibt im Allgemeinen stecken. Für die innere Lage eines Künstlers während der Nazizeit ist Schlichters Tagebucheintrag vom 4. Oktober 1943 sehr aufschlussreich: „Wenn ich mir so gewisse Bilder der Zeit zwischen 33 u. 39 ansehe, so fasst mich der Ekel. Wie schwach war ich doch! Wie bin ich doch diesem scheußlichen Spießergeist der Teufel entgegengekommen, u. wie habe ich meine wahre Natur verleugnet [...] Nur darum geschah dies[,] weil auf Grund einer geistigen Trägheit die Entwicklung der intellektuellen Kräfte hinter dem Volumen der natürlichen Begabung zurückblieb. Ich wurde, leider durch eigene Schuld, ein Opfer der deutschen Dummheit." (Katalog 2008, S. 207)

Das deutsche Bauhaus hatte sich schon 1930 aus der „Avantgarde"-Bewegung verabschiedet. **Gropius** betonte in der Nazi-Zeit seine „deutsch-nationale" Gesinnung und seine „aufbauende, staatserhaltende" Art. Er wollte Aufträge erhalten und bekam sie auch. **Mies van der Rohe** unterzeichnete 1933 die öffentlich publizierte Ergebenheitsadresse an Hitler des Architekten (und Bauhaus-Gegners) Paul Schultze-Naumburg. Der Kunsthistoriker Ludwig Grote kennzeichnete Mies van der Rohe öffentlich als „deutschen" Architekten: „Er gilt unter der jüngeren Architektenschaft allgemein als Faschist, weil er die seelischen Werte in der Architektur betont, die der Moskauer Marxismus verurteilt, weil für Mies v. d. Rohe nicht Sachlichkeit das Ideal ist, sondern Schönheit." (Droste, S. 230) Er stehe für „Deutschheit und Klassik". Van der Rohe widersprach dieser Kennzeichnung nicht. Van der Rohe entwarf auf mehreren Weltausstellungen Präsentationsstände für die Nationalsozialisten und arbeitete auch für Albert Speer, Hitlers Stararchitekten. Nach dem Schließungsbeschluss für das Bauhaus 1933 hatten einige Studenten ihre Mitgliedschaft im „Kampfbund für deutsche Kultur" beantragt, um das neue Regime zu unterstützen. Auch Kandinsky und Lilly Reich befürworteten den Eintritt. Kandinsky meinte, „die neue Regierung missversteht die neue Kunst". Er empfahl der „neuen Regierung", sich am italienischen Faschismus und dem Futurismus zu orientieren. Eine besonders tragische Figur machte der ehemalige

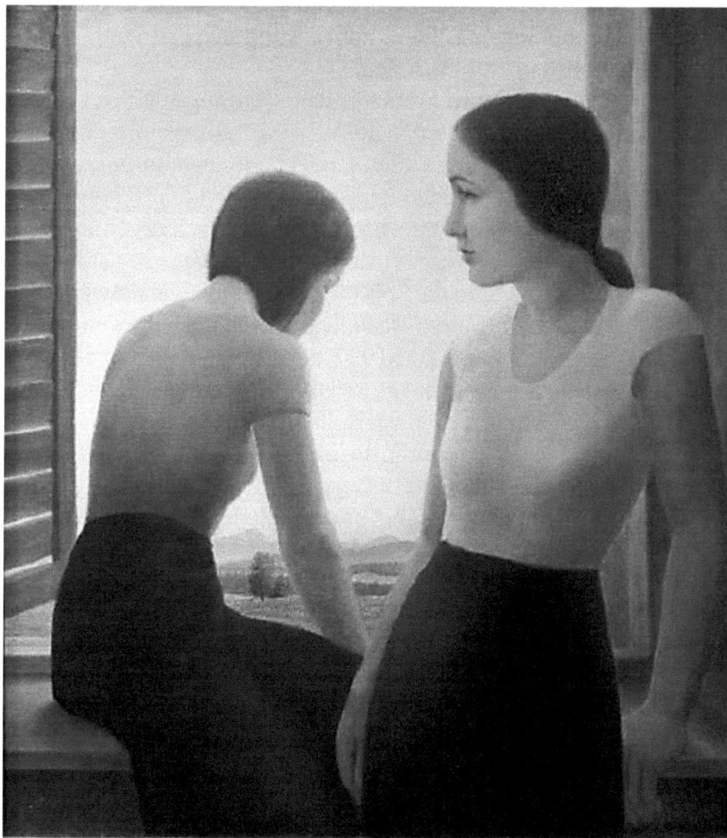

Georg Schrimpf: Zwei Mädchen am Fenster, 1937, Öl auf Leinwand, 78,5 x 73 cm, Staatliche Museen zu Berlin, Nationalgalerie, public domain

Bauhaus-Meister **Oskar Schlemmer**, der in Briefen an Goebbels und andere Entscheidungsträger das „deutsche

Wesen“ seiner Kunst betonte. Er habe doch „das Gesetz, das Maß und die Ordnung“ entsprechend den Werten des nationalsozialistischen Staates in seinen Werken gestaltet. Er teilt Goebbels mit, er „fühle sich rein und meine Kunst streng den nationalsozialistischen Grundsätzen entsprechend, nämlich heroisch, stählern, romantisch, unsentimental, hart, scharf, klar, Typen schaffend.“ (Katalog 2008, S. 53) Obwohl die Anthroposophie Rudolf Steiners, die in Schlemmers Arbeiten geistig durchleuchtet, auch von Nazi-Größen wie Hitler-Stellvertreter Rudolf Heß propagiert wurde, entsprach sie nicht Hitlers Vorstellungen. Schlemmer verstieg sich dann in religiösen Erleuchtungsszenen.

Max Beckmann brauchte seine Haltung nicht zu revidieren. Er hatte schon an dem „Zirkus“ der Weimarer Republik Kritik geübt. Ab 1926 pflegte er auch Kontakte zu rechtskonservativen Kreisen. Als Individualist stand er aber jedem Kollektivismus sehr skeptisch gegenüber. Aber 1934 betonte er: „Ich halte ein langsames stilles Hineinwachsen in die Zeit für richtiger – ohne dabei irgend etwas von seinem persönlichen Glauben aufzugeben.“ (Katalog 2008, S. 94) 1937, als die Nazis auch in der Kunst eindeutig Flagge zeigten, wurde es Beckmann zuviel, er emigrierte nach Holland. 1936 malte er die „Büchse der Pandora“, die er 1947/48 übermalte. Pandora ist die von den Göttern entsandte unbeschreiblich schöne Frau, die in der Büchse alle Übel in diese Welt bringt. Der Sage nach kann Pandora auf Geheiß des Göttervaters Zeus die Büchse wieder schließen, bevor auch noch die Hoffnung entweicht. Bei Beckmann ist sie weiter geöffnet und qualmt.

Otto Dix widmet sich vor allem der Landschaftsmalerei, obwohl er schon 1933 schreibt: „Ein schönes Paradies. Zum Kotzen schön [...] Die Schönheit der Natur, in die ich verbannt bin; ich gehöre doch gar nicht dahin [...] ich müsste in der Großstadt sein. Ich stehe vor der Landschaft wie eine Kuh.“ (Schmidt, J.-K., S. 126) Er schlägt sich durch, flüchtet auch in religiöse und mythische Motive. Einen Auftrag für ein Familiengemälde des Reichsaußenministers von Ribbentrop lehnt er ab. Oder ist Dix doch ein Prophet? Das schon 1939 entstandene Bild „Lot und seine Töchter“ zeigt unter anderem das brennende Dresden – es wurde inzwischen aber nachgewiesen, dass Dix diesen Teil des Bildes erst nach 1945 hineingemalt hat. Ohne das brennende Dresden bleibt das Bild ohne eindeutige Aussage. Der Maler fügt sich in sein „Schicksal“. 1943 malt er verzweifelt die Auferstehung – seine einzige Hoffnung – und 1947 malt Dix sich als Kriegsgefangenen, einsam, ausgestoßen: Er sieht sich endgültig gescheitert, seine letzte Hoffnung ist gestorben. Dix, der als Mahner vor dem Krieg gilt, zeigt in seinem Werk Resignation vor dem „ewigen Kreislauf“.

Die eindeutigen Gegner waren nicht die Mehrheit

Ausgerechnet der Maler **Magnus Zeller** (1888 - 1972) entwickelte sich zum vielleicht überzeugendsten Kritiker des Hitlerstaats. Er war Mitglied im „Kampfbund für deutsche Kultur“ und bestimmte beim „Reichswirtschaftsbund für bildende Künstler“ mit. 1933 sitzt er sogar im Vorstand der Berliner Secession. Die Mitgliedschaft in der NSDAP aber lehnt er ab. Zeller beteiligt sich an vielen öffentlichen Ausstellungen. 1938 malt er das Bild „Der totale Staat“. Auch wenn man bedenkt, dass er die Hakenkreuze erst nach dem Zweiten Weltkrieg hineingemalt hat, ist die Aussage eindeutig. Der totale Staat knechtet die Untertanen wie Sklaven. Die bewachenden, Peitschen schwingenden SA-Männer benennen deutlich die Unterdrücker. Aus dem Kopf des Molochs ragen die Geschütze in alle Richtungen, die Landschaft ist verwüstet. Eine verwüstete Landschaft gestaltet er auch schon 1937 in dem Bild „Fünfzig Jahre später“. Eine verrostete Lokomotive steht in der Landschaft, ein Kranich hat auf ihrem Schornstein sein Nest gebaut, sie ist seit fünfzig Jahren nicht mehr benutzt worden. Überall herumliegende Totenschädel verdeutlichen, dass die Menschen ausgerottet worden sind. 1944/45 malte er „Das Staatsbegräbnis“. Anlass war der erzwungene Selbstmord von Feldmarschall Rommel, der des Anschlags gegen Hitler beschuldigt war. Der Selbstmord wurde verheimlicht und – weil er sehr populär war – ein pompöses Staatsbegräbnis inszeniert. Das gespenstische Begräbnis mit den heuchlerischen Würdenträgern des Tausendjährigen Reiches platziert Zeller vor den Ruinen einer Stadt, drohend wirkt ein Gespenst mit einem Knüppel in der Hand, im Vordergrund tut sich die Erde auf und die Toten klagen an. Zeller kritisiert das Nazi-Regime aus religiös-christlicher Sicht. In „Christus in der Welt (Mein Reich ist nicht von dieser Welt)" (1942/43) zeigt Zeller Christus, um den nur wenige geschart sind, während die große Masse Hitler immer noch ekstatisch zujubelt. Im Hintergrund kündigt sich der Weltuntergang auf einer großen Brücke an, die nur zur Hälfte fertig ist: Panzer treiben Menschenmassen in den Abgrund. Andere Kolonnen zwingen Menschen zu massenhaft aufgerichteten Galgen.

Ein bedrückendes Werk voller Eindringlichkeit hinterlässt auch **Felix Nussbaum** (1904 - 1944). Als Jude ist er ausgrenzt. In vielen Bildern thematisierte er die Brutalität und Grausamkeit der Zeit und des Krieges: Der Tod hat das Regime übernommen, er spielt sein apokalyptisches Konzert, zerstört die Kunst, die Kultur und fegt die Straßen leer. Nussbaum war über Italien nach Belgien ins Exil geflohen. Mit dem Einmarsch der deutschen Truppen 1940 war er auch dort existenziell bedroht. Er muss sich verstecken, in ständiger Furcht vor der Entdeckung. Diese Furcht sieht man besonders dem 1942 entstandenen Gemälde „Selbstbildnis im Totenhemd" an. Aber obwohl er resigniert zur Seite schaut, hat er noch Hoffnung. Er hält einen Akazienzweig als Zeichen des Lebens hoch. Vergeblich: Nussbaum wurde in Auschwitz ,ermordet.

Felix Nussbaum: Triumph des Todes (Die Gerippe spielen zum Tanz), 1944, Öl auf Leinwand, Höhe: 100 cm, Collection, Felix Nussbaum Haus, Dieses Bild gilt als Nussbaums letztes Gemälde und künstlerisches Testament, Public domain

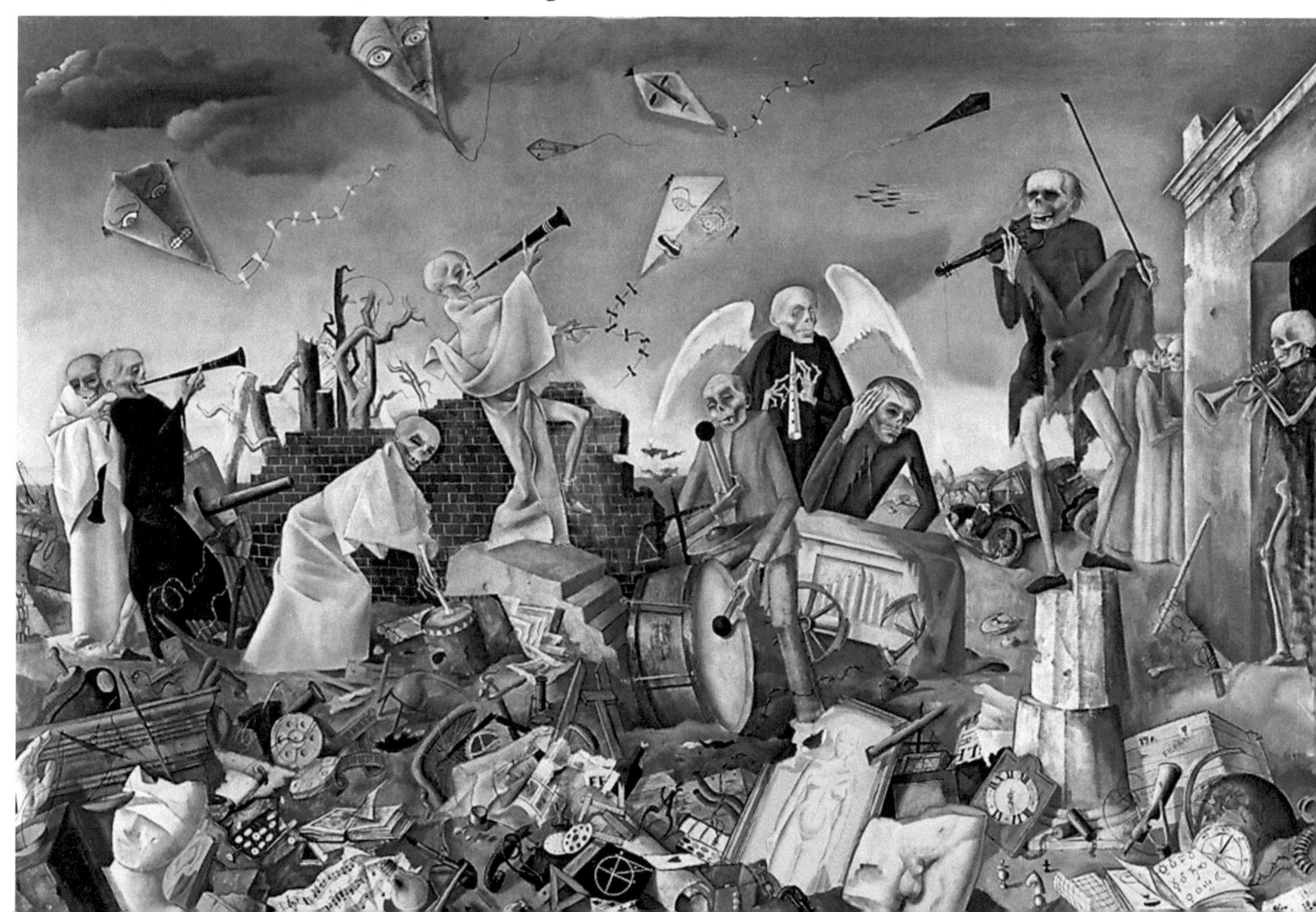

Karl Hofer (1878 - 1955), der auch während der Nazi-Zeit in Deutschland blieb, hatte schon in der Weimarer Zeit in vielen Schriften entschieden gegen die Nationalsozialisten Stellung bezogen. Er mahnte mit seinen Bildern wie „Der Rufer" (1928) und „Kassandra" (1936), die das Unheil Trojas prophezeit hatte. Der Maler entwirft in seinen Bildern ein düster-trauriges Szenario, das dann von der Wirklichkeit weit übertroffen wurde. Bei Hofer sind es stets einsame, vereinzelte Menschen, die sich der Grausamkeit entgegenstellen und dabei scheitern. Am 28. Dezember 1944 schreibt Hofer: „Wieder ist ein Jahr des Elends um, und ein elenderes beginnt, das uns vielleicht in die Tiefe der Kloake stößt. Ich glaube, ich schrieb Ihnen nach dem letzten Neujahr, wie am Neujahrsmorgen der östliche Himmel flammendrot war, wie von einer gewaltigen Feuersbrunst, wie ich es nie gesehen habe. Es war mir eine Vorahnung – und es war symbolisch für das, was kam." (Katalog 2008, S. 361)

Hans Grundig gestaltet 1936 das Bild „Das Tausendjährige Reich, Vision". Flugzeuge zerbomben vor einem blutroten, schwarz gefleckten Himmel eine grell von Scheinwerfern erleuchtete Stadt. Bombenkrater öffnen sich. Menschen werden zusammengeschossen. Grundig knüpft hier eindrucksvoll an sein Bild „Gewitter über der Vorstadt" von 1928 an. Jetzt ist das Gewitter ausgebrochen. Die Menschen haben keine Fluchtmöglichkeit, ihre Häuser sind, sie selbst werden vernichtet.

Richard Oelze (1900 - 1980) bringt häufig seine Landschaftsbilder ins Gespenstische wie in seinem Bild „Erwartung", 1935/36: Eine mit steifen Hüten und Regenmänteln einheitlich gekleidete Männergruppe, die dem Betrachter den Rücken zukehrt, wartet auf die drohende Katastrophe. Auch nach dem Zweiten Weltkrieg sind Oelzes beherrschende Bildthemen Angst und Panik: Ruinenlandschaften mit Spukgestalten zerren in die Tiefe. Man spürt das Unheil suggestiv, es wird eine surrealistische Traumlandschaft.

George Grosz gelingen im US-amerikanischen Exil die Bilder, in denen er vor allem gegen den Faschismus Stellung bezieht, wie „Kain oder Hitler in der Hölle" (1944). Insgesamt aber fasert sein Werk aus, Grosz malt jetzt im Stil der amerikanischen Regionalisten für den Mittelstand und versucht sich auch an frivolen Themen. Um 1945 malt er sogar Löcher auf die Leinwand und dokumentiert so seine Orientierungslosigkeit. In einem Selbstporträt von 1956 malt sich Grosz – vor der Kulisse Manhattans – als Varietegirl mit der Schnapsflasche in der Hand. Grosz collagiert und karikiert für amerikanische Magazine. Aber aus einem Guss gelingt ihm nur noch wenig.

Oskar Kokoschka (1886 - 1980) engagiert sich im Londoner Exil gegen den Faschismus. Er hilft bei der Organisation von Ausstellungen, bei denen deutsche Künstler Stellung beziehen. 1940/41 malt Kokoschka das „Rote Ei": Mussolini plustert sich rechts im Bild auf, Hitler krakeelt links. Der britische Löwe ruht sich auf dem Münchner Abkommen aus und passt auf seinen Schwanz auf, der sich als Pfund-Zeichen ringelt. Hinten brennt Prag, eine Frau liegt erstochen davor, ein Mann hat ein Messer im Rücken. Auch die französische Katze schielt nur nach ihrem Futter, dem roten Ei auf dem Teller, der Aufteilung der Welt. Der Einmarsch in die Tschechoslowakei und die Ermordung der Menschen sind diesen „Herren" völlig gleichgültig, es geht nur um Macht und Einflusssphären.

Paul Klee stand am schärfsten im Kreuzfeuer der Nationalsozialisten, die ihn als „galizischen Juden" diffamiert hatten. Seine Reaktion: „Lieber nehme ich Ungemach auf mich, als dass ich die tragikomische Figur eines sich um die Gunst der Machthaber Bemühenden darstelle." (Pietsch, S. 74) Er malt ein Selbstbildnis mit einem großes X. Der Titel: „Von der Liste gestrichen", 1933. Er weiß um die Gefahr und flüchtet so schnell wie möglich in die Schweiz. Klee hatte sich schon in den Jahren 1931 und 1932 in einem Zyklus von ungefähr 200 Blättern mit der „nationalsozialistischen Revolution" auseinandergesetzt. Es geht um die Domestikation der Menschen durch die neuen Herrscher, um Disziplinierung und Ausrichtung. 1937 malt er den „Aufstand des Viaduktes". Das Viadukt, die tragende Brücke, ja die Welt ist aus den Fugen geraten, ihre einzelnen Teile marschieren bedrohend auf den Betrachter zu. Oder: Das bisher Unbewegliche, Starre kommt in Bewegung, wehrt sich, eine Hoffnung regt sich. Das Viadukt befreit sich. Beide Interpretationen sind richtig.

Dadaismus und Surrealismus: Aus den Trümmern zur Überwirklichkeit?

Dada-Messe in Berlin am 5. Juni 1920. Die Figur an der Decke stellt einen deutschen Offizier mit Schweinekopf dar.

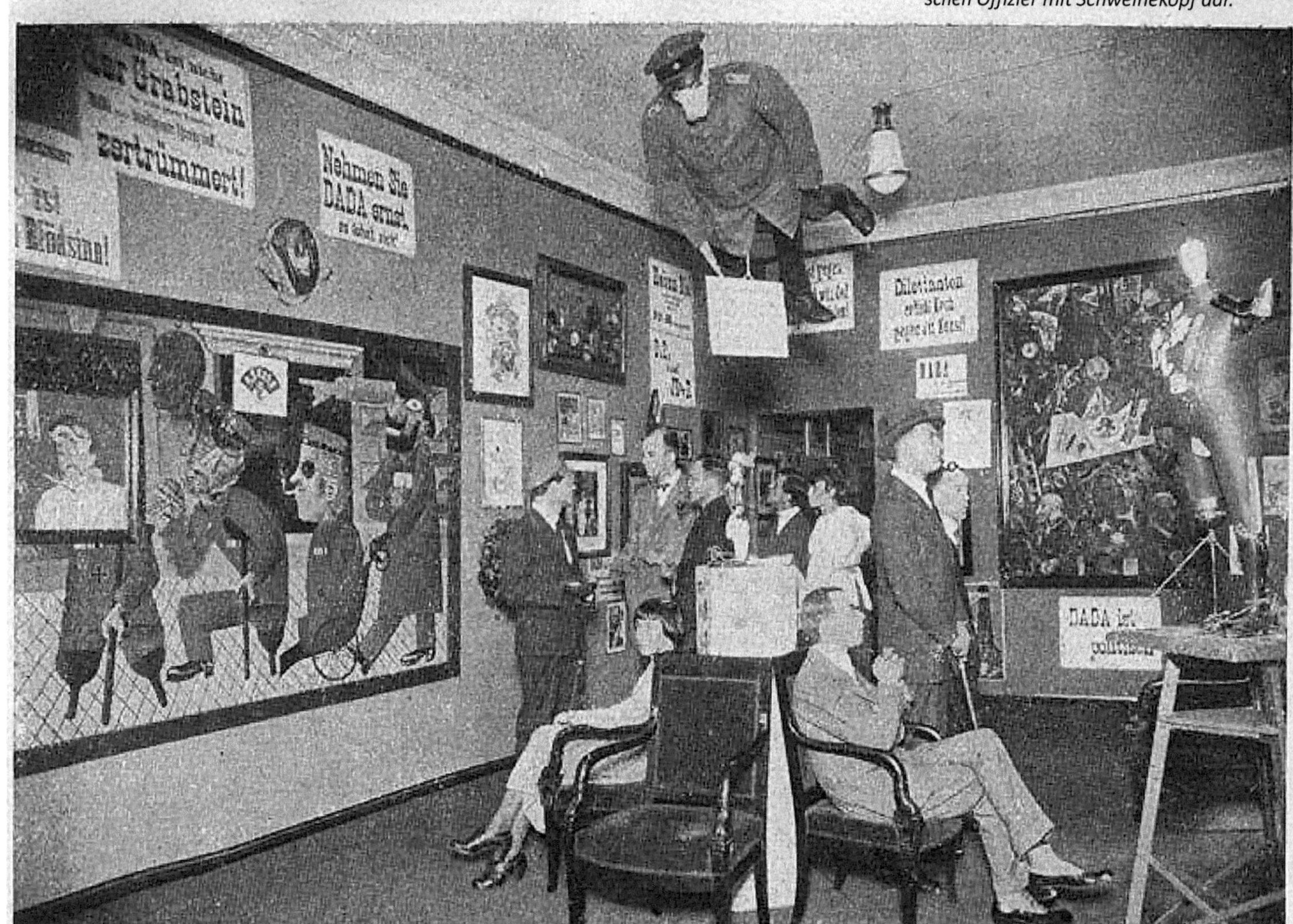

to: public domain

Eröffnung der ersten großen Dada-Ausstellung

in den Räumen der Kunsthandlung Dr. Burchard, Berlin, am 5. Juni 1920.

Von links nach rechts: Hausmann, Hanna Höch, Dr. Burchard, Baader, W. Herzfelde, dessen Frau, Dr. Oz, George Grosz, John Heartfield.

Was oder wer ist Dada? Ein kindlicher Stammellaut mit dem Fingerzeigen auf etwas Unerklärliches? Der Dadaist Tristan Tzara (1896 - 1963) erklärte: „Ich verkünde die Opposition aller kosmischen Eigenschaften gegen die Gonorrhoe dieser faulenden Sonne, die aus den Fabriken des philosophischen Gedankens kommt, den erbitterten Kampf mit allen Mitteln des dadaistischen Ekels.
Jedes Erzeugnis des Ekels, das Negation der Familie zu werden vermag, ist Dada; Protest mit den Fäusten, seines ganzen Wesens in Zerstörungshandlung: Dada [...] Vernichtung der Logik, Tanz der Ohnmächtigen der Schöpfung: Dada" (Hervorhebung von Tzara, Schrott, S. 171)

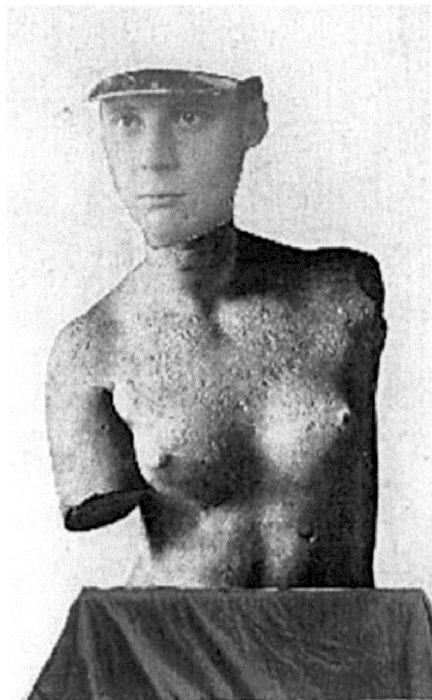

Johannes Theodor Baargeld: Typische Vertikalklitterung als Darstellung des Dada Baargeld, 1920, ausgestellt auf der Ersten Internationalen Dada-Messe in Berlin, public domain

Dada begann 1915 – also mitten im Krieg – im neutralen Zürich. Die Schlächtereien des Materialkriegs, der hemmungslose Einsatz von Giftgas erfüllt die Dadaisten mit Ekel. Die Welt lag in Trümmern. Das wollten sie zeigen: Dokumente wurden zerrissen, Holz wurde zersplittert, Glas und Metall zertrümmert. Dort wo Künstler bisher Ordnung präsentierten, dem Bildaufbau und seinen ästhetischen Gesetzen nachspürten, zeigten sie jetzt eine radikale Unordnung. Kein Stein sollte auf dem anderen bleiben. Anders konnten sie der Sinnlosigkeit und der Irrationalität des Geschehenen nicht Ausdruck verleihen. Zeichen wurden auf den Kopf gestellt, große Buchstaben fraßen kleine, Bilder wurden auseinandergeschnitten und verkehrt zusammengesetzt. Dabei war Dada keine moralisierende Besserwisserei. Die Dadaisten hatten begriffen: Der kollektive Wahnsinn des Krieges konnte durch Kultur, Religionen, Ideologien nicht verhindert werden. Im Gegenteil: Die bisherige Kultur, die Religionen und die Ideologien hatten mit zu dem Desaster geführt. Die Dadaisten waren sich einig: Die bisherigen Werte, Normen, Ideologien gehören auf den Müllhaufen der Geschichte.

Dada war nach dem Krieg in allen europäischen Hauptstädten präsent, wurde aber nie zur Massenbewegung. Dada war eher das verzweifelte Suchen von Einzelgängern: destruktiv, Fragen stellend in Zürich, mit zornig revolutionärem Unterton in Berlin, traumatisiert sinnierend in Paris, handwerklich konstruktiv-destruktiv in Hannover. Dada war ein großes Fragezeichen, die Weigerung, die bisherigen Bilderwelten weiter zu akzeptieren. Dada war auch die Weigerung, an Stelle der alten Bilder neue zu setzen. Dada war die Feststellung, dass die alte Ordnung zerbrochen war. Die Dadaisten schlugen symbolisch in ihren Bildern die Ordnung noch einmal kurz und klein. Dada war Revolte, auch Verzweiflung aber kein neuer Aufbruch. So konstatiert der Dadaist Hans Arp: „Wir suchten eine elementare Kunst, die den Menschen vom Wahnsinn der Zeit heilen, und eine neue Ordnung, die das Gleichgewicht zwischen Himmel und Hölle herstellen sollte." (Dörfler 3, S. 332)

Tristan Tzara schreibt in dem „Manifest Dada 1918": „Der Versuch Jesus und die Bibel decken mit ihren breiten wohlwollenden Flügeln: die Scheiße, die Tiere, die Tage. Wie will man das Chaos ordnen, das die unendlich-unförmige Variation bildet: den Menschen? Der Grundsatz: ›Liebe Deinen Nächsten‹ ist Heuchelei. ›Erkenne Dich selbst‹ ist eine Utopie, aber annehmbarer, denn sie enthält das Böse. Kein Mitleid. Nach dem Blutbad bleibt uns die Hoffnung auf eine geläuterte Menschheit." (Schrott, S. 168) Und: „Ich bin gegen Systeme, das annehmbarste System ist das, grundsätzlich keines zu haben." (ebd.,

171) Tzara entscheidet sich für die Negation des Bestehenden. Er fordert eine grundsätzliche Neubewertung aller wissenschaftlichen, politischen und künstlerischen Systeme, um vollkommen neu beginnen zu können. Dadurch bedeutete Dada eine Zäsur, ein Bruch in der Kulturgeschichte. Die Dadaisten empfanden die Bilder der Vergangenheit als Lüge: Die alten Landschafts- und Genrebilder verstanden die Natur als Idylle und als Quelle allen Lebens. Diese Sicht war nicht nur durch die Bombardements und die von Schützengräben zerfurchte Landschaft verstellt. In dem Krieg waren die Natur und Material als Folterinstrumente für die individuelle Kreatur empfunden worden. Fast schutzlos war der Einzelne übermächtigen Gewalten ausgeliefert. Jetzt war es Künstlern nicht mehr möglich, unbefangen klassische Motive wie Sonnenuntergänge zu malen, denn: Bedeutete das helle Lodern am Horizont vielleicht eine Stadt im Bombenhagel mit entsetzlichem Schreien und Qualen von Frauen und Kindern? Die Natur und auch die Gesellschaft wurden als fremde Macht begriffen, die die Individualität zerstörte.

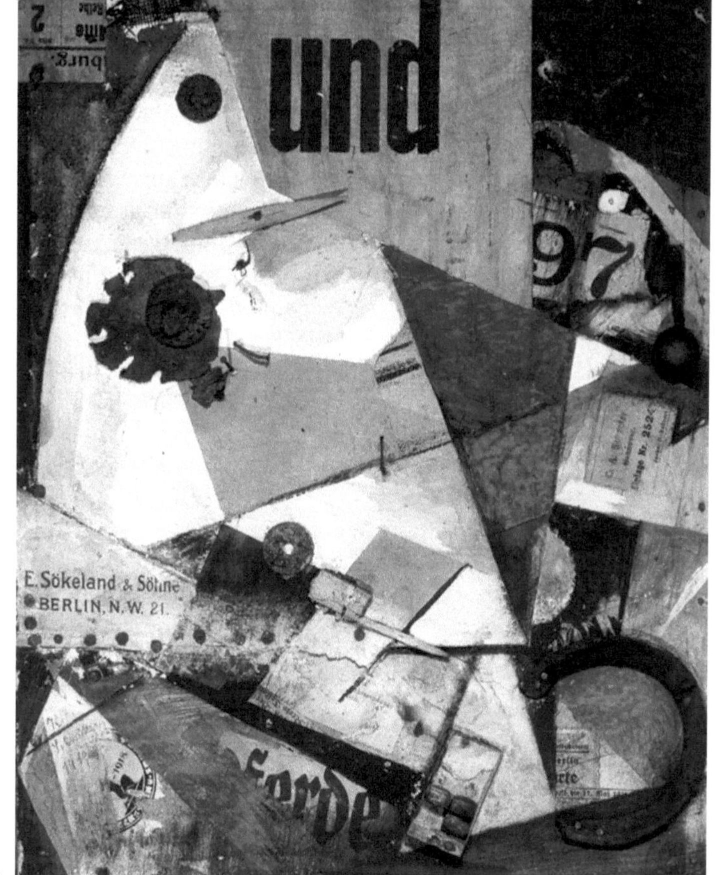

Kurt Schwitters: Das Undbild, Collage, 1919 , 35.8 x 28 cm, Staatsgalerie Stuttgart, public domain

Ein positives Menschenbild darzustellen: unmöglich. Porträts? Vielleicht von Künstlerkollegen, bei denen man ähnliche Gefühle und Gedanken wie die eigenen annahm. Die Künstler erinnerten sich genau, mit welcher Berauschtheit, mit welchem kollektiven Narzissmus die Soldaten anfangs in den Krieg gezogen waren, mit welcher Wollust viele getötet hatten. Da waren seelische Kräfte, Instinkte am Werk, die das Bild des Menschen als einheitliches Gefühls- und Verstandeswesen unmöglich machten. Nicht die Einheit, die Zerrissenheit ist jetzt Thema der Kunst, ein Ebenbild Gottes ist nicht erkennbar.

Das Bild kann nicht mehr Abbild sein, darf nicht mehr die Hierarchie der Gesellschaft als von Gott gewollte oder „von Kaisers Gnaden“ gewährte Ordnung abbilden. Es sollte nicht die Hierarchie bekräftigen, sondern zerstören. Nicht Bestätigung des Sicheren, sondern Destruktion und Suche nach Neuem ist Bildthema. Der Illusionismus der Bildoberfläche der „alten“ Bilder wurde enttarnt und als in die Irre führender Schein einer vorgegaukelten gut geordneten Welt begriffen. Das Bild selbst wird Thema: Die Vorstellung, die Fantasie erscheint als die einzige Möglichkeit, die bisherige Welt zu zerstören und dann neu zu entwerfen. Sie konnte kein Abbild sein: Diese Möglichkeit war als Falle erkannt worden, die „alte“ Bilder, Strukturen und Denkgewohnheiten wieder zu neuer Geltung bringen würden. Vor allem boten Abbilder auch keine oder kaum Möglichkeiten, die seelischen und psychischen Prozesse zu ergründen und an das Tageslicht zu bringen.

Es ist eigentlich verwunderlich, dass nur ein Künstler dem Dada-Dekonstruktionsprinzip treu blieb und es zu einem ästhetischen Konzept ausbildete, **Kurt Schwitters** (1887 - 1948). Die Materialien sind nicht mehr chaotisch in das Bild geworfen sondern werden in eine poetische Ordnung gebracht. Werbung, Druckgraphik, eine neue Typografie und vielen Materialen (Seidenpapier, Holz, Beton) gehen ungewohnte Verbindungen ein. Er stand für eine Umwertung der Werte. Sein Postulat lautete: „ Ich werte Sinn gegen Unsinn. Den Unsinn bevorzuge ich..."

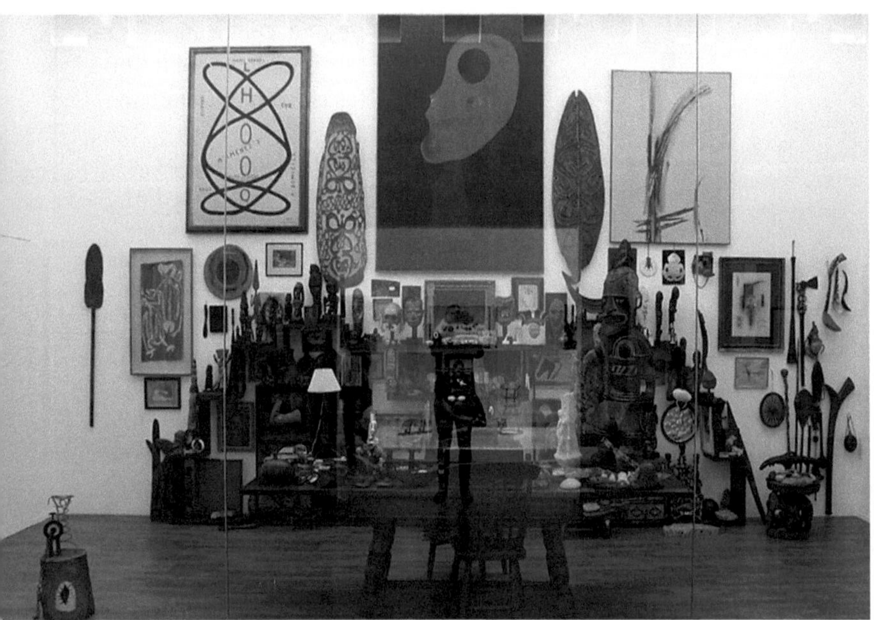

Bretons Sammlung hinter Glas im Centre Pompidou, Foto: Sailko, CC BY-SA 3.0

Breton begründet den Glauben an eine höhere Wirklichkeit

Der französische Surrealismus nimmt nach dem Dadaismus die Suche nach einer Lösung auf. **André Breton** (1896 - 1966) fordert 1924 in dem Ersten Manifest des Surrealismus „die Fantasie" und „die Freiheit" an die Macht und wendet sich gegen die „Herrschaft der Logik". Breton will die Triebkräfte des Unbewussten sichtbar machen: „Ich glaube an die künftige Auflösung dieser scheinbar so gegensätzlichen Zustände von Traum und Wirklichkeit in einer Art absoluter Realität, wenn man so sagen kann: Surrealität." (Breton, S. 18) Breton glaubt, er hat eine Vision, er entwirft eine Utopie, in der die Fantasie das Fantastische in die Wirklichkeit überführt. Er glaubt sich traumwandlerisch sicher auf dem richtigen Weg und definiert „also ein für allemal": „SURREALISMUS, [...] – Reiner psychischer Automatismus, durch den man mündlich oder schriftlich oder auf jede andere Weise den wirklichen Ablauf des Denkens auszudrücken sucht. Denk-Diktat ohne jede Kontrolle durch die Vernunft, jenseits jeder ästhetischen oder ethischen Überlegung.
ENZYKLOPÄDIE. Philosophie. Der Surrealismus beruht auf dem Glauben an die höhere Wirklichkeit gewisser bis dahin vernachlässigter Assoziationsformen, an die Allmacht des Traumes, an das zweckfreie Spiel des Denkens." (ebd., S. 26/27)

Breton definiert Surrealismus als einen neuen Glauben. Die „Allmacht des Traumes" und die bisher nicht beachteten „Assoziationsformen" versuchen die Surrealisten mit dem écriture automatique, dem automatischen Schreiben herauszuarbeiten (Man Ray, Joan Miró, Max Morise, Yves Tanguy). Sie wollen dem „Unbewussten" freien Lauf lassen und sie glauben, dabei die traditionellen Bilderwelten mit ihren vorgegebenen Mustern und Denkdiktaten ignorieren zu können. Sie wollen in Sitzungen gemeinsam Bilder gestalten und dabei jede individuelle Bildsprache ausschalten, um so Unbewusstes sichtbar zu machen, ein verschüttetes kollektives Bewusstsein zu ergründen. Okkultistische Sitzungen, Trance, scheinbar sinnloses Rezitieren von Sprachfetzen, Lallen: Vieles wurde erprobt, um die Tradition der Bilderwelten auszuschalten und das „jungfräuliche" Paradies der Fantasie frei zu legen. Das Malen sollte quasi eine psychotherapeutische Sitzung simulieren, Unbewusstes zu Tage fördern und so neue Erkenntnisse bringen. Mit den Bildern wollen sich die Surrealisten selbst aus dem Sumpf des Unterbewussten herausziehen und Traumfantasie mit der Realität vermischt auf eine neue Ebene der „Überrealität“ heben, um eine neue, bessere Wirklichkeit zu schaffen.

Sie folgen dabei nur scheinbar Sigmund Freud. Der aber hatte ganz im Gegenteil belegt, dass Traumatisierte ihre Wahnvorstellungen dazu gebrauchen, um die Realität nicht zur Kenntnis nehmen zu müssen: Sie flüchten in eine andere Welt und arbeiten die erlittenen Verletzungen nicht auf, sondern verdrängen sie mit ihren Bildern. Das Aufrufen der Wahnbilder bestätigt den Traumatisierten in seinem Wahn und vertieft das Trauma. Er wird so noch unfähiger, sich in der Realität zurecht zu finden. Es entsteht ein Teufelskreislauf, aus dem die Betroffenen selbst nur schwer ausbrechen können, es sei denn, sie gelangen zu den den Wahn auslösenden Ursachen und lösen sich also von ihren Wahnbildern. Die Bilder und Vorstellungen der Surrealisten dienen gerade dazu, die Ursachen zu verdecken. Sigmund Freud sieht in den Bildern der Surrealisten nicht das Gestalten des Unbewussten sondern im Gegenteil das bewusste Nachbilden unverstandener psychischer Prozesse.

Breton meint, die Welt der Träume, des »Es« zu erschließen und weist dem Künstler scheinbar die Rolle des Psychoanalytikers zu. Hier missversteht er Freud. Aufgabe des Psychoanalytikers ist es im Gegenteil, ein starkes »Ich« zu ermöglichen, das die krank machenden Einflüsse des »Es« beherrschen kann. Im »Zweiten surrealistischen Manifest« schreibt Breton 1930:

»Alles lässt uns glauben, dass es einen bestimmten geistigen Standort gibt, von dem aus Leben und Tod, Reales und Imaginäres, Vergangenes und Zukünftiges, Mitteilbares und Nicht-Mitteilbares, Oben und Unten nicht mehr als widersprüchlich empfunden werden. Indessen wird man in den Bemühungen des Surrealismus vergeblich einen anderen Beweggrund suchen als die Hoffnung, eben diesen Standort zu bestimmen. [...] Ja, gerade aus dem Ekel erregenden Gebrodel dieser sinnentleerten Abbilder erwächst und nährt sich das Verlangen, über die unzulängliche, absurde Unterscheidung von schön und hässlich, von wahr und falsch, von gut und böse hinauszugelangen. Und da von der Stärke des Widerstands, dem dieser Entwurf begegnet, der mehr oder weniger entschiedene Aufschwung des Geistes zu einer endlich bewohnbaren Welt abhängt, wird man begreifen, dass der Surrealismus vor einem Dogma der absoluten Revolte, der totalen Unbotmäßigkeit, der obligatorischen Sabotage nicht zurückgeschreckt ist und dass er sich einzig von der Gewalt etwas verspricht. Die einfachste surrealistische Handlung besteht darin, mit Revolvern in den Fäusten auf die Straße zu gehen und blindlings so viel wie möglich in die Menge zu schießen. Wer nicht wenigstens einmal im Leben Lust gehabt hat, auf diese Weise mit dem derzeit bestehenden elenden Prinzip der Erniedrigung und Verdummung aufzuräumen – der gehört eindeutig selbst in diese Menge und hat den Wanst ständig in Schusshöhe.« (Breton, S. 55 f.)

Hier wird die Irrationalität des surrealistischen „Standorts“ besonders deutlich: Das Reich Utopia wird auf diese Erde der Widersprüche herbeigesehnt. Der romantische Wunsch der Einheit des Menschen mit dem Universum, das Aufgehen in der Unendlichkeit wird deutlich. Gleichzeitig zeigt sich hier die Verletztheit Bretons, des enttäuschten Narzissten, der die Schuld seiner nicht zu verwirklichenden utopischen Träume der angeblich verdummten und erniedrigten Menge gibt. In kindlicher Trotzreaktion verkündet Breton das Dogma der „absoluten Revolte“ und fordert Gewalt, die als Feinde imaginierte „Masse“ und „Menge“ zu morden.

Diese Widersprüchlichkeit ist für das Verständnis des Surrealismus grundlegend. Einerseits besteht die Gewissheit, dass die Bilder der Vergangenheit nur die Illusion einer gerechten Ordnung erzeugen, die tatsächlich zutiefst ungerecht ist. Der „von Gott eingesetzte Kaiser“, die streng hierarchisch gegliederte Gesellschaft erzeugte nicht nur Kasernenhofdrill und allgemeine Ausrichtung sondern gleichzeitig die sie verklärenden Bilderwelten. Das „Ekel erregende Gebrodel dieser sinnentleerten Abbilder" habe zu den Kriegen und zu einer unbewohnbaren Welt geführt. Hier setzt der Surrealismus mit seiner grundsätzlichen, die Umkehrung der Werte fordernden Kritik richtig an. Gleichzeitig versucht er eine neue Welt aus Träumen und Fantasien zu errichten und beschwört dabei das „Unbewusste", den Wahnsinn, die Nacht. „Zivilisation" wird mit dem absolutistischen Unterdrückungssystem gleichgesetzt, das „Ursprüngliche" wird irrational gefordert. Der Surrealismus macht das „Rationale", die „Logik" für die Rationalität des Krieges verantwortlich und preist die Irrationalität. Aragon schreibt 1924: „Wir haben in allem recht. Und zunächst werden wir diese Zivilisation zerstören, die euch so teuer ist, und an der ihr klebt wie die Fossilien in ihren Gesteinsschichten. Westliche Welt, du bist zum Tode verurteilt. Wir sind die Totengräber Europas. Oh möge der Orient, euer Schrecken, unserem Rufe endlich antworten. Überall werden wir die Keime der Verwirrung und des Unheils zum Sprießen bringen. Alle Barrikaden sind uns willkommen, alle Fesseln an euren verdammten Glückseligkeiten." (Ley, S. 46) Der Hass auf die alte Ordnung macht auch teilweise blind und wird umgedeutet zum Hass auf die Zivilisation und damit reaktionär. Die Surrealisten übertreiben und beginnen, das Kind mit dem Bade auszuschütten. In einem kollektiven Text, den viele Surrealisten unterzeichnet haben, heißt es: „Es ist unsere Ablehnung aller überkommenen Gesetze, unsere Hoffnung auf neue, unterirdische Kräfte, die imstande sind, der Geschichte einen Anstoß zu geben, die unsere Augen auf Asien richten lässt. Nun ist es an den Mongolen, ihre Zelte auf unseren Plätzen aufzuschlagen." (ebd., S. 47)

Es ist diese Widersprüchlichkeit, die viele Bilder der Surrealisten so erzittern lässt. Ihre überzeugendsten gelingen dort, wo sie sich auf die Demontage alter Bilderwelten konzentrieren.

Max Ernst ist wütend auf die Zivilisation, die das hervorgebracht hat

Die Collagen und Montagen von **Max Ernst** (1891 - 1976) sezieren Wirklichkeit, nehmen die Objekte auseinander, bewerten ihre verschiedenen bildnerischen Bedeutungen und setzen sie dann in einen überraschenden neuen Zusammenhang. Ihr Reiz besteht in der offenen Fragestellung. Der Künstler bietet keine fertigen Antworten an, sondern veranlasst den Betrachter, in die unterschiedlich verschachtelten Bildebenen einzudringen. Max Ernst war auf die Absurdität des „modernen" Bildgeplappers aufmerksam geworden, als er 1919 den Katalog einer Lehrmittelfirma studierte: Dort wurden anatomische, mathematische, biologische, geometrische, mineralogische Zeichnungen lehrmeisterhaft in verwirrender Vielzahl und Gegensätzlichkeit vorgestellt. Jedes Modell behauptete für sich, Recht zu haben und den Weg des Wissens zu weisen. Doch der Skeptiker Max Ernst hatte seine Lektion im Ersten Weltkrieg gründlich gelernt: Die Einheit unseres Wissens ist für ihn zerbrochen, das einheitliche Weltbild ist zerstört. Max Ernst schneidet auseinander, demontiert, zerstört und setzt dann neu zusammen. Aber jetzt nicht als geordnete Welt, sondern als eine, die ständig neu in Frage zu stellen ist, die sich in immer neuen Konstellationen zeigt.

Diese Collagen zeigen keine absurde Schönheit, „wie die zufällige Begegnung einer Nähmaschine und eines Regenschirms auf dem Operationstisch", wie der Bonmot von Lautréamont glauben machen will. Da wird auch nicht die Praxis der écriture automatique, des automatischen Schreibens, angewandt. Da fließt nichts aus dem „Unbewussten" in das Bild. Mit hellwachem Bildverstand praktiziert Max Ernst eine Ästhetik der Distanz, der Entfremdung. Max Ernst kennt Sigmund Freud. Er nimmt Sexualsymbole mit ins Bild, ironisiert Gesellschaft, Ideologie und verklemmte Moral. Aber nicht um aufzuklären oder zu verändern. Nein, er zeigt Gegensätze, bleibt aber doppeldeutig und tariert die Dissonanzen sorgfältig aus. So kombiniert „die unbefleckte Empfängnis" (1929), religiöse Assoziationen mit Machtgelüsten, Gottesvorstellungen, Wagners bombastischen Operntheater und Voyeursbegierden (links unten steht der mit Bowlehat und Frack geschützte Mann).

Selten ist Max Ernst so eindeutig wie in „Premier cahier: dimanche ›Le lion de Belfort‹", der Löwe von Belfort

(1934): Die Macht präsentiert sich aufgeplustert in Gardeuniform mit Orden und Kordeln. Anstelle des Kopfes jedoch fletscht animalisch ein goldener Löwe die Zähne, umarmt von seiner genauso animalisch geifernden Löwengattin. Ihr gemeinsames Idol: die personifizierte Macht, Napoleon. Diese Montage stammt aus dem Collagenroman „Une semaine de bonté", übersetzt „Die weiße Woche. Ein Bilderbuch von Güte, Liebe und Menschlichkeit". In dieser Schöpfungsgeschichte von einer Woche wird nach der Machtergreifung Hitlers weit mehr als der Weltuntergang heraufbeschworen: eine Abrechnung mit dem Geist der Vergangenheit. Max Ernst hat hier wohl am deutlichsten auf den Spuren von Sigmund Freud den Zusammenhang von verklemmter Sexualität, verspießerter Moral, unterdrückten Instinkten und mordender Aggressivität herausgearbeitet. Macht und Tod treiben in dekadenter bourgeois-aristokratischer Aufführung ihr böses Spiel.

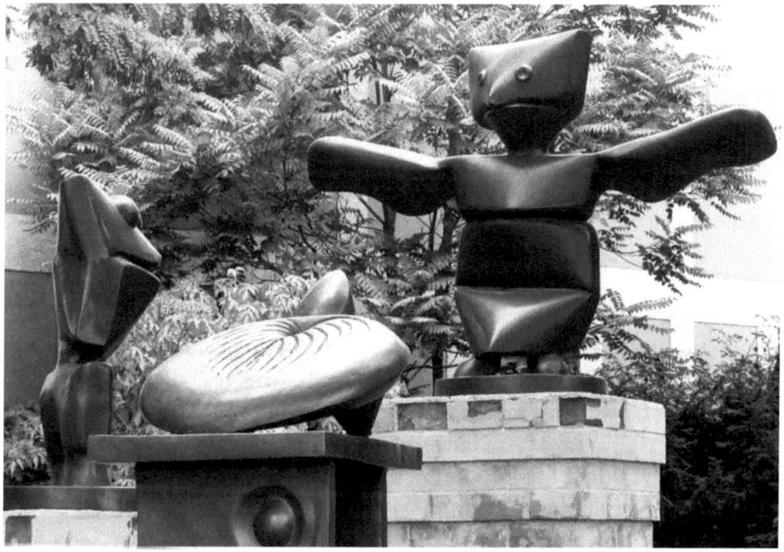

Max Ernst: Der Assistent, Der Frosch, Die Schildkröte, 1967, steht vor dem Lenbachhaus in München, Standort = dauerhaft vor Kunsthalle Düsseldorf (Panoramafreiheit), Foto: Rufus46, CC BY-SA 3.0

In „Une semaine de bonté" brechen bei Max Ernst die Kriegserlebnisse wieder auf. Denn der Erste Weltkrieg war das Schlüsselerlebnis für Max Ernst. Er schreibt über sich: „Max Ernst starb am 1. August 1914. Er kehrte zum Leben zurück am 11. November 1918 als junger Mann, der ein Magier werden und den Mythos seiner Zeit finden wollte." (Katalog 2008, S. 103) Er lässt sich für die Zeit des Krieges sterben. Ein Leben oder ein Erlebnis (wie zum Beispiel für Beckmann, Dix oder Jünger) war der Krieg für ihn jedenfalls nicht. In Worten äußert er sich äußerst selten über die Kriegszeit, wenn, dann aber sehr drastisch. Nach dem Krieg registriert er einen „Ausbruch von Lebensfreude und Wut". Wut auf „die Schweinerei dieses blödsinnigen Krieges". Wut auf die „Zivilisation, die das hervorgebracht hatte". (siehe Fischer, S. 35) Mit seiner ganzen späteren Bilderwelt attackiert er die mit „unvergänglichen Werte" ausgestatteten Ideologien, religiösen Verbrämungen, Triebe, Instinkte und Verbohrtheiten, die er für das Desaster des Krieges verantwortlich machte. Er sieht als einzige Möglichkeit die Destruktion, die Demontage der Bilderwelten, weil man „Teile einer explodierten Granate nicht zusammenleimen" könne. Die Collage ist für ihn die Demonstration des Widerspruchs, das Aufeinanderprallen der Gegensätze.

Eindrucksvoll gestaltet Max Ernst in „Der Elefant Celebes" (1921), „Oedipus Rex" (1922) oder „Ubu Imperator" (1923) das Gespenstische der Macht, das Animalische mit dem konstruierten, gleichzeitig wütenden Stier und mächtigem Maschinen-Generator und dem Turmbau zu Babel. Ernst konstruiert seine Bilder vielschichtig. In „Die heilige Cäcilie", 1923, spielt die Schutzheilige der Musiker auf einem unsichtbaren Klavier. Sie ist mit dicken Tonziegeln eingemauert, auch ihr Kopf ist ummauert, sie kann nicht sehen. Dafür scheinen die einzelnen Bausteine des Backstein-Gefängnisses Augen zu haben. Ein Bein ragt aus dem Mauerwerk heraus und will die Pedale des imaginären Klaviers bedienen, aber da ist nur ein fest eingemauerter Stahlstab. Das Bild ist eine Auseinandersetzung mit dem Ödipus-Komplex. Der sehr religiöse Vater hatte in der Kindheit von Max Ernst die „heilige Cäcilie" gemalt und ihr das Gesicht seiner Mutter gegeben. Derart vereinnahmt vom Vater, eingemauert und blind können Gefühle für den Sohn nicht aufkommen. Rechts steigt von unten die heilige Taube auf, sie spendet also nicht den Segen von oben. Sie schwebt auf drei Kugeln zu, die Dreiheiligkeit. Diese Kugelkonstruktion, mit Stahlstäben verbunden, korrespondiert mit Kugel-Stab-Konstruktionen, die das „patriarchalische" Mauerwerk befestigen. Ein Anti-Madonnenbild ist auch „Die Jungfrau verhaut den Menschensohn vor drei Zeugen" (1926). Diese Zeugen sind André Breton, Paul Éluard und Max Ernst selbst. Wegen dieses Bildes hatte die katholische Kirche Max Ernst exkommuniziert.

Schon in den 20er Jahren beginnt Ernst mit seinen „Hordenbildern", Bildern mit versteinerten Wäldern: teils mit Vögeln, die in Käfigen eingesperrt sind, teils mit leuchtend kalter Sonne, teils rot erstarrt. Mitte der 30er Jahre kommen die mystisch aufgeladenen, drohenden Stadtbilder hinzu. Es sind ambivalente Gemälde: Erotisch aufgeladen zeugen sie gleichzeitig von einer unbestimmten Angst. Diese Bilder nehmen deutlich Bezug auf die spirituelle Landschaftsmalerei der deutschen Romantik besonders auf Caspar David Friedrich oder auf die „Toteninsel" des Symbolisten Arnold Böcklin.

Max Ernst verlässt also in vielen Gemälden die Ebene der Bildanalyse seiner Collagen und Montagen, um dem Gefühl einer von Angst erfüllten Irrationalität Ausdruck zu verleihen. Er nimmt Anleihen bei Friedrich und Böcklin, entfernt deren religiösen und mystisch-germanischen Bestandteile und präsentiert eine neue Romantik aus dem Gefrierschrank. Es sind gespenstische Städte, versteinert, menschenleer, vorne wuchert die Wildnis, am Firmament droht die gelb oder weiß gleißende Sonnenscheibe. Die Bilder üben eine unwiderstehliche Anziehungskraft aus, künden aber von einem drohenden Unheil.

Die erwartungsvoll, widersprüchlich gesteigerte Spannung kulminiert 1937 in dem Bild „Hausengel": Ein drachenartiges Untier trampelt, tanzt in der Landschaft, halb wild gewordenes bestialisches Ungeheuer, halb verkleideter Karnevals-Klamauk und Bürgerschreck, der von einem Untier-Insekt links angefallen wird. Ist es die in Verzweiflung herausgeschriene Wut der verletzten Träume? Oder ist es die Darstellung der Ohnmacht des Surrealismus und die Ahnung der drohenden Katastrophe? Oder geraten auch private Erlebnisse in das Bild? Denn zu dieser Zeit trennte sich Max Ernst von seiner Frau Marie-Berthe.

Das Bild ist nicht eindeutig. Es scheint barbarisch entfesselte Destruktionstriebe zu demonstrieren. Destruktion hatte bei den Surrealisten nicht nur eine negative Bedeutung, sondern vor allem auch eine positive: Altes muss zerstört werden, damit Neues sich entfalten kann. Der ursprüngliche Titel des „Hausengels" lautete „Le Triomphe du Surréalisme" (Der Triumph des Surrealismus), legt also eine konträre Deutung nahe. Jedenfalls ist die Interpretation, die Max Ernst selbst 1967 gab, einseitig: „Ein Bild, das ich nach der Niederlage der Republikaner in Spanien gemalt habe, ist der Hausengel. Das ist natürlich ein ironischer Titel für eine Art Trampeltier, das alles, was ihm in den Weg kommt, zerstört und vernichtet. Das war mein damaliger Eindruck von dem, was in der Welt wohl vor sich gehen würde, und ich habe damit recht gehabt." (Katalog 2008, S. 110) Max Ernst versucht eine politische Erklärung, die aber durch das Bild nicht gedeckt ist. Mit den Erfahrungen des Spanischen Bürgerkrieges reicht die Demonstration der „allgemein-menschlichen" Destruktionstriebe nicht aus, hier wäre eine klarere Sprache gegen Faschismus, Franco und Krieg möglich gewesen. Weshalb Ernst zu einer politischen Stellungnahme nicht fähig war, ist schwer erklärbar, denn er hatte sogar überlegt, auf der Seite der Republikaner gegen Franco zu kämpfen.

Seine späteren Bilder zu einem „Europa nach dem Regen" zeigen eine bedrohliche, dämonisch erstarrte

Welt. Waren seine Bilder vor der Katastrophe von eigentümlicher romantischer, „moderner" Mystik geprägt und künden so vom drohenden Unheil, zeigen seine Bilder während und nach dem Gewitter eine versteinerte Welt der Dämonen, eine merkwürdige Starrheit wie eine gefrorene Vergangenheit. Aber die unheilvollen Visionen der Surrealisten werden inzwischen schon von der Wirklichkeit übertroffen. Die Versteinerungen, die Häufung der Ungeheuer, die biomorphen Korallenwesen und Tropfsteingebilde oder „Napoleon in der Wildnis" als versteinertes großäugiges Tiergespenst sind nur noch schwache Vorstellungen von dem Grauen der Zeit. Die surrealistische Dramatik versagt vor der Dramatik der Zeit. Der lyrische Ästhetizismus ist dem Gegenstand nicht mehr angemessen.

Max Ernst wächst dort über sich heraus, wo er mit analytischem Bildverstand die verworrenen Konstruktionen, Machtstrukturen, Beziehungsgeflechte, Verstrickungen einer Epoche demontiert und neu entdeckend konstruiert, wo er die explodierte Bombe wieder – allerdings „gegen den Strich" – neu zusammensetzt. Ab Mitte der 30er Jahre manifestiert sich in seinen Bildern zunehmend der Schrecken, bei dem die Analyse versagt. Max Ernst bedient sich der Bilderwelten der Romantik und des Symbolismus. Trotz bezaubernder Ästhetik erhebt sich die Frage: Sind diese Bilder nicht ein bildnerischer Rückschritt? Ein menschlich verständliches, ja vielleicht notwendiges Versagen vor den Schrecken der Zeit? In der Folgezeit bis zu seinem Tod 1976 verflachen die Werke von Max Ernst geradezu. Mit der Plastik „Capricorn", 1948, vor seinem abgelegenen Wohnsitz in Sedona, USA, setzt er dem Familienidyll ein ironisierendes Denkmal: Er ist der Steinbock, Gott Bacchus und Fels mit totemistischem Stab in der Welt-Brandung, daneben seine Frau Dorothea, er selbst hat zwei Hündchen, kleine Mondmännchen von einem anderen Planeten, auf dem Schoß. Die hierarchische Weltordnung ist über die Hintertür der Familienidylle in das Reich von Max Ernst zurückgekehrt. Das, was er einst bekämpfte, wird jetzt – mit Ironie garniert – akzeptiert.

Masson: Minothaurus hat sich verirrt

André Masson (1896 - 1987) wartete eingekeilt von toten, noch blutenden Kameraden zerfetzt durch den Bombenhagel im Schützengraben des Ersten Weltkriegs auf seinen Tod. Aber er überlebt sehr schwer verwundet und bleibt ein Leben lang gezeichnet. Er nimmt den Sand und das Blut des Schützengrabens fortan mit in seine Bilder. Er gestaltet seine Wunde als die Wunde der Kreatur, der Tiere und versucht so seine erlittenen Verletzungen zu heilen. Masson projiziert die Ängste, versucht sich so zu befreien. Malen wird bei ihm zur therapeutischen Aufarbeitung: Fische sind teilweise mit Messern bewaffnet, Pferde und Vögel kämpfen, werden von Pfeilen durchbohrt. Carl Einstein hatte schon 1926 darauf hingewiesen, dass Masson in seinen Bildern das Prinzip des Totemismus, Vorstellungswelten der Kunst der Naiven verwendet. Die Übertragung auf das Tier dient dazu, nicht selbst das Schicksal zu erleiden, nicht selbst getötet zu werden. Zusätzlich zu dieser Selbsttherapie wird Malen als magischer Schutzwall errichtet.

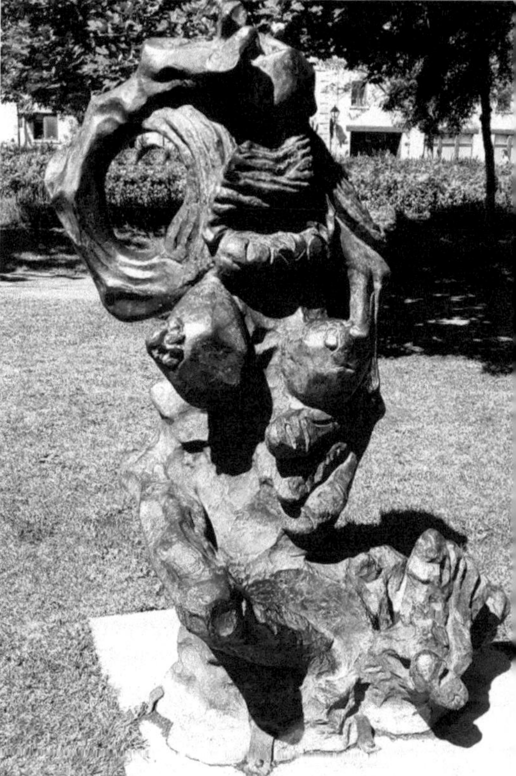

André Masson: Femme tourmentée.(Gequälte Frau) Vieux-Port, Montreal, 1942. Bronze, Foto: Funke, Wikimedia Österreich, CC BY-SA 4.0

Um 1930 beginnt Masson mit seinen Massacre-Bildern: Rund 15 Jahre nach dem traumatisierenden Leiden wird er fähig, sich dem Schrecken als von Menschenhand gemacht zu stellen. Jetzt sind es die Personen (allerdings ohne Gesichter), die sich gegenseitig morden. Die Bilder leben von einer rauschhaften Dynamik, die Striche wirren als Kräfte auf dem Malgrund hin und her und stechen zu. Der Kunsthändler Daniel Henry Kahnweiler schrieb 1942: „Massons Welt der Kräfte wird von rasenden Leidenschaften erschüttert. Es ist eine Welt, in der Menschen geboren werden und sterben, Hunger und Durst leiden, lieben und töten [...] Diese tragische Kunst, der nichts Menschliches fremd ist, ist wahrlich die Kunst einer Generation, die [...] in übermächtiger Weltangst erbebt." (Katalog 2008, S. 312)

1938 gestaltet Masson „Das Labyrinth". Minotaurus hat sich mit sich selbst verirrt: Er ist die Fleisch gewordene Verwirrung selbst. In seinem Innern mischen sich Telegrafendrähte mit Organischem, Früchten, Mikroben, die Stelzfüße von Wassergetier, Mauern, Quader, Treppen, Höhlen, Augen. Inmitten der vier Elemente Feuer, Wasser, Luft und Erde, zeigt er die übermächtige Bedrohung. Es ist hier nicht die Verarbeitung der Grauen des Spanischen Bürgerkrieges: Das Gespenst wird noch einmal aufgerufen, um am Vorabend des Zweiten Weltkrieges eine noch größere Verwüstung anzukünden. Masson ist der Leidenschaftlichste der surrealistischen Künstler. Sein Thema ist die Gewalt. Sie erscheint auch in den erotischen Bildern, die er im amerikanischen Exil anfertigt. Nach dem Krieg ebbt seine „Explosivität" aber ab, er gestaltet nun „kosmische" und „asiatische" Farbräume, Bilderwelten, die an die Farbimaginationen Odilon Redons erinnern, Bilderwelten des ausklingenden 19. Jahrhunderts.

Tanguy: Angst vor einer versteinerten Welt

Yves Tanguy (1900 - 1955) führt den Illusionismus wieder in die Malerei ein, die Illusion des Imaginären, die Vorstellung des Traums als Bild gewordene Realität. Hier scheint das Surreale, das Überreale einer neuen Welt verwirklicht. Malerische Präzision und Exaktheit verstärkt diesen Eindruck. Die Illusionisten spielen mit einer Vorstellung von Unendlichkeit; die Weite des Universums vermischt sich mit den Mondlandschaften der Erde und den Unterwasserwelten. Schatten huschen über die Bilder, Schatten von etwas Unsichtbarem, undefinierbare Gegenstände ragen in die milchige Landschaft oder stehen wie verloren am Horizont. Yves Tanguy beginnt mit seinen Kindheitserinnerungen, „Mama, Papa ist verwundet" (1927), mit den Sagen seiner Heimat, der Bretagne, mit den Feen, Gespenstergeschichten und Menhiren als gewaltigen Phallussymbolen. In „Toter, seine Familie belauernd" (1927) bestimmt ein turmartiges weißes Phallussymbol das Bild. Organisches wächst an ihm empor. Ihm scheinen seltsame Dünste zu entweichen. Spielt sich die Szene am Meeresboden oder in kosmischen Gefilden ab? Jedenfalls winden sich amöbenhafte Gespensterwesen eigenartig verstört, gestört im Raum. Im Firmament oder unter Wasser sendet oben im Bild ein seltsames Gebilde (Elefant und/oder Qualle) ebenso seltsame Zeichen: eine Dunstwolke, schlangenförmige Linien mit Punktenden und ameisenartige Krabbeltiere senken sich auf den Meeresgrund oder auf den Grund des kosmischen Raumes.

In Yves Tanguys späteren Bildern zeigt sich die Angst vor einer versteinerten Welt: „Vervielfältigung der Bögen" (1954). Da stapeln sich die Felsbrocken, Säulen sind umgefallen und queren die Landschaft. Ein gewaltiger Sturm ist über die Szene hinweggegangen und hat grau-in-graue, blau-in-blaue Verwüstung, Starrheit, Einsamkeit hinterlassen.

Oder hat André Breton recht, wenn er 1941 schreibt: „Die Erscheinung Tanguys in dem neptunischen Licht hellseherischer Beleuchtung spannt nach und nach den zerrissenen Faden des Horizontes wieder aus. Doch bei ihm ist es ein neuer Horizont, vor dem nicht ferner die natürliche, sondern die geistige Landschaft sich in die Tiefe ordnet. [...] Wenn ich zum Beispiel hier in New York zum ersten Mal der herrlichen Erscheinung ansichtig werde, die unter dem Namen Nordlicht bekannt ist, und dabei gleichsam in schwindelnder Eile die Himmel Tanguys an mir vorüberziehen, der dieses Nordlicht so wenig wie ich je erblickt hat, dann besagt dies, dass Tanguys Geist sich in ständiger Verbindung mit dem Erdmagnetismus befindet." (Katalog 1982, S. 214) Man braucht nicht den Erdmagnetismus zu beschwören oder andere esoterische geistige Kräfte, hier schreibt auch nicht das Unbewusste automatisch hellseherische Bilder: Es sind Vorstellungen von Traumwelten, in denen die malerische Fantasie die Gegenstände ihrer Gegenständlichkeit entkleidet hat. Das Unwirkliche ist bewusst gewollt. Der Bezug bleibt aber immer noch erkenn- und nachvollziehbar. Überall in seinen Bildern ist ein Horizont eingeordnet, Oben und Unten beziehen sich auf die Wirklichkeit, Chaos und Weite ergänzen sich: In ihrem Kontrast, in ihrem unvermuteten Formenzerfall wird bewusst der Eindruck einer Überrealität, Surrealität erzeugt.

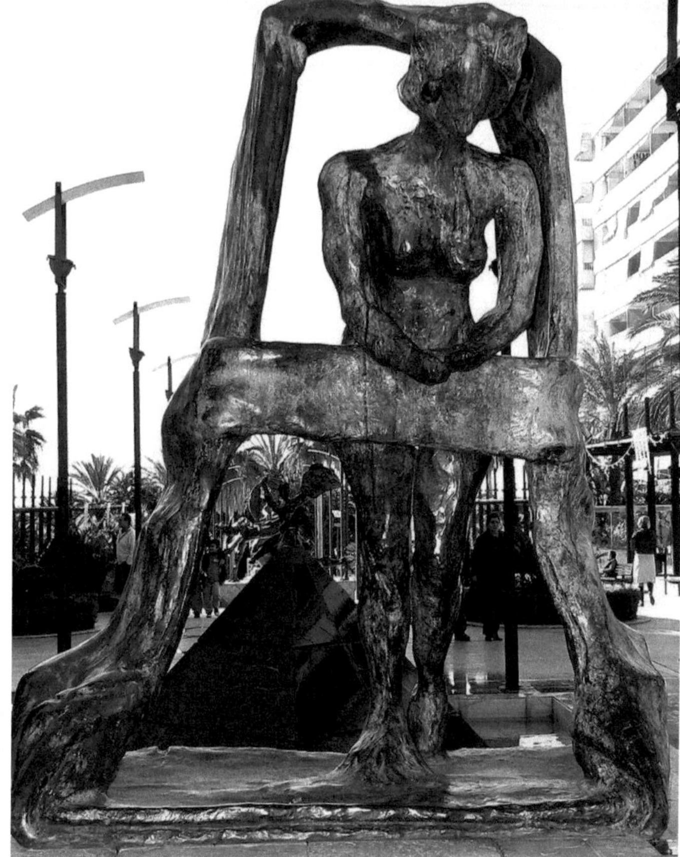
Salvador Dalí. Gala im Fenster (1933), Marbella, Spanien. Foto: Manuel González Olaechea y Franco, CC BY-SA 3.0

Dalí, der Erfinder der paranoisch-kritischen Methode

Salvador Dalí (1904 - 1989) hat die Formen- und Farbenwelt Tanguys hemmungslos ausgeschlachtet. Er hatte erkannt, dass man die gegenstandslose Welt Tanguys mit Gegenständlichem verbinden und so die Traumbilder noch realistischer und zugleich verrätseln kann. Auch Dali ist nicht vom Unbewussten, Unterbewussten geprägt. Er studiert die Schriften Sigmund Freuds, wälzt Psychiatrie-Folianten und beutet die Effekte der Bilder von Geisteskranken aus. Dalí ist systematisch auf der Suche nach dem Absurden, um es in die Welt seiner Begierden zu seiner Selbstbefriedigung zu integrieren.

Doch bevor er sich an das Werk der Konstruktion und Inszenierung seines Verfolgungswahns, der Generation der bewussten Bilder des Wahnsinns macht, untersucht er sich selber „psychotherapeutisch". Da ist sein übermächtiger Vater, ein angesehener Notar im spanischen Figueras, für Dalí ein Despot, Bürokrat und Spießer. Dalí inszeniert sich dagegen als Helden und als Genie. Er bestätigt sich: „O Salvador, Du weißt es jetzt, wenn Du das Genie spielst, dann wirst Du eins!" (Néret, S. 7) Mit sieben Jahren wollte er schon Napoleon I. sein. Jetzt liefert er eine lehrbuchreife Inszenierung des Ödipus-Komplexes, demonstriert am Bildnis Wilhelm Tells, der die Gesichtszüge von Lenin erhält. Es entstanden die Werke „Das Greisenalter Wilhelm Tells", 1931, „Das Rätsel Wilhelm Tells", 1933. Sein Ziel: die Demontage seines Vaters und die Eroberung der Anführerschaft in der Gruppe der Surrealisten. Seine Devise: „Ein Held ist, wer sich gegen die väterliche Autorität auflehnt und sie besiegt." (ebd., S 34)

In „Das Greisenalter Wilhelm Tells" verlustiert sich der

Alte noch mit Weibern, während Dalí und Gala aus seinem Reich verbannt werden. In „Das Rätsel Wilhelm Tells“ dominiert das Phallussymbol das Bild. Dalí erklärt: „Wilhelm Tell ist mein Vater, und ich bin das kleine Kind, das er in den Armen hält, das statt eines Apfels ein rohes Kotelett auf dem Kopf trägt. Er will mich fressen. Neben seinem Fuß liegt eine ganz kleine Nuss, die ein ganz kleines Kind enthält, das das Abbild meiner Frau Gala ist. Sie ist ständig von diesem Fuß bedroht. Denn wenn dieser Fuß sich nur das kleinste bisschen bewegt, dann kann er die Nuss zermalmen.“ (ebd., S 31) Dalí wird nicht gefressen, seine Frau Gala nicht zermalmt, er befreit sie beide. Dalí wird von der väterliche Familie verstoßen, weil er mit Gala, einer verheirateten Frau, zusammenlebte, für ihn ist es ein Triumph. Doch weshalb bekommt die Vaterfigur die Züge Lenins? Gala war die Frau von Paul Éluard, mit André Breton einer der führenden Köpfe der Surrealisten. Beide sympathisierten damals mit der Kommunistischen Partei. Dalí raubt Eluard die Frau und triumphiert so. Ein doppelter Vatermord gibt Dalí die Führerrolle. Die „Beute“ wird als Siegesgöttin stilisiert: „Sie war dazu bestimmt, meine Gradiva zu sein, die Vorwärtsschreitende, meine Siegesgöttin, meine Frau.“ (ebd., S. 25) Dalí will aber nicht nur sie, sie ist nur Attribut, er will die Macht, die Herrschaft in der Malerei.

Damit sind die zwei wichtigsten Vokabeln in Dalís Bilderschatz eingeführt: Der übermächtige Phallus, der als Harfe, als ragender Fels, als archaischer Knochen, als atmosphärischer Schädel, als anthropomorphes Brot, als mächtige Säule, als Obelisk oder als Gewehr mit Bajonett wiederkehrt. Und die Frau als Objekt der Begierde, als Demonstration männlicher Macht, als Siegesgöttin, die nur noch den männlichen Gott über sich hat, zu dem sie schmachtend emporblickt.

Dalí hatte damit Aufsehen erregt, dass er Fäkalien ins Bild brachte, das Anormale, das Triebhafte, die Instinkte. Das Aufsehen erregende, das scheinbar Absurde lädt er sexuell auf. Er bedient sich bei Boschs Giraffen und lässt sie lichterloh rot brennen als Ausdruck eines inneren erotisch-sexuellen Feuers. Animalisches wird als ungestüme Expression des Unterbewussten eingeführt: Fauchende Löwen demonstrieren die Begierde. Ameisen krabbeln spermiengleich über Gesichter, Pferde wiehern mit Machtgelüsten und in Wollust, Schnecken bekommen die Lippen der Vulva. Das Widersprüchliche wird genussvoll sexuell aufgeladen inszeniert. Elefanten schweben auf Spinnenfüßen im Himmel mit einem Phallussymbol auf dem Rücken.

„Das Rätsel der Begierde – Meine Mutter, meine Mutter, meine Mutter“ gestaltet Dalí 1929. In der gleichen Form der Mutter, die als große fleischige Gebärmutter in das kosmische Firmament hineinragt, malt er sich selbst als „Der Große Masturbator“ (1929). Damit und mit den Wilhelm-Tell-Bildern hat er den Ödipus-Komplex abgearbeitet und den Vater besiegt. Nun dekliniert er das psychologische Wörterbuch durch: das Geburtstrauma, Kastrationsängste, inzestuöse Wünsche gegenüber der eigenen Schwester, den Todestrieb. Der Mensch – und vor allem die Frau – wird ein Fleisch gewordener Schrank mit Schubladen: Man braucht sie nur zu öffnen und schon entsteigen die narzisstischen Düfte. Aus den Triebmächten konstruiert er mit der eigens entwickelten paranoisch-kritischen Methode eine neue Mythologie. Er definiert: „Paranoisch-kritische Aktivität bedeutet: spontane Methode irrationaler Erkenntnis, die auf der kritisch-interpretierenden Assoziation wahnhafter Phänomene beruht.“ (ebd., S. 66) Er gibt vor, von Wahnvorstellungen auszugehen, die er kritisch analysiert und interpretiert: So kommt er angeblich zu einer neuen „irrationalen Erkenntnis“. Nein: Er geht von dem Objektcharakter des weiblichen Körpers aus, steigert diesen zur Liebesmaschine und zur schmachtenden heiligen Siegesgöttin gleichzeitig, fügt dann die männlichen Phallussymbole in Form von Gewehren oder Rätselbildern der Begierde hinzu – gelangt dann aber nicht zur neuen „irrationalen Erkenntnis“ und zur neuen Mythologie sondern zur Masturbation.

Der Narziss als Befriediger der Frauen und als Weltenretter zugleich. Damit nicht genug: Dalí rettet auch die moderne Malerei: „Einem Ex-Surrealisten können keine subversiveren Dinge passieren als die beiden folgenden: erstens, ein Mystiker zu werden, und zweitens, zeichnen zu können. Diese beiden Stärken sind mir gebündelt und gleichzeitig zugefallen. Katalonien hat drei große Genies hervorgebracht: Raymond de Sebonde, den Autor der ›Natürlichen Theologie‹; Gaudí, den Schöpfer der mediterranen Gotik, und Salvador Dalí, den Erfinder der neuen paranoisch-kritischen Mystik und, wie sein Vorname besagt, Retter der modernen Malerei." (ebd., S. 79) Salvador übersetzt = Heiland, Retter. Wie rettet er? Indem er auf die Malerei der Vergangenheit und deren Malstil zurückgeht. Er preist die Maler der Renaissance und lobt deren angeblich schwärmerisch mysteriösen, religiös erhabenen Stil. Ausdrücklich bezieht er sich in vielen Bildern auf Böcklins Toteninsel. In diesem Bild inszeniert Böcklin die göttlich-mysteriöse Ruhestätte der Genies und Auserwählten, die hier im geistigen Fluidum weiterleben, während die Masse der Menschen ins Schattenreich verdammt ist. Dalí äußert auch öfter seine Bewunderung für die Historienmaler des 19. Jahrhunderts Meissonier und Fortuny, besonders in „Der Thunfischfang", um 1960-1967, das den Untertitel „Hommage an Meissonier" trägt. Meissonier ist durch seine Schlachtenbilder und durch die Idealisierung Napoleons als Krieger berühmt. „Der Thunfischfang" zeigt das Abschlachten der Tiere als kämpferischen Akt, als Kreislauf der Gewalt im Sinne Nietzsches, als Naturgegebenes wie die Sexualität, die klein aber dominant in dem Getümmel ihren schönen Rücken zeigt. Dalí identifiziert sich mit dem Kampf, dem grausamen Kreislauf der Natur, die den Helden herausstellt – und den Künstler als Genie.

Insofern darf man von Dalí auch kein Bekenntnis gegen den Faschismus und den Spanischen Bürgerkrieg erwarten. Er malt „Weiche Konstruktion mit gekochten Bohnen – Vorahnung des Bürgerkriegs", 1936. Der Titel wurde später um „Vorahnung des Bürgerkriegs" ergänzt. Ein großer menschlicher Körper stranguliert sich selber, die Triebe, die böse Natur des Menschen recken sich in den Himmel. Zwar interpretiert Dalí im Nachhinein das Bild als „Vorahnung", aber er schreibt auch: „Über dem gesamten gemarterten Spanien stieg ein Geruch von Weihrauch, verbranntem Pfaffenfleisch, gevierteiltem geistlichen Fleisch auf, der sich mit dem starken Schweißgeruch der Masse vermischte, die untereinander und mit dem Tod hurte." (ebd., S. 45) Der Schweißgeruch der hurenden Masse erregte Dalís Abscheu. Die Figur, die den linken unteren Krallen-Hand-Fuß akribisch analysiert, ist Dr. Victor Eisenmenger, der Erfinder der Herzmassage, den er in einem anderen Bild als „Apotheker aus Ampurdàn auf der Suche nach absolut Nichts" (1936) kennzeichnet. Eisenmenger ist vergleichbar dem Künstler, der in registrierender Teilnahmelosigkeit die Absurdität der Qualen darstellt. Dalí selbst kennzeichnet den Spanischen Bürgerkrieg als „naturgeschichtliches Phänomen" und setzt sich damit von Picasso ab, der ihn als „politisches Phänomen" begreife.

Auch Hitler ist für Dalí ein „naturgeschichtliches Phänomen", das er mit der paranoisch-kritischen Methode untersucht. Es wirkt schon absurd, wie er diesem „Phänomen" mit homosexuell-masochistischen Gelüsten im Wortsinn zu Leibe rückt: „Ich war fasziniert von Hitlers weichem und fleischigen Rücken, der immer so prall in seine Uniform geschnürt war. So oft ich begann, den Lederriemen zu malen, der sich von seinem Gürtel schräg über die Schulter zog, versetzte die Weichheit dieses unter dem Waffenrock zusammengedrückten Hitlerfleisches mich in eine schmackhafte, nahrhafte und wagnerianische Ekstase, die mein Herz heftig schlagen ließ, eine sehr seltene Erregung, die ich nicht einmal beim Liebesakt empfand." (ebd., S. 60)

In seinem Bild „Das Rätsel Hitlers" (1939) liegt der adrett gekleidete Hitler auf dem weißen Teller, garniert mit ein paar Bohnen. Hitler ist in wagnerianischer Ekstase zusammen mit der Fledermaus zu verspeisen, seltsam bewacht von der Telefongabel, die gleichzeitig eine Krebszange ist, denn das Münchner Abkommen wurde per Telefon beschlossen. Dalí will die „Hitlermystik" vom „surrealistischen Standpunkt" aus analysieren. Das „sadistische Element" müsse im Surrealismus „einen religiösen Sinn" bekommen. Hier wird der Sadismus noch als lustvoll ausgegeben, die paranoisch-kritische Methode weist den Sadismus als triebhaftes Erleiden voll Begierde und Qual aus – in der politischen Realität wäre dieser Sadismus jedoch der Selbstmord nicht nur der Avantgarde gewesen. Kein Wunder, dass Dalís surrealistischen Freunde diesen Weg nicht mitgehen wollten und ihn aus der Gruppe warfen. Sie waren dabei sehr inkonsequent, denn bei Ausstellungen durfte Dalí weiterhin mitwirken.

Dalí steigert sich immer mehr in seine Wahnvorstellungen. In einem „kosmischen Traum" erkennt er nach der Atombombenexplosion von Hiroshima 1945, dass der Atomkern Christus selbst sei. Er konvertiert zum Katholizismus und sieht darin die „vollkommene Architektur" – der Macht. Er wird aber kein gläubiger, ergebener Katholik, er sieht hier nur die Möglichkeit, seine Macht, seinen Geniekult zu zelebrieren. Dalí bewundert hierarchische Ordnungen, Eliten – Franco ebenso wie Mao – er liebt geheimnisvolle Zeremonien, Pracht, Liturgien und Rituale der Herrschaft. Im Jahre 1974 schenkt Dalí dem Diktator Franco das Reiterbild, das er von Francos Enkelin gemalt hat.

Dalí ist überzeugt: „Durch die Wiederbelebung des spanischen Mystizismus werde ich, Dalí, mit meinem Werk die Einheit des Universums beweisen, indem ich die Geistigkeit aller Substanz aufzeige." (ebd., S. 72) Er steigert sich noch und erschafft die Energie: „Ich habe die Materie mit bildnerischen Mitteln entmaterialisiert, dann habe ich sie vergeistigt, um dadurch zur Schöpfung der Energie zu gelangen." (ebd., S. 79) Dazu überwindet er die Schwerkraft: „[...] und ich erfand den ›Quantenrealismus‹, um der Schwerkraft Herr zu werden. Ich begann mit dem Bild Leda atomica, einer Verherrlichung Galas, der Göttin meiner Metaphysik, und es gelang mir den ›schwebenden Raum‹ zu schaffen[...]" (ebd., S. 80)

„Denn ich – ich kann es nicht oft genug wiederholen – ich bin nicht verrückt. Meine Hellsichtigkeit hat sogar ein solches Niveau der Qualität und der Konzentration erreicht, dass es in diesem Jahrhundert keine andere Persönlichkeit gibt, die heroischer und außergewöhnlicher ist, und außer Nietzsche (und ich wiederhole, er ist im Wahnsinn gestorben) findet man keine Entsprechung bei anderen. Meine Malerei ist der Beweis dafür." (ebd., S. 87) Dalí ist außergewöhnlicher als außergewöhnlich, er ist Gott. Gott ist am 23. Januar 1989 in Figueras bei Gerona gestorben.

Magritte, der absolute Gegner der Mythen

Gibt es einen größeren Gegensatz, als den der Kunst Dalís und der Kunst von **René Magritte** (1898 - 1967)? Dalí bezeichnet sich selbst als Mystiker, Magritte hält entschieden dagegen: „Solange wir die Mittel dazu haben, können wir Surrealisten unsere Aktion nicht beenden, die uns zu absoluten Gegnern der Mythen, der Ideen, der Gefühle und des Verhaltens dieser zweideutigen Welt macht." (Meuris, S. 37)

Dalí feiert sich selbst als Genie, ja als neuer Schöpfer von geistigen Welten und Überwinder der Schwerkraft. Magritte sieht als einen der wesentlichen Errungenschaften des Surrealismus, ein für alle Male den Geniekult abgeschafft zu haben. Magritte lehnt selbst den Begriff „Künstler" ab, weil er nicht „künstlich" neue Bilderwelten schaffe, sondern sich der Bilder als Sprache bediene. Dalí will das Unbewusste und Unterbewusste zu Tage fördern und bedient sich dabei des psychischen „Automatismus", der automatischen Schreibweise der Surrealisten, der künstlerischen Inspiration. Magritte dagegen will das Bewusste bewusster machen, neue Ebenen des Bewusstseins erschließen. Er mokiert sich über das praktizierte Psychologisieren als „Papa-Mama-ich"-Gestammel. Selbst Breton gesteht ein, dass die Bilder Magrittes nichts mit dem „automatischen Schreiben" der Surrealisten gemein hätten, sondern das Gegenteil seien. Dalí beschwört variantenreich den „Geist", er transformiere Materielles in geistige Welten, Magritte stellt in den Mittelpunkt seiner Arbeit das Objekt, den Gegenstand und seine Umwandlung in etwas anderes, das Bild.

Dalí erschafft sich mit seiner Malerei ein neues Reich der geistigen Imagination und nutzt dabei die traditionellen Methoden der illusionistischen Kunst. Magritte bricht radikal und konsequent mit jeder Form der illusionistischen Gestaltung und etabliert Kunst als Denken. Ist Magritte ein Realist? Wenn man diese Frage bejaht, muss man aber auf den grundlegenden und entscheidenden Unterschied hinweisen: Die bisherigen Realisten malten zum Beispiel den Wald als Wald, als eine malerische Illusion. Magritte sieht den Wald als das Objekt und malt dann ein Bild, als die menschliche Vorstellung vom Wald, als eine neue Qualität. Magritte ist insofern Realist, als er vom Gegenstand ausgeht. Sein Freund Camille Goemans hebt diesen Umstand hervor: „Vielmehr enthüllt er bildnerisch die allgemeinen Charakterzüge, aber nur die, die nötig sind, um Missverständnisse über ihre Identität auszuschließen. Die ganze Kunst von Magritte will verhindern, dass wir in Verwirrung geraten. [...] Somit kann man ohne Übertreibung sagen, dass, wenn Magritte einen Baum malt oder einen Vogel, eine Frau oder einen Stein, es sich nicht um diesen bestimmten Baum handelt oder jenen bestimmten Vogel mit individuellen Eigenschaften oder um diese Frau oder jenen Stein, sondern um einen Baum, einen Vogel, eine Frau, einen Stein. [...] Magritte will keine Illusion von Wirklichkeit schaffen." (Katalog 1987, S. 34) In „Die Beschaffenheit des Menschen" (1935) zeigt Magritte eine Landschaft, davor eben diese Landschaft als Staffeleibild, das fast übergangslos in die „reale" Landschaft übergeht, und er zeigt den Raum, in dem der Maler sitzt und in dem sich das Staffeleibild befindet. Es ist eben die Beschaffenheit des Menschen, dass er sich Bilder von den Gegenständen macht und der Mensch diese Bilder von den Gegenständen neu zusammensetzen kann. Es ist die Beschaffenheit des Menschen, dass er denken kann.Die gesamte traditionelle Malerei behauptet eine Identität von Gegenstand und Abbild. Magritte dagegen weist entschieden darauf hin, dass gerade das die Spezifik des menschlichen Denkens ausmacht, die unterschiedlichen Bilder zu verselbständigen und zu kombinieren. Das mache die Freiheit und die Poesie des menschlichen Denkens aus.

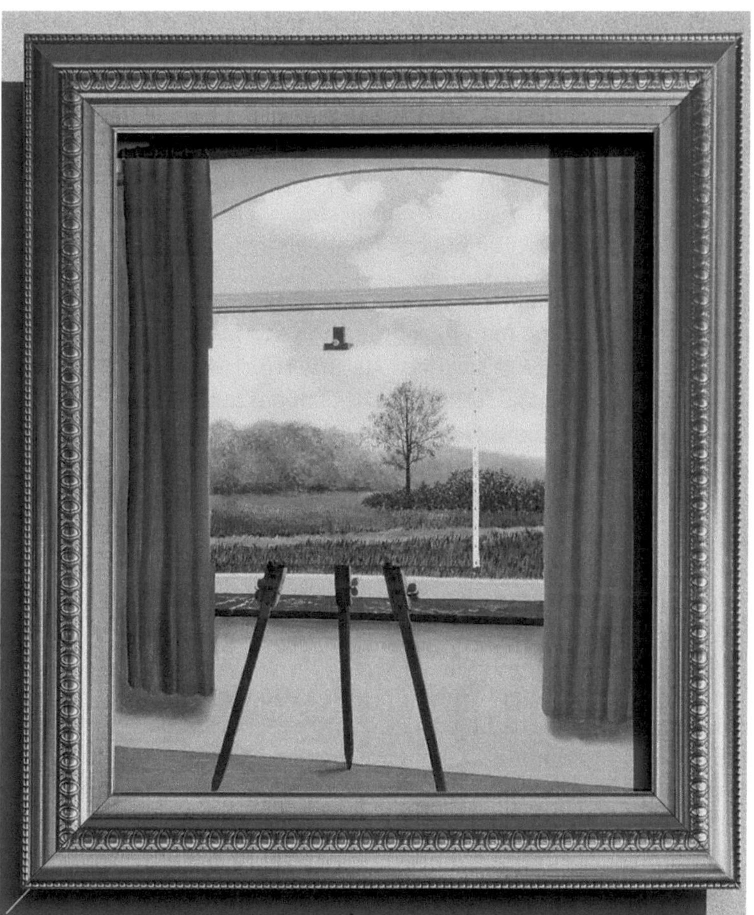

Die Kopie des Bildes „Die Beschaffenheit des Menschen" von René Magritte, 1933, befindet sich an der Außenfassade der Neuen Mittelschule in Liebenau, Bezirk Freistadt, Foto: Lizenz: cc-by-sa-3.0-at, Namensnennung: Haeferl.siehe https://creativecommons.org/licenses/by-sa/3.0/at/deed.de

Zu klären ist also in einem ersten Schritt die Beziehung zwischen Gegenstand, Wort und Bild. Magritte malt seine geliebte Pfeife und schreibt darunter: „Das ist keine

Pfeife." Das ist ein Bild, das sogar den Nachteil hat, dass man das Bild nicht rauchen kann. Aber wir stellen uns etwas Schönes vor und können uns so mitteilen. Dasselbe praktiziert Magritte, wenn er auf die Leinwand die Buchstaben „Die Pfeife" setzt. Er provoziert das Bild einer Pfeife. Die Bilder sind ein Kommunikationsmittel wie die gesprochene Sprache. Auch diese verschiedenen Bewusstseinsebenen, die sich auf reale Gegenstände beziehen (aber grundsätzlich verschieden sind) kann man kombinieren, wie in Magrittes „Der Schlüssel der Träume",1930. Ei = Akazie, Schuh = Mond, Bowlehat = Schnee, Kerze = Zimmerdecke, Trinkglas = Gewitter, Hammer = Wüste. Magritte weist ausdrücklich auf die fast unendlich vielen Kombinationsmöglichkeiten hin: „Kein Gegenstand ist so mit seinem Namen verbunden, dass man ihm nicht einen anderen geben könnte, der besser zu ihm passt." „Ein Objekt hat nie die gleiche Wirkung wie sein Name oder sein Abbild." „In der Realität kann ein Wort den Platz eines Objekts einnehmen." (Schneede, S. 41 f.) Oder umgekehrt. Weshalb nennt Magritte das Bild aber „Der Schlüssel der Träume"? Bei Magritte geht es nicht um Nachtträume: Indem wir kombinieren, die unterschiedlichen Dinge in Verbindung setzen, erschließen wir neue Aspekte der Wirklichkeit. Es geht hier nicht um die absurde Effekthascherei der zufälligen (unlogischen) Begegnung eines Regenschirms und der Nähmaschine auf dem Operationstisch. Im Gegenteil: Logisches Denken ist vor allem, dass wir Gegenstände in Verbindung setzen können und so zu neuen Erkenntnissen gelangen.

„Ein Bild ist nicht zu verwechseln mit einer Sache, die man berühren kann. Können Sie meine Pfeife stopfen? Natürlich nicht! Sie ist nur eine Darstellung. Hätte ich auf mein Bild geschrieben, dies ist eine Pfeife, so hätte ich gelogen. Das Abbild einer Marmeladenschnitte ist ganz gewiss nichts Essbares."
– René Magritte

Was hindert uns daran, zu neuen Erkenntnissen zu kommen, uns ein neues Reich der Fantasie und ungeahnter Möglichkeiten zu erschließen? Das Bild Magrittes „An der Schwelle der Freiheit" (1929) sagt es sehr deutlich: Es ist die 15-Zentimeter-Haubitze, hergestellt von Schneider Canet, die im Ersten Weltkrieg verwendet wurde und dort die Vorstellungen von einer schönen Welt grausam zusammengeschossen hatte. Das Rohr der Haubitze zielt auf einen Frauenakt, dem Bild, das Sinneslust hervorrufen kann. Gewalt, Krieg kann aber auch die anderen hier versammelten schönen Bilderwelten zerstören: den Anblick des Waldes, des Himmels, der Holzmaserung, im Kunsthandwerk hergestellte blecherne Schellen, eine Häuserfassade, das Kultur stiftende Feuer und ein gestanztes Raster. Es liegt an uns, dass wir uns für die Bilder, für deren Austausch und deren Perfektion entscheiden. Austausch? Ja, die Bilder könnten ausgetauscht werden, zum Beispiel könnte anstelle des Waldes eine Blume, anstelle der Holzmaserung eine Pfeife gestellt werden, so würden immer neue Bedeutungsgehalte erschlossen. Dabei wird der Betrachter aufgefordert, mitzudenken, sich in die Gedanken der Bilder hineinzuversetzen und sie als Bilder unserer Sprache wörtlich zu verstehen und sie nicht als „Symbole" misszuverstehen. In „Die kollektive Erfindung" (1934) präsentiert uns Magritte eine gestrandete „Nixe". Er kehrt den Sinn um. Normalerweise hat eine Nixe einen wunderschönen Frauenoberkörper mit Busen und wallendem Haar, hier ist der Oberkörper ganz Fisch aber mit dem Unterkörper eine Frau. Die „kollektive Erfindung" des romantischen Fabelwesens „Nixe" wird umgedreht, das Mythos wird entmythologisiert. Aus dem „Symbol" für Übernatürliches, Fantastisches wird die mögliche Konstruktion der Bilderwelten herausgearbeitet. Das ist der feine, aber große Unterschied. Aus diesem Grund wendet sich Magritte gegen die Verwendung des Begriffes „Symbol" für seine Bilder: „Es scheint mir wünschenswert, jede Verwirrung in dieser Hinsicht soweit wie möglich zu vermeiden [...] es handelt sich um Gegenstände (Schellen, Himmel, Bäume und so weiter) und nicht um ›Symbole‹." (Meuris, S. 29)

Eines seiner ganz wenigen Bilder über eine weitere „kollektive Erfindung" hat Magritte 1962 für Max Ernst gemalt: „Die Nachtigall". Ein Zug mit einer

Dampflokomotive, die Rauch und nebulösen Dunst erzeugt, fährt an einem trüben Tag durch die Dämmerung. Die vielen Nachbargleise sind unbenutzt, sie alle führen aus dem Bild. Schnelligkeit, Technik paart sich hier mit Trostlosigkeit und Einöde. Im Hintergrund verblasst ein Dorf. Aber aus dem nebulösem Dunst erscheint uns oben auf einer Wolke Zeus oder Gottvater mit einem „Rauschebart". Magritte betont immer wieder, dass seine Bilder alle aus der sichtbaren Welt entnommen sind. Andererseits hat noch niemand Zeus auf der Wolke gesehen, aber auf Gemälden: Und Magritte setzt sich ja ausdrücklich mit den Bilderwelten, Vorstellungswelten auseinander und konstruiert daraus ein neues Denkgebilde. Auf der Ebene des Bildes wird etwas Widersprüchliches gezeigt, das beides Mal mit Wasserdampf zu tun hat, die Lokomotive und die Wolke.

Auf der Ebene der Sprache, des Titels „Nachtigall" wird eine Stimmungswelt voller Romantik und freundlicher Natur erzeugt. Im Französischen „Rossignol" schwingt der Unterton mit, dass etwas über Wert angepriesen wird. Im Deutschen sagt das berlinische Bonmot „Nachtigall, ick hör dir trapsen", dass einem etwas untergejubelt werden soll. Sprache ist eine andere Kommunikationsebene als die der Bilder. „Ich glaube, dass der beste Titel für ein Bild ein poetischer Titel ist. Anders gesagt, ein Titel, der mit dem mehr oder weniger lebhaften Gefühl übereinstimmt, das wir beim Betrachten des Bildes empfinden [...] Ein poetischer Titel ist nicht eine Art Auskunft über beispielsweise den Namen der Stadt, deren Panorama das Bild wiedergibt, auch nicht über den Namen des Modells, dessen Porträt man betrachtet, und schließlich auch nicht über den Namen der symbolischen Rolle, die einer gemalten Gestalt zugeschrieben wird [...] Der poetische Titel hat uns nicht zu belehren, sondern er soll uns verblüffen und bezaubern." (Katalog 1998, S. 24) Unpoetisch, das Bild nur vordergründig als Illusion erklären (und damit das Bild zerstören) würde zum Beispiel der Titel „Lokomotive und Zeus".

Auch Magrittes Titel „Die ewige Evidenz" (1937) ist ganz und gar nicht vordergründig. Zwar ist da etwas überzeugend und sichtbar dargestellt, wir haben die Gewissheit in klarer Deutlichkeit, eben die Evidenz. Fünf Leinwände, einzeln gerahmt, zeigen das Bild einer Frau. In Sekundenschnelle haben wir die fünf Einzelbilder in unserem Kopf zu einem Gesamtbild zusammengefügt. Man könnte sie genauso gut nebeneinander hängen oder einzeln mit größerem Abstand. Bei anderer Hängung würden sich immer andere Aspekte ergeben. Beim genaueren Hinsehen führt aber jedes Bild ein Eigenleben, ist also gar nicht evident. Der Maler Magritte hätte noch viele andere Ausschnitte wählen können, von der Seite, vom Rücken – oder auch 20 Ausschnitte untereinander hängen. Der Maler verändert: Das Bild schafft ein neues Bild, eine neue Sichtweise. Der Betrachter verändert durch seine Rezeption, er setzt nicht nur die fünf Einzelgemälde zu einem neuen Gesamtbild zusammen, er ordnet auch jedes Bild in einen neuen Zusammenhang ein, eignet es sich so an, übersetzt es in seine eigene Bildsprache. „Die ewige Evidenz" ist der Widerspruch, die Fülle der Erkenntnisse und Eindrücke, die wir allein bei diesen fünf Bildteilen haben, eine Demonstration der Schnelligkeit der Bild-Verarbeitung und der Kombinatorik des bildlichen Denkens. Es ist zugleich eine Demonstration der Fülle und des Reichtums der sichtbaren Welt.

Dieser Reichtum ist noch nicht wirklich erschlossen. Magritte: „Die Malerei ist für mich lediglich ein Mittel; dies erlaubt mir, einen Gedanken zu beschreiben, der einzig durch das gebildet wird, was die Welt an Sichtbaren bietet. Dieser Gedanke ist nicht der eines Spezialisten; er strebt nur danach zu sehen, besser: zu werden, zur Welt, so wie sie ist." (Schneede, S. 38) Sehen heißt „besser denken", den Reichtum unserer Kommunikationsmöglichkeiten auszubauen. Nach dem Zweiten Weltkrieg verblüfft Magritte 1947 mit seinem Bild „Der Befreier". Da sitzt vor uns nicht der mächtige König mit der Krone, in Purpur gehüllt, mit Zepter und Weltkugel in den Händen. Nein, der Befreier hat nur einen Strohhut auf, wärmt sich mit der Wolldecke, ein Spazierstock stützt ihn, die Schönheit hält er in der rechten Hand. Dort wo Kopf, Herz und Seele wohnen, zeigt uns Magritte ein Weinglas, eine Pfeife, die Friedenstaube und den Schlüssel zu einem anderen Reich. Den Hintergrund bilden Kleesche Viadukte, die scheinbar schwebelos friedlich arrangiert sind, sie bilden eine bessere Ordnung, durch die jetzt die Wölkchen von Magritte schweben können. Schon 1937 hatte Magritte in ähnlicher Stellung und mit ähnlichen Utensilien für ein Foto posiert. Es heißt „Gott am achten Tag" und zeigt anstelle des Gesichts und Oberkörpers ein Bild mit einer Tür und Wolken. Es vermittelt, was Gott in den sieben Tagen vergessen hatte: das Bild, das Denken zu schaffen, das uns Türen zu öffnen und neue Wege zu erschließen hilft. 1936 entstand das Bild „Der Therapeut". Anstelle des Brustkorbes zeigt Magritte einen Vogelkäfig mit einem gefangenen Vogel in dem Käfig. Die Tür des Käfigs ist geöffnet, ein anderer Vogel ist schon durch die Öffnung herausgeflogen und verharrt nur noch auf dem Brett davor: Er wird bald in die Freiheit fliegen.

„Der Befreier" und „Der Therapeut" sind Proteste gegen die hierarchische Ordnung und ein Plädoyer für die geistige Emanzipation. Magritte entlarvt damit auch den unterdrückenden Charakter der Napoleon-Gemälde von Ingres oder Meissonier als personifizierte Machtdemonstration der traditionellen Malerei. In „Der Cicerone", 1947, zeigt Magritte den Mechanismus der entpersonifizierten Macht. Der Cicerone ist ein Fremden(ver)führer, der redselig die Bilder verbrennt. Magritte sagt: „Der Gegenstand, der uns auf diesem Bild vor Augen steht, heißt uns wirklich in seinem Hause willkommen." (Katalog 1987, Bild 68) Es sind Mietskasernen, eine gleicht der anderen, mit Gardinen dekorierte Gefängnisse, die Macht der Vergangenheit. Cicerone lautet auch der Titel eines Kunstführers durch Italien von Jacob Burckhardt.

Freiheit sieht anders aus und Freiheit ist möglich, wenn wir miteinander reden, wenn wir miteinander denken. „Ein Vogel, der Wolken durchzieht, den Wolken durchziehen [...] Während er weit über Meere fliegt mit gebreiteten Schwingen, auch nicht schreiend, immerwährend hungrig, aber bereits im Zustand der Betrachtung [...] Vogel inmitten des Himmels, von Himmeln durchzogen", dichtete Henri Michaux zu dem Bild „Die große Familie" (1963). (Katalog 1987, Bild 120) Magrittes Werk ist ein Loblied auf die Möglichkeiten der Veränderung und Bereicherung unserer Bilderwelten. „Im Verlauf der Recherchen [...] fand ich eine neue Möglichkeit der Dinge: dass sie allmählich etwas anderes werden können, ein Gegenstand verschmilzt mit einem anderen Gegenstand [...] Das ist, so scheint mir, etwas ganz anderes als das Zusammentreffen zweier Gegenstände, denn hier gibt es weder Bruch noch Grenze zwischen den beiden Materialien." (Meuris, S. 51) Magritte will seine Bilder als materielle Zeichen für die Freiheit des Denkens verstanden wissen. Es seien sinnlich wahrnehmbare Bilder, die nicht gegen den Sinn verstoßen dürfen. Er will die Welt nach unseren Sehnsüchten umformen.

Magritte ist ein politischer Maler, der einzugreifen und zu verändern sucht. Er weist dabei auf die Schönheit der Dinge hin, ihr Zauber liegt in ihrer Widersprüchlichkeit und Veränderbarkeit. Magritte verrätselt nicht die äußere Welt, er deckt die Rätsel der Gegenstände auf, die sie für unser Denken und unsere Fantasie darstellen und mit der wir uns eine neue Welt erschaffen können. Mit der Darstellung des Sichtbaren entwickelt er die Bild-Poesie. Magritte ist auf der Suche, auf Entdeckungsfahrten. Dabei hat er als festen Anker seine sichtbaren Gegenstände und sein bildnerisches Denken, das Geniekult, Intuition und Magie als Instrumente des Illusionismus zurückweist. „Ich bin nicht militant. Ich fühle mich weder mit der Zuständigkeit noch mit der Energie für den Kampf an der politischen Front ausgestattet. Aber sie sollten gern klarmachen, dass ich für ›Sozialismus‹ bin und sein werde, d. h. für ein System, das die ungleiche Verteilung der Reichtümer, die Zwänge, den Krieg beseitigt. Welche Form des Sozialismus? Ein Sozialismus, der diese Ziele mit welchen Mitteln verfolgt? Ich weiß es nicht. Aber auf dieser Seite stehe ich trotz der Rückschläge und der Enttäuschungen." (Schneede, S. 110)

Ab 1942 entstehen die Bilder seiner sogenannten Renoir-Periode. Da präsentiert er die „kollektive Erfindung", die Nixe, in der Sagenform und will damit ein

Gegenbild gegen die Schrecken des Krieges schaffen. Er findet es innerhalb dieser kurzen Zeit legitim, illusionistische Bilder im Bewusstsein des Illusionismus zu schaffen, um ein Feuerwerk der Hoffnung zu entfachen. Selbstkritisch reflektierte er später, dass er „zwei Dinge, die sich ausschließen", aus „einem Bedürfnis nach Einheit" verbinden wollte. Sein Dichterfreund Scutenaire bezeichnete diese Zeit als „eine Periode in praller Sonne" und fügte hinzu, dass diese Bilder der Freude in Zeiten des Krieges gemalt den erschütternden Effekt erzielten, der bislang Bildern des Schreckens vorbehalten gewesen sei.

Magritte selbst bezeichnet den Zweiten Weltkrieg als einen Wendepunkt in seinem Werk, als eine Zäsur. „Vor dem Krieg drückten meine Bilder Angst aus, aber die Erfahrung des Krieges hat mich gelehrt, dass es in der Kunst darauf ankommt, Bezauberung auszudrücken. Ich lebe in einer sehr unangenehmen Zeit, und meine Arbeit ist als Gegenangriff gedacht." (Schneede, S. 109)

Im Jahre 1948 erhielt Magritte die Möglichkeit zu einer Ausstellung in Paris. Er plant sie als eine Abrechnung mit den Verirrungen seiner Pariser Surrealistenfreunde. Besonders hat er dabei Breton und Dali im Visier, die er „reaktionär" mit einer „unwirksamen Magie" operieren sieht. Er wirft ihnen nicht nur die Abkehr von den früheren surrealistischen Zielen vor, sondern den Rückkehr zur Malerei des Illusionismus. Dalís „täuschende Wiedergaben von Traumbildern" seien bewusste Irreführungen. Im Klartext: eine Bilderwelt voller Lügen. Eigens für diese Ausstellung malt er voller Wut und Ironie rund 20 Bilder, mit denen er die Pariser Kunstszene anzugreifen versucht, indem er ihr einen Spiegel vorhält. „Der Krüppel" (1947): Mit ihren Tricks und Verdrehungen bildnerischen Wirklichkeiten raucht das Auge und der Bart. Es ist fünf nach Zwölf, meint Magritte. “Ins Fettnäpfchen treten", lautete der Titel seiner Ausstellung, er sollte ursprünglich „Leben und Taten des Magritte von ehedem, universeller und Pariser Maler" heißen. Magritte wird nicht verstanden, die meisten Surrealisten haben sich schon in ihre Scheinwelten verrannt. Sie nehmen diese Bilder Magrittes für bare Münze und spotten und lachen. Nur Paul Éluard, der die Kritik Magrittes teilt, schreibt in das Gästebuch: „Wer zuletzt lacht, lacht am besten."

Miró: Nichts ist abstrakt in meinen Bildern

Die Bildauffassungen von **Jean Miró** (1893 - 1983) gleichen denen Magrittes, obwohl ihre Bilderwelten zunächst fast gegensätzlich erscheinen. Auch Miró besteht darauf, dass alles in seiner Malerei der Welt des Sichtbaren entnommen ist. „Jede Form, jede Farbe in meinen Bildern geht auf ein Stück Wirklichkeit zurück. Unter den Begriffen ›reine Farbe‹ und ›reine Form‹ kann ich mir nichts vorstellen. Das hier ist Farbe, Form, gleichzeitig aber auch Überraschung, Leben, nicht wahr?" (Erben, S. 22) Miró wurde häufig als „abstrakter Maler" vereinnahmt. Er weist das heftig zurück: „Alles kommt aus dem Sichtbaren, der Gegenstand erfordert mehr und mehr mein Interesse, auch wenn er nur als Ausgangspunkt dient. Nichts ist abstrakt in meinen Bildern!" (ebd., S. 42)

Miró ist der Maler der surrealistischen Landschaft, vor allem seiner katalanischen Heimat. Er liebt den Mikrokosmus und schafft dann daraus seinen Makrokosmus mit Sonne, Mond und Sternen. Das ist sein Bilderreservat: kleiner Grashalm, Pfeife, dicker Stein mit vielen Höhlungen und Ausbuchtungen, Hund, Katze, Karnevalsnase mit Schnurrbart, elektrische Klingel, Stehlampe aus Korbgeflecht, Muscheln (in denen das Mittelmeer rauscht), Vasen, Maschinenteile, vom Wasser abgerundeter Stein, Papiermaché, Vogel, Kobold, Eisenblech, Holzzirkel, Besen, Kleiderbügel, Fischreuse, Autoreifen, Astgabel (vom Wind zum Hirschgeweih zerzaust) zerzaust). Miró ist ständig in der Landschaft unterwegs und lässt sich bildnerisch von den Gegenständen „schocken". Später vor der Leinwand muss sich herausstellen, ob der Schock für die „Sensation" eines Bildes ausreicht. Miró übersetzt dann die Welt der Gegenstände in die andere Ebene der Bildsprache, lehnt also genauso wie Magritte die „realistische", in Wirklichkeit aber illusionistische Malerei ab. Drastisch formuliert er, dass er die „Malerei ermorden" will, die in „Essig und Öl", die „schöne Malerei" der Bildgaukelei. Dagegen will Miró die Wirkung der Gegenstände in seiner Sprache der Poesie erklingen lassen. In „Katalanische Landschaft (Der Jäger)" (1923/24) raucht der Jäger eine Pfeife. Sein Dreiecksgesicht mit Bart und Gewehrmündungsrohr als Auge ziert ein Hut mit Federn. In seiner linken Hand hält er das Gewehr, ein sehr spitzes schwarzes Dreieck, aus dem sich eine Flamme schlängelt. Links windet sich ein Hase, vorn schaut uns ein gelber Mondfisch züngelnd an. Buchstaben erwecken Assoziationen an Sardinen oder den katalanischen Tanz Sard. Ein weibliches, blaues Auge beobachtet uns, über allem erstrahlt die Sonne, festlich geschmückt mit den katalanischen, spanischen und französischen Wimpeln. Das ist gewiss keine „gegenständliche" Bildsprache, das ist Poesie, die das Spielerische und Zarte wie das Widersprüchliche herausarbeitet. Traumarbeit im hellsten Wachzustand: Gefühls- und verstandesmäßige Veränderung der Gegenstände auf einer neuen Bildebene.

In seinem „Holländisches Interieur I" (1928) setzt Miró sich mit der traditionellen Malerei auseinander. Man sieht, wie er die Gegenstände der Vorlage entnimmt und in seine Bildsprache übersetzt, das Musikinstrument, der Hund im Vordergrund, die Katze, die Tischdecke, der blaue Himmel, die Architektur draußen, die Balustrade. Er spielt mit den Farbflächen, setzt klarere Akzente, hebt die Bedeutung des Lautenspielers für das Bild hervor, rückt die zuhörende Frau vollkommen in den Hintergrund, er interpretiert die Bildsprache des holländischen Malers und gestaltet um. Er verändert: Genauso konsequent könnte er nur die Bildwirkung zum Beispiel des Hundes in mehreren Gemälden von unterschiedlichen Aspekten analysieren oder diese Bildebenen als Verstandesebenen in einem Bild vereinen.

In den 30er Jahren zieht das Gewitter herauf. Das spürt man in Mirós Bildern. Es kulminiert in seinem Werk „Stilleben mit altem Schuh" (1937). Alltägliche Gegenstände werden aufgerufen: ein Schuh, ein Brot, eine Flasche, ein Apfel, in den eine Gabel gedolcht ist. Die Gegenstände vibrieren, halluzinieren, das Brot grinst düster wie ein Totenkopf, eine Weltuntergangsstimmung in aufleuchtenden Farben, die vom Schwarz dominiert werden. Es ist typisch für Miró, dass er seine Lieblingsgegenstände sprechen lässt, um auf die Bedrohung durch den Faschismus hinzuweisen. Miró: „Der Bürgerkrieg bedeutete Bombardierung, Tod, Erschießungskommandos, und ich wollte diese sehr dramatische und traurige Zeit irgendwie festhalten. Ich muss aber gestehen, dass ich mir damals nicht bewusst war, mein Guernica zu malen." (ebd., S. 83) Für den republikanischen Stand auf der Pariser Weltausstellung malte er – wie Picasso sein Guernica – das Bild „Der Schnitter" gegen den Franco-Terror, das leider verloren gegangen ist. Er gestaltete auch Plakate: „Aidez l´Espagne (Helft Spanien,1937.

Das Menschenbild ist in Gefahr. „Frauenkopf", 1938: Miró sieht Dämonen, Frauen als scheußliche Monster, wild geworden, zerfleischend, zerstörend. Assoziationen zu den schwarzen Muttergottheiten des Mittelmeerraumes werden wachgerufen: Die sind nicht nur friedliebend, sie können Unheil, Vernichtung bringen. Da schreit die Kreatur auf, fletschen Gebisse, eine wilde Ekstase kündet von einem großen Konflikt. Die Komplementärfarben Rot und Grün prallen aufeinander.

Doch das Weltbild Mirós zittert nicht nur, er tariert das Widersprüchliche aus. Er sieht die Frau auch als Ruhende, Ausgleichende, Lebensspendende, Verspielte: „Sitzende Frau" (1938). Allmählich werden auch seine Titel wieder poetischer. „Ein Tautropfen, der vom Flügel eines Vogels fällt, weckt die im Schatten eines Spinnennetzes schlummernde Rosalie auf" (1939). Oder: „Figuren in der Nacht, geführt von phosphoreszierenden Spuren der Schnecken" (1940). Miró flüchtet vor den deutschen Truppen nach Katalanien. Dort leuchtet dann der spanische Nachthimmel, erklingt die vertraute Musik der Heimat.

Miró stimmt das Lied der Nachtigall um Mitternacht an. Er hat das Verlangen – angesichts der Katastrophe des Weltkriegs nur zu verständlich – aus der Welt auszubrechen. Seine Zuflucht findet er in den Sternen, der Sonne, den Vögeln, die ein poetisches, aber durchaus widerspruchsvolles Lied anstimmen. Er lotet seine Bilder feinfühlig aus. Jeder Millimeter muss im Gleichgewicht sein, meint er. Das Widerspruchsvolle, das Ausgewogene, die Sanftheit, das Harte, Nähe und Weite gleichzeitig. Er gestaltet eine befreiende Poesie mit der Stimmung der Weite des Mittelmeers und des Sternenfirmaments. Die rote Sonne leuchtet, Kinderhände zeichnen unbeschwert mit der Eleganz des ausgewiesenen Experten. Aber er ist geflüchtet, aus der „Zivilisation" in die Welt Katalaniens. Eine Schaffenskrise ließ nicht lange auf sich warten. Ab 1950 erlischt seine Malerei.

Ab 1960 versucht er seine künstlerische Arbeit wieder aufzunehmen. Aber die Werke wirken roh, wenig überzeugend. Sein Biograph Walter Erben hat sich mit ihm unterhalten: „Als ich mich einmal mit Miró über die Versuchung des alltäglichen Lebens durch die Geräusche des Radios und des Plattenspielers unterhielt, gab er zur Antwort, dass die Menschen, deren Ohren und Sinne von diesen mechanisch produzierten Geräuschen überspült werden, die Musik des stilleren Daseins nicht mehr vernähmen: den Hauch des Windes, die Bewegung des Blattes, die Musik der fernen Brandung, das Jubilieren der Vogelstimmen wie die Geräusche eines sich bewegenden Karrenrades auf einem sandigen Weg, Geräusche, die für ihn eine große Bedeutung hätten und sich sogleich in Vorstellungen bildkünstlerischer Art umsetzten." (Erben, Düchting, S. 208) Miró hatte offensichtlich verlernt, die Stille und das Laute gleichzeitig wahrzunehmen. Sein „Der vom Goldblau umkreiste Flügel der Lerche kommt wieder zum Herzen des Klatschmohns, der auf der diamantgeschmückten Wiese schläft, 13-3-1967" versucht offenbar an die Tendenzen des amerikanischen Abstrakten Expressionismus anzuknüpfen, erreicht aber in keiner Weise deren Erregtheit und Aussagekraft.

Allerdings gelingt ihm mit „Mai 1968" (1973), das die Studentenunruhen 1968 in Paris thematisiert, an die frühere Bildgewalt anzuknüpfen. Da explodiert der Farbbeutel, da revoltiert der Maler wieder gegen Stumpfsinn und Heuchelei. Aber er gestaltet auch resignativ „Verbranntes

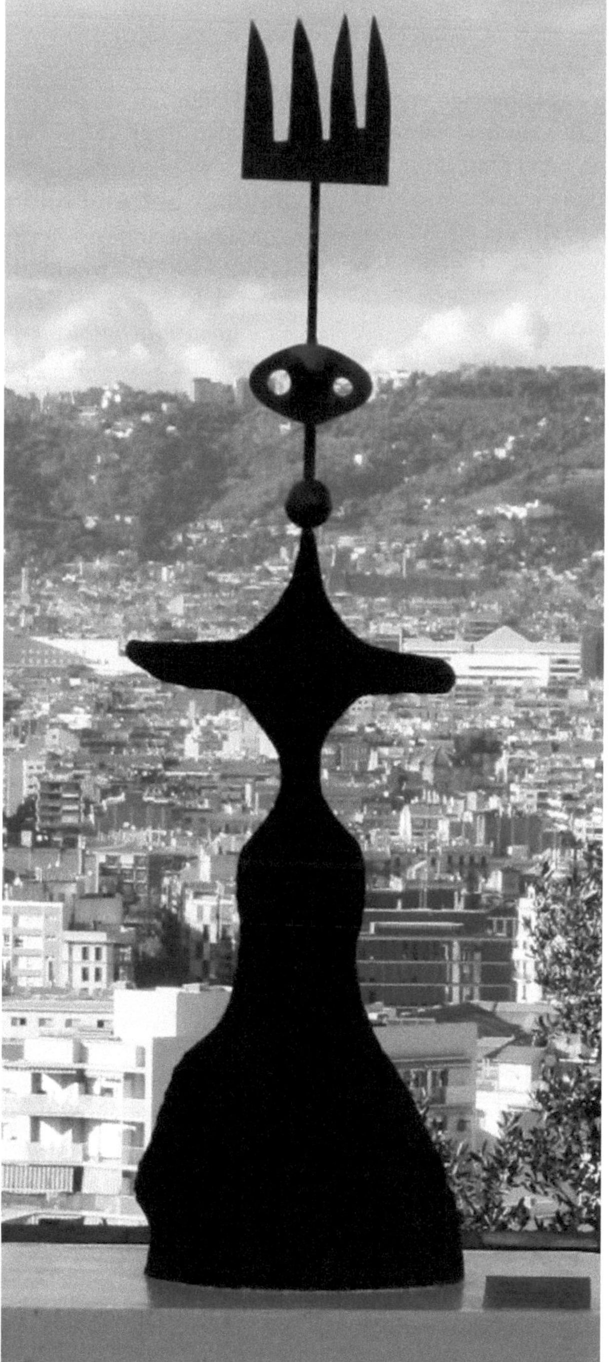

Miro Joan: Mond, Sonne und ein Stern, Skulptur auf dem Gelände der Fundació Joan Miró; Foto 2010 von Wmpearl, public domain

Bild I, 1973" oder „Die Hoffnung des zum Tode Verurteilten I-III (Triptychon), 9-2-1974", das auf drei Leinwänden jeweils einen Farbtupfer (rot, dann blau, dann gelb) mit einer Linie auf einem mächtigen weißen Malgrund (leicht bekritzelt oder aufgerissen, wie auf einer Gefängniswand) zeigt. Miró erklärt: „Die Kunst hat in den letzten Jahren so viele Türen verschlossen und versiegelt. Und jetzt hat niemand den Mut, irgendeine dieser Türen wieder zu öffnen. Die meisten Künstler befürchten, wenn sie zum Beispiel wieder gegenständlich arbeiten, würde man ihnen vorwerfen, sie seien reaktionär geworden. Die moderne Kunst bewegt sich auf einem zunehmend enger werdenden Pfad voran." (ebd., S. 228) Hier widerspricht sich Miró. Zuerst sagt er, dass die Kunst Türen verschlossen und versiegelt hat. Er meint damit, dass Entwicklungswege wie die des Surrealismus verschlossen, unterbrochen worden seien, ohne ihr Potenzial voll entfaltet zu haben. Dann sagt er, dass sich die Kunst auf „zunehmend enger werdenden Pfaden" sich „voran" bewege? Also beschneidet sie selbst ihre Möglichkeiten.

Mit den vier großen Künstlerpersönlichkeiten Max Ernst, Salvador Dalí, René Magritte und Jean Miró sind die wesentlichen Entwicklungsstränge des Surrealismus erschlossen. Obwohl sich um André Breton viele Künstler scharten, waren deren Beiträge nicht wegweisend.

Das Wachsfigurenkabinett des Voyeuristen

Man hat **Paul Delvaux** (1897 - 1994) mit Magritte verglichen. Doch sie trennen Welten. Delvaux geht in den illusionistischen Traumbildern mit nackten Frauen voll auf, er malt sich ein neues Reich seiner Jungfrauen ohne Widersprüche. Ergeben, einsam, schweigend, wie zu Säulen der Ewigkeit erstarrt dienen diese Engel einer anderen Welt der Erotik, die etwaige unkeusche Gedanken an Sexualität verbieten. Das sind Gestalten aus einem Wachsfigurenkabinett der Voyeuristen. Delvaux inszeniert ein undramatisches Drama vor einer extra konstruierten Bühnenlandschaft aus verlassenen Häusern, leeren Straßen, antiken Kulissen, pompösen Hotels, Eisen- oder Straßenbahnen. „Die Dame aus Loo" (1969): Männer stören eher in dieser Welt der völlig entrückten Jungfrauen, sie dienen nur als Statisten und Voyeure – eine allerdings unfreiwillige Selbstkritik.

Bellmer betreibt bildnerische Masturbation

Eine Flucht anderer Art Zeigt das Werk **Hans Bellmers** (1902 - 1975): Er nutzt die Puppe als Fetisch und reagiert sich ab. Er praktiziert bildnerische Masturbation. Er wurde vom Vater terrorisiert, bäumt sich gegen die Autorität auf, will aus Deutschland fliehen, kann dies aber wegen seiner kranken Frau nicht. Also nimmt er die Puppe als Ersatz und nutzt die Kunst, um seinem Sadismus freien Lauf zu lassen. Brechen von Tabus, Gewalttätigkeit, Lust an der Zerstörung des weiblichen Körpers und gleichzeitig die Neukonstruktion nach seinen Wünschen. Die Frau als Sexualobjekt wird puppenhafter Gegenstand, wird noch einmal zerstückelt und als Fetisch variantenreich zelebriert, der Marquis de Sade lässt grüßen.

Wie endet die surrealistische Revolution?

„Imaginäres Porträt von D.A.F de Sade" (1938, heißt das Hauptwerk **Man Rays** (1890 - 1976). Im Hintergrund brennt die Pariser Bastille, das Bollwerk der alten Ordnung, lichterloh. Die Kämpfe scheinen beendet zu sein (oder sind sie nur unterbrochen?), jedenfalls trauert eine Frau um einen Gefallenen. Im Vordergrund dominiert die aus Beton gemauerte Büste von de Sade, der selbst in der Bastille inhaftiert war. Er schaut gedankenschwer sorgenvoll in die Zukunft. Er trägt die Gesichtszüge von André Breton. Wie wird die surrealistische Revolution enden, die hier vor allem als sexuell-erotische gekennzeichnet wird? Als Zerstörung? Kommt es wie nach der großen französischen Revolution wieder zur Restauration der alten Herrschaft, machtvoller denn je? Weil der Betonkopf fest- und eingemauert ist?

Das Jahr 1938 war schicksalsschwer: Dalí wurde aus der Gruppe der Surrealisten herausgeworfen – aber auch Paul Éluard, worauf auch dessen Freund Max Ernst seinen Austritt aus der Gruppe erklärte. Magritte war in Brüssel, Miró hielt sich distanziert. Die Gruppe der Surrealisten hatte praktisch aufgehört zu existieren. Man

Rays Bild legt die Finger in die Wunde, macht aber einseitig Breton verantwortlich. Sicher hatte seine Idealisierung des „Überrealen", das Imaginieren des „Unbewussten", sein psychologierendes „automatisches" Gestalten, ja seine ganze Pseudo-Psychologie, die die Wissenschaft auf den Kopf stellte, in die Irre geführt. Hier muss aber hervorgehoben werden, dass die überzeugendsten Werke der surrealistischen Maler sich sowieso nicht auf die „automatische Schreibweise" berufen konnten: Die Gemälde von Ernst, Magritte, Miro sind im Gegenteil Resultat bewusster bildnerischer Analyse. Aber die Maler gingen schon 1938 sehr verschiedene Wege, die sie endgültig trennen sollte. Dalí ist vielleicht der extremste Fall eines Weges weg von den surrealistischen Zielvorstellungen.

Dort, wo die Bildwelten die Surrealité, die „Überwirklichkeit" thematisieren, nehmen sie sehr häufig Bezug auf die deutsche Romantik und den Symbolismus, ein Rückgriff auf die Traditionslinien der Mystik und der Weltverklärung, der Weltflucht, des Illusionismus. Der Surrealismus, der angetreten war, die malerische Welt neu erschließen und zu erklären, verzaubert sich erneut in einem romantischen Paradies der Träume, beschwört die Seelen der Pflanzen, preist den Wahnsinn und die Nacht. Vollkommen frei davon sind nur Magritte und Miró.

André Breton verkörpert die Widersprüchlichkeit des Surrealismus: Er versucht die Bilderwelten Dalís, Magrittes und Tanguys gleichzeitig zu verinnerlichen. Er preist Anfang der 30er Jahre den historischen Materialismus und die Dialektik von Marx und Hegel, beruft sich aber auch auf den Irrationalismus. Von Anfang an hatte die surrealistische Gruppe den Charakter einer Geheimgesellschaft, die behauptete, mit magischem Wissen die Welt verändern zu können. Sie hatte ein magisches Zentrum, André Breton. Der wandte sich vor allem während des Zweiten Weltkrieges und im amerikanischen Exil dem Okkultismus zu und legte sich die Tarot-Karten. Er entdeckt die eigentümliche Welt des Charles Fourier, der im 18. Jahrhundert einen utopischen Sozialismus herbeisehnte, der die Erfüllung aller Leidenschaften und die vollkommene individuelle Freiheit jenseits aller Materialität versprach: ein Zustand paradiesischen Glücks. Hier verkommt der Surrealismus zur religiösen Ekstase, dem unerfüllbaren Traum eines Narzissten. Sein Freund André Thirion urteilte über Breton: „Wie Hitler hatte er seine grandiosen Wutanfälle, den Hang zu Schimpftiraden, einen vagen mystischen Hintergrund und den Anstrich eines Bandenchefs, der ihn dazu verleitete, seinen Jüngern vorauszueilen. Von Stalin hatte er das Bedürfnis, Prozesse zu eröffnen und Gegner zu verdammen und zu erniedrigen; von Trotzki die Unduldsamkeit und ideologische Leidenschaft." (Ley, S. 27) Vereinigte Breton nicht nur Hoffnungen und Träume sondern auch die Widersprüchlichkeiten der ersten Hälfte des 20. Jahrhunderts?

Wer zuletzt lacht, lacht am besten? Matisse und Picasso

„Nordpol – Südpol": Selbstbewusst sieht **Pablo Picasso** (1881 - 1973) sich selbst und **Henri Matisse** (1869 - 1954) als die beiden Pole der Malerei des 20. Jahrhunderts. Picasso sei der Neuerer der Form, Matisse der der Farbe, schreibt Kandinsky schon 1912. Intellekt – Gefühl. Entdeckergeist – Leidenschaft. Delacroix – Ingres. Abendland – Orient. Hier werden Gegensätze hervorgehoben, die ein Phänomen beschreiben: Diese beiden großen Maler des Jahrhunderts verband von 1905 an eine lebenslange Freundschaft. Sie einte ein Ziel: die Malerei vom ideologischen Ballast zu reinigen und zur Freiheit zu führen. Sie gingen ihre eigenen Wege, lernten aber immer voneinander. Leidenschaft war für beide die Voraussetzung für ihre künstlerische Arbeit.

Beide absolvierten eine klassische akademische Ausbildung. Picasso wurde schon als Kind vom Vater ausgebildet, einem der Tradition verpflichteter Akademie-Lehrer, dann besuchte er Akademien in Barcelona und Madrid, brach aber ab, weil er dort nichts Neues mehr lernen konnte. Matisse absolvierte die Akademie in Paris zuerst bei William Adolphe Bouguereau und dann bei dem großen französischen Symbolisten Gustave Moreau, von dem er die Liebe zur Farbe und zum Ornament übernahm. Moreau prophezeite seinem Schüler Matisse eine große Karriere: „Sie werden die Malerei vereinfachen [...]" Matisse beendete seine Studienzeit, als Moreau starb.

Matisse und Picasso haben die traditionelle Malerei wie Muttermilch aufgesogen. Picasso war während seiner Aufenthalte und seines Studiums in Madrid und Barcelona 1895 und 1897 vor allem von den spanischen Meistern Murrillo, Velazquez und Goya fasziniert, die er oft kopierte. Die Auseinandersetzung mit den alten Meistern wird sein ganzes Werk entscheidend prägen. Picasso verlässt Madrid und Barcelona und geht auf Entdeckungsreise nach Paris. Dort begeistern ihn die Impressionisten als die Maler des modernen Großstadtlebens. Manet, Degas – vor allem aber Toulouse-Lautrec – beeindrucken ihn und hinterlassen 1900 und 1901 deutliche Spuren in farbenkräftigen Bildern, die schon ganz auf der Höhe der Malerei seiner Zeit sind. Doch Picasso bricht diesen Weg abrupt ab. In der sogenannten Blauen Periode 1901 bis 1904 durchlebt Picasso eine tiefe Krise – wohl auch ausgelöst durch den Selbstmord seines Freundes Carlos Casagemas. Er pendelt dann zwischen Barcelona und Paris: Melancholisch zeigen seine Bilder aus dieser Zeit das Leben von Außenseitern, Armen, Absinthtrinkern und Büglerinnen. Die Bilder atmen Schwermut und Aussichtslosigkeit. Mit der sogenannten Rosa Periode Picassos beginnt ab 1904 ein Wandel: Harlekine und Artisten werden in aufgehellten Farben die vorherrschenden Motive. Akrobaten und Harlekine sind zwar auch Außenseiter, aber sie sind vor allem Künstler. Sie zeigen ihrem Publikum auch die schönen Seiten des Lebens. Harlekine und das Motiv Maler und Modell werden dann zentrale Themen seines Werks. 1904 siedelte Picasso nach Paris über und verkehrte in Künstler- und Literatenkreisen, unter anderem befreundete er sich mit den Schriftstellern und Künstlern Guillaume Apollinaire, Alfred Jarry, André Salmon, Max Jacob, Kees van Dongen, Amedeo Modigliani und Jean Cocteau. Sie alle wollten den Bruch mit dem Obrigkeitsstaat, mit der Tradition und eine Erneuerung der Gesellschaft durch die Kunst. Besonders in den Literatenkreisen herrschten anarchistische Ideen vor, gepaart mit sozialrevolutionären Vorstellungen. Picasso und sein Freund Apollinaire hatten noch eine besondere Vorliebe: Sie sammelten sexuelle und erotische Darstellungen, die auch heute noch abwertend als Pornografie charakterisiert werden. Sie sahen die Befreiung von einer verklemmten Sexualmoral als politische, ja revolutionäre Aufgabe.

Matisse steht ganz in der französischen Maltradition. Er hatte sich im Louvre mit Poussin, Raffael, Chardin, Watteau, David auseinandergesetzt, sein Hauptinteresse galt Ingres und Delacroix. Er nimmt begierig die Erkenntnisse der malerischen Vergangenheit auf. Man müsse sich den Einflüssen ganz bewusst aussetzen, dann aber genug Kraft und Selbstbewusstsein haben, ohne Schwäche seinen eigenen Weg zu gehen: „Ein junger Maler, der sich vom Einfluss der vorangegangenen Generation nicht befreien kann, schaufelt sich selbst sein Grab." (Essers, S. 33) 1897 lernt Matisse die Werke der Impressionisten und Neoimpressionisten kennen und ändert seinen Malstil grundlegend.

Moreau, Gauguin, Delacroix und Ingres waren wichtige Lehrer für Matisse, der entscheidende Durchbruch aber brachte seine Auseinandersetzung mit Cézanne. Das gilt auch für Picasso. Cézanne war der erste moderne Maler, der das Bild konsequent nicht als Abbild sondern als Konstruktion mit Formen und Farben begriffen hatte. Nicht die Vortäuschung der Perspektive auf dem zweidimensionalen Malgrund schafft die Wirkung, sondern der gezielte Einsatz von flächiger Farbe, verbunden mit der bewusst eingesetzten Form. Raumwirkung wird allein durch den Einsatz farbiger Flächen erzielt: Matisse studierte bei Cézanne die architektonischen Gesetze, die den Farbtönen eine eigene Kraft geben. Matisse will die Malerei von allem Überflüssigen befreien. Eine Farbe, eine Form, die nicht notwendig sei, störe allein durch

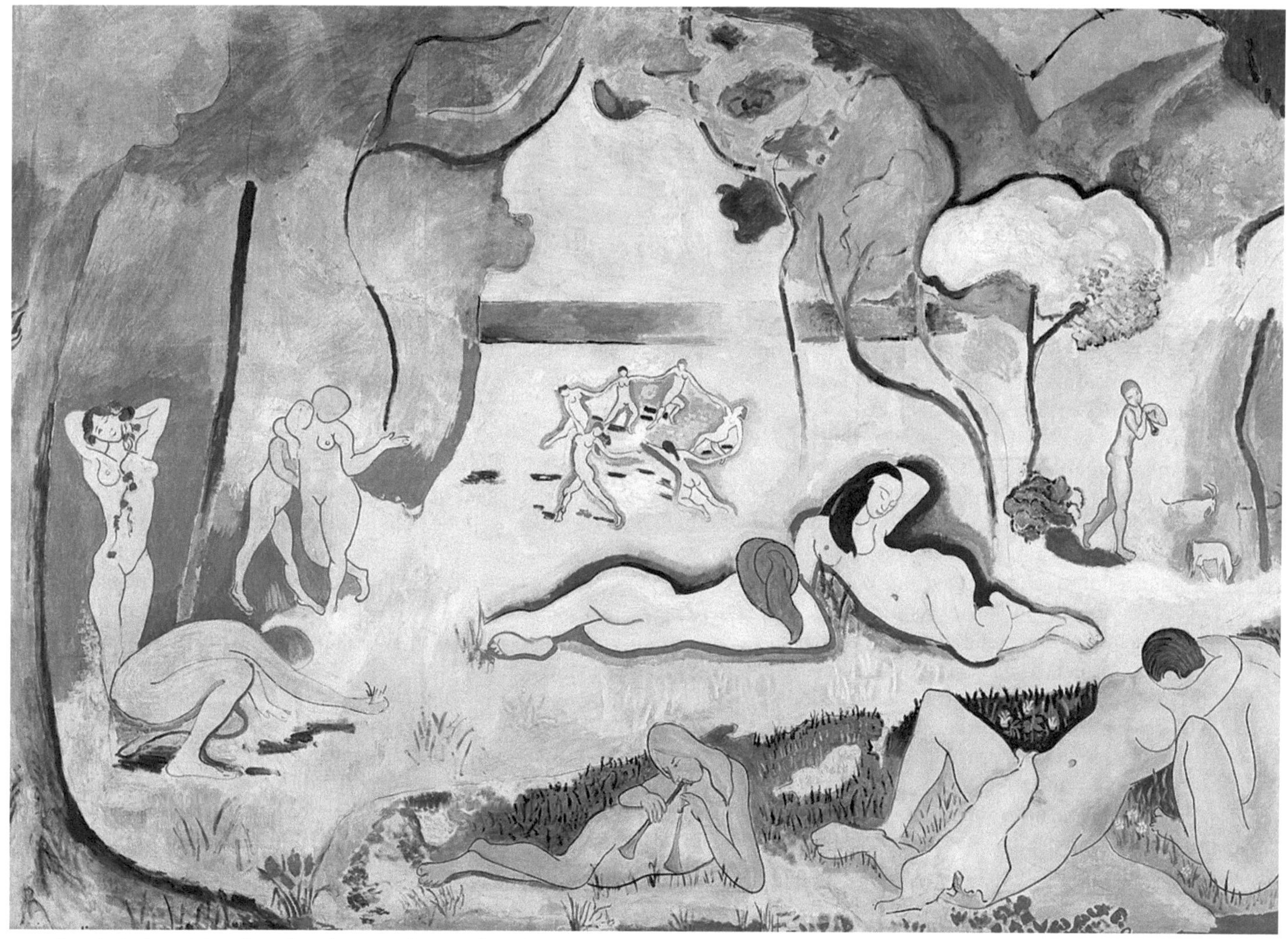

Henri Matisse: Die Lebensfreude, 1905 / 1906, Öl auf Leinwand, 174 x 238 cm, Barnes Foudation (PA), public domain

ihre Existenz das Gleichgewicht der Komposition. „Die Lebensfreude" (1905/06) ist das Resultat dieser Überlegungen und Experimente. Die Fleischfarben, Gelb, Rot und Grün sind flächig und autark eingesetzt, sie bestärken sich gegenseitig in ihrer Wirkung. Die Komplementärfarben Rot und Grün kämpfen nicht gegeneinander, sondern geben im Einklang mit dem Gelb ein Gefühl der Leichtigkeit. Das Ornament – oder die Arabesken, wie Matisse seine Linien nennt – betonen die Farbigkeit der Fläche und geben ihr ein „Vibrato", lassen sie leben. Die Farbe ist befreit – das ist die Vorgabe für die Schule der Fauvisten, deren Begründer Matisse ist. Thematisch ist „Die Lebensfreude" von 1905/06 ein Loblied auf die orientalischen Paradiese von Delacroix oder Ingres und Gauguins Südseeparadies. Matisse gestaltet sein Paradies mit den Mitteln der modernen Malerei, die er bei Cézanne studiert hatte.

Picasso ist realistischer. Auch er hatte Cézanne begriffen, auch er wollte ein Bild aus Form und Farbe konstruieren.

1905/1906 arbeitet er ständig an Formexperimenten, zerlegt vor allem das Gesicht in seine Bestandteile: Das Gesicht als Oval oder als geometrisches Konstrukt, das Auge aus zwei gekrümmten Linien zusammengesetzt, blau, weiß oder schwarz gefüllt oder mit einem Punkt als Pupille versehen. Der Nasenrücken wird aus zwei parallelen Strichen gebildet, Rot, Weiß, Gelb wird als Kontrast getestet, eine schräge Schraffur (oft auch farblich variiert) gibt Volumen. Picasso beschäftigt sich 1906 mit der Plastik, um auch im zweidimensionalen Bild Volumen mit Hilfe der Fläche und der Linien zu erzeugen. Eines seiner berühmtesten Bilder „Les Demoiselles d´Avignon" – gemalt von Juni bis Juli 1907 – ist das Ergebnis von über 800 Vorstudien. Fünf Grazien preisen ihre Vorzüge. Es ist ein Angriff auf die Konvention der Malerei, indem es deren Kompositionsprinzipien analysiert und fast schon karikiert. Im Altertum hatte der griechische Maler Zeuxis – vor die Aufgabe gestellt, die idealtypisch schönste Frau zu malen – die fünf schönsten Frauen ausgesucht, um sie in einer Idealfrau zu vereinen. „Les Demoiselles d´Avignon" zeigt fünf Frauen eines Bordells in Avignon mit freundlichen Rundungen aber auch ihren Unebenheiten. Die Frau in der Mitte, die beide Arme hinter ihrem Kopf verschränkt, kommt wohl dem Schönheitsideal am nächsten. Sie taucht auch bei Matisse in seinem Bild „Die Lebensfreude" links im Bild auf und ist eine deutliche Anleihe bei Ingres aus dem „Türkischen Bad". Bei Picasso ist sie aber keine schmachtende Diva, sondern tanzende Puppe, Bilddekor. „Es geht ihm in diesem Bild mit den fünf Frauen um eine tyrannisierende Belastung des Sehens [...] Denn plötzlich wird die eigene Revolution, auf die sich Matisse stützen konnte, der freie Umgang mit Farbe, durch ein konträres Prinzip abgelöst. Der Dualismus, der dabei zustande kommt, ist spannend. [...] Farbe gegen Kontur, Venedig gegen Florenz." (Spies-2003, S. 137)

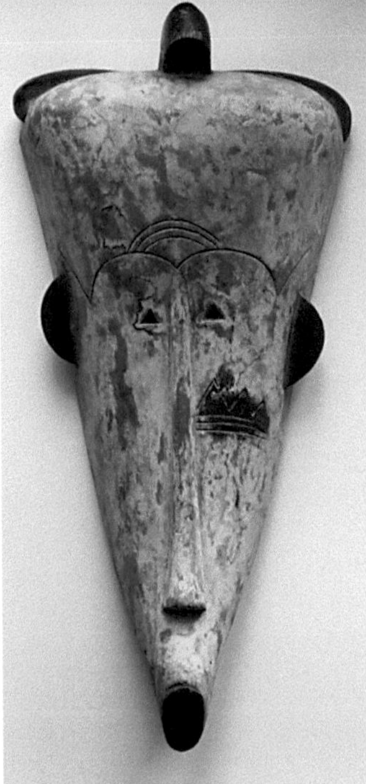

Eine Fang-Maske aus Gabun: Derartige Bildanregungen veranlassten Picasso zur „Formzertrümmerung" bei seinem Gemälde „Les Demoiselles d´Avignon", Foto: RF

Diese beiden Bilder zeichnen die Entwicklungswege vor. Matisse steigert die Farbe, besonders deutlich zu sehen in „Der servierte Tisch (Rote Harmonie)" (1908). Rot dominiert wuchtig, erschlägt aber nicht den Betrachter, sondern erzeugt wohliges Gleichgewicht, dafür sorgen die blauen Ornamente. Die Zitronen, wohlproportioniert auf dem Tisch arrangiert, erstrahlen wie kleine Sonnen, ihr Licht wird aufgenommen von dem Gelb der Blumen in der Vase und korrespondieren mit den gelben Blumen auf der Wiese. Der orange- und gelbfarbene Fensterrahmen trennt Rot und Grün und gibt beiden Farben ihre Eigenständigkeit. Das Blau des Himmels nimmt das Blau der Ornamente auf. Aus der Komposition der Farben ergibt sich die rote Harmonie.

Noch deutlicher kommt der auf die flächige Farbe konzentrierte Gestaltungswillen von Matisse in „Tanz" (1909 - 1910) zum Ausdruck. In dem 260 mal 391 Zentimeter großen Bild dominieren Grün für die Landschaft, Blau für den Himmel und Orange für die fünf Tanzenden, deren Dynamik durch den monochromen Hintergrund hervorgehoben wird. Die Kontur der Figuren bringt Bewegung in das Bild. Von gleicher Farbigkeit ist „Die Musik" (1910): Eine Geige spielende stehende Figur und vier sitzende Knaben mit geöffnetem Mund erzeugen den Eindruck eines Gleichklangs. Die vier Figuren sitzen wie orangefarbige Noten auf dem grün-blauen Hintergrund. Im „Tanz" erzielt Matisse mit drei flächig aufgetragenen Farben Dynamik, in „Die Musik" mit den gleichen Farben jedoch Statik.

Picasso geht den Weg des „Formzertrümmerers" weiter. In zahlreichen Gemälden wie „Die Bäuerin (Halbfigur)", „Die Bäuerin (Ganzfigur)" (beide 1908), „Kopf eines Mannes" (1909), „Frauenkopf" (1909), „Sitzender weiblicher Akt“ (1908) zerlegt er den menschlichen Körper und sein Gesicht in geometrische Körper, um anschließend die Formzersplitterung wieder zu einem individualisierenden Porträt zusammenzusetzen. 1910 entstehen die Charakterisierungen seiner Galeristen: „Bildnis Wilhelm Uhde“, „Bildnis Daniel-Henry Kahnweiler“ und „Bildnis Ambroise Vollard“. Es sind Porträts wie durch ein Prisma gesehen: zerlegt, verfremdet und eben dadurch treffend charakterisiert. Gerade die Entfernung vom konkreten illusionistischen Abbild vermittelt einen tieferen Einblick in die innere Struktur des Bildes.

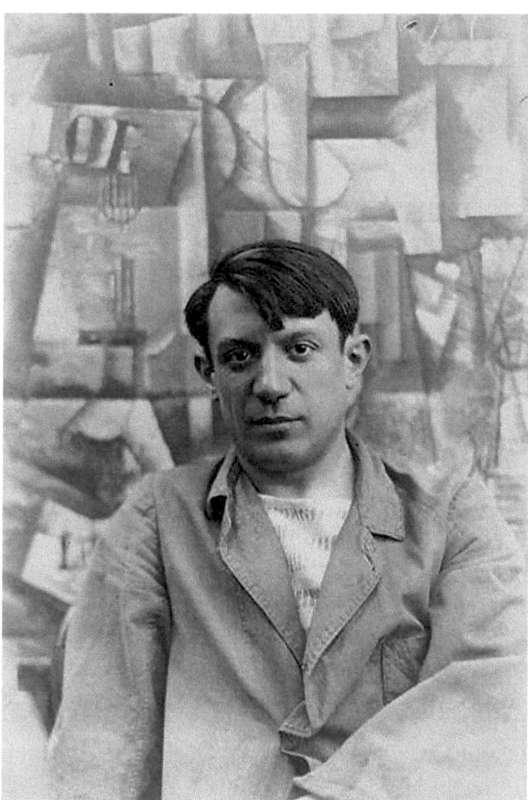

Porträtfoto von Pablo Picasso vor seinem Gemälde Der Aficionado (Der Amateur, Kunstmuseum Basel) in der Villa les Clochettes, Sorgues, Frankreich, Sommer 1912, public domain

Picasso begibt sich mit seinem Freund Georges Braque auf die Suche nach einem universellem Formenvokabular, um die Architektur des Bildwissens zu begreifen. Die einzelnen Elemente, die die Bilder strukturieren, werden isoliert, analysiert und anschließend neu zusammenzusetzt. Die Ordnung der alten Bilder wird zerstört, neue Ordnungen sollen geschaffen werden. Heute ist diese Technik der Zusammensetzung verschiedener Bildelemente – zum Beispiel in der Werbung – eine alltägliche Erscheinung. Damals war es eine Revolution des Bildwissens, ein Angriff auf die alte Bildordnung, in der alles seinen bestimmten Platz in einer (von oben) gelenkten Welt hatte. Die neue Erkenntnis ist: Bilder werden gemacht und wir können sie anfertigen.

Der manipulative Charakter der Bilderwelten wird begriffen. Jedes Bild beinhaltet eine bestimmte Sichtweise. Das illusionistische Bild verbirgt die Interessen hinter einer scheinbaren Neutralität: Das sei „die“ Realität, „die“ Natur der Dinge. Natur und menschliches Abbild waren in der Vergangenheit in der Einheit Gottes gesehen worden. Indem man Christus- und Kaiserporträts präsentierte, erklärte man die Unveränderbarkeit und das „Ewige“ der Bilder und der von Gott gegebenen Ordnung. Im Historienbild, der „höchsten“ Gattung der traditionellen Malerei, wurde die sehr einseitige Interessensicht variiert und illustriert. Jetzt zogen Künstler die heiligen Gegenstandsformen in den Schmutz und erklärten sie für konstruiert. Und sie zeigten gleichzeitig, dass Bilder anders gebaut werden können. Die Kubisten suchten nicht die Ordnung in den (alten) Dingen, sie wollten eine neue Ordnung mit neuen Dingen.

Folgerichtig werden Gegenstände, Papier, Holz oder Gitarrenseiten, in das Bild aufgenommen: Mit der Collage wird eine neue Wirklichkeit konstruiert. Die Gegenstände werden von verschiedenen Seiten gesehen, neue pluralistische Sichtweisen werden erprobt. Eine größere Intensität des Seherlebnisses wird ermöglicht, weil das Bild nicht nur mit der Vordergründigkeit des Abbildes operiert, sondern vielfältige Assoziationen provoziert. Versetzt man sich in Picassos Bild „Ma Jolie“ (Meine Hübsche) (1914), so wird nicht nur das Bild der Hübschen aufgerufen, man hört die Diskussionen im Café, Gitarrenklänge, die Rundungen der Gitarre wecken Vorstellungen von anderen Rundungen, man spürt den Zeitvertreib beim Karten- oder Würfelspiel und erlebt das Klingen der Gläser. In vielen Bildern werden mit dem Wort Café Assoziationen geweckt, Notenblätter, Zeitungsausschnitte zeigen die Vielschichtigkeit der Sinneseindrücke. Das Formenarsenal wird ständig erweitert. Die runde Form bezeichnet zum Beispiel Apfel, Birne, Glas oder weibliche Brust gleichermaßen.

Der Beginn des Ersten Weltkriegs unterbricht Entwicklungen. Braque wird zur Front eingezogen. Matisse, der Jongleur der Farben, erstickt sie jetzt im Schwarz. Er malt 1914 „Türfenster in Collioure“: Ein dunkles schwarzes Loch trennt die sonst leuchtenden Blau- und Grünflächen. Louis Aragon nennt in seinem Roman „Henri Matisse“ dieses Bild das „geheimnisvollste Bild, das jemals gemalt worden“ ist. Er schreibt weiter: „Aber dann, und ich weiß nicht, ob Matisse sich dessen bewusst war, heute plötzlich, wenn wir auf das Datum schauen, 1914, und es muss im Sommer gewesen sein, erzeugt dieses Geheimnis in mir ein Schaudern. Ob es der Maler gewollt hat oder nicht, dieses Türfenster, wohin immer es sich öffnete, ist geöffnet geblieben. Es öffnete sich zum Krieg hin, also immer auf jenes Ereignis hin, das in der Finsternis das Leben unsichtbarer Männer und Frauen, die schwarze Zukunft, das von der Zukunft erfüllte Schweigen, von Grund auf erschüttern wird.“ Und: „Wir befinden uns in einer Zeit, da die Gewalt bereits an die Türen dieses Landes pocht und sich über uns ein riesiger unheimlicher Schatten ausbreitet, von dem die Drohung ausgeht, dass er das französische Licht von Manet und Matisse für immer verdecken wird [...]“ (Neret, S. 80f.)

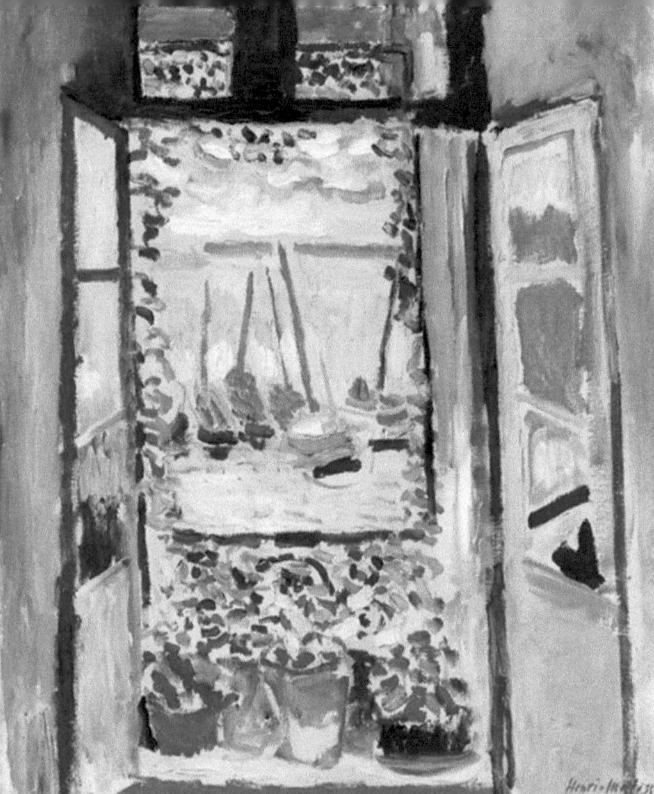
Henri Matisse: Fenêtre ouverte, Collioure,1905, Öl auf Leinwand, 55 x 46 cm, Privatbesitz, public domain

Obwohl Matisse nicht in den Krieg ziehen muss, verändert sich seine Malweise: Er wird abstrakter, seine einst flüssigen Formen werden eckig, drohender. Er malt 1914 „Ansicht von Notre Dame“: Auf dem hochkantigen, in eintönigem Blau gehaltenen Bild strukturieren schwarze Linien horizontal und vertikal das Bild. In dem oberen Drittel zeigen zwei aufragende Quader die schwarzen Konturen der Kirche. Leere. Das sonst hoffnungsvolle Blau stirbt mit den schwarzen Linien. 1914 porträtiert Matisse seine Tochter Marguerite „Weiß-rosa Kopf“: Das schöne Gesicht ist in geometrische Flächen mit unterschiedlichen Rosatönen gegliedert, die jeweils durch harte, gerade schwarze Linien getrennt sind. Ein schwarzer dicker Balken quert in der Mitte als Nase vertikal das Bild. Die rosa Bluse ist ebenfalls mit vertikalen schwarzen Balken wie bei einer Häftlingskleidung „verziert“.

Matisse ist aus dem Gleichgewicht geworfen. Er flieht in die Sonne nach Nizza – und sehnt sich nach der Wiederkehr der Idylle. Er taucht in die Romantik seiner Odalisken (Haremsdamen) ein. Er will die unangenehme Wirklichkeit mit Tagträumen verscheuchen. Seine Modelle platziert er als selig träumende und ergebene Liebesdienerinnen vor sich ins Bett. Sein schönes Modell

Laurette ist die willige Kurtisane, das bezaubernde Modell Antoinette staffiert er mit weißem Hut und flauschig weißen Straußenfedern aus, in weißem Kleid erstrahlt sie bleich und anmutig. Wieder andere Grazien sind in Hotelfoyers schmückendes abrufbereites Dekor. Eine heile Welt: Die Zeit scheint seit dem Harem von Ingres stehen geblieben zu sein.

Matisse kaschiert seine unwirkliche Welt mit einer Entschuldigung: „Ich strebe nach einer Kunst des Gleichgewichts, der Reinheit – eine Kunst, die weder beunruhigt noch verwirrt. Ich möchte, dass der müde, überlastete, gebrochene Mensch vor meinen Bildern Frieden und Ruhe findet." (Essers, S. 56) Seine Kunst solle auf jeden geistigen Arbeiter eine besänftigende Wirkung ausüben, sie solle wie ein bequemer Sessel sein, in dem man sich nach körperlicher Erschöpfung ausruhen könne. Doch selbst der Biograf von Matisse, Néret, fragt: „[...]und sind diese Frauen in ihrem Interieur nicht typisch für eine bestimmte bürgerliche Gesellschaft? Doch glücklicherweise öffnen sie nicht den Mund, um zu sprechen [...] Unter Matisse Pinselstrich sind sie vor allem Zeichnung und Farbe und nichts weiter." (Néret, S. 96) Nein, sie sind Flucht aus der Realität, sie sind Rückfall in die traditionelle, illusionistische Malerei. Der Kritiker Carl Einstein

Henri Matisse: Odalisque mit Magnolien, 1923, Öl auf Leinwand, 65 x 81 cm, Privatbesitz, Foto: DALiM, public domain

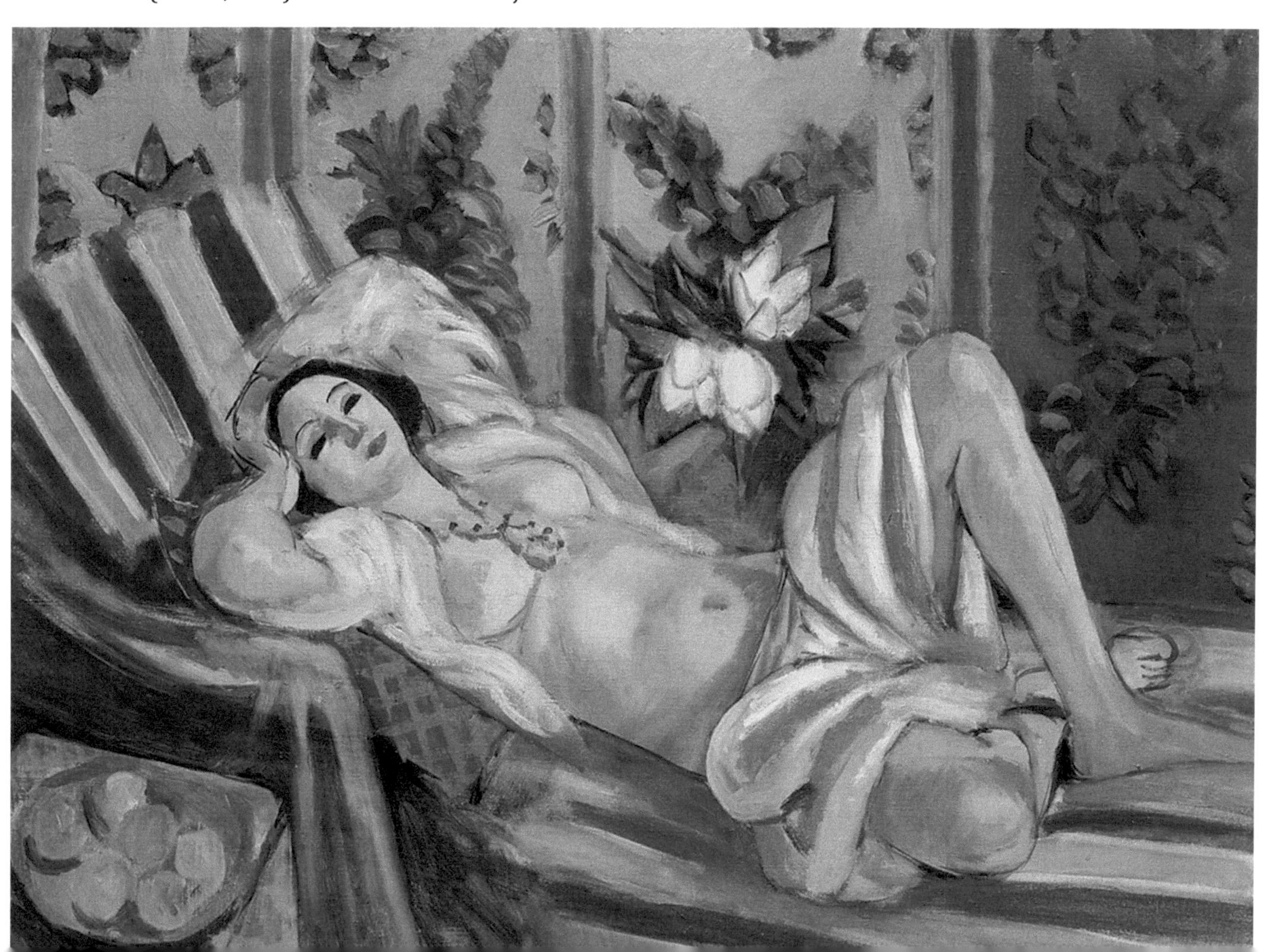

hatte schon 1926 festgestellt: „Gerade nach dem Krieg stellen wir den deutlichen Versuch fest, die Überlieferung und ihren Geist wieder aufzunehmen, man wird konservativ und will den Riss des Krieges verdecken. Man versucht sich wieder in den Strom der Geschichte zurückzuzwingen, die alte klassische Position wird angestrebt. Nun beginnt man optimistisch zu malen, voll Vertrauen in das gebotene Dasein, das man verschönt; man stellt sich in Gegensatz zum ablehnenden Pessimismus der Jungen." (Einstein, S. 45)

Der Krieg wirft auch Picasso aus der Bahn. Sein Freundeskreis zerbricht. Er nimmt 1917 Auftragsarbeiten (Gestaltung von Bühnenbildern und Kostümen) für „Les Ballets Russe" an, reist mit der Balletttruppe nach Italien und kommt dort in Kontakt mit den Futuristen und Bestrebungen, das klassizistische Erbe aufzuwerten. (Über die Einzelheiten dieses längeren Italien-Aufenthalts ist allerdings wenig bekannt.) Er verliebt sich in die russische Tänzerin Olga Koklowa, die er 1918 heiratet. Der stürmische kubistische Aufbruch versiegt und lebt allenfalls noch in Harlekinfiguren fort. Drastisch gesagt: Es ist ein Rückfall in den künstlerischen Erkenntnisstand von vor 1905. Auch die kubistischen Harlekinsfiguren der 20er Jahre wirken eher wie eine Maskerade, ihnen fehlt die innere Überzeugungs- und Aussagekraft. Picasso verkehrt inzwischen in den besseren Kreisen der Aristokratie und des Geldadels. Er beschwört das private Ehe- und Familienglück mit Olga und Söhnchen Paul neoklassizistisch: „Frau und Kind am Strand" (1921). Oder Paul reitet adrett gekleidet auf dem niedlichen Eselchen mit violetter Decke. Ein großer Künstler begibt sich in die Niederungen des Kitsches und der neoklassizistischen Überhöhung und Verklärung.

Doch die Schönfärberei führt Picasso nur für ein paar Jahre in die Sackgasse. 1925 erfolgt mit „Der Tanz" und „Der Kuss" ein erneuter Durchbruch. „Der Tanz" darf man auch als Abschied von seiner Frau, der Tänzerin Olga, deuten: Es ist ein befreiender Tanz, der seinen kubistischen Formenreichtum zeigt. Das Statische, distanziert Registrierende seiner früheren Bilder wird zurückgenommen, die Formen entfalten sich, gewinnen Raum, Picasso wird ein Jongleur der Form, die in Bewegung gerät. Seine plastischen Arbeiten, die aus Wülsten und Kugeln biologische Wesen formen, geben Anregungen für Bilder: „Badende Frau" (1928) oder „Ballspieler am Strand", (1928). Er experimentiert mit der Darstellung des Raums im zweidimensionalen Bild. In „Der blaue Akrobat" (1929) scheint die blaue Figur im gelben Raum zu schweben.

In „Der Kuss" (1925) verschmelzen Figur und Gegenstände. Augen, Vagina, Münder, Nasen, Penis gehen ineinander über, bilden eine Einheit, widersprechen sich aber gleichzeitig. Architektonische Formen werden mit Textilmustern kombiniert, dazu musiziert die kubistische Gitarre. Der Formzertrümmerer ist wieder auferstanden. Aber er setzt jetzt seine Formen, die innere Kraft gewonnen haben, neu und widersprüchlich zusammen. Das ist kein achtloser Kuss im Vorübergehen, hier wird Leidenschaft und Gier inszeniert.

Es kommt auch zu einem neuen Frauenbild bei Picasso, das sich von abstrakten Darstellungen zum Beispiel bei den „Les Demoiselles d´Avignon" unterscheidet. Es bekommt die personalisierten abstrakten Züge von Marie-Thèrése Walter. Behutsam steigt sie in „Frau mit Tauben" (1930) die Treppe herunter. In „Der Traum" (1932) erscheint sie ausgeglichen und verträumt, in „Weiblicher Akt auf einem roten Sessel" (1932) gibt sie sich etwas besorgt aber zufrieden. „Frau, nach rechts gewandt" (1934), Frau mit Mütze" (1934): Immer zeigt sich eine ausgeglichene, sinnliche Frau. In krassem Gegensatz dazu charakterisiert er seine Ehefrau: Sie ist spitz, eckig, kompliziert, ohne Charme und Erotik: „Kopf einer Frau (Olga Picasso)" (1935.) Picasso trennt sich 1935 von seiner Frau. Das kubistische Bildvokabular hat Gesichter bekommen.

Anfang 1928 hat Minotaurus bei Picasso Premiere. Zwar taucht der Stier schon sehr früh in seinen Stierkampfszenen auf, aber nicht als personifizierte, mythische und gleichzeitig aktuelle Gestalt. Hier findet auch Picassos Drama Ausdruck. Halb Tier, halb Mensch, voller ungestümer Kraft, voller Lust nach Jungfrauen wird Minotaurus der Legende nach von König Minos in ein Labyrinth gesperrt und schließlich von Theseus getötet. Der Stier taucht meist in Verbindung mit dem Pferd auf. Oft wird der Stier als Sinnbild „des Männlichen“ und das Pferd als Sinnbild „des Weiblichen“ interpretiert. Eindeutig verknüpfte „Sinnbilder“ kann es aber in Picassos Bildvokabular nicht geben, da er es ja gerade darauf anlegt, die traditionellen Bilderwelten zu entmythologisieren, sie vom ideologischen Ballast zu befreien und ihren Bedeutungsgehalt als in der Realität gegeben herauszuarbeiten. In der Gegensätzlichkeit der Kreaturen konzentriert sich Tragik. Ihre Auseinandersetzung, ja ihren Kampf gestaltet Picasso dramatisch. Pferd und Stier werden fortan in das kubistische Bildvokabular eingegliedert, das dadurch vollends den Charakter des Statischen, Eklektischen verliert und zusätzlich dynamisiert wird.

Anfang 1936 vertieft Picasso seine Freundschaft mit dem surrealistischen und kommunistischen Dichter Paul Éluard und lernt in dessen Freundeskreis auch die jugoslawische Fotografin Dora Maar kennen. Als im Juli der Spanische Bürgerkrieg ausbricht, nimmt Picasso entschieden Stellung gegen die faschistische Aggression und gegen Franco. In einer Radierfolge „Traum und Lüge Francos“ Anfang 1937 verspottet er karikaturenhaft überspitzt den spanischen Faschisten: Franco sei ein Don Quichotte, der statt die Windmühlenflügel zu treffen, sein eigenes Pferd ersticht. Selbst die Sonne lacht über ihn (Bild 1). Franco ist ein Seiltänzer mit übergroßem, erigiertem Phallus, ein eingebildeter Kreuzritter, der die Wolken zu zähmen versucht (Bild 2). Franco zerstört die Kultur (Bild 3). Franco ist eine in Frauenkleidern erscheinende Memme (Bild 4). Franco wird vom Stier auf die Hörner genommen und vernichtet (Bild 5). Der sich katholisch gebende Franco betet in Wahrheit das Kapital an (Bild 6). Am siebten Schöpfungstag ruht sich der überkandidelte Franco mit Würmern und Ungetier aus. Dann reitet er weiter im Kampf mit der Sonne und ersticht sein Pferd (Bild 8). Bild 9: Da sein Pferd tot ist, reitet er auf einem Schwein weiter, wieder die Sonne im Visier. Bild 10: Franco massakriert sein Pferd. Die Bilder 11 und 12 zeigen die Folgen: Frau und Pferd liegen in Blutlachen. In den Bildern 13 und 14 nimmt der Stier mit Franco den Kampf auf und vernichtet ihn. Dann unterbricht Picasso am 8. Januar 1937 die Arbeit an der Radierfolge. Die Lage der sich wehrenden Republikaner verschlechtert sich dramatisch. Bis Juni 1937 zeichnet dann Picasso in den Bildern 15 bis 18 verzweifelt schreiende oder tote Frauen mit ihren ermordeten Kindern.

Die Radierfolge „Traum und Lüge Francos“ erleichtert das Verständnis des Bildes „Guernica“, das erstmals im republikanischen Pavillon der Pariser Weltausstellung 1937 ausgestellt wurde. Es ist aber auch so auf den ersten Blick verständlich, wenn man die Bildsprache auf sich wirken lässt: Im Zentrum steht das zu Tode getroffene Pferd. Aber alle Kreatur schreit voll Entsetzen auf. Tod und Unheil ist von oben gekommen, verdeutlicht die gesamte Bildarchitektur. Guernica – das Bild hat den Titel von der spanischen Stadt, die 1937 von den Bombern Hitlers zerstört wurde – brennt lichterloh. Picasso überlässt es dem Betrachter, die Urheber des Schreckens zu benennen: Franco, Hitler und Mussolini. Er legt auch die Schlussfolgerung nahe: Wenn dem nicht Einhalt geboten wird, brennt bald die Welt. Picasso positionierte sich damit klar gegen den Faschismus, dessen Gefahr damals von vielen noch nicht so konkret gesehen wurde – er setzt sich darüber hinaus gegen jede kriegerische Lösung von Konflikten ein. Die Aussage war damals im republikanischen Pavillon der Pariser Weltausstellung 1937 eindeutig, sie ist es bis heute geblieben. Am 4. Februar 2003 ließ die amerikanische Regierung die Kopie des Bildes verdecken, als der amerikanische Außenminister Colin Powells im UN-Sicherheitsrat die Welt von der Notwendigkeit des Irak-Kriegs überzeugen wollte.

Viele Interpretationsversuche verdunkeln eher die klare Botschaft. So deuten einige den Stier als Aggressor, als Franco, oder das Pferd als den zu Tode getroffene Pegasus, das geflügelte Dichterross. Picasso will nicht verrätseln. Er will auf den Völkermord hinweisen. Andere verweisen auf die Dreigliedrigkeit des Aufbaus, wie bei einem Triptychon, einem Altarbild. Picasso malt das Ge-

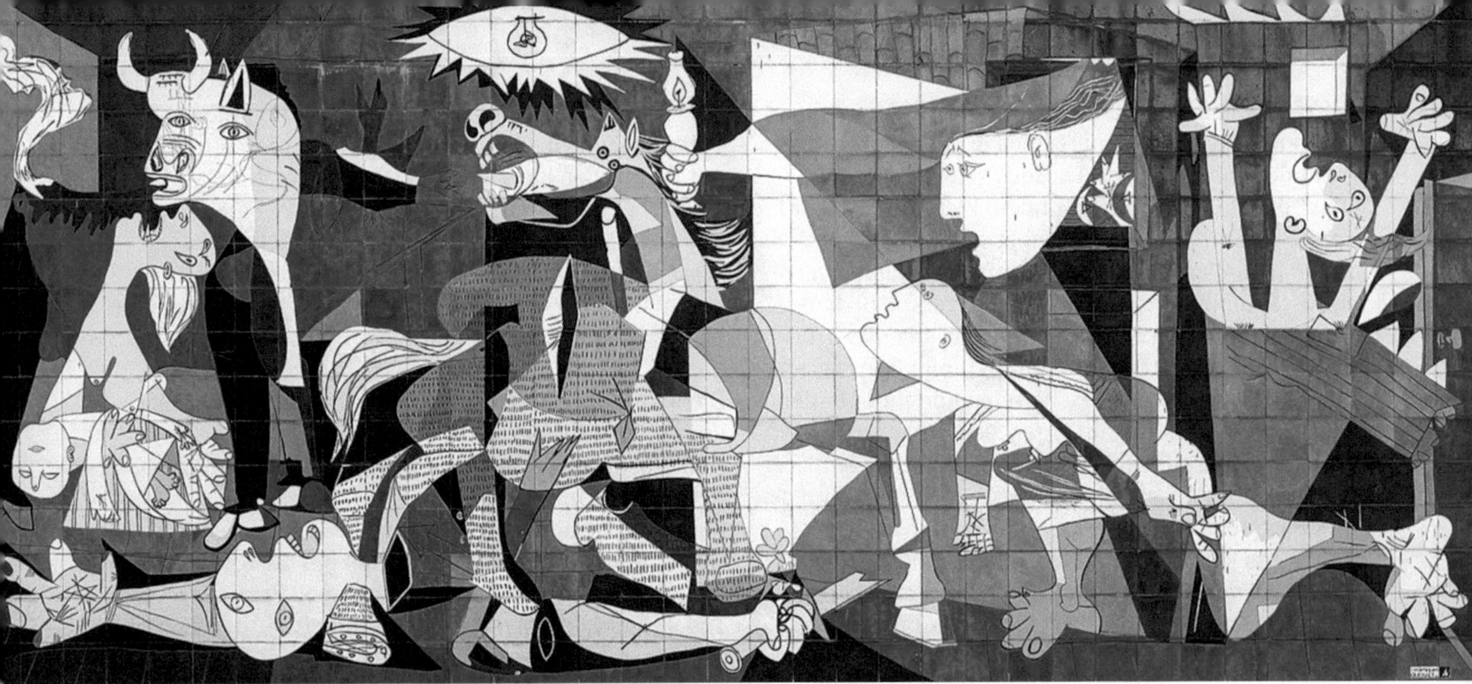

Wandreproduktion des Gemäldes „Guernica" von Picasso aus Fliesen an einer Wand in der Stadt Gernika-Lumo; Foto: Jules Verne mal zwei / julesvernex2.com / CC-BY-SA-4.0 /

genteil von religiöser Andacht oder Kontemplation. Die Lampe oben, die das Ausmaß des Schreckens nur spärlich beleuchten kann, wird als Auge Gottes gedeutet. Nein. Andere haben gezählt, dass die Feuersbrunst rechts im Bild sieben Flammen zählt: nach biblischer Ikonografie die Apokalypse, der Weltuntergang. Es geht nicht um einen nebulösen Weltuntergang sondern um das Verbrechen der Faschisten.

Der Kunsthistoriker Max Raphael hatte schon kurz nach der Ausstellung des Bildes kritisiert, dass sich Picasso mit einem „Historienbild" eines „antiquierten", anachronistischen Genres bediene. Auch der Biograph von Picasso Ingo F. Walther stellt 2002 fest: „Unübersehbar ist zum Beispiel Picassos konstantes, nahezu hartnäckiges Festhalten an der ganz überkommenen und in der Kunst des 20. Jahrhunderts überholten Aufgabe des Historienbildes." (Walther, S. 24) Das Historienbild ist in Verruf geraten, weil es historische Sachverhalte ideologisch aufbereitete und entstellte. Es ist gerade Picassos Verdienst, dass er ein politisches Geschehen wie Guernica künstlerisch gestaltet, Verbrechen gegen die Menschlichkeit brandmarkt und so das „Historienbild" in das 20. Jahrhundert rettet. Picasso „reinigt" Historienbilder der Vergangenheit von mythologischer und religiöser Überfrachtung. Walther weist auf Analogien „Guernicas" mit dem Bild „Die Folgen des Krieges" von Peter Paul Rubens hin. Aber nicht die Gemeinsamkeiten, die großen Unterschiede müssen betont werden: Bei Rubens ist der Krieg Schicksal, wenn der Tempel des Janus geöffnet wird und der Kriegsgott Mars heraustritt. Bei Picasso sind es die Bomben Hitlers, es ist also kein mythologisches Geschehen. Walther deutet die Frau mit dem toten Kind in ihrem Schoß als moderne Pietà, als Andachts- oder Vesperbild, das die Jungfrau mit dem toten Christus zeigt. Picasso will den gegenteiligen Effekt: Während die Pietà das Erleiden als menschliches Schicksal empfiehlt, ist Picassos Frau schreiender Protest. Walther verweist auf die brennende Hauswand aus Raffaels Fresko des Borgo-Brandes in den Ausstellungsräumen des Vatikan. Dort bringt der Papst mit dem Kreuzeszeichen den Brand zum Erlöschen. Diese Deutung steht im Gegensatz zu Picassos Auffassung. Denn im Pavillon des Vatikans auf der Pariser Weltausstellung 1937 durften sich auch Francos Gesinnungsgenossen präsentieren. Auch der Hinweis von Werner Spies, die Frau mit der Petroleumlampe sei eine Analogie zu Baldung Griens „Der behexte Stallknecht" ist wenig hilfreich. Bei Baldung Grien beleuchtet zwar die Stallmagd die Szene, kann aber das Geschehen nicht verstehen. Spies schreibt selbst, es sei ein „Motiv der Unerklärbarkeit". Picasso will im Gegenteil Licht hineinbringen, erhellen: Hitlers und Francos Bomben haben Guernica zerbombt.

Nachdem der Kubismus die Bildsprache als „Sprache" verstanden und ihre Bestandteile analysiert, Mythen und Ideologien verbannt hatte, konnten Farben und Formen neu kombiniert werden. Auch eindeutige politische Stellungnahmen werden möglich, gesellschaftliche Zusammenhänge können geklärt werden. Die Aussage des von Picasso 1942 im besetzten Paris gemalten „Stillleben mit Stierschädel" ist eindeutig: Trotz Verdunkelung der Fenster ist der Tod, die Gefährdung aller Kreatur, gegenwärtig.

Auch die Bilder von Matisse zeigen Veränderungen: Er kann aus dem Kloster seiner Innerlichkeit und Traumwelt ausbrechen. Schwarz wird nicht mehr als erdrückende Farbe der Trauer sondern als Kontrast eingesetzt, um die anderen Farben zum Leuchten zu bringen, zum Beispiel als Hintergrund bei den Platanenblättern in „Die Musik" (1939), in „Lesende vor schwarzem Hintergrund" (1939), „Die Junge Frau in Rosa" (1942), „Zwei junge Mädchen, das gelbe und das karierte Kleid" (1941) und „Tänzerin, in einem Sessel sitzend" (1941). Matisse besticht durch seine Porträtkunst, bei der er die Individualität aus der spezifischen Asymmetrie des Gesichtes konstruiert. Der Rhythmus einer Gestalt erzeuge die Ähnlichkeit, beschreibt Matisse sein Vorgehen. Aragon hat seine Porträtkunst sehr gut beschrieben: „Es gibt die Geschichte von der Amerikanerin, deren Porträt er malte. Er stellte eine Zeichnung nach der anderen von ihr her. Sie wollte sie alle mitnehmen, weil sie ihre gesamte Familie darin wiedererkannte, ihre Mutter, einen Onkel, eine Cousine [...] und ich vermute, auch Züge von ihr selbst, die sie nicht kannte. Eines Tages wird sie wie diese Zeichnung sein, sie ist wie diese gewesen. Matisse hatte sie nie vorher gesehen, noch hatte er ihre Mutter kennengelernt, die in Connecticut geblieben war. Er ist darüber hinaus gegangen: Er hat sie erfasst. Und durch sie eine Menge anderer Dinge. Über das Porträt hinaus." (Néret, S. 171 f.)

Einen Durchbruch erzielt Matisse mit seinen Scherenschnitten, in denen er als Gegenstand des Bildes das Zeichen bestimmt: „Es gibt keinen Bruch zwischen meinen alten Gemälden und meinen Papierschnitten, nur mit noch größerer Absolutheit, mit noch stärkerer Abstraktion habe ich zu einer Form gefunden, die auf ihr reines Wesen reduziert ist; von dem Gegenstand, den ich früher in der Komplexität seines Raumes dargestellt habe, ist nur das Zeichen zurückgeblieben, das ausreicht und notwendig ist, um ihn in seiner eigentlichen Form existieren zu lassen, und in der Umgebung, für die ich ihn konzipiert habe." (ebd., S. 209). Ab 1942 entsteht das Album „Jazz", 1947 von Tériade veröffentlicht, es sind heiter-beschwingte Jazz-Improvisationen in Farbpapier geschnitten: Es sind Seherlebnisse vom Zirkus, von Reisen und dem weiblichen Akt. Matisse Traum ist in Erfüllung gegangen: Er gestaltet direkt flächig mit der Farbe.

1948 übernimmt Matisse den Auftrag zur Gestaltung der Chapelle du Rosaire in Vence, die 1951 vom Bischof von Nizza eingeweiht wird. Als Glasfenster erstrahlt der Lebensbaum und zeigt die ganze Farbengewalt von Matisse. Seine Gestaltungen des Dominikus und des Leidenswegs Christi machen aber auch die inhaltliche Schwäche des Künstlers deutlich. Es sind Comics, Umrisse deuten Gestalten an. Die Thematik ist weder erfasst noch verarbeitet. Offensichtlich deckt sich diese Figurenwelt nicht mit der Lebensauffassung von Matisse.Wegen dieses Auftrags kam es zur Auseinandersetzung mit Picasso, der argwöhnte, dass sich Matisse von der katholischen Kirche einspannen ließ. Néret berichtet: „Picasso war wütend darüber, dass Matisse eine Kirche gestaltete. ›Warum machen Sie nicht lieber eine Markthalle? Da malen Sie dann Früchte und Gemüse! [...] Ich wäre einverstanden, wenn Sie gläubig wären. Da dies nicht der Fall ist, haben Sie meiner Ansicht moralisch kein Recht dazu.‹“ (ebd., S. 230)

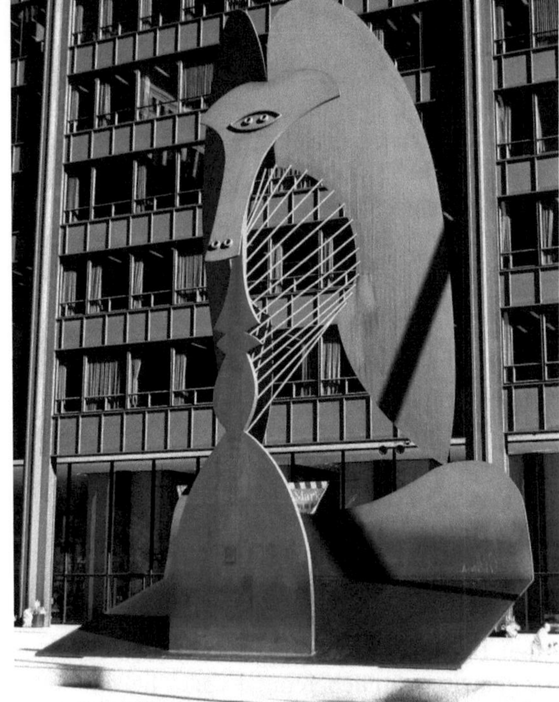

Pablo Picasso: Sculptur in Daley Plaza, Chicago; Illinois; USA; Foto: J. Crocker; Licensing; ©; allows anyone to use it for any purpose; provided that the copyright holder is properly attributed.

Offensichtlich als Gegenentwurf und Korrektur – aber auch aus Empörung über den amerikanischen Krieg in Korea – gestaltete Picasso 1952 die profanisierte Schlosskapelle in Vallauris als „Temple de la Paix“. Die Sonne des Friedens soll leuchten. Schon davor hatte Picasso eindeutig gegen den Krieg in Korea Stellung bezogen: „Massaker in Korea“ (1951). Dort nimmt er Chiricos Maschinenmenschen und kleidet sie als Soldaten, die Frauen und Kinder ermorden. Picasso nimmt hier deutliche Bildanleihen bei Goya und bei Manets „Die Erschießung Kaiser Maximilians in Mexiko“. Schon 1949 hatte Picasso die Friedenstaube für den Weltfriedenskongress in Paris entworfen. Es ist deshalb völlig absurd, Picasso als unpolitischen Künstler darzustellen, wie das sein Kunsthändler Kahnweiler versucht hat. Picassos Aussage von 1945 ist eindeutig: „Nein, Malerei ist nicht dazu getan, Appartements zu schmücken. Sie ist Waffe zu Angriff und Verteidigung gegen den Feind.“ (zit. n. Haftmann, S. 350)

Auch die Auseinandersetzung mit der Kunst der Vergangenheit verstand Picasso als politische Aufgabe. So setzt er sich 1957 mit „Las Meninas“ von Velázquez in über 58 Ölgemälden auseinander. Bei Velázquez sind alle Blicke der Figuren auf das Königspaar ausgerichtet (das nicht im Bild erscheint, aber im Spiegel zu sehen ist), es zeigt die hierarchische feudale Ordnung. Picasso löst die Hierarchie auf, hebt aber die Bedeutung des Künstlers hervor, beschäftigt sich dann mit der Mimik der Infantin als kleines Mädchen und dann wieder als dressiertes Püppchen. Picasso schlachtet in der Folgezeit Bilderwelten der Vergangenheit seit der Renaissance aus, befragt sie auf ihre Authentizität, Folgerichtigkeit und ihren Aussagewert für die Gegenwart. In Picassos „Raub der Sabinerinnen“ (1963) reduziert er sich auf den Kampf und die darunter Leidenden (Frau und Kind). Er setzt sich mit dem gleichnamigen Bild von Jacques-Louis David auseinander. Er verallgemeinert: Indem der Krieger auf die Frau, das Weibliche, auf Erotik und Sexualität tritt, vernichtet er auch die Lust am Leben.

1954 und 1955 variiert Picasso „Die Frauen von Algier in ihrem Gemach“ von Eugène Delacroix in 15 Gemälden. Während bei Delacroix die drei Grazien – eingeschlossen in ihrem Harem – in spärlich aufreizender Kleidung ergeben auf ihren Ruf zum Liebesdienst zu warten scheinen, präsentieren sich die Frauen bei Picasso in aufreizender Pose. Sie zeigen dem Betrachter, wie mit dieser Pracht der Natur in einer modernen Welt selbstbewusst umzugehen ist. Picasso hat sich zwar mit dem „Klassizisten“ Delacroix auseinandergesetzt, nimmt aber mit der liegenden Figur den „Romantiker“ Jean-Auguste Dominique Ingres mit in das Bild und versöhnt mit einem neuen „Odaliskenbild“ so zwei Stilrichtungen der Malerei.

Ein zentrales Thema – vor allem für den späten Picasso – ist „Maler und Modell“, die Auseinandersetzung mit der Rolle des Künstlers, mit der Kultur und der Bedeutung des Erotischen, der Sexualität in unserer Gesellschaft. Der Künstler schlüpft in verschiedene Rollen, Harlekin, Ritter, Matrose, Artist, Bauer und König (er löst gesellschaftliche

Hierarchien auf). Die begehrenswerte Frau spielt aber immer die Hauptrolle. Brustwarzen, Brüste in Spiralform und das weibliche Geschlecht sind lustvoll arrangiert, vor allem in den Radierfolgen „Suite 156“, entstanden hauptsächlich Januar 1970 bis März 1972, und „Suite 347“, 16. März bis 5. Oktober 1968. Man hat Picasso deshalb als Lustgreis im Angesicht des Todes verspottet.

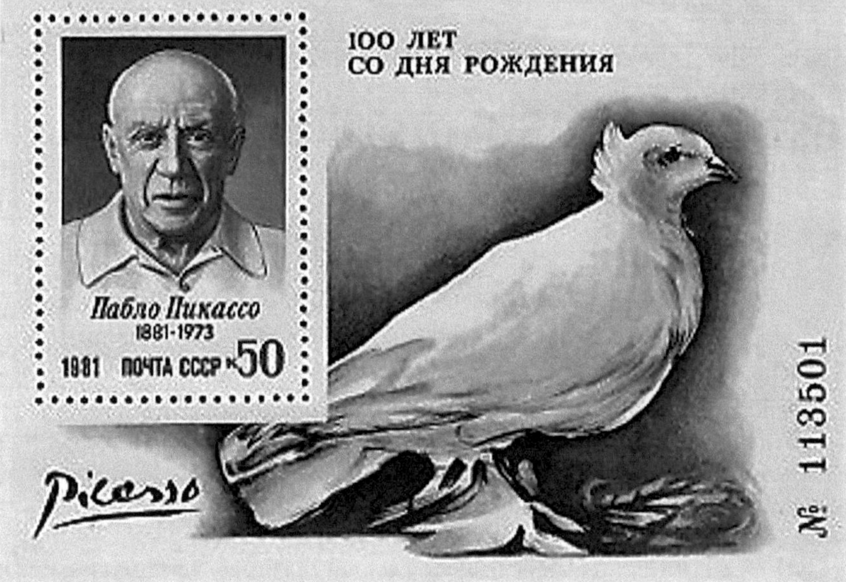

Sowjetische Briefmarke von 1981, die Picasso und seine Friedenstaube aus dem Jahr 1949 darstellt, public domain

Der Biograf Walther hebt den politischen Aspekt hervor: „Picassos aufdringliche Bilder fügen sich nämlich in allgemeine Tendenzen der Revolte in den 60er Jahren ein. Das Aufbegehren gegen Tabus musste ihn fast zwangsläufig an verwandte geistige Strömungen seiner frühen Zeit erinnern. Bezeichnenderweise knüpfte er an Arbeiten an, in denen er im Einklang mit radikalen Auffassungen seines Freundes Apollinaire mit Pornografie gegen bürgerliche Moralbegriffe rebelliert hatte.“ (Walther, S. 650)

Picassos zentrales Anliegen ist: Frieden oder Krieg. Siegt das Lustprinzip oder die Aggression? Picasso behauptet: Kultur ist nicht das Resultat der Sublimierung erotischer und sexueller Triebe. Er will deshalb erotische und sexuelle Triebe kultivieren, um Kultur möglich zu machen und die zerstörerischen, destruktiven Triebe aufzulösen. Schon Karl Marx hatte gesagt, dass sich der Grad der gesellschaftlichen Emanzipation an der Wertschätzung der Frau, also auch an der Stellung zur Erotik und Sexualität, ablesen ließe. Vor allem das erotische und sexuelle Feuerwerk des späten Picasso stößt zum Teil auf Ablehnung. In vielen Ländern darf dieses Spätwerk nicht gezeigt werden – auch in den USA wird es eher ignoriert.

Picasso hat wie kein anderer Künstler des 20. Jahrhunderts die Malerei verändert und bereichert und dabei die Kunst der Vergangenheit aufgearbeitet. Trotzdem behauptet sein Biograf Walther: „Picasso gehörte nicht mehr zur aktuellen Kunstentwicklung.“ (ebd., S. 532) Wenn er unter der „aktuellen Kunstentwicklung“ die Notwendigkeit zur abstrakten Darstellung versteht, mag er recht haben. Denn der Maler Picasso, der in der breiten Öffentlichkeit immer als „der“ abstrakte Künstler dargestellt wird, distanziert sich klar von jeder Eingruppierung als „Abstrakter“: „Abstrakte Kunst ist nichts als peinture. Wo aber bleibt das Drama? Es gibt keine abstrakte Kunst. Man muss immer mit irgend etwas beginnen. In der Folge kann man alle Erscheinungsformen der Wirklichkeit auflösen; darin liegt dann keine Gefahr mehr, denn die Idee des Gegenstandes hat ihren unverwischbaren Eindruck hinterlassen. Sie ist es, die den Künstler reizt, seine Ideen anregt, seine Gefühle in Erregung bringt. Ideen und die Erregungen des Gefühls sind endgültig in seinem Werk gefangen; sie können sich nicht mehr aus seinem Bild lösen.“ (Haftmann, S. 354/355)Werner Spies meint – und dem ist nichts hinzuzufügen: „Er erzählt, parodiert, erinnert sich, spielt Theater. Er ist tragisch und komisch, vulgär und sensibel und tut damit lauter Dinge, welche die Avantgarde längst verboten, für unzeitgemäß und kunstwidrig erklärt hatte. Der uralte Picasso ist gleichzeitig der jüngste und offenste.“ (Spies, S. 206)

Der Siegeszug der US-Amerikaner

Das Jahrhundert schien sich selbst in die Luft zu sprengen. US-amerikanische Soldaten kämpften an allen Fronten der Welt. Japanische Kamikaze-Kämpfer flogen ihre Flugzeuge noch als Tod bringende Bomben. Deutschland hatte bereits kapituliert, die Tore der Konzentrationslager waren geöffnet und zeigten, zu welchen Gräueltaten sich Menschen erniedrigt hatten: Täter und Opfer trugen das Mahnmal des Traumas. Und dann explodierten in den letzten Kriegstagen die Atombomben am 6. August 1945 über Hiroshima und am 9. August 1945 über Nagasaki. Insgesamt forderte der Zweite Weltkrieg über 200 Millionen Tote – ein unvorstellbares Blutbad. Die ganze Welt war verwüstet: Nur in den USA war die Ökonomie noch voll funktionsfähig. Hatten noch vor dem Krieg Wirtschaftskrisen die USA erschüttert und soziale Spannungen ausgelöst, avancierte das Land nach dem Zweiten Weltkrieg zum wirtschaftlichen Kraftzentrum auch zum Aufbau des westlichen Alteuropas. Der wirtschaftlichen Vormachtstellung folgte eine Stärkung des Selbstbewusstseins und ein Mentalitätswechsel hin zum American Way of Life. Die USA werden zum Exporteur nicht nur der begehrten Waren und Wagen sondern auch „westlicher Werte", der Demokratie und einer warenhungrigen Kultur-Industrie.

Die zivilisierte Welt war diskreditiert, Kultur, Kunst und Malerei waren in die Asche getreten, beschmutzt bis zur Unkenntlichkeit. Die Künstler hatten die Katastrophen nicht verhindern können. Und die europäische Kunst wirkte in der ersten Nachkriegszeit fassungs- und sprachlos. New York war jetzt zum Zentrum der Welt avanciert: Hier saßen die Sieger. Hierhin hatten sich die gejagten Intellektuellen der „alten" Welt gerettet. André Breton, Marc Chagall, Max Ernst, Fernand Léger, Jacques Lipschitz, Piet Mondrian, André Masson, Amédée Ozenfant, Yves Tanguy, Ossip Zadkine – um nur einige zu nennen –, waren nach zum Teil abenteuerlicher Flucht in New York im Exil. Nicht nur sie waren grundlegend desillusioniert. Wer wollte im Angesicht der Atombombe noch an Fortschritt glauben? Das tradierte Menschenbild schien zur Fratze verkommen. Wissenschaft und Vernunft: pervertiert zur Massenvernichtung. Die Klassiker der Moderne wirkten in New York als Exilanten auf eine eigenartige Art und Weise gescheitert, kraft- und ratlos.

Der wirtschaftlichen Expansion folgt eine kulturpolitische Offensive. „Zu diesem Zweck gründet die CIA den Kongress für kulturelle Freiheit, der, geleitet von dem CIA-Agenten Michael Josselson, zwischen 1950 und 1967 in 35 Ländern Außenstellen unterhält, zahlreiche Mitarbeiter beschäftigt, mehr als 20 renommierte Kulturzeitschriften herausgibt sowie Ausstellungen, Preisverleihungen, Kulturkonferenzen und Kulturveranstaltungen organisiert." (Gillen, S. 86) Eingespannt waren nicht nur US-amerikanische Industrielle wie Rockefeller sondern auch viele US-amerikanische Kulturinstitutionen wie das Museum of Modern Art (MoMA). Hinzu kommt, dass die Politstrategen im Weißen Haus und im Pentagon sich schon früh auf eine Systemkonkurrenz mit der Sowjetunion vorbereiteten und auch Kultur und Kunst für den Kalten Krieg instrumentalisierten. „Im Gegensatz zu den Politikern und den meisten Kunstkritikern entdeckten die CIA-Agenten das propagandistische Potenzial einer unbequemen Kunst, »geschaffen von alten Linken, die aus dem europäischen Surrealismus hervorgegangen waren«, erklärt der Kunstkritiker Philip Dodd, und der ehemalige CIA-Agent Donald James erinnert sich: »Wir erkannten, dass diese

Kunstform nichts mit dem sozialistischen Realismus zu tun hatte und diesen sogar noch stilisierter, rigider und beschränkter aussehen ließ, als er tatsächlich war. Und genau diese Wirkung haben wir uns in einigen der Ausstellungen zu Nutze gemacht. Damals denunzierte Moskau alles, was nicht mit seinen äußerst strengen Vorgaben übereinstimmte. Somit konnte man Fug und Recht folgern, dass alles, was sie so leidenschaftlich kritisierten, auf die eine oder andere Weise unsere Unterstützung verdiente.«" (ebd., S. 102)

Die US-amerikanischen Maler gründeten „The School of New York". Die „École de Paris" war gestern. Was war das grundlegend Neue an dieser Schule? Die neue amerikanische Malerei sei ein Angriff vor allem auf die Fortschrittsillusionen der französischen Malerei, behauptete der Kritiker Clement Greenberg. Der Glaube an Intellekt und Objektivität wurde aufgegeben, die persönliche Revolte, das persönliche Aufbegehren zum Kennzeichen. „Sie lehnen die konventionellen Werte der Gesellschaft, die sie umgibt, trotzig ab, engagieren sich aber nicht politisch, obwohl ihre Malerei gefeiert und verdammt wurde als eine symbolische Freiheit in einer Welt, in der Freiheit eine politische Haltung einschließt", schreibt Alfred Barr in seinem Vorwort zu „The New American Painting". (Grosenick/Hess, S. 19) Die Behauptung des mangelnden politischen Engagements stimmt in dieser Ausschließlichkeit nicht: Philip Guston, Ad Reinhardt, Mark Rothko und Elaine de Kooning, später Robert Rauschenberg, unterstützten die Bürgerrechts- und Antikriegs-Bewegung. (ebd., S. 21) Aber es kommt in ihren Bildern nicht zum Ausdruck. Das politische Engagement können die Künstler nicht zum Ausdruck bringen, weil es von einer tief sitzenden Krise des Menschenbildes überlagert wird. Die Krise der Gesellschaft wird auf einen grundlegenden Zweifel an der Zukunftsfähigkeit insgesamt verbunden, mit der Überzeugung des Bösen im Menschen, die immer wieder kehrende Apokalypse als tägliche Bedrohung. Die psychischen Abgründe werden als Wesensmerkmal des Menschen begriffen. Beaucamp schreibt: „Mitten im Krieg, der größten Katastrophe des Jahrhunderts, sahen diese Künstler den einzigen Ausweg in der Irrationalität, sie nahmen Zuflucht zu fiktiven Ursprüngen und Mythen und suchten darin nach einer unversehrten Einheit und dem Heil der Menschheit." (Beaucamp, S. 176) Die Läuterung durch die Malerei werden künftiges Ritual und Religionsersatz in der US-amerikanischen Malerei.

Das macht aber auch einen Teil des Erfolgs der US-amerikanischen Malerei der Nachkriegszeit aus. „Der Avantgardekünstler, der es kategorisch ablehnte, am politischen Diskurs teilzunehmen, steigerte sich in seine Individualität hinein und isolierte sich. Er wurde vom Liberalismus kooptiert, der im Individualismus des Künstlers eine entscheidende Waffe gegen den sowjetischen Autoritarismus sah. Die Entpolitisierung der Avantgarde war eine notwendige Voraussetzung ihrer politischen Vereinnahmung: für die Avantgarde ein unlösbares Dilemma." (Grosenick/Hess, S. 18) Gleichzeitig äußert sich hier ein generelles Problem in einer verwalteten, industrialisierten Welt. Alexander und Margarete Mitscherlich schreiben: „Für alle Länder, die vom Prozess der Industrialisierung ergriffen wurden, wird die Frage immer drängender, wie man politisches Engagement der Massen gerade an den Prozessen erreichen könnte, die über ihr Fortleben und die Art ihres Zusammenlebens entscheiden, auf die sie aber unter den gegenwärtigen Verhältnissen schwindende Möglichkeiten des Einflusses haben. Denn die Vorgänge der Konzentration der Macht an wenigen Orten, die höchst vermittelte Einflussmöglichkeit vielseitig abhängiger Spezialisten schließen aus anderen Gründen als in der Vergangenheit, aber ebenso wirkungsvoll die Massen von den politisch wirklich bedeutenden Entscheidungen aus." (Mitscherlich, S. 18) Die Intellektuellen und die Künstler hatten ihre Einflusslosigkeit und ihre Ohnmacht vor dem Hintergrund der Katastrophe des Zweiten Weltkriegs erlebt.

Pollock schleudert in wilder Entschlossenheit und Verzweiflung Farben auf die Leinwand. Er will mit seinen Bildern die eigene Zerrissenheit und die der Welt hinausschreien. Diese Drip-Paintings, wie sie verniedlichend genannt werden, geben dann das Hintergrundbild für ein Foto-Shooting des Modemagazins „Vogue". Die „apokalyptische" Tapete Pollocks bildet einen vordergründig hervorragend geeigneten ästhetischen Reiz für die Schönheiten. Im Hintergrund spielt sich der Weltuntergang Pollocks ab. Vorn präsentierten Top-Models den „last cry" modischer Eleganz – Amerika en vogue, attraktiv, vielfältig, freiheitsliebend. Der „Abstrakte Expressionismus" konnte sowohl als Exportartikel wie auch als offizielles Vorzeigeobjekt eines freiheitsliebenden Amerika eingesetzt werden: Legitimation für „Liberty" und Waffe im Kalten Krieg.

Mark Rothko ist zutiefst verzweifelt und versucht seine ganze Sehnsucht in seinen Farbfeldern auszudrücken. Seine Hoffnung auf religiöse Erlösung versucht er in seinen tief empfundenen Andachtsbildern Ausdruck zu geben. Die Betrachter lieben vor allem seine „warmen" Farbtöne, weil sie zu ihrer orangefarbenen Wohnzimmer-Couch passen. Andere finden, dass sie eine hervorragende Dekoration für ein Restaurant darstellen.

Die Bilder der Künstler werden vereinnahmt und auch hervorragend vermarktet – aber sie werden nicht verstanden. Harold Rosenberg: „Die Revolution gegen das Vorhandene, im Selbst und in der Welt, die seit Hegel die europäische Avantgardekunst mit Theorien einer neuen Wirklichkeit versorgt hat, ist nach Amerika als persönliche Revolte zurückgekehrt. Die Idee einer Kunst als Aktion beruht auf dem riesigen Anspruch, dass der Künstler nur das als wirklich akzeptiert, was er selbst gerade schafft." (ebd., S. 22) Die Revolte wird in der amerikanischen Malerei zum persönlichen Drama. Malerei wird zur Malerei der inneren Empfindlichkeit. Die Kämpfe toben nicht mehr nur in der äußeren Welt.

Dabei überrascht der plötzliche Wandel der US-amerikanischen Malerei innerhalb nur weniger Jahre. Vor dem Krieg hatten viele Maler ihre Aufträge und Arbeit durch die Arbeitsbeschaffungsmaßnahmen des „New Deal" der amerikanischen Regierung gefunden. Sozial-kritische Malerei bestimmte die vorherrschende Richtung. Diego Riviera, der Künstler der mexikanischen Revolution, war Vorbild für viele. Der Weltkrieg brachte eine plötzliche und einschneidende Zäsur. Das Ich war zutiefst getroffen und suchte nach neuer Identität. Man wandte sich von der äußeren Welt ab und sucht das Gewaltige und Gewalttätige im Reich der Seelen.

Pollock äußert psychische Not in seinen Drippings

Keiner hat diesen Wandel so abrupt und gewalttätig vollzogen wie **Jackson Pollock** (1912 - 1956). Als Landvermesser kommt er mit der Kunst der Indianer in Kontakt. Er wird Schüler des nationalistischen Regionalisten Thomas Hart Benton. In den 1930er Jahren gerät er in den Bannkreis von Pablo Picasso und den in Amerika präsenten Surrealisten Roberto Matta, Salvador Dali, Max Ernst, Kurt Seligman und André Masson. Dann assistiert er in dem New Yorker Atelier des mexikanischen Revolutionsmalers und Kommunisten Alfaro Siqueiros (1896 - 1973).

In den Wirren der 1940er Jahre kommt ihm die Erleuchtung, dass die Surrealisten recht hätten. Alle Malerei komme aus dem Unbewussten. Pollock übernimmt deren écrire automatique und von Max Ernst das drip-painting, das Tröpfeln der Farbe auf die Leinwand. Aber bei Pollock ist es nicht das vorsichtige Austarieren des Bildgleichgewichts auf der Staffelei: Die Leinwand liegt auf dem Boden, Pollock tanzt in rauschhafter Faszination darum und wirft Farben darauf, Farben, die auf der Leinwand explodieren sollen. Pollock will Mythisches, Urgründe aufrufen. Unruhige Zeichen sollen von geheimnisvollen Botschaften in turbulenten Zeiten zeugen. Dann tritt aus dem Gewirr der Zeichen ein Gesicht, eine mythische Gestalt hervor, Hände ragen ins Bild. Zwei pfeilerartige Totempfähle stehen neben einer mit orakelhaften, unleserlichen Zeichen beschriebenen Tafel, darunter ein wölfisches Unwesen: „The Guardians of the Secret" (Die Hüter des Geheimnisses) heißt das 1943 entstandene Werk. Pollock will motorische Kräfte aufrufen.

„Wenn ich in meinem Bild bin, so weiß ich nicht, was ich

tue. Erst nach einem gewissen ›Bekanntschaft-Schließen‹ sehe ich, auf was ich eigentlich aus war. Ich habe keine Angst, Veränderungen vorzunehmen, die Bildgestalt zu zerstören usw., weil das Bild sein eigenes Leben hat. Ich versuche, dies durchkommen zu lassen. Nur wenn ich den Kontakt mit dem Bild verliere, ist das Ergebnis ein Durcheinander. Im anderen Fall ergibt sich reine Harmonie, ein leichtes Geben und Nehmen, und das Bild kommt gut heraus." (Haftmann, S. 479)

1950 tritt eine Wende ein. Die Bildern Pollocks verlieren immer mehr an Farbe. Jetzt traktiert er die Bildfläche in den härtesten Kontrasten von Schwarz und Weiß und mit der Gewaltsamkeit der finstersten Linie. Er attackiert die Leinwand, heftige Pinselzüge, wirbelnde Farbfetzen: Man sieht die psychische Not im Schwarz-Weiß-Kontrast. Pollock malt das Drama der damaligen Zeit. Malen wird tragischer Akt, ein Akt der Selbstzerstörung, der die Lebenskraft aufzehrt. Es ist ein Aufbäumen gegen die Geschichte mit den vermeintlichen Kräften des Mythos der Indianer der Urgeschichte. „Ich bin dem Bild näher, mehr ein Teil von ihm, da ich auf diese Weise um es herumgehen, von allen vier Seiten aus bearbeiten und buchstäblich in ihm sein kann. Das hat Ähnlichkeit mit der Methode der indianischen Sandmaler des Westens." (Bocola, S. 403)

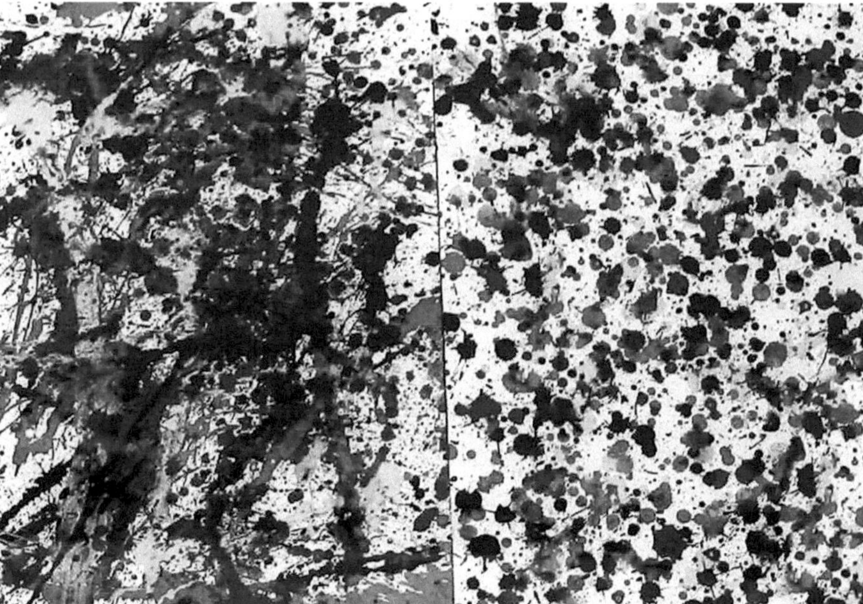

Unter dem Stichwort Action painting findet sich bei Wikipedia das Bild (allerdings farbig) mit der Erklärung: Maltechnik, bei der die Farbe aufgetropft wird, links gespritzt, rechts getröpfelt, Produzent: Gmhofmann, CC BY-SA 3.0

Während des Zweiten Weltkrieges war Pollock in psychotherapeutischer Behandlung. Dabei wurde er mit den Archetypen von Carl Gustav Jung vertraut. Dessen Archetypen sucht er im Totemismus der Indianerkunst: Schwarze Dämonen tummeln sich auf grauem Grund, Mischwesen aus Ratte, Bisam oder Höllenvogel, keilförmige Ur-Geschosse durchqueren den Bildraum, spermienartig zitternde Schlangen tauchen auf, sich windende Formen umkreisen ein Totem: Eine drohendes uns anstarrendes Wesen aus der Unterwelt trägt gespensterhafte Züge. Ist es ein Mensch aus den Katakomben, der Tod, ein Affe? Hier ist eine moderne Vision des Weltuntergangs entworfen: „Totem Lesson 2" (Totem Unterrichtsstunde 2, 1945).

„Full Fathom Five" (Fünf Faden tief, 1947) thematisiert den Tod. Der Titel bezieht sich auf einen Vers aus William Shakespeare „Der Sturm": „Fünf Faden tief liegt dein Vater, Kind. / Sein Gebein ist nun Korall´n". Pollock hatte bei diesem Bild auf dem Grund zunächst eine Figur gestaltet, in dem weiteren Malvorgang diese Figur vor allem mit schwarzen und weißen Drippings verdeckt. Ein modernes Begräbnis. Was bleibt, ist ein Gewirr aus

Farbspuren, Lebenslinien. Nur im oberen Drittel des Bildes scheinen uns in den runden Farbenlinien zwei große Augen aus der Unendlichkeit anzustarren. Der Shakespeare-Vers endet mit den Worten: „Seltsam ist es nun und gut."

„Number 1, 1950 (Lavender Mist)" (Nummer 1, 1950 Lavendelnebel): Mit über 50 Bildern bildet das Jahr 1950 einen Höhepunkt in Pollocks Schaffen. Es ist zugleich ein tragischer Wendepunkt: Immer mehr beschränkt er sich auf die Farben Schwarz und Weiß und beginnt nach vierjähriger Abstinenz wieder zu trinken. Seine Bilder wirken wie ausweglose Labyrinthe, dem Maler entgleitet die Kontrolle vollends. Pollock befindet sich nach Irrwegen in einer Labyrinth-Sackgasse. Seine schwarz-weißen Bilder wirken wie aus der Vogelperspektive gemalt als Topografie der Zerstörung. Der Grund von „Number 1" ist in den zarten Farben einer Landschaft gehalten: zartgrüne Felder, hellbraune und graue Ackerflächen und blaue Seen. Da hinein krachen die schwarzen und weißen Drippings als Krater der Zerstörung, Farb-Bombenabwürfe. Ein Journalist kennzeichnete Pollock als „Jack the Dripper". Rest in Peace? Nein, Pollock sieht keinen Frieden.

Und doch versucht er noch Hoffnung heraufzubeschwören: „Easter and the Totem" (Ostern und das Totem, 1953) In diesem Bild droht das Totem am linken Bildrand. Aber aus den das Bild bestimmenden wuchtigen Pfeilern in der Mitte und rechts lösen sich Gebilde, in neapelgelb, zartrosa und grün: Ostern als christliches Fest der Auferstehung. Aber die Hoffnung ist nur ein vorübergehender Funke, er erlischt wieder. Pollocks künstlerischer Impuls versiegt. 1956 stirbt er nach einem Autounfall.

Pollock verstand sich nicht als abstrakter Maler: „Ich male manchmal sehr gegenständlich, und ein wenig immer. Wer aus dem Unbewussten malt, bringt zwangsläufig Figuren hervor." Er verstand sich als Maler seines Zeitalters: „Mir scheint, dass der moderne Maler sein Zeitalter, das Flugzeug, die Atombombe, das Radio, nicht in den alten Formen der Renaissance oder irgendeiner anderen vergangenen Kultur ausdrücken kann. Jede Epoche findet ihre eigene Technik." (Grosenick/Hess, S. 18) Interessant ist, mit welchen Attributen er das Zeitalter kennzeichnet: Flugzeug, Atombombe und Radio als Medium weltweiter Schreckensnachrichten.

Matta: Visionen aus dem dämonischen Reich

Roberto Matta (1912- 2002) ist geradezu der Maler der heraufkommenden Atomära. Er schöpft seine Visionen aus dem mythisch-dämonischen Reich der altmexikanischen Kunst und verbindet sie mit den mikroskopischen Aufnahmen der modernen Wissenschaft zu einer Science-Fiction-Malerei des Werdens und Vergehens. Es sind blitzlichtartige Aufnahmen aus dem Kosmos der Unendlichkeit und der Innerlichkeit. 1942 entstanden inmitten des Zweiten Weltkrieges die ersten großen Leinwände: „The Earth is a Man" (Die Erde ist ein Mann), „Here Sir Fire, Eat" (Hier Herr schieße, esse). Schießen und Essen decken die Grundtätigkeiten des Menschen ab. Insektenähnliche Gestalten inszenieren die Tragödie eines Zeitalters der Gewalt. Es sind Schreckvisionen wie vom Leben auf einem anderen Planeten. Zu unvorstellbar sind die Meldungen von den Schlachtfeldern. Matta verschränkt den Mikro- mit dem Makrokosmos und kommentiert mit kosmischen Spekulationen das fassungslose Schauspiel. Er lässt Technik und Gewalt einen makabren Tanz aufführen.

1945 sind die Atombomben gefallen und haben 200 000 Menschen getötet und Millionen verstrahlt. Matta inszeniert eine neue Dämonologie. Die schreckliche Drohung, Science-Fiction ist Wirklichkeit geworden. Matta erklärt: „Meine Hauptbeschäftigung zur Zeit des ›Vertige d´Eros‹ war, in mich selbst zu schauen. Aber plötzlich wurde mir klar, dass ich mich inzwischen in einer schrecklichen Krise der menschlichen Gesellschaft befand." (Haftmann, S. 451) 1946 gestaltet er das gewaltige Bild „Being with". Matta ist in einem Schockzustand, er erklärt das Bild mit „Being with a horrible crisis in society". Er thematisiert den Schock der absoluten Haltlosigkeit. Der Mensch stürzt im grenzenlosen Raum ins Bodenlose. Es agieren keine Menschen mehr sondern Dämonen der Natur und der Technik, die quälen und gequält werden, grausame Mechanismen lassen die Welt zu einer Folterkammer verkommen, in der glitzernde Technik dem Inferno einen schimmernden ästhetischen Reiz verleiht.Auch in seinen kommenden Bildern erscheinen astrale Räume, fliegende Untertassen durchgeistern die Welt, weiße Kometen durchstreifen blau-schwarze Malgründe, in denen das Feuer rot glüht. Der Raum wirkt unwirklich, unbestimmt, gespenstisch, eine rätselhafte Astronomie, durchschnitten von rätselhaften geometrischen Figuren. Unheimliche Kräfte üben die Herrschaft aus und treffen jeden: das Atomzeitalter. Die Entwürfe der modernen Naturwissenschaften lassen ein Empfinden des Ausgeliefertseins entstehen und verbreiten gespenstische Angst.

Matta bevölkert einen unbestimmten Raum der Gewalt und Furcht mit mythischen Wesen – den „Great Invisibles" (Die Großen Unsichtbaren) . Die „Großen Unsichtbaren" tauchen schon 1945 in „Heart Players" auf: menschliche Apparate, gespenstische technoide Figuren, dessen maschinelles Funktionieren einem Schachspiel vor einer untergehenden Weltbühne gleicht. Matta attackiert die Zivilisation des 20. Jahrhunderts. Der Mensch wird manipuliert. Er muss reibungslos funktionieren und wird in diesem Höllenszenarium zu immer höherer Geschwindigkeit getrieben: Mystische Mächte gestalten in grellen Farben eine Marterwelt. Noch in den siebziger Jahren klagt er die Instrumenten- und Automatenwelt an. In „Homo Flux", 1971, sieht er den radioaktiven Menschen in einem Fluidum sich auflösender Materie. Seine Malerei fragt nicht: Wie konnte das geschehen? Seine Malerei fragt auch nicht: Wer warf die Atombomben und weshalb? Oder: Weshalb mutieren die Menschen zu automatisch funktionierenden Insektenwesen? Mit mystischer Verklärung und in Anwesenheit der altmexikanischen Dämonen sagt er: Das ist so. „Being with" ... damit müssen wir leben.

Gorky beschwört die Geheimschrift der Natur

Der Lebensweg von **Arshile Gorky** (1905 - 1948) zeichnet mit vielen Traumatisierungen die Tragödie vor, die mit dem Zweiten Weltkrieg ihren Höhepunkt fand: Er überlebt den Todesmarsch und den Genozid der armenischen Minderheit 1915 in der Türkei und flüchtet anschließend in die USA. Dort schlägt er sich als Gelegenheitsarbeiter durch und arbeitet als Wandmaler bei den Arbeitsbeschaffungsmaßnahmen des New Deal in den dreißiger Jahren. Mitten in den Wirren des Krieges beginnt er auf der Farm seiner Schwiegereltern „ins Gras zu schauen": Er imaginiert mit Naturbildern, pflanz-

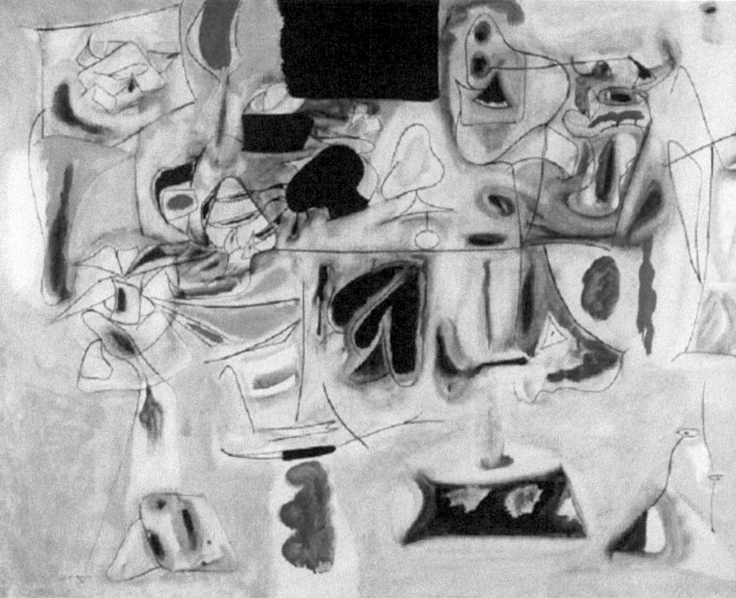

Arshile Gorky: Paesaggio, tavola (Landschaft, Tisch), Centre Pompidou, Paris, 1945, Public domain

liche Gebilde offenbaren ein inneres Wunderreich. Er, der Dramen der Entwurzelung durchlebt hat, versucht zu verzaubern, sich eine neue Welt zu erträumen. Seine Werke beginnen zu glühen, eine übersinnliche Welt des Wirklichen. 1944 entstehen „Die Leber ist der Hahnenkamm" oder „Das Wasser der blumengeschmückten Mühle". Er imaginiert und beschwört die Geheimschrift der Natur. Feinsinnige Farbklänge streben nach Erlösung, doch die erweist sich als Illusion. Angst und Verzweiflung sind die dominierenden Bildinhalte der letzten Jahre „Agonie“, 1947, „Last Painting“, 1948. Im selben Jahr erhängt sich Gorky in seinem Atelier.

Baziotes: Der Zyklop ist wieder auferstanden

Angst und Verzweiflung drückt auch das Werk von **William Baziotes** (1912 – 1963) aus: „Heutzutage ist es möglich, die eine Leinwand mit der Ruhe eines Griechen der Antike und die nächste mit der Angst eines van Gogh zu malen“, beschrieb er 1947 seine widersprüchlichen Empfindungen. In seinem Gemälde „Cyclops“ (Zyklopen, 1947) gestaltet er jenen einäugigen Riesen der griechischen Mythologie, der mit Donner und Blitzen verwüstet. Oder 1950 „Drache“: eine schwarze wie aus Stahl geschmiedete Urgestalt zeichnet den Widerspruch geschwungener und eckiger Formen. Der Drache zermalmt das Licht in seinem Rachen. „Zwerg“ (1947): Baziotes schaut in die Vergangenheit und sieht Rätsel und sieht sich in eine ewige Mythologie eingebunden. Er erweckt die antiken römischen Wandmalereien zu neuem Leben. Melancholisch spielt Baziotes mit mythischen Formen und verklärt so die Gegenwart zur Vergangenheit. Er wendet seinen Blick von der Realität ab und schaut wehmütig zurück.

Guston ist von dem Grauen überwältigt

Philip Guston (1913 - 1980) hingegen schaut hin – und dann weg. „Porch No. 2“ (Veranda Nr. 2, 1947) zeigt Kinder auf einer Bühne (Veranda), zerstückelte Körper, einen an den Füßen aufgehängten Menschen, Kinder, die ratlos und hilflos sind und sich vor Entsetzen die Hände vor die Köpfe halten. Hier wird versucht, die grauenhaften Bildszenen aufzuarbeiten, die die veröffentlichten Fotos von den befreiten KZ-Insassen hervorriefen. „The Tormentors“ (Die Folterer, 1947 - 48) greift das Thema wieder auf – in abstrakter Form. Auf grau-braunem Grund verbinden zarte weiße Striche – teils gepunktet – fünf rot drohende kubische Formen, die Gewalttätiges ausdrücken. Braunockerfarbene Gebilde sehen wie ein Ausrufezeichen aus. Ein „abstraktes“ Bild, außer dem Titel deutet nichts auf das konkrete Verbrechen in den Konzentrationslagern hin. Die Abstraktion ist Gustons „Wegschauen“.

Und Guston spürt das, wenn er 1960 ausführt: „Es liegt etwas Lächerliches und Erbärmliches in dem Mythos, der die abstrakte Malerei umgibt: dass Malerei autonom, rein und ein Selbstzweck sei; daher haben wir die Gewohnheit, ihre Bestandteile zu analysieren und ihre Grenzen zu definieren. Aber die Malerei ist ›unrein‹. Es ist die Regulierung von ›Unreinheiten‹, die ihre Kontinuität forciert. Wir sind Bilder-Macher und Bilder Besessene.“ (Grosenick/Hess, S. 38) Noch deutlicher wird er 1966: „Aus Gründen, die ich nicht verstehe, beschäftigte ich mich in den späten vierziger und frühen fünfziger Jahren mit ungegenständlicher Malerei, obwohl ich durchaus das Gefühl hatte, es mit einer gegenständlichen Bildsprache zu tun zu haben, selbst wenn ich die Bildsprache nicht ganz verstand. Und aus irgendwelchen Gründen ist mir das immer noch nicht ganz klar, und vielleicht möchte ich auch gar nicht, dass es mir klar wird [...]“ (ebd., S. 74)

Aber Guston spricht sich klar dagegen aus, als „abstrakter Expressionist“ eingruppiert zu werden. Er wehrt sich mit den Worten, dass er in der „ungegenständlichen Malerei“ eine „gegenständliche Bildsprache“ zu praktizieren versuchte. Handelt es sich bei seinem Ausflug in die „ungegenständliche Malerei“ um eine Verdrängung traumatischer Erfahrungen? In den dreißiger Jahren nämlich prangerte er die Verbrechen des rassistischen Ku-Klux-Klan an und thematisierte das Spießbürgertum seiner südkalifornischen Heimat. In den sechziger und siebziger Jahren nahm er dann wieder sozialkritische Themen ins Visier. Waren die Sinneseindrücke während der Zeit des Zweiten Weltkriegs so stark, dass er sie nur „abstrakt“ verarbeiten konnte, durch „Wegschauen“ und manisches Beschwören von rotem Blut und roter Wut mit schwarzer Trauer?

Newman und Rothko als Begründer einer privaten Religion

Barnett Newman (1905 - 1970) ist der Messias der reinen Malerei und flüchtet aus den Widerwärtigkeiten des Krieges und der Gegenwart der Atombombe in die Reinheit der Farbe, in neue Welten des „Erhabenen", in das Sublime. Er ist der Begründer einer amerikanischen privaten Religion der Kunst. Dabei meint er, sich entschieden von den utopischen Vorstellungen eines Mondrian abzusetzen: Das sei keine erhabene Kunst, weil sie noch zu viel „Naturbezug" enthalte. Newman ist überwältigt von gewaltigen Lichtfeldern und will überwältigen.

Schon in den vierziger Jahren gestaltet er dunkle Scheiben vor hellem Grund. Sie erinnern an Überstrahlungen, die Fotos einer Sonnenfinsternis zeigen: Kosmische Assoziationen einer Katastrophe, einer Apokalypse werden heraufbeschworen.

Bei seinem Werk „Onement I" (Einheit I, 1948) sei ihm die Erkenntnis des „entscheidenden Wendepunkts" gekommen, dass er von da an „jede Beziehung zur wahrgenommenen Natur" aufgeben müsse. Das ist natürlich vollkommen unmöglich – aber Newman gibt es vor. Der vertikale Streifen, der das Bild in der Mitte durchtrennt, bildet einen „Reißverschluss", der die Felder links und rechts verbindet und eine Einheit herstellt und sie so zum Leben bringt. Seine Bildsprache reduziert sich also auf die sehr einfache Vorstellung, dass zwei Farbfelder durch einen „Reißverschluss" zur Einheit verschmolzen werden wie die Liebenden beim Geschlechtsakt. Der Unterschied besteht allerdings darin, dass der Liebesakt nicht allein ein geistiges Erlebnis darstellt wie die ästhetische Vereinigung der „reinen" Farben. Newman erklärt pathetisch: „Das Fundament der ästhetischen Handlung ist die reine Vorstellung. Aber die reine Vorstellung ist notwendigerweise eine ästhetische Handlung. Dies ist nun das erkenntnistheoretische Paradox, das das Problem des Künstlers ist." (Walther, S. 290) Das Problem ist nun einmal, dass die Vorstellung der „reinen Vorstellung" (die Vorstellung, die zur vollkommenen, von allem losgelösten Reinheit geläutert ist) gebunden ist an den materiellen Akt des Künstlers und zusätzlich an die Materialität der Farbe, also gleich auf zweifache Weise aus dem Reich des „Erhabenen" auf den Boden der Wirklichkeit gezerrt wird.

Aber imaginieren kann man die jungfräuliche Vorstellung, die jungfräuliche Bilder produziert, indem man die Ansprüche formuliert: „1. Ihre Sprache hat abstrakt zu sein. 2. Ihre Dynamik hat ritueller Wille zu sein. Ihr Ziel muss Vision und Erleuchtung sein." (ebd., S. 289)

Um zur „Erleuchtung" zu gelangen, setzt Newman geradezu rücksichtslos die Farbe ein. Für den Zustand des „Erhabenen" müsse man sich ganz der Farbe ausliefern und sich von allen Sehgewohnheiten befreien. Wie ist das möglich? Durch Trance, durch ekstatisches sich Hineinsteigern. Wenn man ganz nah vor seinen Riesenformaten steht, hat man keine Chance, das Ganze zu überblicken, man ist selbst ganz im Bild. Sein „Vir Heroicus Sublimis" (frei übersetzt mit „Der heroische Mann im erhabenen Zustand 1950/51), ist 242,2 Zentimeter hoch und 513,6 Zentimeter breit. Es besteht zu 99 Prozent aus schreiend roter Farbe. Eine exakte, schmale gelbe Linie durchquert in der linken Bildhälfte von oben nach unten das Farbfeld, eine weitere grenzt es rechts ab. Zwei vertikale „Reißverschlüsse" befinden sich als zitternde vertikale Linien in der rechten Bildhälfte. Steht der Betrachter lange genug vor dem Werk, beginnt es zu beben, zu leben, zur Einheit zu verschmelzen. Bildnerische Effekte sollen also zu einer neuen Geistigkeit verführen. Es ist ein neues Andachtsbild.

Zwar behauptet Newman, sich von den Zwängen des „Naturbezuges" eines Mondrian zu befreien, widerspricht sich dabei aber selbst beim Besuch indianischer Kultstätten in Ohio: „Angesichts dieses Ortes fühlst du, hier bin ich, hier [...] und dort draußen (jenseits der Grenzen des Ortes) gibt es Chaos, Natur, Flüsse, Landschaften [...] Aber hier bekommst du ein Gefühl für deine eigene Gegenwart [...] Ich beschäftigte mich mit der Idee, den Betrachter präsent zu machen: mit der Idee, ›der Mensch ist präsent‹." (Hess/Grosenick, S. 52)

Auch seiner Vorstellung, mit seiner Malerei eine Einheit herstellen zu können, widerspricht er selbst: „Der Mensch ist ein tragisches Wesen, und der Kern dieser Tragödie ist das metaphysische Problem von Teil und Ganzem. Diese Dichotomie motiviert unser Ringen um

Vollendung und besiegelt unser Verhängnis. Der Mensch ist einzeln, allein und einsam, und gehört doch irgendwo hin, ist Teil eines anderen. Dieser Konflikt ist unsere größte Tragik [...]" (ebd. S. 80) Das ist der Sündenfall des Menschen. Die Einheit ist nicht zu erlangen.

Newman sieht die Konflikte der Welt und interpretiert sie introvertiert einzig als Konflikte des eigenen Inneren. Aber er begibt sich immer wieder auf die Suche nach der Erlösung im religiösen Heil. Malen sei ein Akt des Trotzes gegen den Sündenfall. Er möchte zurück in den Garten Eden. Aber der Sündenfall war doch auch der Akt der Erkenntnis? Malen ist doch erkennen, kenntlich machen. Newman windet sich im Widerspruch. Als er 1957 einen Herzinfarkt erleidet, schreit er mit seinen Bildern auf: „Outcry" (Aufschrei) und „Stations of the Cross – Lema Sabachthani (Stationen des Kreuzzugs – Mein Gott, mein Gott, warum hast du mich verlassen?" (1958) Er gestaltet die 14 Stationen des Leidens, in denen die Farbe Schwarz erdrückend dominiert. Nur drei der Stationen sind in Weiß gehalten. Newman leidet in der Zeit. Er schreit auf und identifiziert sich dabei: „Dieser Aufschrei Jesu. Nicht der schreckliche Weg die Via Dolorosa hinauf, sondern die Frage ist es, auf die es keine Antwort gibt." (ebd.)

Newman ist verzweifelt, er glaubt in privater Religiosität aber immer wieder neu an die Macht der Bilder. Beaucamp berichtet über Newmans schon fast rührend anmutende Inbrunst und seinen glühenden Idealismus: „Er behauptete sogar, dass die richtige Bildlektüre das Ende aller Totalitarismen und Staatskapitalismen herbeiführe. Dabei konnte freilich auch er nur Gleiches mit Gleichem, nämlich das Totalitäre mit seinen gleichfalls totalitären Überwältigungsphantasien, seinem sublimen Bild- und Idee-Terrorismus kurieren. [...] Überwältigt von seiner Empörung über die Realität, entwirft er ein illustratives Denkmal gegen die Brutalität der Chicagoer Polizei in der Bekämpfung der Vietnam-Gegner. Er scheut sich nicht, Stacheldraht ins Spiel zu bringen, ja sogar Blutfarbe auf den Sockel zu träufeln." (Beaucamp 1998, S. 182/183)

Rothko monumentalisiert die Erhabenheit

Vor den Kriegsjahren war auch **Mark Rothko** (1903 - 1970) Sozialist. In den dreißiger Jahren setzte er sich mit der Vereinsamung und der Armut in den Großstädten auseinander. In den Kriegsjahren wandelt sich der Stil dramatisch. Er kehrt in sich und versucht, die Bereiche des Inneren aufzuschließen. Eine malerische Botanik wie unter einer unwirklichen Meeresoberfläche entsteht. Ein jenseitiges Gebiet wird imaginiert, das sich zunehmend von der äußeren Realität entfernt. Auch Rothko greift auf die Mythen der Indianer, auf die orientalische und fernöstliche Mystik und die des Zen-Buddhismus zurück.

1948 ordnet Rothko unregelmäßig auftauchende Flecken rechtwinklig auf dem Malgrund an. Er will so hypnotische Kräfte mobilisieren. Gegen 1950 setzen sich einige breite, horizontal angeordnete farbige Felder auf monumentalem Grund durch. Das Bild leuchtet in Farbklängen von Orange zu Rot, von Braun zu Rot und soll die Stimmung der universellen Harmonie, einer kosmischen Einheit erzeugen. Rothko erreicht dies, indem er auf dem Farbkreis benachbarte Farben einsetzt. Sie scheinen aus dem monochromen Grund heraus und wollen den Eindruck eines geistigen Raumes des Übermächtigen und Universellen erwecken, des Göttlichen. Es sind Reliquien, Tücher, die das Heilige nur verdecken. Aber das Göttliche scheint durch die Leinwand hindurch zu leuchten. Angestrebt wird die Verschmelzung mit dem All. Es sind farbliche Dämmerzustände, bei der sich Vorstellungen von Leere und Unendlichkeit bedenklich nahe kommen.

Die Kritiker Robert Rosenblum und Eduard Beaucamp weisen darauf hin, dass die formalen Neuerungen von Rothkos Bildideen im Grunde gering seien. Neu sei die feierliche Verabsolutierung, Monumentalisierung und die Inszenierung der Bilder. Sie stünden im romantischen Traditionsstrom von C. D. Friedrich, Turner Whistler, Hodler und Munch. Sie einigt der gemeinsame Versuch, im Bild eine „immaterielle Welt", eine spirituelle Malerei zu initiieren und eine neue Universalreligion zu etablieren. Interessant ist auch der Vergleich Rothkos

Bilder mit denen von Olga Rosanowa (Gegenstandslose Komposition, 1916). Die Bildideen gleichen sich, Rothko gibt dem Bild aber einen anderen Sinn.

Drei Werke von Rothko seien noch hervorgehoben, weil sie schlaglichtartig die Tragödie seines Werks verdeutlichen. Er hatte den Auftrag Bilder für ein Restaurant zu gestalten. Vor monochromen Hintergründen zeigen sich Öffnungen, die an verschlossene Türen oder Fenster erinnern sollten, Assoziationen mit antiken Wandmalereien waren beabsichtigt. Als er das fertige Werk sah, zog er den Auftrag zurück. Er fühlte sich als Dekorateur missbraucht. Mit den „Havard Murals" (1962/63) schuf er ein Triptychon mit zusätzlich zwei Bildern mit einheitlich tiefrotem Hintergrund. Rothko musste dem Präsidenten von Harvard erklären, dass die Bilder des Triptychons die Leiden Christi am Karfreitag, die beiden helleren Bilder dagegen Ostern und die Auferstehung thematisieren. Seit Ende der fünfziger Jahre verwendet Rothko zunehmend dunklere Farben. Rothko beschäftigt sich mit seinem Tod. Er gestaltet in den Jahren 1965 und 1966 die Rothko Chapel mit 14 Gemälden, darunter drei Triptychons, in der Rice University in Houston. Die Bilder strömen eine unendliche Melancholie aus, sie leuchten nicht mehr, sie verschlucken das Licht. Die Kapelle wurde nach seinem Freitod posthum 1971 eingeweiht. 1970 hatte sich Rothko in seinem New Yorker Atelier das Leben genommen.

Überblickt man sein Werk, wirkt es wehmütig und tragisch. Rothko scheint auf seltsame Art und Weise ab 1957 müde geworden zu sein. Er wirkt ausgelaugt von seinen vielen Predigten mit wolkenartigen Rechtecken.

Motherwell ist auf der Suche nach der Einheit der Welt

Auch **Robert Motherwell** (1915 - 1991) strebt utopische Ziele an. Für ihn ist abstrakte Malerei das Bemühen, die Einheit der Welt herzustellen, das Universelle zu erreichen. „Abstrakte Kunst ist eine Bemühung, die Leere zu schließen, die der moderne Mensch fühlt, [...] eine Form des Mystizismus." Alle große Kunst gründe im geheimnisvollen Mystischen. Auch die zentrale Aufgabe der abstrakten Kunst sei die Schaffung persönlicher Mystik. Dabei greift er auf die Kunst der Indianer, die geheimnisvolle Kunst Alt-Mexikos und die präkolumbianische Kunst zurück.

Motherwell beschränkt sich auf einfache, schwerfällige und schwermütige Formen – Quadrate, Ovale, Kreise, Sterne, Balken. Es äußert sich eine finstere explosive Kraft, die aber nicht explodiert, sondern in den Bildern implodiert. Gefängnisse der Trauer.

Motherwell nimmt in seinem Artikel „What abstract Art means to me" 1976 konkret zu den Problemfeldern Stellung: „Ich würde sagen, dass es sich bei dieser um eine im Grunde romantische Reaktion auf das moderne Leben handelt – rebellisch, individualistisch, unkonventionell, sensibel, reizbar. Ich würde sagen, dass diese Einstellung aus einem Gefühl der Unbehaustheit im Universum hervorgegangen ist – der Zusammenbruch der Religion, der alten eng verknüpften Gemeinschaft und Familie mag etwas mit dem Entstehen dieses Gefühls zu tun haben. Ich weiß es nicht. Aber was immer die Quelle dieser Empfindung des Unvermähltseins mit dem Universum sein mag, jedenfalls glaube ich, dass man mit seiner Kunst versucht, sich mit dem Universum zu vermählen, in dieser Verbindung sich selbst zusammenzufügen." (zit. n. Bocola 408/409) Motherwell bleibt aber merkwürdig unbestimmt bei seinem Äußerungen über sein Unbehagen: „Unbehaustheit im Universum", „Unvermähltsein mit dem Universum". Er kann nicht konkret werden, mutmaßt über den Zusammenbruch der Religion oder der alten eng verknüpften Gemeinschaft.

Sein mit über 200 Arbeiten größtes zusammenhängendes Werk sind die „Elegien für die spanische Republik" (ab 1949). Über 30 Jahre arbeitet er an diesem Werkkomplex. Mit dem Titel verspricht er eine Auseinandersetzung mit einem konkreten politischen Sachverhalt, der Vernichtung einer jungen, viel versprechenden Republik durch faschistisches Militär mit Franco an der

Spitze und mit Bomben und Flugzeugen von Hitler und Mussolini. Aber Motherwell geht darauf nicht ein. Seine Bilder zeigen vertikale, schwarze Elemente, die ovale Formen einsperren, wie wuchtige, aufgelöste Ausrufezeichen. Als eine mehr nebensächliche Anspielung erscheinen versteckt im Werk Nr. 34 die Farben der Flagge der spanischen Republik Gelb, Rot und Blau. Er löst sein Thema in ein mystisches Geschehen und in Weltschmerz auf. Verfehlt er sein Thema? Nein, es ist gar nicht sein Thema. Sein Thema ist das Morden im Zweiten Weltkrieg. Darüber kann er aber nicht reden, zumindest nicht konkret, nur abstrakt. Mit dem Titel versucht er abzulenken und seine Wunde nicht offen zu zeigen. Motherwell thematisiert nicht das „Unvermähltsein im Universum", es ist das unverarbeitete Morden im Zweiten Weltkrieg, er lässt dieses Trauma in seinem Inneren implodieren.

Zwar wird das Trauma nicht bewusst aufgearbeitet, Motherwell leistet aber eine 30 Jahre dauernde Trauerarbeit. Er sagt 1963 in einem Interview: „Ich verstehe eine Elegie als ein Trauerlied über etwas, das einem etwas bedeutet hat. Die Spanischen Elegien sind nicht ›politisch‹, sondern mein persönliches Beharren darauf, dass ein schreckliches Sterben stattgefunden hat, das nicht vergessen werden sollte. Sie sind so beredt, wie es mir nur möglich war. Die Bilder sind jedoch auch allgemeine Metaphern für den Gegensatz zwischen Leben und Tod und ihrer Wechselbeziehung." (Grosenick/Hess, S. 70)

Kline vergittert die Welt

Franz Kline (1910 - 1962) präsentiert auf großen Leinwänden schwere schwarze Zeichen. Mächtige Balkenformen stapeln, durchgliedern, durchqueren den Bildraum. Es sind tragende und fallende, ziehende und stoßende Kräfte. Kline will den äußersten Widerspruch ausdrücken. Schwarz und Weiß prallen aufeinander, kämpfen miteinander. Seine Bilder versuchen die Spannung auszutarieren, wenigstens ein Gleichgewicht der Kräfte herzustellen. Man hat den Bildaufbau von Kline auf Eindrücke aus seiner Heimat zurückgeführt, einer Bergbauregion im östlichen Pennsylvania. Diese Gegend prägen Fördertürme mit wuchtigen Holzkonstruktionen. Schwarze Balken stützen die Stollen der Minen. Häufig assoziiert man auch seine Bilder mit japanischer Kalligraphie. Vor dem Krieg hatte Kline spannungsgeladene Straßenszenen gemalt. Alle diese Eindrücke kulminieren in den Zeiten des Krieges zu dem abstrakten, absoluten Schwarz-Weiß. Kline fragt sich: „Wie kann ich bei meiner Arbeit am expressivsten sein?" und bietet dann seine Bilder im Schwarz-Weiß-Kontrast an. Er betont, dass ihm das Weiße ebenso wichtig sei wie das Schwarze, er will das Gegensätzliche. Es ist die Spannung der Zeit, die Angst und der Versuch von Kline, im Gleichgewicht zu bleiben. Hier ähneln die Bildinhalte denen von Soulages und Hartung. Sie nehmen aber auch die Schwarz-Weiß-Problematik von Pollock, Rothko oder Motherwell auf.

Tobey sucht Rat beim Zen-Buddhismus

Mark Tobey (1890 - 1976) praktiziert Malerei als ein Meditationsverfahren im Sinne des Zen-Buddhismus. Schon vor dem Krieg entwickelte er seine Technik des „white writing". Den farbigen Grund bedecken kleine weiße Zeichen wie ein Tapetenmuster, das sich endlos fortsetzen lässt. Wie ein filigranes Netz greifen diese weißen Zeichen ineinander und scheinen miteinander zu kommunizieren: „Universal City" (1951) Die Zeichen ergänzen sich und stellen so eine Harmonie her.

Tobey erklärt: „Ich bin auf der Suche nach einer vereinten Welt in meinem Werk und verwende einen beweglichen Wirbel, um sie zustande zu bringen." (Hess/ Grosenick, S. 60) Nun ist es ein frommer Wunsch, die Welt mit weißen Zeichen zu vereinen. Aber immerhin, der Versuch ist es wert. Tobey weiter: „Alle Religionen beruhen, vom Standpunkt des Bahaismus gesehen, auf der Theorie, dass der Mensch nach und nach die Einheit der Welt und das Einssein der Menschheit verstehen wird. Der Bahaismus lehrt, dass alle Propheten eins sind – dass Wissenschaft und Religion die beiden Mächte darstellen, die ausgeglichen werden müssen, wenn der Mensch reifen soll. Ich glaube, dass mein Werk von diesen Überzeugungen beeinflusst wurde. Ich habe versucht, alle Teile eines Bildes zu dezentralisieren und zu durchdringen, so dass sie sich aufeinander beziehen." (ebd.)

Morris Cole Graves (1910 - 2001) war Buddhist und erlernte die Zen-Philosophie. In seinen „Inner Eye Series" (ab 1941) imaginierte er Unbewusstes: singende Vögel und Jenseitsgeschöpfe, gemalt wie im Trance. Später widmete er sich aber wissenschaftlichen Darstellungen, die die Ergebnisse der Weltraumfahrt veranschaulichen.

Cy Twombly (1928 - 2011) kritzelt Zeichen, Hieroglyphen einer modernen Welt, die er nicht verstehen kann. Linien kreisen und lassen schwindelig werden. Amorphenhafte Wesen sind wie Graffiti auf die Leinwand gemalt. Es sind Zeichen einer Schrift, die nicht zu entziffern ist. Ihr Bildinhalt wird aber ruhiger, es kündigt sich das Auslaufen des abstrakten „Expressionismus" an.

Ad Reinhardt malt die letzten Bilder

Ad Reinhardt (1913 - 1967) versucht an die Bildgewalt von Pollock, Rothko und Soulages anzuknüpfen: Er denkt sich seine Bilder als Dramen, aber es werden nur Farbflächen gegeneinander gestellt, wie Schauspieler-Puppen auf einer Malerei-Bühne. Seine Bilder leiten schon deutlich zur Minimal Art und zur Konzeptkunst über. Es sind eher „Huldigungen an das Quadrat" des Bauhaus-Künstlers Albers, geometrische Figurationen, artistisch aufgereiht, aber ohne expressiven Gehalt. Ad Reinhardt war der Meinung, seine „Black Paintings" der 50er und 60er Jahre seien die „letzten Bilder, die man irgend machen kann". (Walther, S. 295) Kommt Reinhardt zu dieser Auffassung durch sein Verständnis abstrakter Malerei? „Das einzige Anliegen von fünfzig Jahren abstrakter Kunst ist es, Kunst-als-Kunst und als sonst nichts zu präsentieren, sie zu dem einzigen zu machen, das sie allein ist, indem man sie immer mehr abgrenzte und definierte, sie purer und leerer machte, absoluter und ausschließlicher – ungegenständlich, nicht-abbildhaft, nichtfigürlich, nichtbildhaft, nichtexpressionistisch, nichtsubjektiv. Die einzige Weise zu sagen, was abstrakte Kunst oder Kunst-als-Kunst ist, ist zu sagen, was sie nicht ist." (ebd., S. 293) Besser kann man nicht ausdrücken, dass sich abstrakte Kunst, die sich als absolut (also losgelöst von allem) begreift, sich selbst überflüssig macht, absurd wird. Sie führt zur Negation des Bildes insgesamt. Diese Negation ist aber auch bei Rothko oder bei Newman angelegt, die sich von allen Naturbindungen frei machen wollten. Doch beide flüchten noch in ein geistiges Reich. Dieses Reich ist Reinhardt verwehrt, der die Mystik ablehnt. Er steht mit seiner Auffassung von abstrakter Kunst irritiert vor seinem letzten Bild.

Sam Francis beendet die Periode des „Abstrakten Expressionismus"

Sam Francis (1923 - 1994) allerdings glaubt noch an die Macht der Farben, des abstrakten Dialogs der Farben. Als Soldat hatte er beim Flugtraining einen schweren Unfall und musste mehrere Jahre im Gipskorsett liegen: der Beginn seiner Malkarriere. Zuerst ist es ein Dialog dunkler Farben. Dann geht er 1950 für sieben Jahre nach Paris. „Ich wollte mich außerhalb der USA aufhalten. Ich hatte das Gefühl, in einem Gefängnis zu leben, und ich wollte die europäische Kunst sehen. Ich wollte die wahre Malerei sehen, ganz gleich welche." (Hess/Grosenick, S. 62) Jetzt beginnt die Farbe zu jubilieren. Ein Orchester von Farbzellen, in denen viele farbige Instrumente eine Symphonie erklingen lassen. Sie scheinen das Lied „Das Leben kann schön sein" zu intonieren. Sam Francis musste dabei nur aufpassen, dass er es nicht zu bunt treibt. Nicht Ad Reinhard beendete den abstrakten „Expressionismus" sondern Sam Francis mit seinem fröhlichen Abgesang.

Der Siegeszug der abstrakten Malerei entsprach sicherlich einem breitem Bedürfnis des Kunstpublikums und vieler Künstler. Nicht zu unterschätzen ist aber auch das Interesse des amerikanischen Staatsapparats an der Herausbildung einer Ideologie, die die inneren Widersprüche der amerikanischen Gesellschaft nicht offen thematisierte und gleichzeitig dazu diente, eine scheinbar von allen Altlasten befreite Kunst als die Ideologie des freiheitlichen Westens zu exportieren. Mit der Vergabe staatlicher Aufträge versuchte man Kunst und Ideologie zu beeinflussen. Es wurden auch repressive Mittel eingesetzt. William Gropper (1897 – 1977) zum Beispiel wurde wie viele andere amerikanische Künstler vor den McCarthy-Ausschuss vorgeladen und antiamerikanischer

Aktivitäten bezichtigt, weil er im sozialkritischen Stil der dreißiger Jahre weitermalte. Vorher war er als Cartoonist der „New York Times“ und „Vanity Fair“ wegen „radikaler Ansichten“ entlassen worden. Sein Werk „Lidice“ wurde 1942 von staatlicher Seite als zu grausam abgelehnt. Er war der Überzeugung, dass man nicht mit Farbe male, sondern mit Überzeugung, Freiheit, Liebe und auch mit Liebeskummer.

De Kooning arrangiert ein diabolisches Rendez-vous

Willem de Kooning (1904 - 1997) wird allgemein als „Abstrakter Expressionist“ eingeordnet. Das trifft allerdings nur anfangs zu. Er hatte sich – wie die anderen Maler des „Abstrakten Expressionismus“ – von der europäischen Moderne anregen lassen, um dann expressiv aufgeladene Psychogramme, Landschaften mit traumhaftem Gesehenem und Erlebtem zu gestalten, zum Beispiel das Werk „Excavation“ (Ausgrabung, 1950). Hier nutzt er Kontraste von Schwarz- und Weiß-Gelb-Elementen: Gestalten scheinen auf einer Mauer wie aus fernen Zeiten aufzusteigen. Assoziationen an Kämpfe werden beschworen, Bilder von menschlichen Katastrophen in einer verschwommen zurückliegenden Zeit werden wachgerufen. Doch um 1950 wendet sich de Kooning von der abstrakten Malerei ab und beschäftigt sich mit Frauenbildern: leidenschaftlich, besessen, exzentrisch, verworren. Es sind Dämonen, erotische Animawesen, Königinnen, drohende Wesen, Fleischeslust, fratzenhafte Frauen, Ausgeburten wilder Lebensgier. Es sind Frauen, die ihm im Kino und auf der Straße begegnen, die zu einem diabolischen Rendez-vous einladen und gleichzeitig abschrecken. De Kooning äußert eine gehetzte Unruhe, eine Inszenierung der Frustration, die nicht erfüllte Lust und eine bleibende Sehnsucht: Der Leib der Frau wird wie eine Landschaft, wie ein Spannungsfeld mit Weltuntergangsstimmung ausgebreitet. Es ist eine offen herausgeschriene Wut. Immer äußert sich eine tiefe Unruhe, was den Kritiker Harold Rosenberg zur Bezeichnung des „Action-painting“ veranlasste.

Die weibliche Figur wird Projektions- und Angriffsfläche männlicher Aggressionen: Auch die Frauen wirken sehr aggressiv, die Aktbilder drohen verzerrt von der flächig mit breiten Pinselhieben bearbeiteten Leinwand. Sie künden von erotischen Exzessen als leidenschaftliche Dramen, die keine Erfüllung versprechen. Er inszeniert die Sinnlichkeit und zerstört sie gleichzeitig.

De Kooning kommentiert seine „Paintings on the Theme of the Woman“ 1960 in einem Interview so: „Einige Künstler und Kritiker haben mich angegriffen, weil ich die Women gemalt habe, aber meiner Meinung nach war das ihr Problem, nicht meines. Ich fühle mich wirklich überhaupt nicht als abstrakter Künstler. Heute meinen manche Künstler, dass sie zur Figur zurückkehren müssen, und das Wort ›Figur‹ wird so ein lächerliches Omen – wenn man mit dem Pinsel ein bisschen Farbe nimmt und eine Nase malt, ist das theoretisch oder philosophisch betrachtet ziemlich lächerlich. Wenn man es sich recht überlegt, ist es wirklich absurd, heute ein Bildnis, ein Bild von einem Menschen zum Beispiel mit Farbe zu malen, denn wir haben das Problem, etwas zu tun oder nicht zu tun. Aber dann war es plötzlich noch absurder, es nicht zu tun. So fürchte ich, dass ich meinen Sehnsüchten folgen muss.“ (Hess/Grosenick, S. 56)

Offensichtlich hat de Kooning ein Problem mit der „Figur“ – und auch seine Kritiker, die von ihm die „Weltsprache“ Abstraktion verlangen. De Kooning meint, es sei absurd ein Bild von einem Menschen zu malen. Und obwohl er ganz und gar nicht überzeugt ist, das Richtige zu tun, folgt er seinen „Sehnsüchten“. Die sieht er aber nicht von einer widersprüchlichen Gesellschaft geprägt, die mit einer Dominanz von Gewalt, Konkurrenz und Machtkämpfen auch die Zwischenmenschlichkeit vergiftet. Er sieht es als Schicksal und glaubt als Maler das zu tun, „was seit dreißigtausend Jahren überall auf der Welt getan wird“. Stile, Formen, sich aus den Zeitwirren ergebende Problematiken lehnt er ab. Er hebt „geschichtliche Trennung“ und Distanz auf und bezeichnet sich als „ein eklektischer Künstler durch Zufall“. Er malt nach seiner Ansicht „Menschliches –Allzumenschliches“ und schöpft dabei aus dem Arsenal der allgegenwärtigen Bilder, aus dem alten China oder dem Frankreich der Romantik. Es gibt keinen Fortschritt, sagt er.

Jasper Johns: I am just trying to make pictures

Jasper Johns (*1930) malt die amerikanische Fahne, manchmal wie durch den Dreck gezogen, dann wieder weiß-grau mystisch scheinend. Warum verbohrt er sich in dieses Thema? Er weiß es nicht. Einmal mutmaßt er, dass es die Legende eines Vorfahren sei, der 1779 bei dem Versuch erschossen wurde, die amerikanische Flagge an der britischen Frontlinie zu hissen. Man braucht nicht in die Vergangenheit zu gehen, um den Symbolgehalt zu finden. Die amerikanische Flagge war für ihn Symbol an der Front der Korea-Krieges, wo Johns 1952 und 1953 Kriegsdienst leistete. Die Flagge steht für seine Traumata, die er zu verarbeiten sucht, aber er schafft es nicht. Das Sternenbanner verkörpert Sieg, Glorie, aber auch unendliches Leid, Tod. Das hat Johns hautnah erlebt. Zwar versucht er die Fahne „wie einen Heizkörper“ zu sehen, bemüht sich, den Sachverhalt zu objektivieren, aber der Bedeutungsgehalt erdrückt ihn. Dann malt Johns Targets, Zielscheiben. In immer neuen Versionen variiert er schon fast zwanghaft das Thema, mit einem Tarnnetz versehen, mit Mündern, Ohren, Zehen oder Händen verziert oder mit Gesichtern, bei denen die obere Hälfte des Kopfes ab den Augen mit einem Brett vernagelt ist. Traumatische Erinnerungen eines Künstlers, der schießen musste und wusste, worauf er schoss. Er zerstückelt die Körper auch in seinen Bildern.

Erstaunlich ist dabei, dass Johns realitätsnah seine Ängste auf die Leinwände bringt, aber behauptet, das sei ein „Objekt wie ein Heizkörper“. Er zeigt seine Befürchtungen – und glaubt sie damit gebannt zu haben. Johns verklärt seine inneren Zwänge und Verletzungen zu einem formalen Problem, zu einer Äußerlichkeit. Jasper Johns: „Die Verwendung der amerikanischen Flagge nahm mir manches ab, denn ich musste ihre Form nicht mehr entwerfen. So fuhr ich fort mit ähnlichen Dingen, wie die Zielscheiben – mit Dingen, die man schon kennt. Dies gab mir die Möglichkeit, auf anderen Ebenen zu arbeiten.“ (Bocola, S. 416) Für Johns ist die Flagge ein Formfindungsproblem. Johns martert sich jahrelang an seinen Bildgegenständen, der Fahne und den Zielscheiben ab und begreift nicht, dass er sein Trauma malt, kann den Bedeutungsgehalt nicht entschlüsseln. Auch seine Umwelt nicht. Eine Tante schreibt ihm, dass sie stolz ist, weil er Respekt vor der amerikanischen Flagge habe. Johns Galerist Castelli überreichte dem amerikanischen Präsidenten Kennedy eine in Bronze gegossene „Flag“ (1960) anlässlich des Flags Day im Jahre 1964. Eine patriotische Geste in Respekt vor der „heiligen Fahne“. Das Sternenbanner als moderne Reliquie.

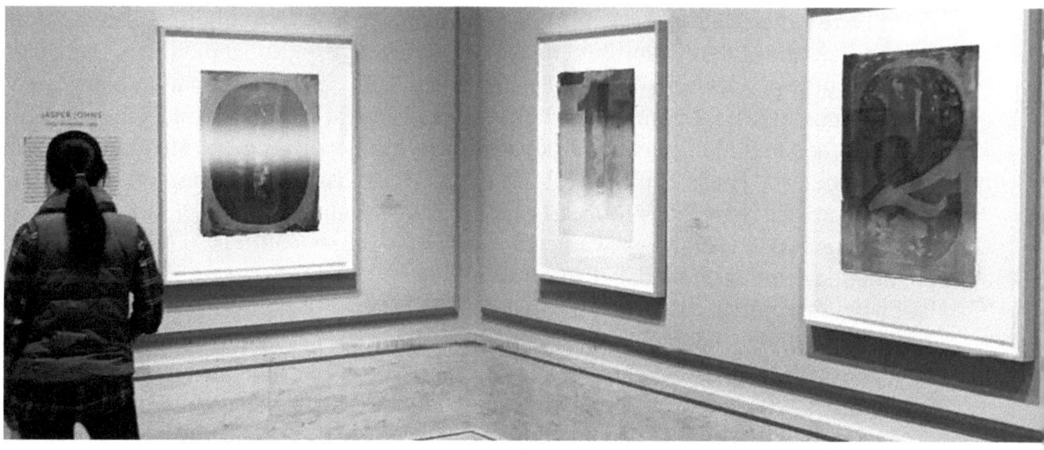

Eine Besucherin betrachtet die „Nummern“ von Jasper Johns, Foto: Gabriel Fernandes from São Paulo; Brasil; CC BY-SA 2.0

„I am just trying to make pictures.“ (Ich versuche einfach nur Bilder zu machen.) So wie er zusammen mit Robert Rauschenberg Schaufenster dekorierte, so wollte er

Leinwände dekorieren. Und das Sternenbanner wurde allmählich zu langweilig. „Es wurde eher eintönig, Flaggen auf ein Stück Leinwand zu malen, und ich wollte etwas hinzufügen – die Grenzen der Flagge überschreiten, und einen anderen Bildraum haben." (zit. n. Bocola, S. 427) Dann malte er „Land's End", 1963, oder „According to What", 1964, (frei übersetzt mit „Das Ende des festen Landes" und mit der Frage „Worauf bezieht sich das?"). Er stellt die Frage, welchen Inhalt seine Bilder haben. Er hatte das Gefühl, keinen Boden mehr unter sich zu haben. Er hinterfragt seine eigenen Bilder und kann sie nicht verstehen. In „According to What" versammelt er zahlreiche Zitate und Anspielungen auf frühere Arbeiten. Aber auch in der Summe ergibt sich für Johns kein Sinn.

Er will mit seiner Malerei Erkenntnisse gewinnen. „(Ich glaube, dass die Malerei eine Sprache ist, oder wünschte mir, dass die Sprache irgendeine Form der Erkenntnis wäre.) Wenn man an diesem Veränderungsprozess Gefallen findet, gelangt man zu neuen Erkenntnissen (?), Namen, Bildern." (Hess 2007, S. 40) Das Fragezeichen ist symptomatisch. Neue Erkenntnisse? Aber er ist verzweifelt. In einem Wiederholungszwang rekapituliert er ständig die Bilder und gesteht dabei eine psychische Bewusstseinssperre: „Ich arbeitete an einem farbigen Zahlenbild. Wenn ich länger als eine Minute daran arbeitete, wurde das ganze Gemälde vor meinen Augen grau. Ich konnte keine der Farben mehr erkennen und musste aufhören zu malen." (ebd.) Seine Malerei wird grau, verschwommen. Fragend schaut uns auf einem seiner Bilder Mona Lisa an. Bietet Kunst in unserer zerstückelten Welt eine Antwort? Jasper Johns hat keine.

Feiert Rauschenberg die Gegenwart?

Robert Rauschenberg (1925 - 2008) sammelt Reliquien der modernen Welt und stapelt sie zu einer rätselhaften Welt. Er hatte von 1942 bis 1945 den Krieg in Europa als Soldat miterleben müssen und entschloss sich auch während dieser Zeit, Künstler zu werden. Er begann seine Karriere damit, eine Zeichnung von de Kooning auszuradieren und rebellierte mit „White Paintings" (Weißen Bildern) Anfang der 50er Jahre gegen die großen amerikanischen Vorbilder. Er tritt an, um eine neue Kunst zu schaffen, die Welt zu verändern.

Er präsentiert „Gluts" (Überproduktion) in den 80er Jahren, größtenteils Autoschrott, aber auf ästhetische Weise kombiniert. Das überrascht, aber beeindruckt nicht. Es berührt, aber hinterlässt keinen nachhaltigen Eindruck. Es wird nur präsentiert. Es ist eine auseinanderfallende Welt und auf eine seltsame Weise zurückgeblieben: Botschaften aus der Vergangenheit im Gegenwärtigen. Leise Kritik an der Wegwerfgesellschaft, die Nutzloses beiseite schiebt und verrotten lässt? Leise Kritik an der Schnelllebigkeit – und Rauschenberg zeigt kurz noch einmal auf, was gestern noch wertvoll gewesen und heute nur noch durch einen ästhetischen Schein erinnert? Nein, Rauschenberg will keine Deutungsversuche. Kunst solle kein Konzept haben. Das sei das Einzige, woran er sich zeitlebens gehalten habe. Die Ziege oder ein Huhn, ein Stuhl, ein Fahrrad, eine Gießkanne, ein Tuch, eine Palme, ein Affe, ein Musikinstrument, ein verlassenes Gebäude, eine Statue, dazwischen Kennedy, eine Pappschachtel, Tücher, die Mondrakete, ein Bus, ein roter Stern, ein Baum: Das alles ist beliebig kombinierbar und erweckt immer neue Assoziationen: die aber laufen bedeutungslos ins Leere. Rauschenberg schafft eine Flut von Bildern. Auffallend sind die häufige Verwendung von zerrissenen Telefonkabeln an antiquierten Mästen oder Kabel, die ins Leere weisen und kaputte Musikinstrumente. Die Kommunikation ist unterbrochen, suggeriert er. Ergibt es einen Sinn? Wenn überhaupt, ist er schwer zu entschlüsseln und bleibt dem Betrachter überlassen. Rauschenberg hält sich da heraus.

Und doch engagierte sich Rauschenberg. Er war gegen den Vietnam-Krieg, empörte sich über das grausame Pinochet-Regime, setzte sich für die Rechte der Frauen und für die ökologische Bewegung ein, half in Not geratenen Künstlern. Aber in seinen Bildern ist von diesem Engagement wenig zu finden. 1984 begann er mit der Arbeit an seinem Projekt „Rauschenberg Overseas Culture Interchange" – „Rauschenbergs weltweiter Kulturaustausch"

(ROCI). Im Rahmen dieses Projekts bereist Rauschenberg über 20 Länder. Die in diesem Zusammenhang entstehenden Bilder zeigen oder aktivieren aber keinen Kulturaustausch, sondern präsentieren Rauschenberg himself and his American way of life: die „freie", beliebig kombinierbare Welt von Dingen. Rauschenberg feiert die Gegenwart, die US-amerikanische Gegenwart. „Mit allen meinen Unzulänglichkeiten, aber unter Einsatz aller meiner Möglichkeiten möchte ich die Gegenwart feiern." (zit. n. Zweite, S. 149) Es ist die ehrliche Bestandsaufnahme der auseinanderfallenden, einer zerstückelten Welt. Dabei zeigt er sich theoriefeindlich. Er hasse Ideen, sagte er. Wenn er welche hätte, würde er spazieren gehen, um sie zu vergessen.

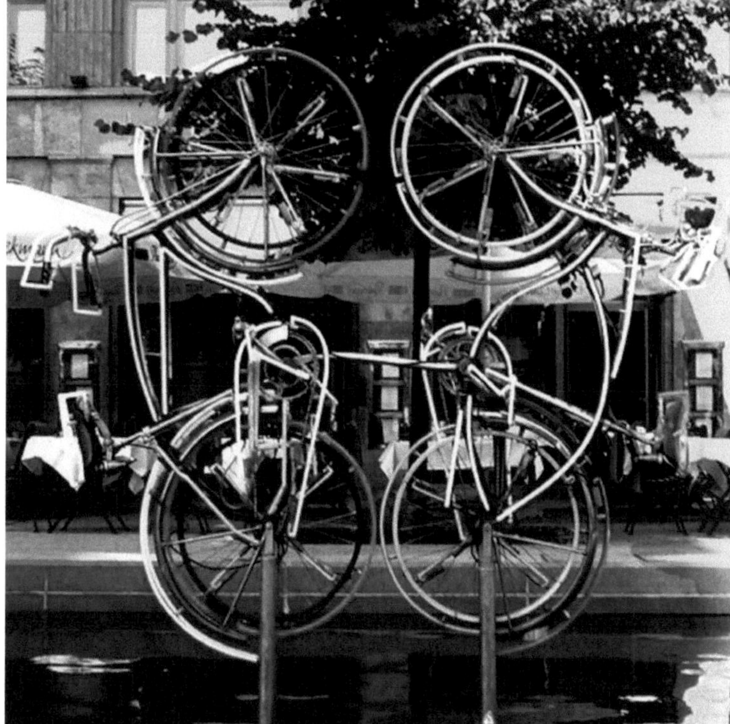

Robert Rauschenberg: Riding Bikes; Objektkunst; 1998; Berlin.Foto: Hans Bug, CC BY-SA 3.0

Auffällig ist, dass Rauschenberg mit einer farbigen Zusammenstel- lung von Gegenständen begann, in den folgenden Jahren aber die Kombinationen schwerfälliger, melancholischer, dunkler werden. In den neunziger Jahren gestaltet er „Phantoms and Night Shades" (Gespenstische Erscheinungen und Nachtschatten). Bilder, die Trugbilder und Alpträume gleichzeitig sind. In Grau-Schwarz ist ein fletschender Hund zu erkennen, schattenhaft zeigen sich Personen vor einer nebelhaften mit schwarzen Wolken durchzogenen Landschaft. In einem dieser Bilder tauchen zerstörte Häuser auf, eine Ente durchquert den unruhig gestalteten Bildraum, ein unkenntlicher Präsident (Herrscher) droht. Ein Arbeiter schleppt Kisten. Eine düstere Apokalypse gegenwärtiger Welt. Oder gibt die Zahl 1945 am rechten Bildrand Hinweise, assoziiert mit dem Wort Music?

Mit Warhol im Supermarkt der Bilder

Andy Warhol (1928 - 1987) bietet einen wahren Supermarkt an Bildern an. Möglich machen es die Siebdruck-Vervielfältigungen. Genutzt werden Aufnahmen, die fotomechanisch übertragen und dann übermalt oder koloriert werden. Im Angebot sind: Optischer Autounfall, Ambulanz-Katastrophe, fünf Tote in Rot, fünf Tote in Gelb, fünf Tote sechzehn Mal in Schwarz und Weiß, Selbstmord, Mord, Rassenunruhen als schwarz-weißes Unglück, die Thunfisch-Katastrophe, Wände mit den „Most Wanted Men", gesuchte Mörder in Einzelporträts in unendlicher Reihung, elektrische Stühle als Farbproblem in rot, orange, lavendel, blau, große und kleine Totenschädel.
Szenenwechsel der vorgestellten Bilderwelten: Banknoten, Rolle von Banknoten, One Dollar, Vorder- und Rückseiten von 80 Zwei
-Dollar- Noten, Vorder- und Rückseiten von 20 Ein-Dollar-Noten, viele Dollar-Noten.
Szenenwechsel der vorgestellten Bilderwelten: Große Campbell-Suppendose, Campbell-Suppendose mit einem Öffner, 32 Campbell-Suppendosen, Campbell-Suppendose Rind, Campbell-Suppendose Huhn, Campbell-Suppendose Bohnen, Campbell-Suppendose und Dollar-Noten, Einhundert Campbell-Suppendosen, Zweihundert Campbell-Suppendosen, Brillo, Heinz Ketchup, Corn Flakes, Coca Cola.

Szenenwechsel der vorgestellten Bilderwelten: Marilyn Monroe, Marilyn im Sechser-Pack, rund und rot-gelb-grün, Liz Taylor, Mona Lisa, Marlon Brando, Mao Tse Tung, Lenin, Beuys, Nixon, Hockney, Julia Warhola, Dennis Hopper, Mick Jagger, Porträt einer amerikanischen Frau, Truman Capote, Uncle Sam, Santa Claus, Goethe, Beethoven, Jane Fonda, Mickey Mouse.

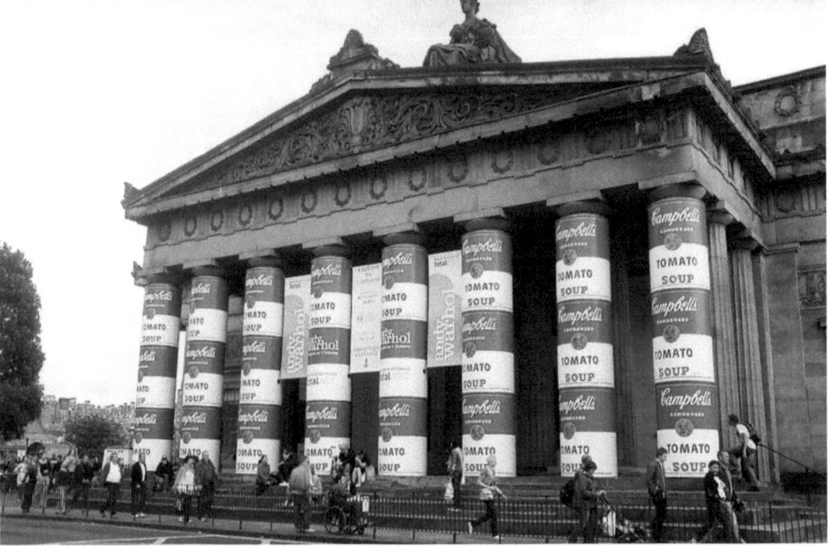

Suppendosensäulen an der Außenseite der Warhol-Ausstellung in der Royal Scottish Academy anlässlich des 20. Todestages von Warhol (Edinburgh, Schottland) 7. 8. 2007 Quelle; https://www.flickr.com/photos/82581848@N00/1132318532/; Foto: Tom Rolfe; CC BY-SA 2.0

Das ist natürlich nur eine geringe Auswahl. Andy Warhol nimmt die Zeitungsbilder und zeigt sie unkommentiert. Er wiederholt den Kult Hollywoods, dekoriert und reproduziert die Werbewelt des schönen Scheins. Warhol sammelt Bilder.

„Ich male in dieser Art, weil ich eine Maschine sein will, und ich fühle: was immer ich mache – solange ich es maschinenmäßig machen kann, ist es das, was ich machen will." (zit. n. Bocola, S. 238) Er bekennt sich ausdrücklich zur Massenhaftigkeit und zur Wiederholbarkeit seiner Bilder. Waren als Themen der Kunst, der Mensch als Ware. Kunst als käufliche Kunst: „Kommerzielle Kunst ist der Schritt, der nach Kunst kommt. Ich begann als ein kommerzieller Künstler, und ich möchte als kommerzieller Künstler aufhören. [...] Gut im Geschäft zu sein ist die faszinierendste Art der Kunst [...] und gutes Geschäft ist die beste Kunst." (Walther, S. 323)

Der Anspruch auf eine künstlerische, individuelle Bearbeitung wird hier aufgegeben. Mechanisches Reproduzieren und mechanisches Kolorieren wird zum Ideal erhoben. Warhol schöpft aus dem Angebot der Massenmedien und der Fotografie, eine Bilderwelt auf der zweiten Ebene, nicht verarbeitet, allenfalls aufgearbeitet und ästhetisch verziert. Warhol will zeigen, dass es so ist, ohne zu kommentieren und zu interpretieren. Seine eigene Meinung zählt nicht. „Wollt ihr alles über Andy Warhol wissen, so schaut auf die Oberfläche meiner Bilder, meiner Filme und meiner selbst, dahinter ist nichts." (zit. n. Bocola, S. 439)

„Ich empfinde immer noch etwas für andere Menschen, doch wäre es viel leichter, nichts zu empfinden [...] es ist schwer, etwas zu empfinden [...] ich will nicht in das Leben anderer Menschen hineingezogen werden [...] ich will ihnen nicht zu nahe kommen [...] ich liebe es nicht, Sachen zu berühren [...] deshalb ist mein Werk so abgerückt von mir selbst." (ebd. S. 440) Warhol hat Berührungsängste, seine Malerei ist Schutzbehauptung gegen eine ihn ängstigende Welt, das äußere Schutzschild eines verwundeten Menschen. Seine Kunst ist ein Schneckenhaus, aus dem er eine glitzernde, machtvolle, fremde Welt beobachtet. Eine Welt, die er abbilden, verzieren, aber nicht verändern will. Auf seinen Bildern erstrahlen der Massenmörder Mao genauso schön wie Marilyn Monroe oder Goethe. Als die Testamentsvollstrecker nach seinem Tod seine Wohnung öffneten, fanden sie sie voll gestellt mit Büsten von Napoleon und anderen Größen. Statuen, Tische und Schränke waren aus allen Stilrichtungen zusammengewürfelt, überall lagen Taschen und Kisten mit gekauften Waren auf dem Boden herum, die nie geöffnet wurden. Schmuck und Glitzerndes war überall versteckt. Warhol war ein Messi der Warenwelt. Aber in seinem Heim konnte man weder leben noch lachen.

Lichtenstein lässt die Maschinengewehre feuern

Roy Lichtenstein (1923 - 1997) leistet seinen Militärdienst von 1943 bis 1945 in England, Frankreich, Belgien und Deutschland ab. Für ihn war der Krieg „ein europäisches Theater". Auffallend sind in seinem Werk die vielen Darstellungen von Kampfhandlungen im Comic-Stil. Da schwirren die Propeller der Kampfflugzeuge: „Brat!" löst sich ein Granatschuss. Oder die Maschinengewehre feuern: „Bratatatata!" Und die Geschosshülsen klirren durch das bunte Bild. „Als ich das Feuer eröffnete..." Es rattern die Maschinengewehre „Takka Takka", 1962, und im Text dazu heißt es: „The exhausted soldiers, sleepless for five and six days at a time, always hungry for decent chow, suffering from the tropical fungus infections, kept fighting!" (Die erschöpften Soldaten, ohne Schlaf die letzten fünf und sechs Tage, immer hungrig nach einem anständigen Essen, leidend unter den tropischen Pilzinfektionen, kämpften weiter!) (Hendrickson, S. 23)

Lichtenstein beutet die Welt der Comic-Strips aus, verwertet sie bildlich und verleiht ihnen eine ästhetische Bedeutung. Er hebt die Comics in den Kunststatus und gibt ihnen den Anschein des Tatsächlichen. Er teilt in seinen Comic–Strips die Welt in Gut und Böse, bei der immer die US-Piloten siegreich sind. Lichtenstein übernimmt und bejaht die vereinfachende Comic-Denkweise: „Kunst ist doch das, was uns täglich umgibt." (Dörfler 7, S. 280) Eine kritische Distanz zum Krieg ist bei ihm nicht zu erkennen, eher eine Idealisierung, denn schöner wurden Maschinengewehre nie gemalt. Das ist kein Verarbeiten des „europäischen Theaters", eher eine bunte Neuinszenierung.

Die handelnden Menschen erstarren bei Lichtenstein zu Stereotypen. Er übernimmt völlig die reduzierte Denkweise und Bildgestaltung der Comic-Strips. Besonders deutlich wird das an seinen Frauengestalten, die schmachtend sich nach ihrem Liebsten sehnen. Es sind meist einfühlsame Blondinen, die in Bewunderung versinken, wie in „Meisterwerk", 1962: „Why, Brad darling, this painting is a masterpiece! My, soon you´ll have all of New York clamoring for your work" (Wahrlich Brad, deine Malerei ist ein Meisterwerk. Bald wird ganz New York dein Werk bewundern.) (ebd., S. 14) Indem Lichten-

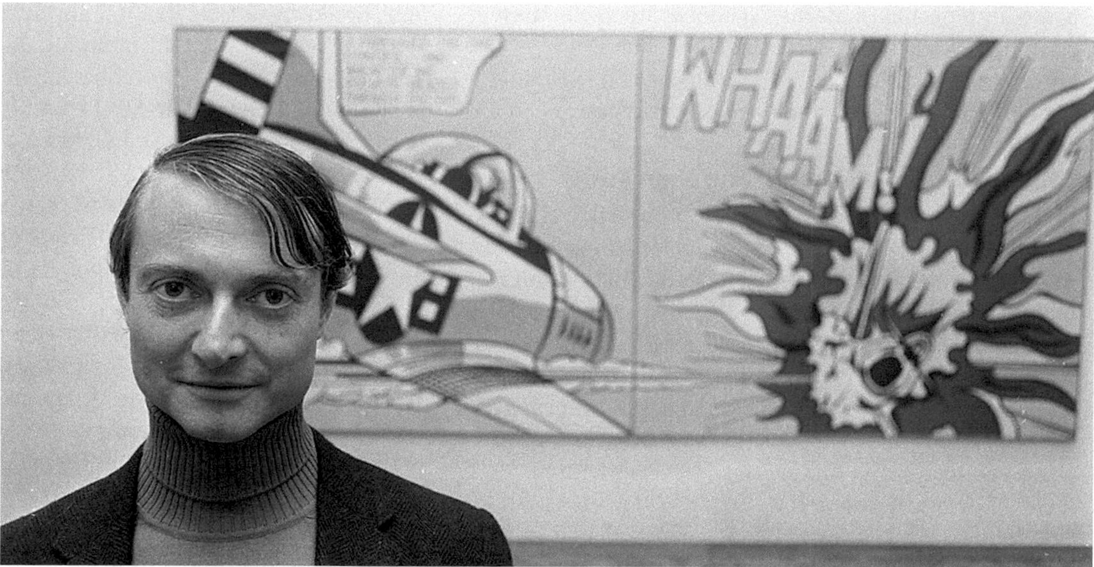

Roy Lichtenstein-Ausstellung 1967 im Stedelijk Museum. Hier vor einem seiner Bilder, Foto: Eric Koch, This file is made available under the Creative Commons CC0 1.0 Universal Public Domain Dedication.

stein typisiert und die Stereotypen zum Kunstgegenstand macht, hebt er die Distanz zu ihnen auf und idealisiert sie. Seine Bilder werden auf wenige Sachdetails reduziert und verlieren so an inhaltlicher Bedeutung. Alles wird Oberfläche, jede Tiefe ist verdeckt, eine ästhetische Gleichgültigkeit durchzieht Lichtensteins Bilder.

„Meine Kunst spiegelt die Gesellschaft. Zwar glaube ich, dass kaum jemand mein Werk anschaut, ohne es für irgendwie satirisch zu halten oder ohne ihm Kommentarwert zuzusprechen –, aber im Grunde will ich mit diesem Werk dennoch keinen ›Sozialkommentar‹ schaffen. Ich benutze die Aspekte unserer gesellschaftlichen Umgebung, von denen ich sprach, als ›Material‹, aber eigentlich interessiert mich die Malerei. Die Gesellschaft beeinflusst zweifellos irgendwie mein Werk, aber ich bin nicht sicher, welche soziale Botschaft – wenn überhaupt eine – mein Werk beinhaltet, und ich möchte im Grunde nicht, dass dies der Fall wäre. Ich bin nicht daran interessiert, dass mein Werk die Gesellschaft irgendetwas ›lehren‹ oder gar versuchen würde, unsere Welt zu ›verbessern‹." (zit. n. Bocola, S. 434) Lichtenstein will im „Stil des Objekts" malen und so „eigentlich eine Art Picasso für jedermann machen". Offensichtlich ein Missverständnis: Picasso wäre sicherlich nicht damit einverstanden, Kunst als Ästhetisierung von Maschinenpistolen und Bomberpiloten zu missbrauchen.

Tendenzen der US-amerikanischen Kunst

In der amerikanischen Malerei zeichnen sich drei Entwicklungen ab. Die einen knüpfen an Newman, Rothko und Ad Reinhard an und versuchen, die Abstraktion weiter zu entwickeln, ohne jedoch überzeugende Resultate zu zeigen. **Frank Stella** (*1936) lärmt im Abstrakten, erprobt und verwirft Formen und geometrische Konzepte. Er bemüht Assoziationen, Illusionen und Erinnerungen, die er abstrakt verwirklichen will und scheitert daran. Dann versucht Stella Indianisches zu rekultivieren, ohne zu überzeugen. **Ellsworth Kelly** (*1923) präsentiert „minimalistisch-konkrete" Bilder mit deutlicher Anlehnung an Rothko und Newman. **James Rosenquist** (*1933) führt Fragmente der Wirklichkeit vor – der Reklamemaler in ihm zeigt sich. **Robert Indiana** (*1928) hantiert geometrisch mit Zahlen und Buchstaben. Weitere minimalistische und konzeptuelle Maler behaupten mit großem Pathos das Neue, bleiben aber den Beweis schuldig. Das Thema des roten Quadrats (oder des blauen) ist irgendwann ausgereizt. Das Aufwärmen von Mythen wird nach einiger Zeit ein abgekochtes Sujet. Vielleicht kann man ein paar Indianer im Federschmuck um abstrakte Totempfähle tanzen lassen? Oder Bauchtänzer mit kreisrunden abstrakten Zeichen auf dem Bauch? Was bei Rothko oder Newman noch ehrliche Auseinandersetzung oder Ringen um neue Ausdrucksformen war, verkommt zum Spektakel. Ganze Heerscharen von Künstlern führen jetzt „Neuigkeiten" vor, die Neonröhre als Quadrat, aufleuchtende Zahlen, Tage und Monate werden als Biografien gezählt, verzinkte Quadrate als äußere Hülle. Der Erkenntnisgewinn ist gering.

Eine andere Richtung versucht die Umwelt zu thematisieren. **Claes Oldenburg** (*1929) setzt sich sensibel mit den Gefährdungen in der Großstadt auseinander, mit dem Schmutz, mit Armut und Gewalt. Sein Vokabular gerät ins Vulgäre, er betont das Sinnlose, das Ausweglose. Er akzeptiert die Realität als nicht zu verändernde Wirklichkeit und setzt ihr monumentale Denkmäler. Keith Haring (1958 - 1990) übt sich in braver Dekorationskunst und bietet Bettwäsche und Kaffeetassen an. **Bruce Naumann** (*1941), Hauptrepräsentant der USA auf der Biennale in Venedig 2009, kritisiert eine verrohte Welt. Er sagt, wie seine Kunst wirken soll: „Wie ein Hieb ins Gesicht mit einem Baseballschläger, oder besser: Wie ein Schlag ins Genick." (monopol, Nr. 6, 2009, S. 33) Bei ihm verroht auch die Kunst. Jeff Koons (*1955) reitet auf der Welle der Massenproduktion einer kommerzialisierten Kunst. Kitsch als Kunst wird als schnell produzierte Ware vermarktet. Kunst wird Klamauk. Kauft man Koons Figuren oder geht man besser in den Souvenierladen und erwirbt Mickey Mouse als Original?

Eine dritte Richtung knüpft an de Kooning und Lichtenstein an und versucht, das Menschenbild zu konkretisieren. **Tom Wesselman** (1931 - 2004) offeriert die Frau als

Sexualobjekt. Es ist eine Voyeurskunst, die gefrorene Lust inszeniert. Die Reinlichkeit seiner Bilder kippt schon fast ins Pathologische. Wie Lichtenstein übernimmt auch er Bildvorschläge der Werbung und reproduziert sie (meist ohne Gesicht). Betont sind nur die sexuell aufgeladenen Organe. **Mel Ramos** (* 1935) produziert sich naiv als Macho. Seine auf Zigarren, Walrössern, Nashörner oder Pferden präsentierten Nuditäten vermitteln schon fast etwas Heiterkeit und Komik. Ihr Bildinhalt ist letztlich auf bildnerische und malerische Primitivität reduziert. Wenn seine entblößten Schönheiten aus Mars-Riegeln steigen und sich entblättern, auf Öldosen oder Zigarettenschachteln oder wie Mäuschen auf Käsebarren krabbeln, fragt man sich unwillkürlich: Kann man so etwas ernst nehmen? Mel Ramos bedient den Markt und fühlt sich offensichtlich wohl dabei. Zum Nachdenken dagegen verführen die Arbeiten von **George Segal** (1924 - 2000). Er gestaltet seine Skulpturen mit Gipsabdrücken von menschlichen Körpern. Die Figuren werden isoliert in alltäglichen Situationen gezeigt, als Busfahrer, als Hausfrau. Sie thematisieren Einsamkeit und Introvertiertheit in der modernen Welt, sie vermitteln eine seltsame Stille und lösen Beklemmung aus. Im Rückblick zeigt sich deutlich: Das größte Manko der US-amerikanischen Malerei ist die Beschäftigung mit dem Menschenbild. Die Reklame verstellt die Sicht und führt zu Oberflächlichkeit oder Leere. Hier klafft eine große Lücke. Auch Bocola schlussfolgert: „Die postmoderne Vielfalt drückt keine innere Fülle, sondern Not und innere Leere aus; der Innovationsverzicht postmoderner Künstler erfolgt nicht freiwillig, sondern notgedrungen." (Bocola, S. 598)

Abseits vom lärmenden Kunstbetrieb betätigt sich **David Hockney** (* 1937) als aufmerksamer Beobachter und ironischer Kommentator. Obwohl in England geboren, hat er die USA als seine Wahlheimat gewählt. Er versucht neu zu sehen, nimmt sehr viele Anleihen bei Picasso aber auch bei Künstlern der Renaissance. Hockney versucht, seine Welt der Bilder neu zusammen zu setzen, besonders gelungen ist ihm dies in seinen fotografischen Arbeiten. Er liebt seine Villa an der Küste mit dem Swimming-pool, er liebt seine Hunde, er liebt das Detail. Er wagt sich sogar wieder an das Porträt, aber der große Wurf ist ihm bisher versagt.

Der US-amerikanische Kunstbetrieb bewegt sich derzeit im Leerlauf, Innovationen sind nicht auszumachen, Bilder präsentieren sich mit großem Pathos aber inhaltsleer. Schon früh wurde eine Pseudokunst kultiviert, die sich aus zweiter Hand von den Massenmedien ernährte. Die Kommerzialisierung und das Primat der Werbung als prägendes Stilmerkmal hat einen hohen Preis: die Banalisierung der Inhalte und die Verflachung des Stils als verwertbare Ware. Der Kunstkritiker und frühere Direktor des Pariser Picasso-Museums Jean Clair fällt ein vernichtendes Urteil: „Der Kommunikationsprozess und die Einvernahme, die Hannah Arendt beschreibt, der Kannibalismus und die Selbstaufzehrung des Erbes, die Kultur zu Kulturprodukten zu verwursten, dieser vorgekaute Brei für eine infantile Öffentlichkeit ist zum letzten Hilfsmittel einer postindustriellen Gesellschaft geworden, die in ihrer zwanghaften Positivität gezwungen ist, nichts mehr in Frage stellen, nichts mehr offen lassen zu können. [...] Die Angst vor der Bedeutung mit der Betäubung durch das Maschinelle beseitigen, im Gefolge der Shaker oder in moderner Form, die unendlich vervielfachte Serigraphie eines Porträts von Warhol, alles, was Leere im Bewusstsein schafft, um auf die Leere der Welt zu antworten. Hier herrscht das Primat einer negativen Theologie, die sich entschieden weigerte, die Dinge zu nennen, die Formen zu beschreiben und sich an der Erscheinung der Welt zu erfreuen. [...] Das Schweifen des Blicks, das Erfassen und das Ergriffensein, der gelungene Ausdruck. Eben all das, was sich der Tyrannei der amerikanischen Panoptik widersetzt, wo einem alles, auf ein und derselben Ebene, mit einer schrecklichen Flachheit aufgezwungen und zugleich genommen wurde. [...] Was ich der Generation vorwerfe, [...] der Generation der minimal art und der concept art in den sechziger und siebziger Jahren, was ich der Abstraktion dieser so wenig tiefgründigen Jahre vorwerfe, ist, dass sie die Illusion erweckt hat, in einer Gesellschaft ohne Geschichte und ohne Auseinandersetzungen zu leben, in einer Gesellschaft ohne Halt und ohne Grenze – und sogar außerhalb der Gesellschaft und außerhalb unserer Erde." (Clair, S. 84 f.) Das ist treffend, wohl aber zu pauschal formuliert. Clair hätte auf die Außenseiter der US-Kunst George Segal und vor allem auf das Künstlerehepaar Edward Kienholz und Nancy Reddin Kienholz hinweisen müssen.

Kritiker des American Way of Life: Edward und Nancy Kienholz

Das US-amerikanische Künstler-Ehepaar **Edward Kienholz** (1927 -1994) und **Nancy Reddin Kienholz** (*1943) lebt sehr wohl in einer Gesellschaft mit Geschichte und nimmt pointiert zum politischen Geschehen Stellung. Sie sichten den Alltag, sie durchforschen Schrott- und Müllplätze, denn nichts kennzeichne Menschen mehr als das Weggeworfene und Aussortierte. Sie sprechen die Tabuthemen der US-amerikanischen Gesellschaft an und problematisieren Militarismus, Rassendiskriminierung, den perversen Sexismus, die institutionalisierte Religion, den Kalten Krieg, den Konsumwahn, die verklemmte kleinbürgerliche Doppelmoral und die mediale Verdummung. Kienholz: „Adrenalingetränkter Zorn hat mich durch meine Arbeit getrieben." Er antwortet einem Kritiker, der ihm vorwirft, die USA zu beleidigen, mit den Worten: „Zuallererst würde ich dieses Land [Amerika] niemals beleidigen, weil ich es wahrscheinlich ebenso liebe wie sie, ich würde aber wagen, es auf meine Art und Weise zu ändern" (Katalog 2011, S. 31) Mit ihren Assemblagen, Tableaus oder Environments wollen sie Vorschläge für Veränderungen und Verbesserungen machen.

Am monumentalsten und beeindruckendsten ist „The Ozymandias Parade" (1985). Auf einer spiegelnden Fläche eines Schiffs führt der Führer, Präsident, Kanzler, Premier oder Diktator die dekadente Parade an. Er sitzt verkehrt, bäuchlings auf einem sich aufbäumenden Ross; mit dem Schwert in seiner rechten Hand durchsticht er eine Plastik-Weltkugel. Das rote Telefon, mit dem er den Atomkrieg einleiten kann, ist ihm schon entglitten, es baumelt an Schnüren in der Luft. Sein Helm ziert ein Plastikentchen. Rechts neben ihm sitzt sein Vize auch bäuchlings auf seinem Pferd. Es ist schon gestürzt, wahrscheinlich weil der Vize dem Pferd Rollschuhe verpasst hat. Den wichtigsten Part hat aber ein mit Orden ausdekorierter General inne. Er thront auf dem Rücken einer an Krücken gebückt gehenden Greisin. Sie symbolisiert die Steuerzahlerin, die für alles aufkommen muss, für die viel zu vielen Soldaten, die Hubschrauber, die Panzer, die Kanonen, die rings um sie als Plastikteile in Miniaturformat aufgestellt sind. Der General lockt die Greisin mit Heilsversprechungen, er hält ihr einen Koran, ein Kreuz und einen Davidstern an einem Stab vor das Gesicht – so wird sie ihr Heil nicht erreichen (wie einem Hund, dem eine Wurst vor die Schnauze gebunden wird, sie nie zu fassen bekommt). Hier werden drei moderne apokalyptische Reiter präsentiert, die in einer skurrilen, surrealen, aber realistischen Welt der Kriege Tod und Verderben bringen. Den Rand des Narrenschiffes zieren die Flaggen der zivilisierten Länder. In Deutschland wird das Tableau mit leuchtenden Birnen in den Farben Schwarz-Rot-Gold umrandet, in anderen Ländern werden die jeweiligen Nationalfarben gewählt. Gerechtigkeit gibt es nicht, signalisiert die blinde Justitia-Gallionsfigur am Bug des Schiffes; ihr ist schon die Waage entfallen. Ärmliche, zerlumpte Minaturmenschen, Einwohner aus der „Dritten Welt", sind am Rande platziert.

Der Titel des Tableaus geht auf ein Gedicht von Percy Bysshe Shelley zurück, der 1817 aus Anlass einer in der Wüste gefundenen Büste des Pharaonen Ramses II. geschrieben hatte:

„Und auf dem Sockel steht die Schrift: ‚Mein Name
Ist Osymandias, aller Kön'ge König: –
Seht meine Werke, Mächt'ge, und erbebt!'

Nichts weiter blieb. Ein Bild von düstrem Grame,
Dehnt um die Trümmer endlos, kahl, eintönig
Die Wüste sich, die den Koloss begräbt."

Das Kienholz-Ehepaar charakterisiert das Wahn- und Aberwitzige und den Widersinn der Führer, Diktatoren und Präsidenten. Ihr Austoben der Machtgelüste, ihr Narzissmus muss aber durch denkende Menschen verhindert, gestoppt werden.

1968 hatte Kienholz schon als Protest gegen das Morden im Vietnam-Krieg „Das tragbare Kriegerdenkmal“ (im Original: „Portable War Memorial“) geschaffen. Hier brachte er die berühmte US-Sängerin Kate Smith, (mit ihrer beispiellosen Slapstick-Karriere über fünf Jahrzehnte), Uncle Sam und die Soldatengruppe des United States Marine Corps War Memorial in Verbindung. Das Denkmal ist allen Angehörigen des United States Marine Corps gewidmet, die seit seiner Gründung 1775 ihr Leben für das Vaterland opferten. Militarismus, Konsumgesellschaft, Propaganda, Variete und Vergnügen bilden eine Einheit, die das Vergessen, das Verdrängen leicht machen. Aber der Protest beschränkt sich nicht auf US-amerikanische Befindlichkeiten. In dem Tableau „Volksempfängers“ dröhnen aus den ausgestellten Volksempfängern in der Berliner Nationalgalerie nicht nur Wagner-Musik sondern auch Hetzreden Hitlers und Goebbels.

Immer wieder kritisieren die Kienholz die mediale Manipulation und Verdummung. Big Brother ist watching you: „The Big Eye“ (1961). Das Tableau „Die elfte Stunde schließlich“ (The Eleventh Hour Final 1968) zeigt ein gemütliches Wohnzimmer eines Mittelstands-Durchschnittsamerikaners mit Sofa, Tischlampe und Couchtisch. Auf dem Fernsehbildschirm steht: „Der Tribut dieser Woche: tote Amerikaner: 217, verwundete Amerikaner: 563, tote Feinde: 435, verwundete Feinde: 1291. Allabendlich wurde in den Spätnachrichten die Zahl der Toten im Vietnamkrieg bekannt gegeben. Indem Kienholz die alltägliche Szene als Kunst im Museum darbietet, entfremdet er, macht die Absurdität des Geschehens klar. Da wird wie in einer Bilanz aufgelistet: „Wir“ haben weniger verloren als die Feinde.

Mit Witz und Entfremdungstechniken macht er sich auch über Heilslehren und Heilsversprechen lustig. 1958 bastelt er das Innenleben eines riesigen hölzernen Diaprojektors, das mit allerlei Schrott angefüllt ist (und ein Bär faucht den Betrachter aus einem Versteck an). Es ist eine Gottessuchmaschine „The God Tracking Station #1“, die mit ihrem großen Scheinwerfer den Himmel nach dem überirdischen Wesen absucht. In „Die Geburt“ (The Nativity, 1961) ironisiert er den alljährlich wiederkehrenden Kitsch und die Kommerzialisierung mit aufgestellten Weihnachtskrippen. In einer simplen Holzkiste auf einem Podest liegt im Mittelpunkt das Jesuskind. Der Kopf ist ein Scheinwerfer, der Leib ein Schuhkarton, aus dem zwei Baby-Puppen-Füße ragen. Rechts von der Krippe kniet die Jungfrau Maria als Schrank mit einer Schublade für die unbefleckte Empfängnis. Joseph ist neben ihr mit einem Schaukelpferd platziert. Ein kopfloser Pudel streunert herum. Die Szene wird bewacht von einem Engel aus Gartenzaun-Drahtelementen mit aufgesetztem Heiligenschein. Über all dem leuchtet ein Davidstern. Kienholz achtet tief empfundene religiöse Gefühle – aber er wendet sich entschieden gegen den institutionalisierten Glauben, gegen den Klerus, der den großen sozialen Problemen zu wenig Beachtung schenkt.

Es ist die Zeit der Rassenunruhen in den USA: Malcolm X wird 1965 ermordet, Martin Luther King 1968. Die Black Panther Party streitet für Freiheit und Selbstbestimmung. Kienholz gestaltet „Fünf Autos – Verfolgungsjagd“ (Five Car Stud, 1969-1972). Fünf weiße Autofahrer haben einen schwarzen Autofahrer verfolgt, weil der mit einer weißen Frau (offensichtlich seine Geliebte) auf dem Beifahrersitz fuhr. Die von Kienholz gestellte Szene zeigt, wie die Weißen den schon aus dem Auto gezerrten Schwarzen im Scheinwerferlicht ihrer Autos kastrieren. Sie nehmen Rache an einem „Rasseschänder“. Die Autos sind real, die Körper der Weißen auch, nur ihre Köpfe sind Zerrbilder, Masken. Der Schwarze ist als ein Gefäß dargestellt, in dem die Buchstaben das Wort „Nigger“ bilden. 1972 erregte dieses Tableau auf der documenta 5 Aufmerksamkeit. Dort erinnerte Kienholz auch daran, dass die Zeit der Rasseschändung in Deutschland noch nicht lange vorüber war. In „Claude Nigger Claude“ (1988) trägt ein Schwarzer Jeans, T-Shirt und Turnschuhe, während ein Weißer einen grauen Anzug und Aktenkoffer hat. Zwischen den beiden ist eine Gitter-Absperrung errichtet. Simple Kleidungsstücke demonstrieren soziale Stellung, Abgrenzung und Karrierechancen.

Die Kienholz planten auch ein Projekt „Bürgermeister

Sam Edsel" (Mayor Sam Edsel), in dem eine Figur mit zwei Köpfen mit Kassettenrecorder und Diaprojektor ausgestattet werden sollte. Aus dem Kassettenrecorder sollten dann die Worte des Bürgermeisters tönen, eine Lösung „für das Negerproblem könnte sein, dass die ganzen netten schwarzen Leute ihren Besitz einer Zentralbehörde übergeben und dann unbelastet in die weitläufigen Neger»reservate« draußen in der Wüste ziehen, »irgendwo hin ... wo sie wirklich viel glücklicher wären, zusammen mit ihren eigenen Leuten und so«. (Die Nationalgarde könnte alle zwei Wochen Nahrung und sonstige Vorräte dorthin schaffen, anstatt die üblichen Manöver durchzuführen.)" (Katalog 2011, S. 205)

„The State Hospital" (1966) lenkt den Blick auf die Missstände im staatlichen Gesundheitswesen (Kienholz hatte selbst als junger Erwachsener in Hospitälern gearbeitet). Durch ein vergittertes Gefängnisfenster kann der Betrachter auf zwei abgemagerte Figuren in einem sehr engen, abgedunkeltem Raum sehen, die auf einer Doppelbett-Pritsche gefesselt liegen. Die Kritik richtet sich dagegen, dass in einer Wohlstands- und Konsumgesellschaft psychisch Kranke, behinderte Menschen und andere Randgruppen weggesperrt oder vernachlässigt werden.

Die größte Randgruppe der Gesellschaft bilden nach Meinung des feministischen Kienholz-Ehepaars die Frauen, die durch eine sexistisch aufgeladene Werbung und durch das Macho-Gehabe vieler Männer zu Sexmaschinen im Porno-Shop degradiert werden. In „Der Billard-Halle" (The Pool Hall, 1993) spielen zwei Gehörnte männlichen Geschlechts mit Masken und ein mit einer dicken Brille anonymisierter Schwarzer ihre Billardkugeln in die Scheide einer Frau. Sie hat keinen Kopf. Das ist der Macho-Sieg über die als Sex-Objekt reduzierte Frau. Kommunikation zwischen den Geschlechtern auf gleicher Augenhöhe ist so nicht möglich. Die „Bronze Flipperautomaten-Maschine mit an ihr befestigter Frau" (The Bronze Pinball Machine with Woman Affixed Also, 1980) präsentiert einen Flipperautomaten mit Playboy-Display, vorne zeigt ein Frauen-Torso vom Bauch an abwärts ihr Geschlechtsteil. Emanzipation der Frau beginnt auch in den Köpfen der Männer. Es sind gesellschaftliche Veränderungen notwendig. Das große Tableau „The Commercial #2 (1971-1973) fordert „Legalize Abortions", die Abtreibung zu legalisieren. „The Illegal Operation" (1965) ist eine Installation, die einen Einkaufswagen als Operationsstuhl präsentiert, weiter eine Stehlampe und rostige Chirurgen-Bestecke: Hier wird gepfuscht und das Leben von Frauen aufs Spiel gesetzt. Die Arbeit erregte einen Skandal. In „Rücksitz-Ausweichquartier" (Back Seat Dodge, 1964) treibt ein Pärchen auf dem Rücksitz eines ausgemusterten Autos ihre flüchtige Liebesbeziehung offensichtlich im Suff, mehrere leere Flaschen liegen herum. In den USA erregte dieses Tableau erhitzte Debatten, ob das Pornografie sei. Das ist die Wirklichkeit einer Gesellschaft, in der Liebe auf Sexualität reduziert und kleinbürgerlich in die Schmuddelecke verbannt wird. Gegen die sexuelle Ausbeutung und die warenförmige Sexualität des Bordells setzt das Kienholz-Ehepaar die Utopie einer befreiten Sexualität.

Während Warhol, Lichtenstein oder Koons Werbe-Plattitüden präsentieren, legt das Kienholz-Ehepaar die Finger in die Wunden der US-Konsum-Prachtwelt.

Europa nach dem Zweiten Weltkrieg im Krebsgang

Der Zweite Weltkrieg bedeutete eine einschneidende Zäsur in der Kunst: Die Apokalypse schien wahr geworden zu sein. Weltweit erlebten die Menschen und besonders die Künstler Belastungen, Schmerzen, Tod und Traumatisierungen in unvorstellbarem Ausmaß. Lebenswege waren zerstört, Hoffnungen zerplatzt. Die Welt lag in Trümmern, die gesamte Zivilisation, die Kultur war fragwürdig geworden. Das Anknüpfen an den Traditionslinien der modernen Avantgarden schien fragwürdig, sie waren auch als „Bewegungen" nicht mehr präsent.

Anders als nach dem Ersten Weltkrieg herrschte jetzt Ratlosigkeit, Pessimismus, Resignation, Zukunftsangst. Es gab keinen Aufschrei der Empörung. Tiefe Betroffenheit verband sich mit dem Gefühl des Verletztseins und der Erkenntnis, zwar einer Katastrophe entkommen zu sein, die aber viel, zuviel gründlich vernichtet und bisherige Werte in Frage gestellt hatte. Nach zwölf Jahren rauschhaften Wahns wurden die vielen nationalsozialistischen Glaubens-Kämpfer auf den Boden der Tatsachen geschleudert, ohne das Ausmaß der Katastrophe begreifen zu können. Die Völker Europas waren durch die Kriegsgräuel traumatisiert. Besonders die Mehrheit der Deutschen hatte sich während der Hitlerzeit in narzisstische Allmachtsfantasien gesteigert, die sie als Herrscher über minderwertige Völker prädestinierte. 200 Millionen Tote waren die Folge, davon allein sechs Millionen Juden. Alexander und Margarete Mitscherlich schreiben: „Die Konfrontation mit der Einsicht, dass die gewaltigen Kriegsanstrengungen wie die ungeheuerlichen Verbrechen einer wahnhaften Inflation des Selbstgefühls, einem ins Groteske gesteigerten Narzissmus gedient hatten, hätte zur völligen Deflation des Selbstwertes führen, Melancholie auslösen müssen, wenn diese Gefahr nicht durch Verleugnungsarbeit schon in statu nascendi abgefangen worden wäre." (Mitscherlich, S. 39) Die Menschen engagierten sich für den Aufbau der Ökonomien und verleugneten ihre Mitschuld – auch die allermeisten Künstler. Besonders in Deutschland wird die Nazivergangenheit derealisiert, entwirklicht und so Schuld, Scham und Angst abgewehrt. Das geschieht in den beiden Teilen Deutschlands und ihren bald entstehenden Staaten Bundesrepublik und DDR auf unterschiedliche Art und Weise. Dabei zeigt sich, dass die Aufarbeitung der Vergangenheit, die Verfolgung der kulturellen Traditionslinien, die zu den nationalen Katastrophen führten, einen sehr langen Zeitraum in Aspruch nimmt – sie ist bis heute noch nicht in der notwendigen Weise vollzogen.

Schon der Erste Weltkrieg kann als Störung des seelischen Gleichgewichts der Völker Europas begriffen werden. Zwanzig Jahre nach dessen Ende wird ein neuer Weltkrieg angezettelt, weil die Ursachen der Störung nicht aufgearbeitet werden konnten; statt dessen wurde ein kultureller Konservatismus kultiviert, der andere als Feinde des Glaubens, der Ideologie, der Nation, der Rasse oder der Kultur abqualifizierte (ein Muster, das auch heute gilt: Korea-, Vietnam-, Irak-Krieg oder die Verwüstungen des Islamistischen Staats). Man muss an dieser Stelle verdeutlichen, dass es nicht nur um ein Bekenntnis zur Schuld handelt, sondern um sehr komplexe Wertvorstellungen, Neubewertungen der Kultur, zum Beispiel Überdenken und Kappung von völkischen Traditionslinien, die in Deutschland bis weit in der Zeit der Romantik zurückreichen. Die unmittelbar am Krieg beteiligte Generation konnte die Gräuel nicht aufarbeiten, sie war zu sehr im Wahn verfangen. Mitscherlich: „Weil er tief in sich gespalten ist, muss das unverkennbare Spuren in den Jüngeren hinterlassen. Denn wir alle durchlaufen Identifikationen mit Älteren, die nach ihrer Eltern-, Lehrerrolle als ›Vorbilder‹ wirken müssen, ehe wir die eigene Identität finden. Es ist deshalb illusionär, anzunehmen, eine junge Generation könne leicht das Joch der Vergangenheit, das Joch von geheiligten Traditionen und Vorurteilen abwerfen. Sie wird das Erbe an Verhaltensmustern modifizieren. Das ist die Chance, mehr nicht. Eine der Möglichkeiten zur Modifikation liegt darin, dass die Abwehr von Schuld in der neuen Generation nicht mehr so unmittelbar und bedrängend gefordert ist. Das lässt eine etwas affektfreiere Beurteilung von Sachverhalten zu, die bisher unter Tabuschutz standen." (ebd., S 134 f.) Die Mitscherlichs schätzen ein, dass es sich bei dem „Kolossus von Schuld" um eine gigantische Aufgabe handelt, die aber zur Vermeidung des Wiederholungszwangs unvermeidlich sei. „Er hat auf schreckliche Weise Geschichte gemacht, wir können es uns, wenn uns das Leben unserer Nachfahren lieb ist, nicht mehr leisten, im antikischen Sinn das Fortzeugen der Schuld als ›Schicksal‹ hinzunehmen." (ebd.)

Auch die Kunst ist gefordert. Es begann 1946 hoffnungsfroh mit der großen „Allgemeinen deutschen Kunstausstellung" in der Dresdener Stadthalle, an der sich viele Künstler der Zeit vor 1933 beteiligen – allerdings wurde den Künstlern der britischen Zone verboten, sich an ihr zu beteiligen. Das breite Spektrum der Ausstellung zeigt eine Fülle künstlerischer Ansätze. Aber von der Mehrzahl der Besucher werden die expressionistischen und abstrakten Werke der Ausstellung abgelehnt (eine Fragebogenaktion ergab 67 Prozent Ablehnung), sehr häufig mit einem Vokabular, das der nationalsozialistischen Ideologie entlehnt ist. Eckhart Gillen weist darauf hin, dass die Mehrzahl der Künstler nicht gegenwartsbezogene Themen aufgreift, sondern sich zum Beispiel in das Landschaftsbild flüchtet: „Auffallend in der Dresdner Ausstellung ist das fast vollständige Fehlen von Werken über die jüngste Vergangenheit, über Krieg, nationalsozialistischen Terror und den Mord an den europäischen Juden. Zu sehen ist von dieser Thematik nur Hans Grundigs Mitteltafel Vision einer brennenden Stadt seines Triptychons „Das Tausendjährige Reich" (1935 – 1938) und das Triptychon „Der Krieg" (1929 – 1932) von Otto Dix[…]" (Gillen, S. 21)

Auffallend ist im Rückblick auch, dass sich die jungen Künstler nicht mit der nationalsozialistischen Vergangenheit auseinandersetzen, sondern Künstler, die schon in der Weimarer Republik Stellung bezogen hatten und während der Nazi-Zeit emigrierten oder in die innere Emigration gegangen waren, wie Karl Hofer mit dem „Totentanz" (1946), der „Höllenfahrt" (1947), der „Ruinennacht" (1947) oder mit der „Atomserenade". (1947). Otto Dix thematisiert nicht die Gräuel der Nazis sondern vor allem die eigene verzweifelte Lage: „Hiob" (1946) und das „Selbstbildnis als Kriegsgefangener" (1947.) Das Unglück ist wie eine Naturkatastrophe über ihn hereingebrochen. Theo Balden greift das „Blindensturz"-Motiv (1568) von Pieter Bruegel dem Älteren in „Die blinden Krieger" (1945) auf. Bei Bruegel stürzen die fünf Blinden, die sich gegenseitig führen, nacheinander in einen Bach, Balden sieht die Krieger schon in die nächste Katastrophe taumeln. Werner Heldt malt mit „Tote Krähe im Fenster" 1945 seine Empfindungen als Kriegsgefangener und gestaltet mit „Köpfe im Ruinenmeer" 1946 die hoffnungslos erscheinende Lage in Deutschland. Max Beckmann übt sarkastische Kritik. Sein „Stilleben mit Totenköpfen" von 1945 zeigt grinsende Schädel mit deutschen Skatkarten und einer Schnapsflasche: Da haben Besoffene ihr Leben verspielt. Aber die Plastiker Georg Kolbe und Gerhard Marcks behalten ihre in der Nazi-Zeit eingeübte Bildsymbolik bei. „Der Befreite" (1945) von Kolbe ist gar nicht befreit, er stützt sein Gesicht trauernd in seine Hände. Bei Arno Breker bringt Prometheus noch den Menschen die neue Botschaft, die Hoffnung und das Feuer, Marcks gestaltet „Der gefesselte Prometheus II" (1948).

In Ostdeutschland beginnen Künstler wie Hans Grundig mit seinem „Den Opfern des Faschismus" (1946/49), Wilhelm Lachnit mit „Der Tod in Dresden" (1945), Horst Strempel mit „Nacht über Deutschland" (1946) oder

Hermann Bruse mit „Hungermarsch“ (1945) die Zeit des Nationalsozialismus aufzuarbeiten. Kurt Querner malt in französischer Gefangenschaft „Meine Habe“ (1946), das Wenige, das übrig geblieben ist. Wilhelm Rudolphs bildet in vielen Federzeichnungen das zerstörte Dresden ab, Otto Griebel malt sein „Selbstbildnis vor dem brennenden Dresden“ (1945), Erich Gerlach im gleichen Jahr sein „Selbstbildnis vor Trümmern“ und 1946 Bernhard Kretzschmar ein „Selbstbildnis an der Staffelei“. Lea Grundig hatte im palästinensischen Exil ihre „Antifaschistische Fibel“ mit 15 Tuschezeichnungen und ihren Zyklus „Im Tal des Todes“ mit 17 Tuschezeichnungen gestaltet.

Doch in der Bevölkerung Deutschlands wird die Auseinandersetzung mit der Vergangenheit abgelehnt – Die eindeutig Stellung beziehenden und die Schuldigen benennenden Künstler werden diffamiert. Die ideologische Verblendung der überwiegenden Mehrheit der Bevölkerung – und vor allem der Jugendlichen – ist offensichtlich. Propagandaminister Goebbels hatte ganze Arbeit geleistet. Hannah Höch gestaltet um 1945 das Gemälde „Trauernde Frauen“: Es sind verbitterte und verhärmte Frauen, die zu keiner Kommunikation fähig sind und die Betrachter feindselig anstarren. Der Kunstwissenschaftler Gillen hat eindrucksvolle Zitate zur Stimmung in der Bevölkerung und vor allem zur Ablehnung moderner Kunst zusammengestellt: „Hannah Höch berichtet in ihrem Tagebuch über die Reaktion auf die am 1. Februar 1946 in der Galerie Rosen eröffnete Fantastenausstellung: ›Starke Opposition gegen zeitgenössische Kunst, d.h. gegen alles, was nicht von den Nazis als Kunst anerkannt worden war, von der Jugend. Diese beschränkte, jedes freien Gedankengangs unfähige. störrische und entmenschte Jugend zu Menschen zu entwickeln – ist vielleicht die allerschwerste Aufgabe in dieser deutschen Wüste. [...] Erich Kästner urteilt wenig später: ›Die intolerantesten, dümmsten und bösartigsten Ansichten über moderne Kunst und Literatur kommen ausnahmslos von Studenten und jungen Leuten...‹“ (Gillen, S. 22 f.) Über die Ausstellung „Befreite Kunst“ in Braunschweig 1947/48, die ein totaler Misserfolg war, berichtet er: „Die Leute haben geschimpft, Gift und Galle gespuckt und haben gesagt, das ist entartet, und Hitler hat recht gehabt, und die Nazis haben recht gehabt.“ „Karl Hofer schreibt am 23. Februar 1946 in einem Brief an Gerhard Marcks ... ›Hier wird es immer schlimmer und sturer. Die Kunst soll wieder und muss und müsste wieder, und für das Volk, volksverbunden, der ganze Nazitratsch mit anderen Vorzeichen‹.“ (Gillen, S. 46 ff.)

Willi Baumeister (1889 - 1955) sprach vielen aus dem Herzen, als er das Jahr 1945 als „Stunde Null“ bezeichnete und formulierte: „Der originale Künstler verlässt das Bekannte und das Können. Er stößt bis zum Nullpunkt vor. Hier beginnt sein hoher Zustand.“ Noch in den Wirren des Krieges – als entarteter Künstler hatte er vom Naziregime Malverbot – hatte er 1943 die Arbeit an seinem Buch „Das Unbekannte in der Kunst“ begonnen, in dem er ausführte: „Die Kunst vermittelt den Begriff der Freiheit. Grenzen werden aufgebrochen und der Strom des Lebens quillt hervor in neu eröffnete Zonen. Das Unendliche wird begriffen, die Anteilnahme am Weltall sicherer gemacht. [...] Das künstlerische Leben sollte das menschliche Leben sein.“ (Schmidt 2004, S. 117)) Der Künstler wird zum „Erfinder neuer Werte“ stilisiert. Je mehr er sich vom Bekannten abhebe, desto höher sei die künstlerische Leistung. Alles Bekannte sollte der Vergangenheit angehören, durch vollkommen „neu eröffnete Zonen“ will Baumeister zur vollkommenen „Freiheit“ verbunden mit der „Unendlichkeit des Universums“ gelangen. Baumeister tritt die Flucht aus der Geschichte, aus der Vergangenheit an: Am leichtesten ist es in der Tat, von ihr einfach nichts mehr wissen zu wollen: ein utopischer Traum, der in der verzweifelten Lage der damaligen Zeit, in der die scheinbare Ausweglosigkeit überwältigt und ratlos macht, als ein Funken Hoffnung auch verständlich ist.

Überall in Europa wird die Frage nach der Zukunft der Kunst neu gestellt. In der Debatte geht es aber nicht um inhaltliche Fragen, wie die Vergangenheit zu bewältigen und die Zukunft zu gestalten sei. Die Diskussion konzentriert sich auf „gegenständlich“ oder „ungegenständlich“,

„abstrakt“ oder „realistisch“ – also vordergründig um Formfragen. Dabei überrascht zunächst, dass die Erkenntnisse früherer Avantgarden wie die des Surrealismus oder der neuen Sachlichkeit in der Diskussion keine Rolle spielen. So bleibt zum Beispiel die Erkenntnis von Magritte oder Miró ausgeblendet, dass die Bildsprache eine spezifisch menschliche, gesellschaftliche „Sprache“ mit eigenem, verselbständigten geistigen Farben- und Formenvorrat ist, der sich aber immer auf Gegenstände und Personen beziehen muss.

In Deutschland bekommt diese Diskussion eine zusätzlich ideologische und politische Note. Mit der Berlin-Blockade 1948 spitzt sich der Kalte Krieg zu, in der sowjetischen Zone wird der „sozialistische Realismus“ verordnet. In den Westzonen dagegen wird geargwöhnt, dass die „realistischen“ Maler Parteigänger der „Unfreiheit“ seien. Der beginnende Kalte Krieg prägt dann auch die Kunstdebatten dieser Zeit. Dabei gerät ein Künstler besonders in die deutsch-deutsche Schusslinie: der Vorsitzende des „Deutschen Künstlerbundes“ in der Bundesrepublik und Rektor der Berliner Hochschule für Bildende Künste (HfBK) Karl Hofer (1878 - 1955).

Im Osten wirft man ihm vor, die politischen Interessen der amerikanischen Besatzungsmacht zu vertreten und einem oberflächlichen Formalismus zu verfallen. Im Westen verdächtigt man ihn der heimlichen Parteinahme für den Kommunismus. In Westberlin wird die Kampfgruppe zum Sturz des Kommunismus gegründet, Westberlin wird Frontstadt. Der Osten veranstaltet unter der Beteiligung vieler Künstler den „Weltfriedenskongress der Intellektuellen“. Im Westen wird mit finanzieller Unterstützung des amerikanischen Geheimdienstes der Wettbewerb für das Denkmal des unbekannten politischen Gefangenen ausgelobt, im Osten wird an dem Feindbild des faschistischen, amerikanischen Imperialismus gearbeitet. Dieses Klima der Konfrontation wird vielen Künstlern zum Verhängnis: Die Hochschullehrer an der Westberliner HfBK, der Maler Heinrich Ehmsen und der Bildhauer Gustav Seitz, werden entlassen. Sie finden 1950 Anstellung an der Ostberliner Deutsche Akademie für Künste berufen. „Der Maler Oskar Nerlinger und der Bildhauer Waldemar Grzimek müssen 1951 die Hochschule verlassen, weil sie an einer Verkaufsausstellung des Verbandes Bildender Künstler (VBKD) in Ostberlin zugunsten Nordkoreas teilgenommen haben.“ (Gillen, S. 90) Der politische Konfrontationskurs spaltet auch die Kunstlandschaft und die Künstler. Eine gemeinsame kulturelle Entwicklung in den beiden Teilen Deutschlands wird unmöglich – es bedeutet gleichzeitig die Spaltung der Welt in zwei Lager.

Mit Realismus = Kommunismus, abstrakte Malerei = westliche Freiheit lässt sich das niedrige Niveau dieser öffentlich geführten Auseinandersetzung kennzeichnen. Die Kontroverse kulminiert, als die Zeitschrift „Constanze“ ein Porträt Karl Hofers mit dem Satz veröffentlicht: „Als ich dahinter kam, wie einfach es ist, gegenstandslos zu malen, hat mich diese Art Malerei nicht mehr interessiert.“ (Schmidt 2004, S. 162) Obwohl Hofer richtig stellt, dass das Zitat sinnentstellend wiedergegeben wurde, treten unter anderen Willi Baumeister, Ernst Wilhelm Nay und Fritz Winter aus dem „Deutschen Künstlerbund“ aus. Diese Auseinandersetzung ist nur der sichtbare Gipfel einer breit geführten Debatte „abstrakt“ gegen „realistisch“, die nicht nur im „Deutschen Künstlerbund“ mit dem „Sieg“ der „Abstrakten“ endete. Einer der Drahtzieher der „Constanze“-Debatte, Will Grohmann (1887 - 1968), triumphierte: „Ansonsten ›Doppelpunkt‹ die Abstrakten haben gesiegt, wie kläglich das Übrige!“ (ebd. , S. 187)

Karl Hofer argumentiert wesentlich differenzierter. Vor der Presse rechtfertigte er die überwiegende Auswahl von sogenannten „abstrakten“ Bildern für eine Kölner Ausstellung des Deutschen Künstlerbundes 1952: „Aber auf der anderen Seite wird uns [...] gewiss wieder der Vorwurf gemacht, wir bevorzugten einseitig und voreingenommen abstrakte Kunst. Da kann ich den Hütern der Tradition nur versichern, dass wir sozusagen mit der Laterne nach anderem, nach dem Figurativen, nach dem Menschenbild gesucht haben, aber es ist kaum mehr vorhanden [...]. Wie erschreckte und aufgescheuchte Vögel zerflattert die Kunst, flieht in die Vorzeit, sucht Rettung bei den Zeichen, wendet sich der Musik zu, der Philosophie, Psychoanalyse, der Maschine, kokettiert mit den Wissenschaften. Allen diesen Phasen und Erscheinungsformen aber ist gemeinsam die bewusste und betonte, ja verachtungsvolle von der Maschine geforderte Ausschaltung der Humanitas und mithin des Menschenbildes." (ebd. S. 150)

Hofer formuliert hier ein grundsätzliches Dilemma: Das Menschenbild ist verloren gegangen und seine Suche danach ist in dieser Zeit wenig erfolgreich. Er schaut über den Eisernen Vorhang in die DDR und sieht dort mit dem „Realismus" die „Hydra der Hitlerschen Unkunst" erblühen. Hofer urteilt mit ästhetischen Kriterien: „Auf Grund meiner Kenntnis von Werken des sogenannten ›Sozialistischen Realismus‹ kann ich nur sagen, dass es sich um miserable Malerei handelt, somit interessiert es mich nicht – spricht der Formalist." (ebd. S. 150) Auch im Westen würde sich die „Hydra der Hitlerschen Unkunst" regen, „hier demokratische Freiheiten missbrauchend". Auf der Suche nach dem Figurativen, dem Menschenbild wird Hofer nicht fündig. Er selbst liefert allerdings auch wenig Überzeugendes. Er gesteht sich ein: „Denn dem äußeren Geschehen nach müssten meine Bilder strahlend heiter sein. Aber sie sind es nicht." (Schmidt 2004, S. 152) Seiner Meinung nach liefern die sogenannten „ungegenständlichen" Maler die in sich schlüssigeren Arbeiten.

Sein Kontrahent in der Debatte, **Ernst Wilhelm Nay** (1902 - 1968), sucht nicht nach einem Menschenbild. Er hält desillusioniert dagegen: „Idealismus, Pathos, Heroismus, Christentum, Humanismus, Recht, man muss sich klar sein – ob man will oder nicht –, dass die eigentliche Wirksamkeit all dieser Vorstellungen erloschen ist. Und dass die Härte des Lebens darin besteht, die freigewordenen barbarischen Kräfte mit den geistigen und seelischen Kräften zu binden. Man kann das alles leugnen und den Kopf in den Sand stecken. Doch jeder weiß, dass unser Jahrhundert nicht von jenen anfangs genannten Kräften geleitet wurde und wird. Oder sollte die Atombombe eine humane Erfindung sein!" (Thomas 2002, S. 44) Hofer dagegen hält an humanistischen Idealen fest, sieht ihre Umsetzung in künstlerischen Werken aber nicht gegeben. Nay gibt sich als Realist und ordnet der Kunst allenfalls die Rolle zu, barbarische Instinkte zu binden und so wenigstens zu neutralisieren. Hofer wiederum bezichtigt die „ungegenständlichen" Künstler der Flucht in Magie und Zeichen, Nay dagegen meint, „Idealismus, Pathos, Heroismus, Christentum, Humanismus, Recht" sei Illusionismus, es seien die widerlegten Utopien von gestern.

In den Darmstädter Gespräch 1950 werden die verschiedenen Standpunkte zur kulturellen Entwicklung in Westdeutschland der Nachkriegszeit klar formuliert. Da ist die Position von Hans Sedlmayr, ehemaliges Nazi-Parteimitglied und von Hitlers Gnaden Kunstprofessor, der in seinem Buch „Verlust der Mitte" für eine Kunst der Erhabenheit, der Ursprünglichkeit, Gläubigkeit und Liebe eintritt. Er möchte die Göttlichkeit der Kunst bewahren und plädiert für eine klassische Romantik oder eine romantisierende Klassik und möchte das Geschehene mit einer Ästhetik des Schönen vergessen lassen. Sedlmayr wünscht sich die Kunst als neue schöpferische Religion, die die unnennbaren geistigen Mächte lobpreise.

Dem widerspricht am entschiedensten der Philosoph Theodor W. Adorno, der einen radikalen Bruch mit der Wissenschaft und der Kultur einfordert, Bruch mit einer Tradition, die Auschwitz ermöglicht hätten. Die moderne Kunst müsse die Wirklichkeit als zerrissen, antagonistisch und unversöhnt darstellen. Er fordert von Intellektuellen und Künstler zuerst eine „Reflexion aufs eigene Versagen", sie müssten sich dem Grauen stellen, ihm standhalten, die Traditionslinien, die zu diesem Grauen führten, erkennen – die Kunst gegen den Strich bürsten und so die Möglichkeit des Besseren ausloten. Adorno will eine moderne, neue Kunst, die mit der Tradition radikal bricht. Auch der Psychoanalytiker Alexander Mitscherlich warnt vor dem Weltbild Sedlmayrs, das in den Vorstellungen von Himmel und Hölle verfangen bleibe, dabei den künstlerischen Blick nur sehnsuchtsvoll in den Himmel gerichtet sehen wolle.

Eine Mittelposition nimmt der Maler Willi Baumeister ein. Er kritisiert Sedlmayr als rückwärts orientierten Theoretiker, der die künstlerischen Ausdrucksformen der absoluten Monarchie und des gerade überwundenen totalitären Staates zurücksehne. Sedlmayr habe seine Karriere dem Hitlerregime verdankt, er habe sich nicht geändert und wolle eine Kunst der Machtverherrlichung, die andere ausgrenze und letztlich vernichte. Baumeister behauptet aber, dass seine Kunst eine Kunst der „unverlierbaren Mitte" sei. Sie stehe in Harmonie mit dem kosmischen Ganzen, seine Kunst sei aus dem von allem Gegenständlichen gereinigten. naturhaften Kraftfeld des Künstlers geboren. Baumeister will also eine neue Harmonie herstellen, indem er die ihm widerwärtige Gegenwart ausblendet. Er sieht durchaus den Illusionismus der herkömmlichen Malerei, der Ausdrucksformen der absoluten Monarchie und des Totalitarismus. Er flüchtet aber in einen neuen Illusionismus der metaphysisch, reinen Farbe und der Urformen.

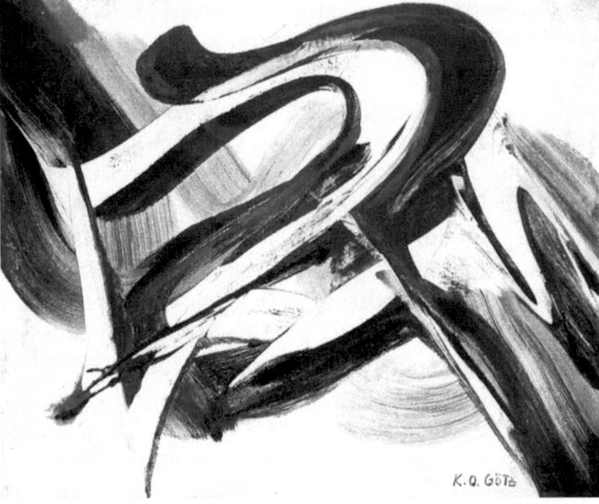

Kunst des Informel: K. O. Götz, 1954, Mischtechnik auf Leinen; 50 x 60 cm, Foto: Jan Schüler, CC BY-SA 3.0

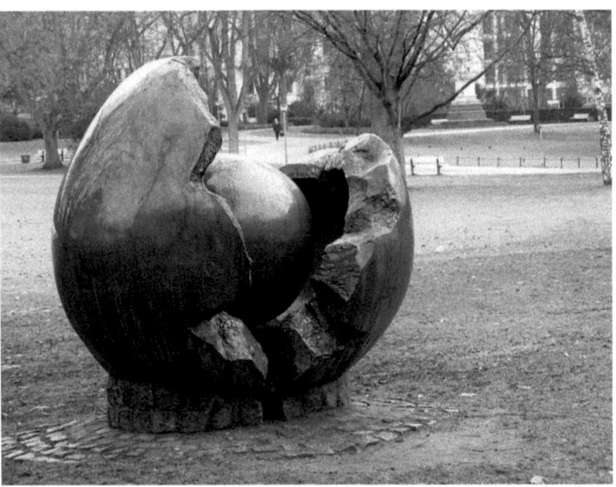

Kunst des Informel: France Rotar: Skulptur Leben am Warmen Damm; Wiesbaden, Foto: amras.wi, CC 0

Gegen diesen neuen, „abstrakten" Illusionismus bezieht Adorno entschieden Position. Die abstrakten Künstler würden darauf verzichten, Häuser und Gärten zu malen, behaupteten aber, in ihren Bildern „das Gleichgewicht des Weltalls" oder die „absoluten Urformen" darzustellen – ein deutlicher Seitenhieb auf die Position Baumeisters. Dieser neue Glaube unterscheide sich nicht grundsätzlich von dem, dass Gott die Künstler zu ihren Genie-Meisterwerken inspiriert habe. Mit diesem Illusionismus hatten die Avantgarden vor dem Krieg gründlich aufzuräumen versucht, Angst, Not und Traumata treiben die Geister wieder in die Bilder hinein.

Unterstützt wird Baumeister von dem Kunsthistoriker Werner Haftmann, der im Rückblick behauptet: „Ja, der Krieg selbst und die Situation, die er hinterließ, hatten keinen oder nur einen sehr geringen Einfluss auf sie. [...] Vergleicht man diese Jahre mit denen nach dem ersten Weltkrieg, so ist die beharrliche Antwortlosigkeit des schöpferischen Menschen auf das Maßlose der Ereignisse im geschichtlichen Raum erstaunlich und für den inneren Wert dieser Ereignisse vernichtend. Noch der spanische Bürgerkrieg, als organisierter Angriff auf die menschliche Freiheit, hatte eine mächtige Resonanz in der westlichen Künstlerschaft gefunden; der zweite Weltkrieg konnte sie zu keiner Antwort mehr provozieren. Der künstlerische Mensch hatte den Krieg längst hinter sich gelassen, seine Gegenäußerung waren die eigenen Gebilde." (Haftmann, S. 423) Es ist eine grandiose Fehleinschätzung: Die beharrliche Antwortlosigkeit ist die Antwort der von den Ereignissen traumatisierten Künstler. Diese hatten den Krieg nicht hinter sich gelassen sondern noch tief verinnerlicht. Aber die innere Verstrickung, die Zerrissenheit, die tief sitzenden Ängste ließen sich nur schwer in die bisher praktizierte bildnerische Sprache fassen

Willi Baumeister, Fred Thieler, Julius Bissier, Rupprecht Geiger, Willi Hempel, Fritz Winter und Brigitte Meier-Denninghoff gründen 1949 „ZEN 49". Emil Schumacher und K.R.H. Sonderborg schlossen sich später der Gruppe an. Diese „Gruppe der Gegenstandslosen" nahm schon früh Kontakte zu im Ausland lebenden Künstlern wie Pierre Soulages oder Hans Hartung auf. Der Bezeichnung ZEN verweist auf die esoterische Zen-Malerei, die mit geheimnisvollen Zeichen die Wirklichkeit zu bannen versucht. Der Rückzug aus der Wirklichkeit durch Meditation wird Programm.

Werner Haftmann fasst es in Worte, „dass auch die abstrakte Malerei ein Aneignungs- und Bewältigungsverfahren der Welt sein kann. Es ist abstrakt geworden im Zuge der Wandlung unseres Bildes von Welt überhaupt. Diese hermetische Malerei steht vor einer Aufgabe, deren Lösung für die Ruhe und Angstlosigkeit unseres Geschlechts von vitaler Bedeutung ist." (Haftmann, S. 518) Die Malerei schirmt sich von der Welt ab, um die Angst abzuwehren und Ruhe zu finden. Sie glaubt Gegenbilder malen zu können mit einem abstrakten Reich der Formen und Farben. Erst 1985 hat Günter Grass in einer Rede zum 40. Jahrestag der Kapitulation den Nachkriegskünstlern vorgeworfen, sie hätten die „Abkehr von der Wirklichkeit zum Stilprinzip" erhoben und so versucht, „alles zu verdrängen, ich sage gegenstandslos zu machen, was die Vergangenheit heraufbeschwören und die Flucht nach vorne behindern konnte." (siehe auch Gillen, S. 127)

Baumeister sucht archaische Urformen

Flieht die Kunst **Willi Baumeisters** (1889 - 1955) in die Vorzeit und erhofft Rettung bei den Zeichen? Er sucht (und findet) in der Tat die archaischen Formen, nimmt Sand in seine Bilder mit hinein, um das Erdverbundene, um „Urformen" zu beschwören. In der Zeit der Weimarer Republik ist Baumeister noch auf der Suche nach einer abstrakten Formensprache, die auch die industriellen Formen und gesellschaftliche Bezüge (wie zum Beispiel den Sport) mit einbezieht. Seit seiner Entlassung als Hochschullehrer durch die Nazis nimmt er Zeichen und Figuren der Höhlenmalerereien als archaische Bildsprache, als magisches, metaphysisches Alphabet. Er sucht nach ewig gültigen Zeichen als die „Grundlage der Kunst". Seine Bilder wollen Kräfte zeigen, die sich herausbilden, die zugleich drohen und beschwichtigen. Da lauert die Erinnerung an die Steinzeit, Hieroglyphen künden von frühen Ritzungen, fremde, längst versunkene Kulturen scheinen Botschaften zu senden. Es spukt in Baumeisters Bildern, Widersprüchliches arrangiert sich zur geheimnisvollen Einheit. Er formuliert: „Die abstrakten Formen können wirkliche Kräfte enthalten, bewahren oder aufnehmen [...] Ungegenständliche Ausprägungen des menschlichen Geistes sind dem Transzendenten geöffnet. An gegenständlichen Darstellungen haftet immer mehr oder weniger Erdenschwere, und ihre Schwingen sind nicht frei." (Walther 2005, S. 235) Hier ist Baumeister ungenau. Die abstrakten Formen enthalten nicht wirkliche Kräfte, sie imaginieren sie. Mit dieser Vorstellung wirklicher Kräfte will er transzendieren, also die Grenzen der Erfahrung und der sinnlich erkennbaren Welt überschreiten. Es sind Meditationsbilder, die übersinnliche Kräfte freisetzen sollen, um aus der Welt des Materiellen zu fliehen. Es ist die Flucht vor etwas Bedrohlichem. Dabei ist die Angst, die „Erdenschwere" in Baumeisters Bildern überdeutlich, ja sogar als Material „Sand" präsent.

Auch bei **Theodor Werner** (1886 - 1969) wandelt sich in der Zeit des Naziregimes das Bildverständnis. Vorher war er von einem wissenschaftlichem Naturverständnis ausgegangen. Vor allem nach dem Krieg experimentiert er mit gegenstandslosen Formen, die mythische Zusammenhänge und kosmischen Harmonien erzeugen wollen

Winter ist mit dem Boden in Berührung gekommen

Angst und „Erdenschwere" atmen auch die Bilder **Fritz Winters** (1905 - 1976). Bei Winter kann man die Ursachen leicht ausmachen. Es ist die Gegenwärtigkeit des Krieges, des „Töten und Getötet werden". Als er 1944 nach schwerer Verwundung zu einem Genesungsurlaub von der Front nach Hause kommt, malt er „Triebkräfte der Erde" – 40 kleine Ölbilder in einer „abstrakten" Serie.

Er ist in den Schützengräben des Zweiten Weltkrieges in Russland mit der Erde in Berührung gekommen – seine Kriegserlebnisse wirken nach: Diese Bilder sind in braunschattigem Dunkel gehalten. Organisches, Pflanzen, Sträucher, Erde, Kristalle dominieren feinfühlig arrangiert. Darüber liegen weiße Schleier mit verhaltener Leuchtkraft, wie Nebel, wie Verbands-Mullbinden. Manchmal nehmen die Bilder gespenstische Formen an, aber sie alle vermitteln eine romantische Sehnsucht, die Triebkräfte der Erde, das Irdisch-Beschwerliche mit dem Kosmischen zu einen. Winter schöpft Mut. Die Erde gibt Leben, Energie und Trost.

Erde und Blut kämpfen auf dem Malgrund

Auch **Emil Schumacher** (1912 - 1999) gestaltet „Landschaften", die an die zerfurchte, verletzte Erdoberfläche erinnern: erdiges Umbra, Ocker und Schwarz, eingravierte Schraffuren, Krater einer verbrannten Welt, blutiges Rot von Verwundungen. In den 60er Jahren steigert er die Kontrastwirkung, in dem er Materialien in seine Bilder integriert, Stricke, Knoten, Asphalt, Papiermassen, Blei. Schumacher muss seine Verletzungen zeigen und seine Wut, er schleudert expressiv Unruhe und Disharmonie auf die Leinwand oder direkt auf Holz als dem Malgrund. Seine Bilder zeigen Wunden mit Verschorfungen, die erdschwere Farbsubstanz mit Furchen und Einbrüchen künden von verwüsteten Landschaften. „Ich gehe das Bild an, wie ich gegen eine Mauer angehe, um eine Lücke zu finden, durch welche ich hindurch kann, um hinter das Unbekannte der Grenze zu kommen." (Kindlers 11, S. 131) Seine düsteren Bilder zeugen von tief sitzender Angst, sie sind Botschaften aus dem Totenreich, von dem viele Bildtitel künden: „Sodom" (1957), Acheron (1958), Nero (1962).

Bernard Schultze (1915 - 2005) lässt Rot und Grün komplementär aufeinander treffen. Farbe wird zu giftigem, explosivem Gemisch, das auf dem Malgrund lodert. Oder es erscheinen Fabelwesen, die in einem gespenstischen Märchen bunt schillernd mit schwarzen Schatten als Hauptfiguren auftreten. Eine Ästhetik des Skurrilen, des Bedrohlichen, des Animalischen arrangiert sich wild gestikulierend, widersprüchlich ineinanderfließend zu einer Bildeinheit. Schultze behauptet, gespenstische Landschaften visionär ohne Bezug zur Realität zu gestalten. Aber seine Bilder verraten: Es sind brennende, fast schon apokalyptische Landschaften. Schultze hatte von 1939 bis 1945 im Krieg in Russland und Afrika gekämpft. Seine Bilder gestalten Kraterlandschaften, Farblavaströme, süßlich verwesende Körper, Spinnenbeine, unheimliche Lebewesen. Er lässt Blühendes gegen Grässliches krachen. Er ist ein verzweifelt Suchender (wie auch seine Künstlerfreunde in der Frankfurter Gruppe „Quadriga" mit Karl Otto Götz, Peter Brüning, Hann Trier, Sonderborg und Fred Thieler). Schultze stellt fest: „Ich werde manipuliert, versuche mich zu wehren. [...] Ein Sichzurückziehen, die Rolle des Fremdlings ist auch schon im voraus einkalkuliert; so sind alle Auswege verstopft." (Gillen, S. 117

Auch bei **Fred Thieler** (1916 - 1999) glüht die Farbe. „Maler sein heißt für mich, die Existenz eines Zeitgenossen zu führen, der den Hauptteil seines Daseins mit dem Versuch verbringt, die Impulse seines Lebens: Anregungen wie Depressionen, Intuitionen wie berechnende Überlegungen, Reaktionen von Einzelerlebnissen wie Erlebnisketten malend aufzuzeigen - oder im Malvorgang zu gewinnen." (Walther 2005, S. 266) Thieler wurde zum Kriegseinsatz in Polen und Frankreich eingezogen, aber

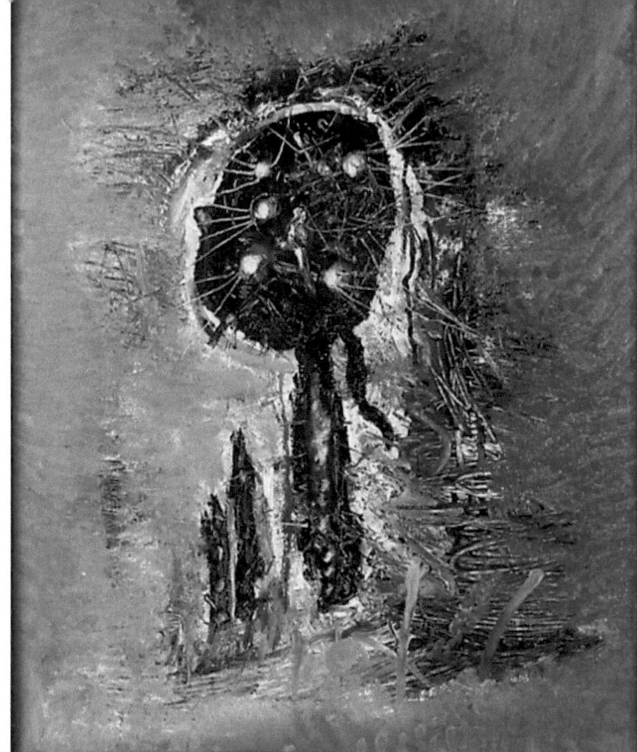

Wols: Das blaue Phantom, 49,9 × 60,6 cm, public domain

1941 entlassen, da seine Mutter Jüdin war. Die Weiterführung seines Medizinstudiums wurde ihm verboten. Er ging dann in den Untergrund im Umfeld der Weißen Rose und dem malenden Widerstandskämpfer Mac Zimmermann. Seine Mutter konnte er in München verstecken und durch die Naziwirren bringen. „Sein Action Painting öffnet sich am konsequentesten der Eigendynamik von Farbexplosionen. [Bei Thieler] schält sich nachfolgend aus dem Fließen der Farben ein Assoziationsfeld heraus, in dem sich kosmische und atmosphärische Sensationen auf kleinstem Raum komprimieren. Die Farbe zerspringt in eine Vielzahl energetischer Partikel, aus den sich galaktische Gebilde neu konstituieren.“ (Thomas, S. 60)

Der Holländer **Jaap Wagemaker** (1906 - 1972) setzt Wirklichkeit in Collagen neu zusammen: Er klebt Sackleinen in seine Bilder, integriert Steine und Schnüre, Holz, Schiefer, Sand, er gestaltet seine Bilder mit erdiger Schwere: zerstörte, vom Blut gezeichnete Landschaften, karge Mondoberflächen. Die Farben seiner meistens dreidimensional gestalteten Materialbilder sind oft in Erdtönen gehalten. Einige dieser Werke ähneln Luftaufnahmen, man sieht Wüsten, Gebirge, Seen, Vulkane. Es sind ästhetisch konstruierte Montagen, die Erosionsprozesse verdeutlichen. Während des Krieges war Wagemaker den Repressalien der deutschen Besatzungsmacht ausgesetzt.

In Frankreich erregt ein deutscher Künstler Aufmerksamkeit, der vor den Nazis geflohen war und von den Franzosen interniert wurde. Er konnte fliehen und musste lange um sein Leben fürchten: **Wols** (1913 - 1951), eigentlich Wolfgang Schulze. Am besten schildern Zeitgenossen, welche Schockwirkung seine Bilder bei seiner ersten Ausstellung 1947 auslösten: Der Schweizer Kritiker Max Rychner: „In was für Spannungen steht ein Zeitalter, in dem Derartiges möglich ist...!“ Der französische Kritiker Georges Mathieu: „Vierzig Meisterwerke! Jedes zerschmetternder, aufwühlender, blutiger als das andere: ein Ereignis, ohne Zweifel das Wichtigste seit den Werken van Goghs. Der hellsichtige, unüberhörbare Schrei, das pathetische Drama eines Menschen und aller Menschen [...] Es handelte sich um vierzig Momente aus der Kreuzigung eines Menschen [...]“ Und Jean-Paul Sartre: „Klee ist ein Engel, Wols ein armer Teufel. Der eine erschafft die Wunder dieser Welt oder vollzieht sie nach, der andere erfährt ihren wunderbaren Schrecken.“ (ebd., S. 250)

Ob der Schrecken „wunderbar“ war, wie Sartre meint (andere Kritiker sprechen von „unheimlicher, zugleich verzaubernder Romantik“), sei dahingestellt. Eher ist es das pathetische Drama eines Menschen und aller Menschen der damaligen Zeit. Wols zeigt seine seelischen Verletzungen, klagt aber nicht an. In den Furchen seiner Bilder, den Strudeln und Schlangenlinien, den zerwühlten Formen zucken die Farben, zucken gleichsam seine Nerven. Es sind Bilder eines Opfers: seelischer Qual, Angst, Zerrissenheit. Wols hält diese Welt nicht mehr aus, seine Bilder sind für ihn keine Therapie, er ertränkt seine Traumatisierung in Alkohol und zerstört sich. Er stirbt 1951.

Auch die Bilder von **Jean Fautrier** (1898 - 1964) sind radikal, ohne Trost. 1943 bis 1945 gestaltet er seine Serie „Die Geiseln“ mit 30 Bildern. Seine eindringliche Wirkung erzielt er mit plastischem Material, das er auf den Malgrund aufträgt. Die Geiseln sind anonyme, gemarterte, verstümmelte Menschen, die schon verwesen. Fautrier zeigt schonungslos bestialische Wirklichkeiten seiner Zeit: „Keine Form von Kunst kann Gefühle wiedergeben, wenn nicht ein Teil des Wirklichen darin hineingemischt ist. Wie winzig auch immer, wie undeutlich diese Andeutung auch sein mag, diese unreduzierbare Parzelle ist wie der Schlüssel zum Werk. Sie macht es lesbar; sie erhellt seine Bedeutung, sie erschließt seine tiefe, essentielle Wirklichkeit der ästhetischen Wahrnehmung, die die wahrhafte Intelligenz ist.“ (ebd., S. 254) 1944 bis 1949 gestaltete er in gleichem Stil wie die „Geiseln“, „Objekte“ und „Die Nackten“, verwesende Leiber, zerstückelte Köpfe, 1949 bis 1953 „Partisanen“. 1956 schuf er die originaux multiples (vervielfache Originale). Das Grauen des Krieges findet bei Fautrier seinen Ausdruck in einem Gemisch aus Blut, Schmalz, Organischem, pastoser Farbe und Fett. er liefert damit Steilvorlagen sowohl für die sogenannte ›Art brut‹ von Dubuffet als auch für die belgisch-niederländisch-dänischen ›Cobra‹-Gruppe mit den Künstlern wie Karel Appel, Corneille, Constant und Asger Jorn.

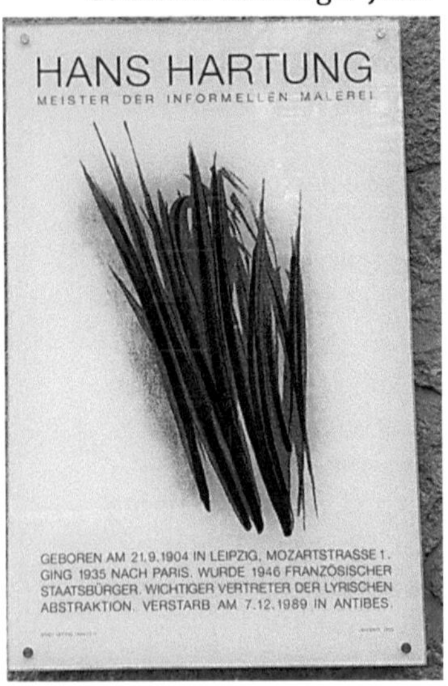

Gedenktafel für Hans Hartung am Haus Mozartstr.1 in Leipzig; Foto: Stockrose, CC BY-SA 4.0

Jean Dubuffet (1901 - 1985) nutzt Steine, Haare, Abfall, um gegen die nach seiner Ansicht verlogene Kultur zu protestieren. In seinem Visier stehen die Kulturbürokratie, die Normen der traditionellen Malerei und die „Renaissance-Kunst“. Er klagt das Verkrustete, das in Dogmen Erstarrte an. „Ich denke an Malereien, die ganz einfach aus dem einzigen, einfarbigen Schlamm gemacht sind, ohne jede Variation, weder im Ton noch in den Farben, ja nicht einmal im Glanz noch in der Anordnung, und die lediglich durch jene vielen Arten von Zeichen, Spuren und lebendigen Abdrücken wirkten, die die Hand zurücklässt, wenn sie Brei bearbeitet.“ (ebd., S. 256) Dubuffets Werke wirken oft wie verfallende Wände. Gegen die Schlösser und glitzernden Fassaden der Kultur gestaltet er Mauern des Zerfalls, Wände aus Abfall und Ekel. Georges Limbour schreibt: „Die beste Methode, die er findet, um sich mit seinem ganzen Gefolge von unsagbaren Dingen auszudrücken, ist durch die Vermittlung irgendeines Realitätsfragments, das dann nach dem ungeheuren Zusammenbruch der deskriptiven Malerei der Welt, gleich dem Fragment eines Heiligenknochens, eine übernatürliche Würde annimmt. Dubuffets Gegenstände haben oft den Charakter und die Eigentümlichkeiten von Reliquien, Reliquien einer vernichteten Welt; mit ihrer Hilfe schaffen wir daraus eine neue Welt, die die alte übertrifft.“ (Kindler 3, S. 276)

Stricke, Balken verbarrikadieren die Welt

Die bewusste Reduktion der Bildmittel nutzt auch **Hans Hartung** (1904 - 1989). Er wirft wütende, meist schwarze Striche, als Balken hart kontrastierend, auf hellen Malgrund. Er will Kräfte mit schwarzen, braun-erdigen Peitschenhieben beschwören, die einander widersprechen, sich durchkreuzen. Angespannte, gradlinige Energie, Kräfteentladungen. Hartung kämpfte während des Krieges in der Fremdenlegion gegen die Nazis, 1944 verlor er ein Bein. Seine Werke wirken wie Meditationsbilder vor einem entscheidenden Angriff. Hartung: „Je tiefer wir uns in uns selbst versenken, desto klarer und überzeugender wird das Bild sein, das wir von unserem Innersten geben können, desto umfassender wird aber auch unser Ausdruck sein.“ (Walther 2005, S. 232) Harte Zusammenstöße, Konflikte werden thematisiert. Auf der documenta II präsentiert Hartung die mächtige Bronzefigur Thronoi von 1958/59: Gespenstisch verschlossen thront der Herrscher, mystisch drohend fixiert er mit hohlen Augenöffnungen die Betrachter.

Hartungs Freund **Pierre Soulages** (*1919) nutzt ebenfalls diese elementaren, drohenden Gesten. Schwarze Balken schieben sich über die Bildfläche, ein Gerüstwerk vergittert die Sicht. Archaische Kräfte versperren Perspektiven und Möglichkeiten. Auch Soulages Werke leben vom Kontrast, von roher Materialität, derbem Balkengerüst, sperrigen Verstrebungen, ohne dabei gewalttätig zu sein. Die Bilder wirken statisch, fast schon starr. Es ist keine fernöstliche Kalligraphie, es sind keine Schriftzeichen ohne Bedeutung, eher Gitterstäbe eines Gefängnisses.

Soulages: „Dem Verzicht auf die Gesprächigkeit der Linie entspricht der Verzicht auf die Gesprächigkeit der Farbe ... Ich war immer der Meinung, je beschränkter die Mittel seien, desto stärker sei der Ausdruck." (ebd. S. 233) Die Bilder sollen überwältigen, sie thematisieren die Bedrohung. Ab 1979 beschränkte Soulages sich auf die Farbe Schwarz. Seine Bilder wirken wie kultische Monumente, beschwörende Mahnmale.

Auch **Julius Bissier** bedient sich einer geheimnisvollen Zeichensprache; er war bei der fernöstlichen Kalligrafie in die Schule gegangen. Im Gegensatz zu Soulages und Hartung sucht er mit geschwungenen Linien ganz ohne jedwede Aggressivität Ausgleich und Harmonie mit der ganzen Schöpfung. Seine meditativ gesetzten Zeichen und Symbole wollen das Gegensätzliche versöhnen, Spannungen zwischen männlichen und weiblichen Polaritäten aufheben. Er beschwört mit einfachen Formen und Linien Kräfte, die Leben spenden sollen.

In Italien fügt **Roberto Burri** (1915 - 1995) in seinen Bildern Sackleinen mit Stoffresten ästhetisch zusammen. Dazwischen aber klaffen Risse und Löcher, in denen rote Farbe plastisch leuchtet: Symbole für Einschüsse, Gewalt, Verletzungen. Die Sackfetzen sind zum Zerreißen gespannt. Fäden und Schnüre halten die brüchigen Gewebe nur notdürftig zusammen. Burri war im Zweiten Weltkrieg Feldarzt in den großen Lazaretten der afrikanischen Kriegsschauplätze, hatte also ausreichend Erfahrung mit Mullbinden – notfalls auch Sackleinen? – und dem Nähen von Wunden. 1944 geriet Burri in amerikanische Gefangenschaft und begann zu malen. Zurück in Italien quittierte er seinen Arztberuf und integrierte die Materialien des Krieges in seine Bilder. Ab 1956 verkohlte er Holzplanken und gestaltete Bilder der Zerstörung und versenkte Plastikfolien zu schwarz, gespenstisch glänzenden Landschaften. Schließlich versperrte er die Bildfläche mit ausgebeulten Blechen, Eisenplatten, die er vernietete, verschweißte, durchlöcherte, zerstörte und als „Künstlerarzt" wieder ästhetisch flickte: Die Kraterlandschaft des Krieges entsteht, Einschüsse und Verbrennungen werden künstlerisch geordnet. Burri hätte diese Interpretation aber als „oberflächlich" abgelehnt, für ihn ist es „abstrakte Kunst". Er war übrigens auch nach dem Krieg noch leidenschaftlicher Jäger und treffsicherer Schütze.

Zerstörung und gleichzeitig Rekonstruktion ist Thema von **Emilio Vedova** (1919 - 2006), italienischer Antifaschist und Partisan. Bei ihm leben dadaistische Figurationen wieder auf, nur dramatischer. Sie sind wie mit Fundstücken aus den Kämpfen gestaltet: Spitzen Winkel, Zacken, Splitter, Eisenteile und Verstrebungen sollen von den Katastrophen des Jahrhunderts zeugen, sie sollen anklagen, genauso wie die Titel der Bilder und Objekte „Explosion", „Atlantikpakt", „Berlin 33", „Konzentrationslager" oder „Kampf". Vedova will „Augenblicke der Wahrheit" wachrufen, will angreifen. Später öffnet er seine Objekte noch stärker in den Raum und macht sie begehbar. Die Objekte sind für Vedova wie „Gegenstände, die wie machtvolle Waffen erzeugt wurden zu angriffslustigen Zeichen, die nicht mehr in der statischen, von der passiven Oberfläche des Bildes bestimmten Dimension bleiben konnten." (Kindler 12, S. 141)

Vedova war Mitglied der antifaschistischen Künstlergruppe Corrente wie auch **Renato Guttuso** (1912 - 1987). Guttusos erstes politisch klar Stellung beziehendes Bild war „Exekution auf freiem Feld" (1938). Der spanische Dichter Federico García Lorca wurde schon zu Beginn des Spanischen Bürgerkriegs von Faschisten ermordet. 1939 entstand „Flucht vor dem Ätna": Es nimmt Partei für sizilianische Bauern, die brach liegendes Land in Besitz nehmen. Durch Integration von Bildmotiven von Eugène Delacroix „Die Freiheit führt das Volk" und von Picassos „Guernica" gibt er dem Geschehen eine weitreichende antifaschistische Bedeutung. 1940 provozierte er den Vatikan und den Führer Mussolini gleichermaßen mit seiner „Kreuzigung", in dem er die nackte heilige Frauengestalt Magdalena, die die Wunden von Christus versorgt, sowie ein ebenfalls nackter Reiter auf einem blauen Ross malt. Folterinstrumente komplettieren das Werk. Die Kirche brandmarkt daraufhin Guttuso als „Maler des Teufels". Wegen dieses Bildes muss er untertauchen. Im Untergrund gestaltet er dann eine Serie von Stilleben, in denen er gegen das Eindringen faschistischen Gedankenguts in das Alltagsleben der Menschen Stellung bezieht wie in „Eine Ecke des Atelies in der via Pompeo Magno" (1941) und „Stilleben mit rotem Tuch" (1942).

Unter dem Titel „Gott mit uns" veröffentlicht Guttuso 1945 eine Serie mit Zeichnungen gegen faschistische Verbrechen. Als einer der wenigen westlichen Maler bekannte sich Guttuso zu den Prinzipien eines „sozialistischen Realismus", allerdings integriert er expressionistische und kubistische Form- und Farbelemente in seine Bilder. Guttuso war nach dem Zweiten Weltkrieg Mitglied der „Fronte Nuovo delle Arti" und engagierte sich in der Kommunistischen Partei Italiens. Leidenschaftlich nahm er gegen den Vietnamkrieg der USA wie in „Johnsons Friedenstauben" oder in Bericht aus Vietnam" (beide 1965) Stellung. Während der Revolte der europäischen Studentenbewegung ergriff er Partei für die rebellische Jugend. In „Mai 1968 - Wandzeitung" (1968) trägt er vielleicht etwas zu dick auf. Da knüppelt die maskierte, mit Schildern geschützte, schwarz-weiß uniformierte Polizei, während die Studenten ihre roten Fahnen vor luftiger Kulisse schwenken. Rechts neben der Polizei liegt aufgestapelt der Konsummüll der westlichen Welt. Oben im Bild werden die Gewalttaten der US-Amerikaner gegenüber den Vietnamesen und gegenüber den Schwarzen im eigenen Land angeklagt.

Auch theoretisch nahm Guttuso klar Stellung. In „Das Handwerk der Maler" schrieb er, dass auch die Kunst „revolutionäres Tun" sei. Die Kunst heute könne nicht neutral oder liberal sein: „Unerbittliche Kräfte binden sie in ein ideologisches und wirtschaftliches Netz." „Objektiv betrachtet ist die Kunst eine Form der Wahrheit; sie ist Philosophie und Praxis."

In Spanien nimmt **Antonio Saura** (1930 - 1998) politisch Stellung. Er gestaltet ein Werk der Dämonie und Tragik. Er zeigt die Deformation der Wirklichkeit. Saura protestiert gegen die „Vermassung" der Gesellschaft und gegen die repressive Gewalt des Staates. Ausgangspunkt ist die Auflehnung gegen den Terror des Franco-Regimes, der ihn seine Ohnmacht und Isolation schmerzlich empfinden lassen. Seine Kunst thematisiert dieses Ausgeliefertsein. Um 1985 setzt er sich auch mit der Berliner Mauer auseinander: „Das unheimliche Eingeschlossensein erinnerte in seiner technologischen Aufmachung allzu sehr an andere Orte, wo der Mensch [...] erniedrigt und zu einem Tier gemacht, auf den ihm bestimmten Holocaust wartete." (Spies 1998, S. 61/62) Saura ist Leidender und spürt dabei feinfühlig die Machtstrukturen auf, die das Individuum erdrücken. Diese Strukturen verortet er in einer langen Traditionslinie: Der Mensch der Gegenwart ist Opfer der Geschichte. Diese Auseinandersetzung mit dem „Weltmuseum" schockt ihn. Er bringt das expressiv auf die Leinwand. Ein Beispiel dafür ist, wie er Philipp II. darstellt, den Eroberer Portugals und obersten Befehlshaber der Armada, als machtgeilen, blindwütigen Despoten.

Ein westdeutscher Künstler schwimmt gegen den Strom der Zeit: **Hap Grieshaber** (1909 - 1981). Auch er muss in den Krieg ziehen und wird erst 1947 aus der Kriegsgefangenschaft entlassen. Er versucht die Traditionslinien nachexpressionistischer Malerei wieder aufzunehmen und so das Geschehene als politischer Künstler zu verarbeiten. In seinen großformatigen, Holzschnitten thematisiert und protestiert er gegen Ausbeutung, Hunger und Krieg. Sein zentrales Anliegen ist die Darstellung eines progressiv-humanistischen Menschenbildes. Seine Bilderwelt ist breit gefächert und umfangreich: von der Darstellung von Liebespaaren über die Landschaft seiner schwäbischen Heimat und ökologische Fragen. Er wagt sich auch an religiöse Themen, ohne dabei sentimental oder rührselig zu wirken.

Die „Weltsprache" der Abstraktion in Europa

Im Gegensatz zum französischen Maler und Gründer der das abstrakte Bild favorisierenden Gruppe „Cercle et Carré" Michel Seuphor, der die abstrakte Malerei als gescheitert einschätzt, sieht der einflussreiche Kunsthistoriker und documenta-Kurator der ersten Stunde Werner Haftmann in seinem Buch „Die Malerei des 20 Jahrhunderts" den Triumph der „Abstraktion als Weltsprache". Was versteht Haftmann unter abstrakter Malerei? „Das Ausstreichen der gegenständlichen Bilder und die unverhüllte Gestaltung der reinen Bildgeometrie wird vom Maler also keineswegs verstanden als radikale und endgültige Verneinung der großen alten Kunstwelten, sondern vielmehr als die Reinigung ihrer ewigen Werte von den Verkleidungen der Geschichte und die Anwendung dieser alten und ewigen Werte im Rahmen einer neuen Gesellschaft, die in all ihren Äußerungen darauf aus ist, die Gegenstandswelt in Bezüge abstrakter Natur umzudenken." (Haftmann, S. 471) Haftmann versteht bildnerisches Schaffen also nicht als die Entwicklung einer Bildsprache mit einer konkreten Aussage in einer konkreten Gesellschaft. Nein der Künstler soll die „ewigen Werte" der Harmonie gestalten und dabei die „Verkleidungen der Geschichte" entfernen: Flucht aus der Geschichte, Flucht in die Mathematik der „reinen", „ewigen" Farben und Formen.

Auch Karin Thomas schreibt: „1955 kann Werner Haftmann mit der documenta I in Kassel erstmals wieder eine große internationale Kunstschau in Deutschland veranstalten […] Ziel des Ausstellungskonzepts ist der Aufweis eines „bruchlosen" Fortschreitens der europäischen Moderne in der ersten Hälfte des 20 Jahrhunderts, die im Futurismus ihren Ausgangspunkt hat und in der gegenstandsfreien Kunst der Gegenwart kulminiert. […] Die Weltsprache Abstraktion verdrängt die geschichtliche Schuld, wird zur Befreiung vom Sündenfall des nationalsozialistischen Intermezzos […] Während Sedlmayr der modernen Kunst den Verlust des Metaphysischen vorwirft, auratisiert Haftmann die abstrakte Kunst zum ästhetischen Resonanzraum der neuen gesellschaftlichen Freiheit mit metaphysischen Qualitäten. Zum wichtigsten Protagonisten erhebt er Ernst William Nay[…]." (Thomas, S. 60)

Ernst Wilhelm Nay (1902 - 1968) gilt als ein Wegbereiter der Abstraktion. Er habe die „Weltsprache der Abstraktion" auch in Deutschland zum Durchbruch verholfen. Malen habe für ihn – so stellt Werner Haftmann heraus – vor allem bedeutet, ein Bild aus der Farbe zu gestalten. Die Malfläche sei für ihn ein „spiritueller Raum", auf dem sich die „absolute", also von allem losgelöste Farbe in einer ausgeglichenen Choreographie entfalte: Sie tanze rhythmisch, ein farbiger Klangkörper, ein Rot werde zur dionysischen Stimme und rufe magisch einen Begleitchor farbiger Töne auf. Die Farbe genüge sich selbst. Nay erläutert: „Diese meine Kunst teilt ja nicht mit, sondern ›macht sichtbar‹ oder ›offenbart‹. Und zwar nicht die Abkehr vom Rationalen, Logik und Perspektive, die ist ja vollzogen, sondern die zukünftige Formulierung vom Verhältnis Mensch und Welt, Mensch und Universum, Mensch und Natur." (Haftmann 1991, S. 286) Nay kehrt also zurück zu der Bildauffassung als Offenbarung, die sich angeblich vollkommen von allem Rationalen, der Logik und der Perspektive gelöst hat. Nay ist dabei nicht unbescheiden, er sieht in seiner Malerei die Probleme der Gegenwart und der Zukunft gelöst: „Nehmen wir an, dass in meiner Kunst die Tendenzen der Gegenwart und der Zukunft: Aperspektivität, Alogik, Transparenz, Akausalität: Bild sind, dass zugleich geheimnisvolle Symbole dazwischen und darin verwoben sind, die zum Menschen hindeuten: nehmen wir an, dies sei alles vorzeitig, so würde in absehbarer Zeit eine Gruppe von jungen Künstlern die Analyse vornehmen [...]" (ebd., S. 287) Hat Nay wirklich die rationalen und logischen Gesetze aufgelöst? Welche geheimnisvollen Symbole weisen transparent und „vorzeitig" auf den Menschen hin?

Nay steht in der Traditionslinie des deutschen Expressionismus und vor allem auch Munchs. In seinen „Lofoten-Bildern“ in den 30er Jahren erprobt Nay das expressionistisch aufgeladene Landschaftsbild. Als Soldat in Frankreich rettet er sich aus dem grauen Kriegsalltag in ein träumerisch-tranceartiges Dekor aus Pfauen- und Menschenaugen. 1943 malt er „Komposition mit vier Frauen“. Schwärmerisch verzückt, gleichzeitig mythisch entrückt, zeigen sich die Frauen mit geschlossenen Augen in Trance. Diese Augen korrespondieren mit den Mündern, besonders aber mit den Brüsten und Vulven. Die Brüste der Frauen sind rosafarbene, oder ockertönige Kreise mit roten oder weißen Brustwarzen. Die Scheiden der Frauen sind gleichzeitig Augen. In diesem Bild sind die Elemente der Nayschen Malerei der 50er und 60er Jahre bereits enthalten. Hier sind die „Augen“-Bilder, die 1964 auf der „documenta 3“ in Kassel Aufsehen erregen, schon angelegt. Es zeigen sich die „Urerlebnisse der orphischen und mythischen Schicht“, von denen Haftmann so nuancenreich zu berichten weiß.

Ohne Zweifel ist Nay einer der bildgewaltigsten und einflussreichsten Künstler der Nachkriegsperiode der Bundesrepublik, der seine Formensprache immer weiter reduziert und so zur Abstraktion kommt. Aber „alogisch“ und „akausal“ sind seine Bilder nicht. Sie behalten ihren Bezug zu den Augen, Brüsten und Vulven. Und seine Farbakkorde sind sehr wohl berechnet, sie erscheinen in logischen Farbreihen und rational erfassbaren Harmonien. Das Werk Nays ist ein ästhetisches Feuerwerk, das in seiner ausgewogenen Farbigkeit mit der ansonsten „leidenden“ Malerei sowohl der Bundesrepublik als auch des amerikanischen abstrakten Expressionismus kontrastiert. Aber die Malerei Nays hat ein falsches Etikett: Sie ist nicht „absolut“, losgelöst von allem, in ihr entfaltet sich nicht reine Farbe, sie ist abstrahierend, ihr Bezug zum Gegenstand bleibt sichtbar. Insofern spiegelt Nays Einschätzung seiner Kunst eher die Ideologie der Zeit, die von einer reinen Malerei jenseits der Realität träumt: „Bei meiner Kunst fällt jede Legitimation durch außerkünstlerische Elemente fort. Ihr Sinn ist in der Anschauung der elementaren Malerei erfassbar, erfahrbar.“ (Walther 2005, S. 236) Nay rettet die Farbenwelt des Expressionismus in die Bundesrepublik hinüber. Aber seine Zuversicht, dass in „absehbarer Zeit eine Gruppe von jungen Künstlern die Analyse vornehmen“ werde und seine Bilder als Ausgangspunkt, als Botschaft einer künftigen visionären Malerei nehmen würde, sollte sich nicht erfüllen.

Andere europäische Künstler, die sich ebenfalls des expressionistischen Formen- und Farbenvokabulars bedienen, können sich dagegen nicht durchsetzen. **Jean René Bazaines** (1904 - 2001) feierte das Poetische der Natur in blühenden Farben. Er wollte Natur und Gesellschaft versöhnen, er suchte einen „abstrakten Humanismus“ zu verwirklichen. Sein Freund **Alfred Manessier** (1911 - 1993) wollte eine expressive Spiritualität verwirklichten, er „übersetzte“ die Farbigkeit und die Religiosität mittelalterlicher Glasfenster in die Farbigkeit der Moderne. Seine Farben bleiben aber vordergründig, das Gewollte zum Beispiel in „Dornenkrone“ (1950) überzeugt nicht. Manessier will die Heiligkeit des Christusbildes mit reiner Farbe heraufbeschwören. Aber schon allein das Imaginierte, das „farbliche Sehnen“ verwirrt. Nicolas de Stael (1914 - 1955) versuchte abstrahierende und gegenständliche Farb- und Formgebung zu vereinigen, ohne dass ihm der große Wurf gelungen ist. Renato Birolli (1905 - 1959) näherte sich in Italien mit Figuren- und Landschaftsbildern der Abstraktion und versuchte eine Synthese aus Cézanne, Delaunay und Picasso. Letztlich blieb er aber ein expressiver Realist, der kein Neuland erschließen konnte. Serge Poliakoff (1899 - 1969) beschränkte seine Farbpalette und ließ meist das Rot flächig und mächtig leuchten, kontrastierend zu dem oft grau gemalten Grund. Er versucht, „Abstraktes“ und „Gegenständliches“ zu vereinen. Es bleibt ein plakatives Bemühen.

Maria Elena Vieira da Silva (1908 - 1992) und Jean-Paul Riopelle (1923 - 2002) gehen beide vom Gegenständlichen aus und bemühen sich, die Welt malerisch neu zu ordnen. Vieira da Silva erklärt: „Wenn ich male, denke ich eigentlich nur an das Malen. Wie soll ich das erklären? Was mich umgibt, male ich, verstehen Sie? Das ist es. Für viele Maler ist die visuelle Welt nebensächlich. Für mich ist sie sehr wichtig: Sie ist das Vokabular." (Walther 2005, S. 230) Beziehungsgeflechte entstehen, architektonische Räume werden verbunden, sind geschichtet. Kommunikationsdrähte spannen sich über dem Malgrund. Man hat den Eindruck, dass, ausgehend von Pollocks expressiver Farbenwut, bei Vieira da Silva Ordnung und Ausgeglichenheit einzukehren scheint. Aber noch herrscht auch Angst vor, leuchtet eine Farbe auf, wird sie sogleich durch ein Schwarz, durch einen Braunton abgegrenzt, isoliert. Vieira da Silva will Ordnung in einer ängstigenden Welt, will Verbindungen herstellen. Sie schafft es nicht.

Einen ähnlichen Eindruck der Orientierungslosigkeit vermittelt das Werk von **Riopelle**. Seine Bilder lesen sich wie Landkarten. Er ist auf der Suche, es sind Farb-Mosaike, die immer neu zusammengesetzt werden können und so neue Wege ermöglichen. Seine Bilder haben aber kein Zentrum, sie könnten endlos fortgesetzt werden. „Mein Plan ist nicht der der Abstraktion. Er geht in ihre Richtung mit einer freien Geste (ich spreche nicht von Automatismus), um zu verstehen zu versuchen, was Natur ist, nicht von der Destruktion von Natur ausgehend, sondern vielmehr auf die Welt zu." (ebd. S., 259) Er will eine neue malerische Welt aufbauen. Aber welche Welt? Er weiß es nicht.

Aus Kreis und Quadrat wird Zirkel und Lineal
Auch die Kunst mit „Zirkel und Lineal" konnte den Siegeszug der „Weltsprache Abstraktion" nicht wirklich vollenden. Die extremen Positionen waren mit der klaren, kühlen (aber spirituell aufgeladenen) Form- und Farbgebung des „De Stijl" und den romantischen Farbexplosionen à la Kandinsky schon in der ersten Jahrhunderthälfte markiert. Zwischen diesen abstrakten Positionen bleiben auch die Künstler der zweiten Jahrhunderthälfte gefangen. Künstler wie Max Bill, Auguste Herbin, Ben Nicholson oder Olle Baertling stehen noch in der Tradition des „De Stijl".

Max Bill (1908 - 1994) und die „zürcher konkreten" wollen die Tradition des deutschen Bauhauses fortsetzen. Sie beabsichtigten, das Formen- und Farbenvokabular zu systematisieren, zu erweitern und konkret nutzbar zu machen: konkrete Kunst. „Konkrete Kunst nennen wir jene Kunstwerke, die aufgrund ihrer ureigenen Mittel und Gesetzmäßigkeiten – ohne äußerliche Anlehnung an Naturerscheinungen oder deren Transformierung, also nicht durch Abstraktion – entstanden sind." (Dörfler 2, S. 183) Aber was sind „ureigene Mittel und Gesetzmäßigkeiten"? Die Konkreten setzen auf die Mathematik, die Berechenbarkeit der Form, die Messbarkeit der Farben, der Exaktheit ihrer Variationsbreite. Letztlich münden diese Überlegungen in geometrisierende Kompositionen, in Architektur-Konstruktionen und in das Industriedesign. Bill war erster Rektor der Ulmer Hochschule für Gestaltung, die 1953 gegründet wurde. Den ganzheitlichen Ansatz des deutschen Bauhauses konnte die neue Schule aber nicht wieder aufnehmen. Max Bill formulierte einen hohen Anspruch: „ich bin der auffassung, dass die kunst die einzigartige chance hat, einen gegenpol zu bilden, gegen eine verschmutzte, verkommerzialisierte konsumwelt, und das mit relativ geringem aufwand, jedoch durch anwendung von umso größerer disziplin." (Kunstforum 190, S. 308) Bill reduziert das Problem der Kunst auf formale Gestaltung. Auch wenn er anspruchsvolles Industriedesign schuf: Es war doch nur Teil einer „verkommerzialisierten Konsumwelt", kein Gegenentwurf.

Die Zürcher **Richard Paul Lohse** (1902 - 1988) und Camille Graeser (1892 - 1980) wollen mit ihrer geometrischen Kunst eine Harmonie von Umwelt und Mensch verwirklichen. Der Belgier Victor Servranckx will „freie" und „angewandte" Kunst wieder verbinden. Sie bleiben jedoch in ihrem Laboratorium, in das sich der ästhetische Elfenbeinturm verwandelt hatte, gefangen.

Ben Nicholson (1894 - 1982) strebte eine Bildobjektivität an, die nichts Individuelles oder Emotionales enthalten sollte. Deshalb wählte er die Geometrisierung. Er widerspricht sich dabei: „Schließlich wirkt Form und

Farbe auf jeden Moment des menschlichen Lebens ein; alles, was wir sehen, berühren, denken und fühlen, ist damit verknüpft, so dass, wenn ein Künstler diese Elemente frei und schöpferisch verwendet, dies einen ungeheuer mächtigen Einfluss in unserem Leben haben kann." (Walther 2005, S. 225) Gefühle scheinen ihm suspekt geworden zu sein. Er will mit der unterkühlten Sachlichkeit seiner geometrischen Formen in meist ockerfarbenen Tönen dagegenhalten.

Auguste Herbin (1882 - 1960) blieb in der Welt der Kreise, Rechtecke und Dreiecke verfangen. Er wollte die Vorstellung „Gegenstand" abschaffen, aber die Vorstellung „Licht", „Volumen" und „Farbe" neu schaffen. Das ist seine Erkenntnis: „Die Erscheinung Gegenstand ist verschwunden, aber [...] das Werk bleibt in seinen Mitteln, in seiner Technik gegenständlich: Es ist unrichtig, dieses Werk abstrakt zu nennen." (ebd., S. 220) Ab 1940 entwickelte Herbin das „malerische Alphabet": Die „Buchstaben" sind dabei Kreise, Quadrate, Dreiecke. Das ist eine etwas einfache Auffassung von Malerei, die die Bildsprache in das Korsett dreier Grundformen presst. Die Absicht ist klar: Er will sich vom Illusionismus des abgebildeten Gegenstandes lösen, führt diesen Illusionismus aber als Licht, Volumen und Farbe wieder neu in das Bild ein. Anstatt die Bildsprache als ein gesellschaftliches Kommunikationsmittel zu begreifen, das sich stets der Abbilder bedient (sich in der Vergangenheit dieses Abbildcharakters und des damit verbundenen Illusionismus aber nicht bewusst war, sondern die Bilder für die pure Realität gehalten hatte), versucht er eine neue Bildsprache aus Geometrie zu konstruieren. Er will eine „universelle Harmonie" á la Mondrian mit dem nichtillusionistischen Bildraum der Kubisten verbinden. Er will damit Unmögliches: In der Vorstellung der „universellen Harmonie" ist der Illusionismus schon enthalten. Die Kunst besteht darin, die Bildsprache als gesellschaftliche zu begreifen und dann bewusst einzusetzen. Nicht nur, dass Herbin bei der Beschreibung seines „Alphabets" unlogisch ist, wer will schon eine derart bunte, fast schreiende „Sprache"?

Der Schwede **Olle Baertling** (1911 - 1981) versucht einen neuen Illusionismus als „abstrakten" Naturalismus zu begründen: „Kunst war für mich immer abstrakte Bewegung. Abstrakte Bewegung übertrifft physische oder naturalistische Bewegung an Geschwindigkeit und Gefühl für das Ausströmen. Alles ist Bewegung, alles bewegt sich. Es gibt keinen festen Punkt im Universum." (ebd., S. 224) Dass alles sich bewegt, wusste schon der Grieche Heraklit, der mit „Panta rhei" (Alles fließt) in zwei Worten eine Philosophie-Weisheit formulierte. Was aber „abstrakte Bewegung", losgelöst von der physischen oder naturalistischen Bewegung ist, bleibt Baertlings Geheimnis, ebenso weshalb die abstrakte Bewegung schneller ist und mehr Gefühl hat für das „Ausströmen". Er meint natürlich sein Gefühl für seine abstrakten Bilder, die er so gestaltete, dass Farbflächen hart aufeinanderstoßen und die Farben aus dem Bild herauszuströmen, herauszudrängen scheinen – wenn die Betrachter viel Fantasie einsetzen. Er bezeichnet das als „offene Form" und begreift seinen Bildraum als neue Wirklichkeit, als seinen geistigen „neuen Naturalismus".

Georges Mathieu (1921 - 2012) sieht Kunst als reines Formproblem. „Die sogenannte Avantgarde ist im Grunde nur ein Aufstellen und Aussprechen von neuen Formen, kurze Zeit bevor sie Bestandteil einer Tradition werden." (ebd., S. 257) Für ihn ist Malerei ein Spektakel. Mathieu setzt auf der Malerbühne für das staunende Publikum seine imaginierten Dramen effektvoll in Szene, „Action painting per excellence". Auf Riesenleinwänden wirft er in Sekundenschnelle seine kalligrafischen Zeichen. Danach werden die Bilder mit Titeln und Bedeutung aufgeladen. Mathieu liebt es, seine Maldramen mit Geschichtlichem zu verbinden: Der „Herzog von Sachsen" (1960) kämpft in seinem weiß-schwarz-grünem Liniengewirr oder „Kapetinger überall" (1954), das französische Königsgeschlecht, ringt in schwarz-weiß-rot-ockerfarbenen Linien und Klecksen: Bataillone fliehen, Soldaten sterben, Kontraktion und Repulsion, Schwarz-Weiß. Die Malerei, meint er, befreie sich nicht nur vom Gegenständlichen sondern auch vom Gebrauch eines Vorbildes. Hier widerspricht er sich: Indem er den Bildern geschichtsträchtige Namen gibt, lädt er sie mit Gegenständlichem und Vorbildern wieder auf. Neue Formen, neues Glück, neues Bild: Handwerk und Inhalt waren gestern, es lebe der Dynamismus der Zeit. „Ich glaube, dass Schnelligkeit des Schöpfungsaktes eine der wichtigsten Voraussetzungen meiner Malerei sind. Auf jeden Fall bin ich der erste Maler, der den Begriff der Schnelligkeit in die Malerei des Abendlandes einführte." (ebd., S. 258) Und dann gesteht er: „Zu der Notwendigkeit von Geschwindigkeit und Improvisation füge ich als sublimierte Konzentration psychischer Energie und gleichzeitig den Zustand völliger Leere." (Kindler 9, S. 55) Mathieu strebt neue Rekorde an. Mit der Licht-Geschwindigkeit seiner Kunst rast er auf sein Ziel zu: völlige Leere.

Victor Vasarely (1906 - 1997) hat der abstrakten, geometrischen Kunst Raffinesse und Virtuosität verliehen, aber grundsätzlich erweitert hat er die Möglichkeiten der abstrakten Kunst nicht. Durch Anordnung seiner Quadrate oder Kreise auf der zweidimensionalen Fläche schafft er optische Illusionen, die den Eindruck der Dreidimensionalität erwecken. Er ist ein Pionier der technisch reproduzierbaren Kunst. Sein geometrischer Perfektionismus und sein kalkulierter Farbeinsatz verleiht seiner technizistischen Bild-Apparatur ästhetischen Glanz.

Friedensreich Hundertwasser (1928 - 2000) wagt den Angriff auf die abstrakten Formen, die er bürokratisch und erstarrt nennt. Er möchte die Menschen aus dem Würgegriff kalter Apparatur befreien, lässt Formen sich schlängeln und vor allem das Grün in seinen Bildern aufleuchten. Hundertwasser engagiert sich im Umweltschutz und in der Friedensbewegung und kommt zur Umgestaltung von Häusern, des Lebensraums, zu Entwürfen neuer Auto-Nummernschilder. Schade ist, dass sein Werk so wenig Nachahmer findet. So gibt es in vielen Städten Hundertwasser-Häuser – nicht nur in Wien sondern auch in Frankfurt am Main, Bad Soden am Taunus oder in Magdeburg: Sie stehen dort als Gegenbeispiele für Betonburgen und zeigen, wie Häuser umweltgerechter, formenfreundlicher, den Bedürfnissen der Bewohner angemessener gebaut werden können. Die Hundertwasser-Häuser sind aber vollkommen isoliert platziert, umgeben von der Eintönigkeit von Mietskasernen.

In der Plastik erproben Hans Uhlmann, Norbert Kricke und Brigitte Meier-Denninghoff abstrakte Formfindungen mit innerer, vorwärts weisender Dynamik, die die Erdenschwere des Informel-Jahrzehnts zu überwinden versuchen. Ihre Technik- und Materialbegeisterung gerät aber inhaltlich leer, zu architekturhaft dekorativ, zu konstruiert.

Die Werke **Jean Tinguelys** (1925 - 1991) und seiner Lebensgefährtin Niki St. Phalle (1930 - 2002) sind Beispiele, wie Künstler sich in der abstrakten Welt humorvoll bewegen können, eben weil sie nicht vorgeben, auf der Suche nach der letzten Lösung für „die" moderne Kunst zu sein. Tinguelys kunstvoll konstruierte Maschinen sind sogar in der Lage, „abstrakte" Bilder automatisch zu fabrizieren: Sie pinseln Striche oder Kleckse: „Strichismus" und „Tachismus". Wenn man das Tinguely-Museum in Basel besucht, fällt auf, dass viele Kinder von seinen Werken begeistert sind. Es rattern Ketten und verursachen polternde und klirrende Geräusche, Licht geistert durch seine Konstruktionen, Federn und Fuchsschwänze werden bewegt, dort dreht und wirbelt ein bunter Karnevalszug mit Pappnasen und Zwergen. Ein Künstler spielt mit einem Formenarsenal und bringt seine Formen zum Tanzen. Niki St. Phalle wurde als Kind von ihrem Ziehvater missbraucht. Anfangs zeigen ihre Bräute gespenstisch überladene Hochzeitskleider. Man spürt das Bedrohliche, das künstliche Dekor, die vorgetäuschte Heiterkeit und das falsch-festlich Aufbereitete. Dann befreit sie sich, indem sie mit dem Revolver auf Farbbeutel schießt, die sie in ihren Bildern befestigt. Schließlich kommt sie zum Eigentlichen ihrer Kunst, den Nanas: Frauen-Puppen, bunt angestrichen, aber mit einem zu klein geratenen Kopf. In der Riesenpuppe „Hon" im „Moderna Museet" von Stockholm konnte man 1966 durch die Scheidenöffnung sogar ins Innere gehen, an der Bar Cocktails genießen, im Kino sich vergnügen oder sich verlieben. Ein heiter-bissiger ironischer Kommentar zur Emanzipation.

Englische Pop-Art sehnt sich nach der bunten Konsum-Welt

1952 wird die Independent Group innerhalb des „Institute of Contemporary Art" (ICA) in London gegründet. Die ICA-Studenten **Lawrence Alloway, Richard Hamilton und Eduardo Paolozzi** bilden die Kernmannschaft der späteren englischen Pop Art. Sie empfanden das Leben im Nachkriegseuropa bedrückend, Armut, zerstörte Städte, zu wenig Wohnraum... Da verzauberten die Magazine und Illustrierten, die über den großen Teich aus den USA kamen. Sie berichteten vom Leben im Luxus, vom „zurückgewonnenen Paradies" mit Fernseher, Autos und Sex. Die Independent Group veranstaltet mehrere Ausstellungen, 1953 „Parallel of Art and Life", 1955 „Man, Machine and Motion" und 1956 „This is Tomorrow", in der auch Hamilton seine kleine, programmatische Collage „Just What Is It That Makes Today´s Home So Different, So Appealing?" (Was macht eigentlich unser Zuhause so anders, so anziehend?). ausstellt Heute mag diese Collage wie eine ironische Aufzählung der Konsumerrungenschaften wirken. Ein muskelgestählter Bodybilding-Mann mit einem Pop-Art-Tennisschläger bestimmt die Bildmitte, eine Pin-up-Frau bringt ihre Brüste in Form. Reklame für Reizwäsche, Werbung für den neuesten Staubsauger werden gezeigt. Mit den Worten „young Romance" lächelt ein Comic-Plakat-Bild von der Wand, ein Ford-Reklameschild bildet das zeitgenössische Wappen. Aus dem Fernseher lächelt eine Schöne, es gibt Schinken in Dosen. Es wird auch ein Blick durch das Fenster „des Today´s Home" gestattet: Dort lockt die Welt des Vergnügens und der Zerstreuung. Die Künstler meinten es damals ernst. Das ist das erstrebenswerte Tomorrow. Hamilton charakterisierte die Pop Art 1957 mit den Worten: „Populär (entworfen für ein Massenpublikum), vergänglich (kurzfristige Lösungen), zum Verbrauch (schnell vergessen); billig; Massenprodukt; jung (für die Jugend bestimmt); geistreich ; sexy; trickreich; strahlend; großes Geschäft". (Gillen, S. 255) Sie wollten die Grenzen zwischen Kunst und Alltagswirklichkeit aufheben und erklären die Werbung in den Massenmedien für bildwürdig, sie glaubten noch an die Realität der Botschaften in den amerikanischen Zeitschriften. Aber so einfach und konfliktfrei ließ sich die US-amerikanische Ware nicht in die britische Wirklichkeit importieren, weshalb die englische Pop-Art sich auch nicht länger als in den 50er Jahren behaupten konnte.

Verzweifelt auf der Suche nach dem Neuen

Lucio Fontana (1899 - 1968) ist ein Weltenbummler der Kunst. Geboren in Argentinien, kehrt er schon 1905 mit seinen Eltern nach Italien zurück und gestaltetet dort nach Mussolinis Machtergreifung faschistische Monumentalwerke, aber gleichzeitig auch Abstraktes. Im Zweiten Weltkrieg flüchtet er nach Argentinien, um 1947 wieder nach Italien zurückzukehren. Dann schlitzt er die Leinwände auf, um der zweidimensionalen Leinwand eine dritte Dimension zu geben. Fontana ist der Verfasser zahlreicher Manifeste, so des „Manifesto Blanco", 1946, in dem er „Spazialismo", Raumkonzepte entwickelt. Kunst als Erweiterung des Raumes, der Dimensionen: Er durchlöchert die Leinwand und erreicht dadurch ein neues Raumkonzept. 1951 erscheint sein „Manifesto tecnico". Hier vereinigt er künstlerisch Umwelt und Technik und gestaltet schwebende Lichtplastiken, hängt Propeller und Anker in dunkle Räume und illuminiert das Ganze ästhetisch fluoreszierend. Er will so den Weltenraum erobern und einen neuen Zeitbegriff begründen. In neuen Raumbegriffen sieht er die Möglichkeit vollkommener Freiheit. Die Begeisterung für die Technik zeigt hier ihre mechanisch polierte Oberfläche – die Kriegs- und Technikbegeisterung der italienischen Futuristen und Faschisten bekommt eine modernistische Hülle. Fontana findet sich gut zurecht, er braucht Vergangenes nicht aufzuarbeiten, er streicht weiße Farbe darüber und nennt das monochrome Leuchten „Freiheit", er durchsticht Leinwände oder schlitzt sie auf – und führt uns so in neue Räume und Dimensionen.

Das Konzept Fontanas besticht durch seine Einfachheit und seine Reproduzierbarkeit. Er findet sofort Bewunderer und Nachahmer. So die Gruppe Zero in Deutschland mit den Mitgliedern **Heinz Mack** (* 1931), **Otto Piene** (1928 - 2014) und **Günther Uecker** (* 1930), die alle auf der Suche nach neuen Ufern der Kunst waren, auf der Suche nach der neuen Farbe als „Inkarnation“ (also Fleischwerdung des Göttlichen) und Verwirklichung des Lichts. Farbe sei „Licht und Energie“: Lichtplastiken, der Licht speiende, rotierende „Zero-Rotor“, eine Gemeinschaftsarbeit von Mack, Piene und Uecker, sind Zeugnisse der neuen Philosophie. Als Sinnbild des Neuen wurden monochrome – vor allem weiße – Leinwände gestaltet oder weiße Malgründe benagelt und damit das alte Staffeleibild endgültig zerstört. So kann man sich von der Vergangenheit lösen: Man bedeckt die alten Bilder mit weißer Farbe oder macht sie auch physisch kaputt.

Die Zero-Künstler wollen den Neubeginn, mit neuen Licht-Schlössern, mit Luftballons, mit Aluminiumfahnen wollen sie die heitere Welt des Wirtschaftswunders gestalten, der Kunst und der Freiheit neue Freiräume verschaffen. Gillen schreibt: „Die im April 1958 in Düsseldorf gegründete Gruppe Zero grenzt sich scharf vom Informel ab. Gegenüber Bernard Schultze soll Piene erklärt haben: Ihr Älteren habt ja mit der Schnauze im Dreck gelegen, ihr könnt gar nicht anders, ihr müsst euch dunkel, psychisch ausdrücken. Wir Jüngeren können uns damit nicht mehr identifizieren, wir haben die Vorstellung, dass der Raum frei und offen für uns ist, allein darauf richtet sich unser künstlerisches Bestreben – auf das Licht.“ (Gillen, S. 119) Aber die raue Wirklichkeit lässt ihre Freiheitsträume wie ihre Luftballons platzen. Das Attentat auf Kennedy, Vietnam, Watergate und die europäischen Studentenunruhen hätten dem Optimismus von Zero „eine fast tödliche Korrektur“ versetzt, räumt Mack im Nachhinein ein.

Der absolute „Stern der Erleuchtung“ geht in Frankreich auf

Yves Klein (1928 - 1962), von Otto Piene als „gegenwärtige Inkarnation des Heiligen, Propheten, Messias“ gefeiert. Klein war der Messias einer neuen Religion der Kunst. Oder war es nur die Wiederkehr der alten Religion in blauer Verkleidung? Zunächst: „Was ist Blau? Das Blau ist das sichtbar werdende Unsichtbare ... Das Blau hat keine Dimensionen, derer die anderen Farben teilhaftig sind ...“ (Katalog 2004, S. 48) Oder verständlicher: Das Blau ist etwas Anderes als das Andere, das total Andere in seiner Gegensätzlichkeit und deshalb in seiner Einheit. Was will Yves Klein? „Was ich erreichen möchte, ist, überhaupt nichts mehr zu machen, und zwar so schnell wie möglich. Ich strebe an, ›schlechthin‹ zu sein.“ (ebd., S. 153) Er möchte von seiner Farbe Blau in das Reich des kosmischen Immateriellen getragen werden, um den „fortwährenden Zustand des Glücks“ zu erleben. Er will der „wiedergefundenen totalen Freiheit und der tiefen Freude, die sich des Lebens freut“ frönen. „Ich, ich will glücklich sein, ich will es nicht einmal mehr, ich bin es schon.“ (ebd.) Verständliche Wünsche. Und das schafft Klein mit seiner Kunst? Yves Klein: „Der Maler hält wie Christus die Messe, indem er malt, und gibt seiner Seele Leib den anderen Menschen zur Speise; er vollbringt in jedem Bild im Kleinen das Wunder des Abendmahls. Joh.6,54: ›Wahrlich, wahrlich, ich sage euch, wenn ihr nicht das Fleisch des Menschensohns esst und sein Blut trinkt, so habt ihr kein Leben in euch‹“ (ebd., S. 154) Malerei verleiht nach Klein „das ewige Leben“. Wie? Indem man das Fleisch isst und das Blut trinkt – aber nicht als Kannibale, sondern vergeistigt. Yves Klein: „Nur das affektive Klima des Fleisches ist von Belang.“ Oder: „Dieses Fleisch, das in meinem Atelier zugegen war, hat mich lange Zeit während der durch die Ausführung meiner Monochrome ausgelösten Erleuchtung stabilisiert.“ (ebd., S. 155) Das ist die Erleuchtung: Der nackte Fleisch-Frauenkörper, das Materielle, wird durch das Geistige des Blaus in Immaterielles überführt, in das ewige Leben. Yves Klein: „Das Immaterielle sagte mir, dass ich durchaus ein Abendländer bin, ein rechtgläubiger Christ, der mit Grund ›an die Auferstehung der Körper, an die Auferstehung des Fleisches glaubt.“ (ebd., S. 157) Das kann man noch philosophisch unterfüttern: Die Fleischeslust drückt sich mit der geistigen Farbe Blau auf Leinwand oder auf jedwedem Malgrund ab (Anthropometrie genannt), das Fleisch wird so in das Immaterielle überführt, immaterialisiert sich in der Leere. Die Leere wiederum sei dem „Etwas“ entgegengesetzt. Die Leere sei aber kein Nichts, die Leere sei ein immaterielles „Alles". Insofern offenbart sich in den blauen Anthropometrien die „geistige Lust" schlechthin, so dass der Kritiker Jean-Michel Ribettes verzückt notiert: „Die Anthropometrien verleiben sich, in der umgekehrten Blase der wiedergefundenen Zeit, alle Venuse, alle Judiths, alle Maria Magdalenen ein. Sie nehmen die ganze Geschichte der Nacktheit auf sich und absorbieren sie. Sie enthalten die fleischigen, leuchtenden Göttinnen Rubens´, Tintorettos beim Bade überraschte Frauen, Velázquez´ Schlummernde im Spiegel, Tiepolos in die Dünste des Himmels entschwebte Nymphen, Watteaus Grazien und galante Feste, Bouchers verliebte Schäferinnen, Fragonards libertine Marquisen, Delacroix´ übergoldete Sultaninnen ..." (ebd., S. 158) Ribettes schwelgt noch in weiteren Beispielen. In der Tat: Yves Klein gestaltet den Höhepunkt in der Akt-Malerei.

Klein zelebriert Akt-Malerei als Religion, „als neue und große Welt-Zivilisation des Schönen". Er beruft sich dabei nicht nur auf die Heilslehren der Christenheit, er ist genauso offen für den Zen-Buddhismus, für die das Blau verehrenden Rosenkreuzler, für die Weisheiten des Anthroposophen Steiner oder für Heidnisch-Mystisches. Er bewegt sich zwischen Macho-Gehabe, Klamauk und altmodisch inszenierter, pathetischer Religiosität. Aber: Ist sein Anliegen nicht berechtigt und hoch aktuell? Klein will glücklich sein. Er weiß nur nicht, wie das in dieser Welt zu verwirklichen ist.

Antoni Tàpies berichtet vom Martyrium des Volks

Antoni Tàpies (1923 - 2011) ist dagegen eher meditativer Natur. Er gestaltet leere, schweigende Wände, die dann langsam zu sprechen beginnen. Es sind die Mauern seiner Heimatstadt Barcelona, in die die Geschichte ihre Zeichen geritzt und gebombt hat. Tàpies berichtet, dass er als Jugendlicher während der Bombardierung Barcelonas durch die Faschisten „seine Mutter vor Hunger weinen sah". Hunger, Not, Tod bringende Bomber: Diese tiefe Erfahrung von Existenznot sind die Wurzeln seiner Kunst. Als Mittel seines Ausdrucks verwendet Tàpies den Alltag prägende Gegenstände, Zeugen von Mühen und Armut: Heu, alte Möbel, immer wieder Mauern, Filz, Draht, abgenutzte Textilien.

Tàpies über seine Arbeit: „Wenn ich darüber Rechenschaft ablegen soll, wie mir die evozierende Macht der Mauerbilder bewusst wurde, muss ich sehr weit zurückgehen. Die Erinnerungen kommen aus meiner Jugend und meinen Kinderjahren, die ich zwischen Mauern verbracht habe, Mauern, in denen ich Kriege erlebt habe. Das ganze, von den Heranwachsenden erlittene Drama und all das, was eine Epoche an Grausamkeit erfand, die in den Katastrophen von ihren eigenen Vorstellungen abzutreiben schien, all das zeichnete sich, schrieb sich meinem Blick ein. In der Stadt, wo ich mich dank der Familientradition gewohnheitsmäßig zu Hause fühle, zeugen alle Mauern von dem Martyrium unseres Volkes, von den unmenschlichen Urteilen, die ihm auferlegt worden waren." (Katalog 1974, S. 22/23)

Tàpies nimmt eine Fülle von Eindrücken in seine Bilder auf, die Höhlenzeichnungen von Altamira, Tierbilder, die alten Zauberzeichen, mit denen sich die Menschen zu schützen versuchten, die Wölbungen, die Strukturen felsiger Wände, die schweren Holztore der bäuerlichen Welt Katalaniens, schwarze Fenster, immer wieder wuchtige, rot-braune Kreuze. Leise, zarte Gravuren zeugen aber auch von der Sensibilität, von der Verletzbarkeit. Kalligraphisches, nur noch Zeichen künden von untergegangenen Kulturen. Es ist keine heile Welt, die Tàpies präsentiert. Die alten Materialien bringen etwas Archaisches, Erdrückendes, Geheimnisvolles in diese Bilderwelt. Die Papierfetzen, die zerknüllten, abgetragenen Textilreste, die Mauerstücke, die sorgfältig arrangiert sind, bekommen Sinn: Sie sind Zeugnisse ihrer Produzenten, der Bauern und Handwerker seiner Heimat, ihrer Mühen und Wunden. Die Materialien sind Zeugnisse „einer ganzen Welt unterdrückten Protestes, der heimlich aber lebendig an den Mauern meines Landes entlanglief", wie er selber formuliert. Tàpies will keine museale Schönheit gestalten sondern Graffitis der Vergangenheit und Gegenwart, Graffitis des Protestes und des Aufbegehrens.

„Mit einer verzweifelten und fieberhaften Wut lieferte ich mich bis zur Besessenheit den Formen aus. Jede Leinwand war ein Schlachtfeld, auf dem die Wunden sich ins Unendliche multiplizierten. Dann trat ein überraschendes Phänomen auf. [...] Feuriges Aufbrausen verwandelte sich von selbst in lähmendes Schweigen." (ebd. S. 23) Tàpies beschreibt sein Phänomen: Die fieberhafte Wut, Aufbrausen, dann – Schweigen. Zermarterte Materie wird auf dem Bild ästhetisch gebannt, in mahnende Ruhe überführt.

Wir erleben bei Tàpies: Der künstlerische Prozess wandelt die Gegenstände, leitet einen Transformationsprozess zur „Ewigkeit" ein. Flüchtige Einritzungen, weggeworfene Gegenstände, die bald verrotten, verrostetes Metall bekommen den Nimbus „unvergänglicher" Zeichen und werden moderne Reliquien. Hier aber liegt die Gefahr des Mystizismus im Werk von Tàpies. So kann man seine „Grund-Form" von 1985 mit ihren abgewetzten Pantoffeln und der in das Filz geschnittenen Kreuzesform als modernes Altarbild lesen. Die „Grund-Form" bildet das Blut mit der Kreuzesform als Zeichen irdischen Leidens. Der Himmel, die „Ewigkeit", wird aus Filz gebildet – einem Material aus abgestorbenen, organischen Materialien (menschlichen und tierischen Haaren).

Das Werk von Tàpies steht im Zwiespalt: Einerseits glühender Protest gegen Leiden, gegen geschändete Natur, andererseits Mystizismus. Er sieht, dass die Gewalt, der Aberglaube, der Wahnsinn der Inquisition ihre brutalen Zeichen in die Gemäuer geschlagen haben, er entnimmt diese Zeichen und anklagenden Hieroglyphen den Gegenständen, bearbeitet sie in leidenschaftlicher Wut, formt sie um – und erstarrt dann. Weshalb aber kann Tàpies in seinen Werken nicht den Mechanismus von Macht, Aberglauben und Mystizismus offenlegen? Tàpies zu diesem Widerspruch: „Wir leben in einer Welt der Technik, erstickt durch den egoistischen Komfort des Materiellen. Wir leben ständig ›zerstreut‹, und unsere elementarsten Wurzeln, ja beinahe unsere Instinkte, sind in Vergessenheit geraten. Unsere Umgebung ist künstlich und in mancher Hinsicht falsch. Immer noch schleppen wir absurden Aberglauben und unnützen Atavismus mit uns, lassen uns von diesen Kräften beherrschen und versklaven." (ebd., S. 22)

Tàpies wendet sich gegen das Barbarische der Vergangenheit, gegen die Gefühls- und Gedankenwelt eines längst überwunden geglaubten frühen primitiven Menschheitsstadiums und gegen Aberglauben. Er behauptet, dass die Kräfte des Althergebrachten versklaven. Wie aber können Aberglauben und Atavismus, also Barbarentum und Primitivismus überwunden werden? Doch nur durch Wissenschaft und eine moderne Organisation der Gesellschaft, durch die Zivilisation. Tàpies aber macht „die" Technik, den „Komfort des Materiellen" verantwortlich, klagt sie an und sieht nicht, dass Technik sowohl zur Zerstörung wie zum Aufbau eingesetzt werden kann – von der Organisation des Menschen, der Gesellschaft also, hängt ab, was Technik bewirkt. Indem er sich in die Gegenstände verkrallt, hat er einen Schuldigen gefunden, eine Ersatzhandlung. Er prügelt seine Gegenstände und meint die Gesellschaft.

Gleichzeitig beschwört Tàpies den Wert der „elementarsten Wurzeln" und der Instinkte. Dahin will er insgeheim „zurück". Kultur besteht aber gerade darin, elementare Instinkte so zu beherrschen, dass ein „zivilisiertes" Miteinander möglich ist. Indem Tàpies die Zeichen der Grausamkeit in den Gegenständen herausarbeitet und ästhetisch ins „Ewige" umformt, inszeniert er einen Kreislauf, aus dem er sich nicht mehr befreien kann. Die Erkenntnis der Gewalt in seinen Materialien lässt Tàpies erstarren. Indem die Gegenstände zu Reliquien mutieren, zerren sie Künstler und Betrachter in einen Mystizismus hinein, der nur noch Dulden und Erleiden zulässt. Mystische Kräfte beherrschen und versklaven Tàpies.

Joseph Beuys „rettet" die deutsche Vergangenheit

Während Tàpies ein Mystiker wider Willen ist, knüpft **Joseph Beuys** (1921 - 1986) ganz bewusst an deutsche

Mythen an. Joseph Beuys ist zweifellos einer der schillerndsten Künstler (und einer der umstrittendsten) der deutschen Nachkriegszeit. So meinte der Kritiker Werner Spies, mit Beuys sei etwas in die Museen gelangt, was gar nicht mit den Mitteln der Kunst zu vermessen sei. Seine angepriesene Kunst, die angeblich die Seelen reinige und heile, verweise nicht auf die deutsche Hausapotheke sondern auf die Abdeckerei Auschwitz. Und der Kritiker Hanno Rauterberg sieht gar eine dumpf brodelnde völkische Kunstbrühe. Immer wieder werden Einträge bei Wikipedia eingereicht, die Beuys nationalsozialistischer Ideologie verdächtigen. Diese Einträge werden dann zur Löschung empfohlen: Die Kritiker hätten wohl in der Schule nicht richtig aufgepasst.

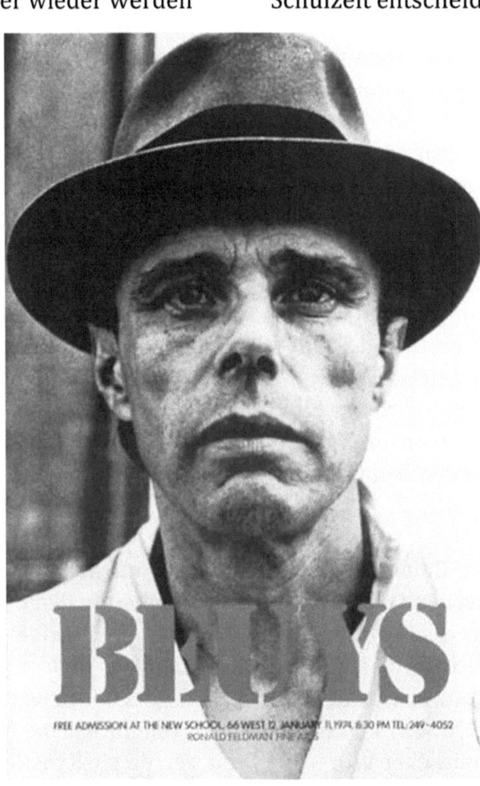

Joseph-Beuys-Poster für die von dem New Yorker Galeristen Ronald Feldman organisierte US-Vortragstournee Energy Plan for the Western Man von 1974, Quelle: Ronald Feldman Fine Arts, CC BY-SA 3.0

Beuys selbst gibt vor, die deutsche Vergangenheit aufzuarbeiten; er war ja als Funker-Bordschütze im Sturzkampf-Bomber in der vordersten Front beteiligt. Die Erkenntnis über das Ausmaß der Verbrechen sei sein irreversibler Schock, sein „Urerlebnis“, sein „Grunderlebnis“ für seine Auseinandersetzung mit Kunst gewesen. Er habe dann einen „radikalen Neubeginn“ gestartet.

Zweifellos ist Beuys nach wie vor einer der schillerndsten Künstler der Moderne: Mit dem linken Plakatkünstler Klaus Staeck inszenierte er Projekte. Mit Rudi Dutschke sprach er auf der Kasseler „documenta“. Mit Böll und anderen Intellektuellen der damals linken Szene wollte er die „Freie Internationale Hochschule für Kreativität und interdisziplinäre Forschung“ gründen. Unvergessen ist neben seinem Motto „Jeder Mensch ist ein Künstler“ auch die Geschichte seiner Rettung durch Tataren mit Fett und Filz nach einem Sturzkampfflieger-Absturz. Offenbar eine zwar verbreitete aber erfundene Legende.

Beuys, 1921 geboren, ist durch die Zeit des Nationalsozialismus geprägt. 1945 war er 26 Jahre alt. Sein Weltbild wurde durch die Mythenbildungen während seiner Schulzeit entscheidend geformt: So wird der Biologismus der völkischen Ideologie im Beuysschen Bienenstaat erkennbar. Ebenso findet sich der Rekurs auf die germanische Heldenwelt mit Holda, Thor und Odin sehr häufig in seinem Werk. Beuys beschwört die bildnerische „Ursprache“, die durch die moderne Zivilisation und das intellektualisierende Denken zerstört worden sei. Eine Analyse der Beuys-Zeichnungen zeigt eine unverarbeitete Dominanz der deutsch-völkischen Bilderwelt: Da erscheinen Zwerge, bestimmen Nornen (germanische Halbgöttinnen) das Schicksal, verweisen Hasen und Hirsche auf deutsches Volksbrauchtum.

Weshalb ist Beuys diese Thematik so wichtig? Beuys wurde während seiner Zeit als Sturzkampfflieger (1941 bis 1945) traumatisiert. Schon Alexander und Margarete Mitscherlich wiesen darauf hin, dass viele der von der Naziideologie infizierten Generation – und vor allem Kriegsteilnehmer in exponierten Positionen wie Beuys – diese Zeit nicht verarbeiten konnten und ihr Heil in Realitäts- und Weltflucht suchten. Die Beuys-Aktionen waren scheinbar nur Happenings. Aber nicht nur die Aktion „Manresa“ zeigt die tiefe Zerrissenheit des Künstlers. Beuys wollte sich „vergeistigen“, war auf der Suche nach seiner spirituellen Seele. Er hasste das „Materielle“, das „Intellektuelle“, das er für die Katastrophen auf der Welt verantwortlich machte. Nicht die völkische und nationalsozialistische Ideologie seien an dem Geschehenen Schuld, sondern das „Materielle“, das „Intellektuelle“, „die Technik“. Hitler sei ein großer Künstler gewesen, der seine Energien nur falsch gebraucht habe, eben „materiell“. Es komme jetzt darauf an, diese Energien spirituell umzulenken. Das verweist auf die zentrale Theorie von Beuys, der „Sozialen Plastik“, nach der durch spirituelle Wärme die materielle, gesellschaftliche Erstarrung aufgelöst werden muss.

Das Werk von Beuys kann nur entschlüsseln, wer die Bedeutung der bei seinen Aktionen gebrauchten Materialien versteht. Dabei zeigt sich bei Beuys ein grundlegender Widerspruch: Beuys ist Spiritualist, er will geistige Prozesse verdeutlichen und initiieren. Nur die Seelen müssten gerettet werden, ist eine zentrale Beuys-Aussage. Aber er verwendet „Materialien“. Diese „Materialien“ selbst seien die „geistigen Kräftefelder“. Farben seien nicht rote, grüne oder gelbe Pigmente, sondern „geistige Prozesse“, frei schwebend im Raum. Deshalb verwendet Beuys auch nur selten technisch hergestellte Farben, sondern nimmt Blut, vor allem Hasenblut. Sein zweitwichtigstes Material ist Erde, der Boden: Eisen als erstarrtes Kräftefeld, Kupfer als das Energiefeld der Venus, der Liebe, kommen aus dem Boden, Fett, Wachs, Filz sind alles organische Materialien, die bei Beuys bestimmte Energiefelder, „geistige Prinzipien“ repräsentieren und in seinen Konstellationen neue Kräfte im kosmischen Zusammenhang schaffen. Beuys hat selbst gesagt, dass er das Bewusstsein der Erde für größer hält als das Bewusstsein der Menschen. Wenn Beuys anorganische Materialien in seine Objekte integriert, dann kritisiert er damit den Materialismus, die moderne Technik, die die kosmischen Zusammenhänge stören und die die Menschen von ihren mythischen Quellen trennen. Silber und Spiegel (Glas wird aus Erde gewonnen, mit Quecksilberverbindungen auf dem Hintergrund) haben für Beuys eine besondere Bedeutung: Für Beuys ist Silber/Spiegel ein Reflexorgan, das für den Tod bringendes, kaltes, materialistisches Denken steht. Für Beuys schneidet der Intellektualismus die Verbindungen zu den kosmischen, spirituellen Kraftquellen ab.

So kann Beuys in seinen Aktionen daran gehen, Geschichte zu revidieren, Geschehenes durch seine spirituelle künstlerische Kraft ungeschehen zu machen und Zeit und Raum neu definieren. Hokuspokus? Nein: Es ist künstlerisch inszenierte Weltflucht aus einer als widerwärtig empfundenen Realität, in die Künstler durch das „Schicksal“ gestellt wurden. So ist nicht nur die Rettung durch die Tataren ein schön erzähltes Märchen, das helfen soll, Geschichte umzuinterpretieren: Beuys ist letztlich auch nicht Sturzkampfflieger und Soldat, sondern Opfer. Er selbst kennzeichnet sich häufig mit der Ziffernfolge „125921“ (seinem Geburtsdatum) – KZ-Häftlinge bekamen derartige Ziffern in die Haut geritzt. Wenn Beuys über seine Zeit während des Krieges spricht, sind es Geschichten wie die seiner Rettung durch die Tataren oder von kulturellen Inspirationen zum Beispiel auf dem „heiligen Berg“ Monte Gargano. Beuys hat von dem Zweiten Weltkrieg als einem „Bildungserlebnis“ gesprochen. Nach Sigmund Freud sind dies Deckerinnerungen, die von den eigentlichen Verbrechen ablenken sollen. Nach Adorno bedeutet Aufklärung und Aufarbeitung der Geschichte die Entmythologisierung der eigenen Geschichte – Beuys indessen macht genau das Gegenteil.

Für einen deutschen Künstler hat die Bewältigung des Holocaust besondere Bedeutung. 1957 beteiligte sich Beuys an einem internationalen Wettbewerb für ein Denkmal in Auschwitz. Er schlug vor, dass dieses Denkmal aus drei 25, 9 und 5 Meter hohen Toren aus Eisenbeton (die mit seiner braunroten Farbe gestrichen sein sollten) bestehen sollte. Den eigentlichen Mittelpunkt des Denkmals sollte aber eine Silberplatte mit einem Durchmesser von 6,5 Metern bilden. Die Tore aus Eisenbeton sollten auf zwei Stelen ein ungleichförmiges Viereck tragen. Das Material Eisen bedeutet in der

Beuysschen Bildsprache die Verbindung mit dem Irdischen. Eisen, auch wenn es erstarrt ist, ist eine organische, wenn auch verhärtete, Substanz. Beton dagegen zementiert. Der Materialismus des Jahrhunderts behindert die Spiritualität, es tötet die Leben spendenden Energien. Ein ähnliches Tormodell – wie für das Auschwitz-Denkmal vorgesehene – steht in dem Objektschrank »Szene aus der Hirschjagd« im Darmstädter Landesmuseum. In dieses Modell ist die Zahlenfolge 125921 eingraviert. Der 12. 5. 1921 ist der Geburtstag von Beuys, den er in seinem „Lebenslauf Werklauf" mit den Worten kennzeichnet: „1921 Ausstellung einer mit Heftpflaster zusammengezogenen Wunde" (Adriani 1994, S. 8). Beuys sieht sich also selbst als Betroffener. Die KZ-Häftlinge bekamen Erkennungsnummern tätowiert. Mit der Nummer 125921 sieht er sich selbst als von dem Materialismus dieses Jahrhunderts verletztes Wesen, dessen klaffende Wunde nur notdürftig mit einem Heftpflaster zusammengezogen wurde.

Durch die Eisenbetontore geht der Mensch dieses Jahrhunderts (die Tore werden immer kleiner, immer bedrückender), dann stößt er auf den blendenden Glanz des polierten Silbers. Es ist das ausstrahlende Licht des Silbers, um das die Motte schwirrt und schließlich den Tod findet. Denn Silber ist bei Beuys negativ besetzt, weil er es mit dem intellektualisierenden Verstand gleichsetzt. Silber steht für todbringendes, kaltes Denken, weil es die Verbindungen zu den spirituellen Kraftquellen abschneidet. Beuys versucht so als Betroffener mit seiner Denkmalgestaltung die entscheidende Frage der Schuld zu leugnen: Nicht die völkische Ideologie oder die Barbarei der Nationalsozialisten führten zu der Katastrophe, es war der »Materialismus«, die »Technik«, der »intellektualisierende Verstand«.

Auch ein weiteres Werk von Beuys zeigt die „Betroffenheit" des Künstlers: „Ohne Titel (Plan des Konzentrationslagers Birkenau) o.J. (1963)" . In diesem Werk sind Lagepläne von Auschwitz-Birkenau als Ausschnitte auf ein Blatt Papier geklebt, so wie ein Sturzkampfflieger das Lager aus einer Vogelperspektive wahrnimmt. Auf dem gesamten Blatt sind die für Beuys typischen „Braunkreuze" gezeichnet. Die Braunkreuze können Gräber andeuten, aber gleichzeitig markieren sie die Einschlagstellen der Bomben. Links oben befindet sich wieder die „Tätowierung" 125921. Mit dieser Tätowierung weist sich Beuys als Betroffener aus, er ist aber gleichzeitig der Sturzkampfflieger.

Auch bei der Vitrine „Auschwitz Demonstration" zeigt Beuys, dass er das Geschehene nicht wirklich aufarbeiten will. Er gibt eine Interpretation vor: „Dies war keine Beschreibung des Inhalts und der Bedeutung der Katastrophe [...] Simila similibus curantur: Ähnliches wird mit Ähnlichem geheilt, der homöopathische Heilungsprozess. Die Lage der Menschen ist Auschwitz und das Prinzip von Auschwitz findet seine Fortsetzung in unserem Verständnis von Wissenschaft und politischen Systemen, in der Übertragung von Verantwortung auf Gruppen von Spezialisten und in dem Schweigen von Intellektuellen und Künstlern" (zit. n. Hessisches Landesmuseum, Faltblatt). Beuys macht den Eindruck, als ob er hier nicht nur die Katastrophe von Auschwitz aufarbeiten, sondern zugleich auch andere Katastrophen verhindern will. Das Objekt selbst spricht aber eine deutlich andere Sprache. Schon fast zynisch thematisiert Beuys auch hier – wie in anderen Werken – sein Thema, dass man den Tod erfahren muss, um mit dem Geistigen, dem Mystischen eins zu werden.

Rechts in der Vitrine liegt ein verrußtes Metallobjekt, ein Abguss eines Holzreliefs. Auf diesem Relief schimmert die ovale Form eines Fisches sowie ein Kreuz hervor, damit ist ein reflektierendes Spiegel-Kreuz entstanden. Dieses Objekt trägt den Titel »Fisch« – altchristliches Symbol für Christus. Ein Spiegel symbolisiert bei Beuys den zergliedernden, christlich-jüdischen, »materialistischen« Verstand, der den Zugang zum Spirituellen versperrt. Schließlich habe ja die »monotheistische Religion« der Juden die alten Götter verbrannt – also die Verbindungen und die Wurzeln zur Spiritualität abgeschnitten. Es ist das »Karma«, sagt Beuys, also das Schicksal der Juden, dass sie sich von ihrer mystischen

Götterwelt getrennt haben. Gleich links neben dem »Fisch« befindet sich eine runde Eisenplatte als Sinnbild für den Kontakt mit dem Boden. Der Titel lautet »Akku (Wurst)«. Am Rande der Eisenplatte sind noch organische Materialien angeordnet (vor allem verschiedene Wurststücke und auch Fett), die mit Schnüren, Bindfäden verbunden sind, also miteinander kommunizieren. Auf sie bezieht sich der Titel: Die organischen Materialien sind die Akkumulatoren, sie spenden und speichern die Energie. In der Mitte aber ist ein kreisrunder Spiegel als Sinnbild des intellektualisierenden, christlich-jüdischen Denkens, des Todesprinzips. Der Spiegel trennt die Bindfäden, unterbricht also die Kommunikation. Das intellektualisierende Denken vernichtet die Akkumulatoren und deren Energie.

Die Mitte der Vitrine dominiert ein Kochherd mit dem Titel »Wärmeplastik«. Auf seinen zwei Heizplatten liegen zwei backsteingroße erstarrte, kastenförmige Fettbrocken. Fett steht bei Beuys für formbare, positive Energie. Der Stecker des Herds ist aber in Silberpapier (=Spiegel) eingepackt und damit die energetische Stromzufuhr durch den zergliedernden Verstand unterbrochen: Das Fett kann sich nicht verflüssigen. Es könnte Wärme entstehen, wenn man das Silberpapier (=christlich-jüdisches, materialistisches Denken) entfernte.

Hinter dem Herd ist ein Teller mit einer plastisch ausgeführten Christusfigur zu sehen. Der Titel lautet „Kreuz". Im Handbuch des deutschen Aberglaubens werden Teller »Feuerteller« genannt, auf die man den Namen Jesus schrieb, um Feuer abzuwenden. Holocaust bedeutet übersetzt eine Katastrophe durch Brand und Feuer. Aber selbst die Anwendung des Volksbrauchtums konnte das »schicksalhafte« Ereignis nicht abwenden, weil sich die Juden von ihrer Mythologie, ihrem Brauchtum getrennt hatten. Wenn Beuys Christus als Erfinder der Elektrizität oder der Dampfmaschine bezeichnet, ist dies nicht positiv sondern negativ besetzt: Denn Beuys kennzeichnet Christus damit als Materialisten; deren intellektualisierendes Denken habe die Technik hervorgebracht, die eine industrielle Vernichtung von Menschen wie in den Konzentrationslagern erst möglich macht.

Auch die »Höhensonnenbrille« in der Vitrine verweist auf die Katastrophe durch Brand und Feuer. Derartige moderne Erfindungen können nicht vor der geistigen, »materialistischen« Katastrophe schützen. Dahinter stehen drei Arzneiflaschen »Flasche mit Fett (liquide)«, »Flasche mit Fett (fest)« und »JOD (Flasche)«. Die Arzneiflaschen sind mit Korken fest verschlossen. Es wurde also versäumt, diese »organischen« Arzneien anzuwenden. Dann zeigt ein Druck Auschwitz-Barracken – aber es sind keine Menschen zu sehen. Nach dem Weltbild von Beuys gab es nämlich fast keine Menschen in Auschwitz, nur intellektualisierte Wesen. Es gibt nur ein „krankes Mädchen" auf einem Blatt im Hintergrund der Vitrine. Ausdrücklich weist dann eine „Nichterkennungsmarke" (so der Beuys Titel) – auch in silberner Farbe – darauf hin, dass die Juden nicht als Menschen zu erkennen sind. Rechts neben dem Bild des kranken Mädchens sind vier Mettwürste in Ringform (Titel »+ – Wurst«) angeordnet, an deren Enden Minus- und Plus-Pole aufgezeichnet sind: Auschwitz als energetischer, biologistischer Prozess.

Die ganze linke Seite der Vitrine bestimmen zwei Holzbehälter, die eine Lösung aufzeigen sollen. In beiden Holzbehältern befindet sich Heu als organisches und wärmendes Kräftefeld. In dem einen verwest eine Ratte, sie wird eins mit der Natur. Ein doppeldeutiges Bild: Juden wurden im Dritten Reich auch als Ratten bezeichnet, aber nach ihrem Tod sind sie jetzt eins mit der Natur ... Es ist eine Ungeheuerlichkeit, in eine Vitrine, die den Titel »Auschwitz Demonstration« hat, eine Ratte zu platzieren. In den zweiten Holzbehälter schlägt ein Blitz ein (Thor, der germanische Gott des Donners), dargestellt mit einem auseinander geklappten Zollstock und von Beuys mit dem Titel „Blitz" bezeichnet. Dieser Blitz trifft in den Holzbehälter, der Endstrahl des Blitzes jedoch ist dort mit Filz umwickelt, spendet also Wärme, aber er entzündet das Heu nicht: Wenn man spirituell eins ist mit den Mythen, mit dem natürlichen Kosmos, kommt es nicht zur Brandkatastrophe, zum Holocaust. Beuys interpretiert Auschwitz als Folge der Abkehr von der Spiritualität. Auch die Deutung, die Beuys nahe legt, „Gleiches wird durch Gleiches geheilt", zielt in diese Richtung. Was ist der tiefere Inhalt und die übergeordnete Bedeutung der Katastrophe? Der zergliedernde, christlich-jüdische Verstand führt in den materialistischen Tod. Holocaust? Das ist der Fehler der Juden, die ihre mythischen Wurzeln verbrannten und so ihr Schicksal herausforderten. Aber Gleiches heilt Gleiches: Das geistige, spirituelle Feuer verbrennt den materialistischen Tod und bringt die Juden zu den mythischen Wurzeln zurück, gibt ihnen ihre Seele zurück.

Indem Beuys die Realität von Auschwitz spirituell interpretiert, macht er sie irreal. Für ihn als Spiritualist hat der physische Körper keine Bedeutung, das einzig Wichtige ist nur die Seele. Mit dieser Einstellung braucht Beuys seine Einstellung zum Nationalsozialismus nicht zu revidieren, denn so gesehen hat Hitler – eine ungeheuerliche, zynische Logik der Beuysschen Spiritualität – vielen Menschen zu ihrer Seele verholfen. Beuys flüchtet von der Realität in die Spiritualität. Diese nicht nachvollziehbare Realitätsflucht ist kennzeichnend für die Kriegsgeneration. Mit Hilfe der Kunst werden die Gesetze der Logik und der Geschichtlichkeit außer Kraft und an ihre Stelle kosmische Kräfte und seelische Geistigkeit gesetzt.Hier inszeniert ein Traumatisierter eine Schein-Wirklichkeit, die aus halluzinativen Traumstücken zusammengesetzt ist. Nicht die eigene Schuld wird eingestanden, Gegenstände werden mit Spiritualität aufgeladen und führen ein Stellvertreter-Spektakel auf. Kosmische Kräfte werden bemüht, um nicht die eigene Verantwortung eingestehen zu müssen.

Fluxus will die Einheit von Kunst und Leben

Beuys ist vor allem durch seine Teilnahme an den Fluxus-Aktionen bekannt geworden. Hier hatte sich eine internationale Künstlerschar zusammengefunden, die die Einheit von Kunst und Leben herstellen wollte. Gegründet wurde die Fluxus-Bewegung 1961 von **George Maciunas** (1931 - 1978) in New York. Sie war aber am Anfang wenig erfolgreich. Künstler aus aller Welt wie Bazon Brock, John Cage, George Brecht, Mary Bauermeister, Daniel Spoerri, Wolf Vostell, Arthur Køpcke, Benjamin Patterson, Emmett Williams, Nam June Paik, Dick Higgins, Ludwig Gosewitz, Alison Knowles, Yoko Ono, Robin Page, Tomas Schmit, Ben Vautier, Robert Filliou, Joseph Beuys und Charlotte Moorman schlossen sich ihr an. Die erste große Aktion startete 1962 im Hörsaal des Museums Wiesbaden: die „Fluxus Internationalen Festspiele Neuester Musik". In Performances und anderen Formen der Aktionskunst versuchten Fluxus-Künstler Kunst, Architektur, Tanz, Theater, Design und Musik zusammenzuführen und so neue Darstellungs- und Rezeptionsmöglichkeiten zu erproben, ohne dass die Künstler ein einheitliches Konzept besaßen – ein derartiges einheitliches Konzept wurde auch gar nicht angestrebt.

Zwar verfasste Maciunas 1963 für das Festival „Festum Fluxorum Fluxus" in Düsseldorf, das von Beuys organisiert wurde, auch ein Manifest. Aber an starre Regeln oder Vorgaben war ausdrücklich nicht gedacht. In einem Gespräch mit Yoko Ono las Maciunas ihr eine Definition aus einem Lexikon vor: „Fluxus = Reinigen. Flüssige Entladung, vor allem exzessive Entladung der Gedärme oder anderer Körperteile. Kontinuierliches Bewegen oder Vergehen wie etwa bei einem fließenden Strom; üppiger Fluss, die Strömung der ans Ufer rollenden Flut, Substanz oder Mixtur […]" Auch andere Künstler verfassten eine Vielzahl von Manifesten oder programmatischen Erklärungen. Obwohl die Aktionen an die Dada-Veranstaltungen anknüpften, hatten sie inhaltlich mit diesen wenig gemein. Zwar wurden Materialien zerstört und provakante Szenen aufgeführt. Aber während die Dada-Bewegung von der Empörung über die Grausamkeiten und die Zerstörungen im Ersten Weltkrieg geprägt war, dominierte bei den Fluxus-Festivals Spaß, Aktionismus und Aufmerksamkeit erheischendes Spektakel.

Sie einte allerdings eine Abneigung gegen die „Hochkunst", die museale Kunst. So verkündete **Allan Kaprow** (1927 - 2006) das Ende der Malerei und wollte an die

Stelle Happenings und Environments gesetzt sehen. Diese sollten vor allem das alltägliche Leben neu erfahren lernen, ein neues Bewusstsein schaffen. Er knüpfte ausdrücklich an Jackson Pollocks Action-Painting an, wollte aber im öffentlichen Raum die Grenzen zwischen Performern und Publikum verwischen und bei den Beteiligten alle Sinne ansprechen. Die Titel seiner Happenings verraten, dass er eine neue Gefühlswelt schaffen will: „Chicken" (Philadelphia, 1966), „Eat" (New York, 1965), „Soap" (Saraote, (Florida, 1965), „Seven Minds of Sympathy (Wien, 1976), „Fluids" (Basel, 2005).

Der US-Amerikaner **John Cage** (1912 - 1992) gilt als einer der bedeutendsten Künstler und Komponisten der Fluxus-Bewegung. Er hatte Kontakt zu Künstlern wie Piet Mondrian, Marcel Duchamp, Max Ernst, László Moholy-Nagy und André Breton. Cage überließ vieles dem Zufall und ist einer der Begründer der Improvisationsmusik. Er füllte zum Beispiel Klavier mit Nägeln, Radiergummis und anderen Gegenständen, um besondere Klänge zu erzeugen. Beuys nutzte die Vorgabe von Cage, doch er verwandte Eichenlaub und andere Blätter aus deutschen Wäldern als Füllmaterial. Oder Cage benutzte Wohnzimmermöbel, die er traktierte, um Geräusche des Alltags zu entfremden. In Japan beteiligte er sich 1962 mit Yoko Ono an der Performance „Fuck You" und besuchte den Steingarten des Ryoan-ji-Tempels, um visuelle und musikalische Inspirationen zu erlangen. 1965 startete er sein Projekt „Tagebuch: Wie die Welt zu verbessern ist (Du wirst nur die Umstände verschlechtern". Er komponierte „Number Pieces" für einen bis zu 108 Musikern. Seine Musik habe er nach einer mathematischen Methode komponiert, an die er sich allerdings nicht mehr erinnern könne. Seine Kunst verstand er als Theater und Zirkus.

Bazon Brock (* 1936) versuchte als ordentlicher Professor an der Wuppertaler Hochschule für Bildende Künste die Fluxus-Bewegung theoretisch zu untermauern, indem er über „Nicht-normative Ästhetik" dozierte. Und er arbeitete „Die neurophysiologischen Grundlagen jeder Ästhetik" heraus: „Mit der ›Neuronalen Ästhetik‹ soll der Versuch gekennzeichnet werden, die begriffliche Fassung neuronaler Prozesse selber als ästhetische Operation zu entfalten und über korrespondierende Analogien zwischen ›natürlichen‹, alltäglichen, jedermann von Natur aus beherrschbaren Aktivierungen seines Weltbildapparates und den weltbildkonstituierenden Operationen der Wissenschaftler und Künstler, die ja auch nur über denselben Apparat wie jedermann verfügen, erweiterte und modifizierte Konfrontationen des Geistes und des Prinzips Leben mit ihren Verkörperungsformen zu schaffen." (Wikipedia) In schlichte Worte gefasst: Künstler und Wissenschaftler haben ein Gehirn wie jeder normale Mensch als Grundlage des Sehens. Bekannt geworden ist seine harsche Kritik an den neuen Medien und dem Internet: Sie seien die „Hölle der Neuen Welt", vergleichbar Stalins oder Hitlers Terror-Regime. Hier verwechselt Brock Ursache und Wirkung. Zum Beispiel ist das Internet ein Medium, das sowohl zur kulturellen Bereicherung als auch zur Manipulation genutzt werden kann.

Der Südkoreaner/US-Amerikaner **Nam June Paik** (1932 - 2006) wird als Pionier der Videokunst gefeiert. Er manipulierte Fernsehgeräte mit Schirmbildern – eine Idee, die übrigens von Beuys aufgegriffen wurde – und begründete auch eine Aktionsmusik, indem er die Apparate zerlegte, neu zusammensetzte oder einfach zerstörte. Das Fernsehen, so behauptete er, habe uns alle manipuliert und attackiert: „Jetzt schlagen wir zurück." Er bildete aus Fernsehgeräten Skulpturenlandschaften; im Pariser Centre Pompidou hatte er 1982 genau 384 Geräte angehäuft. Dieses Projekt ließ sich noch steigern: Bei der Olympiade in Seoul baute er 1988 einen Turm aus 1003 Fernsehern. „The More The Better" nannte er das geniale Monumental-Meisterwerk.

Vostell sieht als Aufgabe der Kunst die Erziehung gegen Krieg und Intoleranz

In der Bundesrepublik entwickelte vor allem Wolf Vostell (1932 - 1998) eine eigene künstlerische Fluxus-Position. Auch er „erschoss" Fernseher oder betonierte Autos mit Zement ein und übte so Kritik an der Konsum- und Medienwelt. Schon 1953 hatte er mit seinen Arbeiten „Korea" und „Korea Massaker" gegen die im Korea-Krieg verübten Verbrechen Stellung genommen. Sein künstlerisches Prinzip ist die Dé-coll/age, das Zitieren von Bildern, Objekten, Materialien, Handlungsabläufen und die Kombination mit anderen Bildern, Objekten oder Handlungsabläufen, um Bewusstwerdungsprozesse zu initiieren oder neue Zusammenhänge herzustellen. Dabei greift er auf den Fundus der Malerei zurück: Er benennt ausdrücklich Bosch, Dürer, Goya oder Picasso. Und er bedient sich des Vokabulars der Dadaisten. Vostell: „Zum ersten Mal sah ich im Leben meine künstlerischen Vorstellungen durch eine frühere Kunstrichtung begonnen. Kunst als Lebensprinzip. Kunst als Verhaltensform, im Ansatz als kritische Verhaltensforschung [...] Gesellschaftliches Bewusstsein als Kunstgegenstand. Lebensprozesse durch Kunstprozesse zu verstärken. (Gillen, S. 225) Er liebt die Gleichung „Kunst = Leben; Leben kann Kunst sein". Seine Happenings und Environments versteht er als Experiment am Leben. Happening ist für ihn „lebendig gemachte Pop-Art". Die Grenzen zwischen Kunst und Leben sollen aufgehoben werden. Alltagskunst. Unmittelbarer Zugang zum Publikum. Kommunikation. Durch Aufhebung der Gattungsgrenzen von Literatur, Musik, Malerei, neuen Medien, Pressefotografie und vielem anderen soll eine neue Einheit der Sinne hergestellt werden. Der Mensch soll sich in seinen Happenings und Aktionen neu entdecken, neue Zusammenhänge herstellen, Sensibilität für ein Füreinander entwickeln. Kunst dürfe nicht in Museen verstauben, Kunst müsse auf die Straße gebracht werden, denn Kunst sei die „positive Kraft der Menschheit", Kunst sei Liebe. Vostell will gewohnte Wahrnehmungs-, Denk- und vor allem Handlungsmuster in gemeinsamer Aktion mit anderen bewusst machen, durchbrechen und verändern. Er will die vielen Möglichkeiten, die das moderne Leben und die moderne Technik uns bietet, offen legen, herausarbeiten. Im Gegensatz zu Beuys beschwört er keine Mythen, will nicht „Urkräfte" oder die germanische Mythologie mobilisieren, sondern das Leben in der modernen Welt gestalten.

Seine Frau Mercedes Vostell hat in einem Vorwort zu seinem Werk seine zentrale Intention hervorgehoben: „›Meine Kunst hat die Aufgabe, die Menschen gegen Krieg und Intoleranz zu erziehen‹, hat Wolf Vostell gesagt und dieser Satz kennzeichnet seine Arbeit meines Erachtens am besten." (Beuckers, S. 7) Die Frontalstellung gegen Krieg, das Engagement für Toleranz vollzieht Vostell nicht besserwisserisch oder belehrend, er betont die Bedeutung der „Ironie, die Dada in die Kunst des 20. Jahrhunderts eingebracht hat. Nicht als politische Ironie, sondern als Ironie gegenüber dem Inhumanen, das in der Kultur insgesamt eine Rolle spielt." (ebd., S. 51) Die Inhalte werden assoziativ transportiert, erlebbar gemacht.

Vostell betont in einem Ausstellungskatalog: „DIE MENSCHEN BRAUCHEN EINE NEUE REVOLUTION DES SEHENS UND ERLEBENS UNSERER ZEIT." Kunst soll nicht als Produkt, als fetischisierte Ware, als Luxusgegenstand im Elfenbeinturm begriffen werden sondern als Prozess, eine neue oder eine andere Welt zu schaffen. Betont werden muss, dass Vostell Kunst nicht nur als künstlerischen sondern vor allem als therapeutischen Prozess verstanden wissen will. Er will nicht nur sein individuelles Trauma sondern auch die kollektiven Traumata aufarbeiten.

Seine Frau Mercedes berichtet über Assoziationen mit dem Environment „Mania" von 1973 in Hannover: „Diese Sache mit dem Baum hatte er als Kind gesehen; im Krieg war er mit seiner Familie in der Tschechoslowakei. Dort hörte er einmal ein lautes Geräusch von einem Flugzeug; und wie jedes Kind war er neugierig. Er wollte sehen, was passiert war. Das Flugzeug war abgestürzt und lag in tausend Stücken und Körperteile überall. In einem Baum hat er dann das Gehirn des Piloten hängen sehen, und das konnte er nie vergessen. Deshalb dieser Baum mit den Haaren daran. Das muss unheimlich gewesen sein, so etwas zu sehen. Er hat auch noch andere Sachen gesehen, aber er wollte nicht davon erzählen. Ich habe erst nach seinem Tod mehrere Erzählungen davon gefunden, neben Zeichnungen in einem Zeichenblock." (ebd. S. 89 f.)

In dem Environment „Mania" ist die Szene nachgestellt. Ein gefällter Tannenbaum dominiert das abgedunkelte Zimmer, auf deren Stamm in der Mitte ein Gehirn platziert ist. Der Boden des Raumes ist mit Sand bedeckt. An der Krone des Baumes ist ein Büschel mit teils langen Damenhaaren angehäuft – was Assoziationen mit den Haarbergen in Auschwitz hervorruft. Auf Regalen rings um den Raum sind 33 Gläser mit Tierhirnen aufgestellt. Im Jahr 1933 der Machtergreifung der Nazis begannen die Menschen verachtenden medizinischen Experimente. Für die einzigen Geräusche im Raum sorgte ein tropfender Wasserhahn, dessen Tropfen auf ein Metallgefäß am Boden fielen. Die Tropfen, die in gleichem Takt auf den Kopf eines rasierten Häftlings fallen, gelten als eine der schlimmsten Foltermethoden. Nach diesem sinnlichen Erlebnis im Raum bekam der Besucher einen Stadtplan und eines der Hirne im Einmachglas. Im eigenen Auto sollte der Environment-Teilnehmer dann eine Route in Hannover abfahren, deren Straßenfolge die Kurve einer Statistik über die Kriegsdienstverweigerer in der Bundesrepublik nachzeichnete.

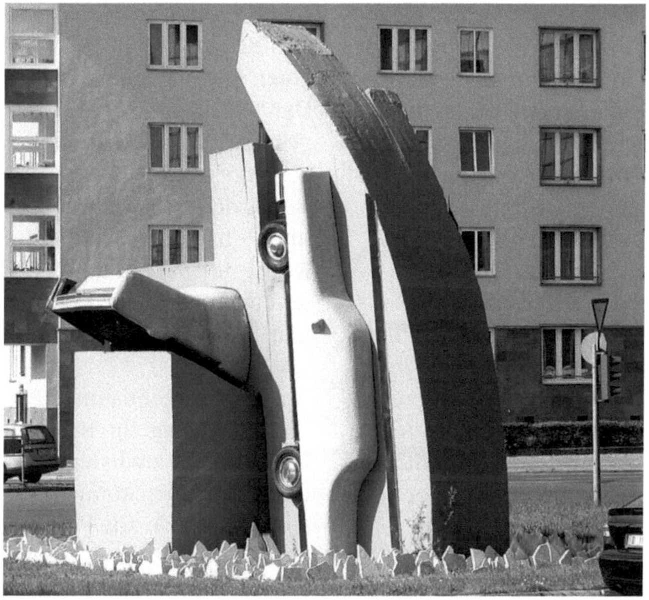

Berlin-Grunewald, Rathenauplatz: Wolf Vostell, Cadillacs in Form der nackten, liegenden Maja, 1987, Foto: Andreas Praefcke, CC BY-SA 3.0

Sein erstes Environment ist „Das Schwarze Zimmer" (1958), in dem nur ein Auschwitz-Scheinwerfer und ein Fernseher Licht spenden. Die ausgestellten Fundstücke sprechen eine schockierende Sprache: Kinderspielzeug, Kruzifix, Blechteile, Stacheldraht, Holz, Radiogeräte, Fernseher und Filme werden assoziiert mit Namen wie Auschwitz und Treblinka und erzeugen eine Totenstille. Die Zusammenstellung der Materialien ist nicht dem Zufall überlassen. Das hat nichts mit dem surrealistischen Objet trouvé (gefundenen Gegenstand) zu tun. Das ist nicht „Schön wie die Begegnung einer Nähmaschine mit einem Regenschirm auf einem Seziertisch", wie der französische Dichter Comte de Lautréamont den surrealistischen Spruch formulierte. Hier sprechen die Materialien: Gläubige Christen haben unglaubliche Verbrechen begangen, selbst Kinder ermordet, alles verwüstet.

Das Ulmer Schlachthaus ist der zentrale Ort des Happenings „In Ulm, um Ulm und um Ulm herum", aber an weiteren 23 Stellen gab es Aktionen in der Stadt. Zu Beginn bekamen die Teilnehmenden einen Holzstab und mussten im Gänsemarsch eine bestimmte Wegstrecke gehen, an deren Ende sie KZ-Nummern bekamen. Im Schlachthaus beeindruckten Fleischerhaken und getrocknetes Blut: Auf die Wände und auf die Personen im Raum wurden Fotos von Körperteilen und Fotos der Ermordung Kennedys projiziert. An einem Tisch bekamen die Teilnehmenden verschiedene Essen vorgesetzt, nicht jedoch nach freier Wahl, die zuvor verteilte Nummer entschied, wer etwas mehr, wer etwas weniger bekam. Zum Schluss der Szene im Schlachthaus zogen die Teilnehmenden ein Los: Wer ein grünes Los bekam, musste aus dem Happening ausscheiden, wer ein rotes Los hatte, durfte in eine Sauna. Zuvor wurden sie befragt: „Wo waren Sie heute vor 20 Jahren?" Also im Jahr 1942, als die Massenvernichtung in großem Stil betrieben wurde. Vostell schickte einige Teilnehmer mit dem Taxi an den Ort, wo die Nazis Ulmer Rabbiner ermordet hatten. In einer Tiefgarage sahen die Teilnehmenden bewegungslos Darliegende, Frauen mit Gasmasken tauchten auf.

1964 greift er das Thema nach dem sogenannten Auschwitz-Prozess gegen 21 ehemalige KZ-Bewacher in seinem Werk „Wir waren so eine Art Museumsstück" wieder auf. Der Titel des Werks ist in einer Zeitungsüberschrift in der Mitte des Werks wiedergegeben. Es ist ein Zitat eines russischen KZ-Internierten, der von den alltäglichen Grausamkeiten der Bewacher berichtete. Das 4,50 Meter breite Werk konzentriert sich aber nicht auf die Untaten der Nazis, sondern zeigt Arbeiter, die während des Juni-Aufstands 1953 in der DDR Steine auf sowjetische Panzer werfen, rückt eine Blut überströmte Frau und einen flüchtenden DDR-Grenzsoldaten ins Bild, weiter den mutmaßlichen Kennedymörder Oswald auf einem Foto, wie dieser gerade erschossen wird. Unter dem Bericht über den Auschwitz-Prozess lächelt den Betrachter Franz Josef Strauß an, der als Verteidigungsminister den Spiegel-Herausgeber Augstein verhaften ließ, weil dieser über das NATO-Manöver Fallex 62 berichten ließ, das einen sowjetischen Großangriff auf Westeuropa simulierte. Landesverrat, Hochverrat lauteten die Vorwürfe gegen Augstein. Vostell dokumentiert die alltäglich uns umgebende Gewalt und die Bedrohung der Freiheiten durch die Politik. Gewalt erzeugt Gewalt – Pressefreiheit schützt gegen eine Übermacht der Institutionen und der Mächtigen.

Mit dem NATO-Manöver Fallex hatte sich Vostell auch schon auf dem ersten Internationalen Fluxus Festspiele Neuester Musik in Wiesbaden 1962 auseinandergesetzt. Er führt die dé-coll/age-Musik-Aktion ›Kleenex‹ ein Jahr nach dem Bau der Berliner Mauer auf. Er zertrümmert Spielzeugsoldaten, verwischte Fotografien. Auf einem Materialbild präsentiert er die unklar dargestellten Kontrahenten im Kalten Krieg Adenauer und Ulbricht, integriert Glühbirnen und einen Schwamm in das Bild. Vostells ironischer Kommentar: Bringt endlich Licht, Klarheit in die verfahrene politische Lage. Ob mit Kleenex oder mit dem Schwamm ist ihm egal. Zum Schluss der Aktion in Wiesbaden fordert er die Teilnehmenden auf sich vorzustellen, dass ein Atomkrieg ausbricht.

1961 hatte er in Köln in der Aktion „Cityrama" an die Kriegsruinen in der Stadt erinnert und Personen an einen bestimmten Ort gestellt: Sie sollten sich in fünf Minuten konzentriert überlegen und die Frage beantworten, wie viele Menschen an dieser Stelle in der Nacht der 1000-Bomber-Angriffe im Zweiten Weltkrieg getötet worden seien. 1965 hatte er in dem „24-Stunden"-Happening Fleisch mit Stecknadeln traktiert, hinter ihm lagen in Holzregalen wie im KZ regungslos Menschen. Der Titel der Aktion lautete: „Die Folgen der Notstandsgesetze". Hier wurde auch die unterschiedliche – ja entgegengesetzte – Herangehensweise Vostells gegenüber Beuys deutlich. Während Beuys mit seinem Beitrag „in uns – unter uns – land unter" geheimnisvolle spirituelle Kräfte aufrief, um Ostmenschen und Westmenschen zu vereinen, nahm Vostell zum aktuellen Tagesgeschehen klar Stellung..

Am überzeugendsten ist Vostells Engagement gegen den Vietnam-Krieg. Ihn beschäftigt vor allem die Frage, wie Bürger einer zivilisierten Nation derart abscheuliche Gräuel verüben können – eine Parallele zu den Verbrechen der Nazis. Die Farbserigrafie „My Lai" (1970) zeigt eine Wetterkarte und integriert darin die Leichen von ermordeten Kindern, Frauen und Zivilisten. Oben im Bild steht „throughout the Nation und Around the World": Das geht alle an. Unten prangt in großen Lettern „And Babies". Die US-Soldaten hatten Frauen vergewaltigt und anschließend alle 504 Bewohner des Dorfes einschließlich der Babies ermordet. Über fünf Millionen Vietnamesen fanden in dem Vietnam-Krieg den Tod. Mehrere Millionen wurden verstümmelt und dem hochgiftigen Entlaubungsmittel Agent Orange ausgesetzt. „Savings Bank" (1971) zeigt einen verwundeten, kahl rasierten US-Soldaten, der den Betrachter hohl, traumatisiert, trostlos anschaut. Die in Vietnam mordenden US-Soldaten, die Zivilisten mit Napalm bei lebendigem Leib verbrannten, sind letztlich auch selbst die Opfer. 1970 entwirft er ein Happening für den Kölner Hauptbahnhof, wo er die erste Mondlandung der US-Amerikaner am 21. Juli 1969 zeigt. Medienwirksam wird die Landung vermarktet, während in Vietnam ein abscheuliches Kriegsspektakel aufgeführt wird.

Vostell stellt Alternativen vor. „›Das Happening-Manifest, New York, 26. März 1966‹ fordert: ›Statt Bomben ...//... auf Nordvietnam sollen die US-Flugzeuge die Bevölkerung mit folgendem bombardieren: // Masthühner / Schnürriemen / Kaugummi/ Tomatenmark / Hamburger / Bagels / Coca Cola /Sicherheitsnadeln / Beatles Records […]" Seine Serigrafie „B 52 Lippenstiftbomber" (1968) demonstriert das Prozedere mit Lippenstiften. Der Künstler lehnt also keineswegs die Errungenschaften der amerikanischen Zivilisation wie Coca Cola, Hamburger oder Ketchup ab, er nimmt dagegen entschieden gegen das Morden Stellung. Dabei interessiert ihn auch, wie die Medienwelt, die Werbung und die Kriegsberichterstattung miteinander korrespondieren. In „Miss America" (1968) tanzt die Schöne mit blutverschmiertem Gesicht, Blut klebt auch an Armen und Beinen, unten im Bild erscheint das Foto, auf dem der Polizeichef Saigons einen gefesselten Vietcong auf offener Straße standrechtlich erschießt. In „Nur die 1" (1968) kombiniert er die Erschießung des Vietcong mit der Werbung der bekannten Damen-Strumpfmarke und lässt herabhängende Strümpfe und Unterwäsche den Kopf des Vietcong einrahmen. Unten im Bild traktieren US-Soldaten Gefangene. Er denkt in seinen Bildern darüber nach, ob verdrängte Sexualität oder eine verklemmte, kleinbürgerliche Gesellschaft zu sadistischen Ersatzhandlungen führen können: Sexuelle Vergewaltigungen und kriegerische Kraftmeierei bilden eine seltsame Einheit. Auch in der „Vietnam-Symphonie 1966", die er gemeinsam mit Peter O. Chotjewitz intonierte, maltretiert er Schaufensterpuppen als Vorzeige-Werbemodelle weiblicher Schönheit. Er schlitzt sie auf, zerstört ihre äußere Schönheit, zum Vorschein kommen Kriegsspielzeug und Waffen. Nicht nur die äußere Schönheit, auch die Liebe wird durch den Krieg zerstört. Vostell beklebt Puppen mit Bildern, verwischt sie. Er fügt Plastikschläuche in die Puppen, durch die Milch fließt: Ernährung für künftiges Leben. Er streut Reis über die Puppen; es ist die Erinnerung an Hochzeitsriten, bei denen Reis als Symbol für gute Nahrung ausgestreut wird. Doch dann verbrennen die Puppen: Napalm.

Vostell will sich in der Welt der Grausamkeiten zurechtfinden, will Möglichkeiten für Alternativen ausloten. Er ergötzt sich nicht an der Destruktion, er will die Destruktion begreifen, um Auswege zu finden. Die Absurdität Vostells ist die Absurdität des Lebens. Deshalb beschäftigt er sich intensiv mit der Medienwelt, der visuellen Kommunikation. „So leben wir Abend für Abend vor dem Fernsehschirm" (1968) hieß eine Aktion. Die Sehgewohnheiten der Menschen werden maßgeblich vom Fernsehen und den Massenmedien geprägt. Vostell versucht Gegenstrategien durch direkte Kommunikation. Mit seinen Happenings dringt er aber nur zu einer kleinen, elitären Kunstelite vor. Auch andere Aktionen artikulieren Protest – ohne wirklich etwas zum Besseren zu verändern. So beerdigt er mit der Schaufel in „TV Burying" auf dem New Yorker YAM Festival 1963 einen Fernseher. Oder er verbrennt viele Fernsehgeräte in „YOU-Happening N.Y." 1964 in New York.

Als gelernter Grafiker hat er ein sicheres Gespür für Bildkonstruktion der Druckmedien., für die manipulativen Möglichkeiten. Deshalb kombiniert er Gegensätzliches, die vollbusige Schauspielerin „Jayne Mansfield" (1962 – 1968) mit Wolkenkratzern und Stadtansichten. Das Image der Filmstars wird genauso gemacht wie das Image von Staaten und Städten. Dabei setzt er Verwischungen ein, um Nebensächliches auszuradieren und das Wesentliche hervorzuheben. Im Gegensatz zu dem späteren Nachahmer der Verwischungstechnik Gerhard Richter will Vostell nicht den Bildinhalt verrätseln, unklar machen, sondern im Gegenteil will er durch die Kombinatorik Denkanstöße geben, so dass die Betrachter die Ereignisse deutlicher bewerten können und entsprechende Schlüsse für ihre Verhaltensweisen ziehen. In seinem Bild „L In seinem Bild „Les Défiles" (1963) sieht man marschierende Soldaten offensichtlich vor einer Menschenmasse. Der Übergang zwischen den Marschierenden (die Gesichter sind verwischt) und den Massen ist undeutlich: Das führt dazu, dass der Betrachter genauer hinschaut und über die Absurdität und Dummheit marschierender Soldaten und über die jubelnden Massen nachdenkt. Der Vorwurf der politischen Einseitigkeit trifft nicht. In „Heuschrecken" (1970) kommentiert er den sowjetischen Überfall-Einmarsch in die Tschechoslowakei, mit dem der Prager Frühling beendet wurde. Panzer und ein lesbisches Paar bilden eine gegensätzliche Bildeinheit: Liebe und Gewalt. Während aber die lesbische Liebe als unsittlich beurteilt wird, wurde Gewalt im damaligen Osten als friedensstiftend gerechtfertigt.

Zum ersten Male in der Geschichte der Bundesrepublik benennt ein Künstler offen die Verbrechen der Nazi-Vergangenheit und versucht sie aufzuarbeiten. Er stellt Parallelen zur Gegenwart her. Er ist sich dabei der Schwierigkeiten bewusst. Die individuell und die kollektiv erlittenen Traumata können nicht in einem bewussten Prozess aufgearbeitet werden, sie sind häufig verdrängt. Begangenes Unrecht ist mit Rechtfertigungsstrategien vernebelt, oft psychisch abgespalten vom Bewusstsein. Vergangenes muss Schritt für Schritt aufgerufen, wiederholt werden, um bewusst zu werden, um dann den Wiederholungszwang in der Gegenwart zu vermeiden. Dabei weiß Vostell: Intoleranz gegen Juden, gegen Ausländer ist oft nur ein erster Schritt. Jürgen Becker weist auf die Gefahren der Happenings von Vostell hin: „Indem sie der Realität gleichen, gleichen sie auch der Barbarei, die in unserer Realität praktiziert wird [...] Umso lauter wird die Frage nach ihrer kritischen Funktion. Wie leistet sie noch Kritik, wo sie sich vom Schrecken, von der Brutalität fasziniert zeigt [...] Indem es verborgene Impulse befreit, es befreit auch die zur Barbarei. Die Kunst ist gefährlich geworden, und nur äußerste Verantwortung, gesteuert von unaufhörlicher Reflexion aufs mögliche Ergebnis, vermag sie daran zu hindern, dass sie auf die Seite derer gerät, die das Geschäft der Vernichtung betreiben. Denn Kunst, sie hat heute gefährlich zu sein in dem Maß, in dem die Realität ihr verbietet, von Harmonie und Frieden zu künden. So sind die Künste, wie sie hier vorkommen, mit Ambivalenz geschlagen, und jede ihrer Seiten will reflektiert sein." (Beuckers, S. 96 ff.) Vostell gelingt es, die Faszination für das Barbarische in seinen Bildern zu bannen, zu kommentieren. Aber es gelingt ihm nicht, ein positives Menschenbild herauszuarbeiten.

Die Situationistische Internationale will Utopien verwirklichen

Vostell stand während seiner Paris-Aufenthalte in Kontakt mit Mitgliedern der Situationistischen Internationale (S.I.) und sympathisierte mit ihren Ideen. Die S.I. wurde 1957 in Norditalien vor allem durch die Vereinigung der Künstlergruppen „Bewegung für ein Imaginäres Bauhaus. Mouvement pour un Bauhaus Imaginiste" (die nach Aussage des dänischen Künstlers Asger Jorn die Rolle des Künstlers in der Industriegesellschaft erforschen sollte), der „Londoner Psychogeographischen Gesellschaft", der französischen „Lettristische Internationale" (die von Sartre und Camus beeinflusst war). 1959 kam die Münchner Künstlergruppe SPUR hinzu. Erklärtes Ziel war, die Trennung zwischen Kunst und Leben aufzuheben. Die S.I. war in der Tat eine Internationale. Mitglieder waren unter anderem: Attila Kotányi, Jacqueline de Jong, Guillaume Faye, Hans Platschek, Ivan Chtcheglov, Raoul Vaneigem, Giuseppe „Pinot" Gallizio, Piero Simondo, Elena Verrone, Edoardo Sanguineti, Alexander Trocchi, Uwe Lausen, Dieter Kunzelmann (Kommune 1), Michèle Bernstein, Mustapha Khayati, Abdelhafid Khatib, René Viénet und Gretel Stadler. Sie hatten revolutionäre Absichten. In ihrem Rapport über die Konstruktion von Situationen schreiben sie: „Wir meinen zunächst, dass die Welt verändert werden muss. Wir wollen die am weitesten emanzipierende Veränderung von der Gesellschaft und dem Leben, in die wir eingeschlossen sind. Wir wissen, dass es möglich ist, diese Veränderung durch geeignete Aktionen durchzusetzen. Es ist gerade unsere Angelegenheit, bestimmte Aktionsmittel anzuwenden und neue zu erfinden, die auf dem Gebiet der Kultur und der Lebensweise leichter zu erkennen sind, aber mit der Perspektive einer gegenseitigen Beeinflussung aller revolutionären Veränderungen angewandt werden.“ (Wikipedia)

Die Tradition von Dada und Surrealismus wurde aufgegriffen. Der Künstler als Protestierender, der schöpferisch neue Wirklichkeiten schafft statt symbolistische und illusionistische Bilder. Das äußerte sich auch in ihren Slogans: **„Nimm deine Wünsche für Wirklichkeit“** oder **„Unter dem Pflaster liegt der Strand.“** Die Gestaltung der alltäglichen Lebenswelt „Aller“ bedeutete nach Ansicht vieler Situationisten das Ende der traditionellen Kunst als besonderen Bereich. Ein zentrales Anliegen war die Aufhebung der „entfremdeten“ Lohnarbeit. Wie das neue künstlerische Konzept aber in der Praxis umzusetzen sei, blieb unklar und wurde auf vielen Konferenzen heiß diskutiert. „Der Dadaismus wollte die Kunst aufheben, ohne sie zu verwirklichen; und der Surrealismus wollte die Kunst verwirklichen, ohne sie aufzuheben. Die seitdem von den Situationisten erarbeitete kritische Position hat gezeigt, dass die Aufhebung und die Verwirklichung der Kunst die unzertrennlichen Aspekte ein und derselben Überwindung der Kunst sind.“ Kunst als revolutionärer Prozess, der das gesamte Leben umgestalten und vor allem die Knechtung des Menschen bei der Arbeit abschafft, lautet die Utopie. **Guy Debord** (1931 - 1994), die graue Eminenz der Gruppe, war dabei ein radikaler Kritiker sowohl des Kapitalismus als auch des realen Sozialismus. Ob der Arbeiter in einer kapitalistischen oder sozialistischen Fabrik arbeite oder sich am Abend vor einem kapitalistischen oder sozialistischen Fernseher langweile, bleibe das Gleiche. Notwendig sei eine radikale Kritik des Konsumismus und der Wandel zur schöpferischen Tat. Vage Vorstellungen von einer Rätedemokratie sollten ein besseres Miteinander verwirklichen.

Hier wurden Konzepte und Utopien entwickelt, die dann vor allem von Studenten aufgegriffen wurden und die dann zu den studentischen Protestaktionen ab 1968 im westlichen Europa führten. Der Daily Telegraph hatte am 22. April 1967 geschrieben: „Eine neue Studentenideologie verbreitet sich in der Welt – es ist die entwässerte Version des jungen Marx, die sich ›Situationismus‹ nennt.“ Der französische Staatspräsident De Gaulle hatte am 7. Juni 1968 im einer Fernsehansprache über die Studentenunruhen und den Generalstreik in Frankreich geurteilt: „Dieser Ausbruch ist hervorgerufen worden von einigen Gruppen, die sich gegen die moderne Gesellschaft auflehnen, gegen die Konsumgesellschaft, gegen die mechanische Gesellschaft, sei sie nun kommunistisch im Osten oder kapitalistisch im Westen.“ Das seien Gruppen, die sich „an der Negation, der Zerstörung, der Gewalt, der Anarchie ergötzen, die schwarze Fahnen schwingen.“ Nach dem Abklingen der Studentenunruhen löste sich die Gruppe 1972 auf.

Heute beeindruckt an der Gruppe die radikale Suche nach Lösungen für eine gerechte und freie Gesellschaft. Auf der Tagung der dritten Konferenz der S.I. 1959 in München hatte zum Beispiel der niederländische Künstler **Constant** (1920 - 2005) das Projekt eines „unitären Urbanismus“ vorgestellt, das die städtischen Wohnprobleme lösen sollte. Es waren Konzepte für die „neue Lebensweise“ vor allem auch in den Randbezirken der Städte. Es waren nützliche, notwendige Projekte – wie sich heute zum Beispiel an der Situation in den Pariser Vororten zeigt –, aber sie wurden nicht verwirklicht. An wirklichen Resultaten verbleibt vielleicht als einziges die einfallsreiche Plakatkunst während der Studentenunruhen vor allem in Frankreich. Die Kunst **Asger Jorns** kann nicht als situationistisch bezeichnet werden, eher sind es Farbexplosionen in der surrealistischen Technik des Automatismus. Auch taucht er in die Welt der einheimischen Mythen ein und verklärt so die Welt. Vielleicht lagen die wenigen Resultate auch an dem Führungsstil der grauen Eminenz Guy Debord, der relativ willkürlich viele Künstler aus der Gruppe der S.I. ausschloss.

Auch die Münchner Künstlergruppe SPUR mit dem späteren Kommunarden Dieter Kunzelmann wurde 1962 von einem Rausschmiss getroffen, weil sie angeblich unpolitisch sei. Mitglieder dieser Gruppe waren die Maler Prem, HP Zimmer, Helmut Sturm und der Bildhauer Lothar Fischer. Auch sie wollen die „umfassende Kunst“. Sie verspüren eine „große Leere“ der Künstlerexistenz im Kapitalismus. „HP Zimmer schreibt ›Was geht hier vor? von einer subtilen Verfolgung mit „unsichtbaren Nadeln, d.h. Argumenten, die den Künstlern „auf der Straße, im Bett, im Wald, überall zuflüstern: ergreife einen anderen Beruf, emigriere, geh zum Psychiater [...] Diese indirekte Gehirnwäsche ist ein Druck, der viele Künstler direkt oder indirekt Selbstmord begehen lässt: Sie flüchten in die Arme der Institutionen oder der kurzen Vergnügungen. Andere werden Beamte und Lehrer. Das alles ist ein Druck der Politik, die sich bedroht fühlt durch das bloße Existieren einer spielerischen Freiheit, die unkontrolliert Werte hervorbringt.“ (Gillen, S. 293)

Die Alternative heißt für sie „Untergang? Oder Aufstand?“ Sie proben den Aufstand und rufen zum Boykott der Institutionen und Konventionen auf. Man solle sie als „missratene Gaudi“ betrachten. Der bayrische Kultusminister empfand das nicht als Gaudi und erteilte SPUR Ausstellungsverbot im Haus der Kunst.

Der Aufforderung von Constant, einen „unitären Urbanismus“ zu verwirklichen, kommen sie nach, indem sie 1963 ein Modell mit einem pilzartigen Turm und Nebentürmen schaffen. Farbige Spazierwege für den nicht mehr von entfremdeter Arbeit geplagten sind um die Türme angelegt. Die Gruppe gestaltet hier ihr Abschiedswerk. Die SPUR-Künstler trennen sich endgültig 1965.

Anselm Kiefer: auf den Spuren der Mythen

Anselm Kiefer (*1945) hat seinen Lehrer Beuys gut verstanden. Beuys hatte Erfolg mit der Mythologisierung der jüngeren Vergangenheit und Kiefer setzt hier nahtlos an. Er bekennt sich dazu, dass er an die Mythen anknüpft: „Ich identifiziere mich weder mit Nero noch mit Hitler. Aber ich muss ein kleines Stück mitgehen, um den Wahnsinn zu verstehen.“ (Arasse, S. 38) Seine Methode ist, sich in in prägende Gestalten historischer Situationen hineinzuversetzen (zum Beispiel in Hitler), und so historisches Geschehen stellvertretend selbst zu erleben. So setzt er sich 1969 in seinem Buch „Für Genet“ mit dem französischen Schriftsteller auseinander, der sich mit Verbrechen und Perversion identifiziert hatte. In seinem „Das Totenfest“ hatte Genet zum Beispiel das Auslöschen der gesamten Bevölkerung der Ortschaft Oradour durch SS-Schergen als Poesie dargestellt. Kiefer selbst zeigt sich in dem Buch in vielen Posen mit dem Hitlergruß – in verschiedenen europäischen Landschaften – fotografiert und gemalt. Auf anderen Seiten sind Namen zusammenhanglos aufgelistet: Caspar David Friedrich, Heraklit, Dollmann, Ludwig II von Bayern, Ernst Jünger, Richard Wagner, Jean Genet, Schopenhauer, Joseph Beuys, Adolph (kein Rechtschreibfehler, von Kiefer so geschrieben) Hitler, Hiob, Elisabeth von Österreich. Das Zeigen des Hitlergrußes erklärte er damit, dass er herausfinden wolle, ob er ein Faschist sei. Nun ist fraglich, ob man durch das Zeigen einer bestimmten Symbolik in einem veränderten Umfeld herausfinden kann, ob man eine bestimmte Gesinnung hat. Aber Kiefer demonstriert mit der Geste, dass er bereit ist, sich „ein kleines Stück“ mit dieser Ideologie zu identifizieren, angeblich um dem Wahnsinn auf die Schliche zu kommen.

Andererseits zeigt er mit der Auflistung der Namen größtenteils deutscher rechtslastiger Persönlichkeiten, dass er auf der Suche nach einem größeren Zusammenhang ist. Im Buch „Für Genet“ beantwortet Kiefer weder die Frage, ob er ein Faschist ist, noch die, welche Zusammenhänge zwischen den genannten Persönlichkeiten und dem Hitlergruß bestehen. In seinen Bildern „Wege der Weltweisheit“ und „Varus“ (entstanden 1976 bis 1980) stellt er einen Zusammenhang zwischen dem Mythos der Hermannschlacht – als der Geburtsstunde des wehrhaften deutschen Volkes – und den Dichtern, Philosophen und Malern der Romantik, aber auch den Feldherren Blücher und Clausewitz her. Es ist eine Schlacht in den Wäldern der brutalen Kunst, der art brut: Verbrannte Erde, verkohlte Baumstämme dominieren die Mitte des Bildes, daneben sind die Köpfe der Dichter- und Malerfürsten arrangiert. 1977 malt er wieder die Hermannschlacht: Ein mächtiger Baumstamm links ist mit Hermann gekennzeichnet, ein andere mächtiger Baumstamm rechts trägt den Namen von Hermanns Frau Thusnelda: Die beiden Baumstämme verbinden Äste, die mit den Namen von Dichtern und Denkern der Romantik gekennzeichnet sind. Der Kampf ereignet sich auch in den Ateliers, in der Dichtung. Gillen schreibt: „Kiefer interessiert ausschließlich die mentale Wirkung dieser Schlacht in mythischer Vorzeit auf die Nachwelt. [...] Die nationale Identität der Engländer, Franzosen und Holländer beruht auf bürgerlichen Revolutionen, die in Deutschland gescheitert sind. Nationale Identität in Deutschland beruht auf Schlachten, Krieg und Sieg über die Nachbarn seit der Schlacht im Teutoburger Wald gegen die Römer. (Gillen, S. 365) Kiefer ist übermächtiger Künstler wie die Potentaten der Vergangenheit. Er sucht nach der Identität stiftenden Geschichte, er will sie mit Mythen zu einer einheitlich gestalteten Bilderwelt verbinden.

„Malen = Verbrennen" nennt Kiefer ein 1974 entstandenes Bild mit einer verwüsteten Landschaft. „Verbrennen, Verholzen, Versenken, Versanden" hieß Kiefers Biennale-Beitrag 1980. Das ist Kiefers Sicht: Das Kennzeichnende der geschichtlichen Entwicklung ist der Kampf, er hinterlässt verbrannte Erde. Es ist das Schicksal der Geschichte, Dichter und Maler sind wie Äste darin verwoben. Die „Wege: Märkischer Sand" (1980) sind verbrannt, verholzt, versenkt oder versandet. Kiefer gestaltet die Hoffnungs- und Ausweglosigkeit. Die Schienen der Eisenbahnen führen überall auf der Welt ins KZ (es ist also kein spezifisch deutsches), in seinem Bild „Prinzessin von Sibirien" (1988), „Eisen-Steig" (1986) oder „Lots Frau" (1990).
Für Kiefer ist Geschichte ein Trümmerfeld. Besonders deutlich wird dies auch an den Werken, in denen er die Monumentalität der Nazi-Architektur nachgestaltet: Orte des Verbrechens, des Schreckens, Bilder einer Gegenwart mit mächtiger Vergangenheit. Die monumentalen Gebäude verrotten schon, gewinnen aber gerade dadurch archaische Kraft. Die Bilder „Die Treppe" (1982-1983), „To the Supreme Being" (1983), „Innenraum" (1981) und „Dem unbekannten Maler" (1982) nehmen direkten Bezug auf die Reichskanzlei Adolf Hitlers. Diese Bilder verbreiten Schrecken, Beschwörung und schaudernde Erhabenheit zugleich und scheinen so von einer höheren Ordnung geprägt. Hier wird scheinbar schicksalhafte Geschichte inszeniert, die mächtig über den Betrachter hereinbricht und von allen Seiten ihre Monumentalität zeigt. Das Bild „Dem unbekannten Maler" trägt den falschen Titel: Dieser „Maler" ist bekannt. Ihn trotzdem als unbekannt zu kennzeichnen, verrät nur die Absicht, ihn in der Geschichte als namenlos untergehen zu lassen. Und die Geschichte ist auch nicht zeitlos: Es ist die Zeit zwischen 1933 und 1945. Sie hat Wurzeln und Traditionslinien. Aber sie ist nicht „ewig-menschlich". Kiefer aber will aus der Geschichte aussteigen und wandelt Politik um in Mythologie.

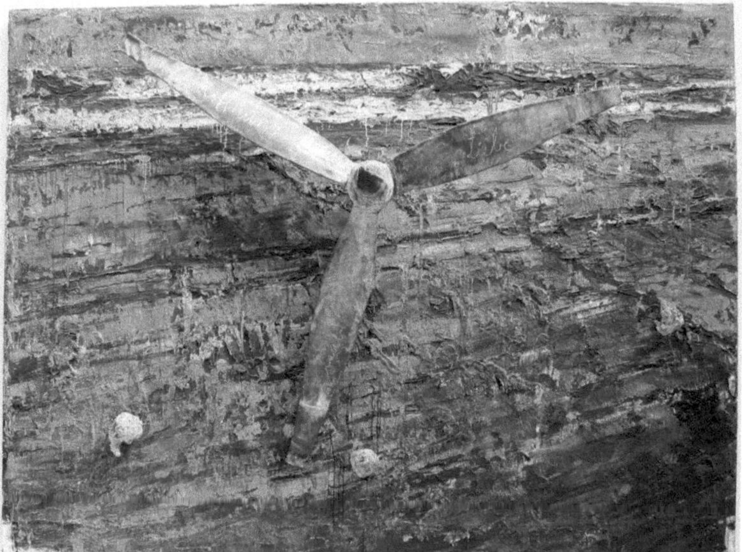

Glaube, Hoffnung, Liebe, emulsion; synthetic polymer paint; shellac on photodocument paper on linen canvas with lead construction by Anselm Kiefer; 1984-6; Art Gallery of New South Wales, Foto: Wmpearl; Lizenz: Creative Commons CC-Zero

Den vom Nazi-Regime geplanten Überfall Englands stellt er mit Spielzeugschiffen in einer Badewanne nach: „Unternehmen Seelöwe" (1975). Das war ein Spiel? „Wintergewitter" (1975) beschäftigt sich angeblich mit der

Belagerung Stalingrads im Jahre 1942. Das Bild zeigt in düsteren Farben eine Winterlandschaft. Das, was sich in Stalingrad abspielte, war kein Gewitter, kein Naturereignis, sondern deutsche Aggression, bei der Hunderttausende verhungerten oder getötet wurden.Auf einer von Kiefers gemalten Landschaften taucht auf einer Ackerfurche der Satz „Siegfried vergisst Brünhilde" (1975) auf. Die Psychologie wird bemüht. Kiefer erzählt uns in seinen 1976 und 1977 erschienenen Büchern „Donald Judd hides Brünhilde" und „Siegfrieds difficult way to Brünhilde" rührende Liebesgeschichten. Im Heldenhimmel tötet Siegfried den Drachen und kann sich so den Ring, ein Symbol für Reichtum und Macht, sichern – und er kann auch die erste Frau, die er überhaupt sieht, Brünhilde, für sich gewinnen. In Kiefers Bild ist sie sogleich selig träumend mit Sperma bedeckt. Die Macht des Schicksals verlangt aber, dass Siegfried Brünhilde verlassen muss. Draußen in der bösen Welt erhält Siegfried einen Zaubertrank, vergisst Brünhilde und nimmt sich stattdessen eine andere Frau. Kiefer bemüht Carl Gustav Jung: Irregeleitet verliert Siegfried seine Liebe für Brünhilde, die ihm vorausbestimmte Frau, er vergisst seine Instinkte und seine Verbundenheit mit der Natur. Das Schicksal nimmt seinen Lauf: Brünhilde rächt sich und lässt Siegfried töten. In Kiefers Bildern wird Brünhilde zur Blut saugenden Dracula. Ein Mythos wird alltäglich, es ist die Geschichte von Eros und Sex und Macht. Umgekehrt wird aber auch das Alltägliche mythologisiert. Da wandelt sich nichts. Es sind die „Urtriebe": Eros, Sex, Gewalt, Macht.

In diese Übermacht der Vergangenheit gruppiert sich ein anderes mythologisches Vermächtnis. Kiefers Bild „Ein Schwert verhieß mir der Vater" (1974 - 1975): Das ist das Erbe aus uralten Zeiten, das Schwert, die Gewalt. Das Schwert bohrt sich in den Felsen bei aufgehender Sonne, das Schwert Notung steckt blutverschmiert in der Maserung eines uralten Holzgebäudes. Notung ist das Schwert des Helden Siegfried, Segen und Fluch zugleich, Bedrohung und Verheißung.

In diese Welt der Apokalypse ist der Mensch gesetzt. Kiefer beschwört kosmische Kräfte. „Nach dem Naturgesetz von der Erhaltung der Materie geht kein Atom verloren. Wissenschaftler behaupten, dass jeder von uns eine unerhört hohe Anzahl von Atomen in sich trägt, die schon Jahrmillionen in sehr unterschiedlichen Materialien anwesend waren und nun in uns sind. Wir tragen in uns die Atome vom Strand von Ostia, Atome der Steine von der Wüste Gobi, Atome der Knochen von Dinosauriern – aber auch von Shakespeare, von Martin Luther, von Einstein, den Opfern und Tätern der vergangenen Jahrhunderte." (Kiefer, S. 66) Hier redet sich Kiefer mit einer kosmologischen Atomphilosophie und einer dogmatischen Anthropologie aus der Verantwortung heraus. Denn der Mensch ist keineswegs die Summe seiner Atome, sondern ein gesellschaftliches, denkendes Wesen (zumindest der Möglichkeit nach). So ist Kiefers Bild „Sternenfall" (1998) Flucht und Leugnen der Verantwortung zugleich. Es zeigt Sternenbilder, kosmische Zeichen. Sie verbinden die Nummern von KZ-Inhaftierten. Es handelt sich also nicht um ein konkretes, geschichtlich exakt zu benennendes Verbrechen, es löst sich in der Unergründlichkeit des Weltalls auf. Gleichartiges praktiziert er in „Sternen-Lager IV" (1998), indem er in einem unterirdischen Verließ die Nummern der Tätowierten archiviert oder in „Gewitter der Rosen" (1998), wo er die Ziffernfolgen der Kennzeichnungen zwischen Rosendornen und Gestrüpp aufleuchten lässt. Kiefer flüchtet aus der Realität in die jüdische Mystik, die Kabbala, bleibt trotzdem auf der Suche nach einem übergeordneten, kosmischen Sinn. „Ich war und bin fasziniert von der jüdischen Mystik. Alle Buchstaben des Alphabets gelten ihr als heilig. Mag man sie auch noch so willkürlich aneinanderreihen, die Buchstaben kommen von Gott und formulieren immer einen Sinn – auch wenn dieser Sinn sich erst in Jahrtausenden erschließt." (ebd. S. 67) Karin Thomas schreibt: „In den achtziger Jahren erweitert Kiefer den Radius seiner Zeitebenen bis in die Weite des Kosmos. Archaische Mythologie, alttestamentarische Mystik und heidnisch-christliche Sagensymbiosen überlagern sich mit Bildern deutscher Geschichte, mit Bildern der

Selbstbefragung als Maler und mit Visionen nuklearer Zerstörung. Dabei schälen sich aus den enigmatischen Parabeln dämonische Energien, das ewige Faszinosum des heldischen Wagemuts und der Versuchung heraus, die anderen Tod und Zerstörung bringen und über die zugleich die kosmische Uhr des Werdens und Vergehens hinweggeht. (Thomas, S. 381)

Kiefer bemüht Mythen, aber nicht, um sie zu verarbeiten und Irrwege aufzuzeigen, die mit ihrer Hilfe beschritten wurden, sondern um an ihnen weiterzuarbeiten. Kiefer: „Nach dem Krieg stand die Beschäftigung mit der Mythologie prinzipiell unter Verdacht: Evident war, wie gefährlich es ist, wenn Politik die Mythen verwendet, missbraucht, als Handlungsanleitungen und Rechtfertigungen interpretiert. Aber ist es nicht noch gefährlicher, die Mythen gleichsam ins kollektive Unterbewusste zu versenken, statt an ihnen – für alle sichtbar – weiterzuarbeiten?" (ebd. S. 64) Verarbeiten und Lernen aus der Geschichte sieht anders aus.

Kiefer bekennt: „Ich transportiere die Geschichte in mein Leben existenziell hinein. Für mich ist Geschichte immer auch meine Wirklichkeit." Er identifiziert sich also mit ihr. Kiefer will seine Bilder allerdings als Ironie aufgefasst sehen: Allein das Wort ›Geisteshelden ist so verquast, das kann ich doch nicht ernst gemeint haben. [...] Ich stelle in großem Pathos etwas hin, aber hinter der Kulisse lache ich darüber. [...] In Deutschland wird einfach der löchrige Boden nicht gesehen, auf dem bei mir das Pathos steht." (Gillen, S. 362) Auch Karin Thomas sieht bei ihm die „Fähigkeit zur „Erzeugung und Ironisierung von Pathosgestik". Nein. Kiefer erliegt dem Faszinosum der Macht, der Vernichtung. Der Kunstkritiker Werner Spies warnte noch am 2. Juni 1980 in der FAZ vor Kiefer, er transportiere in seinen Werken eine „Überdosis an Teutschem". „Vor dem Säer muss gewarnt werden." 2010 schlug Spies den Künstler Kiefer allerdings für den Friedenspreis des Deutschen Buchhandels vor. Der Kritiker irrte nicht nur bei der Bestimmung der Echtheit der Werke von Max Ernst.

Der Versuch, sich wieder dem Menschenbild zu nähern

In der westeuropäischen wie auch in der US-amerikanischen Malerei der Nachkriegszeit war das Menschenbild abhanden gekommen. In der Nazi-Zeit wurde es als Heroen-Bild idealisiert, in der Malerei des sozialistischen Realismus verkam es zum Arbeiter-Jubelbild, zum positiven „Held der Arbeit". Nicht nur „Gegenständliches" war suspekt, vor allem schien ein einheitliches Menschenbild unmöglich.

Jean Dubuffet (1901 - 1985) malte Strichmännchen in „Weg für Männer" (1944). Sein Menschenbild war auf schemenhafte Kinderzeichnungen reduziert. Das Individuelle ist ausgelöscht, die Männer bewegen sich auf linear vorgezeichneten Straße scheinbar sinnlos von A nach B. Das Reservoir für die von ihm produzierte „Unkunst" sind die Bilder von Geisteskranken, Kritzeleien der Kinder, Einritzungen in Toilettenwänden, Bemalungen der U-Bahn-Schächte. Ohne den Ballast der europäischen Geschichte will Dubuffet neu beginnen. Es ist eine Flucht aus der Geschichte, die ihm vorschwebt, nicht eine Aufarbeitung der Bildervorschriften der Vergangenheit. Er will einen Neuanfang, glaubt, das Vergangene ungeschehen machen und bildnerisch auslöschen zu können. Neues Sehen, ohne neu sehen zu lernen, ohne Altes zu verarbeiten, malen, gestalten ohne die Denkanweisen von gestern, das ist seine Utopie. Er malt wie Kinder oder wie Geisteskranke, lässt dabei den Bildinhalt bewusst verarmen, fällt zurück. Dubuffet benutzt nicht wie Picasso oder Klee bestimmte Ausdrucksformen von Kindern, um neue Sachverhalte bildnerisch zu produzieren, den Bildinhalt zu bereichern, Dubuffet reduziert die Ausdruckskraft. So werden die Kritzelfiguren nur Zeichen einer gebrochenen Existenz, das sich der malerischen Möglichkeiten selbst beraubt.

Bernard Buffet (1928 - 1999) wird in den 50er Jahren der Star der Pariser Kunstszene. Seine Figuren sind alle schwarz gerändert, wie mit einem Trauerflor versehen. Sie sind ausgemergelt, erstarrt vor Angst, Leiden und Hunger. Er ist ein Maler der Tristesse, der Melancholie –

und die produziert er in Serie. Frauen, die in die Leere starren, die aussichtslose Tragödie der Jungfrau von Orleans, Riesenvögel, die abgemagerte Frauen dämonisieren, Clownsköpfe geraten zu Totenschädeln.

Bei Buffett gerät das Lachen zum Schrei. Immer wieder wird die Leidensgeschichte Christi aufgerufen – aber eine Erlösung ist nicht in Sicht. Der Maler gestaltet eine Dämonie der Hilflosigkeit, der Einsamkeit, des Verlassenseins. Sein Stil wird zur Manie, karikaturenhaft eckig, verkrampft, er behandelt seine Figuren wie Bauklötze, die in eine marode Landschaft gesetzt sind – ein eindringlicher Kommentar zur Situation der Zeit. Anfänglich gefeiert, wird er in den 70er Jahren genauso abrupt fallen gelassen. Man will es nicht mehr sehen, die karikaturenhaft verzerrte Erstarrung im Spiegel. Man wendet sich ab, verhängt Buffets Werk mit Tüchern.

Francis Bacon zeigt Goebbels als Papst Innozenz

Francis Bacon (1909 - 1992) malt wie kein anderer die dunkle Seite des 20. Jahrhunderts. Seine Bilder sind Schlachtfelder, in denen ganz real geschlachtet wird, es blutet in den Werken. Gesichter sind verstümmelt, deformiert. Animalisches, Bestialisches kommt zur Sprache. Bacon halluziniert nicht. Er sammelt Fotografien, studiert Filme, wertet sie aus, sammelt Notizen aus Tageszeitungen, Büchern und Illustrierten. Die Gestik von Goebbels interessiert ihn, sein weit aufgerissener Mund während einer Hetzrede wird in Bacons Bildern integriert.

Bacon nimmt die alten Meister zum Vorbild, Anfang der 50er Jahre setzt er sich mit dem Porträt des Papstes Innozenz X. von Velázquez auseinander. Der Papst der Inquisition auf dem Herrscher-Thron, die Personifikation von machtdrohender Brutalität und Gewalt, Gebieter über Tod und Leben von Millionen, schreiend, selbstherrlich, entrückt. Pompöse Größe paart sich mit instinktiver, zerstörerischer brutaler Gewalt. Er wollte den Papst so wie Velázquez zeigen, nur „klarer, präziser und brutaler". Bacon ruft religiöse Motive wieder auf, zum Beispiel Triptychon Crucification (1965). Karin Thomas hat darauf hingewiesen, dass auf der rechten Tafel neben einem nackten Paar ein von Michelangelos Heldengestalten inspirierter männlicher Akt mit Hakenkreuzbinde zu sehen ist. „Das Kreuzigungsthema verbindet hier Pathos und Hybris mit dem Gossengeruch des Fleisches und der Gewalt. Das Topos der Kreuzigung verliert dadurch seine traditionelle Aura erhabener Entrücktheit, gewinnt aber durch die malerische Komposition eine Verdichtung seiner dramatischen Spannung[...]" (Thomas, S. 179)

Das Leben besteht aus Geburt und Tod, dazwischen nacktes, gequältes Fleisch, eine riesige blutende Wunde, Abfall, Kadaver, halb Tier, halb Mensch. Gewalt, immer wieder Gewalt – auch Liebe und Sexualität werden als Kampf und Zerstörung erlebt. Die verstümmelten Figuren schließt Bacon in Käfige ein, es gibt keine Hoffnung auf Befreiung. Für den Kunstkritiker Robert Hughes ist Bacon „dieser Maler von Homosexualität, Sadismus und Erbrochenem der härteste, unversöhnlichste lyrische Künstler im England des späten 20. Jahrhunderts, vielleicht der ganzen Welt." (Monopol 9/2009, S. 39) Bacon selbst skizziert seine Kurzbiografie so: „Ich wurde 1909 geboren und habe den Ersten Weltkrieg miterlebt und all die anderen Sachen, die zwischen der Revolution in Russland und dem Zweiten Weltkrieg passiert sind. In gewisser Weise hat sich mein Leben größtenteils in einer Zeit abgespielt, die von Chaos bestimmt war, und ich glaube, das beeinflusst die Haltung, mit der man bestimmten Dingen gegenübertritt." (ebd. S. 48) Während des Zweiten Weltkriegs arbeitete er im Rettungsdienst: „Nach jeder Bombennacht konnte man da die schrecklichen Sachen sehen, die diese Leute angerichtet haben." (ebd.) Bacons Bilder wollen nicht nur mit „Fotografien der Realität" konkurrieren, sie wollen sie sogar an Überzeugungskraft übertrumpfen. Er will die Neurosen des Jahrhunderts und der Zeit in seinen Bildern fixieren, kann aber nicht zum Menschenbild vordringen, weil er von seiner Angst überwältigt ist.

Lucian Freud gestaltet das Grauen der Eintönigkeit

Bei **Lucian Freud** (1922 - 2011) ist der Schrecken schon vorüber, doch der Schrecken hallt mächtig nach – in der

Leere der nackten, isolierten Körper. Mit wellendem, dick rötlich schimmerndem und weißem Fleisch präsentiert der Künstler seine Modelle, die er mit melancholischem, wehmütig-bedauerndem Blick und aus großer Distanz in seinem Atelier sieht: Momentaufnahmen der Trostlosigkeit. Die Akte starren ins Leere, als seien sie sich bewusst, Symbole der existenzialistischen Sinnlosigkeit zu sein. Sie machen nicht einmal den Eindruck, als ob sie auf etwas warten, denn dann wäre noch Hoffnung. Sie aber harren in Ungewissheit aus, voller Sorgen und schon durchlebter Ängste. Freuds Welt ist manisch depressiv. Es ist Freuds pathologischer Blick, der die Porträtierten in seinem Atelier isoliert und mit den Augen seziert. Er unterwirft seine nackten Körper, treibt aus ihnen die Individualität aus und lässt die menschliche Animalität, die fleischliche Vergänglichkeit, das Morbide erscheinen. Lucien Freud: „Tatsächlich interessiere ich mich für den Mensch als ein Tier. Das ist einer der Gründe, weshalb ich gerne Akte male." Und dann gesteht er ein: „Vielleicht habe ich eine Vorliebe für Menschen mit ungewöhnlichen oder merkwürdigen Proportionen, der ich nicht zu sehr nachgeben möchte." (Smee, S. 61 u. 90) Er gibt der Vorliebe unentwegt nach. Der Biograph Robert Hughes bezeichnete Freud als „den größten lebenden realistischen Maler". Es gibt keine Überraschung, keine wirkliche Zukunft. Denn bei Lucien Freud ist Zukunft nur die Fortsetzung der Öde der Gegenwart. Jeder ist in seinem Käfig aus welligem Fleisch gefangen. Entsprechend düster ist die Farbenwelt: Mit dem bleiweißgelb-ockerfarbenem Fleisch korrespondieren Braun, Umbra, Grün und Schwarz. Auch die Ausstattung ist karg: Freuds entblößte Körper sind meistens auf einer Couch oder einem Bett (eine dumpfe Erinnerung an seinen Großvater Sigmund Freud?) ausgebreitet, ein Hund dämmert vor sich hin, der Holzfußboden ist nackt und zerfurcht. Freud malt das Grauen der Eintönigkeit und eine trostlos sich ausdehnende Langeweile. Eduard Beaucamp schreibt, dass der Künstler manche Rätsel hinterlässt: „So drastisch und enthüllend sein Gestus und seine Motive, besonders die meist massigen, akribisch geschilderten und schonungslos ausgeleuchteten ›nackten Porträts‹ sind, so verschlossen sind das innere Leben dieser Figuren und die Motivation des Malers. Freud, so schien es, betrieb den körperlichen Exhibitionismus, um den psychischen zu verleugnen, ja um das Innere zu versperren." (FAZ v. 23. 7. 2011)

Woher stammt die Gleichartigkeit, die innere Leere, die Langeweile der Dargestellten? Der Künstler betont immer wieder: „Mein Werk ist rein autobiografisch." „Nie steht etwas für etwas anderes [...] Niemand repräsentiert etwas. Alles ist autobiografisch, und alles ist ein Porträt, selbst wenn es ein Stuhl ist." (Smee, S. 7 und 33) Die Porträtierten sind von Freud in das Atelier platziert, isoliert und unterliegen dem schon fast hypnotischen Einfluss des Künstlers. Gina Thomas schreibt unter dem Titel „Zwischen Verführung und Vergewaltigung" und dem Untertitel „Die Entmythologisierung kann beginnen": „Freud pflegt die Figuren von ihrer gewohnten Umgebung zu isolieren und sie sich – nicht ohne Lust an deren Unbehagen – in seinem Atelier vorzunehmen, wo sie ganz seiner Kontrolle unterliegen. Dann zerlegt er seine menschlichen Präparate mit den Augen." (FAZ v. 13. 2. 2012) Sind es allesamt Selbstporträts?

Freud ist gefangen im Käfig seines Ichs. Sein Leben spielt sich in den vier Wänden seines Ateliers ab. Hier inszeniert nur er, als Narzisst, als Exhibitionist, als Selbsthasser. Freuds Studioassistent David Dawson hat die Atelierwirklichkeit in vielen Fotos festgehalten. Da liegen die Nackten in dem unaufgeräumten Atelier wie Inventar. Ein Foto zeigt, wie sich ein Modell an das Bein des Künstlers klammert, das Freud dann in dem 2004/05 gemalten Bild „Der Künstler, überrascht durch einen nackten Bewunderer" verarbeitet. Swantje Karich kommt beim Vergleich der Fotos mit den Gemälden zu dem Ergebnis: „Die Erinnerung an die Gemälde wird überlagert von dieser Ähnlichkeitserfahrung [mit den Fotos] und verliert vollständig ihre Fähigkeit zur Verblüffung, stürzt vor den Betrachter hin wie Müll auf einer Halde. Die Posen werden von Foto zu Foto zur Posse. Doch wie die Dokumentationen diese Malerei entzaubern, so geben sie ihr auch etwas – das Aufbrechen des Augenblicks. [...] Die Fotos konterkarieren jedoch gleich wieder die Mehrdeutigkeit. Sie zerstören die letzte Hoffnung auf ein offenes Kunstwerk, das durch den Betrachterblick eine Geschichte bekommt. Die Beschränkung auf die immer gleiche Ikonographie wird als Schwäche entlarvt." (FAZ vom 20. 6. 2010)Freud arbeitete an seinem Mythos: der Künstler als enfant terrible, als Ausgestoßener außerhalb jeglicher Moral und Verantwortung. Er verkehrte mit dem Hochadel und der Unterwelt gleichermaßen. Aber er malte brav Queen Elizabeth II als gekröntes Haupt. Die hatte ihn schon 1983 als Compagnos of Honour geehrt, 1993 wurde er Mitglied des Order of Ment. Schon in seiner Jugend soll er auf Privatschulen randaliert haben, eine Kunstakademie habe er in Brand gesteckt, heißt es. 1953 hat er die Erbin einer Guiness-Dynastie geheiratet, hielt es aber in der Ehe nicht lange aus. Sein Biograf Geordie Greig kennzeichnet ihn als egozentrisch und archaisch, der in einem der teuersten Londoner Restaurants einen Kellner verprügelt habe. Er habe eine Rein-raus-Liebe ohne Sentimentalität betrieben. Oft habe es nachmittags an der Ateliertür geläutet, eine Frau habe den Raum betreten, Freud sei mit ihr im Bad verschwunden. Schon ein Viertelstunde danach habe er wieder vor der Staffelei gestanden ... ein hart und besessen arbeitender Künstler. 30 Kinder soll er gezeugt haben, von 14 Kindern ist seine Vaterschaft bekannt. Freud avancierte zum teuersten Maler seiner Zeit, zum Superstar der Kunstszene. Das ist auch ein Verdienst seiner Galeristen. Zuerst arbeitete er zusammen mit seinem Freund Francis Bacon mit der renommierten elitären Londoner Galerie Marlborough Fine Arts zusammen. Dann entdeckte ihn der New Yorker Händler William Acquavella, der die Werke des Malers an amerikanische Museen und Millionäre verkaufte. Lucien Freud brauchte ihm nur einen Preis zu nennen, schon wurde der bezahlt. Freuds Fleischlandschaft mit der Arbeitsamtsangestellten Sue Tilley erzielte im Jahr 2011 den stolzen Höchstpreis von 33,6 Millionen Dollar.

Richter zweifelt an der Richtigkeit seiner Bilder

Gerhard Richter (*1932) gibt sich illusionslos: „Die Kunst ist elend, zynisch, dumm, hilflos, verwirrend – ein Spiegel unserer geistigen Armut, unserer Verlassenheit, Verlorenheit. Verloren haben wir die großen Ideen, die Utopien, jeden Glauben, alles Sinnstiftende." (art 11/08, S. 28) Und: „Ich habe kein Motiv, nur Motivation." Er lässt in seinen Bildern Malerei geschehen und lehnt Konzepte und Stil ab. „Anlass oder besser Voraussetzung meiner neuen Bilder", schreibt Richter 1977 an den Kunsthistoriker Benjamin Buchloh, „ist die gleiche wie bei fast allen anderen Bildern: dass ich nichts mitteilen kann, dass es nichts mitzuteilen gibt, dass die Malerei nie die Mitteilung sein kann, dass sich weder durch Fleiß, Trotz, Irrsinn noch durch sonstige Tricks die fehlende Botschaft von selbst nur so durch das Malen einstellen wird." (art 11/08, S. 28) Richter streitet also den Mitteilungscharakter der Kunst ab, folgerichtig gibt es dann auch keine Bildsprache. Belegt er diese Aussage mit seiner Bilderwelt?

Richter startete seine künstlerische Laufbahn in der ehemaligen DDR. Dort jedenfalls vertrat er eine Ideologie, er hatte eine klare Botschaft zu verkünden. Sein 1956 entstandenes fast 64 Quadratmeter großes Wandbild für das Deutsche Hygiene-Museum in Dresden war ein Musterbild des Sozialistischen Realismus. Es herrscht eitel Sonnenschein. Kinder tanzen Ringelreihen oder unterhalten sich. Ein Liebespaar turtelt im Wäldchen. „Am Ende des Frieses, hervorgehoben durch ihre Position über der Ausgangstür, erscheint die sozialistische Familie als Zielvorstellung des kleinbürgerlichen Sozialismus: Eine Frau mit Kind in der Pose der säkularisierten Madonna und ihr gegenüber der durch einen Traktor als Werktätiger auf dem Land gekennzeichnete Vater, umflattert von Friedenstauben. [...] In einer Erläuterung seines Wandbildes wünscht sich Gerhard Richter im September 1956 ganz im Sinne des Ulbrichtschen Klassizismus und Idealismus in Architektur und Malerei, dass die Wirkung seiner Malerei auf den Besucher des Museums ›festlich-heiter, frohstimmend [...], klar und sachlich‹ sei." (Gillen, S. 180) Unverständlich ist, dass er später zusammen mit Baselitz den so genannten „DDR-Staatskünstlern" abspricht, Künstler zu sein und mit ihnen gemeinsam ausstellen zu dürfen. Beide waren selbst einmal „Staatskünstler". 1961 wechselt er nach Westberlin. Dort glaubte er, abstrakt malen zu müssen.

Musste er aber nicht. Er wurde erst einmal überhaupt nicht wahr genommen und überlegte sich Strategien, die Aufmerksamkeit auf sich zu lenken.

Er erfindet seinen Lebenslauf neu: Sein später angelegtes Werkverzeichnis beginnt mit „Tisch" (1962). Sozialistischer Realismus war gestern, jetzt erfindet er den Kapitalistischen Realismus, zuerst mit durchaus zeitkritischen Inhalten. 1962 entsteht durch die Bearbeitung einer Illustriertenfotovorlage. das Bild „Party". Vier lachende Schönheiten werden von Richter durch Schnitte und Nähte verstümmelt. Sie sind um einen Mann (ebenfalls lachend) gruppiert, dem Blut aus dem Mund in ein Bowle-Glas fließt. In seinem 1962 entstandenen Bild „Erschießung" kombiniert er eine Darstellung, die die Verhaftung politischer Gegner der Nazis 1933, die in Berlin-Plötzensee erschossen werden sollen, mit einer lachenden Frau (fünf Mal wiederholt) offenbar aus einer Werbung. Die Gesichter der politischen Gefangenen, die mit gehobenen Händen vor der Erschießungswand stehen, sind verwischt, noch stärker der Nazi mit dem Gewehr im Anschlag. Richter sagt: „Ich verwische, um alles gleich zu machen, alles gleich wichtig und gleich unwichtig. Ich verwische, damit es nicht künstlerisch-handwerklich aussieht, sondern technisch, glatt und perfekt. Ich verwische, damit alle Teile etwas ineinanderrücken. Ich verwische vielleicht auch das Zuviel an unwichtiger Information aus." (Gillen, S. 267) Dass die erschossenen Personen mit Gesichtern sind, ist unwichtig? Dass der Nazi ein brutaler Mörder ist, auch?

Er präsentiert Bilder der Gegenwart und der Vergangenheit wie aus einem längst verblichenen Fotoalbum. Meist Grau in Grau, absichtlich verwischt, die Konturen entfernt und ins Undeutliche verfremdet. Das sind Erinnerungsfotos wie von einem frühen Klassentreffen, das Zusammentreffen mit alten Bekannten: So war das damals. Richter zeigt aber das Heute. Können wir die Dinge der Gegenwart wirklich nicht deutlich sehen und deshalb nicht richtig einschätzen, wie Richter behauptet? „Kleine Badende" (1994) oder „Ema – Akt auf einer Treppe" (1966), das ist wie entrückte Wirklichkeit – es sind aber seine Frauen, mit denen er zusammenlebte. „Onkel Rudi" (1985) in Naziuniform, „Mao" (1968) lächelt grau-braun, sehr verschwommen: Das ist Gegenwart und Vergangenheit zugleich, Traum durchmischt mit Realität. Richter macht die Bilder undeutlich, sie beschwören so eine Vielzahl von Assoziationen, die aber dem Betrachter selbst überlassen sind. Richter hält sich heraus, bezweifelt sogar die Richtigkeit der Bilder. Er verweigert jede Aussage dazu, will sich nicht festlegen. Können wir die von Richter verschwommen gemalten Bilder wie den 15-teiligen Zyklus „18. Oktober 1977" – mit den toten Terroristen von Stammheim – und den Geschehnissen des 11. September 2001 mit den einstürzenden Türmen des World Trade Centers erst dann richtig einschätzen, wenn die „Nebel", die unsere Sicht verstellen, verzogen sind? Richter „historisiert" die Gegenwart und zeigt den „Schein" der Vergangenheit, er behauptet die Unwirklichkeit, das Verlogene der Bilderwelten. Der Künstler versteht sich als der wahre Künder und Stifter der Neutralität. Durch die Unschärfe will Richter das Bild „entgegenständlichen", das geschichtlich gewordene Bildverständnis ausradieren.

Beispiel Nr. 1: Das Bild „Tante Marianne" zeigt Richter als Baby in den Armen der 14-jährigen Marianne, Jürgen Schreiber hat dazu in seinem Buch „Ein Maler aus Deutschland. Gerhard Richter Das Drama einer Familie" die Hintergründe aufgedeckt. Im Klappentext steht: „Gespenstisch miteinander verflochten sind die Lebensläufe von Gerhard Richters Tante Marianne und seinem früheren Schwiegervater, Professor Dr. Heinrich Eufinger, einem Nazi der ersten Stunde. Tante Marianne fällt in die Hände der NS-Psychiatrie, wird mit 21 Jahren zur ›Unfruchtbarmachung‹ verurteilt und 1945 nach langem Leidensweg als eines von 250 000 Euthanasie-Opfern ermordet. Im gleichen Zeitraum hat SS-Obersturmbannführer Eufinger als Direktor der Dresdner Frauenklinik nahezu 1000 Zwangssterilisierungen zu verantworten. Trotz seiner Nazi-Vergangenheit wird er angesehener Chefarzt, erst in der DDR, dann im Westen. Dies alles liegt für Richter im Dunkeln, als er sich in den fünfziger Jahren in Eufingers Tochter Marianne, genannt „Ema", verliebt. 1961 flüchtet Richter aus der DDR. Später porträtiert er seine Verwandten, ohne die schrecklichen Zusammenhänge zu kennen." Kannte er sie wirklich nicht? Er will sie gar nicht kennen - er leugnet die Wirklichkeit der realen Zusammenhänge auch noch heute in seinen Bildern. Karin Thomas schreibt: „1997 ist das Kompendium der gesammelten Bildvorlagen, Richters sogenannter Atlas, einer der Hauptanziehungspunkte auf der documenta X in Kassel, weil an dieser Sammlung [...] die innere Logik der Bildfindungen ablesbar wird. [...] Aus dem Nebeneinander von röhrendem Hirsch und Schloß Neuschwanstein, von Illustrierten-Pin-ups und Reiseprospektansichten, von plärrendem Hitler und weinender Jakkie Kennedy, lapidaren Gegenständen und lächelnden Sportlern konturiert sich im Rückblick jene emotionale Apathie, die Margarete und Alexander Mitscherlich 1969 als typisch für die psychosoziale Unfähigkeit der Deutschen diagnostiziert haben, die Verbrechen des Nationalsozialismus zu betrauern." (Thomas, S. 181) Bemerkenswert ist in diesem Zusammenhang die Schilderung Richters, dass er KZ-Fotos gesammelt habe und versucht habe, sie zu malen. Er habe dieses Vorhaben aber unvollendet aufgegeben. Im Jahr 2014 ist er so weit. Sie haben den Titel „Abstrakte Bilder (937/1 – 4". Auschwitz ist für Richter ein abstraktes Geschehen. Richter stellt den Bezug zu Auschwitz her, die Werke gingen auf „vier von einem Häftling im August 1944 im Konzentrationslager Birkenau aufgenommene Fotografien zurück".

Eckhart Gillen macht darauf aufmerksam, dass die Bilder „Onkel Rudi" und „Tante Marianne" nicht irgendwann, sondern parallel zum Frankfurter Auschwitz-Prozess entstanden seien. „Richter wollte allerdings nicht, dass diese Entschlüsselung an die Öffentlichkeit dringt: ›Dann wäre die Kunst als eine Aufarbeitung von Zeitgeschichte oder als Sozialarbeit gelesen worden. So hatte ich meine Ruhe und das blieb alles anonym.‹" So sind sie noch mehr ein Kommentar zur Zeitgeschichte, aber sie zeugen vom Versuch der Verdrängung des Geschehenen. Richter will seine Ruhe „vor der Vergangenheit" haben.

Beispiel Nr. 2: der 15-teilige Zyklus „18. Oktober 1977" – mit den toten Terroristen von Stammheim und der Darstellung des Suizids von Ulrike Meinhoff. Niklas Maak schreibt dazu: „Die entlarvende Schärfe der frühen Bilder weicht hier einer Aufweichung des Politischen ins Allgemeinmenschliche, es reduziert das Bild auf die banale Frage, wie so ein nettes Mädchen, wie es überall anzutreffen ist, nur so etwas Schlimmes tun kann – bleibt vor dieser Frage aber ohne jede Antwort und liefert stattdessen ein Mysterienbild. Die Schönheit des Gemäldes macht das Bild der Opfer milchig, unscharf und aushaltbarer. [... Er schließt mit den Worten,] die Vermalung einer politischen Terrorbewegung ins Schicksalhafte, das Dräuende, Geschichtsverdunkelnde und tröstlich Wattierende ist vielleicht das größte Problem dieses Andachtsraums." (FAZ, 14. 2. 2011)

Beispiel Nr. 3: Nach dem Ausbruch des Irak-Krieges am 20. und 21. März 2003 gestaltet er zwei Künstlerbücher „War Cut" und „War Cut II" mit 216 Abbildungen, die jeweils Details seines 1987 entstandenen Werkes „Abstraktes Bild" mit willkürlichen ausgewählten Zeitungsausschnitten der FAZ kombiniert. Dazu führt Richter im Interview mit Jan Thorn-Prikker aus: „Außerdem ist meine Meinung mit Sicherheit genauso falsch wie die meiner Freunde, die ja fast alle etwas arg vereinfachend und nahe am Kitsch den Krieg verurteilen und auf Bush schimpfen. Sie merken, das ist nicht mein Thema. Ich halte den Krieg überhaupt nicht für unnötig. Sonst wäre er nämlich gar nicht da. Und wir sind noch lange nicht so weit, dass wir auf Kriege verzichten können. Aber wie gesagt, ich hatte nicht so viel Anlass zur Trauer. [...] Aber die schönste Lust war die, das fertige Buch am Ende zu bemalen. Die Arbeit war abgeschlossen. Da hat es Spaß gemacht, so etwas Schönes zu machen. Ich habe überhaupt wieder zum Malen zurückgefunden. Das war ja der Anfang nach einer langen Pause [...] Da war gut, so etwas herzustellen. So etwas Märchenhaftes, Phantastisches. Das ganze Gegenteil von Krieg." Das ist keine Auseinandersetzung. Er macht sich einen abstrakten Reim auf den Irak-Krieg. Er gestaltet ein modernes Märchen. Richter wollte etwas Schönes malen.

Richter ahnt sehr wohl, woher die dichten Schleier kommen, mit denen er seine Bilder überlagert. Es ist die Gewalt, die in der Gesellschaft erzeugt wird und die zu Angst und Traumata führen. In den Bildern aus den 60er Jahren gestaltet er seinen „Düsenjäger“ (1963), die „Mustang-Staffel“ (1964) oder „XL 513“ (1964), „Flugzeug I“ (1966) oder „Flugzeug II“ (1966), Bomber, die den Tod bringen. Und Richter weiß genau, was diese Bomber anrichten. Der Zyklus „Bridge 14 FEB 45“ aus 2000 und 2001 zeigt den Süden Kölns aus der Luftperspektive mit der zerstörten, qualmenden Brücke, ausgebrannten Häusern und Bombentrichtern. Das ist ein Kommentar zur Zeitgeschichte als Traum verklärt. Richter malt und schweigt, kommentiert nicht, auch nicht in seinen Büchern „War Cut I“ und „War Cut II“ (2004), in denen er Berichte der FAZ zum Irak-Krieg mit seinen abstrakten Bildern konfrontiert.

Richters Bilderwelt ist Flucht in die Enthaltsamkeit. So erklärt sich auch der ständige abrupte Wechsel in seinem Werk von grau-braunen Fotoübermalungen, die die Welt des Gegenständlichen beinhalten, zur abstrakten Malerei, zur Monochromie, zu Farbfeld-Reihungen. Dazu Richter: „Das, was wir so als Wirklichkeit bezeichnen, ist nicht da und nicht wirklich, solange es nicht als Kunst Wirklichkeit geworden ist. Kunst macht also nie Aussage über Wirklichkeit, sondern ist selbst die einzige Wirklichkeit, die da ist.“ (Walther, S. 342) Nach Richters Auffassung war also „Onkel Rudi“ nicht wirklich da, er wird erst Wirklichkeit als verschwommen gemalte Nachbildung eines älteren Fotos? Weshalb aber malt er „Onkel Rudi“, wenn er damit nicht Vergangenes aufarbeiten will? Auch seine abstrakten Bilder sind Flucht vor Aufarbeitung. Richter: „Abstrakte Bilder sind fiktive Modelle, weil sie eine Wirklichkeit veranschaulichen, die wir weder sehen noch beschreiben können. Diese bezeichnen wir mit Negativbegriffen: das Nicht-Bekannte, Un-Begreifliche, Un-Endliche, und sie schilderten wir seit Jahrtausenden in Ersatzbildern mit Himmel, Hölle, Göttern und Teufeln. Mit der abstrakten Malerei schufen wir uns eine bessere Möglichkeit, das Unanschauliche, Unverständliche anzugehen, weil sie in direktester Anschaulichkeit, also mit allen Mitteln der Kunst ›nichts‹ schildert [...]“ (ebd.) Nichts ist nichts, wieso soll das plötzlich abstrakt sein? Höchstens als neue Vorstellung von Richters ›nichts‹. „Abstrakte“ Malerei ist zumindest Farbe, weshalb Farbe das Unanschauliche, Unverständliche, also „nichts“ sein soll, ist nicht einzusehen. Wir sehen doch Farbe als etwas Anschauliches, auch Verständliches, das Assoziationen, Sinneseindrücke auslöst, nicht in un-bekannte, un-begreifliche Zonen entführt, sondern ästhetisches Begreifen ermöglicht.

Richter ist auf der Suche, will aber keine Antwort geben, weil er die Wirklichkeit ausblendet und nur eine Kunst-Wirklichkeit gelten lässt, die er sich selber malend erfinden kann. Eduard Beaucamp schreibt: „Klar wird, dass er dem Schein mehr traut als der Realität. Auffallend ist die Dichte der Todesmotive und Erinnerungen, die seine Graumalerei beschwört: von den frühen Stuka- und Starfighter-Fotos, von den Zyklen der Ermordeten und Entrückten über die ausgebrannten und zermalten Stadtbilder bis zum beklemmenden ‹Stammheim‹-Zyklus mit den toten Terroristen.“ (Beaucamp. S. 276) Ist Richter traumatisiert und versucht mit seinen Bildern in eine schöne, selbst gebastelte Welt zu flüchten? Der Kunstmarkt goutiert Richters Neutralität, seine Skepsis und seine abstrakte Malerei des schönen „Nichts“. Er ist jetzt der teuerste Maler unter den Zeitgenossen. Ein moderner Maler übt Gedächtnisverlust. Holocaust, Irak-Krieg, islamistischer Terror, alles wird abstrakt. Richter wundert sich über die Millionen Euro, die seine Werke auf dem Kunstmarkt erzielen. Die Millionäre wissen, weshalb sie die Preise zahlen.

Umbruch: Von der „Weltsprache“ der Abstraktion zur Gegenständlichkeit

In den 60er Jahren vollzieht sich die Ablösung der „abstrakten Vorherrschaft“ in der Malerei hin zu einer neuen Gegenständlichkeit. Das hat sicherlich auch mit den Verbrechen des US-amerikanischen Militärs und der Politik in Vietnam zu tun, die sehr vielen Intellektuellen die Verlogenheit und und Fragwürdigkeit des „demokratischen Vorbilds für die westliche Freiheit“ und des American way of life an jedem Tag mit den Fernsehbildern von den Flächenbombardements und den Fotos von erschossenen, verbrannten und vergifteten Vietnamesen vor Augen führte.

Bei dem Objektkünstler **Hans Peter Alvermann** (1931 - 2006) führte das dazu, dass er ab 1966 seine künstlerische Arbeit unterbrach und sich der politischen Arbeit widmete. Er organisierte das »Republikanische Centrum« in Düsseldorf und engagierte sich in der Bewegung gegen Notstandsgesetze und Vietnam-Krieg. Bekannt geworden ist er durch ein Multiple – ein mit den Bundesfarben und einem Hakenkreuz versehenes Sparschwein – als Protest gegen die geplante Notstandsgesetzgebung. 1968 wurde das Haus seines Galeristen Wolfgang Feelisch von der Polizei durchsucht und die Schweine als „staatsgefährdend" beschlagnahmt. Fünf Jahre dauerte der Prozess, bis der Bundesgerichtshof alle erhobenen Vorwürfe zugunsten der freien Meinungsäußerung und der künstlerischen Freiheit zurücknahm. Seine Objektkunst griff aber auch den Sexkult, den Krieg in Vietnam oder die Manipulation der Medien an. Besonders frustrierend war für ihn die Erkenntnis, dass seine Kunst zwar vom „Establishment" vereinnahmt wurde, sofort aber museal verwaltet und elitär isoliert wurde.

Die frühe Bilderwelt **Konrad Klaphecks** ist mit Maschinen gefüllt. Dabei sind es die Titel, die die Gemälde mit Bedeutung aufladen. In „Der Wille zur Macht" (1959) sollen die monumentalen Buchstabentasten einer Schreibmaschine in ihrer Reihung marschierende, funktionierende Soldaten assoziieren. Nähmaschinen erinnern an die Geliebte oder an die Schwiegermutter oder sie wird zum Dampfstrahlbügeleisen. Klapheck meint, dass seine Hauptwaffen der Humor und die Genauigkeit seien. Dann mutiert die Nähmaschine älteren Modells zu „Die gekränkte Braut". „Der Krieg" (1964), das sind kühl konstruierte Banktresore – insgesamt eine Kritik an der Konsum- und Technikvernarrtheit in der Epoche des Wirtschaftswunders als auch an der der Vergangenheit. In der späteren Phase seines Werks bricht er auch aus seiner Maschinenwelt aus: Seine vor allem nackt agierenden männlichen und weiblichen Musiker, Köche und Liebenden wirken allerdings wie ferngesteuerte Roboter – sie erinnern an die Maschinenmenschen Fernand Légers.

Thomas Bayrle besticht durch Bildwitz. Tausende Chinesen, die ordentlich gekleidet sogar Krawatten tragen, drehen sich motorgetrieben in seinen Objekten und bilden dann einen übermächtigen „Mao" (1966). Ein Stalinporträt setzte er aus Schnauzbärtchen zusammen. Oder Tausende Menschen stehen in Reih und Glied, auch ordentlich einheitlich gekleidet: Im Vordergrund schaut ein mächtiger Ludwig Erhard, der Vater des bundesdeutschen Wirtschaftswunders in den Himmel. Am Horizont des Bildes leuchten die drei Buchstaben CDU. Die formierte Gesellschaft ist perfekt. Er nannte das Werk „Erhard Gargantua" (1966), nach dem Romanriesen Gargantua des Dichters François Rabelais, der sehr großen Appetit hatte. Bayrle liebt das Prinzip des Seriellen. Er nimmt seine Themen aus der Warenwelt „VW Käfer rot" (1969) und aus der Politik „Nürnberger Orgie" (1966). „Ich habe ohne Bedenken kommunistische und kapitalistische Muster einfach unter dem Aspekt der Anhäufung vermischt, Massenbewegungen wie Urlaub, Einkaufen und Autofahren hier waren für mich dasselbe wie Märsche, Paraden und sportliche Ereignisse drüben." (Gillen, S. 257) Der gelernte Gebrauchsgrafiker Bayrle zeigt die Oberfläche des Geschehens, lässt allenfalls Mechanismen erahnen. Das ist so, kann der Betrachter feststellen. Eine malerische Analyse ist das nicht, auch keine Kritik.

Bekannt wurde der Politik-Plakat-Postkarten-Künstler und SPD-Mitglied **Klaus Staeck** (*1938) vor allem durch das Plakat „Deutsche Arbeiter! Die SPD will euch eure Villen im Tessin wegnehmen", das er zur Bundestagswahl 1972 publizierte. In der Auseinandersetzung zum Vietnam -Krieg griff er vor allem CDU-Politiker an: „Seit Chile wissen wir genauer, was die CDU von Demokratie hält". Bruno Hecks (CDU) hatte die Bedingungen in dem Sportstadion in Santiago de Chile, das nach dem Militärputsch Pinochets als Konzentrationslager diente (und in dem viele Menschen ermordet wurden), mit folgenden Worten beschrieben: „Das Leben im Stadion ist bei sonnigem Wetter recht angenehm." Während des vom US-CIA mit finanzierten Putsches und unter der Militärdiktatur Pinochets wurden nach Schätzung von Amnesty International rund 5000 bis 30.000 Menschen ermordet. Das Anti-CDU-Plakat, das Staeck in einer Ausstellung der Parlamentarischen Gesellschaft in Bonn zeigte, zerstörte der CDU-Politiker Philipp Jenninger. In der Öffentlichkeit wurde diese Aktion als Bonner Bildersturm gebrandmarkt. Die Ausstellung wurde aber sofort auf Initiative der CDU geschlossen. Jenninger wurde zu Schadensersatz von 10 D-Mark an Staeck plus 35 D-Mark Gebühren für Staecks Anwalt und 18 D-Mark Gerichtskosten verurteilt. Ein weiterer CDU-Politiker verglich Staecks Plakate mit den Hetzkarikaturen der Nationalsozialisten. Auch er unterlag vor Gericht. So schön und teilweise bissig seine Beiträge zur aktuellen Politik sind, er blieb in dem von seiner Partei umzäunten Areal.

In der Frontstadt Berlin brodelte es in den 60er und 70er Jahren. Gruppen wie „Secessionisten Großgörschen 35", „Aspekt" oder die „Schule der neuen Prächtigkeit", begleiteten auch die studentischen Proteste. Die Wohlstands-Wirtschaftswunderwelt gerät in die Kritik. **Klaus Vogelsang** etwa zeichnet „Was Hänschen lernt" (1976) und zeigt einen feisten Vater im Sonntagsdress mit der Bombe in der Hand. Sein Söhnchen-Baby hat schon die Knarre in der Hand und winkt mit der bundesdeutschen Fahne. **Johannes Grützke** zeigt sich selbstkritisch: „unser Fortschritt ist unaufhörlich" (1973). Zwei junge Männer hüpfen, tanzen in der Luft herum und spielen mit einem Modellflugzeug. Das ist offenbar sehr lustig, allerdings wirkt das Lachen der beiden etwas verkrampft. Ein ironischer Beitrag zur Lage der studentischen Rebellion. Grützke macht sich auch über den Personenkult in der linken Bewegung der damaligen Zeit lustig, indem er zum Beispiel Walter Ulbricht als Gartenzwerg darstellt. „Johannes Grützke [...]entwickelt auf seinen Leinwänden ein Theater der Körper und Gebärden. Seine Kleinbürger-Figuren aus den sechziger Jahren, die Männer mit weißem Trevira-Hemd, schwarzer Hose und Sacco, sind immer auch er selbst. Als Angehöriger der 68er-Generation ironisiert Grützke den wildgewordenen Kleinbürger in sich selbst, der breit grinsend sagt Komm, setz dich zu uns (1970) oder zum Gewehr greift. Benno Ohnesorg greift zum Gewehr (1968) ist kein Historienbild und kein Porträt des Studenten Ohnesorg." (Gillen, S. 394) Es ist ein ironisch distanzierter Blick auf das Geschehen.

Grützkes bekanntestes Werk ist das 3 mal 32 Meter große Wandbild in der Frankfurter Paulskirche „Zug der Volksvertreter" (1987 - 1990). Dort fehlt jedes Pathos. Die einheitlich in schwarze Anzüge gesteckten Volksvertreter stehen in einer langen Reihe, als warteten sie auf einen Einlass in eine Kirche zum Sonntagsgebet. Ihre Gesichter sind teils aufgeblasen, teils griesgrämig, manchmal verbissen, manchmal verschlafen. Optimismus kommt dort nicht auf, Visionen können diese mürrischen Herren Akademiker, Ärzte, Juristen, Dichter nicht haben. Das Volk ist nicht vertreten. Allenfalls künden spielende, rangelnde Kinder – farbig abgesetzt vom Schwarz der Volksvertreter – , dass Bewegung im Lande ist. Auch der Maler Grützke schaut zornig als Kind in weißer Kleidung aus dem Bild heraus. Die Herren Akademiker nehmen den Kinderkram fast nicht zur Kenntnis. Der Aufbruch in eine Demokratie ist gescheitert, bevor die Debatten in der Paulskirche begonnen haben.

Sigmar Polke im Sog der Bilder

Gerhard Richter, Konrad Lueg (1939 - 1996) und **Sigmar Polke** (1941 - 2010) starteten 1963 gemeinsam die Aktion „kapitalistischer Realismus": Mit Witz und Farbe nahmen sie die eintönige Formenwelt der DDR und das Spießertum in der Bundesrepublik aufs Korn. Im Düsseldorfer Möbelhaus Berges Leben stellten sich Richter und Lueg in dem Jahr als Spießer, als Bewohner des Möbelhauses mit dessen Inventar aus. Ihre Utensilien: Bierflaschen, Kaffeegeschirr, Stühle mit je einer FAZ, Rehbockgeweihe, Teewagen mit Blumen und vieles andere. Realismus im Kapitalismus.

Polke streifte durch die Konsum-, Comic- und Zeichenwelt, schnitt aus und fügte sie neu zusammen. Unter dem ironischen Titel „Wir Kleinbürger – Zeitgenossen und Zeitgenossinnen" war er gegen die zwei Supermächte und für eine rote Schweiz. In seinen „Supermarkets" (1976) dominieren Batmans und Superhelden vor vollen Regalen mit Cornflakes und in genauer Reihe und fortlaufend nummerierten Tomatendosen, dazwischen quakt Donald Duck. In Polkes Bild „Freundinnen" (1965/66) zeigen Frauen ihr Herkommen als Rasterlook aus der Illustrierten: Sie präsentieren „den letzten Schrei". Polke befragt die Glitzerwelt und deren Schein, das wilde Lärmgedröhne der großen Städte, die Fassaden der Werbung und ihr fades Versprechen. Das „Urlaubsbild" von 1966 listet die Versprechen der Werbung auf: Palmen, Strand, Tempel und Sonne. Er befragt die Requisiten des Alltags auf ihre ästhetische Bedeutung: Vasen, Nierentisch, Würstchen, Hemden, Plastik. 1968 entsteht „Das große Schimpftuch", sein Kommentar zur Studentenrevolte. In den Bildern dieser Jahre von 1963 bis 1970 sieht man das Vergnügen Polkes, die Bilderwelten gründlich auseinanderzunehmen, durchzumischen und auf ihren Gehalt zu befragen – und immer wieder den Versuch, die Bruchstücke zu neuen Bilderkenntnissen zusammenzusetzen. Aber er kommt zu keinem schlüssigen Resultat.

Eckhart Gillen stellt fest, dass in Polkes medienkritischen Rasterbildern des Kapitalistischen Realismus die verdrängte Vergangenheit lauert. „Polkes Gemälde Konstruktivistisch von 1968 erinnert auf den ersten Blick an Werke der klassischen Moderne, beispielsweise von Piet Mondrian. Zwei unterschiedlich große, fein und gröber in schwarze und rote Punktreihen gerasterte Flächen werden von einem dünnen und einem dickeren Haken überlagert. Im Kopf ergänzt der Betrachter die Linien automatisch zum Hakenkreuz und die monochromen Flächen zum rot-weiß-schwarzen Nazi-Emblem. Polke spielt ironisch auf die Fluchtversuche der deutschen Nachkriegskunst in die Abstraktion an und lässt zugleich im Jahr der Studentenrevolte, der Notstandsgesetze und des ersten großen NPD-Wahlerfolges wie in einem Vexierspiegel die Wiederkehr der verdrängten Vergangenheit als Menetekel erscheinen. Ein Jahr später beginnt er, das gleiche Motiv mit der gerasterten roten und schwarzen Fläche und den allerdings diesmal auf den Kopf gestellten, hakenkreuzähnlichen schwarzen Linien mit Spraylack und Gouache zu verfremden und nennt das Bild Dr. Berlin (1969 - ,1974) ... Der Künstler hat die analytische Distanz zu seinem Gegenstand verloren, ist selbst nur noch Medium, mehr ein von der Bilderflut, die er beschwor, Verführter als Verführer, der auch vor Attacken auf sein eigenes Werk nicht mehr Halt macht. Die intellektuellen Formen der Ironie und Parodie sind passé. Als Selbstpersiflage erinnert eine Art Telefonhörer am Ohr noch an die Befehle der Höheren Wesen im Vitrinenstück." (Gillen, S. 279) Polke wird Süchtiger. Er hat eine Überdosis Bilderwelten konsumierter.

In seinem Zyklus „Original und Fälschung" (1973) setzt er sich mit den Mythen der Kunst auseinander. Was ist in unserer zusammengesetzten Welt das Original? In der Kunst gilt die Vorstellung, der Künstler habe eine einmalige Urheberschaft, Polke selbst raubt aus den Comic-Heften, nimmt die Bildideen alter Meister auf: „Original + Fälschung 5 (nach Thomas Gainsborough)" (1973) ahmt nach und schafft neu. Er gibt dem Zyklus auch den Titel „Komplex Kunst, Kunstnachahmung, Kunstfälschung, Kunstzerstörung". Da fahren zwei Affen in einem Porzellanladen Motorrad: „Original + Fälschung 1 (die Affen auf dem Motorrad)" (1973): Es ist eine Auseinandersetzung mit dem Illusionismus der Malerei. Polke setzt Rasterpunkte ein, eine Reflektion über den Illusionismus der Medienwelt, er überpudert seine Bilder und verfremdet mit Glimmer und Glitzerspiegeln. Ein Bild fälscht das andere. Die Bilderwelten erscheinen ihm voller Fälschungen zu sein. Was ist ein Original? Polke weiß es nicht mehr.

Ironisch behauptet er „Höhere Wesen befahlen: rechte obere Ecke schwarz malen!" Bleibt es bei der Ironie? Oder gibt es eine höhere Intuition, Inspiration? Polke ist im Zweifel. Mit seiner Kritik an dem Wohnzimmer-Kitsch, mit seiner Kritik der Moderne sowie mit der Aufarbeitung der traditionellen Malerei und ihrer Mythen dringt er nicht wirklich durch. Immer bleibt bei seiner

Kritik der Eindruck der Oberfläche, Pop-Artiges, das thematisiert, den Blick sensibilisiert, aber nicht wirklich zum Grund vordringt. 1977 beschreibt er sein Problem mit der Kunst mit der Frage so: „Sie haben wohl ein Loch im Kopf, das Sie mit Kunst stopfen wollen?" Die Antwort: „Das wäre nun aber eine Behauptung, dass Kunst auch Löcher macht! Irgendwo muss das Loch ja herkommen, das stimmt. Ist denn die Kunst so, dass sie erst Löcher macht, die sie dann besetzen will? Das hätte ich mir fast gedacht! Gelocht! Der sogenannte Freiraum der Kunst? Was ist denn so um ein Loch drum rum? Da ist erst mal der Sog ins Loch hinein." (monopol 8/2010, S. 43)

Der Sog in das Loch hinein ist der Rückfall in den Illusionismus. Polke gerät in den Sog, ab 1980 beginnt er mit der „Substanz Farbe" zu experimentieren, er will die gefühlte Oberfläche seiner Bilder magisch unterfüttern, will die „höheren Wesen" mit chemischen Substanzen und Mineralien in seine Bilder locken. Sein Atelier wandelt sich zur Alchemistenküche. Das Bild „Athanor" war sein Beitrag zur Biennale in Venedig 1986. Athanor, der Kessel der Alchemisten, wird sein Zaubermittel. Sein Galerist Erhard Klein berichtet über die schwierigen Interpretationsversuche: „Als ich einmal sogenannte abstrakte Bilder für eine Ausstellung bei Polke abholte und meinen Besuchern gerne etwas Kluges dazu erzählen wollte, fragte ich ihn: ›Sigmar, wat is da drauf?‹ Worauf er erwiderte: ›Egal, der eine sieht seine Großmutter drin, der andere nur einen Klecks.‹" (ebd., S. 46)

Martin Kippenberger tanzt auf vielen Hochzeiten

Martin Kippenberger (1953 - 1997) versucht sich mit der Flut der medialen Bilderwelten auseinanderzusetzen. Er tanzt auf fast allen Hochzeiten: Was bedeutet das Auto in unserem Leben? Der Faschismus, die noch immer unbelehrbaren Rechtsradikalen, der Sexismus, Porno-Hefte, Mode, „Was ist Kunst", „Was könnte Bildinhalt sein?", Comic-Serien, der Sozialstaat, „Was empfinden die Satten für Hungrige?", „Kasperle I", „Kasperle II" [...] „Kasperle XIII", „Weihnachtsmänner", „U-Bahn-Eingänge". Er streift fast jedes Thema, ohne es wirklich ernst zu nehmen. Kippenberger ironisiert aber nur seicht, ein „Fast-Witz" erscheint im Bild. Er will Regeln brechen, Grenzen überschreiten, ohne sich vorher grundsätzlich und gründlich mit dem jeweiligen Themenkomplex auseinandergesetzt zu haben.

Sein Bild „Ich kann beim besten Willen kein Hakenkreuz erkennen" (1984) karikiert die Kritik und die Deutungsversuche mancher linken Studentengruppen, die überall in Politik und Kultur „faschistoide" Tendenzen ausmachen wollten. Aber es verniedlicht die Auseinandersetzung mit der Tätergeneration zu einer Zeit, in der die rechtsradikale Partei NPD ihre ersten Erfolge feiern konnte. Die Auseinandersetzung mit der Vergangenheit ist seine Sache nicht. Dafür parodiert er die Welt der Werbung, den kleinbürgerlichen Alltag. „Selbstjustiz durch Fehleinkäufe" (1984): Eine etwas stümperhaft gemalte nackte Frau schaut den Betrachter ratlos, dümmlich an. In der rechten Hand hält sie den Einkaufskorb, auf dem die Buchstaben EDE prangen. Der Betrachter darf ergänzen, der Garten Eden oder der Laden Edeka. In der linken hält sie die Einkaufstüte mit den Farben Schwarz, Rot, Gold. Kippenberger versucht die Boheme-Romantik gegen den Wirtschaftswunder-Alltag wiederzubeleben. Als Geschäftsführer der Kreuzberger Kneipe SO 36 feiert er die Szene und erklärt, „die Peinlichkeit sei seine Qualität".

Am besten sind vielleicht die Serien, die sich mit der Bewertung moderner Kunst und die, die sich mit der Wirklichkeit des realen Sozialismus beschäftigen. In der Serie zur modernen Kunst beschriftet er einheitlich schlechte abstrakte Gemälde mit 1. Preis, 2. Preis, 3. Preis [...] 17. Preis. In den Bildern zum realen Sozialismus lächelt uns eine „Sympathische Kommunistin" (1983) mit einer Rotstern-Partisanenmütze lieb an. „Zwei proletarische Erfinderinnen auf dem Weg zum Erfinderkongress" (1984): Zwei grau gekleidete Frauen, altmodisch gekleidet, erscheinen vor buntem Hintergrund. Oder ein militärisch ausgestatteter Mao-Jüngling trinkt Coca Cola. Oder: „Kulturbäuerin bei der Reparatur ihres Traktors" (1985). Das sind zwar Kommentare zur Zeit, sie durchdringen die Oberfläche der medialen Wirklichkeit aber nur oberflächlich. Er kennt die Realität des sogenannten realen Sozialismus nicht wirklich.

Rebecca Horn versucht, die Ängste zu bannen

Rebecca Horn (*1944) taucht tief in die Welt der Alchemie und das verschlüsselte Reich der Gegenstände ein, vorrangig um Verletzungen auszusprechen. Schwefel und Asche, Reagenzgläser, Trichter, Quecksilber, Eier und Hämmer sind einige der Gegenstände in Horns bildnerischem Vokabular, mit dem sie Wünsche, Hoffnungen, tiefe Verletzungen thematisiert und mit dem sie – wenigstens vorübergehend – ihre tief sitzende Wunde immer wieder zu heilen versucht. In der Skulptur „Hybrid" (1987) sind zwei riesige Behälter jeweils mit Asche und Schwefel gefüllt. Die aus dem Mutterschoß gewonnene Asche (das Weibliche) und das männliche Prinzip des Feuers, des Schwefels, rieseln auf den Boden... Sie bilden das Gegensatzpaar. „Yin and Yang Drawing the Landscape" (2004): Zwei von Motoren unter der Decke bewegte Pinsel verwischen das auf dem Boden befindliche Yin-Yang-Zeichen, das Symbol für Gut und Böse, Männlich-Weiblich, Schwarz-Weiß. Rebecca Horn beschwört ewige Prinzipien und Gegensätze in ihrem Werden, Vergehen und Neuanfang, um dann auch die eigene, große, blutende Wunde zu zeigen. Ein Ei, das von Nadeln eingeklemmt ist, Schlangen tauchen auf, ein mechanischer Pfau schlägt sein metallenes Rad: Die Symbolik des Sexuell-Körperlichen zeigt sich in Gegenständlichem, brustförmige Gefäße sind mit milchig-spermienartiger Flüssigkeit gefüllt. Pfauenkostüme zeigen den Wunsch nach prachtvoller Präsentation, sie sind aber gleichzeitig Verkleidung und Versteck. 1966 zeichnet Rebecca Horn „Kleid", ein Sommerkleid, 1968 gestaltet sie eine Korsage, in dem vor dem Sitz der Vagina ein Loch eingestanzt ist. Eine Peitschenmaschine treibt das „Zirkusrad" an, die Schalen der Eier sind omnipräsent. In „Theater der Grausamkeit" fließt Blut, Schreibmaschinen hämmern Marschmusik, der Kampf tobt. Perverses und Erotisches vermischen sich. Rebecca Horn ist „Die sanfte Gefangene" (1982).

Manchmal verrätselt Rebecca Horn allzu bildungsbeflissen. Mit der Plastik „Burning Bush" (Brennender Busch) (2001) erklärt sie uns die Hintergründe des 11. September 2001. Kupferrohre schlängeln sich als Dornenbusch in den Himmel und werden von Elektromotoren bewegt. In einem Dornenbusch war Moses Gott erschienen, der Moses Tod und Verderben androhte, wenn das Volk der Juden nicht vom Frevel abließe. Der damalige US-Präsident Bush brennt wieder. Erkenne die Zeichen, mahnt Horn.

Horn wurde als Kind traumatisiert, lange Sanatorienaufenthalte nach einer Lungenvergiftung durch Polyester brachten zusätzlich Kontaktlosigkeit und Isolation. Horn: „Ganz klar, ich arbeite gegen Ängste, die seit frühester Kindheit da sind. [...] Ein fachkundiger Freund hat mir gesagt, es gäbe Möglichkeiten, mir meine ganzen Ängste zu nehmen. Aber dann müsse ich mir Ersatz-Ängste schaffen, um weiterexistieren zu können. Also bleibt alles, wie es ist." (Kuni, S. 201) Rebecca Horn verschlüsselt ihre Welt im Gegenständlichen, um ihre Verletzungen anzudeuten aber nicht zu zeigen. Das Werk ist die Inszenierung ihrer Traumata und gleichzeitig ein Versuch der Heilung: Der Wunsch nach Sinnlichkeit und Kommunikation ist überdeutlich – wird aber gleichzeitig heftig abgewehrt. Die Gegenstände, die sie zwischen sich und die Betrachter stellt, ermöglichen ihr, einen weiten Abstand einzuhalten. Und die Gegenstände sprechen für sie: Es ist Kafkas gespenstische Welt, in dem aus einem Glaskasten das laute Klagen von Schirmen, Schuhen und Koffern zu hören ist, so geschehen in Rebecca Horns „Kafka-Zyklus" (1994).

Lüpertz strebt die Vollendung an

Markus Lüpertz (*1941) stellt sich den Problemen und Konflikten des Jahrhunderts. Er will die Archaik mit der Moderne, das Dionysische mit dem Apollinischen, das Rationale mit dem Emotionalem verbinden, kurz: Er strebt die Vollendung an. Er geht von einer Erkenntnis aus: „Der Nationalsozialismus hat nicht nur Mord und Totschlag, zerstörte Städte und Ruinen hinterlassen, sondern auch eine Ästhetik missbraucht. So, dass sie zerstört ist. Der Gebrauch der Schönheit ist in der Nazizeit pervertiert und hat zu Tabus geführt, von denen wir uns bis heute nicht befreit haben. Das hat zum Ausschluss des Ästhetischen aus dem Alltag geführt, so dass es nur in der Werbung überlebt." (Kunstforum 191, S. 156) Hier sind Ebenen durchmischt, die Lüpertz besser auseinanderhalten sollte. Zunächst: Der Nationalsozialismus hat „verbrannte Erde" hinterlassen. Er hat Kultur zerstört. Lüpertz selbst ist in der verwüsteten Ruhr-Industrie-Landschaft aufgewachsen. Die schwarzen, düsteren Balken, die braun-erdige Gestaltung wirken mächtig in all seinen Bildern. In „Schwarz-Rot-Gold – dithyrambisch I-III", 1974, gestaltet er das Fahnensymbol der Bundesrepublik. Kräftig dominiert das Schwarz, die Skulptur (ohne Gesicht) mit dem metallisch schimmernden Stahlhelm scheint archaisch aus dem Boden gewachsen, um dann bildfüllend zu wirken. Rechts und links zeugen Räder von mechanischer Fortbewegung. Blut klebt erdfarben am Soldatenpanzer, aus dem Spatenstile als Gewehrrohre ragen. Links und rechts in der Bildmitte fliehen Menschen als schemenhafte Schatten in Kornfeldern. Im ultramarinblauen Himmel steigt Rauch auf. Das Bild ist voller Drohgesten und Archaik. Krieg als Mythos. Wiederauferstanden ist er, welcher lange schlief? Krieg als Kennzeichen für Schwarz-Rot-Gold, für die Bundesrepublik?

Lüpertz ist gegen den Krieg, er lehnt ihn voller Abscheu ab und engagiert sich gegen den Nationalsozialismus. In „Fünf Bilder über den Faschismus" (1980) stürzen Weiß und Schwarz aufeinander ein: Ein düsterer, vernichtender Kampf wird ausgefochten. Aber der Ausgang ist ungewiss, riesige Kräfte scheinen sich zu entladen. Die fünf Bilder haben die Titel „Gas", „Manifest", „Haus der Kunst", „Widerstand", „Eva". Aber die Bildinhalte verweigern die konkrete Aussage. Lüpertz glaubt mit abstrakten, archaischen Formen seine persönliche und die kollektive Vergangenheitsbewältigung abgeschlossen zu haben.

Lüpertz bekennt sich dazu, wieder ein deutscher Künstler zu sein, wie seine Freunde Penck, Baselitz, Immendorff und der frühe Kiefer. Er sucht Rat bei Friedrich Nietzsche und Richard Wagner, er setzt das Pathos gegen die Banalität des Alltags ein. Er beschwört das metaphysisch Schwere, er will ganz im Sinne Nietzsches dithyrambisch, also trunken begeistert die Zusammenhänge des Kosmos erahnen. In der Skulpturen- und Bilder-Reihe „Männer ohne Frauen – Parsival" (ab 1994) setzt Lüpertz sich mit der sagenhaften Rittergestalt Parzival (Parsival bei Wagner) auseinander, ein Held zwischen Gott und Welt, dem Herrscher über den Gral. Aus verschiedenen Organen und Materialien gestaltet er über-

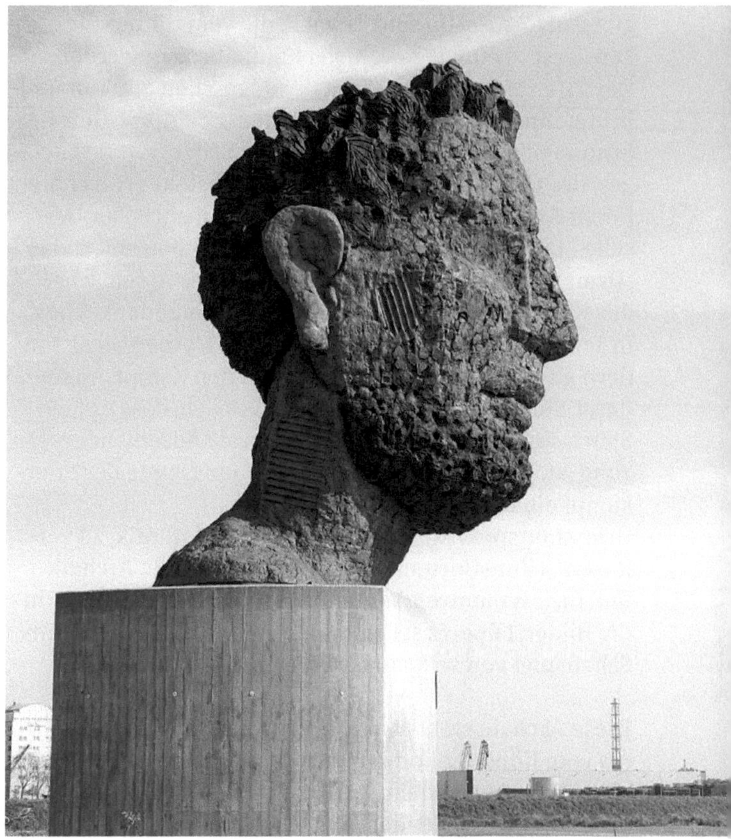

Die Bronzeskulptur Echo des Poseidon von Markus Lüpertz wurde im Jahr 2016 auf der Merkatorinsel in Duisbug-Ruhrort aus Anlass des dreihundertjährigen Hafenjubiläums aufgestellt. Die Skulptur aus Bronze steht auf einem viereinhalb Meter hohen Betonsockel. Foto: Arnoldius, CC BY-SA 4.0

große Köpfe, in denen sich Grausamkeit, Klugheit und Idiotie vermischen. In seinen Gemälden bilden Flecken und Punkte eine schwarz-weiß-braune Ordnung und

Chaos zugleich; aus „Urgründen“ ergeben sich immer neue Formationen, ordnen und zerstören sich. Ist es ein Kreislauf der Zeichen als Ausdruck des Kampfes? Oder sind es kämpferische Entwicklungsstufen, die befähigen, das Reich des Grals zu regieren?

Ein Blick auf die Figuren- und Mythenwelt von Lüpertz gibt Aufschluss. Da sind Titanen, die vom Göttervater Zeus erst in einem gewaltigen Kampf besiegt werden. Der Titan Prometheus formt den Menschen aus Ton und bringt ihm das Feuer. Immer wieder wird Apoll, Gott der Schönheit, gefeiert. Apoll ist aber auch der Gott des Krieges, der Gewalt des Unheils. Lüpertz gesteht etwas naiv: „Mein Apoll ist ein rüder, prächtiger und ehrlicher Geselle.“ Lüpertz steigt in das Reich der Mythen, feiert das „Urmenschliche“ und transportiert so das Archaische, das Kämpferische als etwas „Uraltes“, „Unbedenkliches“ in seine Bilder. Aber er hinterfragt die Mythen nicht sondern glorifiziert das Archaische und den Kampf. An anderer Stelle betont er: „Ich mag am Boxen, dass es kein Sport, sondern Leben, Kleinkrieg, reale Auseinandersetzung ist. Der Kampf von Mann zu Mann ist wie der Stierkampf ein diszipliniertes, kultiviertes Urinstinktspektakel und eine spezielle Ästhetik, zu verletzen.“ (Kunstforum 134, S. 292 f.) Durch die Archaik und die Mythenwelt kommt Gewalt und Krieg wieder in die Bilder. Lüpertz selbst bezeichnet den Kampf als „ein Schauspiel von seltsam berührender Archaik.“

Diese Archaik steht in Verbindung mit seinem Verständnis vom Künstler und seinem Genie. Lüpertz sieht sich in einer zweitausendjährigen Tradition der Malerei. Er sieht sich als „Vollender“. Die Avantgarden würden immer auf der Suche nach Neuem sein, er vollende das bereits Angelegte. Überblickt man allerdings sein Werk, sieht man die Wunden, die der Zweite Weltkrieg und dessen Folgen schlugen und die er nicht aufarbeiten kann. Statt dessen läuft er im Kreise. Lüpertz will mit Wagner und Nietzsche den Ästhetizismus Hitlers (der Wagner und Nietzsche bewunderte) bezwingen, will mit Mythen, die den Kampf besingen, den Kampf besiegen, eine Sisyphusarbeit. Markus Lüpertz ist ein Genie des 20. Jahrhunderts, zusammengesetzt aus allen Jahrhunderten, ein Don Quichotte von merkwürdiger Gestalt.

Mit den Helden von Baselitz ist kein Staat zu machen

Georg Baselitz (*1938), eigentlich Hans-Georg Kern, ist 1957 aus der DDR nach Westberlin übergesiedelt. Nach eigenen Worten wollte er gar nicht die DDR verlassen. Er glaubte an die sozialistische Gesellschaft. Aber er hatte in den Hochschulferien lieber Bilder im Picasso-Stil gemalt, anstatt wie vorgeschrieben ein Praktikum im Betrieb zu absolvieren. Zur Strafe sollte er im Braunkohlenkombinat „Schwarze Pumpe“ arbeiten. Er ging lieber in den Westen – fand sich aber in der Waren- und Konsumwelt nicht zurecht. Dann schreibt er mit Eugen Schönebeck nach dem Mauerbau 1961 das Pandämonisches Manifest. 1962 folgt ein zweites. Pandämonium, das ist der Sitz der Dämonen und Teufel. Es ist ein faustisches Konzept. Er will der Geist sein, der stets verneint.

Baselitz hat die Wut im Bauch, besser gesagt im Schwanz. So entsteht 1962 „Die große Nacht im Eimer“. Er malt sich mit „Farbdreck“ selbst als geschundene, befleckte, traurige Gestalt mit einem großen Glied in der Hand, das selbst zum Onanieren zu schlapp ist. Er thematisierte mit diesem Bild seine damalige Befindlichkeit, seine Orientierungslosigkeit. Kaum zu glauben, aber damals rief das Bild einen Skandal hervor mit einer Anklage wegen Pornografie. Das war die Absicht von Baselitz, mit einem hässlichen Bild zu provozieren und auf sich aufmerksam zu machen. Er malt Körperteile, Beine, Arme, Penisse – Kastrationsängste schwingen mit, Angst vor dem Versagen. Oft betont er, dass er kein Selbstbewusstsein und kein Talent habe. Dann konstruiert er aus dieser empfundenen Ausweglosigkeit seine Künstlerphilosophie. Er will alle Bezüge zum gesellschaftlichen Leben kappen und nur dem „Gedanken reiner Maltheorie“ frönen. Er widerspricht sich dabei, denn er betont immer wieder, dass er „deutsche Kunst“ mit „deutscher Hässlichkeit“ malen will. Er habe sich in dieses Deutschsein hineingesteigert. Er will Aussteiger, unmodern sein.

Was meint Baselitz damit, dass er sich während des Malakts „außerhalb der Gesellschaft" befinde? 1965 entsteht „Mann im Mond – Franz Pforr". Der Nazarener und romantische Malerkollege Pforr floh ins Kloster, um gottergeben nur für das höchste Wesen zu malen. Baselitz fühlt sich auch als Mann im Mond, aber als Giftmischer, als Zerstörer der schönen Formen, als hemmungsloser Kritiker der technokratischen Kultur. Der ordnende Weltgeist ist durch den Teufel Baselitz ersetzt. Er sucht nach dem „starken Auftritt". „Die erste Provokation galt meinem Vater, meinem Elternhaus, meinem Dorf, meiner Stadt, meiner Schule, dann Ost-Berlin, dann West-Berlin."

Anfang der 60er Jahre waren seine Bilder Aufruhr und Protest: gegen den sozialistischen Realismus, der im Osten den positiven Helden beim Aufbau des Sozialismus forderte, gegen die Büßer-Ästhetik der Bundesrepublik, die als einzige freie Kunstäußerung die Abstraktion zuließ. Seine zerlumpten, masturbierenden Helden treten heraus aus einer kaputten Welt, in der die rote Fahne am Boden liegt und Materielles zerstört ist. Seine Helden leiden mit nacktem Geschlecht an ihrer eigenen Existenz, mit kleinen, traurig dreinblickenden Köpfen, umgeben von brennenden Häusern und verbrannter Erde. Mit diesen Helden ist zwar kein Staat zu machen, aber sie befreien sich teilweise von Konventionen, von Erstarrtem. Sie lästern gegen die Sittenvorschriften des satten Wirtschaftswunderlandes Bundesrepublik und die verlogene Moral des religiös sich rechtfertigenden Bürgertums. Diese Bilder korrespondieren mit den Studentenprotesten, den Vorstellungen der aufbegehrenden Jugend. In „Der Hirte" (1965) hat Baselitz eine Vision. Die geschundene Kreatur, der Künstler selbst, der Hirte durchbricht die Mauer und lässt eine verwüstete Landschaft hinter sich. Ab dem Jahr 2000 versucht Baselitz sein Œuvre neu aufzufrischen. Er „remixt" seine früheren Bilder. Gillen schreibt zu der Neufassung des Gemäldes „Die große Nacht im Eimer (Remix) von 2005 [...] hat ihr dunkles Geheimnis verloren [...] Frisur und Oberlippenbart als Merkmale der äußeren Erscheinung Hitlers legen die verdrängte faschistische Prägung, den ›Hitler in uns‹ frei [...] Baselitz kommentiert seine ›Remix‹-Fassung: ›Damals haben ja alle zu mir gesagt, das bist du selbst! Aber ich hatte doch ans Dritte Reich gedacht, an die deutsche Vergangenheit. Und jetzt habe ich das Bild mehr in diese Richtung gesteuert, jetzt sieht man den Adolf besser.‹ [...] Der Hitlerjunge ist erwachsen geworden Die Titel weisen ihn als Partisan, der neue Typ, Rebell, Der Hirte, Versperrter, Versperrter Künstler, Ein moderner Maler aus [...,] als Vertreter einer allein gelassenen Generation in einer offensichtlich von kriegerischen Ereignissen zerstörten Landschaft." (Gillen, S. 321)

In den späten 60er Jahren trennt Baselitz seine Figuren auf, zeigt ein „kaputtes Weltbild" – diese Bilder verlieren aber schon deutlich an Sprengkraft und Explosivität. Baselitz beginnt sich – auch wörtlich – von seinen expressiven Anfangsbildern zu distanzieren. Der Aussagewert seiner Malerei wird dabei deutlich schwächer. Um dem zu begegnen, greift Baselitz zu einem Trick: Er stellt die Bilder auf den Kopf. Anfangs erzeugte das noch einen Überraschungseffekt – der sich aber bald abnutzt. Er führt jetzt ein braves Leben als Bürger mit seiner Frau und seinen zwei Kindern, wie er selbst eingesteht. Der Rebell ist müde geworden – er verdient mit seinen zerfetzten Bildern auch sehr gut. Wenn er in seinen „Russenbildern", „Lenin auf der Tribüne" (1999) Lenin in süßlichen Farben – natürlich kopfstehend – als frenetischen Redner über einem roten Fahnenmeer in pointilisierender Malerei präsentiert, ist das kein politischer Kommentar, sondern lediglich Illustration, eine Plattitüde. Wenn er 2003 in „Erinnerung an Brüsseler Spitzen II 23. 1. 2003" sich und seine Frau porträtiert, kann man, obwohl sie dort modisch einwandfrei Kopf stehen, diagnostizieren: traurige, ausdruckslose Gestalten. Das Erinnerungsfoto an den Brüssel-Besuch ist malerisch verwackelt und ein Dokument der Langeweile. Wenn man sie wieder auf die Füße stellt, sagen sie: Wir haben uns und anderen nichts zu sagen.

Penck verirrt sich im Garten seiner Zeichen

Auch **A. R. Penck** (*1939), alias Ralf Winkler, gibt sich anfangs als wilder Malerrevolutionär, greift auf Mythen, auf die im Urwüchsigen verborgene „Ursprache" zurück und verirrt sich im Garten seiner Zeichen. Auch er kommt aus der DDR, besucht die Kunsthochschule Weißensee. Mit seinem Freund Baselitz imitiert er Picasso-Gemälde. Penck sah die abstrakte Malerei als Ausfluss der Dekadenz. 1960 gelang ihm dann der Durchbruch mit seinen Strichmännchen. Er gestaltet „Der Sturz". Stalin ist auch in der DDR inthronisiert worden.

Penck spielt den Entdecker und Konstrukteur, prescht vor im geteilten Deutschland, wirbt für die Deutsch-Deutsche Freundschaft (DDF) in Konkurrenz zur DSF, der Deutsch-Sowjetischen Freundschaft, und resigniert nach der Einheit. Er war in der DDR an die sozialistische Utopie glaubend aufgebrochen, eine Bilder-Weltsprache, eine Art Esperanto der Malerei zu schaffen. Insofern war sein Künstlername auch Programm. Penck hieß der Geologe und Eiszeitforscher Albrecht Penck. Penck, alias Winkler, erläutert: „Was die Malerei betrifft, kann ich sagen, dass der Name für mich ein Symbol für ein Konzept ist, das ich erstmals entwickelt hatte, und zwar für ein Konzept, das mit Information zu tun hat. Ich habe eine gewisse Analogie gesehen zwischen abgelagerter Information und Geologie. Damals musste ich mich durch ziemlich viele Schichten von Informationen durchfressen, durch die gesamte Kunstgeschichte, und stieß dann auf die Eiszeit- und Höhlenmalerei. Das hat mich fasziniert, als ich sah, dass da ein bestimmter Charakter sichtbar war, etwas was ich dann später als Signalcharakter formuliert habe. Dieser archäologische Rückgriff hat meine Malerei wesentlich befruchtet und beeinflusst." (FAZ 21. 5. 2007, B1) Schon früh war ihm klar, dass die idealisierende Ästhetik der Vergangenheit angehörte. Er will in die Seh-Strukturen eindringen, Kunst als gesellschaftliches Kommunikationsmittel benutzen, die geistig-seelische Struktur aufdecken.

Pencks Strichmännchen senden Signale aus: Diese Signale holt er aus den Tiefenschichten der Eiszeit, will sie anreichern und so zum einem Zeichenarsenal für die Zukunft ausbauen. 1961/62 gestaltet er nach dem Mauerbau sein Wandbild „Das geteilte Deutschland": Piktogramm-artige Menschenfiguren schießen diesseits und jenseits der Mauer aufeinander, marschieren, arbeiten. 1961 entsteht auch sein „Weltbild 1", indem sich die Strichmenschen in Ost und West gegenseitig beschuldigen, aber nicht miteinander reden. Das Feindbild ist noch eindeutig: Im Westen gibt es eine Klassengesellschaft – im Osten wird für die Menschen gesorgt. 1963 entsteht „Der Übergang" in dem ein Strich-Männchen auf einem schmalen brennenden Ast von einem Felsen zum anderen über einen Abgrund balanciert. Sigmund Freud hatte die Bändigung des Feuers als erste große Kulturleistung der Menschheit bezeichnet. Die deutsch-deutsche Verständigung wird als die Kulturleistung, als Aufgabe gestellt. 1965 kommt das „Große Weltbild", in dem Ost und West in einem Boot sitzen (Konvergenz der Systeme). Unten bekämpfen sich noch die Piktogramme, aber oben geben sich übergroße Strichmenschen schon die Hand. Dieses Weltbild ist differenzierter: Im Osten hätten sich Klassenunterschiede herausgebildet, die sich im Westen gemildert hätten. 1964/65 entsteht „Ohne Titel (Freundesgruppe)": Es zeigt Penck mit Rechenschieber, den Dokumentarfilmer Jürgen Böttcher, den Barden Wolf Biermann und Georg Baselitz. Als zunehmend von der Politik Isolierter braucht er persönliche Freunde, um sich auch persönlich behaupten zu können. Mit der Ausbürgerung Wolf Biermanns 1968 schwinden dann letzte Hoffnungen. 1967 folgt „Ein mögliches System". Alle arbeiten zusammen mit einem sehenden Herzen. Sie entwickeln ein gemeinsames Zeichensystem. Während des Kalten Krieges hatte diese Bilder-Zeichen-Sprache eine überraschende Wirkung mit ästhetischer Einfachheit. Ein komplexer politischer Sachverhalt wurde auf wenige Zeichen reduziert und auf den Punkt gebracht.

Ausgehend von den Piktogrammen der Höhlenmalerei begann Penck seine „Standarts" (eine Wortmischung von Stand, Standard, Standarte und Art) zu entwickeln. Penck erläutert: „Signale können empfunden, beurteilt, transformiert werden, wenn sie vorher erzeugt worden sind. Es gibt allerdings auch eine natürliche Signalumgebung. Eine, die durch keine Transformation durch den Menschen verändert ist, die völlig vom Menschen erzeugt worden, ist eine artifizielle Signalumgebung. Standart ist der Weg zu einer artifiziellen Signalumgebung." (FAZ 13. 6. 2007, P3) Penck wollte also Höhlenmalerei mit der Zeichenwelt der modernen Kybernetik und der symbolträchtigen Welt der Politik verbinden. Zahlreiche Bücher und Bilder zeigen Pencks Bemühen, zum Beispiel die Gebots- und Verbotsschilder für den Straßenverkehr universal zu nutzen, er verband sie mit Peace-Symbolen, mit Zeichen für den Feminismus oder für die Unendlichkeit. Es ist die Utopie einer einheitlichen Welt durch die Kraft der vereinheitlichten Standarts. Malerei als die Frieden stiftende, weil Verständigung ermöglichende Kraft.

In der DDR stößt Penck auf wenig Verständnis, er bekommt Konflikte mit der Staatssicherheit. Penck: „1977 war für mich ein Jahr der Krise. Das Möglichkeitsfeld war uninteressant geworden, Verfolgungswahn und Schizophrenie langweilig, die Auseinandersetzung mit der Staatsbürokratie noch langweiliger. Ich wurde krank und verlor jede Beziehung zu irgendetwas." (ebd.) 1980 siedelte er in die Bundesrepublik über, von der „Wüste", wie er den Osten nannte, ging er in den „Dschungel". Die Wut seiner Bilder lebte noch einmal mächtig auf, dann verirrt er sich im Dschungel. Er arbeitet nicht mehr an seinen Standarts weiter, er malt seine Labyrinthe: „Ankunft im Jetzt" (2005) oder „Tanz" (2005). 1990 schreibt er über „Das Jahr 1989": „Die Ideologie Nonsens. Die Kontrolle absurd. Der Zweite Weltkrieg, der Erste Weltkrieg, Nostalgie, Einübung. Wie die barbarischen Kräfte langsam gezähmt werden, von Vulkanausbrüchen begleitet. Der Rückfall. Das Ende. Endsituation. Wende Kehre. Umkehren. So ist es nötig, neu zu definieren. Wo sind die Ziele? Norm oder Evolution, Erhaltung oder Veränderungen. Zwangsläufigkeiten. In Hollywood wurde mir klar, wie langsam Geschichte geht. Das Mittelalter und der Feudalismus sind noch immer präsent. Der Imperator eine Science-Fiction-Idee." (Dickhoff, S. 91) Der Utopist hat seine Utopie, sämtliche Hoffnung verloren. Er zieht nach Irland, um das Archaische besser zu erleben. In der Bundesrepublik wurde er nie verstanden.

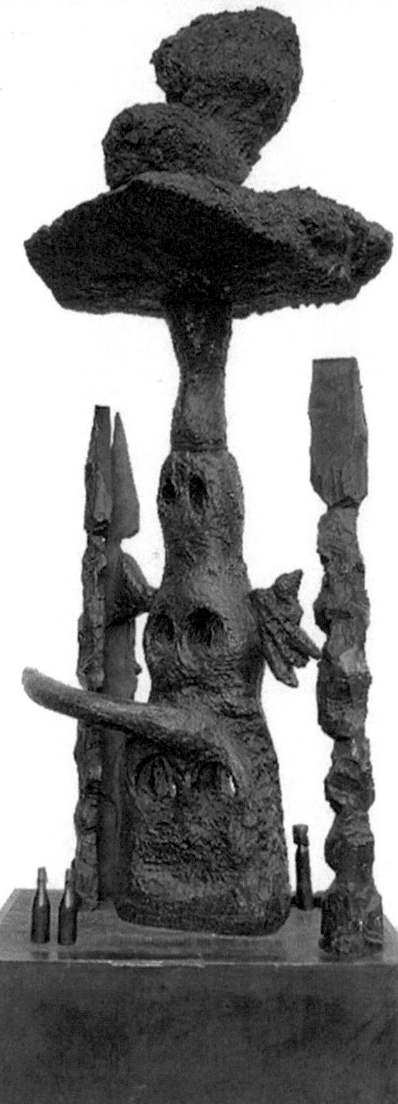

A. R. Penck: Future of the soldiers (1995) Bronzeplastik vor dem Kunstmuseum Bonn – 2011 entfernt, Sammlung Ströher (ehemals Sammlung Grothe) Foto: Hans Weingartz, Lizenz: CC BY-SA 2.0

Jörg Immendorff: der Beuys-Ritter von der unkritischen Gestalt

Pencks Freund Jörg Immendorff (1945 - 2007) bebildert die jüngere deutsche Geschichte. Er geht bei Joseph Beuys in die Schule. Er wird ein „Beuysritter", wie er gesteht, und zwar „von der unkritischen Gestalt". Das heißt, er versteht seinen Meister nicht: „Der Glaube ersetzte die Wirklichkeit. Ich war ein richtiger kleiner ›Meßdiener‹", kommentiert Immendorff selbst. Für sein Bild „Hört auf zu malen" (1966) wird er von Beuys gelobt. Jetzt sei die Zeit für revolutionäre Aktionen angebrochen, ist der in einer maoistischen Sekte politisierte Student überzeugt. Er bastelt einen Holzklotz, beschriftet ihn mit den LIDL-Initialien, und zieht mit dem an einem Seil klappernden Klotz vor das Bonner Bundeshaus, um den „Titan der Macht" herauszufordern. Er wird von der Polizei aus der Bannmeile verscheucht. Weitere Aktionen sind der LIDL-Block (Kapitalismus- und Warenästhetik-Kritik), LIDL-Schildkröte (der Kapitalismus tötet die Natur). Dann gründet er die LIDL-Akademie und hisst die LIDL-Fahne auf dem Dach der Düsseldorfer Akademie. Immendorff setzt in revolutionärer Aktion alle Professoren ab, was diese sich aber nicht gefallen lassen. Seine Künstler-Berufung schildert er in einem Bild so: „Ich wollte Künstler werden: Ich träumte davon, in der Zeitung zu stehen, von vielen Ausstellungen, und natürlich wollte ich etwas ›Neues‹ in der Kunst machen. Mein Leitfaden war der Egoismus.“ (Tagesspiegel 7. 9. 2003) Er engagiert sich im Agitprop, liest die Mao-Bibel und nimmt eine Anleihe beim italienischen Maler Renato Guttuso, indem er dessen Café-Bild nach Deutschland transportiert: Die „Café Deutschland“-Bilder Eins, Zwei und Drei zeigen Brecht, Helmut Schmidt und den ungeordneten Schutt der deutschen Geschichte. Im Mittelpunkt steht der Maler, der die Mauer durchbricht, die Deutschland teilt, mit dem wuchtigen Pinsel als Werkzeug. Diese Cafébilder sind der Höhepunkt von Immendorffs Karriere, danach wird er banal bis komisch.

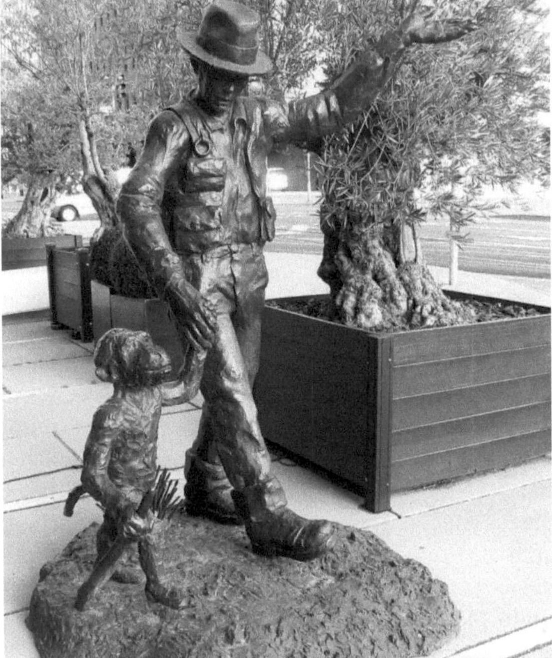

Skulptur Joseph Beuys mit Affe von Jörg Immendorff vor den Restaurants Monkey's South und Monkey's West. Foto: Kürschner (talk), public domain;

In seinem Bild „Politik“ krabbelt eine rote Raupe mit einem roten Pinsel über weiße Blätter auf einem gelben Malgrund. Zwei schwarze Flecken bilden den großen Kontrast. Immendorf hat das Grün vergessen. Der breiten Öffentlichkeit wurde er mit dem Heldenporträt von Bundeskanzler Gerhard Schröder bekannt. Majestätisch thront nicht der eiserne sondern der goldene Kanzler, eingewebt in das Netz der deutschen Geschichte. In dem Oval seines Heiligenscheines tummeln sich auch Affen als Symbol für die Künstler. Immendorff dankt Schröder: „Du bist der erste Kanzler gewesen, der sich um die Künstler gekümmert hat. Damit hast du ein Zeichen gesetzt, welchen Stellenwert die Kunst in der Gesellschaft hat. Dafür hast du meinen Respekt.“ (Bild, 18. 1. 2007) Immendorff irrt. Alle deutschen Kanzler, einschließlich des Reichskanzlers Adolf Hitler und des ehemaligen DDR-Staatsratsvorsitzenden Erich Honecker haben sich immer um die Künstler gekümmert. Aber nur sehr wenige Künstler haben – zumindest im demokratischen Deutschland – derartig unkritische Bilder der Ergebenheit und Unterwürfigkeit abgeliefert wie Immendorff.

Kunst in der DDR – sozialistischer Realismus

Nach einem hoffnungsvollen Beginn 1946 mit der großen „Allgemeinen deutschen Kunstausstellung“ in der Dresdener Stadthalle versuchen im Osten Deutschlands Künstler wie Hans Grundig mit seinem „Den Opfern des Faschismus“ (1946/49), Wilhelm Lachnit mit „Der Tod in Dresden“ (1945), Horst Strempel mit „Nacht über Deutschland“ (1946) oder Hermann Bruse mit „Hungermarsch“ (1945) die Zeit des Nationalsozialismus aufzuarbeiten. Kurt Querners „Meine Habe“ entsteht 1946 in französischer Gefangenschaft: Es ist wenig übrig geblieben. Wilhelm Rudolph zeichnet besessen „Das zerstörte Dresden“. Die Häuser stehen wie Skelette in zerstörter Landschaft. Die Stadt insgesamt ist ein marodes Steingebirge. Lea Grundig hatte schon im palästinensischen Exil 1943 und 1944 in dem Zyklus „Im Tal des Todes“ die

Verbrechen an den europäischen Juden angeprangert. Die Auseinandersetzung mit der Vergangenheit setzte im Osten unmittelbar ein.

Neue Positionsbestimmungen waren notwendig. Die Künstler stellen die Frage: Was ist aus mir, was ist aus uns geworden? Selbstbildnisse sollen die Antwort erleichtern. Hans Grundig hatte nach fünf Jahren Haft im KZ nach eigenen Angaben enorme Schwierigkeiten bei den Farb- und Formenfindungen. Sein Selbstbildnis entsteht 1946. Vor dem brennenden Dresden malt Otto Griebel sein Selbstbildnis 1945, Erich Gerlach sieht sich im Jahr 1946 vor Trümmern. Vor der Staffelei zeigt sich Bernhard Kretzschmar 1946.

Doch schon 1948 wird von den sowjetischen Kulturfunktionären ein Kurs gegen jedweden „Formalismus" eingeleitet und strenge Ideologietreue gefordert – erst recht nach Gründung der DDR 1949 sowie der Deutschen Akademie der Künste (DAK) und des Verbandes Bildender Künstler Deutschlands (VBKD) 1950. Ein sowjetisches Verfasserkollektiv gibt bei der Verbandsgründung die Grundsätze vor. Walter Ulbricht verkündet bei der Vorstellung des ersten Fünfjahrplans, dass die deutschen Künstler bisher kein einziges in die Zukunft weisendes Kunstwerk geschaffen hätten und sich deshalb an den Vorbildern aus der Sowjetunion orientieren müssten. In der Sowjetunion wurde vor allem Ilja Repin gepriesen, in Deutschland wurden die Vorbilder um die deutschen Realisten und Naturalisten vor allem um Menzel, Klinger, Feuerbach, Leibl, Thoma ergänzt. In erschreckender Weise gleichen die Vorgaben den bevorzugten Meistern in Hitlers Privatsammlung. Die Partei verordnete Optimismus, verständlich, naturalistisch, „realistisch" gemalt in den Formen und Farben früherer Hof- und Herrschaftskünstler. Grundig, Lachnit, Querner, das war den Parteiideologen zu düster, zu grüblerisch, zu anklagend. Ein „Melancholieverbot" wurde ausgesprochen. Vorwärts und vergessen, lautete die Parole. Die Auseinandersetzung mit der Vergangenheit war unerwünscht. 1950 wendet sich Lea Grundig an den DDR-Ministerpräsidenten Otto Grotewohl, um ihre Mappe „Niemals wieder" veröffentlichen zu können. Der erwidert der „werten Genossin", der Wiederaufbau sei jetzt wichtiger.

Auch im Hochschulwesen wurde um neue Wege gerungen. In Weimar und Dessau unterband die politische Administration die Wiederbelebung der Bauhausideen. In Dresden dagegen bekam 1948 der ehemalige Bauhaus-Künstler Mart Stam als Leiter der „Hochschule für Werkkunst" und der „Akademie der bildenden Künste" die Gelegenheit, an Avantgardekonzepten vor der Nazi-Diktatur anzuknüpfen. Er wollte die beiden Institutionen unter einem „Primat der Architektur" zusammenführen, scheiterte aber an dem Widerstand vor allem der ASSO-Vertreter um Hans und Lea Grundig, Wilhelm Lachnit und Eugen Hoffmann. Mart Stam wurde dann 1950 Rektor der neuen Berliner Kunsthochschule Weißensee. Aber auch hier konnte er sich letztlich nicht durchsetzen. Stam ging 1953 resigniert als freier Architekt in die Niederlande zurück.

Im Januar 1951 beginnt mit der Veröffentlichung „Wege und Irrwege der modernen Kunst" in der „Täglichen Rundschau" – dem Mitteilungsblatt der sowjetischen Besatzungsmacht – die zweite, verschärfte Phase der Anti-Formalismus-Kampagne. Erschreckend ist hier, dass in dem Artikel im Nazi-Jargon Begriffe wie „entartete Kunst" oder „schmutzig, ungepflegt und missgestaltet" die „formalistische Kunst" diffamieren. Diese Kunst sei „pathologisch und antiästhetisch". Namentlich genannt wurde zum Beispiel Herbert Behrens-Hangeler, der sich dann in die innere Emigration zurückzog. Auch Strempel und Mohr in Berlin und Karl Crodel in Halle würden „gesellschaftsfeindlich" – weil nicht optimistisch-heiter – tätig sein. Strempels Wandbild im Bahnhof Friedrichstraße „Trümmer weg – baut auf!" (1948) wurde 1951 übermalt. Hans und Lea Grundig und auch Otto Nagel widersprechen öffentlich dem Artikel. Der Verband Bildender Künstler Deutschlands (VBKD) propagiert dann aber 1952 mit dem Buch „Die Bildende Kunst in der Sowjetunion. Malerei, Graphik und Plastik" die sowjetische Kunst auch als Vorbild für die Künstler der DDR.

Der jüdische Philologe Victor Klemperer, der die Hitler-Diktatur in Verstecken wie ein Wunder überlebt und ein Tagebuch mit der Anlayse der Nazi-Sprache geführt hatte (LTI Lingua Tertii Imperii - Die Sprache des Dritten Reichen), lehrte in der DDR an den Hochschulen in Greifswald, Halle und Berlin. 1950 wurde er Abgeordneter des Kulturbunds der DDR in der Volkskammer. Er schrieb am 27. Januar 1951 in sein Tagebuch: „Wir sind auf intellektuellem Gebiet genau so barbarisch u. fanatisch wie die Nazis. – Also schweigen, sich auslöschen, warten." Er hatte in LTI sprachsensibel den inflationistischen Gebrauch von Wörtern wie „kämpfen" und „siegen" und „Feind" im Nazi-Sprachgebrauch kritisiert. Auch Bertolt Brecht engagierte sich gegen die einseitige Ausrichtung am sowjetischen Vorbild des „Sozialistischen Realismus". Vergeblich.

In den Jahren 1951 bis 1953 hatte sich die Parteilinie in der Kulturpolitik stabilisiert und verhärtet. Walter Ulbricht hatte die Wesensmerkmale sozialistisch-realistischer Kunst mit dem positiven Helden und einer optimistischen Zukunftssicht herausgearbeitet. Der Künstler müsse die Werktätigen zu fortschrittlichen Menschen erziehen. Der Künstler sei Sprachrohr der Partei, die als Avantgarde die Massen auf den rechten Weg des Sozialismus führe. Karin Thomas berichtet: „Was unter einem einfachen, vorbildlichen Helden der Arbeit in der DDR zu verstehen sei, konnte man schon im März 1953 auf der Dritten Deutschen Kunstausstellung in Dresden an den meisten dort gezeigten Bildern ablesen. Eine stattliche Zahl von Arbeiterbildnissen, Demonstrationsbildern, Industrielandschaften und Szenenbildern von Arbeitsprozessen beschrieb das neue Menschenbild in einer Bildsprache, die ihre posenhafte Figurenanordnung der Repräsentationsmalerei für adlige Auftraggeber und Industriebarone aus der zweiten Hälfte des 19. Jahrhunderts abgeschaut hatte. Nicht umsonst apostrophierte man neben Robert Serl, der als einer der ganz wenigen deutschen Impressionisten Arbeiterstudien in den Krupp-Werken und den Elbsandsteinbrüchen gezeichnet hatte, auch den Hofmaler Adolph von Menzel und Karl Wilhelm Hübner als stilistische Vorbilder für die eigene sozialistische Repräsentationskunst. [Als vorbildlich wurden präsentiert] Bernhard Kretzschmars Industriepanorama von Eisenhüttenstadt, Günther Brendels Braunkohlentagebau, Walter Womackas Rübenhackerinnen und Rudolf Berganders Hausfriedenskomitee." (Thomas, S. 87) Hanns Kralik stellte das „Philipp-Müller-Aufgebot" und Werner Laux gedachte „Dem Patrioten Philipp Müller". Philipp Müller war ein KPD-Funktionär aus München, der 1952 von einem westdeutschen Polizisten erschossen wurde.

Dem geforderten Stil entsprach auch Max Lingner, der Sieger im Wettbewerb um den Auftrag für das Wandbild am Haus der Ministerien war. Schon die Ausschreibung setzt dem Künstler enge Grenzen: „Die Bedeutung des Friedens für die kulturelle Entwicklung der Menschheit und die Notwendigkeit des kämpferischen Einsatzes für ihn". Die Auftragskommission verordnete Lingner häufige Änderungen. Herausgekommen ist eine Schablonenkunst. Der prämierte Entwurf zeigt links die sozialistische Familie (der Vater trägt das Baby). Dann erscheint eine in die Hände klatschende, einheitlich in schwarze Röcke und weiße Blusen gekleidete Gruppe Frauen (rote Fahnen im Hintergrund), Jugendliche erfreuen sich beim Musizieren, eine weitere Gruppe präsentiert einen Arbeiter, einen Bauern und Intelligenzler, dann Bauern bei der Arbeit, dann wieder zwei Arbeiter (einer trägt einen Hammer) und schließlich die fröhliche sozialistische Familie (wieder trägt der Vater das Kind). Das ist in einer Mixtur von flächigem Matisse-Stil mit postimpressionistischem Duktus „hingezaubert".

Hervorragende Künstler wie **Otto Nagel**, der auch erster Vorsitzender des Künstlerbundes wurde, oder **Oskar Nerlinger** befolgten teilweise die Diktate der Partei. Hans und Lea Grundig lehnten sich auf, wollten „keinesfalls Käthe Kollwitz gegen Klinger oder Feuerbach eintauschen". (Püttmann, S. 20) Hans Grundig, der im Künstlerbund gemaßregelt und als formalistisch verurteilt wurde, schreibt an seine Frau: „Das böswillige, dumme und unverständliche Urteil werde ich scharf und rücksichtslos bekämpfen. Schonungslos wird mein

Kampf gegen den Naturalismus sein." Er wehrt sich, aber die Kulturfunktionäre lassen sich nicht umstimmen, er wird vorerst nicht mehr ausgestellt. Die Kunstlandschaft der DDR verödet, so dass der Kulturhistoriker Wolfgang Hütt in der Zeitschrift „Bildende Kunst" 1956 schreibt: „Es gibt Werke des sozialistischen Realismus, die nichts mehr zu denken übrig lassen. Es gibt Werke, deren Sinnlichkeit so antiquiert ist, dass sie nicht erschüttern können." (ebd., S. 23)

Der Arbeiteraufstand vom 17. Juni 1953 zerstörte endgültig die Illusionen vom reibungslosen Aufbau des Sozialismus. Anlass für Künstler und Intellektuelle, eine Revision der Kulturpolitik zu fordern. Nicht nur der Journalist Wolfgang Harich, der zusammen mit Ernst Bloch die Deutsche Zeitung für Philosophie herausgab, kritisierte offen die Kultur- und Kunstpolitik der SED als „schönfärberischen Naturalismus". Harich verlor vorerst nur seinen Professorenposten an der Universität.

Die Nähe vieler Bilder des „sozialistischen Realismus" zur Nazi-Kunst kam auf der außerordentlichen Vorstandssitzung des VBKD am 15. November 1953 zur Sprache. Der Bildhauer **Fritz Cremer** stritt sich mit dem sowjetischen Akademiemitglied Wassilij Prokofjewitsch Jefanow über das „Bildnis eines Offiziers der kasernierten Volkspolizei" von Gerhard Kurt Müller, das auf der Dritten Deutschen Kunstausstellung gezeigt worden war. Wenn Jefanow sich vor „einem Rollenporträt, das die Übernahme der Macht im Staat durch die Arbeiterklasse dokumentiert, voller Respekt verneige, dann sei das für ›unsere Entwicklung schon fast gefährlich. [...] Weil das für uns zunächst einmal Nazi-Malerei ist. (Prof. Jefanow: Das kann ich nicht sehen.) Das ist es ja eben, das ist für sowjetische Künstler nicht zu sehen; aber für uns ist es zu sehen." Auch der Künstler Herbert Sandberg unterstützte Cremers Argumentation: „Wenn wir einen Volkspolizeioffizier [...] dargestellt sehen wollen, dann wollen wir ihn nicht in einer Haltung dargestellt sehen, die nur noch durch das Buch, das er in der Hand hat, sich unterscheidet von der Haltung eines Nazi-Offiziers". Der Kunsttheoretiker Walter Besenbruch schaltet sich ein: „Wenn der Polizeioffizier [...] die rechte Hand zwar nicht an oder direkt neben dem Koppelschloss hält, sondern etwas höher verkrampft am Schulterriemen hat, dann gemahnt mich das direkt an die typische Haltung des SA- oder SS-Mannes oder gar des ›Führers‹, der die Kraft demonstriert, indem er die Faust um das Koppelschloss legt – eine Kraft, die im Faschismus bekanntlich Kraftmeierei war [...]" (Gillen, S. 151) Führende Maler der DDR haben sehr wohl das Abdriften des „sozialistischen Realismus" in eine reaktionäre Strömung mit autoritären Befehlsstrukturen gesehen.

Otto Nagel, der 1953 mit „ Junger Maurer von der Stalinallee" ein schönfärberisches Bild eines Vorzeigearbeiters gestaltet hatte, kritisiert zwei Jahre später seine Anpassungsbemühungen an die Parteivorgaben mit seinen Stalin-Allee-Bildern. „Schauen Sie doch um sich, alle, die wir diesen Weg gegangen sind und die wir versucht haben, dran zu bleiben, ich mit meinen Stalin-Allee-Bildern, wir haben mal Schiffbruch erlitten. Und um sich wieder zu fangen, nach einem Jahr, das ist gar nicht so leicht für einen Künstler. Man kann nicht so eine Entwicklung nach Belieben umbiegen und wieder geradebiegen – das geht nicht." (Gillen, S. 148) Und Hans Grundig wehrt sich, das realistische kulturelle Erbe auf Menzel zu beschränken und die wertvollen Erfahrungen zum Beispiel von Käthe Kollwitz und der ASSO auszublenden und als formalistisch abzuwerten. Auch Bertolt Brecht bringt sich mit deutlichen Worten sogar gegen die sowjetischen Vorgaben in die Diskussion ein: „Es geht nicht nur um eine formale Frage bei der sowjetischen Malerei. Ob der Inhalt fortschrittlich ist, ist ja ganz fraglich. Deswegen, weil darunter steht: Sowjet-Artillerie vor Stalingrad, oder ob das nicht darunter steht? [...] Im Formalen wie im Geistigen ist die Haltung eine miserable. Vieles davon ist inhuman, barbarisch, oberflächlich, bourgeois, also kleinbürgerlich, schlampig, verantwortungslos, korrupt und so weiter und so weiter. Das gehört alles hinein. Das sind nicht nur Formfragen, das sind natürlich Inhaltsfragen. Und das von der Sowjetunion!" (Gillen, S. 151)

Diese Auseinandersetzungen über den zukünftigen Kurs

der Kunst in der DDR mündet in die sogenannte Picasso-Diskussion, die bis Juli 1956 in der Verbandszeitschrift „Bildende Kunst“ geführt wurde. Hier ging es um die Frage, ob eine sozialistische Einheitskunst mit stilistischen und inhaltlichen Vorgaben zu akzeptieren sei oder ob die Künstler die Erfahrungen der Avantgarden der Moderne experimentell verwerten können. Letztlich ging es um die Kontinuität moderner Kunst, schließlich waren zum Beispiel Picasso, Magritte und Leger auch Mitglieder kommunistischer Parteien. Wertvolle Anregungen erhofften sich Künstler auch von der italienischen „Realismo“-Bewegung, die sich im Widerstand gegen das Mussolini-Regime vor allem in Mailand und Rom gebildet hatte. Die DDR-Künstler Willi Sitte, Herbert Sandberg, Wolfgang Frankenstein wiesen auf die guten Ansätze von Künstlern wie Renato Guttuso hin. Die hervorragenden Leistungen der großen Realisten Südamerikas und Mexikos wurden in der Diskussion thematisiert. Der sowjetische Theoretiker Ilja Ehrenburg steuerte einen Beitrag über den „Friedenskämpfer Picasso“ bei. Die Partei versuchte demgegenüber die Engführung der Kunst auf das sowjetische Vorbild, während Künstler für eine weltoffene Kultur stritten. In geheimen Dokumenten der Partei wurde eingeschätzt, dass viele Künstler die bildende Kunst der Sowjetunion nicht als vorbildlich sondern als bürgerlich-idealistisch ansehen würden.

Auch über die Gestaltung der Gedenkstätten für die Opfer des Faschismus wurde heftig diskutiert. Die Sowjets hatten mit ihren Mahnmalen im Treptower Park mit dem Kinder rettenden sowjetischen Soldaten und mit dem von zwei Panzern flankierten Gedenksteinen vor dem Brandenburger Tor zwei monumentale Vorgaben gemacht. Der Plastiker Fritz Cremer rückt mit seinem ersten Entwurf für die Gedenkstätte „Buchenwald Denkmal“ (1952) die geknechteten KZ-Inhaftierten, die das ihnen zugefügte Unrecht anklagen, in den Vordergrund. Das wird von dem Parteifunktionär Wilhelm Girnus kritisiert. Cremer müsse die KZ-Inhaftierten als Kämpfer gegen den Faschismus, als Heroen darstellen. Er fordert gar die Integration eines Sowjet-Soldaten in die Figurengruppe, denn letztlich hätte die Rote Armee auch die KZ-Häftlinge befreit. Er will, dass Cremer die Geschichte fälscht, schließlich hatten US-amerikanische Soldaten das KZ Buchenwald befreit. Der zweite Entwurf Cremers zeigte dann KZ-Häftlinge mit der Waffe und der roten Fahne in der Hand. Auch der dritte schließlich realisierte Entwurf zeigt, wenn auch in abgemilderter Form, KZ-Häftlinge als Kämpfer mit der roten Fahne. Gillen weist darauf hin, dass Cremer sich später selbstironisch distanziert habe. „Im Gegensatz zu meinem ersten Entwurf [...] beschäftigte ich mich nun ernstlich mit dem Gedanken, den KZ-Häftlingen Bügelfalten-Hosen und Umschlaghemden anzuziehen.“ (Gillen, S. 142) Als Ministerpräsident Otto Grotewohl 1958 die Anlage einweiht, wird in der DDR-Presse die Frage aufgeworfen, weshalb Cremer aus dem Negativen schöpfe und in einer grausamen Vergangenheit lebe. Ersichtlich leistet Cremer mit seiner Gestaltung die Trauerarbeit, die auch die Psychologen Alexander und Margarete Mitscherlichs einfordern, um die Vergangenheit wirklich zu bewältigen und zu verarbeiten.

Das gelingt Cremer noch besser in seinem Werk „O Deutschland, bleiche Mutter“ (1964/65) für das KZ Mauthausen. Er greift dabei die erste Zeile eines Gedichts von Bertolt Brecht auf: „O Deutschland, bleiche Mutter!/Wie sitzest du besudelt/Unter den Völkern...“ Cremer zeigt eine ärmliche, aufrecht sitzende Frau, Ausdruck kriegsbedingter Erschütterung. Stricke scheinen sie einzuschnüren, sie sitzt wie eine Gefesselte auf einem Felsenblock, Schmerz, Empörung und Scham bedrücken sie.

Deutlich sind die Auswirkungen der „Picasso-Diskussion“ im Werk **Harald Metzkes**, ein Meisterschüler von Otto Nagel, ablesbar. Metzkes beweist mit drei großartigen Gemälden im Jahr 1956 die Fruchtbarkeit der neuen Sichtweise. In dem Bild „Die tote Taube“ und „Die Trompete“ nimmt er Stellung zum sowjetischen Einmarsch in Ungarn. Die Friedenstaube ist seit 1949 das Symbol der kommunistischen Weltfriedenskongresse. Bei Metzkes liegt jetzt die tote Taube in dem Schoß einer jungen Frau, deren Gesicht vom Schmerz verzerrt ist und die sich ganz der Trauer hingibt. „Die Trompete“ zeigt zwei Seiten der Wirklichkeit. Rechts im Bild trompetet ein Kämpfer mit dem Dolch als Waffe in der Hand. Er ist auch ausgerüstet mit einer „Flüstertüte", um alles zu übertönen. Er ist Besitz der Wahrheit, behauptet die mitgetragene Eule. Links liegt ein Mann unter seinem Pferd begraben; das Pferd heult getroffen auf, eine deutliche Anleihe beim Guernica-Bild von Picasso.

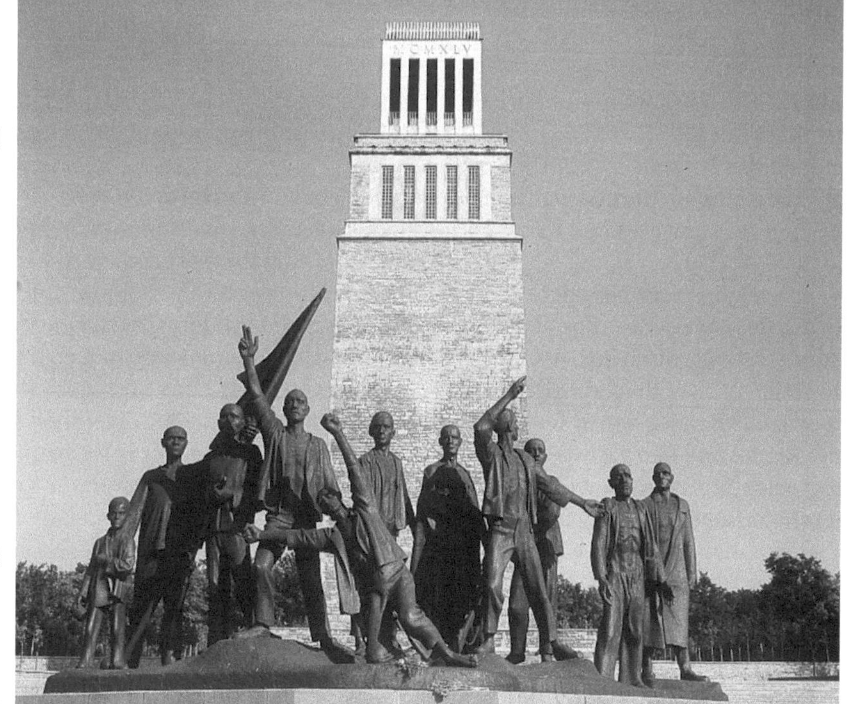

Denkmal von Fritz Cremer, Buchenwald, Weimar, Bronze, Foto: Richard Peter, wikidata: Q84613, Deutsche Fotothek, wikidata: Q655507, CC BY-SA 3.0

Auch Harald Metzkes „Abtransport der sechsarmigen Göttin" (1956) zieht ein pessimistisches vorläufiges Fazit. Braun Uniformierte agieren und organisieren, geißeln Menschen, sie sind bewaffnet und motorisiert, bestens ausgerüstet, ein waffenstarrendes Schiff sorgt für Ordnung, die Masse der Menschen ist hinter der abzutransportierenden sechsarmigen Göttin zusammengepfercht. Das alles verspricht keine Besserung. Der Entstalinisierungsprozess ist bürokratisch verordnet und wird von Polizei und Soldaten organisiert, die Menschen werden in Schach gehalten und haben keine Möglichkeit zur Emanzipation. Metzges nimmt Bezug auf Max Beckmanns Bild „Abtransport der Sphinxe" (1945), mit dem dieser die Entfernung der Hitlerbüsten als vordergründige Maßnahme kommentiert hatte. Metzkes stellt die bange Frage, was kommen wird. Auch im Jahr 1968 greift er das Motiv des Pferdes auf und kommentiert damit den Einmarsch der Warschauer-Pakt-Staaten in die Tschechoslowakei und die Beendigung des Prager Frühlings.

Die Verurteilung von Wolfgang Harich zu zehn Jahren Zuchthaus im März 1957 bedeutete dann einen schwer wiegenden Einschnitt in der kulturellen und politischen Entwicklung der DDR. Harich war Mitglied einer informellen Gruppe marxistischer Intellektueller, die ihn ermuntert hatte, als Ergebnis der internen Diskussionen eine „Plattform für den besonderen deutschen Weg zum Sozialismus" zu schreiben. Harich übergab diese Plattform dem sowjetischen Botschafter in Berlin und informierte auch das Nachrichtenmagazin „Der Spiegel". Nach der Niederschlagung des Aufstands in Ungarn 1956 durch sowjetische Truppen und der Verurteilung Harichs wegen der „Bildung einer konspirativen staatsfeindlichen Gruppe" war klar, dass die Partei unbedingte Linientreue einforderte und sich sowjetischen Direktiven strikt unterordnete. Zwar hatte Nikita Sergejewitsch Chruschtschow 1956 auf dem XX. Parteitag der sowjetischen KPdSU eine Entstalinisierung eingeleitet, aber die zentralistische, autoritäre, diktatorische Führung durch die Partei nie in Frage gestellt. Als dann in Polen und in Ungarn auch ein besonderer Weg zum Sozialismus gefordert wurde, ließ Chruschtschow die Panzer rollen. Walter Ulbricht konstatierte für die DDR, da es hier keinen Stalinismus gegeben habe, brauche auch nicht entstalinisiert zu werden. Alfred Kurella (der bis 1954 in leitenden Funktionen der sowjetischen KPdSU gearbeitet hatte) wurde 1957 Leiter der Kulturkommission des Politbüros des Zentralkomitees der SED (bis 1963), seit 1958 war er auch Kandidat des Politbüros (bis 1963) und Abgeordneter der Volkskammer. Kurella war überzeugt vom Vorbildcharakter der sowjetischen Kunst.

Kurella war ein widersprüchlicher aber gebildeter Kulturfunktionär. Er legte das Regelwerk des „Sozialistischen Realismus" besonders dogmatisch aus. Als künstlerisches Vorbild stellte er den Ideenkünstler und Spätnazarener Peter Cornelius heraus, der in seinen Werken die katholische Kirche und den rechten Glauben als allein selig machend pries. Pforrs Werk will romantische Verklärtheit und romantische Sehnsucht mit der Würde des Klassizismus vereinen. Offenbar wollte Kurella, dass die Künstler in der DDR genauso gläubig und überzeugt den Sozialismus preisen. Er möchte, dass die Künstler sich stärker mit den Werktätigen verbinden und Überzeugungsarbeit leisten. Walter Ulbricht hörte auf den Rat Kurellas. Seinem Einfluss ist es wahrscheinlich zu verdanken, dass Ulbricht auf dem V. Parteitag der SED im Juli 1958 „die Höhen der Kultur" des emanzipierten Bürgertums der Goethe-Zeit hervorhob, die den Werktätigen nahe zu bringen sei. Die Betonung der humanistischen aber bürgerlichen Ideale waren in dieser Eindeutigkeit neu. Kurellas Kulturpolitik ist zweigleisig. Einerseits will er das kulturelle, nationale und internationale Erbe für den Sozialismus vereinnahmen – dazu braucht er die Berufskünstler. Andererseits will er Volksverbundenheit, Verständlichkeit für die Massen, Propagandakunst.

Eine Wende in der Kulturpolitik sollte die Bitterfelder Konferenz im April 1959 einleiten. Die SED ruft die Kumpels und Werktätigen auf, selbst Pinsel und Paletten in die Hände zu nehmen und so den Fortschritt in der Kunst zu bestimmen. Im Grunde zielt Kurellas Kulturpolitik darauf ab, die intellektuellen Künstler, die in ihren Bildern problematisieren und auch Zweifel formulieren durch die Brigaden und Werktätigen auf die wirklichen Probleme im Alltag zu lenken (positiv formuliert). Durch die Einbindung in den Produktionsprozess sollen die Künstler von Funktionären und Brigaden diszipliniert und Verkünder von Optimismus und Lebensfreude werden.

Kurella ließ auch **Heinrich Witz** als vorbildlich arbeitenden, nachahmenswerten Künstler propagieren. Witz war einer der Künstler, der sich nach den Empfehlungen der Bitterfelder Konferenz richtete und die Werktätigen der SDAG Wismut mit künstlerischen Mitteln unterstützte, sozialistische Gemeinschaften zu bilden. 1959 entsteht „Der neue Anfang". Das Bild zeigt, wie sich zwei Kollektive in einem Kulturraum getroffen haben, sie legen jegliches Konkurrenzdenken beiseite und beratschlagen gemeinsam, wie sie mit vereinter Kraft zu noch höheren Leistungen gelangen. Das Bild hält den Handschlag fest, mit dem die Brigadeführer diese Absicht bekräftigen. Das ist ein wahrlich wunderbares Fest, das die Arbeiter, alle brav in Anzüge mit weißem Hemd und Krawatte, die Frauen in Sonntagskleidern gekleidet, feiern. Danach werden sie mit einem Glas Sekt das Ereignis hoch leben lassen. Bourgois-Klamotten und Kapitalistensprudel machen noch keinen Sozialismus: Das Gestelzte und Gewollte ist dem Bild anzusehen. Der Traum des Funktionärs, dass sich die Arbeiter zu immer höheren Leistungen anspornen, geht in dem Bild in Erfüllung. Gillen weist darauf hin, dass der Bitterfelder Weg Konformismus, Opportunismus und die Aufgabe jeder Eigenständigkeit gefördert habe. „Heinrich Witz dagegen antwortet Dammbeck auf die Frage, was ihm der „Bitterfelder Weg" bedeutet habe, zynisch ›Ein Millionenpublikum und entsprechende Mittel [...] Wer auf dem Geld sitzt, hat die Macht.‹" „Mit dem 17. Juni 1953 war eigentlich alles klar [...] Wir sahen die Diktatur der Partei [...] Da kam die Wismut, die wollte ihren Hofmaler haben." (Gillen, S. 166) Witz machte gute Miene zum bösen Spiel und identifizierte sich vordergründig mit der Rolle als Hofmaler im alten Stil.

Aber 1960 stellen in Ostberlin 14 Künstler ihre Werke in der „Galerie Konkret" aus, die allerdings sofort geschlossen wurde. Ein Jahr später beteiligten sich 72 Maler an der Ausstellung „Junge Künstler – Malerei", unter ihnen Willi Sitte und Ralf Winkler (der sich später A.R. Penck nennt). Die Ausstellung stand unter der Schirmherrschaft der führenden Akademiemitglieder Fritz Cremer und Otto Nagel, die die Auswahl der Werke damit begründeten, dass die DDR die schwierigen jungen Künstler brauche und nicht die Musterknaben und Langweiler. Nachdem die Partei Cremer und Nagel gemaßregelt hatten und eine Kampagne in der Presse gestartet wurde, traten sie von ihren Akademie-Ämtern zurück.

Trotz des politischen Drucks war es für einzelne Persönlichkeiten, die nicht im Hochschuldienst standen und sich nicht um öffentliche Aufträge bemühten, möglich, eigene künstlerische Wege zu gehen. Das war allerdings in der DDR besonders schwierig, da auch der Kunstmarkt staatlich kontrolliert wurde – es für diese Individualisten praktisch keine Verdienstmöglichkeiten (außer informellen) gab. Oder gibt es deshalb herausragende Künstlerpersönlichkeiten in der DDR, weil sie sich gegen den politischen Druck stellen und ständig neue Freiräume in ihrem Schaffensprozess suchen mussten? (Und nicht einem kommerzialisierten, Konformität heischenden, Abstraktheit einfordernden Kunstmarkt, der Genie-Kultiges anforderte, ausgesetzt waren?)

Außenseiter der Moderne: Gerhard Altenbourg

Ein Erbe der Moderne tritt der im abgelegenen thüringischen Altenburg lebende **Gerhard Altenbourg** (1926 - 1989, eigentlich Gerhard Ströch) an. Als Siebzehnjähriger wird er 1944 als Panzerjäger und Infanterist in den Krieg geworfen. In seinen Notizen beschreibt er bruchstückhaft wie gehetzt seine traumatischen Erlebnisse: „Espen, Inseln, Tote, Angriff, eigener, mit Nebelwerfern. Sommer; Herbst. Kämpfe am Duklapaß. Karpaten; Tannen, Verwesungsgeruch, Rauch, brennende Panzer, erster Schnee. [...] 1944 in Lazaretten in Schreiberhau (Riesengebirge) und Bamberg. Menschenschau. Ekel. Inneres Verletztsein. Grenzkräfte und Schocküberwindungsversuche. Anderswerden. Hineinsehen.“ (Katalog 2015, S. 48 f.) Er fühlt sich als Mensch ausgelöscht. Auch im Nachhinein bezeichnet er den Krieg als seine „schlimmste Erfahrung“. Im Nahkampf hatte er einen russischen Soldaten mit dem Bajonett erstochen. Ein Trauma, das ihn ein Leben lang verfolgen wird. Zeichnen und Malen ist für ihn ein Suchen nach seinem Ich, ein Eintauchen in die Gründe, ein Erfahren seines Kosmos. 1949 entsteht im rauschhaften Arbeiten „Ecce homo I (Der sterbende Krieger)“. Auf eine frühere Kinderzeichnung auf Rollenpapier, die einen Truppenübungsplatz mit Panzer, Spähwagen und schießenden Soldaten zeigt, ist der in sich verkrallte, enthäutete, nur noch Nervenstränge und Narben zeigende sterbende Krieger gezeichnet. Mit einem Totengrinsen fixiert er den Betrachter. Altenbourg versucht, den Faden im Labyrinth zu spinnen, wie er in seinen autobiografischen Notizen schreibt, der ihn ins Ungewisse hinabführt, ins Auflösende, „angesiedelt zwischen entleibten Entsetzen und Verzückung“. Er sieht das Janusköpfige des Menschen, das Bodenlose, rasende Dämonen. Er sieht sich in der Doppelrolle als Opfer und Täter. In „Pour le Mérite“ (1949) zeichnet er den zerstückelten aber mit einem Orden ausgezeichneten Krieger. In einer rätselhaften Landschaft macht er ein geheimnisvolles „Flottenversteck“ (1955) aus, Waffen bedrohen. „Der pazifistische Söldner“ (1966) ist ein Unikum der Widersprüche mit surreal verschlüsselten Inhalten. 1984 und 1986 erscheint „Wund-Denkmale“ mit 28 Farbholzschnitten. Er setzt seinen Wunden Denkmale, sie künden von Trauer, Schmerz und enthalten auch die Bitte „Herr, laß den Kelch an uns vorübergehen“. Er selbst bezeichnet seine Kunst als ein „Enthauten, geschält, entschalt, gezeichnet, abgezogen, nageldurchbohrt; ein Blick in das Labyrinth, dem wir so gerne eine Maske anlegen“. Er selbst legt nicht die Maske an, er flieht nicht, er stellt sich als Täter und Opfer.

Altenbourg ist „Fremdling hier“, wie er noch 1989 ein Bild betitelt. Er befragt seine unmittelbare Umgebung. In „Vater-Sohn“ (1950“, „Mein Vater Hugo“ (1949) gestaltet er sein gespaltenes Verhältnis zum autoritären Vater. Er sieht sich von ihm drangsaliert. In „Meine Mutter Anna“ (1950) vermischen sich die Fabeltiere, Eulen, Fische, zwei große Augen schauen den Betrachter traurig an. Das Aquarell „Mutter-Sohn“ (1956) ist ein Versteckspiel mit Klees geheimnisvollen Schriftzeichen. Eine verhaltene Identifizierung klingt an. Sein Verhältnis zur Sexualität ironisiert er in „Es ist kein Meister vom Himmel gefallen" (1949). Ein Mann versucht sein Glied in die Scheide der Frau zu bekommen. Ob es ihm gelingt, ist ungewiss. Erst spät findet er ein etwas ausgewogeneres Verhältnis zum anderen Geschlecht, vor allem in Holzschnitten „Zueinander" (1972) oder den rundlichen Formen der Kaltnadelradierungen seit 1981. Aber es bleibt ein distanziertes Verhältnis. „Die Verpuppte Fee" (1976) bleibt eingeschlossen in ihrem Kokon. Im „Aquarium der Lüste" (1977) trennt ein breites Kreuz die beiden Geschlechter.

Altenbourg ist ein Meister des geheimnisvollen Landschaftsbildes, das auch die Verletztheit, die Abgeschlossenheit des Künstlers wiedergibt. Es sind Seelenlandschaften. Das Ich erkennt sich im Du der Geländewellen, der wogenden Bäume vor sanft sich dehnenden Feldern. Die Landschaften sind aufgeschichtet, Schicht legt sich über Schicht mit einem erotischen Fluidum. Die Landschaft ist seine Geliebte und sein Dämon gleichzeitig. Max Ernsts, Paul Klees, Odilon Redons Bilderwelten werden aufgerufen. Er spürt die der Landschaft eingenadelten Zeichen oder Bilder auf. Man spürt seine Vorliebe für nächtliche Spaziergänge, wo er die Zusammenhänge besser erahnt. Seine Landschaftsbilder sind Klagegesänge, über allem schwebt die Melancholie, das Schwarz der Nacht und das Grau der Frühe.

Altenbourg versteht sich nicht als politischer Künstler, obwohl er Stellung bezieht. In „Stalins Geburtstag" (1950) erscheint der Diktator als krallender, bärtiger Dämon, drohend mit Gewalt, ein mit Schulterstücken und seltsamer Haube bestücktes Unwesen. Er kommentiert die Feststellung, er sei bei der Politik in Ungnade gefallen mit den bissigen Worten: „Und wir haben dies Vergnügen, die Ungnade mit Ironie kommentieren zu dürfen. Die Herren des Ministeriums, oder vielmehr der Herr Donner dort – können mich kreuzweise..." (ebd. S. 40) Vordergründige Stellungnahmen zum politischen Geschehen lehnt er ab. „Bei mir gibt es kein politisches Denken, weil mein Denken über die gesellschaftlichen Formen hinausgeht. Im Sozialismus und im Kapitalismus wird man geboren und stirbt man. Im Sterben aber ist das Ich ganz allein, da hilft kein Sozialismus und kein freier Markt. [...] Nietzsche hat gesagt, das Entscheidende sei, dass man nicht vom Konsumenten, sondern vom Künstler her die Kunst verstehen muss. Und das ist einer der entscheidendsten Momente, viel entscheidender als die gesamte Theorie. Und ein Künstler hat auch andere Strukturen als die Masse der Fühllosen, und die Kunst diktiert andere Gesetze, denen zu gehorchen ist schwer und entsagungsvoll." (ebd., S. 45) Er sieht sich als elitärer Künstler, der fähig ist, tief in sein inneres Labyrinth hinabzusteigen. Er sieht sich in seiner Kunst in einem eigenen Reich. Er glaubt, in eben dieses Reich flüchten zu können. Aber er arbeitet sich Zeit seines Lebens an den erlittenen Traumata ab. „Ich sehe Farben, aber ich höre sie auch und schmecke sie. Ich habe zur Farbe nicht nur ein optisches Verhältnis, sondern auch ein akustisches und ein motorisches. Farben sind für mich lebende Wesen. Das ist wie eine Hochzeit. In der Farbe verwandelt sich etwas, was sich sonst nicht verwandeln würde; es verwandelt sich in etwas, was dann absolut ist, frei von Zeit." (ebd. S. 44) Altenbourg jubiliert wie Klee nach seiner Tunisreise „Die Farbe hat mich. Ich bin Maler". Aber frei ist er nicht, auch nicht frei von Zeit, weil die Vergangenheit lastet. Er stellt sich der Vergangenheit, ohne sie bewältigten zu können. Seine pflegende Medizin ist die Kunst.

In „Das Ei des Formalisten" (1955) nimmt er Stellung zu den politischen Formalismus-Vorwürfen. In ein Oval ist ein antiquiertes DDR- oder sowjetisches Kulturhaus gezeichnet. Er gibt den Formalismus-Vorwurf an die Ankläger zurück: Die da laut die anderen des Formalismus bezichtigen sind die intimsten Verfechter des Formalismus mit ihrer altertümlichen Kultur-Fassade. Das Ei des Kolumbus fällt um, wenn man es auf eine Fläche stellt. Ebenso der Formalismus-Vorwurf. Verhalten, vorsichtig ist seine Kritik am Bau der Berliner Mauer. Das Bild hat den Titel „Es steigt die Flut" (1961). Wann bricht der Damm, die Mauer? Auch seine Reaktion auf den Prager Frühling und den Einmarsch der Warschauer Pakt-Staaten ist verschlüsselt. „Erzgebirge: 20. August 1968". Das Bild zeigt eine bedrohliche Kulisse.

Ein Minimalist liebt die Gegenstände: **Hermann Glöckner**. Schon in der Weimarer Republik hatte sich Hermann Glöckner (1889 – 1987) einen malerischen und plastischen Weg zwischen Konstruktivismus und neuer Sachlichkeit gebahnt. Glöckner greift in das Formenarsenal der Vergangenheit und vergegenwärtigt es. Er hat Tatlins Materialsensibilität, El Lissitzkys Formenstrenge, Kurt Schwitters Spiel mit den alltäglichen Gegenständen, Josef Albers flächige Strenge, aber auch Matisses Farbenbegeisterung und Picassos spielerischen, kubistischen Umgang mit den Formen verinnerlicht. Aus seinem Werk spricht eine Liebe zum Gegenstand, eine Liebe zum Detail. Mit systematischem Erfindergeist sucht er die inneren Koordinaten der Gegenstände zu analysieren und miteinander in Verbindung zu setzen. Wenige Bildgegenstände werden in geometrisch vereinfachten Formen „komponiert", eine Symphonie des Alltäglichen. Hochspannungsleitungen, Industrieschlote, Telegrafenmasten werden Wegweiser, geben Zeichen. Er versucht mit sorgfältiger Zartheit, mit Feingefühl den schönen Augenblick des Gegenständlichen auf- und festzuhalten. Er vereinfacht und ordnet so die Dinge. Dabei lässt er banale, alltägliche Materialien sprechen: Gebrauchs- und Verbrauchgegenstände aus Mörtel, Messingblech, Kreide, Gips und Holz. Vor allem aber experimentierte er mit Papier und Pappe; mit getönten Japanpapier suchte er mit Faltungen und Reihungen, Wiederholungen und Spiegelungen Raumwirkungen und Lichtwirkungen zu erzielen, Stimmungen der Leichtigkeit und Transparenz zu erzeugen. Er baut so „Modelli", Formfindungen, die als architektonische Entwürfe gelten können.

Während der Nazi-Zeit als Entarteter Künstler gebrandmarkt, musste er sich durch diese Zeit mit einfachen Arbeiten am Bau retten. Nach dem Krieg gründete er in Dresden die Künstlergruppe „Der Ruf. Befreite Kunst" mit, die sich zum Ziel gesetzt hatte, mit der Irrlehre der letzten zwölf Jahre abzurechnen. Glöckner praktizierte einen sensualistischen Realismus mit minimalistischen Prinzipien. Nach 1951 trifft ihn der Vorwurf des Formalismus, er sei dekadent, formalistisch und revisionistisch. Er geht in die der innere Emigration. Erst spät findet er Anerkennung. Am 3. Oktober 1984 wird in Dresden seine 15 Meter hohe Stahlplastik „Mast mit zwei Entfaltungszonen" eingeweiht. 1986 siedelt er nach Westberlin über; auch hier findet er keine Anerkennung. Seine sensiblen Formversuche finden auf dem laut lärmenden Kunstmarkt kein Gehör. Oft wird Glöckner als konstruktivistischer und lyrisch-informell-abstrakter Künstler in der DDR gekennzeichnet. Das trifft nur bedingt zu. Er geht von der beobachteten Welt aus und zaubert neue Stimmungswelten; der Bezug zum Gegenstand bleibt aber immer erhalten. Das gilt auch für seinen Schüler Karl-Heinz Adler, der neben Glöckner als einziger DDR-Künstler konkrete Kunst betrieb.

Willi Sitte – ein Staatskünstler?

Besonders ein Künstler der ehemaligen DDR stand und steht im Zentrum der Kritik, ein Staatskünstler und folgsamer Parteigänger zu sein: **Willi Sitte** (1921 - 2013). Sicher, er bekannte sich zu dem realsozialistischen Staat und stand auch zu den Beschlüssen seiner Partei, aber ein gutgläubiger Genosse ohne eigene Meinung war er nicht. Seine künstlerische Ausbildung erhielt er ab 1940 an der Hermann-Göring-Meisterschule für Malerei in der Eifel. Dann wurde er 1941 an die Ostfront geschickt. Schwer erkrankt wird Sitte KV-kuriert und dann nach Italien an die Front geschickt, wo er 1944 desertiert und sich den Partisanen anschließt. Dort kommt er in Mailand, Venedig und Vicenza auch mit Maler um Renato Guttuso in Kontakt, die seinen späteren Stil wesentlich mitprägen. Seine an der Front erlebten Gräuel verarbeitete er 1963 in dem Triptychon mit Predella „Die Überlebenden". Oben sind drei verwundete Wehrmachtssoldaten zu sehen, schwer gezeichnet durch die Strapazen des Krieges und die Härte des Winters. Vor ihnen liegen Flugblätter des Nationalkomitees Freies Deutschland, die das „Deutsche Volk gegen Hitler" mobilisieren und mit „Die Heimat ruft" zum Widerstand motivieren sollen. Unten in der Predella liegen zerschossene und erfrorene Soldaten.

Am überzeugendsten ist Sittes Werkkomplex Lidice, das zwischen 1956 und 1960 entsteht. In Lidice hatten die

Nazis als Vergeltung die gesamte männliche Bevölkerung ermordet, die Frauen in Konzentrationslager verschleppt, Kinder und Babys abtransportiert. Sitte reiste öfter nach Lidice und setzte sich intensiv mit den Quellen und Dokumenten dieses Verbrechens auseinander. Besonders beeindruckte ihn die Tatsache, dass die Soldaten ihre Aktion filmisch und fotografisch akribisch festhielten, sie lachten nach begangener Tat, scherzten und zündeten sich fröhlich Zigaretten an. Das gibt die Themenschwerpunkte für Sitte vor. Die niedergemetzelten Menschen, blutüberströmt und als Kadaver geschichtet. Die Soldaten in gebügelten SS-Uniformen, waffenstrotzend, Zigaretten rauchend, fotografierend vor brennenden Häusern und getöteten Tieren. Der getrennte Abtransport der Frauen und Kinder, zusammengepfercht auf Wehrmachts-LKWs. Die Einäscherung und Sprengung der Häuser. Sitte bemüht sich um eine Reflexion des Geschehens. Wie ist diese unglaubliche Brutalität von einzelnen Menschen möglich? In dem Bild „Massaker II“ schreit eine mit dem Davidstern als Jüdin gekennzeichnete Frau entsetzt, eine Anleihe aus dem Guernica-Bild von Picasso. Die sich aus einem Fenster herauslehnende Frau wird von einem Mann zurückgezerrt, um sich durch ihre Anklage nicht selbst zu gefährden. In dem Hauptwerk „Lidice“ (1959/60, das verschollen ist oder zerstört worden ist) hatte Sitte neben den rauchenden Soldaten mit ihren Gewehren und den Gemordeten die Ruzena Krásová platziert, die 1959 Bürgermeisterin von Lidice war. Sie demonstriert mit Blumen vor ihr und Fotos von lieben Bekannten an der Wand, dass das Leben jetzt in geordneten Bahnen verläuft und der Faschismus überwunden ist. Die Opfer und die jetzt Bestimmenden haben Gesichter, die Soldaten nicht. Sitte sagt, weshalb: „Im Film habe ich ihre Gesichter gesehen, wie sie lachen und sich brüsten. Obwohl ich es probierte, konnte ich das nicht wiedergeben. Es war mir unfassbar, dass Menschen, die eine derartige Tat begehen, in irgendeinen Denk- oder Gefühlsprozess verwickelt sein könnten. So malte ich ihre in Stahlhelmen steckenden Köpfe gesichtslos.“ (Gillen, S. 169) Sitte leistete mit „Die Überlebenden“ und mit „Lidice“ die notwendige Trauerarbeit, um die Vergangenheit zu bewältigen. Es ist zumindest verwunderlich, dass er dafür von Kulturfunktionären stark kritisiert wurde, die sich damit brüsteten, in vorderster antifaschistischer Front gestanden zu haben. Der Kulturbeflissene Kurella verlangt von Sitte sogar, das Bild vollkommen neu zu malen.

Willi Sitte, der in den 50er Jahren mit seinen Freunden Wolf Biermann, Eva-Maria Hagen und Christa Wolf für mehr Unabhängigkeit in der Kulturarbeit gestritten hatte, geriet in die Kritik der Funktionäre. Nicht nur Kurella, auch Ministerpräsident und Präsident der Volkskammer Horst Sindermann „beharkten“ ihn. 1962 übt er Selbstkritik und versichert, voll hinter den Beschlüssen seiner Partei zu stehen. Er wird selbst Funktionär, wird Ordentliches Mitglied der Deutschen Akademie der Künste und von 1974 bis 1988 Präsident des Verbandes Bildender Künstler der DDR (VBK-DDR), Abgeordneter der Volkskammer und sogar Mitglied des ZK der SED. In den 60er Jahren wandelt sich seine Bilderwelt weg vom expressiv problematisierenden Stil. Er versucht, die „neuen“ Arbeits- und Lebensbedingungen in der DDR in Bilder zu fassen. In vielen Gemälden lässt er vor allem Leuna-Arbeiterinnen und Arbeiter vom Alltag berichten. Im „Chemiearbeiter am Schaltpult“ (1968) gelingt ihm das so genannte Simultanbild. Konzentriert arbeitet der Mensch mit modernster Technik. Sitte lässt Bewegung ins Bild kommen, zeigt die Komplexität der Arbeit und die neuen Anforderungen. Seine Werktätigen duschen nach getaner Arbeit, sie vergnügen sich nach Feierabend, das Liebespaar neckt sich nackt im Badezimmer. Sitte vermeidet das Pathos des sozialistischen Helden. Aber diese Bilder wahren eine merkwürdige Distanz zum Betrachter. Sitte will in die Welt der Arbeit einsteigen, er malt sich selbst mit Helm als Werktätiger – aber er ist kein normaler Werktätiger. Diese Welt bleibt ihm als ZK-Mitglied verschlossen. Sitte ist auf Propagandakurs. In „Rufer II“ (1964) nimmt er Bezug auf Hofers Rufer (der gegen den Wahnsinn der Nazis Stellung bezieht), bei Sitte wirbt der Rufer mit dem Neuen Deutschland in der Hand für den Kurs der Partei. Sitte hat als Funktionär mit dafür gesorgt, dass Freiräume für Künstler in der DDR erweitert wurden, er hat aber gleichzeitig den gerontokratischen Kurs der Parteiführung gestützt.

Die meisten Künstler der DDR schlagen nicht den staatstragenden Kurs Sittes ein. Um das Jahr 1957 lehnen sich Künstler vor allem in Ostberlin und in Dresden gegen den verordneten sozialistischen Optimismus auf und üben sich in Melancholie. In Berlin malt Ernst Schroeder „Das Bett" (um 1957). Es ist der prägendste Ausdruck der so genannten „schwarzen Periode" der Berliner Schule. Das Zimmer, in dem das spärlich bezogene Bett steht, ist an Kargheit nicht zu übertreffen. Es kündet nicht vom Aufbruch zu neuen Ufern, sondern erinnert eher an eine Gefängniszelle, das Fenster ist verhangen und gibt keinen Ausblick frei. Harald Metzkes gestaltet „Die schwere Stunde" (1957); in dem ebenfalls spärlich ausgestatteten Zimmer liegt auf einem Bett eine hochschwangere Frau, davor hockt ein Mann auf einem Schemel, der nicht dem freudigen Ereignis entgegenfiebert, sondern den Sorgen um die Zukunft quälen. Manfred Böttcher – alle drei sind Meisterschüler um Otto Nagel und Heinrich Ehmsen an der Deutschen Akademie der Künste – gestaltet „Schutthalden" – die Aufbau-Euphorie ist verflogen.

Jürgen Böttcher-Strawalde, Peter Herrmann, Peter Graf und Ralf Winkler (A. R. Penck) bilden in Dresden einen Freundeskreis, der alternative Ausdrucksformen erprobt. Böttcher-Strawaldes „Beweinung" (1958) ist eine Auseinandersetzung mit der Kriegs- als auch der Nachkriegszeit. Sein Bruder war im Krieg gestorben. Nach dem Krieg belastete die Familie Mangel und Wohnungsnot. Das alles ist in tristem Schwarz-Weiß gestaltet.

Große Ereignisse werfen ihre Schatten voraus. Im August 1961 wird die Berliner Mauer als „antifaschistischer Schutzwall" errichtet. Das SED-Regime schottet sich vom Rest der Welt ab und begibt sich in die selbst gewählte Isolation. Doch es folgt kein Aufschrei der Empörung. Einzelne formulieren in innerer Emigration ihren Protest. Altenbourg gab seinen Kommentar mit „Die Flut steigt" ab. Herbert Behrens-Hangeler wird deutlicher. Sein 1961 entstandenes Gemälde „Der Alptraum" ist kein surrealistisches oder abstraktes Bild sondern ein verzweifelter Protest gegen den Bau der Berliner Mauer. Er fühlt sich in einen Sog von Zukunftsangst hineingezogen. Er hatte schon während der Formalismus-Debatte eine strenge Rüge erhalten und sich dann in die innere Emigration zurückgezogen. 1963 wurde er als Berliner Hochschullehrer entlassen, weil er zu Hause abstrakt gemalt habe. Roger Loewig prangert an: „Eine Erschossene im Kanal" (1961), er lässt in seinen Bildern die Panzer rollen. Auch er wird 1963 verhaftet. Ronald Paris gestaltet 1962 „Regenbogen über dem Marx Engels-Platz". Es zeigt eine sehr düstere Stimmung und ein fast menschenleeres Berlin. Doch eine kleine Gruppe Menschen harrt auf dem zentralen Berliner Platz der Dinge, die da kommen werden.

Aber schon auf der V. Deutsche Kunstausstellung 1962 in Dresden gibt sich die DDR-Kunst von der heiteren Seite. Walter Womacka zeigt ein junges Paar, das sich am Strand sonnt. Es ist das Lieblingsbild der Kulturfunktionäre und der Besucher. Doch der Frieden täuscht. Es beginnt im Untergrund zu brodeln. Kurella wurde 1963 durch Kurt Hager abgelöst. Der wurde in diesem Jahr Mitglied des Politbüros des ZK der SED und Leiter der Ideologischen Kommission des Politbüros. Im SED-Politbüro galt Hager fortan als Chefideologe und oberster Kulturverantwortlicher. Hager lockerte den dogmatischen Kurs. Auf dem V. Kongress des VBKD der Kunsthistoriker kommt es 1964 zur offenen Auseinandersetzung. Der Leipziger Maler Bernhard Heisig warnt dort vor „Provinzlertum" und „Stagnation". Der anerkannte Plastiker Fritz Cremer findet klare Worte: „Wir brauchen keine Verhaltensweisen, die jeder kleinsten Regung von irgendetwas Neuem, Unbekannten mit politischen Verdächtigungen begegnen. Wir brauchen wahrhaftig und tatsächlich die Abschaffung dieses dogmatischen Teufels [...] Wir brauchen eine Kunst, die die Menschen zum Denken veranlasst, und wir brauchen keine Kunst, die ihnen das Denken abnimmt [...] Wir brauchen die freie Entscheidung für den Stoff und die Form jedes einzelnen Künstlers für seine Arbeit. Wir brauchen Wahrheitssuche in der Kunst, und wir brauchen die unbedingte Eigenverantwortlichkeit des Künstlers. Brauchen wir einen neuen ›Realismus ohne Ufer‹? Ich weiß nicht, wieso hier etwas Realistisches gefährlich sein soll." (Püttmann, S. 25/26) Es wird zwar über die Entwicklung der Kunst diskutiert. Es geht aber um mehr, ohne dass es den Beteiligten bewusst war – vor allem nicht in der Tragweite. Der bisherige „sozialistische Realismus" behauptete, im Besitz der Wahrheit zu sein: Das Ziel, der „Sozialismus" ohne Ausbeutung und Unterdrückung, brauche nur noch „realistisch" erklärt und ausgeschmückt werden. Der Betrachter müsse über den richtigen Weg „aufgeklärt" werden. Der Künstler wird zum Dekorateur und Illustrator, der Betrachter zum reinen Empfänger von Botschaften, zum Belehrten. Insofern soll der „sozialistische Realismus" den Betrachtern das Denken abnehmen. Wenn Cremer „unbedingte Eigenverantwortung" will, fordert er Demokratie für den Künstler, wenn er vom „Realismus ohne Ufer" redet, eliminiert er die Zielvorgabe durch die Partei. Wenn er gar den „dogmatischen Teufel" abschaffen will, rüttelt er an den Grundfesten der autoritären Partei, die Sozialismus als Litanei vorschrieb. Mit eigenständigem Denken auch in der Malerei begann der Erosionsprozess in der DDR, der schließlich zur Auflösung dieses autoritären Staates führte. Wenn Heisig die „Stagnation" beklagt, meinte er die Langeweile und Öde der bisherigen Bilder. Er will stattdessen den „Kontakt zum Betrachter wirklich herstellen". Das gehe aber nur mit einer Kunst, die „den Betrachter geistig fordert, die ärgert, provoziert, angreift" – und einer Kunst, die subjektiv ehrlich ist (in der das auch zu spüren ist), die eine Gegenmeinung des Betrachters zulässt und zur Kommunikation einlädt. Sie darf den Betrachter nicht als zu Belehrenden degradieren, sondern muss ihn als Kommunikationspartner und als Urteilenden akzeptieren.

Die Mauer des Schweigens war durchbrochen. Ein Jahr später wagen sich dann auf der 7. Bezirkskunstausstellung des VBKD Leipzig (1965) vor allem drei Künstler aus der Deckung. Bernhard Heisig hat „Pariser Kommune III" ausgestellt. Dies Bild erregt den Zorn Walter Ulbrichts, es zeige kein siegendes sondern ein leidendes Proletariat. Ulbricht hatte ein sicheres Gespür: Das Bild bildet einen Gegensatz zur Parteilinie. Es ist nicht der übliche Jubel-Sozialismus, hier wird historische Wirklichkeit auf ihre Gegenwartsbezüge befragt. Das Bild wird aber nicht wie sonst üblich entfernt, es bleibt hängen und sorgt für heftige Diskussionen. Werner Tübke brilliert mit „Lebenserinnerungen des Dr. jur. Schulze III", in dem er sich auch mit der Nazi-Vergangenheit auseinandersetzt. Wolfgang Mattheuer präsentiert „Kain", den biblischen Brudermord, mit deutlichen Anspielungen auf deutsch-deutsche Befindlichkeiten. Vor allem diese drei Leipziger Künstler prägen die weitere Entwicklung. Weitere herausragende Exponate kamen von Heinz Zanders und Hartwig Ebersbach. Das Eis war gebrochen. Die Öde des immer siegreichen positiven Helden und des vorwärts strebenden „sozialistischen Realismus" wurde beendet. Künstler der DDR knüpfen bewusst an Traditionen der europäischen Avantgarden an und wenden sich gegen die vorgeschriebene Auftragskunst.

Da versuchte schon das 11. Plenum des ZK der SED, bekannt geworden als „Kahlschlag-Plenum" (16. bis 18. Dezember 1965), gegenzusteuern. Erich Honecker war der Haupteinpeitscher: „Unsere DDR ist ein sauberer Staat. In ihr gibt es unverrückbare Maßstäbe der Ethik und Moral, für Anstand und gute Sitte." Jochen Mückenberger, Generaldirektor der DEFA (staatliche Film- und Fernsehproduktion der DDR in Potsdam) schätzt ein: „Dass es aber so radikal sein und man die halbe Jahresproduktion verbieten würde, das wusste ich zu diesem Zeitpunkt nicht. […] Die Stimmung uns gegenüber war feindlich, als ob wir nicht dazugehörten. Es war eine Art Spießrutenlauf. […] Die Meinungsäußerung war einhellig, mit einer einzigen Ausnahme. Christa Wolf versuchte mutig, den Anspruch der Kunst auf Wahrhaftigkeit zu verteidigen. Sie hat mir sehr imponiert." (Wikipedia) Es war ein Stellvertreterkrieg. Schriftsteller und Künstler wurden gebrandmarkt. In der Sowjetunion gab es mit der Inthronisierung von Leonid Breschnew einen Machtwechsel, der einen dogmatischeren Kurs fuhr. Honecker schmeichelte sich in vorauseilendem Gehorsam ein.

Heisig: Christus muss den Gehorsam verweigern

Aber nicht nur Christa Wolf widersprach. Auch **Bernhard Heisig** (1925 - 2011) verteidigte die einmal gewonnenen Freiräume. Bei ihm brechen vor allem Beckmann, Corinth, Dix, Kokoschka, aber auch Magritte und Picasso spürbar durch. Er schleudert seine Wut über sich, über die Kunst, über die Welt auf die Leinwand. Bevorzugtes Thema ist die deutsche Geschichte, die verhängnisvoll in die Gegenwart nachwirkt. In „Hans und Hänschen" sieht man die gefallenen, verstümmelten, preußischen Soldaten mit Pickelhaube. Dahinter steht ein Soldat, dem der Stahlhelm die Sicht und die Erkenntnis verstellt – in der Uniform der Nationalen Volksarmee (NVA) der DDR. Vorn zeigt eine Königskarte, um was es beim Sterben der Soldaten geht, um Könige und Herrscher, um die Oberen und deren Vorteil. „Was Hänschen nicht lernt, lernt Hans nimmermehr", bitter zitiert Heisig dieses deutsche Sprichwort und bezieht es auf die Gegenwart. Aus einem Spalt rechts quillt das Zerstörte: Bücher, Kulturelles, Maschinenteile. Dieses Bild ist Teil einer Serie von Gemälden. Vorausgegangen sind unter anderem „Der Kriegsfreiwillige", 1984/88, und „Der Kriegsfreiwillige (Begegnung mit Bildern II)", 1982/84/88, in denen ein NVA-Soldat im Mittelpunkt des Bildes die Fäuste zum Kampf ballt, rund um ihn ist Zerstörung. In „Begegnung mit Bildern I", 1978/79, schaut ein junger Mann in NVA-Uniform den Betrachter fragend an, um ihn herum sind verbrannte Landschaften und zwei Soldaten-Dämonen zu sehen. Heisig wurde zu dieser Serie angeregt, als sein Sohn in NVA-Uniform in seinem Atelier vorbeischaute. Den Bildern ist das tiefe Erschrecken Heisigs anzusehen.

Heisig hatte schon früh seine Lektion erhalten. 17-jährig meldete er sich als Kriegsfreiwilliger an die Front, geriet schnell in die Waffen-SS und wurde verwundet. Der Krieg und die Bewältigung der eigenen Schuld sind die Hauptthemen seines Werks. Dazu Heisig 2005: „In meinen Bildern geht es mir um die Verstricktheit des Menschen in sein Schicksal. Ich bin oft gefragt worden, hätten Sie es anders gemacht, wenn sie noch einmal leben können. Ich kann nur sagen: Damals wusste ich es nicht besser. Eine meiner Bildfindungen heißt ›Der Pflichttäter‹. [...] Ich muss das Gestern verstehen, damit ich das Heute begreife. Wer nur im Heute lebt, geht besser zum Arzt oder zum Psychiater. Es gibt noch immer Krieg, obwohl alle sagen, das ist doch vorbei. Die sind blind. Nichts ist vorbei. Natürlich reizt mich es, das künstlerisch zu reflektieren. Ich kann doch nicht herumsitzen und in die Landschaft gucken, und draußen schießt man aufeinander. Zu dieser Art der Reflektion gehört die Beschäftigung mit der Geschichte. In den preußischen Bataillonen zum Beispiel gab es Schlachtformationen, und wer da drin steckt, musste mitlaufen. Hätte ich da drin gesteckt, wäre ich auch mitgelaufen. Das macht mir zu schaffen. Eine Art Lemmingverhalten." (Tagesspiegel, 21. 10. 2005) Heisig kämpfte noch 1945 in seiner Geburtsstadt Breslau: In „Unterm Hakenkreuz" (1973) malt er sich selbst als blutverschmierter Hitlerjunge am Maschinengewehr und spielt damit auf seine Verstrickung in der Waffen-SS an. „Festung Breslau" (1972/78) zeigt einen vor Angst zitternden Soldaten am MG, den Behelmten, der sich die Augen zuhält, einen Erhängten vor der verwüsteten Kulisse der Stadt. Immer wieder greift Heisig das Thema auf. In „Die Festung (dreiteilig)" (1979) tanzt auf dem linken Seitenflügel eine Nackttänzerin als Animierdame vor einem Soldaten, dem wegen eines Kopfschusses der Kopf verbunden ist. Auf dem rechten Seitenflügel jammert ein Armamputierter, blutverschmierte Gesichter zeigen Grausiges, auf der Uhr ist es fünf nach zwölf.

In „Ardennenschlacht" (1978/81) ist der Soldat nackt, das Gesicht im Schmerz verzerrt, im Angsttraum erscheint ein Panzer auf seinem Bauch, er hält seinen Tapferkeitsorden, ein schwarzes Kreuz, hoch, klammert sich daran. Am feuerroten Himmel erscheint ein Düsenjet, die erstmals eingesetzte „Wunderwaffe" Hitlers, ein Offizier schreit zum Angriff, Helme bedecken das Bild. Heisig nahm an der Ardennenoffensive teil, seine Stellungnahme gegen den Krieg ist eindeutig. In der Auseinandersetzung mit dem Preußentum differenziert Heisig aber. „Friedrich der Große" erscheint auf vielen Bildern nicht als der „Große" (wie ihn zum Beispiel Menzel glorifiziert), er wird als Getriebener, Irritierter und Verirrter dargestellt. Gewalt schafft Gewalt: Es ist eben nicht „alles so weise eingerichtet", wie das Spruchband in dem Gemälde „Christus verweigert den Gehorsam II" (1986/87) behauptet. Der Kreislauf von Gewalt, Leiden und Gehorsam muss durchbrochen werden. Da ist sich Christus sicher, reißt sich die die Dornenkrone vom Haupt: Schluss mit Erdulden. Die Erkennungsmarke weist Christus als Soldaten aus. Der Tod bindet dem Arzt links im Bild die Operationsmaske um, damit er die Verletzten wieder zusammenflicken und erneut in den Krieg schicken kann. Vorn im Bild markiert ein Soldat einen Jungen mit einem weißen Kreuz und kennzeichnet ihn damit für den Tod. In der Bildmitte skandieren Münder „Ja, Ja, wir leben noch", der Himmel ist schwarz-rot-gold eingefärbt. Der Kreislauf der Konfrontationen muss unterbrochen werden. Wir müssen uns selbst erlösen.

Heisigs Bilder sind dicht gedrängt, zusammengesetzt aus Bildern, Bildzitaten, Erinnerungsfetzen, Gegenwärtiges und Vergangenes wird durchmischt – und Heisig selbst ist immer mittendrin. Er identifiziert sich mit seinen Figuren, durchlebt sie selbst. Wie in „Das Atelier" (1979) oder seinen vielen Fassungen des Zauberlehrlings, die die gleiche Thematik und das gleiche Bildmobiliar aufweisen. In der Mitte sitzt nachdenklich der Zauberlehrling Heisig. Vorn übt ein Soldat Brutalität im Kampf mit einer Puppe, ein einäugiges weiß bandagiertes Monstrum mit schwarzen Würgefingern hängt von der Wand, dahinter küsst sich ein Paar vor dem Fenster mit Blick auf ein vom Himmel herabstürzendes Flugzeug, daneben eine Kasperlefigur, daneben der Turmbau zu Babel, dann kommt Ensors eigentümliche Gespensterwelt, davor ein Fernseher mit schreiendem Mund, davor ein Blasinstrument und eine Schelmenmütze. Rechts steht ein Akt vor einem Frauenbild und aus einem Uhrenkasten schaut skeptisch Heisigs Mutter. Die Uhr zeigt: Es ist kurz vor zwölf.

Heisig zeigt keine heile Welt. Wir müssen die Gegenstände, die aus eigener Kraft zu tanzen scheinen und vor unseren Augen ihr eigenartiges Spektakel vorführen, wieder in unsere Gewalt bekommen. Das gilt insbesondere auch für die Medienwelt, meint Heisig. In „Ende des Abendprogramms" (1982) wird Fußball gespielt, es trompetet, in einer Theateraufführung fliegt Ikarus, ein Pärchen umarmt sich. Dazwischen sausen Flugzeuge, Bomben krachen, der Turmbau zu Babel spaltet sich im Feuerpilz. Vorn sitzt fragend der Moderator mit einer Kerze in der Hand, unter ihm laufen Fernseher, die weit aufgerissenen Münder fordern auf: „Schlafen sie wohl." Oder es singt „Die Seeräuberjenny" (1980), verführerisch geschminkt und das Tanzbein schwingend. Hinter ihr gibt ein einäugiger Pirat Regieanweisungen, darüber thront der Direktor, der von merkwürdigen Fäden gelenkt wird: Die Medien in Ost und West gaukeln eine bunte Welt vor. Es ist auch unübersehbar, dass die handelnden Figuren von irrationalen Kräften bestimmt werden, bei denen Gewalt und Zerstörung dominieren: Ein Skelett tanzt, es wird Skat gespielt.

Es ist eine chaotische Welt, die nach Ordnung schreit. Heisig sieht die Gegenwart in Ost und West von Gewalt bestimmt, Lautsprecher dröhnen in vielen seiner Bilder. Rechthaberei übertönt auch die Sprache der Verständigung, der Liebe, der Humanitas. Aber Heisig wagt sich auch an das Landschaftsbild, an Stillleben mit Blumen und an das Porträt: „Mir ist nicht verständlich, dass manche erklären, das Porträt sei tot. Wenn man da bedenkt, dass es auf der Welt nicht zwei Gesichter gibt, die einander gleichen. Die Darstellung des unverwechselbar Einmaligen, wie kann das tot sein? Aber es ist schwer zu machen, und mit modischen Aufgeregtheiten kommt man der Sache nicht bei." (Brusberg, S. 8) Heisig malt oft seine Mutter, die seinen Bildern skeptisch begegnet und 1970 den Brigadier. Er zeigt ihn nicht als sozialistische Stereotype sondern als individuelle Persönlichkeit. 1983/84 porträtiert der DDR-Nationalpreisträger Heisig den damaligen Bundeskanzler Helmut Schmidt, der ihn im Atelier besuchte. Schmidt lächelt selbstbewusst, skeptisch, ironisch, Totenköpfe grinsen ihn an. Dazu nimmt Heisig Bildzitate aus „Christus verweigert den Gehorsam II", 1986/87: Links erscheint der Tod, der dem Arzt die Atemmaske umbindet, rechts Christus, der sich die Dornenkrone vom Kopf reißt. Heisig mahnt: Unterbreche den Kreislauf der Gewalt. Du musst dich entscheiden, entweder der Todesarzt zu sein oder Christus, der den Gehorsam verweigert.

Heisig kritisiert vor allem die Verengung der Parteidoktrin auf das Ökonomische, auf die Steigerung der Produktivität und die Missachtung der großen menschlichen Themen. Die Menschen müssten mit ihren Ängsten ernst genommen werden. Malerei habe zu tun mit dem Sinn des Lebens und des Todes. Deshalb würden viele Künstler (und er ja auch) auf die christliche Mythologie zurückgreifen, weil dort das Existentielle, das Schicksalhafte angesprochen werde. „Wenn ich über den Sinn des Lebens nicht nachdenken kann, weil die Umgebung sofort hysterisch reagiert, dann kann ich keine großen Bilder malen." „In eigener Verantwortung" müssten sich die Künstler mit diesen Existenzfragen und auch mit Einflüssen der westlichen Moderne auseinandersetzen.

Tübke: „Es bleibt alles so, wie es niemals war"

Werner Tübke (1929 - 2004) ist der unmodernste moderne Künstler. Viele seiner Zeichnungen erinnern an Grafiken von Breughel, Tintoretto oder Veronese. Tübke vertieft sich in die Bilderwelten der Vergangenheit und will sie für die Gegenwart nutzen. „Die Fülle des seit Jahrhunderten und mehr akkumulierten Wissens im bildnerischen Bereich ist ja riesig groß. Arbeitet man sich dort nicht durch, bleibt nur Dilettantismus." (Beaucamp 2004, S. 13) Tübke will kein „moderner" Künstler sein, für ihn ist nicht das Finden neuer Formen das Wichtigste, er ist auf der Suche nach bildnerischem Wissen, Bilder-Inhalten, Bild-Aussagen. Er wird bei Delacroix fündig, bei El Greco und anderen alten Meistern. Wenn deren Aussagen bis ins Heute reichen, noch volle Gültigkeit besitzen: Warum muss dann eine neue Form gefunden werden? 1978 formuliert er in einem Zeitungsinterview seine nur auf den ersten Blick widersprüchlich erscheinende Auffassung: „Heute erscheint es mir wichtig, die Fähigkeit für die Utopie zu besitzen, auch die Fähigkeit zur Utopie nach rückwärts. Ich scherze mitunter: ›Es bleibt alles so, wie es niemals war‹ – und meine es ernst." (ebd., S. 10) Was ist in der Vergangenheit als Utopie, als Hoffnung angelegt? Hat sie sich erfüllt? Warum nicht? Sicherlich gibt die Zeitachse einen kontinuierlichen Prozess vor, aber keinen determinierten, schon gar keinen Automatismus zum Höheren, Besseren, Schöneren, Fortschrittlicheren. Tübke wagt Blicke in die Folterkammern der katholischen Inquisition, er versucht die Mechanismen der Nazi-Konzentrationslager, ihrer Akteure und der Leidenden, bildnerisch zu begreifen und bewertet die Gegenwart. Dem Betrachter bleibt es überlassen, auch andere Inquisitionen in die Überlegungen mit einzubeziehen und auf ihre Vergleichbarkeit hin zu überprüfen.

Tübke schreckt schon früh vor großen Themen nicht zurück. Im Titel „Weißer Terror in Ungarn" (1957) kennzeichnet er den Ungarnaufstand als „Konterrevolution". Die da kopfüber an Bäumen aufgehängt oder zu Tode geschleift werden, sind aber nicht die Aufständischen sondern die „Weißen", die Akteure der Geheimpolizei. Gewalt erzeugt Gewalt, konstatiert der Künstler. Im Jahre 1961 macht sich Tübke an den Zyklus zur Geschichte der deutschen Arbeiterbewegung. Tübke präsentiert auf dem dritten Triptychon die Arbeiterführer, den Hamburger Funktionär Jonny Schehr, den Parteichef Ernst Thälmann und Walter Ulbricht, wie sie hoch oben erhaben auf einer Bühne stockesteif ihre Hände zur Faust ballen und die Augen verschließen. Das Volk kümmert sich nicht um sie. Die Parteifürsten werden sogar noch durch streng dreinblickende Parteiwächter abgeschirmt. In dem rechten Bild lässt sich Hitler mit Hindenburg von einer begeisterten Menge feiern, es lodern auch schon Bücher im Feuer. Im linken Bild brennt der Reichstag lichterloh. Die Akteure legen ihre bürgerliche Verkleidung ab und zeigen ihre Naziuniformen. Das ist Stellungnahme und Kritik zugleich. Mit ihrem Dogmatismus habe die KPD die braune Gefahr verkannt und die Sozialdemokraten zu Hauptfeinden gestempelt.

Tübke wurde vom Zweiten Weltkrieg – und vor allem dessen Folgen – tief geprägt. Als 17-Jähriger wurde er verdächtigt, einen sowjetischen Major erschossen zu haben. Er musste eine achtmonatige Folterhaft erleiden. Das Mitfühlen mit den Gepeinigten, Geschundenen ist zentral für sein Werk. Zunächst zieht Tübke in dem Bild „Lebenserinnerungen des Dr. jur. Schulze III“ (1965) eine pessimistische Zwischenbilanz für die erste Hälfte des Jahrhunderts. Da sitzt der Richter überlebensgroß in seiner roten Robe mit weißem Pelzkragen, eine mechanische Chirico-Puppe, seinen Kopf halten eine Röhre und Drähte. Der oberste Richter über die Vergangenheit in Ost- und Westdeutschland ist mit Drahtseilen festgezurrt, er ist ein Relikt der Nazi-Zeit. Gequält lächelnd schaut er in die linke untere Bildhälfte: KZ-Häftlinge sind eingepfercht in Holz-Schlafgestelle, dort agieren Henkersknechte mit Hakenkreuzarmbinden, ein abgemergelter Mann wird gerade erhängt. Aber es gibt auch einfache Polizisten, die Gewalt ausüben. Eine schwangere Frau in grün-gelbem Mantel geht sorgenvoll nach vorn, andere diskutieren: Hier ist das Leben von Gewalt geprägt. Eine zerstörte Stadt zeigt sich in der linken Bildhälfte am Horizont. Hoch ragt der marode Turm zu Babel in den Himmel. Zu Füßen des Richters und rechts auf der Veranda schwelgt die bessere Gesellschaft im Luxus, im Sex, im Müßiggang. Die aufgespießte Weltkugel demonstriert: Hier werden die Geschäfte gemacht, hier wird die Welt aufgeteilt. Ein Junge im Matrosendress zeigt, dass schon wieder kleine Diktatoren herangezüchtet werden. Nur diese Elite hat Zugang zu dem Garten, zu der idyllischen Landschaft, zu der Jagdgesellschaft. Das ist nicht nur eine Kritik an den Vorgängen in der Bundesrepublik, wo die Auschwitz-Prozesse ab 1960 die Öffentlichkeit erregten und die Frage des Umgangs mit der jüngsten Vergangenheit stellten. Bekannt waren die Jagdleidenschaften von Honecker und anderen DDR-Größen. Der Berg rechts im Bild ist der Hotelberg des Schwarzmeerbadeortes Suchumi, wo sich die SED-Funktionäre luxuriös erholten. Zu den Füßen des Richters – genau an der Trennlinie zwischen Grauen und Luxus – liegt die Zauber-Glaskugel: Sie verspricht Liebe. Davor zerrinnt die Zeit. In der oberen Hälfte der Sanduhr ist kaum noch Sand. Vorn im Bild verrät ein Grabstein mit einer Taube und einem im Picasso-Stil gezeichneten Frauengesicht, wer hier mit einem Kranz geschmückt begraben liegt: der Frieden, die Freiheit, die Kunst. Eine kleine Spielzeug-Gliederpuppe auf der Treppe ist der Harlekin, der Narr, der Künstler. Der Narr, der den Herrschenden die Wahrheit sagen darf, ohne gleich dafür gehenkt zu werden, ist die Lieblingsfigur Tübkes, der Narr ist zugleich der Schmerzensmann.

Tübke stellt die für ihn offene Frage: Wer richtet hier mit welchen Kriterien über die Vergangenheit? Werden Lehren gezogen? Weichen die jetzt gegebenen Handlungsanweisungen von denen der Geschichte ab? Die Vergangenheit ragt mächtig in die Gegenwart hinein, stellt Tübke fest. Die Engel wurden schon immer den Armen versprochen. Auf dem Baum des erduldenden Leidens wächst nur ein neuer Unterdrücker. Welches Heilsversprechen soll uns in der Gegenwart ablenken? Was machen wir? Bauen wir die KZs zu neuen Vorstadt-Wohnsilos um, in denen man eingepfercht hoffnungslos die Zukunft abwartet, errichten wir neue Türme zu Babel, erfinden wir neue Engel, die uns die Freiheit verheißen oder vorgaukeln?

Ist die Utopie der Vergangenheit die Zukunft?

Tübke macht sich Ende der 70er Jahre an die Arbeit an seinem riesigen, 13,90 Meter hohen und 123 Meter im Rondell messenden Wandgemälde „Frühbürgerliche Revolution in Deutschland“, besser bekannt als „Bauernkrieg 1525“, in Bad Frankenhausen. Mehr als zwölf Jahre arbeitet er an diesem DDR-Staatsauftrag. Die Auftraggeber erhoffen sich ein würdiges Denkmal für die frühbürgerliche Revolution, die nach offizieller Lesart den ersten Aufbruch in die sozialistische Zukunft darstellt. Revolutionen seien die Lokomotiven der Geschichte, meinte Rosa Luxemburg. Der Bauernkrieg war demnach der Auftakt zur Befreiung des Menschen von jeglicher Unterdrückung.

Tübke macht aus dem Denkmal ein „Denk mal“. Der Mittelteil zeigt die Schlacht bei Bad Frankenhausen von 1525, es ist Sommer, ein riesiger Regenbogen überspannt den Kampf. Das ist der erste Trugschluss, mit dem Tübke aufräumt: Nach der biblischen Symbolik steht der Regenbogen für das Bündnis Gottes mit dem Menschen. Hier aber spielt sich gerade das Gegenteil ab.

Im Namen Gottes kämpfen die Bauern dafür, dass auch auf Erden alle Menschen gleichgestellt werden, da sie doch auch vor Gott alle gleich seien. Die Bauern kämpfen für die Freiheit, wie die Fahne am rechten Ende des Regenbogens demonstriert. Dort ist Justitia auf der Erdkugel platziert. Sie praktiziert allerdings mit dem Schwert in der Hand das weltliche Recht des Stärkeren. In der Bildmitte am Horizont stürzt Ikarus in einem Heiligenschein vom Himmel in den Tod: Er hat das Unmögliche versucht. Unter ihm hat der Revolutionär Thomas Müntzer im Talar schon die Bundschuh-Fahne gestreckt. Mit ihm werden über 6000 Aufständische hingeschlachtet - nur ganz wenige Kämpfer der Adelstruppen finden den Tod. Doch in Tübkes Bild fließt kein Blut. Er demonstriert den Kampf der Bilder. Unter Thomas Müntzer, in der Bildmitte am unteren Bildrand, befindet sich der „Lebensbrunnen" mit einer roten Kugel in der Mitte, umrahmt von roten Seerosen. Ein Versprechen für Zukünftiges? Um den Brunnen herum sind die Geistesgrößen der Zeit gruppiert: Hans Hut, Melchior Rinck, Hans Sachs, Peter Vischer, Veit Stoß, Tilman Riemenschneider, Jörg Ratgeb, Albrecht Dürer, Martin Luther, Lucas Cranach, Sebastian Brant, Philipp Melanchton, Erasmus von Rotterdam, Ulrich von Hutten, Nikolaus Kopernikus, Paracelsus, Kolumbus, Johann Gutenberg, Bartholomäus Welser und Jakob Fugger. Sie schauen den Betrachter fragend an: Reform oder Revolution? Viele der hier Versammelten, vor allem die Maler, haben sich auf die Seite der Revolution geschlagen – auch heute noch eine aktuelle Frage. Jörg Ratgeb wird gevierteilt, Riemenschneider stirbt an den Folgen der Folter, Dürer wird als Bürger Nürnbergs nicht verfolgt. Kopernikus, Paracelsus und Gutenberg stehen für die Entwicklung der Wissenschaften, prägend bis heute. Tübke nimmt auch den Entdecker Kolumbus und die „Kapitalisten" Welser und Fugger mit in das Bild der Größten: Für sie stellt sich das Problem der Revolution nicht: Erschließung der Welt, Handel und Globalisierung ist ihr Metier. Tübke stellt fest, das sei auch heute noch eine bedeutende, noch immer nicht gelöste Aufgabe.

Tübkes riesiges Rundbild – wird behauptet – habe weder Anfang noch Ende: Die Geschichte sei die ewige Wiederkehr des Kampfes in immer neuen Variationen, das Gepoker um Herrschaft. Einspruch. Das Bild hat ein eindeutiges Zentrum: den Lebensbrunnen. Hier werden die Personen namentlich benannt, die für Tübke wegweisend, für die Zukunft wichtig sind – der Revolutionär Thomas Müntzer ist nicht unter ihnen. Müntzer setzt auf Gewalt; Gewalt und Revolution scheiden aber als „Lokomotiven der Geschichte" aus, das beweist auch der Ausgang der Schlacht. Luther ist unter den Hoffnungsträgern am Brunnen, er taucht öfter in dem Wandbild auf, als Vermittler janusköpfig oder als Gegner des Papstes, der auch die Gewalt verkörpert. Zwei Herrscher werden in dem Bild (aber nicht am Brunnen) namentlich benannt, Pilatus und Karl der V.: Sie bemühten sich um Vermittlung, sind eigentlich tragische Figuren. Die Hoffnung liegt auf der Entwicklung der Kunst als Handwerk, der Wissenschaften und des Handels – Tübke bezieht Welser und Fugger ausdrücklich in den Kreis der Wegweisenden mit ein. Sein Selbstbildnis hat Tübke neben der Buchdruckerwerkstatt platziert. In einer anderen Szene bewertet er den Niedergang des Handwerks als Verfall.

Tübke positioniert sich klar gegen den Papstherrscher und die Mächtigen der Welt, der Papst paktiert mit dem Teufel. Schon zum „Anfang", im Winter, zeigt sich der Papst mit Eselsohren im nächtlichen Himmel, umgeben von einer Gloriole aus Teufelsgetier und gekrönten Häuptern. Dieser scheinheilig Betende wird verantwortlich gemacht für die Folterungen, für die Knechtungen im Namen des Kreuzes. Was spielt sich nach dem Zusammenfall des Turmbaus zu Babel ab? Eine Gruppe mit einer nackten Frau im Fass feiert vor den Ruinen dieses Labyrinths. Davor kauert eine andere Gruppe mit einem Schmetterlings-Fabelwesen und der Aufschrift „Ira", die Gruppe ist zornig aber etwas ratlos. Aus der Tür des Turms tritt ein Kaufmann. Davor predigt der Revolutionär Thomas Müntzer einer gläubig-ungläubigen Gemeinde die Geburt des neuen Menschen, des freien Menschen. Der befindet sich im Bauch des vor ihnen schwebenden blauen Wunderfischs. Dieser neue Mensch ähnelt aber mehr den Wunschvorstellungen der Alchemisten. Es ist ein neuer Glaube, mehr Astrologie als Wissen, behauptet Tübke. Ein Schwall aus dem blauen Fisch lässt die alte Welt untergehen. Ein Ei inmitten der Schneemassen vor dem Turm verdeutlicht: Es ist verdammt kalt für die Geburt des Neuen. Ein Ei braucht Wärme, damit die Schale platzen kann.

Inzwischen verkündet ein Engel in merkwürdiger Teufelsgestalt – mit der Friedenspalme wie einer Peitsche in der Hand – dem rot gekleideten Bauern, als Heiligenfigur gekennzeichnet, dessen revolutionäre Mission (wie einst der Engel Maria die Geburt Christi prophezeite): Der Bauer solle endlich begreifen, dass die Erde eine Kugel ist. Globales Denken, globales Handeln ist erforderlich. Die Kugel hat sich dem menschlichen Geist bisher nur einen sehr kleinen Spalt geöffnet. Aber das Auge des Künstlers, das blaue Dreieck Tübkes, scheint oben in der Kugel schon durch. Die Erde ist keine Scheibe, in dem die Menschen um den Berg Golgatha als Zentrum gruppiert sind, wie der Papst behauptet, der deshalb von den Teufeln am Kreuz gequält wird. Aber der Bauer ist entsetzt. Er will seine Mission nicht annehmen und die Welt als gestalt- und veränderbar begreifen. Es gibt auch an anderer Stelle des Gemäldes eine kleine Gruppe von Revolutionären, die vom Geist des Bundschuhs erleuchtet sind, denen – wie den Jüngern Christi zu Pfingsten – Flammen der Erkenntnis über ihre Köpfen gemalt sind. Ob es nun Flammen der Erkenntnis oder des Fanatismus sind, lässt Tübke offen, denn vor ihnen flüchten andere. Links von dieser Szene klagen neun Musen über den Sündenfall, Adam und Eva beackern anschließend den Menschenfeld. Dann erschlägt Kain seinen Bruder Abel. Hier ist kein Fortschritt der Menschheitsgeschichte zu erkennen. Wie in der Schlacht zu Frankenhausen die Bauern abgeschlachtet werden, sticht auch Kain seinen Bruder tot.

Wie geht es nun weiter? Engel schütten den Zorn der Geschichte über die Herrschenden, den Papst und über Reitergestalten. Aus diesen blau-violetten Farbschwaden formt sich eine blaue Wolke, in deren Mitte ein rotes Menetekel erscheint: der Schrei des Protests gegen die Ungerechtigkeit. Wohlhabende stehen vor diesem Wunder und fragen sich, was es zu bedeuten hat. Der Künstler-Narr tippt sich (links unten) an den Kopf und rennt weg. Rechts im Bild spielen die Mächtigen der Welt – der Klerus, am hinteren Tisch Karl der V. – um Einfluss und Macht. Tübke zeigt damit: Daran hat sich bis heute nichts geändert. Und was passiert mit den „Roten"? Der Künstler-Narr, der die Wahrheit verkünden kann, ohne dafür gehenkt zu werden, erklärt zum Schluss, unter dem Galgen stehend, an dem ein rot Gekleideter hängt: So ist es, da kann man nichts machen. Oder wie schon die Bibel prophezeit: Wer das Schwert erhebt, wird durch das Schwert umkommen. Tübke vollendet das Bild 1989, vor dem Fall der Berliner Mauer.

Dieses Bild wurde wie kein anderes kontrovers diskutiert. Der Maler" habe in einem gewaltigen Historienbild eine Sixtinische Kapelle der DDR im Sinne von Shdanow und Stalin gestaltet. Das sei manieristisches Marionettentheater mit viel Personal. Die Rechnung der Parteioberen ging jedenfalls nicht auf, die vorgab, Tübke solle mit der Darstellung der frühbürgerlichen Revolution die „historischen Kenntnisse der Bevölkerung, besonders der Jugend, vertiefen sowie der patriotischen Erziehung" für das sozialistische Vaterland dienen. Andere meinen, Tübke sei seinen Weltuntergangsstimmungen nachgegangen und habe eher ein „Grabmal" der frühbürgerlichen Revolution gestaltet, wenn nicht gar ein „Mal-Grab" für den Künstler selbst. Nein, Tübke hat ein großartiges Panorama gegen Fanatismus und Gewalt, für eine friedliche Entwicklung der Künste und der handwerklichen Arbeit gemalt und sich selbst ein Denk-Mal gesetzt. Er räumt mit den Utopien von gestern und vor-vor-gestern, die auf Gewalt setzen, gründlich auf.

Mattheuer: Freiheitsslogans sind Werberummel

Wolfgang Mattheuer (1927 - 2004) ist ein aufgeschreckter Landschaftsmaler. Er liebt seinen Garten, sein einsames Haus, seine Abgeschiedenheit, seine vogtländische Heimat. Er schätzt Caspar David Friedrich, die träumerische Versunkenheit in den Idyllen der Natur. Er wandert gern und seine Bilder wandern mit. Doch er ist ein Bürger des 20. Jahrhunderts, er muss in der Stadt

Leipzig arbeiten. Er erlebt mit, wie immer mehr Straßen seine Landschaft durchschneiden, wie immer mehr Fabrikschlote in den Horizont hineinragen und den Blick versperren. Mattheuer sieht die Einheit mit der Natur gefährdet. Er wird zum Kritiker der Industrialisierung, er sieht seine Harmonie schwinden. Als die Schriftstellerin Christa Wolf ihn im November 1989 auffordert, einen Aufruf für eine eigenständige Entwicklung der DDR zu unterschreiben, antwortet er: „[...] weil ich ganz und gar für unser Land bin, für Sachsen, Thüringen usw., kann ich euren Aufruf nicht unterschreiben. [...] Fühlte ich mich in meinem Land nicht so tief verwurzelt, wäre ich schon vor vielen Jahren dem DDR-Elend entronnen. Der Staat DDR, der SED-Staat, hat unser Land, mein Land fast irreparabel kaputtgemacht. Aus diesem Elend heraus eine sozialistische Alternative entwickeln zu wollen, ist ein weltfremder und gefährlicher Traum." (Mattheuer, S. 46) Mattheuer argumentiert in erster Linie aus ökologischer Sicht, er ist gegen das weitere Wachsen der Schlote und Fabriken. Fast immer tauchen seine Landschaftsbilder tief in die Romantik ein, sie leben von der Sehnsucht nach Harmonie, nicht immer sind sie frei von Kitsch, manchmal gleiten sie sogar in einen unverstandenen Naturalismus ab.

Seine besten zeitkritischen Bilder gelingen Mattheuer dort, wo er sich mit einem Thema prägnant – schon fast schemenhaft verkürzt – auseinandersetzt. Das Bild „Die Ausgezeichnete", 1973/74, ist klar strukturiert, die Aussage ist auf den ersten Blick erfassbar, zeigt nur die ausgezeichnete Bestarbeiterin als alte, bescheidene, kaputt geschuftete Frau mit vier, fünf Tulpen vor sich auf dem ansonsten leeren weißen Tisch. Die Einsamkeit und Armut stehen in krassem Kontrast zu der Auszeichnung. In „Kain" (1965) sieht man Kain mit dem Messer in der Hand aus dem Bild stürzen, sein erstochener Bruder erhebt sich noch einmal aufbäumend zum Himmel. Eine Frau links im Hintergrund beobachtet die Szene und beschwichtigt ein erschrecktes Kind. Die Ikarus-Bilder von Mattheuer zeigen den gestürzten Helden meist reglos am Boden liegen. Damit erschöpft sich schon die Bildaussage: Einer, der viel wollte, ist gescheitert. Mattheuer versucht die Fortschrittsgläubigkeit, die in der ersten Mondlandung Gagarins „den" entscheidenden Schritt der Menschheit nach vorn sieht, zu kritisieren. Das gelingt ihm aber nicht durch sein Bild, sondern erst mit dem erklärenden Kommentar dazu. Im Bild „ Jahrhundertschritt" (1987) macht er sich nur sehr vordergründig lustig: Der weit nach vorn ausholende Fuß ist der zum Rotfront-Kämpfergruß geballten Faust zugeordnet und naturalistisch gemalt. Der nach hinten sich abstützende Fuß ist abstrakt schwarz, er ist verbunden mit dem abstrakt dunklen Hitlergruß. Rot gegen Braun, dieser Konflikt kennzeichnet nach der Meinung Mattheurs das vergangene Jahrhundert. In „Verlorene Mitte", 1982, taucht die gleiche Symbolik vor der vogtländischen Landschaft auf. In anderen Variationen wird die Farb-Form-Symbolik verdreht, der abstrakte Gruß wird mit dem naturalistischen Fuß verbunden. Die Aussage beinhaltet eine verkürzte Symbolik für den Totalitarismus. Kann das Thema so verkürzt aufgearbeitet werden? Am überzeugendsten geraten die Bilder mit gleichartiger Thematik, aber mit anderem Schwerpunkt. Sie haben dann auch einen anderen Titel: „Alptraum" (1982) oder „Aggression" (1981).

Mattheuer ist der DDR-Maler, der den Utopie-Versprechungen des realsozialistischen Staates am überzeugendsten widerspricht. Sein Bild „Horizont" (1970), prangert spießige Engstirnigkeit, dogmatischen Bürokratismus und den Überwachungsstaat an. Big brother is watching you zeigen die Bilder in der Zeitung. Bildbestimmend ist der Spitzel, der Telefone abhört und Privates überwacht, ein großes Ohr symbolisiert die Lauschattacken. Ja, am Horizont ist eine frohe Zukunft versprochen, aber aus dem Mund des Sohnes des Spitzels sprudeln nur vorgefertigte Zeitungs-Phrasen. Mattheuer nimmt konfliktreich Abschied vom Ikarus, der mythischen Figur, die enthusiastisch vieles erreichen wollte, und dabei tragisch in den Abgrund stürzte. Gemälde wie „Sturz des Ikarus II" (1978) und „Zwiespalt" (1980) zeigen die verzweifelte Lage. Sein Triptychon „Immerwährende Hoffnung" (1979/82) verdeutlicht die tief sitzende Skepsis: Die einzelnen Bilder „Eingeschneite Aktion", „Des Knaben Traum" und „Aggression" besagen, dass der schöne Traum in der realsozialistischen Wirklichkeit schon längst ausgeträumt ist. Doch 1989 keimt die Hoffnung erneut auf „Ikarus erhebt sich".

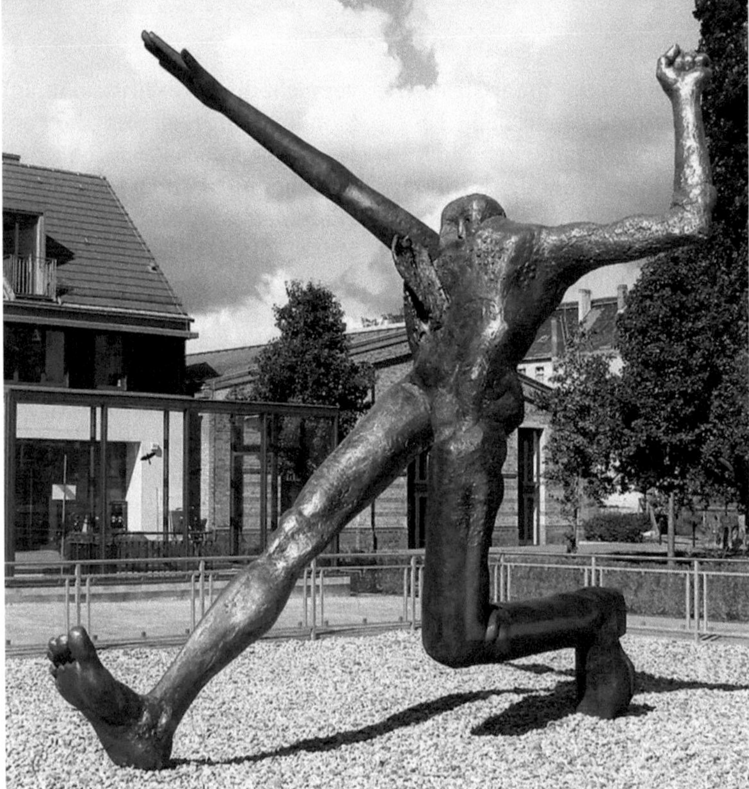

Bronzeplastik „Jahrhundertschritt" von Wolfgang Mattheuer. Die Plastik war im Sommer 2012 auf dem Hof des Kutschstalls in Potsdam ausgestellt. Sie stammt aus der Sammlung von Hasso Plattner, Foto: Lutki, CC BY-SA 3.0

Das 1993 gemalte Bild „Hinter den 7 x 7 Bergen" demonstriert, dass sich mit der Eingliederung der DDR in das politische System der Bundesrepublik für Mattheuer nichts zum Besseren geändert hat. Es nimmt Bezug auf das 1973 entstandene Bild „Hinter den sieben Bergen". In dem Bild von 1973 schlängelt sich eine zweispurige Straße, die von wenigen Autos frequentiert wird, endlos durch Wiesen und Wälder. Am Horizont, hinter den sieben Bergen, erscheint die Verheißung der Freiheit, eine barbusige Frau mit fünf bunten, mit heißer Luft gefüllten Luftballons. In Mattheuers Bild von 1993 ist die Straße achtspurig voll mit stinkenden Autos, überall versperren Hochhäuser die Sicht. Die Verheißung der Freiheit ist als Reklamerummel vervielfacht. Während 1973 noch auf den Verkehrsschildern ganz klein „Eia Popeia" geschrieben steht, dröhnt das jetzt in der Leuchtreklame von den Betonburgen. Auch das Bild „Nichts Neues im Neuen Jahrhundert" (2002) vermittelt tiefe Resignation: Ein Mensch liegt a gebrochen. Ein Mensch liegt auf dem Bauch am Boden wie vom Kreuz gerade abgenommen, er brennt lichterloh. Ein rote Linie führt aus dem Bildrahmen kommend zu dem am Boden Liegenden. Das ist der rote Faden, der aus dem vergangenen Jahrundert kommt. Ebenso rot schimmert es unter dem Brustkorb: Blut. Die Menschen um ihn herum sind verzweifelt. Die Sonne brennt schwarz am Horizont, Schattenflugzeuge am dunklen Himmel hetzen Menschen.Und doch hält Mattheuer an seiner Utopie einer huma- nistischen, friedlichen Welt fest, denn sonst könnte er nicht so bildgewaltig die Missstände kritisieren, die noch aus den vergangenen Jahrhunderten herrühren und im Heute Wege versperren.

Das Ende einer „sozialistischen Nationalkultur"

Die Ausbürgerung Wolf Biermanns 1976 war die einschneidende Zäsur in der DDR für die intellektuelle und künstlerische Elite. Über 150 prominente Künstler, Schriftsteller, Philosophen unterzeichneten die Protestnote gegen die Ausbürgerung. Hatte bis dahin eine eine Art Stillhalteabkommen gegolten (Kritik wurde geduldet in einem gewissen Rahmen und innerhalb gewisser Regeln), kam es jetzt zur Konfrontation. Viele Künstler nahmen jetzt kein Blatt mehr vor den Mund, eine Ausreisewelle trocknete die geistige Kultur der DDR aus. Karin Thomas stellt richtig fest: „Am Ende der siebziger Jahre ist die DDR-Kultur als Projekt einer sozialistischen Nationalkultur endgültig gescheitert." (Thomas, S. 288)

Lange Aufgestautes, in künstlerischer Akribie lange Vorbereitetes brach jetzt als Wunde offen auf. Die größtenteils in der DDR geborenen Söhne wagen den Aufstand gegen Vater Staat. Nicht nur die Nachfolgegeneration der Leipziger Schule wie Hartwig Ebersbach, Hubertus Giebe, Sighard Gille, Ulrich Hachulla, Wolfgang Peuker, Arno Rink, Volker Stelzmann oder Heinz Zander meldet sich bildgewaltig zu Wort.

Am expressivsten bringt **Hartwig Ebersbach** (* 1940) die innere Not, seine persönliche Krise zum Ausdruck. Er präsentiert sich im „Selbstbildnis mit Freunden" im Adamskostüm. Seine Mitte, sein Bauch ist blutrot verletzt. Links neben ihm bedroht ihn ein roter Vogel. Er selbst brennt lichterloh. Links neben ihm hält eine vermummte Frau eine Glaskugel, die ihm die Zukunft weissagen wird. Es ist seine Schwester, die in den Westen ausgereist ist. Das Ich ist im Zwiespalt. Verbrennt die Zukunft? Er fühlt sich ausgeliefert. Auch andere Freunde hatten schon die DDR verlassen. Er hatte das Bild als Triptychon gemalt, die beiden Seitenteile hat er vernichtet. 1973 hatte Ebersbach mit seinem „Kaspar – Abwicklung eines Porträts I" in fünf Teilen seine Zwiespältigkeit und Zerrissenheit als Zähne fletschender, grinsender, die Augen verschließender, melancholischer, resignierender Harlekin gezeigt, ein Bild, das Anpassung und Protest zugleich demonstriert. Nicht nur seine Zipfelmütze auf dem Kopf biegt und verdreht sich.

Die Kernfigur des sozialistischen Realismus, den positiven Helden der sozialistischen Arbeit, hatte **Sighard Gille** (* 1941) mit seinem Diptychon „Brigadefeier – Gerüstbauer" (1975/77) demontiert. Seine mit nacktem Oberkörper in gleißender Sonne schuftenden Gerüstbauer triefen vor Schweiß, ihre Bierbäuche verweisen auf die Brigadefeier. Diese zeigt die Arbeitskollegen in alkoholisiertem Zustand, sie tanzen und schwofen offenbar nach Westmusik, sie genießen die üppigen Torten, sie umarmen sich, die Zigaretten qualmen, die Gläser klingen. Diese Bilder sind aus dem realsozialistischen Leben gegriffen. Sie gehen ironisch mit einer Prise Sarkasmus auf Distanz zu den politischen Malvorgaben.

Auch **Volker Stelzmann** (1940) stößt schon 1971 mit seinem „Schweißer" das Arbeiterdenkmal vom Sockel. Klobig steht er da, unbeholfen, zweifelnd schaut er den Betrachter an. Er ist sich seiner Rolle als Held der Arbeit nicht mehr bewusst. Er arbeitet. Punkt, mehr nicht. Im Sozialismus der Hoffnungen ist der Alltag eingekehrt. 1978/79 malt Stelzmann die „Kreuzabnahme". Christliche Bilderwelten, religiöse Symbolik werden als Kommentare zum Zeitgeschehen bemüht. Christus wird als Leidender, als geschundene Kreatur dargestellt. Eine Gestalt in moderner Kleidung begutachtet das Gesicht des Gekreuzigten, ob er denn wirklich tot sei. Ein anderer hängt noch am Kreuz. Das Heilsversprechen, das mit dem Tod des Erlösers die Menschheit gerettet wird, wird nicht eingelöst. Die Utopie ist gestorben. In gleicher Weise desillusioniert nimmt der Künstler in „Für R. D." (1981/82) zur rebellierenden Studentenbewegung in der Bundesrepublik Stellung. Das Bild zeigt einen Mann, der in eine Badewanne schaut, in der offenbar (nicht sichtbar) der an den Spätfolgen eines Attentats gestorbene Revolutionär der 68er Rudi Dutschke liegt. Die Utopie ist gestorben.
Auch Stelzmanns Pietà (1981) zeigt zwei im Leiden vereinte Menschen, Maria mit geschlossenen Augen in Trauer und den toten Christus. In altmeisterlicher Technik spielt der Künstler mit Farbe und Licht. Erlösung ist nicht zu erwarten. Das ist Stelzmanns Thema: die Einsamkeit des modernen Menschen, das Zurückgeworfensein auf sich selbst. Wie wir uns auch maskieren, in welcher Pose wir uns zeigen, in welcher Gesellschaft wir uns bewegen, Stelzman stellt die Frage nach dem existenziellem Sinn. Er beantwortet die Frage nicht. Beaucamp schreibt: „Stelzmann schildert schon in den siebziger Jahren – manchmal drastisch, manchmal verdeckter – Szenen einer wilden Jugend im Osten wie im Westen, er zeigt soziale Konflikte und Deformationen, abgründige Einsamkeiten, Konflikte, Ausbrüche der Gewalt. Der Maler hatte als Beobachter im Osten wie kein zweiter an den politischen Umbrüchen im Westen, besonders an den Turbulenzen der 68er-Generation teilgenommen. Er verfolgte und malte das Baader-Meinhof-Drama bis zum kollektiven Selbstmord

in Stammheim, betrauerte in einem Epitaph Dutschke, widmete Serien von Bildern den latenten wie den offenen Anarchisten, den Demonstranten und „Amokläufern" (so ein Bildtitel), der Apo samt knüppelnder Polizei, den Rockern und Punkern und mischte sich mit seinem Selbstbildnis und den Porträts seiner Freunde unter sie. Diese Bilder muten im Rückblick wie Prophetie an. Sie nahmen die Straßen-Demonstrationen und das revolutionäre Aufbegehren von 1989 vorweg. [...] Ihn bewegt auf vielfach exaltierte Weise der Mensch selber – der Täter und das Opfer und die vielen Statisten. Dabei machte er sich die Maxime von Dix zu eigen, dass Künstler nicht bessern und belehren, sondern radikal bezeugen sollen, ja dass sie die ›Sünde‹ nicht verstehen und darstellen können, wenn sie diese nicht selbst begangen haben." (Beaucamp, S. 13)

Verbissen, verbittert äußert sich **Hans-Hendrik Grimmling** (* 1947) zur Lage. Sein Triptychon „Die Umerziehung der Vögel" von 1978 zeigt im mittleren Bild einen großen Vogel mit breiten Schwingen, der von drei Männern (zwei davon haben ganz schwach ausgeprägte Flügel) daran gehindert wird zu fliegen. Auf dem linken Bild drangsalieren zwei Männer einen Vogel und behindern ihn in seinem Gesang. Auf dem rechten Bild stürzt Ikarus zu Tode. In seinem Bild „Schuld der Mitte" (1982) verknoten sich die Gliedmaßen von Menschen, behindern sich, zwischenmenschliche Kommunikation, Freiheit sind nicht möglich. In „Ikarus zu Hause" fordert er in bitter-bösem Bild-Vokabular persönliche Freiheit. Ein Reiseantrag nach Frankreich wurde abgewiesen. Er sitzt als Ikarus, der fliegen will, gefesselt auf einem Stuhl. Unter ihm liegt ein Schrift-Teppich, auf dem bruchstückhaft „gehen wird ... stören ...erschüttern ... Kraft hast" steht. Vor ihm verschränken sich zwei Hände – auch das SED-Parteiabzeichen ziert zwei Hände. Hinter ihm an einer Häuserwand erscheint ein drohender Mund, der die Zähne fletscht. Der erscheint im rechten Bild wieder, er gehört zu einem Gesicht mit sehr großen Augen, die Staatssicherheit. Links im Bild gebietet eine blaue Hand: Halt. Eine Vogelmaske verdeutlicht, dass sich hier jemand als Ikarus verkleidet.

1983 war in der DDR das Buch „Die Ästhetik des Widerstands" von Peter Weiss erschienen, acht Jahre nach der Erstveröffentlichung in der Bundesrepublik. Das nimmt der Dresdner **Hubertus Giebe** (* 1953) als Anlass zur Selbstreflektion. Peter Weiss beginnt seinen Roman mit der Beschreibung des Frieses des Pergamon-Altars auf der Berliner Bode-Insel. Peter Weiss hatte mit Freunden den Fries im Jahre 1937 untersucht. Das Heiligtum demonstriert, wie die Götter die Feinde in den Boden stampfen, vernichten. In den Feinden konnten sich die Arbeiter, die Erbauer des Tempels als Geknechte wiedererkennen. Weiss schreibt: „Die Begünstigten wussten, dass es keine Götter gab, denn sie, die sich deren Maske aufsetzten, kannten sich selbst. Desto mehr drangen sie darauf, sich mit Pracht und Würde zu umgeben. Die Kunst diente ihnen dazu, ihrem Rang, ihren Befugnissen den Anschein des Übernatürlichen zu geben. Kein Zweifel an ihrer Vollkommenheit durfte entstehen." (Weiss, S. 12) Weiss zieht Parallelen zu den Unterdrückungsmethoden der Nazis, denn die Szene der Untersuchung des Pergamon-Frieses spielt sich im Jahr 1937 ab. Später im Roman geht Weiss auf den Terror Stalins, der überzeugte Kommunisten liquidieren ließ und Hitler, Mussolini und Franco in die Hände spielt, ein. Giebe spinnt den Faden weiter: Er arbeitet heraus, dass schon in der Weimarer Republik Dogmatismus und Starrsinn den Kampf gegen die braune Gefahr behindert haben. Er sieht die Parallelität im Kampf der beiden feindlichen, auseinanderstrebenden Brüder, der beiden deutschen Staaten. Die zwei aneinander vorbei Stürzenden sind für Giebe eine „deutsch-deutsche Metapher." Sie sind Getriebene im Kalten Krieg. „Sie kommen nicht voneinander los, weil sie aus der gleichen Wurzel stammen, der Jugendbewegung, die aus dem Aufstand gegen die wilhelminischen Väter entstand, um sich dann in einen linken, sozialistisch-marxistischen und einen rechten völkisch, national-revolutionär bis nationalsozialistischen Flügel zu teilen." (Gillen, S. 407) Giebe sieht 1987 die Lage illusionslos; Gewalt, ideologischer Wahnsinn, Dogmatismus beherrschen die Szene. Die Leidtragenden der Vergangenheit, die Geknechteten heute schauen uns vorwurfsvoll an.

Auch der Leipziger **Lutz Dammbeck** (*1948) ist beeindruckt von dem Roman von Peter Weiss. Er macht sich auf die Suche nach den Kommunisten, die unerschrocken für eine bessere Zukunft streiten, die in der Weimarer Republik eingekerkert wurden, die den Nazis trotzten und in KZs gesperrt und ermordet wurden. Er sichtet Archive, durchstöbert Bibliotheken, befragt Zeitzeugen. Ein Fahrer seiner Hochschule gibt ihm Antwort: Die Kommunisten, nach denen er suche, seien zuerst von den Nazis tot geschlagen und dann von den Stalinisten kalt gestellt worden. Sehr spät beginnt auch in der DDR die Aufarbeitung nicht nur des Faschismus sondern auch des Stalinimus – und des Fortwirkens in der heutigen Zeit. Der Generationenkonflikt mit den vom „Dritten Reich" geprägten Eltern bricht in der DDR auf. Das ist auch die Zeit, in der über das nationale Erbe diskutiert wird und die Eltern wieder die Statue des Soldatenkönigs Friedrich den Großen in der Prachtstraße „Unter den Linden" vor der Humboldt-Uni aufstellen.

1980 startet Dammbeck sein großes Herakles-Projekt. Es ist eine „Archäologie der Erinnerung", wie er selber sagt. In der altgriechischen und auch noch in der Zeit der feudal-absolutistischen Herrscher galt Herakles als vorbildlicher Krieger mit übermenschlichen Kräften. Aber auch in der Französischen Revolution unter der Jakobinerherrschaft diente Herakles als Drohkulisse gegen „Volksfeinde". Bei der Betrachtung des Pergamon Frieses vermisst Peter Weiss die Herakles-Figur. Dammbeck sucht sie und findet sie in den Pharaonen, in Apollon, in Caesar, in Lenin, Stalin und Hitler ... und auch in der DDR. Was hat die Widerstandskämpferin Sophie Scholl mit ägyptischen Pyramiden zut? Machtstrukturen, Unterdrückung, Vernichtung. Was sagt das Bild des mit einem Orden geschmückten Rotarmisten aus? Es ist die Demonstration der revolutionären Kraft des siegreichen Proletariats. Dammbeck kommt so das untergründige Weiterleben autoritärer Herrschaftsstrukturen nicht nur der braunen oder roten, sondern auch der feudal-absolutistischen Führer und Heroen auf die Spur. Er stellt bildnerische Fragen und will damit die Bildermacht, die uns beherrscht, verstehen, brechen, bewusst machen und verändern. Der Künstler weiß sich mit dem Dramatiker Heiner Müller einig, der „Herakles II oder die Hydra" verfasst hatte. Darin erkennt der Übermensch Herakles, der das neunköpfige Seeungeheuer Hydra getötet hatte, dass die abgeschlagenen Köpfe doppelt nachwachsen und ihn beherrschen. Gefangen in den ideologischen Systemen des Kalten Krieges möchte Dammbeck ausbrechen. Die Freund – Feind-Bilder produzieren immer neue Freund – Feind-Bilder. Dammbeck sammelt Fotos, produziert Filme, wertet Märchen aus, befragt Skulpturen, um der Programmatik, Systematik, Semantik, der inneren Grammatik der Bildsprache auf die Spur zu kommen. Die Erkenntnis ist gereift, dass der „Neue Mensch" der „Alte Mensch" ist, solange nicht die Bilderwelten gründlich aufgearbeitet und verändert sind. Für den neuen Menschen braucht man die neuen Bilder, die die alten überwinden. Er schreibt Filme, die er der DEFA vorlegt ... es hagelt Absagen. Es besteht kein Interesse an einer Aufarbeitung.

Desillusioniert siedelt er nach Hamburg über und erweitert sein Herakles-Konzept in der bundesdeutschen Wirklichkeit. Er beschäftigt sich mit dem Pathos der 68er-Revolutionäre. Er kombiniert die Köpfe der RAF-Terroristen (er nennt sie Nachfolger der Nibelungen) mit Bildern der Monumentalplastiken Arno Brekers und entdeckt Kontinuität und Widersprüche. Er forscht auch in der Physiognomie der eigenen Familiengeschichte und kommt zu der Erkenntnis, dass es einheitliche Bilderwelten der Systeme, sei es Kapitalismus oder Sozialismus, Feudalismus oder Absolutismus nicht gibt. Er entdeckt, dass die Mentalität der DDR auch nach jahrelanger Abwesenheit noch immer tief in ihm steckt. Jeder müsse für sich überprüfen, wo sein Platz in diesem „Spektrum bis hin zu Auschwitz" sei. Er plädiert für Misstrauen und warnt vor Selbstgefälligkeit, denn wir wüssten inzwischen, dass wir uns gar nicht so grundlegend von unseren Eltern unterscheiden. „Die Rede von Wahrheit und Lüge gehört zu einer Kategorie des Denkens, die in der Geschichte beispielsweise der Kreuzzüge und Glaubenskriege sich als tödlich erwiesen hat. [...] Wenn der Begriff der Wahrheit überhaupt nicht mehr vorkäme, könnten wir vermutlich alle friedlich miteinander leben." (Gillen, S. 412) Nach langer Suche endet Dammbeck mit einem Plädoyer für Toleranz, Verständnis, Empathie, Misstrauen sich selbst gegenüber und großer Kritik gegenüber allen -ismen und allen Helden, heißen sie nun Gott, Mohammed, Stalin, Hitler, Erhard, Putin oder Obama.

Sind damit schon in der DDR sämtliche Utopien ad acta gelegt? Ist Ikarus endgültig zu Tode gestürzt? **Carlfriedrich Claus** (1930 - 1998) widerspricht entschieden. Er zieht 1993 mit seinem „Experimentalraum Aurora", in dem Folien, kombiniert mit Spiegeln und Radierungen eine „utopisch aufgeschlagene Landschaft" bilden, eine vorläufige Bilanz: „Ein wirkliches Gefühl der inneren Korrespondenz zwischen sich und der Welt ist nicht erreicht. Jenes im marxistischen Sinne ›Reich der Freiheit‹ ist immer noch Utopie. Die Freiheit, die wir jetzt, 1993, erleben, ist immer noch eine entfremdete Freiheit. Denn der Subjektfaktor ist monetär besetzt, so dass also das Subjekt Bestandteil der Logik des Geldes ist, mehr oder weniger gezwungenermaßen. Das psychosomatische System ›Mensch‹ selbst wird Funktion von Geld. [...] Die Sehnsucht nach dem, was mit Kommunismus gemeint ist, ging und geht durch alle Religionen und Weltanschauungen. [...] Alle diese Hoffnungen – die real viel bewirkt haben – all diese gesellschaftlichen Utopien sind Grundbestandteil der menschlichen Psyche: die Sehnsucht nach der Aufhebung des Entfremdetseins von sich selbst, von der Welt und von den anderen Menschen. Solch eine große Imagination von einer Welt, wie sie sein könnte, aber noch nicht ist, das ist für mich der Kommunismus. Denn im Grunde steckt in jedem Menschen die Sehnsucht nach dem, was als Kommunismus bezeichnet wird. Also ist Aurora für mich nicht vergangen. Die Utopie existiert real weiter, das stelle ich mit diesem Raum zur Diskussion." (Rehberg, S. 254)

Aurora: Das ist für Claus Programm. Er bezieht sich dabei auf den Philosophen und Schuhmacher Jakob Böhme (1575 - 1624), der in seiner Schrift „Aurora oder Morgenröte im Aufgang" geschrieben hatte, Lernen sei, sich selbst zu erkennen; der Mensch lerne die Welt, er selbst sei die Welt. Böhme kritisierte die Erstarrung des Protestantismus in Riten und Dogmen und der Gegenreformation. Claus sieht Parallelen im Kapitalismus und Sozialismus. Böhme begründet die Freiheitsfähigkeit des Menschen mit der Naturerkenntnis und auch der Natur des Menschen. Denn ohne sie „könnte ein Mensch den anderen nicht verstehen". Aurora: Das sind für Claus die Schüsse des Panzerkreuzers Aurora, die die russische Revolution einleiteten. Aurora: So nannte der Philosoph und Marxist Ernst Bloch seinen Verlag. Ernst Bloch, mit dem Claus in regem Schriftwechsel stand, ist der Philosoph der Tagträume, der „konkreten Utopien", des „Prinzips Hoffnung", der über das „Noch-Nicht-Gewordene", über die „unrealisierten Möglichkeiten" nachdachte.

Claus kritisiert den Technik-verliebten Fortschrittswahn im Kapitalismus und im Realsozialismus. Vor allem in den 1980er Jahren ist er zunehmend ernüchtert, weil er die immer größer werdende Kluft zwischen der kommunistischen Utopie und dem autoritären Realsozialismus registrierte. Claus wettert gegen den dogmatischen Schulmarxismus, weil er das Unbekannte in der menschlichen Psyche ständig vernachlässige. Er empfiehlt dagegen, tief in sein eigenes Ich hineinzutauchen und ein „psychisches Grünen" zu entfachen, ein „Aurora-Gebiet der Liebe". Aurora ist für ihn, „mit dem eigenen Körper zu experimentieren, der großen Unbekannten". Er erhofft sich so tiefere und freie Beziehungen, die wahre Fähigkeit, in die Gefühle, Gedanken und Einstellungen anderer Menschen vorurteilsfrei einzutauchen. Liebe und Revolution gehören für ihn zusammen. Er träumt von einer neuen Beziehung zu seinen Mitmenschen und zur Natur, die nicht auf Macht, Dressur undAusbeutung beruht. Seine Grafiken und seine damit verbundenen Texte versuchen sensibel Stimmungen zu erzeugen, sie umkreisen, sie strömen. Sie wollen unsere Sinne öffnen, neue Sinnesorgane sein, neue Sende-Empfangssysteme kreieren. Sie imaginieren ein Kindsein, ein Staunen über die Vielfalt, sie wollen die noch nicht bewussten Fähigkeiten erkennen helfen.

An einer konkreten Utopie hält auch **Annemirl Bauer** (1939 - 1989) fest, an der Emanzipation der Frau, die auch in der der DDR trotz Gleichstellung per Gesetz noch in utopischer Ferne lag. Sie stellt das Weltbild wieder auf die Füße, denn bei ihr zeugt Eva den Adam. Und ihr Bild „Regierung der DDR" zeigt drei kompetente, diskutierende Frauen; ein krasses Gegenbild zu der Alt-Herren-Mannschaft des Realsozialismus. In dem Gemälde „Solidarität – Emma gewidmet" (1979/80) sagt sie, worauf es ankommt, auf die Solidarität unter Frauen, auf die Stärkung des weiblichen Selbstbewusstseins. Sie nimmt den Ausspruch von Karl Marx ernst, dass der Grad der Emanzipation einer Gesellschaft vor allem an dem Grad der Emanzipation der Frau abzulesen sei. Emanzipation bedeutet für sie nicht, dass die Frauen mit dem Wehrdienstgesetz 1982 „gleichberechtigt" zur Nationalen Volksarmee eingezogen werden. In „Jungfrau Barbara" nimmt sie 1983 dazu Stellung, indem sie sich als von Mänern Gefesselte darstellt, die wie die drei Affen nichts sehen, nichts sagen und nichts hören darf, Mund und Augen sind verbunden. Im Jahr 1988 greift sie das Thema noch einmal in „Weibliche Wehrpflichtige" auf, indem sie eine aggressive halbnackte Kriegerfrau mit den männlichen Macht-Symbolen Gewehr und Schlagstock ausstattet. Staatliche Gewalt, Militarismus, Bevormundung und patriarchalische Herrschaftsstrukturen sieht sie innglich verflochen. 1989 arbeitet sie an der Serie „Mauertod". In „Ikarus. Sturz im März 89. Tod für Landesverrat – Orden für den Brudermord" zeigt sie den ordensgeschmückten Grenzwächter, der Winfried Freudenberg, der mit einem Heißluftballon den antifaschistischen Schutzwall überwinden wollte, mit einer Lanze durchbohrt. Vehement nimmt sie auch gegen die Ausbürgerung Wolf Biermanns Stellung, für sie ein elementarer Verstoß gegen Menschenrechte und ein Willkürakt. Auch sie ist dieser Willkür ausgesetzt, sie hat ein praktisches Ausstellungsverbot in der DDR. Gesellschaftliches Engagement zeigt sie auch bei ihrem Protest gegen Umweltverschmutzung und gegen die Atomkatastrophe bei Tschernobyl. Für ihren mutigen Auftritt in Isolation braucht sie ein ausgeprägtes Selbstbewusstsein und die Gewissheit, dass Emanzpation möglich ist. Das zeigt sie in „Madonna vom Prenzlauer Berg" (1970er Jahre). Annemirl Bauer erwartet in dieser Zeit ihr Kind. Im „Bildnis einer Hergezogenen" (1982) präsentiert sie sich in leuchtenden Farben als Herzogin vom Prenzlauer Berg.

An einer Utopie einer befreiten Malerei arbeitet auch **Harald K. Schulze** (*1952) Er macht sich die Aufarbeitung der Bilderwelten zur Aufgabe. Er ruft die Figuren aus Hieronymus Boschs „Garten der Lüste" auf, Jan van Eycks Bankier Arnolfini kombiniert er mit Fallschirmspringern und Paul Klees „Aufstand des Viaduktes". Arnolfinis Frau reicht dann nicht mehr ihrem Mann die Hand sondern dem ernsten Herren mit Bowlehut von Magritte. Dürers Melancholie sitzt sinnend vor einer modernen Maschine. Jeff Koons Micky-Maus-Welt wird mit den alten Meistern konfrontiert. Er hinterfragt das Menschenbild in heutiger Zeit, indem er die Macht der Bilder der Vergangenheit aufruft. Selten nimmt er zum aktuellen Tagesgeschehen Stellung wie in einem Bild eines NVA-Soldaten mit Pferd vor Panzersperren. Seine Vorliebe gilt der erotisch aufgeladenen Auseinandersetzung, manchmal pulsen seine Bilder vor Lust. Picassos Les Demmoiselles d´Avignon treffen sich mit den Frauen von Rubens, Dix und Chirico. Marilyn Monroe präsentiert er vor Äpfeln und Apfelsinen. Schulze lebt in einer selbstsam bezaubernden Bilderwelt, die die Schwere der Renaissance-Manierismus-Welt eines Tübke oder seines Schülers Michael Triegel überwunden hat. Schulze hatte bei Womacka in Berlin-Weißensee studiert, er hat die Tristizität seines Lehrers und des sozialistischen Realismus weit hinter sich gelassen und denkt mit den alten Meistern für eine bessere Bilderwelt der Zukunft nach.

In den 1980er Jahren breitet sich auch eine gewisse Endzeitstimmung in der DDR aus, zum Beispiel bei der inoffiziellen Künstlergruppe und Galerie Clara Mosch in Karl-Marx-Stadt (heute Chemnitz). Der Maler und Performer Klaus Hähner-Springmühl wurde gefeierter Star einer nonkonformistischen Kunstszene. Christoph Tannert 1999: „Hähner-Springmühl macht schlagartig deutlich, dass wir damals in der DDR wie Goldhamster in einem

Tretrad strampelten, ohne weiterzukommen, dass viele den Anschluss verpasst hatten oder fest verblockt im Transitraum saßen, weder bei sich waren noch außer sich, weder Fisch noch Fleisch." Hähner-Springmühl analysierte auf den Spuren von Penck die bildnerische Wirklichkeit der DDR. Er protestierte in seinen Performances und in seinen Bildern gegen den realsozialistischen alltäglichen Alltag, gegen die gewohnheitsmäßige Anpassung, gegen die Norm, gegen die Unterordnung im Kollektiv. Er trompetet in der DDR ganz laut für Individualität und spielerisches Nichtbeachten der Autorität. Die „Wende" brachte sein Kunstkonzept durcheinander. Aufstieg und Niedergang liegen dicht beieinander. Der gleichschaltenden Wirkung des Kunstmarkts, auf dem Geld das entscheidende Werturteil bildet, hatte er nichts entgegenzusetzen. Der gefeierte Star ging ganz schnell unter.

Innerhalb der DDR wurde der Ausstieg aus der DDR geprobt. Die Dresdner Performance-Gruppe mit **Micha Brendel, Else Gabriel, Rainer Görß und Via Lewandowsky** zeigen ihre Verletztheit und ihre Verletzlichkeit. Sie schlagen sich Wunden, um sich ihrer selbst zu vergewissern. Sie problematisieren ihre Rolle in der Tretmühle und im eingeschlossenen Käfig. Sie demonstrieren unter Einsatz ihres Körpers, wie in gesicherter Umzäunung die perfekte Dressur praktiziert wird. Die Titel ihrer Performances sind Programm. „Langsam nässen Selbstverletzung Spitze des Eisbergs" (1986) – ein Exhibitionismus des Schmerzes, „Herz Horn Haut Schrein" (1987) – ein Anschreien gegen die totalitären Züge der antifaschistischen DDR, „Panem et circensis" (1988) – Brot und Spiele für die ruhig zu stellende Masse.

Eine Gegenkultur wurde erprobt, mit inoffiziellen Privatgalerien, Lesezirkeln oder Bühnenauftritten. In Berlin inszenierte sich nicht nur der Galerist Jörg Deloch in seiner-Galerie de Loch in der Schönhauser Allee, er lud auch zahlreiche Künstler (Fotografen, Performance-Künstler, Maler) ein, in seiner dreijährigen Galeriepraxis auszustellen. Die Hallenser Feuchtraumgalerie wurde 1969 gegründet, die Kellergalerie existierte von 1976 bis 1985 in Dresden. Die „Erfurter Ateliergemeinschaft" existierte zwölf Jahre. Jürgen Schweinebraden experimentierte in der Ostberliner „EP Galerie" sieben Jahre. Die Galerie Schwamm in Weimar wurde 1988 von ihren Initiatoren gegründet, um Druck für ihre Ausreise zu machen. Es war aber eine Gegenkultur, die auf die Zersetzung und Zerstörung der Normen zielte und bewusst keine neuen Normen setzen wollte. In Künstlerkreisen herrschte eine spannungsreiche Wartehaltung. Irgendetwas musste passieren. Die Implosion der DDR hatte ein zehn Jahre währendes Vorspiel. Erst im Nachhinein wurde das ganze Ausmaß der Unterdrückung und der Bespitzelung auch und besonders der Künstler bekannt. Der Maler Ralf Kerbach, um nur ein Besipiel zu nennen, wurde von seinem besten Freund dem Dichter Sascha Anderson, der Inoffizieller Mitarbeiter (IM) der Staatssicherheit war, verraten. Als Kerbach 1982 nach Westberlin ausreisen darf, wird Anderson 1986 nachgeschickt, um den Künstler und andere auch im Westen auszuspionieren. Aber Kerbach scheint das gespürt zu haben. Er malt 1987 das Bild „Die Freundschaft geht baden".

Wie ging es nach der Wende weiter? Der Großteil der künstlerischen Projekte versandete und resignierte vor dem Kunstmarkt. Nur wenige schafften einen Durchbruch, wie zum Beispiel der Leipziger **Michael Triegel** (*1963), der 2010 den Auftrag bekam, Papst Benedikt XVI. zu malen. In der Öffentlichkeit stieß das Gemälde auf geteilte Resonanz. Der Spiegel schrieb: „Ein großes Bild ist das aber nicht. Dem Vergleich mit Raffaels berühmtem, eigentümlich kargen und verstörend unrepräsentativen Bildnis von Papst Julius II. hält es schon gar nicht stand." Aber die „Zeit" urteilte: „Mit Benedikts konzentriertem Gemälde ... schuf Triegel nicht nur sein bestes Werk. Er gibt auch dem Genre des Papst-Porträts neuen Sinn [...] Triegel hat nicht nur den Papst, er hat die katholische Kirche porträtiert: herrisch und zweifelnd, überheblich und gebrechlich. Er hat geschafft, was der Kirche in letzter Zeit nicht immer gelang: sich menschlich zu zeigen." Vielleicht gelingt ihm das in Zukunft mit Franziskus noch besser. Für die Stadtpfarrkirche St. Augustinus in Dettelbach (Bistum Würzburg) bebilderte Triegel das Leben des Heiligen Augustinus. In der Osternacht 2014 wurde Triegel getauft. 2015 gestaltet Triegel zwei Fenster für die Pfarrkirche St. Maria Himmelfahrt in Köthen. Die katholische Kirche hat jetzt wieder einen Hofmaler. Auch Neo Rauch schaffte den internationalen Durchbruch.

Rauch malt Eissäulen, die in der Sonne schmelzen

Neo Rauch (* 1960) steht malerisch in der Tradition der alten Meister der Leipziger Schule. Aber im Gegensatz zu seinen Vorgängern sind ihm die Themen abhanden gekommen. Seine Personen scheinen wie auf einer Theaterbühne arrangiert, aber sie haben ihre Texte vergessen. Sie kommunizieren nicht, alle sind Solisten, hineingestellt in eine Wirklichkeit, die sie selbst nicht verstehen. Malerisch wird eine Dramatik inszeniert, die einen krassen Widerspruch zu den zu Eissäulen erstarrten Figuren bildet: „Die Lage“ (2006) ist ernst und hoffnungslos. Da steht ein Mann mit einem Hammer, er schützt sich mit einem Eisenpanzer. Man hat nicht den Eindruck, dass er gleich zuschlagen wird. Wozu braucht er den Hammer? Eine Art Totenschädel liegt auf einem Tisch: Drama. Auf dem Tisch steht ein Mann, der sich in Schwarz auflöst: Mystik. Ein Mann in einer Rüstung: ein Ritter. Ein gebeugter Hüne: Goliath. Ein Schreitender, darüber ein Engel und daneben fallen Kochtopfdeckel, Teller vom Himmel. Das alles ereignet sich vor furchterregender Kulisse. Links befindet sich die Mauer, ein nackter Mann versucht darüber zu klettern. Soll es ein Konzentrationslager sein oder ist es ein Erinnern an die DDR? Neo Rauch gibt keine Antwort. Er will verrätseln, er lädt seine Personen und Gegenstände dramatisch auf, um etwas Furchterregendes anzukündigen, ohne ein wirkliches Drama zu erzählen oder anzudeuten. Er versucht Kafkas oder Becketts Figurenwelt in seiner Theaterwerkstatt auftreten zu lassen, aber den Figuren fehlt die innere Not. Bei längerem Hinsehen implodieren Rauchs Gestalten. Aber Rauch kann auch anders. Er hat für die Elisabeth-Kapelle im Naumburger Dom drei drei Meter hohe Glasfenster ganz in Rot-Weiß gestaltet. Sie zeigen die heilige Elisabeth, die von 1207 bis 1231 lebte. „Die Verabschiedung“: Die heilige Elisabeth sagt ihrem Gatten, der in den Kreuzzug ziehen muss (den sie nicht mehr wiedersehen wird), sorgenvoll ein letztes Lebewohl. „Mantelspende“: Die heilige Elisabeth spendet einem Bedürftigen und Frierenden selbstlos einen Mantel. „Krankenpflege“: Die heilige Elisabeth pflegt tapfer und mit tief empfundener christlicher Nächstenliebe die Ärmsten, die Kranken, die Bettlägerigen und Schwachen. Ist die Aussage dieser „heiligen“ Elisabeth nicht etwas flach? Sie ist eben eine Heilige. Neo Rauch hat für diese Kunstwerke großherzig kein Honorar verlangt.

Wie geht es weiter? Geht es weiter? Oder: Weiter so...

Der frühere Direktor der Tate Modern in London Chris Dercon hat eine fast schon resignative Theorie. Eine gewaltige Wirtschafts-, Sinn- und Gedankenkrise schüttele die Kunst weltweit, stellt er fest. „Wir sind alle Teil dieser Krise. Heute in einer Welt von Hochfrequenzhandel und in einer Welt, in der so viele Menschen so viel Geld haben, dass es eigentlich nichts mehr bedeutet, sind die Händler zu Marken geworden. Jeder hat seinen privaten Kunstberater. Und weil die sich nicht auskennen, entsteht als Kompensation von Nichtwissen immer mehr dumme Kunst. Voilà, das ist meine Theorie.“ Er als früherer Direktor der Tate Modern sitzt in einem Kunst-Karussell; Superreiche, Händler, selbsternannte wissenschaftliche Besserwisser und von ihnen bezahlte Künstler sind die Motoren dieses Schwindel erregenden Karussells, aus dem sie nicht aussteigen können. Hat die Krise eine systemimmanente Logik, die notwendigerweise zu dummer Kunst führt?

Der Kunstmarkt als Regelungsinstanz und das Versagen der Kunstkritik

Im Jahr 2011 erregte der Skandal des Fälscherehepaars Helene und Wolfgang Beltracchi die Kunstszene. Das Ausmaß des Betruges wurde nie vollkommen aufgedeckt, aber die wenigen Einzelfälle geben einen Aufschluss darüber, wie der Kunstmarkt funktioniert, der auch Chris Dercon Karussell fahren lässt. Die Beltracchis sahen sich selbst nur als kleines Rädchen, als erste unbedeutende Stufe einer durch Gier und Unredlichkeit geprägten Handelskette. In einem Zeit-Interview vom 16. Januar 2014 gaben sie Auskunft: „Wir waren Betrüger und Kriminelle, da hilft kein Drumherumreden, und wir bereuen unseren Betrug. Verführt von dem Gedanken: Du betrügst zwar, aber es gibt doch gar keine richtigen Opfer. Die Gemälde waren meist reine Spekulationsobjekte auf einem überdrehten Markt, gehandelt von Unternehmen mit Sitz in irgendwelchen Steuerparadiesen. Damit haben wir unser Gewissen beschwichtigt. Aber: Natürlich war mein Mann seinerzeit stolz auf die Qualität seiner Bilder, er hat es genossen, von der Witwe Max Ernsts über sein Bild »Foret« zu hören, das sei das beste Bild ihres Mannes." Beltracchi fälschte also Werke bedeutender, hochdotierter Künstler; er selbst sah das als „kreativen Prozess", als das Schaffen neuer Kunstwerke. Dann mussten diese Werke auf den Markt und an den Mann gebracht werden.

Hier kommen dann die „Experten" ins Spiel, in diesem Fall der frühere Direktor des Centre Beaubourg, des heutigen Centre Georges Pompidou, und FAZ-Journalisten Werner Spies. Der begutachtete zum Beispiel als Max Ernst-Sachverständiger die von Beltracchi geschaffenen „La Horde", „Foret" und „La Mer" und erklärte sie für echt. Als Honorar für das Echtheits-Gutachten waren acht Prozent des Verkaufserlöses vereinbart. Beltracchi verkaufte dann zum Beispiel „La Horde" und „La Mer" an die Triton Foundation, die dann allein „La Horde" für 4,3 Millionen Euro an die Sammlung Würth weiterveräußerte. Wer beriet die Sammlung Würth? Werner Spies. Für das gefälschte Gemälde „Foret" zahlte der Galerist Marc Blondeau gar 1,6 Millionen Euro, es landete nach Zwischenverkäufen für 7 Millionen Euro bei dem französischen Sammler und Verleger Daniel Filipacci. Vorher wurde das Bild durch eine Ausstellung im Brühler Max-Ernst-Museum wertvoller gemacht. Wer war Vorsitzender des Stiftungsrats des Brühler Museums? Werner Spies. Das gleiche Spiel bei einem „echten" Campendonk, bei dem Beltracchi 590.000 Euro vom Kunsthändler Blondeau kassierte, der es dann für 830.000 Euro an die Sammlung Würth weiterreichte. Das gleiche Spiel... Der große Kunstsachverständige, der aller Welt die Künstler-Genies Kiefer, Baselitz, Lüpertz und andere anpries, verdiente Hunderttausende und Hunderttausende. Allein für eine Expertise einer Picasso-Bronze kassierte Spies 100.000 Dollar. Die Plastik bekam dann der Verleger Samuel I. Newhouse für sechs Millionen Dollar. Die Bronze stellte sich als Kopie heraus. Gier treibt ein verrücktes Spiel. Eine weitere Spur führt auch nach „Imperia" an der ligurischen Küste, wo der mit Spies befreundete Künstler Georg Baselitz in einer Villa residiert. Beltracchi überwies einmal 40.000, dann fast 140.000 Euro auf ein Konto, das mit „Imperia" gekennzeichnet war.

Ist der seltsame Wandel der Ansichten des Kunstkritikers Spies auch auf die Erfordernisse des Kunstmarkts zurückzuführen? Hatte er ehemals in einer Arbeit über Beuys noch gefragt: „Mit welchen Begriffen wird da operiert? Mit denen des Führers, der der parlamentarischen Demokratie das Charisma seiner Sendung entgegenhält. Mit anthroposophischen Orakeln, mit ästhetischen Erlösungsgedanken." Und zu einzelnen Beuys-Werken führte er aus: „Sie verweisen nun einmal nicht auf Erste Hilfe und Hausapotheke, sondern auf die Abdeckerei Auschwitz. Der Horror selbst dient eigentlich als Golddeckung für das, was Beuys vorführt. Können, so besehen, seine Objekte etwas anderes evozieren als das totale Verbrechen?" 20 Jahre später schreibt er dann: „Beuys hat hat für eine radikale Selbstbefragung von Kunst und Gesellschaft Entscheidendes beigesteuert. [...] Mit dem freien, poetischen Vorgehen schließt sich Beuys in der Nachkriegszeit dem an, was es in Deutschland nie gab, der surrealistischen Taktik. Dieser ging es darum, den Positivismus anzugreifen, um über die Geringfügigkeit des Realen hinauszugelangen." Und bei Kiefer diagnostizierte Spies einst eine Überdosis an Teutschem. Jetzt machte er ihn mit dem Friedenspreis des Deutschen Buchhandels noch teurer.

Ist das Gespann Beltracchi, Spies und Kunstmarkt ein

Einzelfall? Keinesfalls. Der größte Kunstfälscher-Skandal im Jahr 2013 wird aus den USA berichtet. Der Hedgefonds-Manager Pierre Lagrange hatte für 17 Millionen Dollar einen Jackson Pollock von der alt-ehrwürdigen New Yorker Galerie Knoedler erworben. Dann kamen Zweifel an der Echtheit auf, schließlich ermittelte das FBI. Eine Galeristin namens Glafira Rosales hatte in großem Stil bei einem chinesischen Kleinkünstler Werke von Mark Rothko, Jackson Pollock, Basquiat, Richard Diebenkorn, Robert Motherwell und Willem Kooning – um nur einige zu nennen – in Auftrag gegeben. Allein die Galerie Knoedler erwarb 40 Werke von Rosales (zahlte dafür 20,7 Millionen Dollar und veräußerte sie für 63,7 Millionen Dollar). Der „Motherwell-Experte" Julian Weissmann bekam 23 Bilder und zahlte 12,5 Millionen Dollar. Betrug der Gewinn wirklich „nur" 4,5 Millionen Dollar, wie er angab?

Dann flog im Jahr 2013 ein internationaler Kunstfälscherring auf. Sichergestellt wurden rund 400 Werke der russischen Avantgarde – alles was Rang und Namen hat, darunter Malewitsch, Kandinsky, Jawlensky, El Lissitzky, Rodtschenko, Gontscharowa und Larionow. Vor allem an private Sammler hatte der Fälscherring die Spitzenwerke für fünf- bis siebenstellige Summen jahrelang verkauft.

Aber nicht nur mit gefälschten Werken wird betrogen. Der Kunsthändler Helge Achenbach wurde von den Aldi-Erben auf die Zahlung von 20 Millionen Euro verklagt, weil der unberechtigt und ohne Absprache überhöhte Provisionen für die Vermittlung von Gemälden und Oldtimern kassiert hatte. Das Landgericht Düsseldorf gab den Aldi-Erben recht. Auch der Allkauf-Miteigentümer Bernd Viehof fühlte sich von Achenbach hintergangen. Hier ging es um ein oder mehrere Werke von Georg Baselitz. Der Schaden für Viehof soll bei fast zwei Millionen Euro liegen. Ein Blick auf die Liste der Künstler, mit denen Achenbach zusammenarbeitete, lohnt. Sehr häufig mit Gerhard Richter, Jeff Koons, Jörg Immendorff, Georg Baselitz und Imi Knoebel. Sein letzter Coup vor dem großen Fall: Er vermittelte 2011 eine Partnerschaft zwischen dem Museum of Modern Art und der Volkswagen AG. Das große Geld trifft (und macht) Kunst.

Ein anderer großer Aktivist auf dem deutschen Kunstmarkt ist Michael Werner. Er vertrat/vertritt Künstler wie Hurvin Anderson, Georg Baselitz, Antonius Höckelmann, Marcel Broodthaers, James Lee Byars, Aaron Curry, Enrico David, Peter Doig, Thomas Houseago, Jörg Immendorff, Anselm Kiefer, Per Kirkeby, Eugène Leroy, Markus Lüpertz, A. R. Penck, Sigmar Polke, Don van Vliet. Ihm gelang es durch eine geschickte Inszenierung, dass die Werke „Der nackte Mann" und „Die große Nacht im Eimer" von Baselitz als Pornographie skandalisiert wurden, der Staatsanwalt Werke beschlagnahmen ließ und ein Gerichtsverfahren einleitete (das allerdings im Sande verlief). Das war der Startschuss einer großen Karriere mit Millionen-Abermillioneneinnahmen.

Im Jahr 2014 wurde für das Richter-Bild „Blau" der Rekordpreis von 29 Millionen Dollar erzielt. 28 Millionen Dollar brachte das „Popeye" von Jeff Koons. Koons hatte schon bessere Coups gelandet. Christie´s versteigerte den „Balloon Dog" für genau 58,4 Millionen Dollar. Noch besser aufs Geldverdienen versteht sich Damien Hirst. Der hatte einst mit seinen in Formaldehyd eingelegten Tieren (Kühe, Haie, Schafe) Karriere gemacht. Jetzt hatte er mit einer Superaktionsausstellung der Gigantonomie in 1365 Galerien gleichzeitig in aller Welt seine „Spot-Paintings" präsentiert (Bilder mit verschiedenfarbigen Punkten, die die Welt bedeuten). Der Preis für ein Bild: 600.000 Dollar, macht zusammen 819 Millionen Dollar. Genial war seine Intuition, einen Platinschädel mit Brillanten zu schmücken und ihn „For the Love of God" zu nennen. Das sieht nicht nur von außen schön teuer aus, damit können sich nur Schwerstreiche schmücken. Geniekultig ist auch seine Idee, nicht nur ein Haus als Kunstwerk bauen zu lassen sondern gleich eine ganze Stadt, „Hirstville", und zu Höchstpreisen zu verkaufen. Damien Hirst soll mit einem Vermögen von rund einer Milliarde Dollar auch knapp vor Koons liegen. Da wirken Künstler wie Marcel Duchamp, Andy Warhol oder Roy Lichtenstein, die die industrielle Produktion in die Kunst brachten, wie Lausbuben, die nicht zur großen Tat fähig waren.

Dafür braucht es natürlich einen Markt und Superreiche. Der Kunstmarkt boomt. Wenn die „Art Basel Miami Beach" beginnt, ist der Flughafen wegen der vielen landenden Privatjets blockiert. Während der Kunstbiennale in Venedig belagern die teuersten Privatyachten die Anlegestege. An den Poolbars der Designerhotels lässt es sich dann trefflich über Kunst plaudern. Schätzungen besagen, dass es über 200 internationale Luxus-Kunstmessen gibt. Die bekanntesten sind: Arco Madrid, Armory Show New York, Fine Art Fair Frankfurt, Moskau World Fine Art Fair, Art Basel, Art Forum Berlin, Frieze Art Fair London, FIAC Paris, Art Cologne, Art Basel Miami Beach, Biennale Venedig. Resigniert stellt der Gründungsdirektor des Museums für Moderne Kunst in Frankfurt am Main und ehemalige Feuilletonchef der Frankfurter Rundschau Peter Iden fest: „Eine sehr schmale Schicht von grenzenlos Reichen, deren humane Verpflichtung es wäre, die Welt besser und schöner zu machen, hat sie ärmer und hässlich gemacht. Denn arm und hässlich ist ja, was durch sie mit der Kunst geschieht. [...] Im Aberwitz der Summen, die derzeit auf dem Markt für Werke der Moderne gefordert und gezahlt werden, erlischt immer mehr von dem Versprechen der Kunst, im Sinne Adornos gegen das, was ist, ein »schlechthin Anderes« zu behaupten." (Kunstzeitung, August 2014) Kunst wird zur Ware als Spielball der Mächtigen.

Nun kann eingewendet werden, dass die Mächtigen und Herrschenden in der Geschichte schon immer mit der Kunst ihre Macht, ihre Potenz und ihren Einfluss demonstriert und herausgeputzt hätten. Die russischen Oligarchen, die indische Plutokratie, die US-amerikanische Finanzaristokratie, die deutschen Aldis: Sie alle bestimmen derzeit auf der Welt, was en vogue, was Kunst ist. Sie amüsieren sich prächtig und verdienen gewaltig. Sie prägen damit eine Lifestyle-Kultur. Sie kaufen nicht Kunst, sie verkaufen das Image des Way of Life des Kapitals. Sie schaffen eine neue Aura des Unnahbaren, ihr neuer Heiligenschein ist ihr Gold in ihren Tresoren, was in der Öffentlichkeit präsentiert wird ist „Kunst". Eine neue Geheimgesellschaft ist entstanden, ein Inner Circle der Schwerstreichen, der zynischen Topgaleristen (und nicht selten Betrüger) und der sich als Genies feiernden Malerfürsten. Im Jahr 2015 kann ein neuer Höhepunkt gemeldet werden. Das Picasso-Bild „Die Frauen von Algier (Version ›O‹)" wurde auf einer New Yorker Auktion von einem unbekannten Bieter für den Preis in Höhe von 179,4 Millionen Dollar ersteigert – der höchste bisher auf einer Auktion erzielte Erlös eines Kunstwerks. Ein Gerücht will aber von einem noch höheren Superlativ wissen: Das Scheichtum Qatar soll das Gauguin-Gemälde „Nafea faa ipoipo" für 300 Millionen Dollar erworben haben.

Es ist eigentlich eigenartig, dass die Masse der Kunstwissenschaftler und Kunstkritiker vor dieser Szene kapituliert oder fröhlich mitfeiert (für sie fallen ja auch Brosamen in Form von Gutachter- oder Vortragshonoraren ab). Doch manchmal wird leise Kritik geäußert und darüber gestaunt (aber nicht zu laut), wie der Kunstmarkt manipuliert wird. So schreiben Julia Voss und Niklas Maak (erkennbar bei diesem Artikel nur an ihren Kürzeln jvo/nma) in der FAZ vom 27. November 2014 unter dem Titel „Kunst ist die beste Geldanlage": „Als 2007 in der Wiener Albertina eine Ausstellung von Baselitz gezeigt wurde, gab es einen Abend, zu dem eine Gruppe von Bankdirektoren geladen war, darunter der Finanzminister von Rumänien. Baselitz sprach zur Begrüßung: »Ich bewundere Sie. Denn Sie machen Geld aus Geld!«, soll der Künstler gesagt haben: »Die Künstler sind aber noch besser. Denn wir machen Geld aus nichts. Und wenn wir damit genug Geld verdient haben, kaufen wir uns andere Kunst, denn das ist beste Geldanlage.«" Und dann beschreiben die beiden Journalisten, wie ein Sir Norman Rosenthal den Künstler Baselitz pusht (auch unterstützt zum Beispiel vom Springer-Vorstandsvorsitzenden Mathias Döpfner und dem Bankier Leonhard H. Fischer). Rosenthal war früher bei der Royal Academy und half Ölscheichs und undemokratischen Staaten bei der Ausstattung ihrer Kunstprachtbauten. Rosenthal arbeitete mit dem Hedgefonds-Manager Andrew Hall zusammen, der die Baselitz-Villa in Derneburg kaufte. Rosenthal verfasste einen Essay über das Baselitz-Gemälde „Der Brückechor" (1983), das dann für einen Rekordpreis in New York verkauft wurde. In Deutschland hält Rosenthal Vorträge als der „profundeste Kenner von Baselitz". Julia Voss und Niklas Maak schließen ihren Artikel mit den Worten: „Dass Händler und Kunstberater seine Kunst [von Baselitz] gut finden, ist keine große Überraschung; wie versucht wird, Kunstgeschichte zu machen, überrascht immer wieder." Mit viel Geld spielt die Musik (noch) besser.

Baselitz ist einer der Big Player auf dem Kunstmarkt der Reichen, obwohl er früher einmal eingeschätzt hatte, dass er nicht malen könne. Baselitz ist allerdings gegen Konkurrenz und andere Positionen auf seinem Markt-Tummelplatz. Er führt im art-Interview aus: „art: Sind Bernhard Heisig oder Wolfgang Mettheuer etwa keine Künstler? Baselitz: Keine Künstler, keine Maler. Keiner von denen hat je ein Bild gemalt. Die haben an Wiederherstellungen gearbeitet, an Rekonstruktionen, aber nichts erfunden. Das ist ja alles ganz langweilig. Das sind Interpreten, die ein Programm des Systems in der DDR ausgefüllt haben. Die Künstler sind zu Propagandisten der Ideologie verkommen.[…] art: Sie verdächtigen damit die DDR-Künstler pauschal als Jubelmaler. Baselitz: Keine Jubelmaler, ganz einfach Arschlöcher. Sie dürfen nicht vergessen, dass Deutschland zweifach war, und bei den Künstlern war der malende Teil im Westen, ist in den Westen gegangen oder gegangen worden." (art 1990, Heft 6, S. 54 ff.) Ein anderer Top-Bespieler des Kunstmarkts, Gerhard Richter, schließt sich der verdammenden, pauschalisierenden Verurteilung von Baselitz ausdrücklich an, er hätte es nur höflicher formuliert. Haben sie Angst vor Rivalen?

Der Vergleich der Entwicklung der Kunst in den beiden deutschen Staaten lohnt, weil er unterschiedliche Systeme mit unterschiedlichen Perspektiven offenlegen kann. Während bisher in den zwei großartigen Darstellungen der Entwicklungen der Kunst in der Bundesrepublik und der DDR von Karin Thomas und Eckhart Gillen eine zeitlich chronologische Darstellung gewählt wurde, habe ich mich für eine getrennte Gegenüberstellung entschieden, um die Unterschiede deutlicher herausarbeiten zu können. In der Kunst der Bundesrepublik lässt sich in den letzten 40 Jahren eine merkwürdige Erstarrung feststellen. Alles dreht sich um die Großkopfeten Beuys, Richter, Baselitz, Polke, Immendorff, Kiefer, Penck, manchmal auch Lüpertz, Kippenberger und Rebecca Horn. Sie werden in großen Retrospektiven immer wieder neu befragt, im Grunde ist aber nichts Neues hinzugekommen. In den guten Bildern der Künstler in der ehemaligen DDR spürt man eine Dynamik, eine innere Not, ein Ringen um den künstlerischen, inhaltlichen und formalen Ausdruck – auch immer wieder aufkeimende Hoffnungen. In den letzten Jahren bis zur Implosion der DDR explodiert dann geradezu der Protest bis hin zum Exhibitionismus. Auch nach der Wende haben viele Künstler ihr Bildwissen in der einmal gewonnenen Form weiterentwickelt – aber sich häufig auf dem Kunstmarkt verirrt oder nicht zurecht gefunden. In der alten Bundesrepublik hat offenbar der Kunstmarkt die künstlerische Individualität platt gewalzt – auch Kommentare zum Tagesgeschehen sind selten geworden.

Der Leipziger Künstler Norbert Wagenbrett hat 1990 mit seiner „Sozialistischen Ikone" ein schönes Abschiedsbild zum „realen Sozialismus" gemalt. Im Mittelpunkt steht der Diktator Stalin mit einem roten Heiligenschein. Rechts und links sind die Gerontokraten mit ebenfalls rotem Heiligenschein aufgereiht. Teils sind die Gesichter dieser alten Herren – keine einzige Frau ist unter ihnen – weggelassen, weil sie keine Individualität besitzen. In den oberen Reihen lächeln uns ein paar Totenschädel als aktuelle Mitglieder des obersten Führungszirkels, des ZK der KPdSU, an. Die Ideologie ist grau, veraltet, eintönig. Aber könnte man nicht, um den aktuellen westlichen Kunstmarkt zu charakterisieren, anstelle des Stalin-Porträts einen prall gefüllten Sack mit Dollar- und Euronoten mit einem goldenen Heiligenschein malen, um ihn herum die Malerfürsten mit ebenfalls güldenem Heiligenschein?

Abstrakte Verzweiflung auf der Leinwand

Es ist eigentlich merkwürdig, dass sofort nach dem Zweiten Weltkrieg die Ansätze, die sich mit den Avantgarden – russische Avantgarde, deutsches Bauhaus, Surrealismus – entwickelt hatten, sofort archiviert und nur noch museal verwaltet wurden. Statt dessen wurde eine Betroffenheitskunst praktiziert, die sich in abstrakter Wut und Verzweiflung äußerte. In den USA explodieren bei den abstrakten Expressionisten die Farblandschaften. Diese Kunst will keinen Einfluss ausüben, nicht gestalten, es sind Hilfeschreie. „Being with ..." lautet ein Bildtitel von Roberto Matta. Verständlich wird der Titel nur durch die wörtliche Ergänzung des Künstlers: „Being with a horrible crisis in society". Die Künstler wissen keine Auswege. Es ist bezeichnend, dass der amerikanische Geheimdienst CIA in ganz Westeuropa Institutionen aufbaute und über das Museum of Modern Art (MoMA) in New York Einfluss auf alle westeuropäischen Museen ausübte, um diese Kunst als die Kunst der freiheitlichen Länder zu verbreiten (zu diesem Themenkomplex siehe Saunders). Die Freiheit schreit abstrakt ohne Inhalte, der sozialistische Realismus lügt konkret = Unfreiheit.

Die Traumata konnten nicht aufgearbeitet werden

Die Aufarbeitung der Traumata nach zwei Weltkriegen ist das eigentliche Problem der Kunst des 20. Jahrhunderts. Während die Künstler nach dem Ersten Weltkrieg ihre Probleme noch relativ konkret benennen können (Dix malt Kriegskrüppel, Beckmann sieht den egoistischen, vereinsamten Menschen, Kirchner halluziniert mit Landschaftsbildern), greifen die Künstler nach dem Zweiten Weltkrieg nach Materialien, traktieren sie wütend, machen sie verantwortlich. Sie wollen sich in „abstrakte", geistige Welten retten. Sie scheitern mit diesen Ersatzhandlungen. Sie steigern damit im Gegenteil ihre innere Not. Die „Tätergeneration" war unfähig zu trauern – sie machten Materialien, die technisierte Welt für ihre Verfehlungen verantwortlich wie bei Beuys. Das Phänomen dabei ist, dass die Kunstwerke der Opfer (zum Beispiel Tapies) denen der „Täter" (Beuys) gleichen. Die Bilderwelten eines Wols unterscheiden sich nicht grundsätzlich von denen von Schumacher oder Winter, die in der Nazi-Armee kämpften. Die nachfolgende Generation beginnt sich wieder mit realen Bilderwelten auseinanderzusetzen, aber sie sucht nicht das Bündnis mit der Wissenschaft, sondern sie flieht in die Schriftzeichen der Eiszeit (Penck), glaubt an die mittelalterlichen Heilslehren der Kabbala (Kiefer) oder bemüht die Weisheiten der Alchemisten (Polke, Rebecca Horn). Die Welt wird geheimnisvoll verrätselt. Kunst sollte aber zur Verständlichkeit beitragen, offenlegen, Perspektiven ermöglichen.

Max Ernst hatte die Illusion, dass der Surrealismus mit dem Geniekult, der Vorstellung vom Künstler als genialem Künder von überirdischen Weisheiten gründlich aufgeräumt habe. Er verstand sich als Experimentator neuer Formen- und Farbenwelten von Menschenhand und Menschenverstand geschaffen. Er sah sich als Suchender, der mit den unterdrückenden Bilderwelten vergangener Zeiten – und zu dieser gehört auch der Geniekult – nichts mehr zu tun haben wollte. Er wollte Revolutionär einer kommenden Zeit sein. Museale Praxis, die staatlichen Institutionen, der Kunstmarkt mit seinen „genialen" Preisen machen aus seinen Gemälden Objekte an den Wänden reicher Snobs oder zu bewundernswerten Traumgebilden in den Museen fernab der tosenden Welt. Schon der Betrug des genialen Fälschers Wolfgang Beltracchi mit seinen „echten" Bildern von Max Ernst und den von Werner Spies für authentisch befundenen Bildern macht die ganze Fragwürdigkeit des Kunstmarkts und des Kunstverständnisses deutlich. Künstler werden wieder oder immer noch als Genies (oder als möglicher Künder höherer Weisheiten) verehrt. Damit wird aber der Kunst insgesamt der Platz im Elfenbeinturm reserviert und von der gesellschaftlichen Praxis isoliert. Die Superreichen feiern mit Maler-Genies ihre Einmaligkeit.

Neue Chancen durch technische Reproduzierbarkeit, neue Gefahren

Die Wende vom 19. zum 20. Jahrhundert war deshalb ein großer Umbruch, weil sich ab dieser Zeit mit Zeitschriften, der Fotografie, dem Film und anderen technischen Neuerungen eine Massenkultur zu entwickeln begann.

Bis dahin hatte es „eine“ Bilderwelt, zusammengesetzt aus Gemälden, Grafiken, Plastiken und Architektur, gegeben – und die war konzentriert an den Höfen, in den Museen und Institutionen zu sehen. Ab der Wende vom 19. zum 20. Jahrhundert kommen die Bilderwelten zu jedem ins Haus. Diese Reproduzierbarkeit und die massenhafte Vervielfältigung der Kunst als Bilder-Ideologie-Welten bieten Möglichkeiten der Demokratisierung (jeder kann teilhaben und sich informieren) als auch große Gefahren, weil eine gigantische technische Maschinerie Manipulation und Gleichschaltung erleichtert. Auf jeden Fall geht der Bildenden Kunst die alleinige Funktion als Repräsentanz gültiger Bilderwelten und Ideologien verloren. Die staatlichen Institutionen entscheiden in hohem Maße darüber, was als „hohe“, edle Kunst zu gelten hat und in den Museen zu bewundern ist – und was als trivial, als Massenware zu gelten hat. Diese „Massenware“ hat aber gerade im Fernseh- und digitalen Zeitalter einen gewaltigen, einen dominierenden Einfluss auf die Sehgewohnheiten und Vorstellungswelten der Menschen. Dass sich die Kunst bisher nur sehr peripher und gerade in der amerikanischen Kunst unbeholfen und sehr unkritisch mit dieser Medienwelt auseinandersetzt, ist ebenfalls ein Phänomen. Sollte die Auseinandersetzung nicht im Zentrum stehen? Sollte die Kunst die massenmedialen Bilderwelten nicht nur analysieren, auf drohende Gefahren hinweisen, sondern sie auch mitgestalten? Neurobiologen warnen vor einer möglichen digitalen Verblödung. Medienwissenschaftler weisen auf den sehr hohen Fernsehkonsum (Arbeitslose zum Beispiel bis zu sieben Stunden am Tag) hin. Die Medien beginnen soziale Kontakte zu ersetzen. Die sozialen Kontakte sind aber Grundvoraussetzung für die Entwicklung freier Persönlichkeiten.

Herrscherkunst versus demokratische Möglichkeiten

Im 20. Jahrhundert tobte die Auseinandersetzung zwischen der Herrscherkunst der weltlichen und kirchlichen Mächte einerseits und andererseits demokratischen Ansätzen, letztere erwiesen sich aber fast immer als viel zu schwach, so dass sie nicht wirklich bestimmend werden konnten. Schon zu Beginn des Jahrhunderts hatte sich mit dem italienischen Futurismus in modernistischem Stil eine Kunstrichtung etabliert, die den Maschinenmenschen anstrebte, die Vernichtung der Kultur pries, den Pakt mit den Faschisten praktizierte und letztlich mit der Fliegermalerei in den 30er Jahren zur Massenvernichtung aufrief. Einige Kunstkritiker schreiben noch heute, dass der italienische Futurismus der Beginn der modernen Malerei des 20. Jahrhunderts darstelle. Sie betonen den scheinbar modernen Stil der Malerei, der mit der politischen Gesinnung nichts zu tun habe. Gerade bei dem italienischen Futurismus sind Stil und politische Ausrichtung unmittelbar verwoben, sodass sich diese Bewegung als ein Teil der politischen Partei der Faschisten verstand. Und wie die Malerei anderer Despoten des Jahrhunderts gipfelte auch sie in der Idealisierung des Führers und Helden Mussolini. Ein moderner Stil kann nicht alleiniges oder wichtigstes Kriterium der Kunst sein. Auf die Inhalte kommt es an.

Kunst als Ausdruck der gesellschaftlichen Krise – Sinnkrise

Nicht nur die Kunst steckt in einer tiefen Krise. Die Gesellschaft steckt in einer „horrible crisis“. Die Kunst, die Verwirrung der Bilderwelten ist nur ein äußerer Ausdruck dafür. Das Ausmaß der Bilderverwirrung wird noch klarer, wenn der Kunstbegriff weiter gefasst und auf die Bilder der Massenmedien ausgeweitet wird. Das Herrscherbild wird nicht nur dann in der Bildzeitung aufbereitet, wenn die englische Prinzessin einen Thronnachfolger zeugt und die Queens Mom selig lächelt. Die Königs-Familie präsentiert sich dem Fotografen bei jeder königlichen Hochzeit wie zu Goyas Zeiten. In brutaler und militaristischer Form gibt sich Nordkoreas Herrscher Kim Jong Un. Auf jeder Titelseite der Yellow-Press zeigen sich gekrönte Häupter oder Fürsten. Die Fantasy- und Science-Fiction-Filme durchgeistern Supermänner und Terminatoren als Gott- und Herrscher-Ersatz. In Computerspielen wird Krieg simuliert, im Cyberwar wird dies in Afghanistan, im Jemen oder Syrien Wirklichkeit. Man braucht nur die Titelblätter der Fernsehzeitschriften einer Woche zu vergleichen. Dort erscheinen die weiblichen Star-Idole gleichgeschaltet, den Betrachter in einheitlicher Pose anlächelnd. Eine genaue Analyse der Fotografien der Sportberichterstattung würde die unterdrückte und verdrängte Gewaltbereitschaft offenlegen.

Es ist bedenklich, dass ausgerechnet in einer Gesellschaft, die sich demokratisch zu ordnen versucht, kein individuelles, positives Menschenbild entwickelt wird. Das ist aber eine Voraussetzung für eine Demokratie. Die hierarchische Gliederung der Gesellschaft ist das Problem, feudal-absolutistische Strukturen sind noch nicht überwunden. Sei es in den Parteien, den Gewerkschaften, den staatlichen Institutionen und besonders in den Firmen, den Unternehmen der Industrie: Immer sind diese Organisationen hierarchisch gegliedert, bei dem vor allem die „unteren" Persönlichkeiten zu einem Rädchen im System degradiert werden. Aber auch die „höheren" Unternehmensführer oder Politiker erwarten ständig den Dolchstoß in ihren Rücken, der sie von der „Macht" ausschalten will. Die Machtstrukturen erzeugen Bilder der Macht, das ist die Macht der Bilder. Wirkliche Gruppenarbeit wird in der Wirtschaft und in den staatlichen Institutionen nur sehr peripher erprobt – und nur in den untersten Dienststrängen. In der Kunst muss jeder Künstler auf seinem „Einzelposten" seine Position „erkämpfen". Staatliche Akademien und Institutionen geben Richtungen vor. Auch der Berufsverband Bildender Künstler reglementiert. Schließlich entscheidet der Galeristen- und Kunstmarkt über die Existenz- und die Karrieremöglichkeiten der Künstler.

Dieses Buch startete mit der Frage, ob es einen Fortschritt in der Geschichte, in der Kunst gibt. Der Wechsel von Kunststilen markiert keinen Fortschritt. Kunst spiegelt die Rationalität und die Irrationalität der jeweiligen Epochen. Die bisherigen Epochen kennzeichnet – mit der Ausnahme der „prähistorischen Zeit" Alteuropas und der Zeit der Höhlenmalereien – die Herrschaft von Menschen über Menschen, Machtverhältnisse. Wir leben in der heutigen Zeit mit der Hoffnung auf demokratische Verhältnisse – ein Versprechen, das die jeweiligen „Führer", seien sie kapitalistischen oder sozialistischen Couleurs, zwar inbrünstig formulieren, aber nicht einlösen. Kriege in der ganzen Welt (Afghanistan, Irak, Syrien, und in vielen anderen Ländern, in denen immer auch die Supermächte verwickelt sind) zeugen von Machtkämpfen und Unterdrückung, von der Macht der Führer, der Macht der Oligarchen, der Plutokratie und der Milliardäre. Peter Sloterdijk ist skeptisch: „Unsere schwunglose Modernität weiß durchaus ›historisch zu denken‹, zweifelt aber längst daran, in einer sinnvollen Geschichte zu leben." Der Philosoph stimmt der Auffassung Friedrich Nietzsches zu, der die ewige Wiederkehr des Gleichen, Schrecklichen postulierte. In der Kunst des 20. Jahrhunderts wurden viele Utopien auch in der Kunst produziert. Sie sind größtenteils gescheitert. Oder stellt zum Beispiel das Werk Picassos einen Gegenentwurf im Sinne von Ernst Blochs „Prinzip Hoffnung" dar?

Dominiert die Technik unsere Individualität?

Schon zu Beginn des 20. Jahrhunderts hatte Marcel Duchamp industriell gefertigte Waren auf ein Podest in das Museum gestellt und behauptet, das sei Kunst. Eine Schiffsschraube sei an Schönheit nicht zu übertreffen. Diese Methode kam zum Ende des Jahrhunderts wieder in Mode. Andy Warhol stapelt Brillo-Kartons, Rauschenberg sammelt Auto-Wrackteile, Lichtenstein kopiert Comics, Jeff Koons imitiert Micky-Maus-Figuren und ähnliches. Sind die menschlichen Beziehungen ausschließlich zu Warenbeziehungen geworden? Sind wir nicht mehr in der Lage, persönliche, individuelle Beziehungen zu gestalten und das auch in den Bildern voneinander erscheinen zu lassen? In den Bildern Lichtenstein kracht es, dort detonieren die Bomben.

Um die Emanzipation der Frau ist es ebenfalls schlecht bestellt. Glaubt man den Bildern von Mel Ramos oder Tom Wesselmann, dann sieht die Frau ihren Körper als Ware im Tausch für die männlichen Versorgung. Oder es wird der Geschlechterantagonismus als Kampf wie bei Hans Bellmer und Louise Bourgeois inszeniert. An der Stellung des „schönen Geschlechts" lässt sich auch der Grad der Emanzipation einer Gesellschaft ablesen.

Kunst muss für eine demokratische Kultur des Alltags werben. Die Kunst im öffentlichen Raum wird noch immer von Herrscher- und Militaristen-Bildern dominiert. In Deutschland thronen Bismarck-, Kaiser Wilhelm-Büsten auf den Sockeln in den Städten, Siegessäulen und Triumphbögen künden von der Macht und dem Glanz der Vergangenheit. Künstler wie der Österreicher Alfred Hrdlicka, der Chilene Alfredo Jaar, der Deutsche Harun Farocki oder der US-Amerikaner Edward Kienholz versuchen zwar Gegenentwürfe zu entwickeln, die aber häufig auf heftige Ablehnung stoßen. Sie sind zudem individuelle Anstrengungen, ohne in gesellschaftliche Bewegungen eingebettet zu sein.

Was kann die Kunst tun? Sie muss sich an eine ehrliche Bestandsaufnahme machen. Dieses Buch ist ein Vorschlag dafür. Die Kunst muss ihren geliebten Platz im Elfenbeinturm verlassen und auf die Straße gehen. Sie muss wieder den Zusammenschluss mit anderen Medien und mit den Wissenschaften suchen. Sie muss für Empathie, für verständnisvolle menschliche Kommunikation werben, sie mit vorbereiten. Sind dafür Institutionen wie das Zentrum für Kunst und Medientechnologie in Karlsruhe geeignet? Ist die Zeit reif für eine Bildwissenschaft, die Kunstgeschichte, Bild-Psychologie, Bild-Linguistik und Bild-Semantik vereint? Wie kann Kunst aus dem Würgegriff des Kunstmarkts der Spekulationen befreit werden? Wie kann der Geniekult und das Herrscherbild beseitigt werden? Es gibt viele Fragen. Am Anfang muss eine ehrliche Bestandsaufnahme stehen.

Literatur

Adorno, Theodor W. (1973): Ästhetische Theorie. Frankfurt am Main.

Adriani, Götz (2002): Touluse-Lautrec. Köln.

Arasse, Daniel (2001): Anselm Kiefer: die große Monographie. München.

Bauer, Joachim (2008) Das kooperative Gen – Abschied vom Darwinismus, Hoffmann und Campe, Hamburg

Baumgarth, Christa (1966): Geschichte des Futurismus. Reinbek bei Hamburg.

Beaucamp, Eduard (1998): Der verstrickte Künstler. Köln.

Beaucamp, Eduard (2004): Werner Tübke Meisterblätter. München.

Beckmann, Max (1984): Briefe im Krieg 1914/15. München.

Becks-Malorny, Ulrike (1999): Wassily Kandinsky. Köln.

Beloubek-Hammer (2015): Gerhard Altenbourg. Das gezeichnete Ich, Petersberg, Michael Imhof Verlag.

Belting, Hans (2011): Bild und Kult, München, C.H. Beck

Benjamin, Walter (1977): Das Kunstwerk im Zeitalter seiner technischen Reproduzierbarkeit. Frankfurt am Main.

Berger, John (2004): Das Sichtbare & das Verborgene. Frankfurt am Main.

Beuckers, Klaus Gereon (Hg) (2012): DÈ-COLL/AGE UND HAPPENING. Studien zum Werk von Wolf Vostell (1932 - 1998), Kiel, Verlag Ludwig.

Bierl, Peter (1999): Wurzelrassen, Erzengel und Volksgeister. Hamburg.

Bocola, Sandro (1997): Die Kunst der Moderne. München.

Bourdieu, Pierre (1999): Die Regeln der Kunst – Genese und Struktur des literarischen Feldes, Frankfurt am Main, Suhrkamp

Bourdieu, Pierre (2012): Die männliche Herrschaft, Frankfurt am Main, Suhrkamp

Bredekamp, Horst (2010): Theorie des Bildakts. Berlin

Breton, André, (2004): Die Manifeste des Surrealismus. Reinbeck bei Hamburg.

Brusberg, Dieter (Hg) (1995): Bernhard Heisig „Begegnung mit Bildern". Berlin.

Clair, Jean (1998): Avantgarde zwischen Terror und Vernunft Die Verantwortung des Künstlers. Köln.

Dickhoff, Wilfried (Hg) (1990): A. R. Penck, Kunst heute Nr. 6. Köln.

Dierkesmann, Rainer (2003): Das große Lexikon der Symbole. Leipzig.

Dörfler (2006): Lexikon der Kunst, 12 Bände, Gesamtleitung: Wolf Stadler, Eggolsheim-Bammersdorf.

Droste, Magdalena (1991): bauhaus 1919 - 1923. Köln.

Duchamp, Marcel (2002): Marcel Duchamp, (Hg) Museum Jean

Tinguely. Basel.
Einstein, Carl (1988): Die Kunst des 20. Jahrhunderts. Leipzig.
Elze, Reinhard, Konrad Repgen (2003): Studienbuch Geschichte – eine europäische Weltgeschichte, Stuttgart, Klett-Cotta
Erben, Walter (2004): Miro, Köln, Taschen.
Erdheim, Mario, 1984: Die gesellschaftliche Produktion von Unbewusstheit, Suhrkamp, Frankfurt am Main.
Essers, Volkmar (2002): Henri Matisse. Köln.
Falkenhausen, Susanne von (2011): Praktiken des Sehens im Felde der Macht, Hamburg, Fundus
Famulla, Rolf, (2009): Joseph Beuys: Künstler, Krieger und Schamane. Gießen.
Feist, Peter H. (2003): Pierre-Auguste Renoir. Köln.
Felbinger, Udo (1999): Henri de Touluse Lautrec. Köln.
Fiedler, Jeannine, Feierabend, Peter (1999): Bauhaus. Köln.
Fischer, Lothar (1969): Max Ernst. Reinbek bei Hamburg.
Foucault, Michel (1978): Dispositive der Macht. Michel Foucault über Sexualität, Wissen und Wahrheit. Merve, Berlin.
Foucault, Michel (2005): Analytik der Macht, Frankfurt am Main, Suhrkamp
Freud, Sigmund (1970): Gesammelte Werke. 16. Band, 2. Auflage, Frankfurt am Main, S. 90-93
Freud, Sigmund (1970): Abriss der Psychoanalyse. Das Unbehagen in der Kultur. Frankfurt am Main.
Fritz, Nicole (2002): Bewohnte Mythen – Joseph Beuys und der Aberglaube. Tübingen.
Fromm, Erich (1981): Die Seele des Menschen, Frankfurt am Main, Berlin, Wien
Fromm, Erich (1981): Gesamtausgabe
Fromm, Erich (2001): Märchen, Mythen, Träume Eine Einführung in das Verständnis einer vergessenen Sprache, Rowohlt, Reinbek bei Hamburg.
García- Bermejo, José Maria Faerna (Hg) (2008): Degas. Köln.
Germer, Stefan / Michael F. Zimmermann Hg. (1997): Macht der Bilder - Bilder der Macht. Zeitgeschichte in Darstellungen des 19. Jahrhunderts. München und Berlin
Giedion-Welcker, Carola (1961): Paul Klee. Reinbek bei Hamburg.
Gieseke, Frank; Markert, Albert (1996): Flieger, Filz und Vaterland – eine erweiterte Beuys-Biografie. Berlin.
Gillen, Eckhardt (Hg) (1997): Deutschlandbilder. Köln.
Gillen, Eckhart (2009): Feindliche Brüder? Der Kalte Krieg und die deutsche Kunst 1945 - 1990. Berlin.
Gombrich, Ernst (2002): Kunst und Fortschritt. Köln.
Gombrich, Ernst (2010): Die Geschichte der Kunst. Berlin.
Göttner-Abendroth, Heide (Hg) (2006): Gesellschaft in Balance, Kohlhammer, Stuttgart.
Gutjahr, Ortrud (2005): Freiburger literaturpsychologische Gespräche, Kulturtheorie, Band 24.
Haftmann, Werner (1995): Malerei im 20. Jahrhundert. München.
Haftmann, Werner (1991): E. W. Nay. Köln.
Hagen, Rose-Marie; Hagen, Rainer (2003): Meisterwerke im Detail (2 Bde). Köln.
Hamann, Richard (1963): Geschichte der Kunst (2 Bände). Akademie-Verlag, Berlin.
Harrison, Charles; Wood, Paul (Hg.) (2003): Kunsttheorie im 20. Jahrhundert. Ostfildern-Ruit.
Hauskeller, Michael (1998): Was ist Kunst? München.
Hein, Barbara (2010): Expressionismus, in Art 5/2010. Hamburg.
Held, Jutta, Schneider, Norbert (1998): Sozialgeschichte der Malerei, Köln, DuMont.
Heller, Reinhold (1997): Touluse Lautrec. München-New York.
Hendrickson, Janis (1994): Roy Lichtenstein. Köln.
Hessisches Landesmuseum (o.J.): Der Block Beuys im Hessischen Landesmuseum in Darmstadt. Blätter für Besucher 11.
Hess, Barbara (2007): Jasper Johns. Köln.
Hess, Barbara, Grosenick, Uta, (Hg) (2009): Abstrakter Expressionismus. Köln.
Hess, Walter (1988): Dokumente zum Verständnis der modernen Malerei. Reinbek bei Hamburg.
Hofmann, Werner (1998): Die Moderne im Rückspiegel. München.
Jermakow, A. (1975): Lunatscharski. Moskau.
Kandinsky, Wassily (1952): Über das Geistige in der Kunst, Bern.
Kiefer, Anselm (2008): Friedenspreis des Deutschen Buchhandels. Frankfurt am Main.
Kindlers Malerei Lexikon im dtv. (1982): Koordinator und Chefredakteur der Bände 1–12: Dr. Rolf Linnenkamp. München.
King, Ross (2007): Zum Frühstück ins Freie. München.
Klepsch, Michael Carlo (2007): Picasso und der Nationalsozialismus. Düsseldorf.
Köhler, Thomas (2006): Freuds Schriften zu Kultur, Religion und Gesellschaft. Gießen.
Kranzfelder, Ivo (1999): Grosz. Köln.
Kuni, Verena (2005): Der Künstler als ›Magier‹ und ›Alchemist‹ im Spannungsfeld von Produktion und Rezeption, elektronische Dissertation. Marburg.
Lexikon der Kunst Malerei Architektur Bildhauerkunst (1987): Gesamtleitung: Wolf Stadler, Redaktionsleitung Peter Wiensch (10 Bde.). Eggolsheim.
Lippold, Lutz (1993): Macht des Bildes – Bilder der Macht, Leipzig
Loewy, Ernst (1969): Literatur unterm Hakenkreuz. Frankfurt am Main.
Lukács, Georg: (1966) Von Nietzsche zu Hitler, Frankfurt am Main und Hamburg, Fischer.
Marc, Franz (1985): Briefe aus dem Feld. München.

Martin, Sylvia (2005): Futurismus. Köln.
Marx, Karl (1974): Grundrisse der Politischen Ökonomie, Berlin, Dietz
Mattheuer-Neustädt und Wolfgang Mattheuer Stiftung (Hg) (2007): Abend, Hügel, Wälder, Liebe. Der andere Mattheuer. Bielefeld-Leipzig.
Meuris, Jaques (1997): René Magritte 1898 - 1967. Köln.
Meyer, Hannes (1980): Hannes Meyer Bauen und Gesellschaft Schriften, Briefe, Projekte. Dresden.
Mitscherlich, Alexander; Mitscherlich, Margarete (2004): Die Unfähigkeit zu trauern. Grundlagen kollektiven Verhaltens. München.
Morgan, Lewis Henry (1877): Die Urgesellschaft
Morsch, Michael G.F. (2002) Magic Figurines? Some Remarks About the Clay Objects of Nevali Cori, in: H.G.K. Gebel, B. Dahl Hermansen & C. Hoffmann Jensen (eds.), Magic Practices in the Near Eastern Neolithic. Studies in Early Near Eastern Production, Subsistence and Environment 8(2002)
Musper, H. Th. (2003): Albrecht Dürer, Köln, DuMont
Néret, Gilles (1999): Michelangelo. Köln.
Néret, Gilles (2002): Henri Matisse. Köln.
Néret, Gilles (2008): Manet. Köln.
Nyssen, Wilhelm (1961): Das Zeugnis des Bildes im frühen Byzanz, Freiburg am Breisgau.
Perruchot, Henrich (1962): Èdouard Manet. Berlin-München.
Pietsch, Susanna (2003): Klee. Köln.
Pike, A.W.G. et al. (2012) Science 336, 1409-1413
Püttmann, Natalie (1989): Zeitgeschehen als Inhalt der Malerei in der DDR, Abschlussarbeit an der Johann Wolfgang Goethe-Universität Frankfurt am Main.
Raphael, Max (1989): Marx Picasso. Die Renaissance des Mythos in der bürgerlichen Gesellschaft. Frankfurt am Main.
Rehberg, Karl-Siegbert, Kaiser, Paul (Hg) (2013): Bilderstreit und Gesellschaftsumbruch, Berlin/Kassel, Siebenhaar Verlag.
Robbins, Lawrence; Murphy Michael, Campbell, Alec; Brook, George (1996): Excavations at the Tsodilo Hills Rhino Cave. Botswana Notes and Records 28.
Saunders, Frances Stonor (1999): Wer die Zeche zahlt ...: Der CIA und die Kultur im Kalten Krieg. London.
Schmidt Diether (1978): Otto Dix im Selbstbildnis. Berlin (Ost).
Schmidt, Hans-Werner (Hg) (2004): Willi Baumeister Karl Hofer Begegnung der Bilder. Bielefeld.
Schmidt, Johann-Karl (Hg)(1999): Otto Dix. Stuttgart.
Schmied, Wieland (2001): Giorgio de Chirico Reise ohne Ende. München.
Schneede, Uwe M. (1978): René Magritte Leben und Werk. Köln.
Schrott, Raoul (1992): Dada 15/25. Innsbruck.
Seuphor, Michel (1964): Abstrakte Malerei. München-Zürich.
Smee, Sebastian (2009): Lucian Freud – Das Tier im Blick, Köln, Taschen
Spies, Werner (1998): Kunstgeschichten. Von Bildern und Künstlern im 20. Jahrhundert. Bd. 2. Köln.
Spies, Werner (2003): Kontinent Picasso. München.
Stachelhaus, Heiner (2004): Joseph Beuys. Berlin.
Steiner, Rudolf (1971): Gesamtausgabe (bisher sind mehr als 350 Bde. erschienen, es werden weitere folgen). Dornach.
Thomas, Karin (2002): Kunst in Deutschland seit 1945. Köln.
Thomas, Karin (2010): Blickpunkt Moderne. Köln.
Uhlitsch, Joachim (1987): Der Soldat in der bildenden Kunst, Militärverlag der Deutschen Demokratischen Republik, Berlin.
Walther, Ingo F. (Hg) (2002): Pablo Picasso. Köln.
Walther, Ingo F. (Hg) (2005): Kunst des 20. Jahrhunderts. Köln.
Weiss, Peter (2005): Die Ästhetik des Widerstands, Frankfurt am Main, Suhrkamp.
Wieland, Karin (2004): Die Geliebte des Duce. München, Wien.
Wirth, Hans-Jürgen (2002): Narzissmus und Macht. Gießen.
Wyss, Beat (1997): Der Wille zur Kunst, Köln, DuMont.
Wyss, Beat (2009): Nach den großen Erzählungen, Frankfurt am Main, Suhrkamp.
Zeki, Semir (2010): Glanz und Elend des Gehirns –Neurobiologie im Spiegel von Kunst, Musik und Literatur, München, Reinhardt.
Zweite, Armin (Hg) (1994): Robert Rauschenberg. Köln.

Kataloge

Katalog (1974): Antoni Tapies, Nationalgalerie Berlin, Staatliche Museen Preußischer Kulturbesitz, 3. April bis 3. Juni 1974. Berlin.
Katalog (1982): Yves Tanguy Retrospektive 1925 - 1955, Staatliche Kunsthalle Baden-Baden, 17. Oktober 1982 - 2. Januar 1983. München.
Katalog (1987): René Magritte 13. November 1987 bis 14. Februar 1988, Kunsthalle der Hypo-Kulturstiftung. München.
Katalog (1988): Mario Sironi (1885 - 1961), Städtische Kunsthalle Düsseldorf, 30. April - 26. Juni 1988; Staatliche Kunsthalle Baden-Baden, 31. Juli - 25. September 1988 / Hg. von Jürgen Harten und Jochen Poetter. Köln .
Katalog (1992): Die große Utopie Die russische Avantgarde 1915 - 1932 Hg. Wolter, Bettina-Martine, Schwenk Bernhart. Schirn Kunsthalle Frankfurt.
Katalog (1998): René Magritte, Frederik Leen, Gisèle Ollinger Zionke (Hg.). Stuttgart-Zürich.
Katalog (2003): BerlinMoskau. Herausgegeben von Pawel Choroschilow, Jürgen Harten, Joachim Sartorius, Peter-Klaus Schuster. Berlin.
Katalog (2004-1): Yves Klein, Schirn Kunsthalle Frankfurt, 17. September 2004 - 9. Januar 2005. Ostfildern-Ruit.

Katalog (2007-1): Kunst und Propaganda Im Streit der Nationen 1930 – 1945, (Katalog), Hg Hans-Jörg Czech, Nikola Doll, 2007, Deutsches Historisches Museum Berlin. Dresden.
Katalog (2007-2): 1937. Perfektion und Zerstörung, Thomas Kellein (Hg), [Kunsthalle Bielefeld. 30. September 2007 - 13. Januar 2008]. Berlin.
Katalog (2008): Kassandra Visionen des Unheils 1914 – 1945, Hg Stefanie Heckmann, Hans Ottomeyer. Dresden.
Katalog (2009-1): „60 Jahre 60 Werke Kunst aus der Bundesrepublik Deutschland 1949 - 2009" im Martin-Gropius-Bau vom 1. Mai bis 14. Juni 2009, Veranstalter: Stiftung für Kunst und Kultur e.V.. Bonn.
Katalog (2009-2): Kunst und Kalter Krieg Deutsche Positionen 1945 - 89, Deutsches Historisches Museum (DHM) vom 3. Oktober bis 10 Januar 2010. Berlin.
Katalog (2011): Kienholz. Die Zeichen der Zeit, Schirn Kunsthalle, Frankfurt, Museum Tinguely, Basel, Hg. Martina Weinhart, Max Hollein, Köln, Verlag der Buchhaltung Walther König
Katalog (2012-4): Abschied von Ikarus. Bildwelten in der DDR - neu gesehen, Rehberg, Karl-Siegbert, Holler, Wolfgang, Kaiser, Paul (Hg), begleitend zur Ausstellung im Neuen Museum Weimar 19. Oktober 2012 bis 3. Februar 2013, im Verlag der Buchhandlung Walther König, Köln